Schule der Hohen Magie

Frater V∴D∴

Schule der Hohen Magie

Ansata

Edition Magus
im Verlag Ralph Tegtmeier Nachf.
Inh.: A. Schmid
Postfach 19 (SHM)
B-4760 Büllingen
Belgien
Tel.: +32-80-549.247
Fax: +32-80-549.248
E-Mail: edmagus@eismagie.de

2. Auflage 2002

Der Ansata Verlag ist ein Unternehmen der
Econ Ullstein List Verlag GmbH & Co. KG

ISBN 3-7787-7182-5

Copyright © 2001
by Econ Ullstein List Verlag GmbH & Co. KG, München
Alle Rechte sind vorbehalten. Printed in Germany.
Umschlaggestaltung: Ateet FranklDesign, München
Gesetzt aus der Garamond
bei Leingärtner, Nabburg
Druck und Bindung: Bercker, Kevelaer

INHALTSVERZEICHNIS

Einstimmung und Einleitung 11
Tabula Smaragdina Hermetis (lat.) 12 • Die Smaragdtafel des Hermes Trismegistos (dt.) 13 • Einleitung oder: »Willkommen im Klub!« 14

Was ist Magie? 21

Gleich zur Praxis: Das Kleine Bannende Pentagrammritual 35
Einführung in das Kleine Bannende Pentagrammritual 36 • Praxis des Kleinen Bannenden Pentagrammrituals 38 • Erläuterungen zum Kleinen Bannenden Pentagrammritual 41 • Praktische Übungen 52

Sigillenmagie (I) 57
Einführung in die Sigillenmagie 58 • Praxis der Sigillenmagie (I) – Die Wortmethode 62

Einführung in die Ritualistik (I) 77
Magie ist Symbolhandlung 78 • »Visualisation und magische Sinneswahrnehmung 82 • Praktische Übungen 84

Einführung in die Ritualistik (II) 91
Psychologie oder Spiritismus? 92 • Die Grundstrukturen des magischen Rituals 93 • Angewandter Paradigmenwechsel 97 • Die Wichtigkeit der Erdung 102

Elementmagie 105
Das Große Pentagrammritual 106 • Die Praxis des Großen Pentagrammrituals 107 • Weitere Erläuterungen zum Großen Pentagrammritual 113 • Die symbol-logische Unschärferelation und die Magie 120 • Praktische Übungen 124

Planetenmagie (I) 129
Einführung in das Hexagrammritual (I) 130 • Die Planetenkräfte in der Magie 133 • Die Symbol-Logik der Planetenzuordnung beim Hexagramm 137 • Die Planetenprinzipien im Abriß 141 • Zur Aussprache des Hebräischen in der westlichen Magietradition 143

Einführung in die Ritualistik (III) 147
Das Werkzeug des Magiers 148 • Der magische Tempel 151 • Praktische Übungen 155 • Die zweite Grundformel der Magie 158 • Die Magie Austin Osman Spares 166 • Sigillenladung und Todeshaltung 171

Planetenmagie (II) 173
Einführung in das Hexagrammritual (II) 174

Einführung in die Ritualistik (IV) 179
Die magische Robe 180 • Der Gürtel 184 • Das Stirnband 185 • Die Sandalen 186 • Praktische Übungen 187 • Die Härtung der Aura des Magiers 192

Mantramistik (I) 195
Einführung in die Mantramistik 196

Praktische Sigillenmagie (II) 199
Mantrische Sigillen 200 • Die IAO-Formel 201 • Die Arbeit mit der IAO-Formel 202 • Exkurs: Die wunden Punkte der Magier-Seele (I) 206

Planetenmagie (III) 211
Die Lehre von den Korrespondenzen (I) 212 • Einführung in das Hexagrammritual (III) 217 • Praktische Übungen 228

Mantramistik (II) 233
Mantras und Meditation 234 • Traditionelle Mantras 235 • Exkurs: Die wunden Punkte der Magier-Seele (II) 238 • Die Lehre von den Korrespondenzen (II) 241 • Magie als Realitätstanz 242

Einführung in die Ritualistik (V) 245
Der magische Dolch 246 • Die Funktion von Weihrauch und Räuchermitteln im Ritual 248 • Der Brenner 255 • Praktische Übungen 258

Mystik oder Magie? 261
Das Überpersönliche und die Geheimwissenschaften 262 • Der Magier als Mystiker 263 • Der Magier als Anti-Mystiker 268

Praktische Sigillenmagie (III) 273
Die Bildmethode 274 • Sigillenladung durch Visualisation 275 • Emotionen und Sigillenladung 276 • Die OMNIL-Formel 277 • Die OMNIL-Formel in der Praxis 278 • Der Gebrauch der OMNIL-Formel 279 • Anmerkungen zur Imaginationsschulung 280 • Einführung in die Astromagie 282

Einführung in die Ritualistik (VI) 285
Der magische Kelch 286 • Praktische Übungen 288 • Der magische Blick (I) 294

Einführung in die Ritualistik (VII) 301
Der magische Stab 302 • Der magische Spiegel 306 • Berichte aus der magischen Praxis (I) 310 • Praktische Übungen 313 • Der magische Blick (II) 314

Einführung in die Ritualistik (VIII) 319
Das magische Schwert 320 • Die Krone und die Haube 326 • Der magische Name 329 • Einführung in das Pan-Ritual 332 • Das Pan-Ritual 337 • Liber A'ash vel capricorni pneumatici 338 • Hymne an Pan 341 • Berichte aus der magischen Praxis (II) 343 • Praktische Übungen 348

Einführung in die Geldmagie (I) 351
»Geldmagie oder mit Dreck fängt man keine Mäuse« 352

Einführung in die Ritualistik (IX) 363
Das Pentakel 364 • Der Altar 369 • Magische Eide 372 • Berichte aus der magischen Praxis (III) 377 • Praktische Übungen 383

Einführung in die Geldmagie (II) 387
Der Umgang mit Schulden 388 • Praktische Übungen 393 • Der Magische Wille und das Prinzip von Thelema (I) 394

Einführung in die Ritualistik (X) 399
Das Lamen 400 • Der magische Ring 402 • Der Magische Wille und das Prinzip von Thelema (II) 404 • Magie und freier Wille 407

Einführung in die Ritualistik (XI) 411
Die magische Glocke 412 • Die magische Lampe 413

Strukturen magischer Trance (I) 415
Die Dämpfungstrancen 416 • Berichte aus der magischen Praxis (IV) 423 • Praktische Übungen 426

Strukturen magischer Trance (II) 427
Die Erregungstrancen 428

Planetenmagie (IV) 433
Mondmagie 434 • Die Mondmagie in den klassischen Disziplinen 440 • Konkrete Anwendungen 441 • Hymne an Luna 443 • Hymne an Hekate 444 • Exkurs: Karma und Magie 445 • Berichte aus der magischen Praxis (V) 448 • Praktische Übungen 453 • Glaubensbekenntnis eines Kriegers 455

Die Paradigmen der Magie 457
Das Geistermodell 458 • Das Energiemodell 461 • Das psychologische Modell: eine Zwischenstufe 464 • Das Informationsmodell: die Kybermagie 467 • Die vier Magiemodelle am Beispiel des Exorzismus 471 • Geisterfallen 475

Praktische Talismantik 479
Talismane, Amulette und Fetische 480 • Der Venustalisman 481 • Das Venusamulett 482 • Der Venusfetisch 483 • Einige traditionelle Talismane und Amulette 485 • Zum Gravieren von Talismanen und Amuletten 488 • Praktische Übungen 489

Einführung in die Chaos-Magie 493
»Im Chaos hat man kein eigenes Antlitz« 494

Einführung in die Kybermagie 503
Principia Kybermagica 504 • Die derzeitigen Hauptanwendungsgebiete der Kybermagie 507 • Techniken der Informationsübertragung 508 • Das Abrufen kybermagisch übertragener Informationen 512 • Kybermagie als »Technik der leeren Hand« 514

Einführung in die Ritualistik (XII) 517
Geißel, Kette und – nochmals – Dolch 518 • Die Phiole und das Öl 520 • Ophitica 523

Verzeichnis der Praktischen Übungen 525

Nachtrag 528

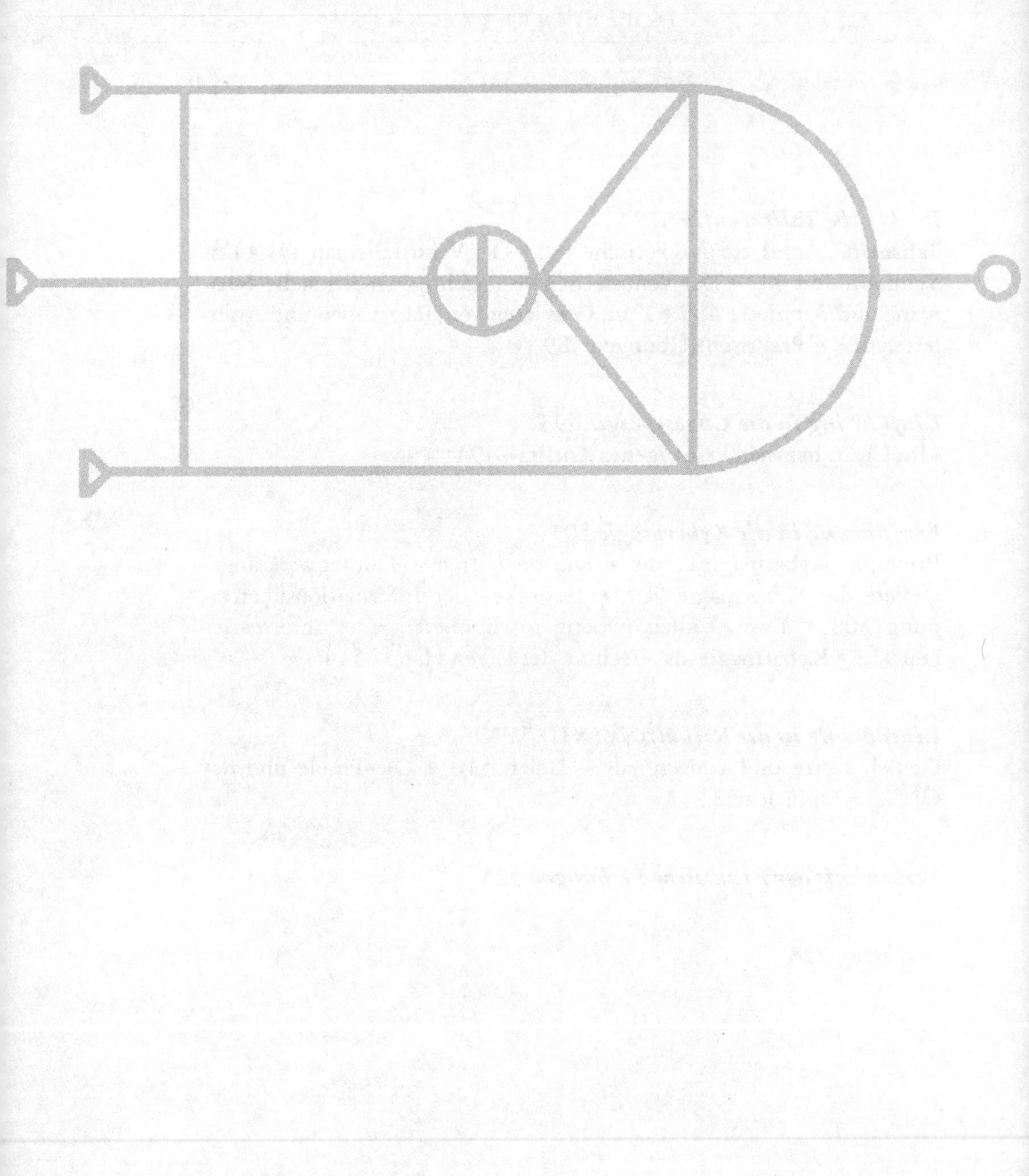

EINSTIMMUNG UND EINLEITUNG

TABULA SMARAGDINA HERMETIS

1. *Verum, sine mendacio, certum et verissimum.*

2. *Quod est inferius, est sicut quod est superius, et quod est superius, est sicut quod est inferius, ad perpetranda miracula rei unius.*

3. *Et sicut omnes res fuerunt ab uno, meditatione unius: sic omnes res natae fuerunt ab hac una re, adaptatione.*

4. *Pater eius est Sol, mater eius est Luna; portavit illud ventus in ventre suo; nutrix eius terra est.*

5. *Pater omnis thelesmi totius mundi est hic.*

6. *Vis eius integra est, si versa fuerit in terram.*

7. *Separabis terram ab igno, subtile a spisso, suaviter cum magno ingenio.*

8. *Ascendit in coelum, iterumque descendit in terram, et recipit vim superiorum et inferiorum. Sic habebis gloriam totius mundi. Ideo fugiat a te omnis obscuritas.*

9. *Hic est totius fortitudinis fortitudo fortis; quia vincet omnem rem subtilem, omnemque solidam penetrabit.*

10. *Sic mundus creatus est.*

11. *Hinc adaptationes erunt mirabiles, quarum modus est hic.*

12. *Itaque vocates sum HERMES TRISMEGISTUS, habens tres partes Philosophiae totius mundi.*

13. *Completum est quod dixi de operatione Solis.*

DIE SMARAGDTAFEL DES HERMES TRISMEGISTOS

1. Wahr ist es, ohne Lüge und gewiß.

2. Was oben ist, ist gleich dem, was unten ist, und was unten, ist gleich dem, was oben ist, vermögend, die Wunder des Einen zu vollbringen.

3. Und wie alles aus Einem entspringt, durch das Sinnen des Einen, entspringt auch alles Gewordene durch Angleichung aus diesem Einen.

4. Sein Vater ist die Sonne, seine Mutter ist der Mond; der Wind hat es in seinem Bauche getragen; die Erde ist seine Nährerin.

5. Dies ist der Vater der Allgestaltung.

6. Ungeteilt und vollkommen ist seine Kraft, wenn sie sich der Erde zukehrt.

7. Trenne die Erde vom Feuer, das Feine vom Groben, sanft, mit großem Geschick.

8. Es steigt von der Erde zum Himmel empor und steigt wieder herab auf die Erde und empfängt die Kraft des Oberen und des Unteren. So wirst du die Herrlichkeit der ganzen Welt erlangen. Und alle Finsternis wird von dir weichen.

9. Hier ist die Kraft der Kräfte, die alles Feine überwindet und alles Feste durchdringt.

10. Solcherart wird die Welt erschaffen.

11. Hiervon stammen die Angleichungen, deren Wesen hier mitgeteilt ist.

12. Darum heißt man mich den Dreimalgrößten Hermes, der ich die drei Teile der Weltenphilosophie besitze.

13. Vollendet ist, was ich über das Werk der Sonne verkündete.

(Aus dem Lateinischen von Frater V∴D∴)

EINLEITUNG ODER: »WILLKOMMEN IM KLUB!«

Magie – ein geheimnisumwittertes Wort, und dies schon seit Jahrtausenden. Wie viele Köpfe haben sich schon mit dieser wohl schwierigsten, vielseitigsten und faszinierendsten aller Geheimwissenschaften befaßt, als Befürworter und als Gegner, als Adepten und als Unwissende! Magier galten (und gelten) oft als verruchte Subjekte, die sich keiner fremden weltlichen Macht zu beugen wünschen; als Menschen, die den Frevel wagen, sich nicht mit dem abspeisen zu lassen, was ihnen Religion und Gesellschaft, Priester und weltliche Herrscher als »Wirklichkeit« und »gesunde Grenzen der Moral und des Anstands« vorsetzen; als Menschen, die keinen Göttern, keinen Göttinnen dienen außer ihren eigenen, ob diese nun Hermes heißen mögen oder Hekate, Baal oder Baphomet, Lilith oder Luzifer, Idealismus oder Materialismus, Rationalismus oder Irrationalismus, Ich oder Selbst oder ... oder ... oder.

Schon immer war der Magier, war die Magierin Psychonautiker(-in), Seelenfahrer, jemand, der hinter den »Schleier der Isis« spähen wollte, ein Mensch, der nicht ruhte, bis er ergründet oder zumindest erahnt hatte, »was die Welt im Innersten zusammenhält«. Zoraster galt als Magier, aber ebenso Moses, Salomo und Milarepa, ja Jesus Christus sogar; Raimundus Lullus gehörte zu dieser Schar Andersdenkender und – vor allem – auch Andershandelnder, Jacques de Molay, Agrippa von Nettesheim, Theophrastus Bombastus Paracelsus, Doktor Faustus, Athanasius Kircher, Cagliostro, der Comte de Saint Germain ... die Liste ließe sich beliebig verlängern, umfangreich mit wirklichen historischen Gestalten, schier unbegrenzt mit mythischen. Sie endet, trotz aller Verfolgung durch Kirche und Staat, auch in der Neuzeit nicht,

> *Schon immer war der Magier, war die Magierin Psychonautiker, Seelenfahrer.*

auch nicht im Zeitalter der sogenannten »Aufklärung«, des Rationalismus, des Materialismus. Zeugen unserer Zunft waren und sind Robert Fludd, den man auch Robertus de Fluctibus hieß, Dr. John Dee, Edward Kelley, Frances Barrett, Alan Bennett, Eliphas Levi, Papus, Stanislas de Guaïta, Sâr Merodack Joséphin Péladan, Samuel Liddell McGregor Mathers, Arthur Waite, Karl Kellner, Theodor Reuss, Aleister Crowley, Austin Osman Spare, Ludwig Staudenmaier, Musallam, Rah-Omir Quintscher, Herbert Fritsche, Franz Bardon, Gregor A. Gregorius ...

Die Lebenden (und es werden ihrer immer mehr) wollen wir von dieser ohnehin unvollständigen Liste aus Gründen der Bescheidenheit und der mangelnden historischen Distanz vorläufig ausnehmen, sie werden uns dafür im Laufe unserer Ausführungen um so häufiger begegnen.

Sie sehen also: Wenn Sie sich für den Weg der Magie entscheiden, befinden Sie sich in einer recht bunten Gesellschaft. Zu dieser zählen, wie in jeder großen Familie, Genies und herausragende Könner ebenso wie schlichtere Gemüter; und auch die – ebenfalls sehr notwendigen – Scharlatane! Magier sind allemal Individualisten und lassen sich nur ungern in Kategorien pressen oder mit bequemen Etiketten bekleben, durch welche nichts wirklich verstanden, dafür aber vieles verfälscht wird. Die scheinbaren Widersprüche in den Schriften magischer Autoren erklären sich sowohl aus dieser Tatsache wie auch aus der extremen Subjektivität der Magie, die uns immer wieder begegnen wird.

> *Magier sind allemale Individualisten.*

Dieses Buch will Ihnen eine umfangreiche und abgerundete Einführung in die praktische Magie geben. Dazu gehört auch, daß die Geschichte der Schwarzen Kunst, von der alle Magier bewußt oder unbewußt zehren, gründlich behandelt wird. Die Beschäftigung mit älteren Autoren hat viele Vor- und manche Nachteile. Immerhin erspart sie es uns, wenn sie vernünftig und mit den geschärften Augen des Geschichtsbewußten geschieht, das Rad immer wieder aufs neue erfinden zu müssen. Zudem werden wir dadurch der reichen Erfahrungen und des Wissensschatzes unserer Vorgänger teilhaftig.

Um ihr Werk richtig beurteilen zu können, bedarf es freilich auch der Kenntnis um die ideengeschichtlichen Zusammenhänge. Die Rolle christlicher Floskeln in mittelalterlichen Zauberbüchern* läßt sich beispielsweise nur verstehen, wenn man auch um das geistesgeschichtliche Umfeld der damaligen Zauberer weiß, um die Vormachtstellung der Kirche, um die Gefahren der Hexenverfolgung und so weiter. Der Respekt gegenüber unseren Urahnen ist uns also Programm.

---

* *Den sogenannten* grimoires *oder, eingedeutscht,* Grimoarien.

Doch es muß dies auch ein kritischer Respekt sein: Nicht alles, was in der Magie alt ist, ist auch deswegen schon automatisch gut! Vieles hat sich in die Tradition der Magie eingeschlichen, auf das wir heute bequem verzichten können – ja sollten, wenn wir tatsächlich weiterkommen wollen. Dazu gehört die Geheimnistuerei früherer Zeiten ebenso wie das katalogartige Herunterleiern von Einzelrezepten ohne die Grundgesetze und Grundstrukturen der Magie zu erklären, aus denen sich solche Rezepte von jedem halbwegs intelligenten Laien binnen kürzester Zeit mühelos selbst entwickeln lassen. Aus diesem Grund wird es in unserer Schulung auch nicht an Kritik fehlen, wo uns diese geboten erscheint. Sie brauchen natürlich nicht unbedingt mit allem einverstanden zu sein – auch unsere Ausführungen sind nur ein subjektiver Zugang zur Magie, ja sie können auch nichts anderes sein, weil in der Magie ohnehin nichts anderes sein kann!

> *Nicht alles, was in der Magie alt ist, ist automatisch gut!*

Die Ausführungen, die Sie nun erwarten, dienen vor allem der Praxis. Nun mag freilich jeder unter »Praxis« etwas anderes verstehen, deshalb wollen wir hier auch sofort ganz eindeutig erklären, wie dies gemeint ist: Magische Praxis bedeutet, magische Gesetze, Lehren und Techniken anzuwenden und ihre Wirkung zu überprüfen.

Magie, die nur auf dem Papier stattfindet, ist eine Verhöhnung magischer Erkenntnisse und magischer Weisheit. Denn mit der Magie will der Mensch – und *kann* der Mensch! – Einfluß nehmen auf jene Faktoren seines Schicksals, die sich der herkömmlichen Beeinflussung in der Regel entziehen. Wir werden mikro- und makrokosmische Gesetze erkunden und erforschen, Techniken, die zum materiellen Erfolg führen, und solche, die der mystischen Schau und dem geistigen, spirituellen Wachstum dienen.

Moderne Magie ist immer in erster Linie ein Weg zur Selbstfindung, zur seelischen Ganzheit. Im Gegensatz zur Religion und zum Mystizismus (nicht zu verwechseln mit Mystik) verneint sie grundsätzlich den Gegensatz von Geist und Materie. Vielmehr betrachtet sie beide als eins, als Einheit, als Ganzes. Der Geist ist nicht »besser« als die Materie, die Materie ist nicht »unheiliger« als der Geist. Beide ergänzen einander, lernen voneinander, sind miteinander verwoben zu jenem feinen Gespinst, das wir »Wirklichkeit« nennen und das unseren größten Köpfen ebensoviele scheinbar unlösbare Probleme aufgab, wie es unsere schlichtesten dazu verleitete, allzu schnelle, vordergründige Antworten und seichte Systeme zur Lösung derselben anzubieten.

> *Moderne Magie ist immer in erster Linie ein Weg zur Selbstfindung, zur seelischen Ganzheit.*

Bewahren Sie sich bitte stets eine gewisse kritische Distanz. Übernehmen Sie nichts ungeprüft, glauben Sie alles erst dann, wenn Sie es durch Ihre eigene Praxis bestätigen konnten. Seien Sie ständig Forscher, Psychonaut eben, der die im Laufe der Jahrtausende schon oft besuchten, aber immer wieder neuen Gebiete bereist und sich einen eigenen Eindruck von ihrem Klima, ihrer Bodenbeschaffenheit, ihren Reichtümern und Gefahren und ... ja, auch von ihren Bewohnern macht.

Was Sie nicht selbst erlebt haben, ist nur wenig wert: ein papierner Traum, eine hohle Verheißung unsäglicher Abenteuer und Schätze im Innersten Ihrer Seele, deren Grenzen Sie nicht kennen und die Sie nie gänzlich ausloten werden. Nur die persönliche Erfahrung macht diese Welt, macht dieses Universum, ja diese Universen für Sie lebendig, macht die Magie zu mehr als einem bloßen Hirngespinst irregeleiteter, fiebernder Geister, wie es die voreingenommenen Pseudo-Skeptiker behaupten.

Magie ist stets nur so lebendig wie der Magier selbst – ohne ihn ist sie ein Nichts; doch erschrecken Sie nicht, wenn Sie eines Tages feststellen sollten, daß der Magier ohne die Magie ebenfalls ein Nichts ist!

Und noch eins: Wenn Sie diesen Weg gehen, so seien Sie sich von Anfang an darüber im klaren, daß er nicht enden wird, daß mit Magie zu beginnen zugleich auch heißt, bei der Magie zu bleiben. Denn nur wenige schaffen es jemals, sich von diesem Weg auf Dauer abbringen zu lassen, wenn sie erst einmal die ersten Hürden überwunden und die frische Luft der magischen Freiheit geschnuppert haben.

> *Magie ist stets nur so lebendig wie der Magier selbst.*

Magie kann dem Menschen alles geben – aber sie kann ihm auch alles nehmen, wenn er sich nicht darüber im klaren ist, daß er dienen muß. Dienen nicht etwa irgendeiner senilen oder irren Gottheit, die ihm von anderen oktroyiert wird, sondern vielmehr dem, was sein eigentliches Menschsein ausmacht: seiner Bestimmung; seinem Lebensziel; seinem »Heiligen Schutzengel«, wie es die mittelalterliche

Magie nannte; seinem »Willen« oder »Thelema«, wie es einer der größten Magier des zwanzigsten Jahrhunderts ausdrückte; seinem Selbst oder seiner Ich-Findung und Integration, wie es der Tiefenpsychologe unserer Zeit formuliert; kurz gesagt dem, was ihn überhaupt zum Menschen – und zum Magier – macht, zum Suchenden, zum Pilger, zum demütigen Schüler und zum erhabenen Meister.

Moderne Magie will beide Seiten der Persönlichkeit abdecken und nutzen, die rationale wie die intuitive. Die heutige Gehirnforschung spricht, etwas vereinfacht dargestellt, von zwei »Gehirnhälften«: Die linke ist mit dem rechten Teil des Körpers verbunden, zugleich untersteht ihr alles Rationale, also das Denken, das Rechnen, das Planen und so weiter; die rechte Hirnhälfte dagegen regiert die linke Körperhälfte und zugleich das Intuitive, das Fühlen und Ahnen, die Trance und die Vision und so weiter. Diesem Prinzip werden wir gleich bei der ersten Definition der Magie im nächsten Abschnitt begegnen, wo von Magie als »Kunst« und als »Wissenschaft« die Rede ist. Auch in unserem praktischen Vorgehen beherzigen wir es. So werden die allgemeinen Ausführungen und Erklärungen in dieser Schulung stets in der Sie-Form gehalten sein; bei den praktischen Übungen dagegen wählen wir bewußt die Du-Anrede. Dies entspringt der Erfahrung, daß die Du-Form im Deutschen stärker den intuitiven, symbolisch und mythisch fühlenden und magisch eigentlich aktiven Teil unserer Persönlichkeit anspricht; die Sie-Form dagegen entspricht dem rationalen, formal-logischen Denken und Verstehen. Somit wollen wir Ihnen durch diesen kleinen formalen »Trick« gleich das Beste beider Welten bieten.

Und nun heißt es: »Willkommen im Klub der Magier!« Möge Ihr magischer Weg ebenso bunt, ebenso reich, ebenso beglückend und furchterregend, ebenso fordernd und leicht, ebenso humorvoll und durch und durch individuell sein, wie es der all unserer magischen Vorfahren war – und auch der Weg desjenigen, der Ihnen hier seinen eigenen Erfahrungsschatz mit all seinen Reichtümern und Mängeln, mit seinen Stärken und Schwächen, seinen Weistümern und Torheiten anbietet zur Überprüfung, zur Nachahmung, zur Ergänzung, zur Erweiterung und zur Anpassung an Ihre ureigenen Bedürfnisse und Erkenntnisse. Das

> *Moderne Magie will die rationale wie die intuitive Seiten der Persönlichkeit abdecken und nutzen.*

magische Motto des Autors dieser Zeilen lautet: »VBIQVE DÆMON... VBIQVE DEVS...« Auf deutsch: »DER DÄMON IST IN ALLEM, DER GOTT IST IN ALLEM.« Es ist dies eine Aufforderung, stets beide Seiten der Medaille zu erkennen und zu respektieren. Sie kennen vielleicht das mundartliche Sprichwort »Wat dem in' sin' Uhl, is dem annern sin' Nachtigul« (Hochdeutsch: »Was dem einen seine Eule, ist dem anderen seine Nachtigall«). Nun, der Angelsachse kennt etwas Vergleichbares, das freilich noch sehr viel drastischer, eindeutiger ist: »One man's meat is another's poison« (»Was für den einen Fleisch, ist für den anderen Gift«). Wenn Sie diesen Leitsatz beherzigen, lernen Sie nicht nur Toleranz gegenüber Andersdenkenden, Sie entwickeln dabei vor allem eine gewisse Widerstandskraft gegen die oft so süßen, aber auch heimtückischen Fallen der »großen Autoritäten«, die ihrerseits oft nichts anderes taten als das, was jeder gute Magier tut: aus ihrer eigenen Realität ein eigenes Universum zu erschaffen, eine eigene Atmosphäre. Das war und ist gut – doch sollte jeder nur eine Atmosphäre atmen, die ihm auch bekommt, für die er (oder sie) auch geeignet ist. Und deshalb, gewissermaßen als »Gebrauchsanweisung« für diese Schulung, der Leitspruch der alten Herren vom magischen Berg Drachenfels, der auch Ihnen eine Hilfe zum Umgang mit allem sei, was wir Ihnen hier anbieten wollen:

> *Und nun heißt es:*
> *»Willkommen im*
> *Klub der Magier!«*

WÄGE – WAGE

Fra V∴D∴

VBIQVE DÆMON ∴ VBIQVE DEVS ∴

WAS IST MAGIE?

Bevor wir uns mit der Praxis der Magie befassen, müssen wir natürlich zunächst einmal wissen, worum es dabei eigentlich geht. Es hat im Laufe der Zeit eine wahre Unzahl von Definitionen der Magie gegeben, und wir werden uns noch mit vielen von ihnen befassen müssen, wo dies der Praxis dienlich ist.

> *Es gibt eine wahre Unzahl von Definitionen der Magie*

Die vielleicht bekannteste Definition stammt von einem der wichtigsten Magier des zwanzigsten Jahrhunderts, dem Engländer Aleister Crowley (1875–1947):

MAGIE IST DIE KUNST UND DIE WISSENSCHAFT, IM EINKLANG MIT DEM WILLEN VERÄNDERUNGEN HERBEIZUFÜHREN.

Obwohl diese Definition tatsächlich den Kern magischer Praxis treffend beschreibt, ist sie für den Laien und Anfänger doch eher zu allgemein und zu weit gefaßt. Denn in der Regel wird vom Begriff »Magie« etwas anderes, Spezielleres erwartet, eine Disziplin nämlich, die sich eher mit »feinstofflichen« Einflüssen wie der Beeinflussung von Schicksalsfaktoren und »Zufällen« befaßt; außerdem bietet der obige Satz keinerlei Anhaltspunkte für die bei der Magie verwendeten Techniken und Methoden.

Einige angelsächsische Autoren wie Israel Regardie und Francis King haben dem Rechung getragen und versucht, Crowleys Definition zu erweitern:

MAGIE IST DIE KUNST UND DIE WISSENSCHAFT, MIT HILFE VERÄNDERTER BEWUSSTSEINSZUSTÄNDE IM EINKLANG MIT DEM WILLEN VERÄNDERUNGEN HERBEIZUFÜHREN.

Auch diese Lösung ist zwar nicht ganz unproblematisch, doch für den Anfang genügt sie, und wir wollen sie uns einmal etwas genauer anschauen, da sie bereits eine wichtige praktische Formel enthält.

Wichtig sind für uns zunächst einmal die Begriffe »Kunst« und »Wissenschaft«. Oft ist ja von den »Geheimwissenschaften« die Rede, doch versteht der Okkultist (oder Geheimwissenschaftler) unter »Wissenschaft« in der Regel etwas anderes, als dies der sogenannte »exakte« oder »Naturwissenschaftler« tut. In dem Bemühen, von der orthodoxen Schulwissenschaft anerkannt zu werden, haben viele Okkultisten und auch Magier den Versuch unternommen, ihre Disziplin als »wissenschaftlich« zu erörtern. Das stimmt jedoch nur insofern, als die Magie mit wissenschaftlicher Methodik arbeitet. Sie ist im Fachjargon »empirisch« oder »erfahrungswissenschaftlich«, zumindest gilt dies für die Erfolgsmagie. Das bedeutet, daß sie sich zunächst einmal daran orientiert, was beobachtbar erfolgreich ist.

Hingegen meint der Begriff »Kunst« den eher intuitiven Bereich der Magie, wozu wir sowohl das »Fingerspitzengefühl« und das Gefühl überhaupt zählen, als auch die Sensitivität für feinstoffliche Energien (wie beispielsweise beim Hellsehen oder Hellfühlen). Traum und Vision zählen unmittelbar zum »Kunst«-Aspekt der Magie; zum »Wissenschafts«-Aspekt dagegen gehören das Denken und das Wissen um Zusammenhänge.

> *Magie ist »Wissenschaft« und »Kunst« zugleich.*

Fassen wir es kurz zusammen, so bedient sich die Magie sowohl der sogenannten »rationalen« als auch der sogenannten »irrationalen« Bestandteile der menschlichen Persönlichkeit. Da das Wort »irrational« im Zeitalter des Rationalismus, das heute nach wie vor noch seine Höhepunkte feiert, sehr negativ besetzt ist (es wird gerne gleichgesetzt mit »unvernünftig«, »aberwitzig«, »wirr«, »undurchdacht«), sprechen wir lieber von der intuitiven Seite des Magiers.

Wir sehen daran, daß die Magie tatsächlich auf die seelische Ganzheit und Einheit des Menschen abzielt, und dies schon aus rein praktischen Erwägungen heraus, denn nur wenn beide Seiten harmonisch miteinander zusammenarbeiten, lassen sich magische Erfolge erzielen, die ja oft den Anschein haben, als würden sie sämtliche (naturwissenschaftliche) Naturgesetze widerlegen, was freilich, wie wir noch sehen werden, so nicht stimmt.

Nun ist Magie allerdings noch mehr als die Kunst und die Wissenschaft, eine Einheit der Seele zu erlangen. Beginnen wir mit der Erfolgsmagie, auch »Niedere Magie« genannt, was allerdings keine Abwertung bedeutet, sondern sie lediglich technisch und inhaltlich von der eher mystisch-religiösen »Hohen Magie« unterscheiden soll. In der Praxis sieht es so aus, daß man für einen erfolgreichen magischen Akt beide Aspekte (Rationales und Intuitives) wirkungsvoll einsetzen will. Dies geschieht durch zwei der drei wichtigsten Grundbestandteile des magischen Akts:

Grundbestandteile des magischen Akts

durch die Verbindung von Wille und Imagination. (Auf den dritten Faktor, nämlich den »veränderten Bewußtseinszustand«, gehen wir gleich noch ein.)

In Übersicht 1 haben wir dies veranschaulicht. Betrachten Sie die Skizze bitte eine Weile gründlich, und versuchen Sie dabei, die beiden Hauptkolonnen mit ihren Merkmalen zu ergänzen. Stellen Sie also fest, was noch alles zum Bereich der »Kunst« zählt, und was im Bereich der »Wissenschaft« noch ergänzt werden könnte. Sie werden auch bemerken, daß wir eine Beziehung hergestellt haben zwischen »Kunst« und »Imagination« sowie zwischen »Wissenschaft« und »Wille«.

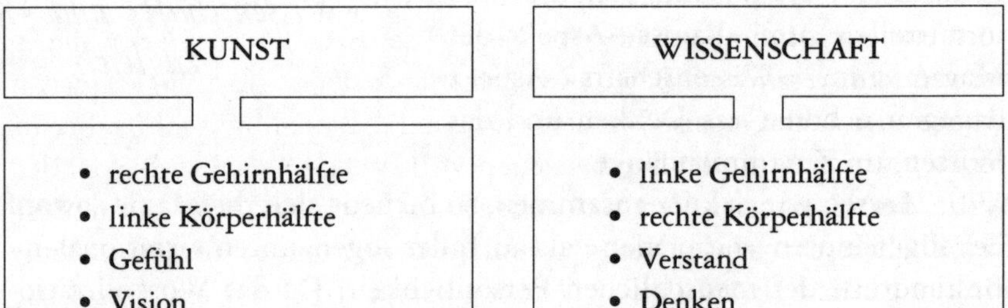

KUNST	WISSENSCHAFT
• rechte Gehirnhälfte	• linke Gehirnhälfte
• linke Körperhälfte	• rechte Körperhälfte
• Gefühl	• Verstand
• Vision	• Denken
• Spüren	• Überlegen
• Ahnen	• Berechnen
• synthetisch	• analytisch
• zyklisch	• linear
• mythisch	• faktisch
• föderalistisch	• zentralistisch
• kreatives Chaos	• bewahrende Ordnung
• symbol-logisch	• formal-logisch
• irrational	• rational
IMAGINATION	WILLE

MAGIE

Übersicht 1: Darstellung der Grundstruktur der Magie (I)

Die »Kunst« entspricht der »Imagination« durch ihren intuitiven Charakter, die »Wissenschaft« entspricht dagegen dem »Willen« durch ihre Reflektiertheit und ihre klare, präzise Zielsetzung.

Wir bekommen also bereits eine vorläufige Gleichung:

WILLE + IMAGINATION = MAGIE

Tatsächlich galt dies lange Zeit als die Grundformel der Magie schlechthin. Disziplinen wie das Positive Denken, bei denen man sich gezielt (= »Wille«) bestimmte Ereignisse und Lebenszustände möglichst plastisch vorstellt (= »Imagination«), arbeiten fast ausschließlich danach, und dies durchaus mit gutem Erfolg. Wenn wir uns aber unsere Definition noch einmal anschauen, bemerken wir, daß in dieser Gleichung noch etwas fehlt: die »veränderten Bewußtseinszustände«. In der Magie verwendete, veränderte Bewußtseinszustände nennt man die Magische Trance oder auch Gnosis. Wichtig ist dabei, daß die Magische Trance in der Regel nichts mit der hypnotischen Volltrance zu tun hat, bei der der Wille des Hypnotisierten weitgehend ausgeschaltet oder zumindest fremdbeherrscht wird. Dies würde auch gegen unsere Forderung »im Einklang mit dem Willen« verstoßen, denn damit ist ein bewußter, erklärter Wille gemeint.*

Doch wenn wir schon die Imagination und den Willen einsetzen, wozu benötigen wir dann noch die Magische Trance?

Um dies zu verstehen, müssen wir wissen, nach welchem Muster unsere Psyche aufgebaut ist, und wie sie funktioniert. Denn zunächst einmal gehen wir davon aus, daß die magische Kraft und die Fähigkeit zur Magie eine innerseelische Erscheinung ist.

BEWUSSTSEIN
ZENSOR
UNBEWUSSTES

Übersicht 2: Die Grundstruktur der Psyche

---

* Eine Ausnahme von dieser Regel der Nicht-Volltrance bilden die sogenannten »Besessenheitskulte«, wie wir sie vornehmlich im afrikanischen und afroamerikanischen Bereich – z. B. Voodoo, Macumba – beobachten können.

In der Übersicht 2 haben wir in vereinfachter Form das gängige Modell der Psyche, wie es uns die moderne Tiefenpsychologie anbietet. Wir sehen als erstes das Bewußtsein, das wir gleichsetzen mit Tages- oder Wachbewußtsein. Im unteren Teil der Skizze erkennen wir das Unbewußte, das man auch das Unterbewußtsein nennt. Dieses umfaßt alles, was sich unserem Bewußtsein in der Regel entzieht; zwar ist es ständig aktiv, doch bemerken wir das meistens nur beim Träumen. Zwischen Bewußtsein und Unbewußtem liegt der sogenannte Zensor. Dieser stellt eine Art »Zweiwegfilter« dar: Einerseits sorgt er für die selektive Wahrnehmung der Reize der Außenwelt; andererseits schützt er das Bewußtsein vor der unkontrollierten Überflutung durch die Inhalte des Unbewußten, zu denen auch Verdrängungen und Komplexe gehören. Dem Zensor kommt also eine lebenserhaltende Funktion zu, er sorgt auch für das, was wir gemeinhin als »geistige Gesundheit« bezeichnen. Es ist von großer Wichtigkeit, dies zu erkennen, bevor wir, was leider häufig geschieht, im Zensor einen »bösen Feind« sehen, der uns als Magiern den Spaß am Leben verderben will!

Der Zensor hat freilich auch einen erheblichen Nachteil, er ist nämlich außerordentlich konservativ. Nur ungern gestattet er es dem Bewußtsein, einen direkten, unmittelbaren Kontakt zum Unbewußten herzustellen, der sich seiner Kontrolle entzieht. Man könnte ihn mit einem etwas mißtrauischen »Palastwächter« vergleichen: ein treuer, braver Diener seines Herrn, doch manchmal allzu ängstlich um dessen Sicherheit besorgt und nicht geneigt, Neues ungeprüft zu- beziehungsweise einzulassen.

Tatsächlich besteht nun der wichtigste »Trick« der Magie darin, den Zensor vorübergehend auszuschalten, um die »Kraftquelle Unbewußtes« direkt anzuzapfen und ihr gezielt Aufgaben zu erteilen. Dies geschieht durch die Magische oder Gnostische Trance. Oft gleicht dieser Zustand dem Dämmerzustand kurz vor dem Einschlafen, in dem das Bewußtsein ja auch noch aktiv ist, nur eben sehr gedämpft; dann findet, beispielsweise durch Bilder, ein direkter Austausch zwischen ihm und dem Unbewußten statt. In der Magischen Trance ist der Zensor gewissermaßen

> *Magie zapft die »Kraftquelle Unbewußtes« direkt an, um ihr gezielt Aufgaben zu erteilen.*

»eingeschläfert«; im Idealfall wird er freilich einen sehr leichten »Schlaf« haben und stets dann, wenn echte, ernste Gefahr droht, wieder aktiv werden. Übrigens entspricht dies der Rolle des Schwerts in der Magie, wie wir bei unserer Beschäftigung mit den Ritualwaffen noch sehen werden.

Somit gelangen wir zur vollständigen Struktur der Magie, wie sie unserer erweiterten Definition entspricht und unten in der Übersicht 3 dargestellt ist.

In Übersicht 4 dagegen (weiter unten) gibt dieselbe Aussage noch einmal in Gestalt einer »mathemagischen Formel« wieder. Mit dieser Art der Darstellung sollten Sie sich schon jetzt gründlich vertraut machen, am besten, indem Sie diese Formel auswendig lernen. Denn wir werden ähnlichen Formeln im Laufe dieser Schulung häufiger begegnen. Das ist keine bloße Spielerei, im Gegenteil: Formeln stellen mnemotische, also gedächtnisstützende Abkürzungen für Regeln und Gesetze dar, aus denen man praktische Ableitungen gewinnt. Ein Ziel dieser Schulung ist, die Grundstrukturen der Magie aufzuzeigen und verständlich zu machen. Das ist insofern neu, als der Großteil der vorliegenden magischen Literatur eher »Rezeptbuchcharakter« hat. Anstatt die Grundgesetze zu erklären, nach denen Magie funktioniert, boten nicht etwa nur ältere Autoren häufig lediglich Einzelrezepturen: Rituale gegen Feindeinwirkung, magische Glyphen für Glück und Wohlstand, Amulettzeichnungen wider Pest und Cholera, Mantras (Zauberworte), »um einen Fürsten gnädig zu stimmen« oder um Geister zu beschwören, Rezepte gegen Warzen und Tränke, »um die Liebe einer Frau/eines Mannes zu gewinnen«, und so weiter. Auch – und gerade! – die volkstümliche

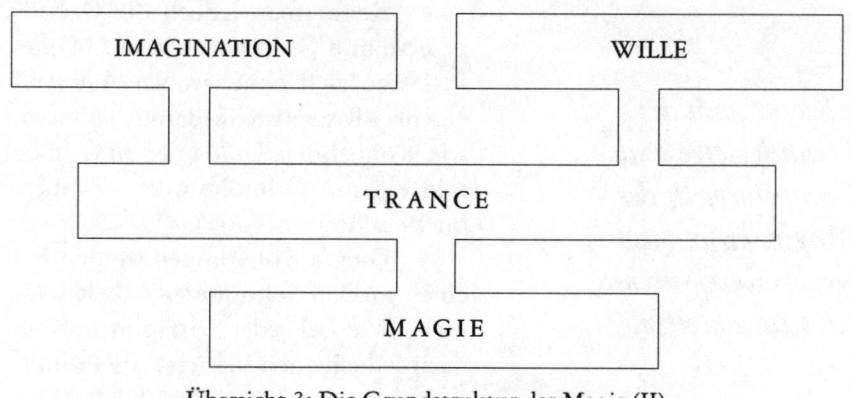

Übersicht 3: Die Grundstruktur der Magie (II)

$$M = w + i + g$$

Legende
M = Magischer Akt
w = Wille
i = Imagination
g = Gnosis (Mag. Trance)

Übersicht 4: Die erste Grundformel der Magie

magische »Praxisliteratur« der allerjüngsten Zeit verfährt nach diesem Schema. Was dabei leider immer wieder mißverstanden wird, ist die Tatsache, daß solche Rezepturen nicht von allein, quasi »automatisch« wirksam sind! Dies ist ein Irrtum, dem vor allem der Anfänger immer wieder zum Opfer fällt. Dann sucht er nach dem »echten, wirklichen, hundertprozentig wirksamen Ritual« oder nach der »ultimativen Zauberformel«. Es gibt noch heute jede Menge Scharlatane, die nur zu gern die Hand aufhalten und ihm Rezepte verkaufen, ohne ihm die Bedingungen zu erklären, unter denen allein sie wirksam werden können.

Nun ist es keineswegs so, als wären solche Rezepturen grundsätzlich völlig nutzlos. Doch wenn wir bei ihrem Gebrauch nicht die erste Grundformel der Magie beherzigen, sind sie meistens nicht einmal das Papier wert, auf das sie gedruckt sind. Und selbst dort, wo sie gelegentlich funktionieren, läßt sich erkennen, daß Wille, Imagination und Gnosis mit im Spiel gewesen sind.

> *Kennt man die Grundgesetze und Grundformeln der Magie, kann man eigene »Rezepturen« daraus ableiten.*

Kennt man jedoch die Grundgesetze und Grundformeln der Magie, so lassen sich ohne großen Aufwand eigene »Rezepturen« daraus ableiten, wie ja ohnehin jeder Magier im Grunde sein eigenes Grimoire oder »Zauberbuch« schreibt.

Diesen Ableitungen werden wir einen großen Teil unserer Arbeit widmen. Wie bei jeder Disziplin müssen dazu jedoch auch hier erst die Grundlagen »sitzen« – ohne das »Kleine Einmaleins« läßt sich eben nicht rechnen! Diese Grundlagen sind die mathemagischen Strukturformeln, die wir Ihnen in immer neuen Variationen vorstellen werden.

Aus dem bisher Gesagten ergibt sich, daß der Schwerpunkt der magischen Ausbildung auf der Schulung von WILLE, IMAGINATION und TRANCE liegen muß, wenn im Rahmen dieses Paradigmas bzw. Erklärungsmodells optimales Arbeiten ermöglicht werden soll. Nun gibt es bereits eine Reihe magischer Werke, die sich diesen Punkten widmen. Beispielsweise finden Sie in den Büchern von Franz Bardon (besonders in *Der Weg zum wahren Adepten*) zahlreiche Grundübungen, die vor allem der Selbstdisziplinierung bzw. Willensschulung und der Visualisation bzw. Imagination dienen. Bardons Übungen sind im Prinzip vorzüglich aufgebaut, und man kann mit ihrer Hilfe in der Magie sehr weit kommen. Freilich geschieht dies leider nur im Schneckentempo, wenn man sich an die von ihm so kompromißlos als »absolut« vorgeschriebenen Zeitangaben hält. So müßte man beispielsweise einen Gegenstand zehn Minuten lang ohne jeden Konzentrationsverlust visualisieren können, ebenso lang Gedankenleere herstellen und so weiter. Es ist nicht zu leugnen, daß dergleichen in der Magie sehr hilfreich sein kann. Die Praxis hat jedoch gezeigt, daß mit solchen Maximalforderungen vor allem der Anfänger nur unnötig abgeschreckt, ja sogar vom eigentlichen Prinzip der Magie abgelenkt wird. Die Angst, die Übung nicht »richtig« zu machen oder sie noch nicht richtig zu beherrschen, erweist sich häufig als vermeidbares Hindernis. Mit anderen Worten: Es geht auch erheblich einfacher und schneller, wie vor allem die Sigillenmagie beweist, mit der wir uns im nächsten Abschnitt befassen werden.

Das soll allerdings nicht bedeuten, daß der angehende Magier getrost auf hartes, fleißiges Arbeiten verzichten könnte – dies kann er ebensowenig wie der »Meister«, dem es selbst noch nach jahrzehntelanger erfolgreicher Praxis nicht erspart bleibt, gewisse Grundübungen immer aufs neue zu wiederholen, um nicht »einzurosten«. Zumal ist vielleicht das Faszinierendste an der Magie die Tatsache, daß man in dieser Disziplin niemals ausgelernt hat – immer gibt es noch etwas Neues, etwas Unerforschtes, Unbekanntes und, vor allem, Ungemeistertes. Die Herausforderungen sind zahllos, und wer die Augen ent-

> *Der Schwerpunkt der magischen Ausbildung*

sprechend offenhält, dem wird die Magie auch niemals langweilig werden. Deshalb gleich zu Anfang dieser Schulung die Grundmaxime:

FLEISSIGES, REGELMÄSSIGES ÜBEN IST DER SCHLÜSSEL ZUM ERWERB MAGISCHER FERTIGKEITEN!

Sie sollten wissen, daß es von Ihnen allein abhängt, wie schnell oder wie langsam die Magie bei Ihnen »klappt«. Es ist zwar nicht zu leugnen, daß es so etwas wie ein »magisches Talent« gibt, das bei verschiedenen Menschen unterschiedlich stark ausgeprägt ist; doch wird die Wichtigkeit dieses Talents meist stark überschätzt. Begehen Sie nicht den häufigen Anfängerfehler, die »Naturtalente« zu beneiden, weil denen vieles in der Magie stets auf Anhieb (also ohne mühsames Erarbeiten und vorhergehendes Üben) zu gelingen scheint. Denn im Grunde sind diese Naturtalente meistens eher zu bedauern: Gerade weil ihnen so viel scheinbar »geschenkt« wird und gewissermaßen in den Schoß fällt, fehlt es ihnen an der Selbstdisziplin und Härte des weniger Begabten, der sich alles erst mit Schweiß und Tränen verdienen mußte. Diese Selbstdisziplin und Härte aber stellt magisch gesehen eine wichtige Erdung dar, sie ist der beste Schutz vor den beiden typischsten und gefährlichsten Magierkrankheiten: Selbstüberschätzung und Verfolgungswahn. Der gute Magier muß demütig sein im selben Sinne, wie der gute Krieger demütig ist: Er kennt seine eigenen Grenzen viel zu genau, um sich durch Wunschdenken über sie hinwegzutäuschen; er begeht nicht den Fehler, Probleme, Gegner oder Herausforderungen zu unterschätzen; er denkt und handelt ökonomisch, also mit einem Minimum an Aufwand bei einem Maximum an Effizienz; er ist charakterlich gefestigt, weil er im Laufe seiner Ausbildung die sinnvolle Selbstüberwindung gelernt hat und zwischen rein gefühlsbetonten und sachlich begründeten Urteilen zu unterscheiden weiß; er ist im Idealfall ein Techniker, ohne Technokrat zu sein, einer, der seine Disziplin aus dem Effeff beherrscht, ihre Gesetzmäßigkeiten – aber auch ihre Schwächen – kennt; und er respektiert und achtet sein Handwerk sowie alle, die es erlernt haben und noch erlernen. All dies wird einem Menschen nur selten in die Wiege gelegt, er muß es sich vielmehr in der Regel erst aneignen. Das Naturtalent aber neigt allzuoft dazu, diese Anforderungen zu übersehen, und so lernt es mei-

> *Der gute Magier kennt seine eigenen Grenzen genau.*

stens nur dadurch, daß es »ins Messer« läuft, also durch das Schmerzprinzip des Irrens und Scheiterns.

Doch das Leben ist ohnehin viel zu kurz, als daß ein einziger Mensch jemals die gesamte Magie und Geheimwissenschaft auch nur annähernd ausloten könnte. Die Zeit drängt – ob Sie nun achtzehn Jahre alt sein mögen oder achtzig! Dies bedingt die Forderung nach didaktischer und pädagogischer Ökonomie. Dieser Forderung wollen wir dadurch Rechnung tragen, daß wir nach Möglichkeit stets Übungen und Praktiken empfehlen, die so vielseitig und allumfassend sind, wie es im Rahmen des pädagogisch Sinnvollen zu vertreten ist. Etwas salopp ausgedrückt versuchen wir als moderne Magier, durch unsere Übungen möglichst mehrere Fliegen mit einer Klappe zu schlagen: Sie sollen zugleich den Willen schulen, die Imagination entwickeln und den Zugang zur kontrollierten Trance erschließen. Aus diesem Grunde trennen wir in unserer Schulung auch nicht scharf in Willens-, Imaginations- und Tranceschulung, wie es unser Modell eigentlich nahelegen würde. Im nächsten Abschnitt werden wir näher auf dieses Thema eingehen. Fürs erste soll es genügen, daß Sie sich der hier aufgezeigten Grundelemente der Magie bewußt werden und eine Weile darüber nachdenken.

Anstatt Sie, wie manche magische Autoren es gerne tun, monate-, wochen- und jahrelang mit Übungen hinzuhalten, die in keinem erkennbaren Zusammenhang zur magischen Praxis zu stehen scheinen (was freilich oft nur das Fehlurteil des Anfängers ist!), möchten wir Sie sofort und ohne große Vorarbeiten in die Praxis der Magie selbst einweisen. Dies bedingt allerdings, daß die Übungen, die am Schluß dieses Abschnitts stehen, an den einen oder anderen Leser am Anfang schier unmöglich zu erreichende Anforderungen zu stellen scheinen. Keine Bange – auch in der Magie wird nur mit Wasser gekocht! Bemühen Sie sich einfach so gut es geht, und seien Sie sich stets darüber im klaren, daß vieles erst durch die Praxis selbst zu erreichen ist.

WISSE, WOLLE, WAGE, SCHWEIGE

Bevor wir zum praktischen Teil dieses ersten Abschnitts übergehen, wollen wir Ihnen eine weitere Maxime mit auf den Weg geben, die in der ganzen Esoterik immer wieder auftaucht und zurecht hochgeschätzt wird. »Wisse, wolle, wage, schweige« lautet die Aufforderung an den

Geheimwissenschaftler. Dies wollen wir hier nur ganz kurz erläutern, es soll Ihnen zur weiterführenden Meditation dienen.

WISSE

Ohne Wissen um das, was wir als Magier tun, sind wir nicht nur ziellos, wir laufen auch Gefahr, grundlegende Gesetze unseres magischen Tuns zu verkennen und bisweilen verheerende Fehler zu begehen. Allerdings gab es auch Zeiten, da dieses »Wissen« falsch verstanden oder stark überschätzt wurde. Es ist nämlich damit nicht allein ein reines Kopf- oder Verstandeswissen gemeint, das freilich auch dazu gehört; dieses wollen wir im vorliegenden Kurs umfassend vermitteln. In erster Linie geht es jedoch um intuitives oder Bauchwissen, und das läßt sich nur durch die eigene Erfahrung erlangen. Jeder Lehrer kann dem Schüler bestenfalls zeigen, wie er zu diesem intuitiven »Fleischeswissen« gelangt, den Lernprozeß selbst kann er ihm jedoch nicht abnehmen.

WOLLE

Ein Magier, der nicht weiß, was er will, ist schlußendlich hoffnungslos zum Scheitern verurteilt. Nur der unbeugsame Wille (und das ebenso kompromißlose Wollen – was nicht dasselbe ist!) führt gefahrlos ans Ziel. Tatsächlich sehen viele Magier der Neuzeit im Erkennen des eigenen wahren Willens (Thelema) das eigentliche Ziel jeder hohen Magie. Gerät das Wollen ins Schwanken, »kippt« auch die ganze magische Operation fast automatisch. Willensschulung bedeutet daher stets auch Erkenntnisschulung und Disziplinierung. Denn jeder Mensch neigt dazu, allein nach dem Lustprinzip zu handeln, wenn man es ihm gestattet. Daran ist zwar nichts Prinzipielles auszusetzen, doch führt es leider oft zu Fahrlässigkeit und Bequemlichkeit. Dem beugt das dezidierte Befolgen des eigenen Willens wirkungsvoll vor.

WAGE

Dies ist vielleicht der Grundsatz, gegen den in der Magiegeschichte am allerhäufigsten verstoßen wurde: Die nackte Angst vor der Praxis springt uns auf zahllosen Seiten magischer Autoren an, die sich geradezu davor zu fürchten scheinen, daß die Magie tatsächlich funktionieren könnte! Dies tut sie natürlich auch, doch wirklich effizient kann nur der Magier sein, der den Mut hat, auch durch die Tat für das einzustehen, was ihm sein Wille als notwendig und erstrebenswert eingegeben hat. Beachten Sie bitte, daß wir bisher noch nichts über die Gefahren der Magie gesagt haben: Es ist nicht so, als gäbe es diese nicht. Doch ist Magie tatsächlich nicht viel gefährlicher als das Autofahren. Eine gründliche Ausbildung und nüchterne Praxis sind die beste Voraussetzung für erfolgreiches, risikoarmes Arbeiten. Wenn man den angehenden Fahrschüler unentwegt damit erschreckt, wie gefährlich all sein Tun doch ist, erzieht man ihn lediglich zu einem verängstigten – und somit schlechten – Autofahrer, der Unfälle und Fehlverhalten geradezu anzulocken scheint. Ebenso verhält es sich mit dem Magier. Hüten Sie sich also vor den Warnungen »wohlmeinender« Nichtpraktiker, die Sie schon in der Hölle oder im Irrenhaus schmoren sehen, wenn Sie sich auch nur theoretisch mit Magie beschäftigen sollten! Vertrauen Sie lieber auf erfahrene »Morgenlandfahrer« und Psychonauten, die genau wissen, welche Gefahren tatsächlich drohen und welche nur eingebildet sind (und das sind die meisten!). Denken Sie an Martin Luthers Satz: »Aus einem verzagten Arsch kommt niemals ein fröhlicher Furz.« Tatsächlich stellt die Angst vor der Magie die größte Gefahr auf dem magischen Weg dar! Gerade aus diesen Überlegungen heraus ist auch die Auseinandersetzung mit den eigenen Ängsten von nicht zu unterschätzender Wichtigkeit.

SCHWEIGE

Viel Unfug ist in der Vergangenheit mit der Verpflichtung zum Schweigen getrieben worden. Oft wurde dieses Gebot mit einer Aufforderung verwechselt, die eigene Unwissenheit hinter geheimnisvollen Andeutungen (»darüber muß ich schweigen«, »wahre Eingeweihte werden wissen, was gemeint ist«) zu verbergen. Oft sollte auch der »profanen Masse« geheimes Wissen eifersüchtig vorenthalten werden. Doch ist dies bestenfalls das Verhalten einer verknöcherten Priesterschaft, die um ihre Vorherrschaft, welche auf der Unwissenheit der Beherrschten fußt, bangt. Schlimmstenfalls soll der Unwissende damit gezielt in die Irre geführt werden, wodurch er um so leichter ausgebeutet werden kann. In Wirklichkeit schützen die Mysterien sich ausnahmslos selbst und können überhaupt nicht »entweiht« werden! Denn ihr eigentliches »Geheimnis« ist die Erfahrung, die der Adept mit ihnen macht – und diese Erfahrungsdimension kann ihm niemand nehmen, sie kann von keinem Außenseiter und Unwissenden befleckt werden. Dennoch ist es ratsam, die eigenen okkulten Interessen nicht allzu offenherzig preiszugeben – zu groß sind nach wie vor die Vorurteile, die dem Magier selbst in unserer »aufgeklärten« und »toleranten« Zeit begegnen, zu groß die Energie, die er sonst darauf verwenden muß, sich selbst gegen diese Widerstände zu behaupten. Das bindet unnötig Kräfte und ist deshalb tunlichst zu vermeiden. Außerdem bedeutet das Schweigen, daß, um wieder ein Bild zu gebrauchen, »der Topf auf den Deckel« gelegt wird, damit entsprechender Druck erzeugt werden kann. Dieser Druck ist die magische Kraft, die wir Magis nennen.

Und nun wollen wir gleich zur Praxis übergehen.

Gleich zur Praxis: Das kleine bannende Pentagrammritual

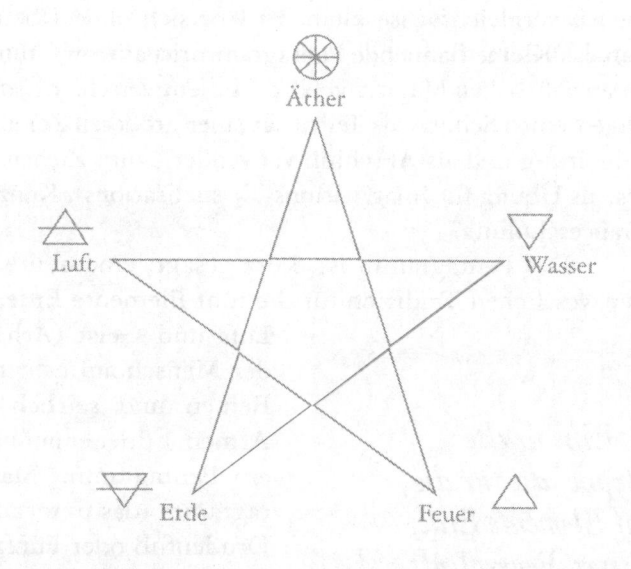

Äther

Luft

Wasser

Erde

Feuer

Einführung in das Kleine Bannende Pentagrammritual

Das Kleine Bannende Pentagrammritual ist eine Art kleinster gemeinsamer Nenner zwischen Magiern fast aller westlichen, hermetisch orientierten Traditionen. Es wird von Europa bis Amerika, von Asien bis Australien praktiziert – eben überall dort, wo Magier und Magierinnen in diesen Traditionen arbeiten. Die Zahl der Varianten ist groß, die wesentlichen Unterschiede zwischen ihnen jedoch vergleichsweise klein. Es läßt sich ohne Übertreibung sagen, daß das Kleine Bannende Pentagrammritual zum Grundrüstzeug eines jeden westlichen Magiers gehört. Es dient verschiedenen Zwecken: zum allgemeinen Schutz, als Teilritual einer größeren Zeremonie (meist zur Einleitung und als Abschluß verwendet), zum Ziehen des Schutzkreises, als Übung für Imaginations-, Visualisations-, Konzentrations- und Tranceschulung.

Das Pentagramm ist, kurz gesagt, eine uralte Glyphe, die in der westlichen Tradition für die fünf Elemente Erde, Wasser, Feuer, Luft und Geist (Äther) steht. Steht der Mensch aufrecht mit gespreizten Beinen und seitlich ausgestreckten Armen, bildet er auf natürliche Weise ein Pentagramm. Man hat im Pentagramm (das unter anderem auch als Drudenfuß oder Fünfzack bezeichnet wird) daher auch die Darstellung des Mikrokosmos gesehen, im Gegensatz zum Hexagramm (Davidsstern oder Sechszack), dem die Planetenkräfte (und somit auch der Makrokosmos) zugeordnet werden. Die traditionelle Zuordnung der Elemente findet sich in Abb. 1. Wir werden im ersten Teil dieser Ausführungen den technischen Ablauf des Rituals schildern und erst später auf Einzelheiten und Feinheiten eingehen.

> *Eine uralte Glyphe, die für die fünf Elemente Erde, Wasser, Feuer, Luft und Geist (Äther) steht.*

Zusätzlich zum Kleinen Bannenden Pentagrammritual gibt es auch noch das Große Pentagrammritual, das wir an anderer Stelle behandeln werden.

EINFÜHRUNG IN DAS KLEINE BANNENDE PENTAGRAMMRITUAL

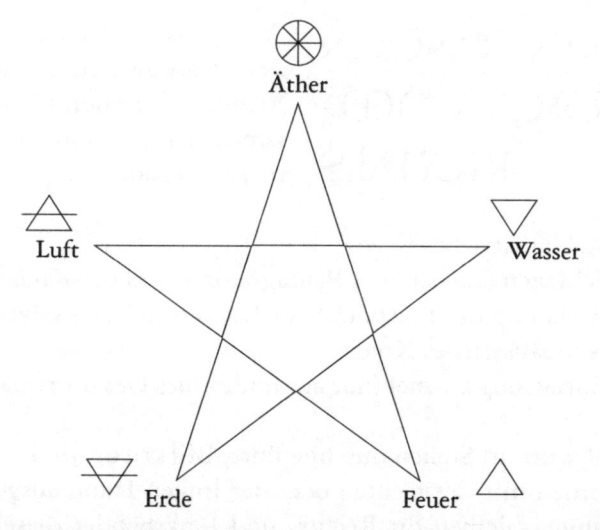

Abbildung 1: Das Pentagramm und die Elemente-Zuordnung

Aus der Zuordnung der Elemente ergeben sich auch bestimmte Zugrichtungen des Pentagramms mit unterschiedlichen Funktionen. Technisch gesehen handelt es sich bei der im Kleinen Bannenden Pentagrammritual verwendeten Zugrichtung um das bannende Erdpentagramm; das heißt, es wird von der Erde aus gebannt. Mit anderen Worten: Der Magier steht bei diesem Ritual »mit beiden Beinen auf dem Boden«, was seiner gnostischen Trance Stabilität und Konzentration verleiht. Dem Anfänger sei somit empfohlen, das Kleine Bannende Pentagrammritual in der hier vorgestellten Form einige Monate lang täglich ein- bis zweimal zu üben, bis alles richtig »sitzt«. Dies ersetzt ihm auch manche andere Imaginations- und Visualisationsübung und fördert die ritualmagische Praxis ungemein.

Wir werden (zum leichteren Nachschlagen) zuerst das Kleine Bannende Pentagrammritual in seiner kompletten Form darstellen, um es erst hinterher zu kommentieren und zu erläutern. Wenn Sie die Erläuterungen gründlich durchgearbeitet haben, werden Sie am Anfang allenfalls nur noch einige technische Einzelheiten in Ihrer Praxis überprüfen wollen.

PRAXIS DES KLEINEN BANNENDEN PENTAGRAMM-RITUALS

Das Kleine Bannende Pentagrammritual ist nach einer Viererstruktur (am Ende eines Gesamtrituals nach einer Fünferstruktur) aufgebaut:

1. Kabbalistisches Kreuz
2. Schlagen (Ziehen) der Pentagramme und des Kreises
3. Anrufung der Erzengel/Visualisation weiterer Glyphen
4. Kabbalistisches Kreuz
5. Entlassungsformel (nur am Ende eines Gesamtrituals)

Das Ritual wird im Stehen durchgeführt, Blickrichtung ist Osten, die Gesten werden mit der rechten oder der linken Hand ausgeführt, die Zugrichtungen bleiben für Rechts- und Linkshänder dieselben. Man kann mit dem magischen Dolch arbeiten oder mit den ausgestreckten Zeige- und Mittelfingern, an die der Daumen angelegt wird.

1. KABBALISTISCHES KREUZ

Ziehe mit Fingern oder Dolch Energie von oben herab auf die Stirn, berühre diese und vibriere kräftig:

> ATEH (= Dein ist);

berühre die Brust und vibriere kräftig:

> MALKUTH (= das Reich);

berühre die rechte Schulter und vibriere kräftig:

> VE-GEBURAH (= und die Kraft);

berühre die linke Schulter und vibriere kräftig:

> VE-GEDULAH (= und die Herrlichkeit);

kreuze die Arme auf der Brust und vibriere kräftig:

LE-OLAM (= in Ewigkeit);

falte die Hände vor der Stirn, ziehe sie herab vor die Brust und vibriere kräftig:

AMEN (= so ist es).

2. SCHLAGEN (ZIEHEN) DER PENTAGRAMME UND DES KREISES

Schlage in Richtung Osten das erste Pentagramm. Atme ein, ziehe die Hand an die Brust zurück, steche ruckartig mit Fingern oder Dolch in die Mitte des Pentagramms und vibriere kräftig den Gottesnamen:

JHVH (Jeh-ho-wah oder: Jod-He-Vau-He)

Mit weiterhin ausgestreckter Hand wendest du dich nach Süden (Teilkreis abschreiten), wiederholst das Schlagen des Pentagramms und das Hineinstechen und vibrierst kräftig:

ADNI (Ah-do-nai)

Mit weiterhin ausgestreckter Hand wendest du dich nach Westen (Teilkreis abschreiten), wiederholst das Schlagen des Pentagramms und das Hineinstechen und vibrierst kräftig:

EHIH (Äe-hi-iäh)

Mit weiterhin ausgestreckter Hand wendest du dich nach Norden (Teilkreis abschreiten), wiederholst das Schlagen des Pentagramms und das Hineinstechen und vibrierst kräftig:

AGLA (Ah-g-lah)

Mit weiterhin ausgestreckter Hand wendest du dich zurück nach Osten (Teilkreis abschreiten) und schließt so den Kreis, der nun von Pentagrammitte zu Pentagrammitte reicht.

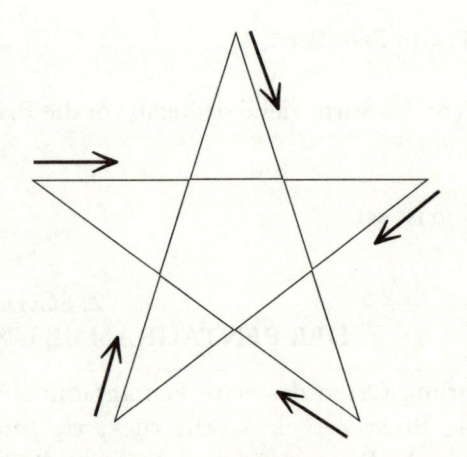

Abbildung 2: Zugrichtung beim Kleinen Pentagrammritual

3. ANRUFUNG DER ERZENGEL/ VISUALISATION WEITERER GLYPHEN

Strecke die Arme nach Osten blickend seitlich aus, und visualisiere dich selbst als überdimensionales schwarzes Kreuz, an dessen vorderem Schnittpunkt eine große rote Rose blüht. Ist diese Visualisation zufriedenstellend erfolgt, visualisierst du beim Vibrieren ihrer Namen die überlebensgroßen menschengestaltigen Formen der Erzengel.

Sprich dabei und vibriere die Namen kräftig:

Vor mir   RAPHAEL;
hinter mir   GABRIEL;
zu meiner Rechten MICHAEL;
zu meiner Linken AURIEL;
um mich herum flammende Pentagramme;
über mir strahlt der sechszackige Stern.

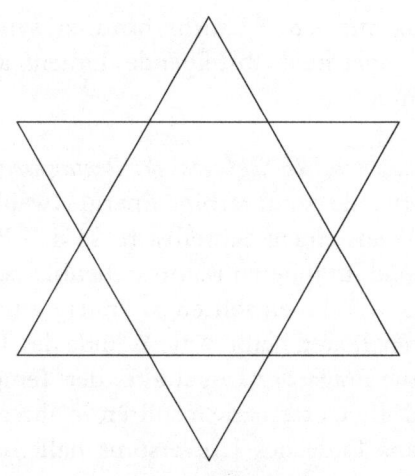

Abbildung 3: Das Hexagramm

4. KABBALISTISCHES KREUZ

Verfahre wie oben unter Punkt 1.

5. ENTLASSUNGSFORMEL
(NUR AM ENDE DES GESAMTRITUALS)

Siehe die Erläuterungen zu diesem Punkt weiter unten.

ERLÄUTERUNGEN ZUM KLEINEN BANNENDEN PENTAGRAMMRITUAL

1. Imagination während des Kabbalistischen Kreuzes:
Die Zughand zieht einen Strahl aus weißem Licht durch die Krone des Kopfes in den Körper, durch den Solarplexus bis hinab zu den Füßen; dann von der rechten zur linken Schulter, so daß der Körper von einem Lichtkreuz durchstrahlt wird.

2. Schlagen (Ziehen) der Pentagramme und des Kreises
Die Pentagramme werden in Pfeilrichtung (s. Abbildung 2) vor dem Körper mit etwa einem Meter Gesamthöhe geschlagen. Es empfiehlt

sich, die Bewegung mit dem Atemrhythmus zu synchronisieren (aufsteigende Linien: einatmen; absteigende Linien: ausatmen; waagerechte Linie: anhalten).

Imagination während des Schlagens der Pentagramme und des Kreises:
Aus der Zughand strömt farbige Energie (weißlich-blau, silbern oder rot) wie aus einem Schreibstift, so daß Pentagramme und Kreis strahlend im inneren Raum stehenbleiben.

Die Gottesnamen sollten so kräftig vibriert werden, daß, wie es in alten Texten heißt, »die Wände des Tempels erbeben«. Dies ist keine Frage der Lautstärke, der Tempel ist der eigene Körper, und die Gottesnamen sollten in ihrer jeweiligen Richtung »bis ans Ende des Universums hallen« und somit alles durchdringen.

3. Anrufung der Erzengel/Visualisation weiterer Glyphen
Wie die Gottesnamen auch, sollen die Namen der Erzengel langgedehnt vibriert werden, so daß hier ebenfalls »die Wände des Tempels erbeben«.

Imagination/Visualisation während der Anrufung der Erzengel:
Raphael im Osten ist der Herrscher der Luft. Er trägt ein gelbes Gewand und einen Stab, evtl. auch einen Salbentopf. Von Osten weht dir bei der Anrufung ein leichter Wind ins Gesicht.
Gabriel im Westen ist der Herrscher des Wassers. Er trägt ein blaues Gewand und einen Kelch, während er in einem klaren, strömenden Wasserfall steht. Hinter dir plätschert das Wasser. Im Westen hinter dir spürst du die Feuchtigkeit.
Michael (auch: Mikael) im Süden ist der Herrscher des Feuers. Er trägt ein leuchtendrotes Gewand und ein Flammenschwert. Im Süden zu deiner Rechten spürst du die Hitze.
Auriel (auch: Uriel) im Norden ist der Herrscher der Erde. Er trägt ein erdfarbenes, braunes und olivgrünes Gewand, eine Ährengarbe im Arm, inmitten eines Weizenfeldes, und steht eventuell auf einem Pentakel. Im Norden zu deiner Linken spürst du die Festigkeit der Erde.
Das Hexagramm über dir wird golden imaginiert.

Vergiß nicht: Gleichzeitig nimmst du die Pentagramme und den Kreis wahr, hörst die vibrierenden Gottesnamen, bist selbst ein großes schwarzes Kreuz mit einer Rose und siehst/spürst die Erzengel bzw. die Elementkräfte! Sei nicht enttäuscht, wenn du viele Monate brauchen solltest, bis du dies alles zufriedenstellend beherrschst. Hier macht nur lange Übung – oder außergewöhnliches Talent – den Meister. Auch das noch unvollkommene Kleine Bannende Pentagrammritual des Anfängers ist von großer Wirksamkeit, sofern es mit Konzentration und Hingabe durchgeführt wird.

4. Kabbalistisches Kreuz
Nun wird das Kabbalistische Kreuz wiederholt wie unter Punkt 1 beschrieben.

5. Entlassungsformel
Bei größeren zeremonialmagischen Operationen wird das Kleine Bannende Pentagrammritual als einleitendes Schutz- und Kreisziehungsritual verwendet. Abschließend wird es wiederholt, um das Gesamtritual zu beenden.

    In diesem Fall wird das zweite Kleine Bannende Pentagrammritual noch durch die Entlassungsformel ergänzt. Damit werden etwaige, durch die Zeremonie angelockte Wesenheiten (aber auch störende Gedanken, Assoziationen und Gefühle) entlassen. Die Entlassungsformel ist nicht festgelegt, sie könnte aber beispielsweise folgendermaßen lauten:

> Hiermit entlasse ich alle Wesen und Energien, die durch dieses Ritual gebannt wurden. Ziehet hin in Freiheit – Friede herrsche zwischen euch und mir!

Im nächsten Teil dieser Erläuterungen wollen wir uns näher mit den einzelnen Bestandteilen des Kleinen Bannenden Pentagrammrituals beschäftigen, mit verschiedenen Aspekten seines Gebrauchs, dem Prinzip der Zugrichtungen und anderem mehr. Beginnen wir, wieder der Reihenfolge des Rituals folgend, mit dem Kabbalistischen Kreuz.

1. DAS KABBALISTISCHE KREUZ
Unabhängig von jedweden religiösen und kulturspezifischen Assoziationen dient das Kabbalistische Kreuz vor allem zwei Zwecken:

a) Es stellt eine innere Harmonie und Mittigkeit im Magier her und sorgt für eine ausgewogene Aktivierung der feinstofflichen Körperenergien. Darin ist es Übungen, wie wir sie beispielsweise aus der Buchstabenmagie (Kerning, Kolb, Sebottendorf), aber auch aus anderen Kulturkreisen (etwa der Kleine Energiekreislauf im Chi Kung oder »Tao Yoga«) kennen, ähnlich. Diese Funktion kann gar nicht überbetont werden! Oft genügt es, allein das Kabbalistische Kreuz regelmäßig durchzuführen, um Heilung, innere Ruhe und – vor allem – magischen Schutz zu finden. Dies liegt auch am zweiten, im nächsten Absatz behandelten, Wirkungsfaktor dieser durch die Praxis zahlloser westlicher Magier als äußerst wirkungsvoll erwiesenen Übung.

b) Durch seine inhaltliche Aussage (»Dein ist das Reich und die Kraft und die Herrlichkeit, in Ewigkeit, amen!«) bestärkt es Selbstvertrauen und -sicherheit des Magiers, nimmt ihm die in der Magie so gefährlichen Ängste*; es schafft also auf bildlich-assoziativer Ebene jene Gewißheit, die den destruktiven Zweifel am eigenen Willen vertreibt. Denn mit dem »Dein« ist zunächst der Magier selbst gemeint, getreu dem alten Motto »Deus est Homo, Homo est Deus« (»Gott ist Mensch, der Mensch ist Gott«).

Dennoch ist es nicht unbedingt erforderlich, die Bedeutung der einzelnen hebräischen Mantras beim Intonieren bewußt zu reflektieren (gilt auch für die Gottesnamen). Sie wirken vielmehr am stärksten durch den Klang, weshalb es auch so wichtig ist, sie laut zu vibrieren. Später, bei genügend Praxis, kann dies auch lautlos oder mental (zum Beispiel bei der Doppelgängermagie) geschehen.

Das Herabziehen des weißen Lichts in den Körper verbindet im Magier Himmel und Erde (kabbalistisch: Kether mit Malkuth), macht ihn zum lebenden Symbol der Vereinigung der traditionellen Gegensätze von »Geist/Materie«, »Licht/Schatten«, »Gut/Böse«, »Solve/Coagula« (»Lösen/Trennen«) oder, östlich ausgedrückt, »Yin/Yang«. Somit wird er zur Verkörperung des (abgekürzten) hermetischen Gesetzes »Wie das Oben, so das Unten« der Smaragdtafel des Hermes Trismegi-

---

* *Besonders üble Stichwörter in diesem Zusammenhang: Paranoia und der für viele Anfänger so typische Größenwahn, der nur eine Art »umgekippter Angst« und psychologisch gesehen eine Kompensation von Minderwertigkeitsgefühlen ist; beides kann sich als fatale Fehleinschätzung und als schlimmer Realitätsverlust erweisen.*

stos, auf der es wortwörtlich heißt: »Was oben ist, ist gleich dem, was unten ist, und was unten, ist gleich dem, was oben ist, vermögend, die Wunder des Einen zu vollbringen.«

Wir erkennen, daß allein schon das Kabbalistische Kreuz genügend Stoff für kontemplative Betrachtung bietet, um den Magier philosophisch lange Zeit zu beschäftigen. Und gerade darin liegt der Wert tiefdurchdachter traditioneller Symbolhandlungen. Dennoch darf ob der metaphysisch-mystischen Betrachtung nie die Praxis selbst vergessen werden, wie das in der Magie

> *Will man Oben und Unten vereinen, so müssen Denken und Handeln eine Tateinheit bilden.*

leider allzu lange geschah und zum Teil heute noch geschieht; denn sonst stürzt die derart verletzte Symbol-Logik des Ganzen den Magier in unbewußte Konflikte, die den magischen Erfolg infrage stellen – den konkret-materiellen ebenso wie den philosophisch-mystischen. Will man Oben und Unten vereinen, so müssen Denken und Handeln eine Tateinheit bilden. Blutleere Spekulation ist ebenso zu vermeiden wie blinder Aktionismus ohne geistige Grundlage.

2. DIE PENTAGRAMME, DER SCHUTZKREIS UND DIE GOTTESNAMEN

Allein mit Betrachtungen über die tiefere Symbolik des Pentagramms ließen sich viele Seiten füllen. Das für den Anfang Wesentliche wurde jedoch bereits im ersten Teil gesagt, so daß hier allenfalls eine kleine überblickartige Zusammenfassung erforderlich ist. Das Pentagramm ist unter anderem Symbol der fünf Elemente Erde, Wasser, Feuer, Luft und Äther.

Damit steht es für die materielle, irdische Welt, welche die Alten auch als die »sublunare« (unterhalb des Mondes befindliche) zu bezeichnen pflegten. Früher galt der Mond, zumindest in der

> *Das Pentagramm steht für die materielle, irdische Welt.*

eher patriarchalisch geprägten Geheimwissenschaft des Westens – übrigens wie alles Weibliche – als Inbegriff der Täuschung und Verführung, der Illusion. Daraus leitete sich dann auch die Behauptung ab, es gebe so etwas wie »niedere« und »hohe« Magie. Heutzutage sehen zumindest aufgeschlossene Magier, die nicht jeden alten Unfug kritiklos wiederkäuen, die Lage, nicht zuletzt auch dank der modernen Tiefenpsychologie, ein wenig differenzierter; sie haben erkannt, daß es wenig Zweck hat, den einen Pol (zum Beispiel den »kosmischen«, »göttlichen«, »geistigen« oder wie immer man ihn nennen will) auf Kosten des anderen überzubetonen. Schließlich ist Magie nicht zuletzt auch die Kunst, einerseits ein bestimmtes Gleichgewicht herzustellen und es andererseits aufzuheben und durch ein neues zu ersetzen.*

Mit dieser Tatsache konfrontiert uns das Pentagramm: Es bietet uns schon durch das bloße Schlagen (Ziehen) symbolisch die Möglichkeit, mit den Energien der Elemente auf bestimmte, gezielte Weise umzugehen. Dies wird uns bei der Betrachtung der Zugrichtungen noch klarer werden, die wir im dritten Teil im Zusammenhang mit dem Großen Pentagrammritual noch ausführlicher behandeln wollen. Nur soviel vorab: Das Ziehen der Linien des Pentagramms verbindet die Elemente miteinander. Auf der Tarotkarte I (»Der Magier«) wird der Magier meist an einem Tisch (»Altar«) dargestellt, und er jongliert mit den (vier) Elementen, dargestellt durch den Stab (Feuer), den Kelch (Wasser), das Schwert (Luft) und das Pentakel (Erde). Dies kann er nur durch den ihm innewohnenden Geist (»Äther«), oft, etwa im Golden Dawn Tarot, als Lemniskate (die liegende Acht, das Symbol der Unendlichkeit) dargestellt, die seinen Hut ziert oder über seinem Kopf schwebt.

> *Das Symbol der Magie schlechthin*

Magie zu machen bedeutet also nicht zuletzt auch, ja zu sagen zur »sublunaren« Welt der Elemente. So gilt das Pentagramm auch als das Symbol der Magie schlechthin. Indem wir die vier Pentagramme beim Ritual in

---

* *Denn es gibt keineswegs, wie oft fälschlich geglaubt wird, immer nur ein einziges Gleichgewicht. Dazu ein Beispiel: Gleichgewicht und Ausgewogenheit innerhalb einer Gangsterbande bedeutet für die Bande ein reibungsloses, »harmonisches« Funktionieren beim Ausüben ihrer Tätigkeit; für die Beraubten – und die allgemeine, von der Bande bedrohte Gemeinschaft – dagegen bedeutet es »Unsicherheit der Straßen und Parks«, »Mangel an Schutz von Leben und Besitz«, also Ungleichgewicht und Benachteiligung gegenüber stärkeren oder skrupelloser vorgehenden Zeitgenossen. Stellt ein »starker Mann mit eiserner Hand«, zum Beispiel ein drakonischer Innenminister, dann wieder »Recht und Ordnung« her, entsteht daraus meist ein Ungleichgewicht für Andersdenkende. Politische Verfolgung ist die Konsequenz, es folgen Korruption und Unzufriedenheit, schließlich Rebellion, möglicherweise der Umsturz und ein neues Regime.*

die vier Himmelsrichtungen (auch »Ecken« genannt, eine Symbolik, auf die wir erst an anderer Stelle eingehen können) setzen, bekennen wir uns zum »Unten« und setzen gleichzeitig das Wissen und (hoffentlich!) die Weisheit (zum Beispiel den Wahren Willen oder Thelema, die Gnosis) des »Oben« in die Tat um. Hier leben wir, wir selbst verkörpern das Pentagramm, wie bereits im ersten Teil erwähnt, wenn wir uns mit gespreizten Beinen und ausgebreiteten Armen hinstellen (man denke an Leonardos berühmte Darstellung des goldenen Schnitts!) und indem wir den Kreis durch die Pentagramme zugleich markieren und durch ihre Harmonie sichern. Zudem ist das Schlagen der Pentagramme das praktische Umsetzen der »Choreographie der Energiebewegungen«, als welche man die Magie ebenfalls gelegentlich bezeichnet.

Dem Schutzkreis gebührt in der Magie ebenfalls eine herausragende Rolle, die hier zunächst nur angedeutet werden soll.

Er ist Symbol der Unendlichkeit, da er weder Anfang noch Ende hat. Der Magier steht in seiner Mitte, und dies im doppelten Sinne des Wortes: in der Mitte des Kreises und in der Mitte seiner eigenen Unendlichkeit. (Zumindest tut er dies im Idealfall; auf jeden Fall sollte er es stets anstreben.) Oft wird der Kreis übrigens auch als Kugel betrachtet oder gezogen. Der Kreis schützt vor ungewollten äußeren Einflüssen, doch nicht etwa automatisch durch seine bloße Existenz, sondern vielmehr indem der Magier diesen die eigene Zentriertheit entgegensetzt. Er ist somit auch ein Sinnbild der Konzentration, der vorübergehenden Ausschaltung alles Überflüssigen und Störenden. Von seiner Mitte aus zieht der Magier seine (»konzentrischen«) Kreise in der Welt, zugleich ist der Kreis sein symbolischer Mikrokosmos, er ist das Universum, welches der Magier beherrscht, dessen Herr und Meister, ja Schöpfer er ist. Doch jedes Universum ist immer nur so gut wie sein Schöpfer! Von daher ist der Kreis dem Magier auch Ansporn zur Vervollkommnung, zumindest aber zur Verbesserung seiner eigenen Fähigkeiten, seines Wissens, seiner Weisheit. Abschließend soll hier zum Kreis nur noch gesagt werden, daß er in der Praxis nicht nur visualisiert oder sonstwie sinnlich wahrnehmbar gezogen wird, er sollte auch und gerade körperlich spürbar sein wie eine Mauer. Nie sollte der Magier den Kreis

> *Der Schutzkreis ist ein Symbol der Unendlichkeit, da er weder Anfang noch Ende hat.*

während des Rituals verlassen, denn das hieße seine Mitte zu verlassen, was je nach Art der Energien, mit denen gerade operiert wird, schlimme Folgen haben kann, von Krankheit und Verwirrung bis zu echtem Wahnsinn oder gar physischem Tod. Man kann es dem Hantieren mit einer Starkstromleitung vergleichen: Wird die schützende Isolierung abgelegt, droht Gefahr für Leib und Leben. Freilich ist der Kreis auch ein Schutz vor den eigenen Energien, beispielsweise jener des Unbewußten. In diesem Sinne fungiert er gewissermaßen als eine Art projizierter Zensor und Filter. Denn er ist zugleich durchlässig, doch eben nur für die gewollten, angerufenen Kräfte.

Die Bedeutung der in die Himmelsrichtungen vibrierten Gottesnamen

Die in den vier Himmelsrichtungen vibrierten Gottesnamen haben zwar auch zum Teil ihre eigene Bedeutung, doch steht diese hinter ihrer mantrischen, vibratorischen in der Regel stark zurück. Der Vollständigkeit halber sollen diese Bedeutungen hier jedoch erwähnt werden.

J – H – V – H (Jehova oder Jahwe) wird herkömmlich als »ICH BIN DER ICH BIN« übersetzt – die Selbstdefinition des Schöpfergottes der Genesis. Die Tatsache, daß die Gottheit ist, der sie ist, muß der Mensch als Aufforderung verstehen, zu werden, wer er ist. Dies setzt man auch gleich mit dem Erkennen und Leben des eigenen Willens (Thelema), der Herstellung des Kontakts zum und dem Zwiegespräch mit dem Heiligen Schutzengel, der Verwirklichung der eigenen Bestimmung und so weiter. Papus hat umfangreiche kabbalistische Spekulationen über die Zuordnung der vier Elemente zu den einzelnen hebräischen Buchstaben dieses »unaussprechlichen« Namens Gottes vorgelegt, auf die einzugehen hier allerdings nicht der Ort ist. Wichtig ist noch zu wissen, daß man dieses JHVH meistens als TETRAGRAMMATON bezeichnet, wörtlich als »Vierer-Wort« oder als »vierbuchstabigen Namen Gottes«.

ADNI (häufig auch ADONAI geschrieben) bedeutet wörtlich »Herr« oder »mein Herr«. Es ist dies auch in der Regel der Name, den der orthodoxe Jude dort, wo in den heiligen Schriften Tetragrammaton erwähnt wird, an dessen Stelle laut liest. (Denn JHVH darf von ihm nicht ausgesprochen werden.)

EHIH (oft auch EHIEH geschrieben) wird als »Ich werde sein« übersetzt. Im Pentagrammritual steht das Wort für das Wollen des Magiers.

AGLA ist kein eigenes Wort, sondern eine Abkürzung aus den Anfangsbuchstaben eines ganzen Satzes (eine Technik, die man in der Kabbala als Notarikon oder Notariqon bezeichnet): »Athath gibor leolam Adonai«, was sich übersetzt als »Du bist mächtig in Ewigkeit, o Herr!« Auch hieran knüpfen sich zahllose eher mystische Spekulationen, welche natürlich meist auf der jüdischen Geheimlehre fußen.

Der genaue Grund für diese spezifische Zuordnung der Gottesnamen zu den Himmelsrichtungen bzw. Elementen ist unklar, zumal sich, wie wir im übernächsten Abschnitt beim Großen Pentagrammritual noch sehen werden, hier einiges verschiebt.

Wichtig ist vor allem ihre kraftvolle Schwingung, die es auch den nicht in der judäo-christlichen Tradition stehenden Magiern leichtmacht, einen schnellen Zugang zu ihren feinstofflichen Energien zu erlangen.

3. DIE ANRUFUNG DER ERZENGEL UND DIE VISUALISATION WEITERER GLYPHEN

Das, übrigens gleichschenklige, Kreuz, als das sich der Magier visualisiert, ist unter anderem ein altes Symbol für das Aufeinandertreffen von Geist (senkrechte Achse) und Materie (waagerechte Achse), an dessen Schnittpunkt der Mensch steht. Dort blüht auch die Rose der Erkenntnis und der Weisheit. Es ist aber auch die Rose des Schweigens, das heißt eine Aufforderung zum Schweigen über seine königliche Kunst.* Schweigen ist, wie wir bereits gesehen haben, eine äußerst wichtige Energietechnik, die der Steigerung magischer Kräfte dient, ähnlich wie erst der Deckel auf dem Topf mit kochendem Wasser Explosionsdruck entstehen läßt. Indem er also das »Kreuz der Welt«

> *Schweigen – eine äußerst wichtige Energietechnik!*

---

* »Sub rosae«, also »unter der Rose«, nennt man selbst noch heute gelegentlich Mitteilungen und Absprachen, die vertraulich oder gar geheim sind.

verinnerlicht, erwächst dem Adepten die (schweigende) Weisheit der Vollendung.

Ein Element des Kleinen Bannenden Pentagrammrituals macht vor allem dem nichtchristlich gesinnten Magier meist Schwierigkeiten: die Anrufung der Erzengel. Ihre Visualisation mag bisweilen an Devotionalienkitsch erinnern, und manch katholisch erzogener Magier erinnert sich noch mit Grausen an die Schutzengelbildchen seiner Kindheit. Auch aus diesem Grund wurden und werden immer wieder Versuche unternommen, diese Gestalten zu ersetzen. Dies liegt insofern nahe, als sie vor allem als Verkörperungen der Elementkräfte gelten, wie im ersten Teil auch schon ausgeführt. Wer mag, der kann an ihrer Stelle Formeln benutzen wie »Ich rufe euch, ihr Mächte des Ostens, ihr Mächte der Luft«, oder »Ich rufe euch, ihr Mächte des Südens, ihr Mächte des Feuers«. Doch ist dies dann natürlich schon eine »unorthodoxere« Variante des Kleinen Bannenden Pentagrammrituals, und bei der Arbeit mit anderen Magiern muß man sich in diesem Fall auf das genaue Vorgehen einigen.

> *Erzengel gelten als Verkörperungen der Elementkräfte.*

Es spricht jedenfalls einiges dafür, die Elementkräfte zu personifizieren und als Gestalten sichtbar zu machen, auch wenn man ihre bisweilen an das (freilich später liegende) Tarotblatt von A. E. Waite erinnernde Buntheit nicht unbedingt schätzt. Immerhin arbeitet ein großer Teil der Zeremonialmagie mit solchen Projektionen. Durch den Kontrast, den der Magier bewußt zwischen seinem Inneren und seinem Äußeren herstellt (zum Beispiel durch das Projizieren eigener Seeleninhalte), kann auch sein Unbewußtes geschickter mit den derart projizierten Energien umgehen.

Sicherlich sollte man sich als Magier stets auch mit solchen weltanschaulichen (Symbol-)Systemen auseinandersetzen, die einem fremd, unverständlich oder gar zuwider sind. Daraus lernt man oft am meisten und setzt entsprechende magische Energien frei.

Auch die Erzengelnamen haben Bedeutungen oder zumindest Assoziationen, die sich freilich nicht immer gänzlich mit ihrer Funktion im Kleinen Bannenden Pentagrammritual decken. In der Reihenfolge ihrer Anrufung:

RAPHAEL – »der Arzt Gottes«; weshalb er gelegentlich auch astrologisch und astromagisch dem Merkur zugeordnet wird;

GABRIEL – »der Mächtige aus Gott«; in den gnostischen Spekulationen entspricht er häufig dem Geist als Träger des Lebens bzw. dem Logos;

MICHAEL – »wer ist wie ich?«; Schutzengel des jüdischen Volkes, auch als »Schwert Gottes« (oder des Demiurgen) bezeichnet; Michael war es auch, der Adam und Eva aus dem Paradies vertrieb, nachdem sie vom Baum der Erkenntnis gegessen hatten;

AURIEL – »Feuer Gottes«; ebenfalls einer der führenden Engel.

Beachten Sie, was in der magischen Literatur immer wieder eine Rolle spielt, nämlich daß die Formel EL (häufig auch: AL) im Hebräischen gleichbedeutend ist mit »Gott«, mithin als Endung also »göttlich« oder »von Gott kommend«. Das berühmte ELOHIM, das uns später immer wieder begegnen wird, ist die Pluralform, bedeutet also streng genommen »Götter«, was wiederum für die Monotheismus-Debatte, also für die Auseinandersetzung um die Frage, ob es nur einen »Gott« gebe oder zahlreiche, in der jüdischen und gnostischen Tradition von Bedeutung ist und auch den magischen Umgang mit »Gottesformen« besonders in der Planetenmagie berührt.

Abschließend sei noch erwähnt, daß die strahlenden Pentagramme erneut bekräftigt werden und daß, dies ist neu, auch das Hexagramm über dem Haupt des Magiers visualisiert bzw. imaginiert wird. Steht das Pentagramm für die fünf Elemente, mithin für die schon erwähnte »sublunare« Welt, so symbolisiert das Hexagramm unter anderem die »astrale« Welt. Darunter ist die Sphäre der Sterne (lat.: »astrum«, pl. »astra«) zu verstehen, weshalb den sechs Zacken auch je einer der sieben klassischen Planeten zugeordnet wird. (Nur die Sonne als Hauptplanet steht in der Mitte des Sechssterns.) Das Hexagramm ist auch Sinnbild der Verschmelzung der kosmischen Polaritäten von »Männlich« (aufsteigendes Dreieck) und »Weiblich« (absteigendes Dreieck); insofern stellt es das Gegenstück zum östlichen Yin-Yang-Symbol (auch »Monade« genannt) dar. Als »Schlüssel (auch: Siegel) Salomos« ist das Hexagramm in der Tradition ebensosehr eine Glyphe für die Magie schlechthin wie das Pentagramm auch. Durch seine Visualisation behält der Magier im Auge, daß er nicht nur in der vergänglichen Welt der Elemente (die ja »nur« ein Produkt der Ur-Dualität sind) agiert und – noch wichtiger – daß er sich auch der kosmischen, übergeordneten Kräfte bedient. Zudem erinnert es ihn daran, daß er nicht nur allein um der materiellen Gesetze willen das »Kreuz der Welt« trägt. Man könnte im Hexagramm also auch gewissermaßen die »magische Laterne« höherer, weiterführender Erkenntnis und Weisheit sehen, mit welcher der Magier zugleich seinen Weg erhellt und der er folgt.

Wir sehen an diesen (bei aller scheinbaren Ausführlichkeit noch immer recht knappen und verkürzenden) Betrachtungen, daß das Kleine Bannende Pentagrammritual tatsächlich eine kleine »Summa« oder Zusammenfassung westlicher Ritualsymbolik ist, eine Art »Symbol-Enzyklopädie in Aktion«. Denn diesen Aspekt dürfen wir bei aller Freude an symbolologischen Spekulationen und Einsichten nie vergessen – westliche Magie heißt stets, das Symbol zugleich zu erkennen, es erfahrbar zu machen und es praktisch zu nutzen! Erst dadurch wirken Kopf und Hand zusammen, wird jene seelische und körperliche Ganzheit und Heilung (von »Heil- bzw. Ganz-Sein«) erlangt, welche für fast alle Magier westlicher Tradition oberstes Ziel ist – auch wenn dieses Ziel oft die unterschiedlichsten Bezeichnungen erhält ...

> *Das Kleine Bannende Pentagrammritual: eine Art »Symbol-Enzyklopädie in Aktion«*

PRAKTISCHE ÜBUNGEN

DIE BEDEUTUNG DES MAGISCHEN TAGEBUCHS

Grundlage aller magischen Arbeit sollte die Erfolgskontrolle sein. Diese verhindert einerseits Selbstbetrug und Größenwahn und sorgt andererseits für eine präzise, zutreffende Einschätzung eigener Stärken und Schwächen.

Grundlage der Erfolgskontrolle wiederum ist das Magische Tagebuch. Solltest Du noch kein solches besitzen, so besorge Dir ein möglichst stabiles und umfangreiches Notizbuch, das Du ausschließlich für Deine magische Arbeit benutzt. Es sollten täglich Eintragungen gemacht werden, auch dann, wenn Du Dein Übungsprogramm einmal vernachlässigen solltest! Dann trägst Du eben ein, weshalb Du »faul« gewesen bist. Im übrigen werden im Magischen Tagebuch auch Gedanken festgehalten, die Dir beispielsweise bei der Lektüre magischer Texte kommen, Fragen, denen Du erst später nachgehen kannst, und so weiter.

> *Eines der wichtigsten Instrumente magischer Praxis*

Lasse hinreichend Platz für spätere Eintragungen und eventuelle Nachbemerkungen.

Unterschätze nicht die Wichtigkeit des Magischen Tagebuchs: Die Praxis wird Dich sonst schon bald auf schmerzliche Weise eines Besseren belehren. Betrachte das Magische Tagebuch als einen »Realitätsanker«, mit dem Du unkontrolliertes Wegdriften verhinderst. Zudem ist es das »Logbuch« Deiner psychonautischen Reise und gibt Dir nach einigen Monaten und Jahren reichen Aufschluß über Deine Entwicklung als Magier.

Sorge auch dafür, daß Dein Magisches Tagebuch nicht in unbefugte Hände gelangt.

ÜBUNG 1
AUSEINANDERSETZUNG MIT DEN EIGENEN ÄNGSTEN UND IHREM URSPRUNG

Führe Dir nacheinander sämtliche Deiner Ängste, die Dir bewußt sind, in entspanntem Zustand und fester, bequemer Körperhaltung vor Augen. Betrachte sie, ohne jedoch dabei Stellung zu beziehen. Nimm sie also einfach hin, wie man es mit Gedanken tut, wenn man (etwa bei der buddhistischen Satipatthana-Meditation oder beim Zazen) Gedankenleere herstellt.

Nach einer Weile stellst Du Dir die Frage: »Wer ist es, der/die Angst hat?« Und zwar immer und immer wieder, bis es fast ein Mantra geworden ist, aber ohne bewußt eine Antwort zu forcieren!

Halte etwaige Antworten, Erkenntnisse und persönliche Eindrücke schriftlich fest.

Dauer der Übung: etwa 15 Minuten.

Frequenz der Übung: mindestens dreimal wöchentlich, vorzugsweise nach dem Aufwachen oder dem Zubettgehen.

Führe diese Übung mindestens einen Monat regelmäßig durch und schreibe danach eine Zusammenfassung. Später wirst Du sie gelegentlich wiederholen.

ÜBUNG 2
KABBALISTISCHES KREUZ I

Führe eine Woche lang täglich dreimal das Kabbalistische Kreuz durch. Dies sollte vorzugsweise nach dem Aufstehen oder vor dem Zubettgehen geschehen, aber auch nach dem Baden, solange der Körper noch naß ist. Achte dabei darauf, daß Du während der Übung mit dem Gesicht zu einer (natürlichen oder künstlichen) Lichtquelle stehst, da Du dadurch die Energien des Lichts stärker wahrnehmen und aufsaugen kannst. Du brauchst Dich allerdings dabei nicht auf das Licht zu konzentrieren. Achte nach der Durchführung auf Deine Körperwahrnehmungen.

Wenn Du nicht ohne weiteres ungestört arbeiten kannst, so läßt sich die Übung auch im Bad oder auf der Toilette am Arbeitsplatz während der Mittagspause durchführen, wobei Du die Mantras nur leise, aber dennoch kraftvoll vibrierst.

Das Kabbalistische Kreuz kann bei Bedarf gefahrlos beliebig oft wiederholt werden. Es dient auch zur Kraftaufladung bei Schwächung durch Krankheit, Nervosität und Angst und stellt einen außerordentlich wirksamen magischen Schutz dar.

ÜBUNG 3
PRAXIS DES KLEINEN BANNENDEN PENTAGRAMMRITUALS

Nachdem Du Übung 2 eine Woche lang praktiziert hast, beginnst Du damit, das Kleine Bannende Pentagrammritual zu praktizieren. Dies sollst Du zweimal täglich tun, mindestens jedoch einmal am Tag. Natürlich mußt Du dafür sorgen, daß Du während des Übens nicht gestört wirst.

Vorläufig brauchst Du dafür weder besondere Kleidung noch sonstiges Zubehör oder gar einen separaten Übungsraum bzw. Tempel.

Nach Möglichkeit solltest Du aber regelmäßig üben, das heißt zur selben Uhrzeit und am selben Ort, sofern sich dies einrichten läßt.

Übung 2 setzt Du täglich fort, ziehst aber die durchgeführen Kleinen Bannenden Pentagrammrituale von der Zahl 3 (Übungsfrequenz) ab. Wenn Du also am Tag zweimal das Kleine Bannende Pentagrammritual machst, brauchst Du die Übung 2 nur einmal durchzuführen, bei nur einem Pentagrammritual dagegen zweimal und so weiter.

Auch das Kleine Bannende Pentagrammritual kann bei Bedarf gefahrlos beliebig oft wiederholt werden. Es dient ebenfalls zur Kraftaufladung bei Schwächung durch Krankheit, Nervosität oder Angst und bietet einen sehr wirksamen magischen Schutz.

Verzweifle nicht, wenn es Dir zu Anfang schwerfallen oder gar unmöglich sein sollte, alle Einzelheiten in der gewünschten Schärfe und Deutlichkeit zu visualisieren/imaginieren. Dies ergibt sich mit der Zeit von allein. Hüte Dich vor verkrampftem Erfolgszwang, arbeite vielmehr so gut und so gründlich, wie es Deinen Fähigkeiten entspricht.

Das Kleine Bannende Pentagrammritual wird Dich nun wahrscheinlich Dein ganzes Magierleben begleiten, mindestens aber während der gesamten Zeit der Schulung solltest Du Übung 2 täglich durchführen. Dies mag Dir zu Anfang als ein sehr großer Zeitaufwand erscheinen, tatsächlich wirst Du dafür jedoch später kaum mehr als 5 Minuten benötigen, zumal dann, wenn wir zu astralen und mentalen Arbeitspraktiken übergehen. Bis dahin sollst Du jedoch ausschließlich physisch (also nicht mental/astral!) arbeiten, wie hier beschrieben, um Dir eine solide Grundlage für die viel schwierigere (und riskantere) Mental- und Astralmagie zu verschaffen.

Altar

SIGILLENMAGIE (I)

EINFÜHRUNG IN DIE SIGILLENMAGIE

Was nun als Einführung in die Sigillenmagie folgt, gilt sinngemäß auch für die gesamte Magie. Selbst wenn Sie mit der Sigillenmagie bereits vertraut sein sollten, empfiehlt es sich daher, die folgenden Ausführungen genau zu studieren und in Ihre magische Praxis zu integrieren. Sie ersparen sich auf diese Weise unter Umständen manchen zeitraubenden Irrweg.

Wir haben im letzten Abschnitt einen Teil der Grundlagen der Magie kennengelernt: WILLE, IMAGINATION und TRANCE. Dies ist ein formaler Aufbau, der dem besseren Verständnis der magischen Arbeit dient und es uns ermöglicht, viele Gesetze der Magie aus eigenem Verstehen heraus abzuleiten und anzuwenden.

> *Eine magische Technologie, um die Kraft des Unbewußten gezielt zu nutzen*

Nun wollen wir die Sache praktisch angehen. Sie wissen, daß zwischen Bewußtsein und Unbewußtem der Zensor steht, jene Instanz, die uns allzuoft mit pseudorationalen Zweifeln und Einwänden das Leben als Magier schwermacht. Dieser Zensor läßt sich durch die Trance ganz oder zumindest teilweise umgehen. Im Unbewußten liegt die magische Kraft. Gelingt es uns, Befehle oder Willenssätze des Bewußtseins am Zensor vorbei ins Unbewußte zu »schmuggeln«, so ermöglicht dies erfahrungsgemäß im Rahmen seiner (freilich äußerst mächtigen) Kräfte, das gewünschte Ereignis herbeizuführen.

Der Wunsch, etwas Bestimmtes zu bekommen, gebiert nach dem Gesetz von actio et reactio automatisch sein Gegenteil, nämlich den Wunsch nach Mißerfolg. Daran ändert auch die Tatsache nichts, daß uns dieser Gegenwunsch meist nicht bewußt wird. Unsere Psyche hat gelernt, ihn höchst geschickt in manche Verkleidung zu stecken: Zweifel, Ängste, moralische oder religiöse Bedenken, Unsicherheit – ja sogar die blanke Furcht vor dem Erfolg, die freilich nur selten eingestanden wird, sind die Inkarnationen dieser Anti-Energie. »Alles Leiden entspringt dem Wünschen«, sagt Buddha. Dies trifft auf der magischen Ebene sicher so lange zu, bis wir gelernt haben, zwischen Wunsch und Wille zu unterscheiden. Dies ist jedoch nicht immer so einfach, wie es sich anhören mag, und so wollen wir zunächst den etwas gängigeren Weg beschreiben, unsere Wünsche mittels der magischen Technologie direkt ans Ziel zu führen.

Wer nicht stark genug ist, um sich einem Gegner im offenen Kampf stellen zu können, muß statt dessen mit List und Tarnung arbeiten. Wir ziehen daraus die Konsequenz und tarnen unsere Wünsche und Willenssätze, damit der »Palastwächter« namens Zensor sie ungehindert zur Waffenkammer im Inneren der Seele vorläßt. Dies geschieht am besten, indem wir ihnen eine »harmlos« wirkende Verkleidung verleihen, die ihre wahren Absichten verschleiert, beispielsweise durch jene abstrakten Bilder und Glyphen (Zeichen), die wir SIGILLEN nennen.

> *Mit List und Tarnung zur Waffenkammer im Inneren der Seele...*

Nun mag man einwenden, daß soviel Aufwand doch gar nicht erforderlich sei, wenn man mit Suggestion arbeitet. Tatsächlich lassen sich mit derlei Techniken (zum Beispiel der Couéismus, das Positive Denken, die Selbsthypnose) oft beachtliche Erfolge erzielen. Sie sind der Magie auch keineswegs fremd und werden oft von ihr als Hilfsdisziplinen eingesetzt, doch sollte man sie nicht mit der Magie selbst verwechseln! Zudem erweist sich bei genauerem Hinsehen, daß diese Systeme erstens nicht annähernd so »unaufwendig« sind, wie es zunächst den Anschein hat, und daß sie es zweitens hinsichtlich ihrer Erfolgsquote mit der Sigillenmagie in der Regel kaum aufnehmen können.

Nehmen wir ein konkretes Beispiel: Sie wollen auf eine wichtige Person einen guten Eindruck machen, etwa bei einem Einstellungsgespräch. Nun würden Sie sich mittels der Autosuggestion, des Positiven Denkens oder ähnlicher Systeme darauf dergestalt vorbereiten, daß Sie sich täglich mehrmals suggerieren, daß Sie den gewünschten guten Eindruck machen und die Arbeitsstelle erhalten. Dies erfordert je nach Begabung und Situation mindestens fünf- bis zehnminütige Arbeit täglich, und dies über mehrere Tage, ja möglicherweise sogar Wochen oder Monate hinweg. Bei der Sigillenmagie dagegen können Sie dieselbe Aktion, etwas Erfahrung vorausgesetzt, mit einem einmaligen Aufwand von einer knappen Viertelstunde durchführen, und dies bei einer erwiesenermaßen weitaus höheren Trefferquote. Danach dürfen Sie die Sache nicht nur vergessen, Sie müssen es sogar!

Doch nicht nur der verringerte Zeitaufwand spricht für die Sigillenmagie. Wir haben es dabei nämlich mit einer durch und durch organischen Methode zu tun, und das ist ganz wörtlich gemeint: »Sigils will flesh« (»Sigillen werden Fleisch«), hat es Austin Osman Spare, der

> *Sigillenmagie wird zu einem integralen Bestandteil des Organismus.*

Begründer der Sigillenmagie, einmal ausgedrückt. Sie werden somit zu einem integralen Bestandteil des Organismus, der seinerseits mit aller Macht und Kraft seiner Zellen darauf hinarbeitet, sie in Ereignisse umzusetzen. Was das im einzelnen zu bedeuten hat, werden wir noch erläutern und am Beispiel der Atavistischen Magie in die Praxis umsetzen.

Alles, was wir ins Unbewußte eingeben, wird dort umgesetzt: Fakten, Erlebnisse und Assoziationen werden abgespeichert; Unangenehmes wird ins Unbewußte verdrängt und erhält dadurch (als Komplex, als Neurose oder gar als Psychose) eine gewaltige Sprengkraft. In der Magie besteht die Funktion des BEWUSSTSEINS darin, die Zielvorgaben zu formulieren, es ist gewissermaßen der »Steuermann«. Es wird geschult durch Geistestraining, durch Konzentrations-, Disziplin- und Willensübung.

Das UNBEWUSSTE dagegen hat die Aufgabe, die Befehle und Zielvorgaben möglichst erfolgversprechend umzusetzen, es ist der »Maschinist«. Es wird geschult durch das Ritual und die Korrespondenzen/Analogien (dazu später mehr), durch Trancetraining sowie durch den Gebrauch von Symbolen.

Dem ZENSOR kommt die Funktion zu, den Gesamtprozeß abzusichern, das Ganze »am Laufen« zu halten und unerwünschte Fremd- und Eigenfaktoren auszumerzen. Er ist der »Wachhabende Offizier«. Da er uns am Anfang aufgrund seiner meist ultrakonservativen und übervorsichtigen Einstellung, die zudem durch magiefeindliche Umwelt und Erziehung bestärkt wird, eher Schwierigkeiten machen dürfte, als unsere magischen Ambitionen zu fördern, wird er zunächst umgangen und »umerzogen«, indem wir mit der Gnostischen oder Magischen Trance arbeiten. Später arrangiert er sich erfahrungsgemäß mit unserer Magie und wird zu einem wertvollen Verbündeten, der uns auf der robotischen oder automatischen Ebene einen Großteil unserer Arbeit abnimmt und für wirksamen magischen Schutz sorgt. Hat der Magier ihn erst einmal durch beständige Praxis mit seinem Wahren Willen (Thelema) verschmolzen, wird er zu dessen Verkörperung und erfüllt somit die Funktion dessen, was in der Magie des Abramelin als »Heiliger Schutzengel«, in der afrikanischen Magie (wie auch in anderen sogenannten »primitiven« Systemen der Naturvölker) als »Clan-Totem« bezeichnet wird.

Insofern ist das Umgehen des Zensors tatsächlich Teil seiner Weiterentwicklung. Seine Schulung erfolgt zudem durch die Erfahrung der Wirksamkeit und der Erfolge magischen Tuns.

Die Übersicht 5 soll dies noch einmal verdeutlichen.

> *Das Umgehen des Zensors ist tatsächlich Teil seiner Weiterentwicklung.*

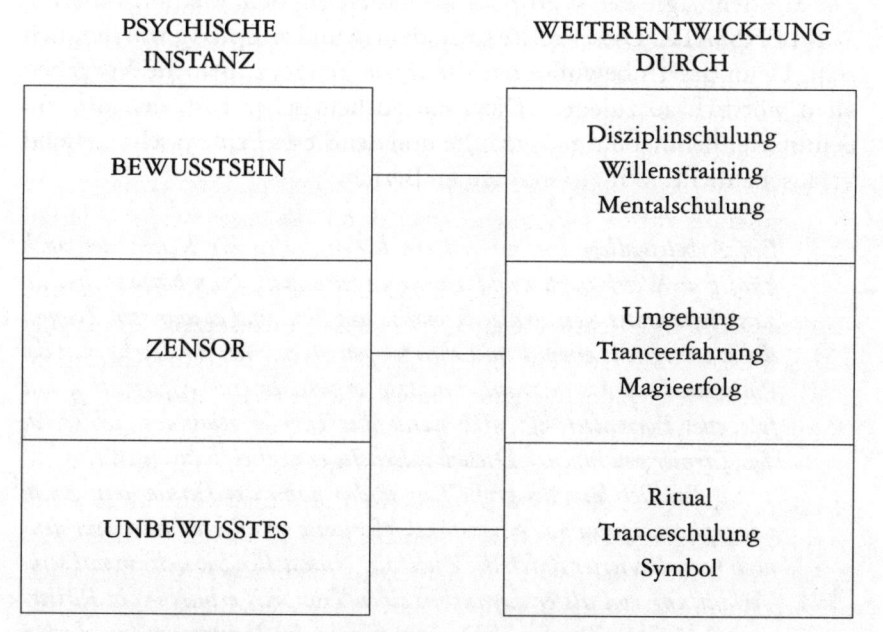

PSYCHISCHE INSTANZ	WEITERENTWICKLUNG DURCH
BEWUSSTSEIN	Disziplinschulung Willenstraining Mentalschulung
ZENSOR	Umgehung Tranceerfahrung Magieerfolg
UNBEWUSSTES	Ritual Tranceschulung Symbol

Übersicht 5: Die Magische Schulung/Weiterentwicklung psychischer Instanzen

Das bisher Gesagte genügt für den Anfang, um die Wirkungsweise der Sigillenmagie auf eine verständliche Grundlage zu stellen. In der Praxis sähe unser Beispiel von oben so aus, daß Sie zuerst Ihren Willenssatz formulieren, diesen mittels zeichnerischer Manipulationen in eine Glyphe oder Sigil umsetzen und diese Sigil wiederum mit Hilfe der Gnostischen Trance in Ihr Unbewußtes laden. Wie dies im einzelnen geschieht, wollen wir nun erklären.

PRAXIS DER SIGILLENMAGIE (I) – DIE WORTMETHODE

Bevor sigillenmagisch gearbeitet werden kann, muß zunächst die Zielvorgabe erfolgen. Wir wollen uns vorläufig nur mit der sogenannten Wortmethode der Sigillenmagie befassen, in späteren Abschnitten folgen dann weitere Techniken und Einzelheiten.

DER WILLENSSATZ UND SEINE FORMULIERUNG

Die Sigillenmagie der Wortmethode basiert auf dem klar formulierten WILLENSSATZ. Dieser sollte so eindeutig und einspitzig wie möglich sein. Denn das Unbewußte hat die fatale Tendenz, manche Vorgaben allzu wörtlich auszulegen. Dazu ein authentischer Fall, den uns ein Seminarteilnehmer einmal erzählte und der dieses Prinzip sehr treffend veranschaulicht. Wir zitieren seinen Bericht:

> *Ein Arbeitskollege von mir ist ein leidenschaftlicher Reiter, der auch häufig an Wettkämpfen und Turnieren teilnimmt. Nun hatte es ihm ein ganz bestimmtes Reitturnier besonders angetan, und es war sein Traum, dieses wenigstens einmal im Leben zu gewinnen. Mit den Techniken des Positiven Denkens vertraut, benutzte er deshalb eine Affirmation mit folgender Formulierung: »Ich werde das Turnier gewinnen. Ich werde das Turnier gewinnen.« Diese wiederholte er täglich häufige Male.*
>
> *Endlich kam der große Tag, und er nahm am Turnier teil, genau wie geplant. Dabei gab er verständlicherweise sein Bestes, kam aber dennoch nur als Vierter durch die Ziellinie. Nun stellen Sie sich einmal seine Verblüffung vor, als er daraufhin einen Trostpreis erhielt – ein Rasierwasser Marke »Turnier«! Da konnte man das Universum laut lachen hören ...*

Hand aufs Herz: Wären Sie vorher auf die Möglichkeit gekommen, daß die Aktion auf diese Weise enden könnte? Höchstwahrscheinlich nicht! Immerhin ist dieses Beispiel aus mehreren Gründen lehrreich: Erstens zeigt es uns, wie sorgfältig man bei der Formulierung magischer Willenssätze vorgehen muß, um derlei Mißverständnisse zu vermeiden; zweitens lernen wir daraus, wie wörtlich das Unbewußte manche Vorgaben versteht – und welche »Zufälle« es oft herbeiführt, um diesen (falsch verstandenen) Vorgaben gerecht zu werden; drittens aber veranschaulicht es uns das Prinzip des »Erfolgs auf der anderen

Schiene«, bei dem wir oft »haarscharf daneben« liegen, andererseits aber nicht einmal einen echten Mißerfolg verbuchen können, da die Anweisungen formell ja erfüllt wurden. Dieses Phänomen ist allen erfahrenen Magiern vertraut, und nicht zuletzt dies ist es

> *Das Unbewußte hat die fatale Tendenz, manche Vorgaben allzu wörtlich zu nehmen.*

auch, was die Magie oft so bunt und überraschend macht. Weshalb wir in der Magie oft nur solche »Streuschüsse« erzielen anstelle der angestrebten »Präzisionstreffer«, darauf soll im nächsten Abschnitt noch ausführlicher eingegangen werden, wenn wir uns mit der »symbollogischen Unschärferelation« befassen.

Andererseits darf der Willenssatz jedoch auch nicht überpräzisiert werden. Eine Aussage wie: »Ich will am 14. 3. im Lotto genau 15 054,48 Mark gewinnen« ist viel zu beladen mit Einzelvorgaben, um Hoffnung auf Erfolg zu rechtfertigen. Es mag zwar sein, daß derlei Formulierungen gelegentlich zum gewünschten Ziel führen, doch geschieht dies dann immer nur trotz der Formulierung, bestimmt aber nicht wegen ihr!

Es ist ähnlich wie bei der Divination mit Tarot-Karten, die ja in der Regel aus Bildern bestehen: Wer mit Hilfe der Karten erfolgreich Zukunftsaussagen machen will, muß auch Fragen stellen, die durch Bilder beantwortet werden können – ein Prinzip, gegen das leider allzuoft verstoßen wird. Hüllen Sie Ihren Willenssatz also in eine Form, die einerseits nicht zu ungenau ist, um Fehlinterpretationen weitgehend auszuschließen (was freilich so gut wie nie hundertprozentig zu erreichen ist), die aber andererseits der Bilderwelt des Unbewußten hinreichend Spielraum bietet, um wirkungsvoll in Aktion treten zu können. Es versteht sich, daß es dafür keine maßgeschneiderten Regeln und Muster geben kann, Sie müssen vielmehr – wie in der Magie ja so oft – auf Ihr Fingerspitzengefühl und Ihre wachsende Erfahrung vertrauen.

Als Faustregel können Sie sich jedoch merken, daß der Willenssatz sowohl klar als auch einspitzig sein sollte. »Klar« bedeutet, daß Sie nach Möglichkeit alle Zweideutigkeiten ausschließen.

> *Der Willenssatz sollte sowohl klar als auch einspitzig sein.*

Wenn Sie formulieren: »Ich will reich werden«, so beinhaltet dies die Möglichkeit eines Lotteriegewinns ebenso wie die, daß Ihre Lieblingstante plötzlich das Zeitliche segnet und Ihnen Ihr Haus vermacht – oder daß Sie »reich an Erfahrung« werden, beispielsweise indem Sie auf einen Trickbetrüger hereinfallen, der Ihnen »todsichere« australische Goldminenaktien andreht, die sich schließlich als faule Papiere herausstellen...

Die Forderung nach der »Einspitzigkeit« läßt sich da schon leichter erfüllen. Sie besagt nichts anderes, als daß der Willenssatz auf ein Ziel ausgerichtet und nicht zu allgemein formuliert sein sollte. Arbeiten Sie mit einem Willenssatz wie »Ich will, daß es mir gutgeht«, so mag dieser Zauber Erfolge zeitigen oder auch nicht – in jedem Fall ist es fraglich, ob Sie seine Wirkung überhaupt bemerken werden. Seien Sie also möglichst präzise, ohne überpräzise zu werden.

Empfehlenswert ist es, den Willenssatz stets mit derselben Anfangsfloskel beginnen zu lassen, beispielsweise »Ich will...« oder »Dies ist mein Wille, daß...« Dadurch konditioniert man das Unbewußte mit der Zeit darauf, quasi automatisch aktiv zu werden, sobald eine neue Sigil geladen wird.

Vermeiden sollten Sie bei der Formulierung des Willenssatzes:

a) *Negativformulierungen* – diese werden vom Unbewußten nämlich meist ignoriert und dadurch in ihr Gegenteil verkehrt. So wird aus »Ich will nicht krank werden« ein fatales »Ich will krank werden«. Formulieren Sie also möglichst positiv, in diesem Beispiel: »Ich will gesund bleiben.«

b) *Abstraktionen, Fremdwörter und allzu komplizierte Formulierungen*, es sei denn, diese sind Ihnen durch Beruf oder sonstige ständige Beschäftigung damit bereits »in Fleisch und Blut« (das ist durchaus wörtlich gemeint!) übergegangen. Das Unbewußte eines Durchschnittsmenschen kann mit »Diphenylazeton« oder mit »Gnoseologie« nur wenig anfangen, das Unbewußte eines Chemikers bzw. Philosophiewissenschaftlers hingegen vielleicht schon eher. Dennoch sollten auch diese Spezialisten stets die klare, einfache Formulierung vorziehen. Übrigens können Sie den Willenssatz auch in Mundart formulieren, wenn Sie diese im Alltag überwiegend gebrauchen und die Hochsprache Ihnen eher fremd sein sollte.

c) *Überpersönliche Ziele*, die den eigenen Wirkungshorizont eindeutig überschreiten: Die Magie ist zwar viel mächtiger, als man oft glaubt, dennoch ist sie aber nicht allmächtig. Sigillen »für den Weltfrieden« oder zur »Ausrottung des internationalen Terrorismus« laden zu wollen, ist schlichtweg Selbstüberschätzung. Man kann dergleichen zwar zur Befriedigung (oder Beruhigung) des eigenen Gewissens tun, doch mit gezielter, erfolgsorientierter und somit pragmatischer Magie hat das nichts zu tun.

Bedenken Sie bitte stets bei jeder magischen Aktion, daß Sie es Ihrem Unbewußten schuldig sind, realistische Ziele anzustreben, die sich im Rahmen seiner Einflußsphäre befinden – alles andere ist gefährlicher Größenwahn! Wer sich stets nur auf magische Ziele konzentriert, die (für ihn) nicht zu erreichen sind, der programmiert seine ganze Magierpersönlichkeit zwangsläufig auf Mißerfolg und verbaut sich dadurch den Weg zur Erweiterung seiner magischen Fähigkeiten. Deshalb sollte man gerade zu Anfang lieber »kleine Brötchen backen«. Beherzigen Sie auch folgende Regel:

ZAUBERE AUCH DANN FÜR EINE SACHE, WENN DIESE OHNEHIN BEREITS SEHR ERFOLGVERSPRECHEND IST!

Mit diesem kleinen Trick programmieren Sie Ihr Unbewußtes nämlich auf Erfolg und ermöglichen ihm so seine Weiterentwicklung, bis Sie schließlich tatsächlich auch »Großes«, wirklich Ungewöhnliches zu leisten vermögen.

Verzweifeln Sie nicht gleich, wenn all dies auf Sie den Eindruck machen sollte, als müßten Sie die Sigillenmagie bereits beherrschen wie ein Meister, bevor Sie damit überhaupt anfangen dürfen – das genaue Gegenteil ist der Fall. Denn nur die Praxis kann Ihnen zeigen, welche dieser Regeln für Sie wichtiger ist und welche Sie vernachlässigen können. Es ist nämlich ein Irrtum zu glauben, daß ein Unbewußtes dem anderen haargenau gliche. Jeder Mensch ist anders als andere, wir können hier nur eine Art »statistischen Durchschnitt« anbieten, der in den allermeisten Fällen zu erstaunlichen Erfolgen geführt hat.

Die Frage, ob ein Willenssatz korrekt ist oder nicht, läßt sich nur

> *Im Zweifelsfall sollten Sie sich auf Ihr Gefühl und Ihre Intuition verlassen.*

durch den Erfolg der Operation selbst eindeutig klären. Im Zweifelsfall sollten Sie sich dabei vor allem auf Ihr Gefühl und Ihre Intuition verlassen. Durch beständige Praxis werden Sie mit der Zeit das entsprechende Fingerspitzengefühl entwickeln.

DIE HERSTELLUNG DER SIGIL NACH DER WORTMETHODE

Die Herstellung der Sigillen ist in der Regel der einfachste und unkomplizierteste Aspekt der Sigillenmagie. Wenn Sie nach den folgenden Anweisungen Ihre erste Sigil erstellt haben, können Sie in aller Ruhe unsere Erläuterungen noch einmal durchgehen und sich an die Ladung machen.

Nehmen wir als Beispiel ein Anliegen aus der Alltags- oder Erfolgsmagie: »Ich will morgen tausend Mark verdienen.« (Beachten Sie die Zeitangabe, die Ihnen eine spätere Erfolgskontrolle erleichtert.)

Als erstes wird der Willenssatz in Blockbuchstaben auf ein Stück Papier geschrieben:

ICH WILL MORGEN TAUSEND MARK VERDIENEN*

Nun werden sämtliche mehrfach vorkommenden Buchstaben ab ihrem zweiten Auftreten durchgestrichen, sie bleiben also nur einmal stehen:

ICH W~~IL~~L MORGEN TAUS~~EN~~D ~~MARK~~ V~~ERDIENEN~~

Es bleiben also übrig:

I, C, H, W, L, M, O, R, G, E, N, T, A, U, S, D, K, V

Aus diesem Buchstabenmaterial machen wir nun eine Sigil:

---

* *Umlaute und Zahlen sollten übrigens ausgeschrieben werden, aus einem »Ä« würde also ein »AE«, aus »34« dagegen »VIERUNDDREISSIG« und so weiter. Satzzeichen wie Kommata, Punkte, Ausrufezeichen und so weiter werden nicht verwendet.*

Abbildung 4: Die erste Sigil

Sie sehen, daß wir die Buchstaben einfach in graphischer Form aneinandergereiht haben. Nun sollte eine Sigil jedoch nicht zu kompliziert sein, um das Unbewußte nicht zu überfordern; andererseits darf sie aber auch nicht zu schlicht sein, weil dies sonst das Vergessen (s. unten: »Die Bannung«) erschwert. Ein einfaches Quadrat oder ein Kreis lassen sich nur schwer vergessen. Außerdem sollten alle verwendeten Buchstaben bei genauerer Betrachtung zumindest theoretisch in der Sigil wiederzuerkennen sein.*

Bei der Vereinfachung der Sigil sollte diese zugleich etwas abstrahiert werden. Dies könnte aussehen wie in Abbildung 5 dargestellt.

Es fällt Ihnen sicher auf, daß wir einiges aus der Grundsigil weggestrichen, aber auch ergänzt haben. Dennoch können wir sämtliche Buchstaben aus unserer obigen Liste darin wiederfinden, und sei es auch mit einem kleinen Trick. Eine Linienführung kann nämlich auch

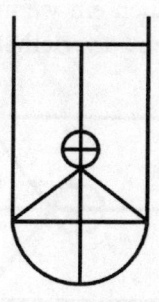

Abbildung 5: Die vereinfachte, abstrahierte Sigil

---

* *Diese Überprüfung geschieht allerdings ausschließlich vor der Ladung der Sigil, hinterher ist sie einleuchtenderweise nicht mehr sinnvoll.*

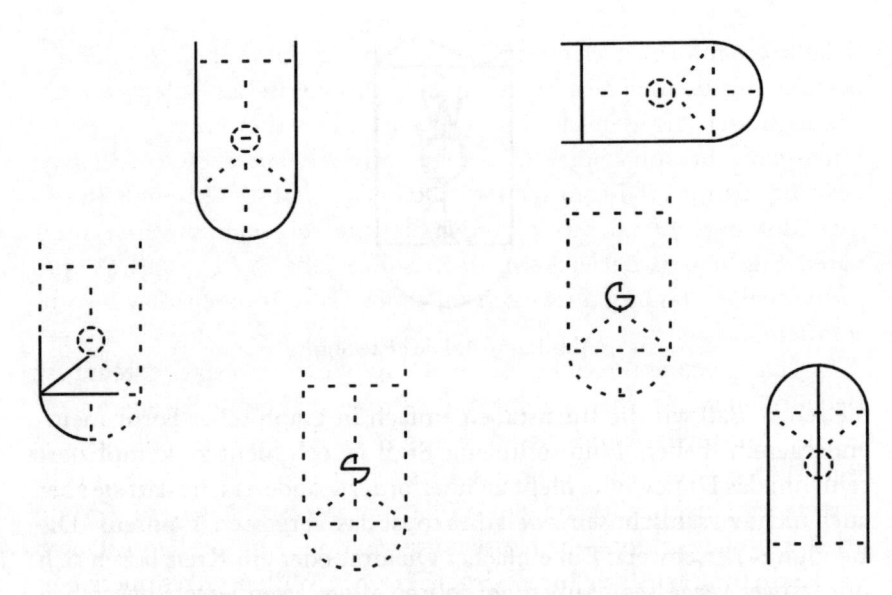

Abbildung 6: Einige in der fertigen Sigil enthaltene Buchstaben

mehrere Buchstaben zugleich beinhalten und ist auch in auf den Kopf gestellter Form gültig. So kann der Bogen zugleich als »U« und als »D« gewertet werden, wie Abbildung 4 zeigt; und auch die Buchstaben I, C, W, L, O, R, N und T sind ohne große Mühe in der fertigen Sigil wiederzuerkennen. Zur besseren Veranschaulichung haben wir in Abbildung 6 außerdem die Buchstaben K, G, S und M illustriert, um den ganzen Prozeß zu verdeutlichen.

Sie können die Sigil auch ein wenig ausschmücken, um ihr ein »noch magischeres« Aussehen zu verleihen, beispielsweise so:

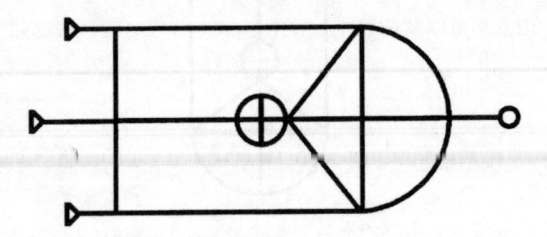

Abbildung 7: Die ausgeschmückte Sigil

Der Kreis und die Dreiecke der Verzierung haben keine eigene Bedeutung und dienen nur dazu, der fertigen Sigil ein an mittelalterliche Sigillenformen erinnerndes Aussehen zu verleihen. Es kommt bei der Sigillenherstellung nicht auf künstlerisches Talent an, oft erweisen sich Sigillen als sehr viel wirkungsvoller, wenn sie etwas »hausgemacht« und hölzern, ja sogar primitiv aussehen, da das Unbewußte damit erfahrungsgemäß auch eher Ur-Instinkte und -Energien assoziiert. Mit der Zeit werden Sie Ihren eigenen, unverwechselbaren Sigillenstil entwickeln, doch sollte jede Sigil natürlich ihre individuelle Prägung aufweisen und nicht mit anderen zu verwechseln sein.

Das fertige Produkt ist eine Glyphe, die keine erkennbare Bedeutung hat. Machen Sie einmal die Probe, und lassen Sie eine eigene fertige Mustersigil von einem Freund darauf untersuchen, welche Buchstaben sie enthält. Schon das Ausstreichen der überzähligen Buchstaben ist eine Kodierung des Willenssatzes, wie schon zu Anfang erklärt, und die graphische Umsetzung setzt diesen Prozeß fort. Durch die Kodierung wird der Inhalt des magischen Willenssatzes unerkannt am psychischen Zensor vorbeigeschmuggelt, der folglich auch keine Sperr- und Blockademechanismen auslöst, so daß das Unbewußte ungehindert ans Werk gehen kann.

Zusammengefaßt verläuft die Sigillisierung nach der Wortmethode also nach folgendem Schema:

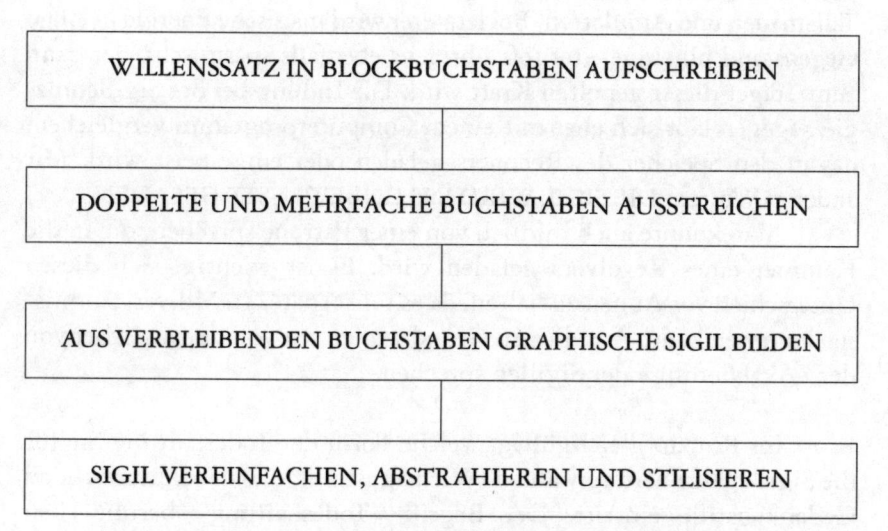

```
┌─────────────────────────────────────────────────────┐
│   WILLENSSATZ IN BLOCKBUCHSTABEN AUFSCHREIBEN       │
└─────────────────────────────────────────────────────┘
                          │
┌─────────────────────────────────────────────────────┐
│   DOPPELTE UND MEHRFACHE BUCHSTABEN AUSSTREICHEN    │
└─────────────────────────────────────────────────────┘
                          │
┌─────────────────────────────────────────────────────┐
│  AUS VERBLEIBENDEN BUCHSTABEN GRAPHISCHE SIGIL BILDEN │
└─────────────────────────────────────────────────────┘
                          │
┌─────────────────────────────────────────────────────┐
│   SIGIL VEREINFACHEN, ABSTRAHIEREN UND STILISIEREN  │
└─────────────────────────────────────────────────────┘
```

Übersicht 6: Das Herstellen einer Sigil (Wortmethode)

Mehr brauchen Sie vorläufig über die Technik der Sigillenherstellung nicht zu wissen. Diese Ausführungen reichen für den Anfang voll und ganz aus. Wenn Sie sie befolgen, wird dies erfahrungsgemäß bereits zu optimalen Ergebnissen führen, sofern Sie auch unsere anderen Ratschläge in diesem Abschnitt beherzigen.

DIE LADUNG DER SIGIL

Die Ladung der nach der Wortmethode hergestellten Sigil erfolgt spasmisch, also krampf- und ruckartig. Sie ist mit Kraftanstrengung verbunden, doch läßt sich die dafür erforderliche Energie auf verschiedenste Weisen aufbringen.

Austin Osman Spare empfahl die sogenannte Todeshaltung zur Sigillenladung, erläuterte diese aber kaum. Heutzutage haben sich die meisten Praktiker darauf geeinigt, daß es Ziel der Todeshaltung sein sollte, eine größtmögliche oder sogar völlige Gedankenleere herzustellen. Ist diese erreicht, so kann die Sigil ungehindert ins Unbewußte geladen werden.

> *Bei der Sigillenladung sollte größtmögliche Gedankenleere herrschen.*

Beachten Sie bitte, daß das Wort »Ladung« im Zusammenhang mit der Sigillenmagie etwas anderes bedeutet als bei der Energetisierung von Talismanen und Amuletten. Bei letzterer wird magische Energie in einen Gegenstand hineingeleitet (oft übrigens ebenfalls spasmisch), der dann zum Träger dieser gepolten Kraft wird. Die Ladung bei der Sigillenmagie dagegen läßt sich eher mit einem Computerprogramm vergleichen, das in den Speicher des Rechners geladen oder eingespeist wird. Mit anderen Worten: DIE SIGIL WIRD INS UNBEWUSSTE GELADEN.

Man könnte auch bildlich von einer Patrone sprechen, die in die Kammer eines Revolvers geladen wird. Es ist wichtig, sich diesen Unterschied vor Augen zu halten, da es sonst später zu Mißverständnissen kommen kann. Aus diesem Grund wollen wir von nun an lieber von der »Aktivierung« der Sigillen sprechen.

Es ist im Prinzip gleichgültig, welche Form der Todeshaltung Sie für die Sigillenaktivierung wählen. Wichtig ist nur, daß dabei hinreichend Gedankenstille eintritt. Der Begriff »Todeshaltung« beruht eben darum auf dem Bild vom »Sterben« der Gedanken; aus dem gleichen

Grund bezeichnet man den Orgasmus auch als den »kleinen Tod«. Mit diesem Tod der Verstandestätigkeit geht eine vorübergehende Auflösung des Ich-Bewußtseins einher, das sich vor allem von der Gedankentätigkeit speist.

Der Begriff »Gedankenstille« hat in der esoterischen Literatur viel Aufsehen erregt, gilt er doch als Ziel aller Yogapraktiken sowie vieler anderer östlicher Meditationsformen. Es würde uns zu weit vom Thema abführen, wenn wir jetzt der Frage nachgingen, ob beispielsweise das Samadhi des Yoga oder das Satori des Zen nichts anderes sind als eine vorübergehende Ausschaltung der Denktätigkeit und des Ich-Bewußtseins – was ihre Anhänger heftig leugnen –, oder etwas anderes. Fürs erste soll es genügen, wenn Sie sich die Gedankenleere wie den Zustand vorstellen, den Sie aus Augenblicken extremer Wut oder Freude kennen: ein Zustand, in dem die ganze Außenwelt sich entweder auf einen einzigen Punkt konzentriert oder gar völlig verschwindet, in dem keine Reflexion über die eigene Identität mehr stattfindet. Dies läßt sich besonders schnell durch körperlichen Streß erreichen, was besonders die erste der beiden folgenden Techniken der Sigillenaktivierung beweist.

DIE TODESHALTUNG (I)*

Der Magier arbeitet im Stehen oder im Sitzen. Die Sigil hängt gut sichtbar vor ihm an der Wand oder liegt auf dem Tisch. Der Magier atmet tief ein und verschließt Mund, Augen, Ohren und Nasenlöcher mit den Fingern beider Hände. Dann hält er die Luft solange an, bis es schier unerträglich wird. Doch läßt er noch nicht los, sondern steigert sich weiter. Dabei denkt er weder an die Sigil noch an ihren Zweck. Schließlich reißt er – kurz vor der Ohnmacht – die Augen so weit auf, wie es nur geht, und starrt beim Ausatmen und dem Füllen der Lungen mit frischer Luft die Sigil an. Dann schließt er abrupt wieder die Augen und bannt die Sigil (siehe Abschnitt »Das Bannen der Sigil« weiter unten).

Wer will, kann die Sigil auch im Stehen anstarren und dabei die Arme in möglichst unnatürlicher Haltung hinter dem Rücken ver-

---

* **Warnung:** *Diese Technik sollten Sie auf jeden Fall vermeiden, wenn Sie unter Herzrhythmusstörungen, Herzinfarktgefährdung und/oder an einer Störung der Lungenfunktionen leiden, ebenso bei zu hohem Blutdruck und bei Blutgefäßverengung. In diesem Fall arbeiten Sie bitte ausschließlich mit der zweiten Praktik, wie sie im nächsten Abschnitt Die Todeshaltung (II) beschrieben wird.*

schränken und verdrehen, sich auf die Zehenspitzen stellen und den Rücken zurückbeugen, so daß er nur noch mit knapper Not das Gleichgewicht hält.*

DIE TODESHALTUNG (II)

Diese Variante der Todeshaltung ist weitaus milder als die erste, wirkt jedoch ebensogut wie diese, wenn sie entsprechend intensiv durchgeführt wird. Allerdings verlangt sie dafür auch nach etwas mehr Übung. Sie wird im Sitzen durchgeführt und eignet sich auch für Menschen mit Beschwerden im Bereich des Herzens oder der Atmungsorgane.

Die Sigil liegt vor dem Magier auf dem Tisch, während er gerade und aufrecht sitzt, die Handflächen auf die Tischplatte gelegt. Der Daumen wird rechtwinklig abgespreizt, die Hände liegen flach auf, so daß sich die Daumenspitzen berühren und die Sigil in dem durch die Hände gebildeten offenen Viereck liegt (s. Abb. 8). Die Sigil wird mit weit geöffneten Augen angestarrt, die nicht geschlossen werden dürfen, auch wenn sie zu tränen beginnen sollten.

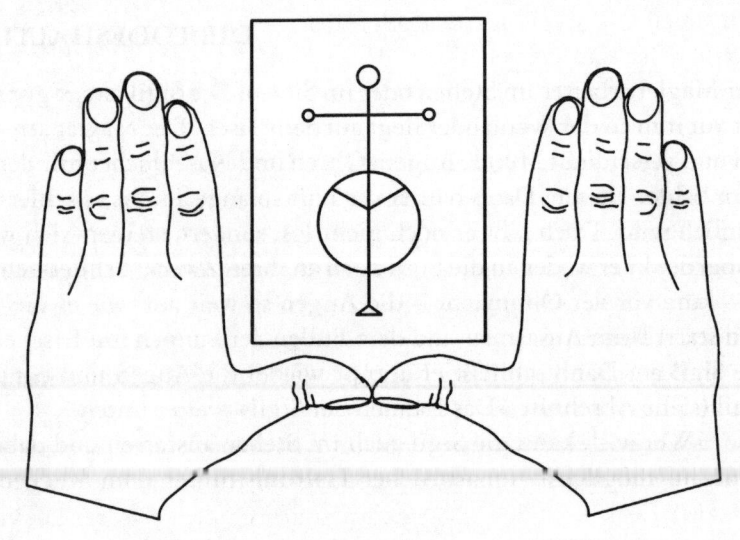

Abbildung 8: Die Lage der Sigil bei der Todeshaltung

---

* Wird diese Technik durch einen etwas sanfteren Umgang mit dem Atemanhalten abgemildert, eignet sie sich in beschränktem Maße auch für Menschen mit den in der obigen Warnung erwähnten körperlichen Beschwerden.

Nun zuckt der Magier ganz kurz mit den Muskeln der Unterschenkel, zuerst in einem Bein, dann im anderen, dann mit beiden gleichzeitig. Das Zucken sollte fest und locker sein, es genügt, wenn es nur einen Sekundenbruchteil umspannt, dafür aber möglichst intensiv ist. Dann sorgt der Magier dafür, daß sich das Muskelzucken in die Oberschenkel fortsetzt, dann durch Rumpf, Hände und Arme und schließlich bis zur Kopfhaut. Nach einiger Übung nimmt ein »Durchzucken« des ganzen Körpers nicht mehr als eine halbe Sekunde in Anspruch.

Auf dem Höhepunkt des Zuckens reißt der Magier die Augen noch weiter auf, wobei er immer noch die Sigil anstarrt, schließt abrupt die Augen und bannt die Sigil (siehe »Das Bannen der Sigil«).

DAS BANNEN DER SIGIL

Nach der Aktivierung muß die Sigil gebannt werden – dies ist der erste Schritt zum Vergessen der ganzen Operation. Die einfachste Bannung besteht aus einem lauten, herzhaften Lachen. Dieses wird zu Anfang wahrscheinlich ein wenig gekünstelt wirken, doch das spielt keine Rolle. Tatsächlich ist das Lachen einer der unkompliziertesten Zugänge zur bereits erläuterten Gedankenstille.*

> *Lachen ist ein unkomplizierter Zugang zur Gedankenstille.*

Außerdem lenkt sich der Magier nach der sigillenmagischen Operation ab, indem er sich auf etwas möglichst Profanes konzentriert. Je weniger er sich nun mit magischen Dingen befaßt, um so besser. Deshalb eignen sich auch Tätigkeiten wie Fernsehen, Sport oder Computerspiele besonders gut zur zur anschließenden Ablenkung.

Die Schließung des »Kanals«, der durch die Trance ins Unbewußte führt, sollte nach der Ladung möglichst vollständig sein. Es ist also falsch, wie es einige meiner Schüler zu Anfang taten, nach der Sigillenladung zu meditieren. Man kann dies etwas volkstümlich mit dem Prinzip »Deckel auf den Topf!« umschreiben: Nur wenn der Deckel den Topf nach dem Hineingeben der Zutaten fest abschließt, entwickelt sich die nötige Hitze, die für ein Gelingen der Mahlzeit erforderlich ist.

---

* *Wer dies nicht glaubt, soll einmal versuchen, gleichzeitig schallend zu lachen und angestrengt über ein mathematisches Problem nachzudenken!*

Wenn wir uns also zuerst durch die Trance öffnen, um unsere Sigil ins Unbewußte einzupflanzen, müssen wir diesen Zugang danach sofort wieder schließen, damit keine Energie entweicht. Aus demselben Grund soll die Sigil auch *vergessen* werden. Würde der Magier ständig an ihre Form und ihren Inhalt erinnert, so würde sich dadurch der rationale Verstand in den Prozeß einschalten und durch Zweifel, Neugier oder Ungeduld die Aktion gefährden. Man stelle sich, da wir schon bei Bildern sind, das Pflanzen eines Samens vor. Wir graben ein Loch in die Erde, legen den Samen hinein und bedecken ihn wieder mit Erdreich. Keinem Gärtner, der noch bei Sinnen ist, würde es einfallen, den Samen nun jede Stunde wieder auszugraben, um nachzusehen, ob er schon keimt, gut gedeiht und so weiter. Denn so etwas würde das ganze Vorhaben zunichte machen. Einen ähnlichen Bärendienst würden wir unserem Unbewußten erweisen, wenn wir ständig überprüften (und sei es auch nur unbewußt und unwillkürlich), ob es auch wirklich richtig arbeitet. Hier haben wir es mit einer völlig unvermuteten Variante der Aufforderung »schweige« aus der aus dem ersten Abschnitt schon bekannten Reihe »wisse, wolle, wage, schweige« zu tun. Denn es ist auch oft notwendig, sich selbst bzw. dem eigenen Unbewußten gegenüber Schweigen und Stille zu bewahren, damit es ungehindert tätig werden kann.

Im Idealfall vergißt der Magier nicht nur die äußere Form der Sigil, sondern sogar ihr Ziel. Dies läßt sich in der Praxis leider nur selten ohne Mühe erreichen, denn meistens handelt es sich bei magischen Operationen ja um Dinge, die dem Magier recht wichtig sind. Daher empfiehlt es sich, bei langfristigen Zielen gleich eine ganze Reihe von Sigillen vorzufertigen und diese gemeinsam zu lagern, bis man nicht mehr weiß, welche Sigil für welchen Zweck gedacht war. Erst dann werden die Sigillen aktiviert.

> *Im Idealfall vergißt der Magier nicht nur die äußere Form der Sigil, sondern sogar ihr Ziel.*

Sollte eine Sigil plötzlich wieder aus dem Unbewußten ungewollt auftauchen, wird sie erneut aktiviert und gebannt. Oft genügt es jedoch, die Aufmerksamkeit von der Sigil abzulenken, am besten durch Lachen, bis sie wieder verschwunden ist.

Wir können die gesamte Sigillenmagie noch einmal in einer Übersicht zusammenfassen:

DIE WORTMETHODE

WILLENSSATZ	eindeutig/einspitzig
SIGILLENERSTELLUNG	abstrakt/verfremdet
SIGILLENLADUNG	spasmisch/trancehaft
BANNUNG	energisch/gedankenleer

Übersicht 7: Die vier Stufen der Sigillenmagie

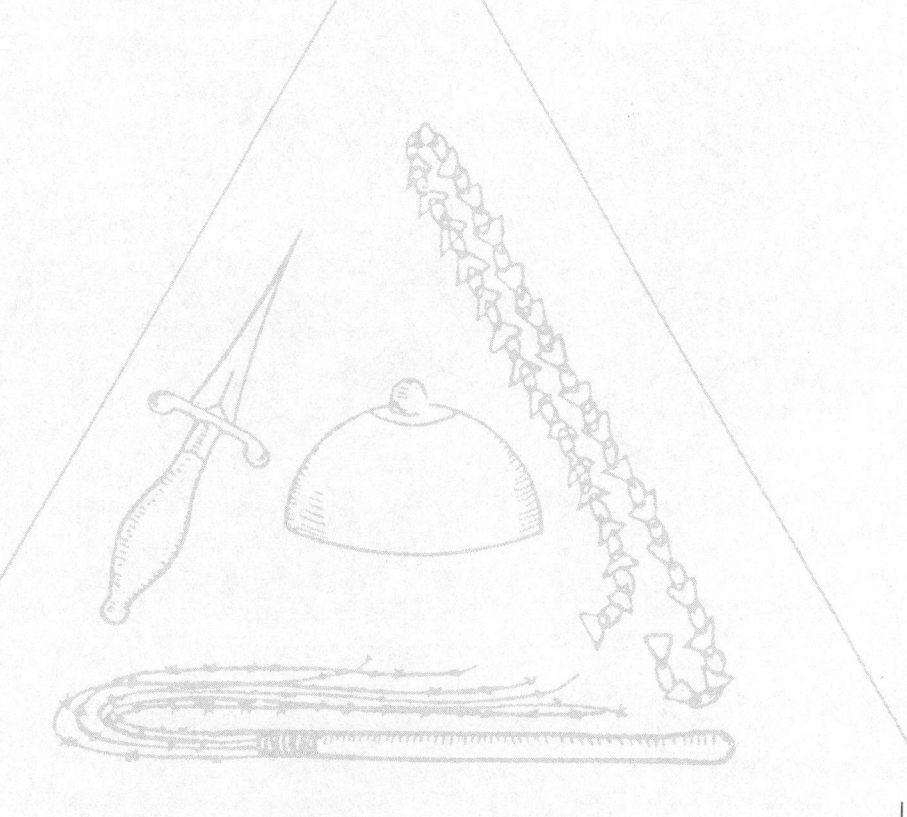

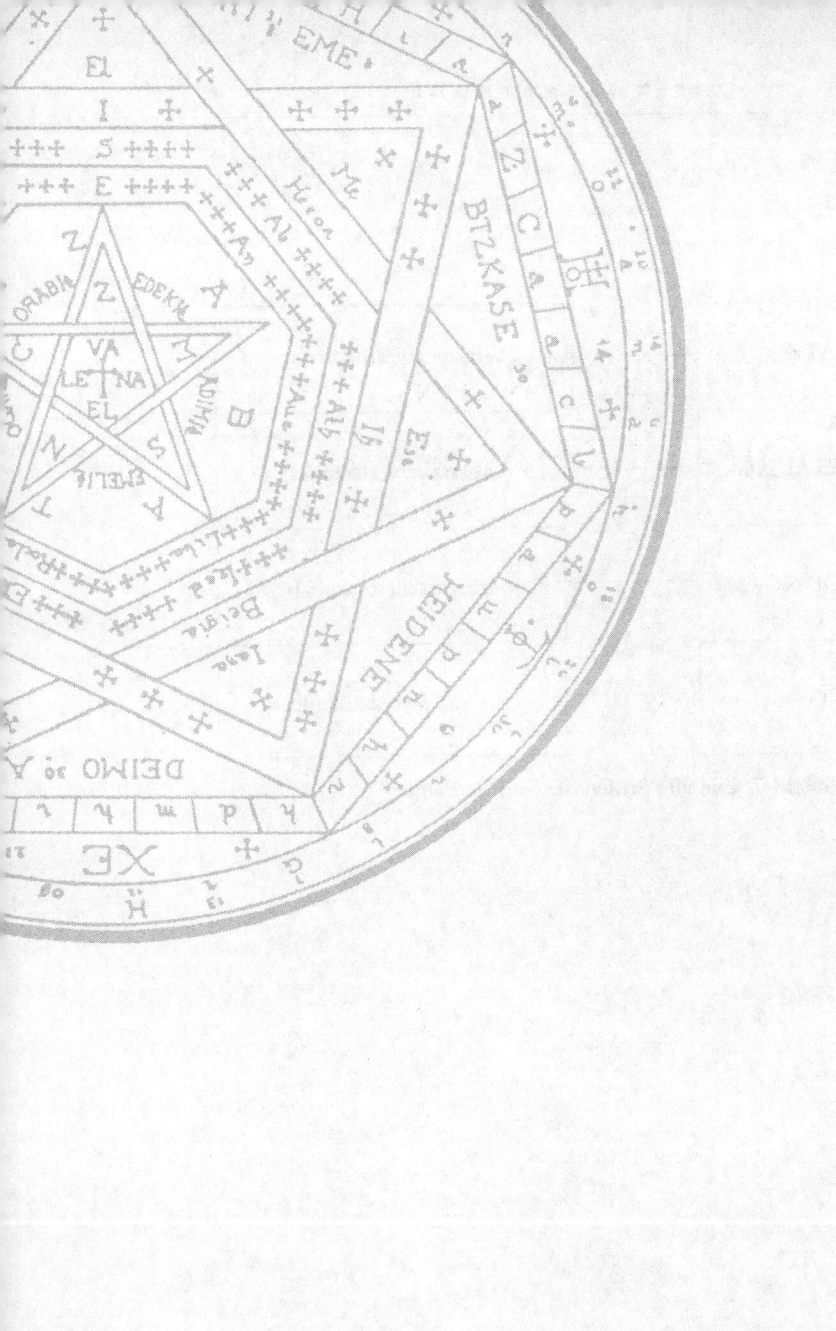

EINFÜHRUNG IN DIE RITUALISTIK (I)

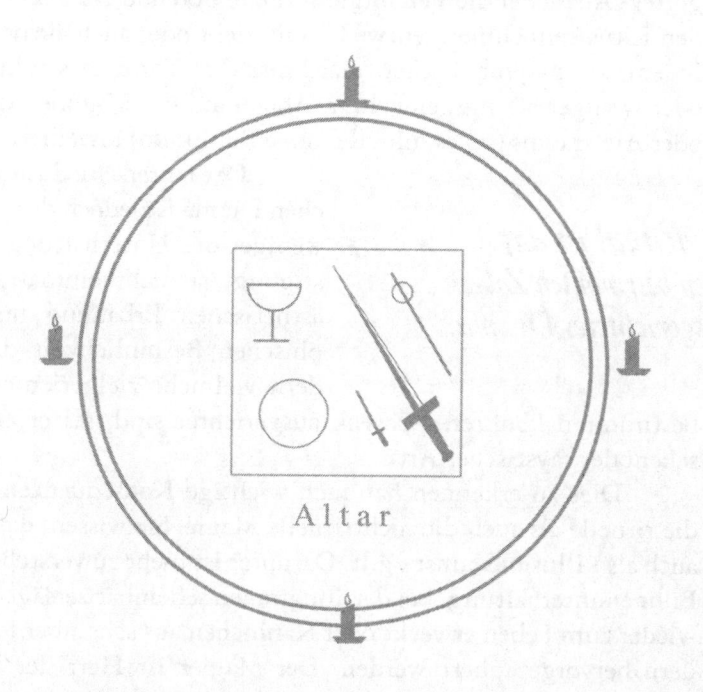

Altar

MAGIE IST SYMBOLHANDLUNG

Rituale werden oft als »dramaturgisch umgesetzte Mythen« bezeichnet, und dies trifft auf einen großen Teil der traditionellen magischen Zeremonien sicher zu: Themen aus der Mythologie – etwa Leben, Tod und Wiedergeburt des Sonnengottes Osiris oder die Vereinigung von Simon und Helena – werden von den Ritualteilnehmern entweder miterlebt oder auch aktiv nacherlebt, indem sie in symbolischer, gleichnishafter Form in strukturell mehr oder weniger streng geregeltem Ablauf auf der »Bühne« des Tempels oder Altarraums (sei es mit oder ohne Publikum) inszeniert werden.

> *Ritual ist auf einen bestimmten Zweck ausgerichtetes Drama.*

Der Unterschied zum gewöhnlichen Drama ist jedoch der, daß Rituale weniger der Unterhaltung oder Belustigung, ja nicht einmal so sehr der ästhetischen Erbauung und philosophischen Besinnlichkeit dienen, sondern vielmehr zielgerichtet auf einen bestimmten konkreten Zweck ausgerichtet sind, sei er erfolgsmagischer oder mystischer Art.

Dies zu erkennen hat auch wichtige Konsequenzen sowohl für die rituelle als auch die nichtrituelle Magie. Sie wissen, daß die Magie auch als »Illusionskunst« gilt. Darunter ist mehr zu verstehen als bloße Bühnenunterhaltung, bei der Jungfrauen scheinbar zersägt und danach wieder zum Leben erweckt oder Kaninchen aus scheinbar leeren Zylindern hervorgezaubert werden. Der Magier ist Herr der Illusion: Er durchschaut sie, lernt ihre Gesetze kennen, nutzt sie, zwingt sie der Realität auf. Das bedeutet freilich nicht, daß die Effekte der Magie nur »Einbildung« sind und auf optischen oder anderen Wahrnehmungstäuschungen beruhen. Tatsächlich sind die Auswirkungen der Magie nicht minder real und konkret als unsere gesamte Wirklichkeit, wenngleich oft etwas schwerer zu ergreifen und wahrzunehmen. Man könnte es mit dem Umgang mit Mikroben vergleichen: Dem unbewaffneten (in der Magie: dem ungeschulten) Auge ist es nicht möglich, Mikroorganismen (in der Magie: magische Energien und Effekte) zu erkennen, ja überhaupt ihre Existenz zu bestätigen; mit Hilfe von Mikroskopen und entsprechender Ausbildung (in der Magie: der Wahrnehmungsschulung und der Omendeutung) gelingt es uns hingegen, dies zu tun. Es hängt also von der Wahrnehmungsart ab, wie unsere Realität sich uns erschließt.

Beachten Sie, daß wir von Wahrnehmungsart und nicht von Wahrnehmungsschärfe gesprochen haben. Letzteres würde der materialistische Naturwissenschaftler tun, der der Ideologie anhängt, alles im Universum sei letztlich meßbar und mit unseren normalen fünf Sinnen zu erkennen, sobald die Wissenschaft nur hinreichende Fortschritte gemacht habe. Auch die angeblich so genauen und unbestechlichen Meßinstrumente des Wissenschaftlers sind im Prinzip nichts anderes als verlängerte menschliche Sinnesorgane. Tatsächlich geht es jedoch um eine Veränderung unserer jetzigen Wahrnehmung. Ziel der magischen Ausbildung sollte es daher unter anderem sein, die magische Wahrnehmung zu schulen.

Dazu wenden wir nicht zuletzt die oben angeführte Erkenntnis an, daß (rituelle) Magie auch »heiliges Theater«, »Mysterienspiel« ist. Es liegt in der Grundstruktur des Unbewußten begründet, daß das »So-tun-als-ob«, wird es nur konsequent genug praktiziert, schließlich den gewünschten tatsächlichen Effekt auf der materiellen oder Bewußtseinsebene herbeiführen wird. Ein negatives Beispiel

> *Konsequentes »So-tun-als-ob« kann mächtige Effekte haben!*

dafür kennen wir alle: Wer sich lange Zeit einredet, er sei ein Mensch, der anderen unsympathisch ist, ein lächerlicher Versager ohne jede Wirkung auf andere (zum Beispiel auf das andere Geschlecht, aber auch auf Kollegen, Vorgesetzte und so weiter), der wird irgendwann tatsächlich so werden, wie er sich derart beharrlich sehen will: Er wird zu einem den anderen Menschen unsympathischen Versager ohne jede anziehende Ausstrahlung. Ähnlich ergeht es einem, wenn man ständig irgendeine Katastrophe herbeiredet (»Ich werde die Stellung nicht bekommen«, »Die Prüfung bestehe ich nie!«, »Mit mir hält es doch keine Frau/kein Mann aus«). Dies nennt die Psychologie eine »sich selbst erfüllende Prophezeiung«. Autosuggestionstechniken wie das Positive Denken und die Arbeit mit Affirmationen oder Selbsthypnose beweisen, daß dieser Mechanismus auch im Positiven funktioniert, also umgekehrt wirksam ist und in sein konstruktives Gegenteil verkehrt werden kann.

Dies macht sich gerade der Magie-Anfänger nur selten hinreichend klar. Wenn Sie also bei unserer Übung des Kleinen Bannenden Pentagrammrituals festgestellt haben sollten, daß Ihnen die doch recht komplizierten Visualisationen dieses Grundrituals trotz aller anfänglichen Bemühungen nicht zufriedenstellend gelingen wollen, so halten Sie sich folgenden Grundsatz vor Augen:

WAS BEI DER VISUALISATION NICHT REAL WAHRGENOMMEN WIRD, MUSS VORERST IMAGINIERT ODER ALS REAL ANGENOMMEN WERDEN!

Dies bedeutet ein Abrücken von älteren magischen Autoren wie Bardon, Crowley oder Gregorius, die meistens große Betonung darauf legten, daß die hundertprozentige Visualisation der eigentlichen magischen Handlung vorangehen müsse. Die moderne Praxis hat jedoch gezeigt, daß es sich dabei um ein äußerst zeitraubendes Mißverständnis handelt. In Wirklichkeit nämlich reicht es (zumindest am Anfang) oft aus, eine Visualisation einfach als real anzunehmen (auch wenn man sie nicht »wirklich« wahrnehmen kann), um die gewünschte Wirkung zu erzielen. Mit anderen Worten: Ihr Kleines Bannendes Pentagrammritual wird Sie auch dann schützen, wenn Sie die Erzengel nicht in allen nur erdenklichen farblichen Einzelheiten vor sich sehen sollten, solange Sie es nur regelmäßig genug durchführen und auf diese Weise Ihren »Magiespeicher Unbewußtes« darauf programmieren, mit diesem Ritual Schutz und innere wie äußere Mittung zu assoziieren.*

Der Anfänger steht oft im Kreis, führt das Ritual korrekt (das heißt den Anleitungen entsprechend) durch und *hofft* lediglich, daß die Pentagramme »tatsächlich« um ihn herum brennen, die Gottesnamen »bis ans Ende des Universums« hallen und die Erzengel als Hüter der Elemente präsent sind.

Erst nach einer Weile des Übens, die je nach Begabung Tage oder Jahre dauern kann, stellt sich die wirkliche Wirkung ein: Die visualisierten Symbole, Figuren, Mantras und so weiter werden mit derselben Realität wahrgenommen wie die Dinge der Alltagswelt. Dann wird der

---

* *Warnung: Begehen Sie jedoch nicht den Fehler, aufgrund dieser sicher sehr beruhigenden Erkenntnis Ihre Praxis zu vernachlässigen! Dieser Mechanismus funktioniert nämlich nur so lange, wie Sie sich in einem »Lernprozeß« befinden und Ihr Vorhaben darin besteht, zur optimalen Visualisation, Imagination und ähnlichen Zielen zu gelangen. Denn sonst stumpft nach einer Weile das Unbewußte ab und verwechselt die nachlässige Praxis mit dem eigentlichen Ziel – dadurch aber würden Sie auf lange Sicht verheerende Wahrnehmungsfehler vorprogrammieren, die auszumerzen oft ein ganzes Menschenleben dauern kann. Es wird Ihnen also trotzdem nichts geschenkt ...*

Magier ganz unwillkürlich eine physische Berührung spüren, wenn er aus Versehen gegen den »imaginierten« Kreis stößt – ein sicheres Anzeichen für die sich entwickelnde feinstoffliche Wahrnehmung. Damit ist die größte Hürde genommen, und es ist nur noch ein kleiner Schritt bis zur Wahrnehmung der magischen Energien anderer.

> *Nur durch beständiges Üben erhalten Visualisierungen dieselbe Realität wie Dinge der Alltagswelt.*

Wir wollen dies ab nun die »magische Energiewahrnehmung« oder, kurz, die »Energiewahrnehmung« nennen.

Die Energiewahrnehmung wird zu Anfang also durch einen Trick entwickelt, bei dem man ihr Realität zuspricht, ohne sie wirklich wahrzunehmen. Wir leiten daraus einen Lehrsatz ab, der die gesamte magische Praxis prägt und den Sie sich auf jeden Fall merken sollten:

DIE KUNST DER MAGISCHEN ILLUSION BESTEHT DARIN, ILLUSIONEN SOLANGE UND SO KRAFTVOLL ZUR WIRKLICHKEIT ZU ERKLÄREN, BIS SIE TATSÄCHLICH WIRKLICHKEIT GEWORDEN SIND.

Beachten Sie auch hier die Reihenfolge: »so lange und so kraftvoll«. Tatsächlich ist das Unbewußte ein Gewohnheitstier, das vor allem durch die Wiederholung lernt. Zuerst kommt also die Dauer der Praxis, danach freilich auch die entsprechende Energie. Einen solchen Prozeß kann man als schöpferische Erschaffung eines eigenen Universums begreifen.

Das Ritual dient nicht zuletzt auch dazu, diese magische Illusion zu erzeugen, indem es durch die Bewegung, die Analogien, ja sogar durch das anfängliche So-tun-als-ob und das Schauspiel gewissermaßen »Realitätsmarken« setzt, ob wir diese nun allein in der Psyche des Magiers oder in der Astralebene ansiedeln mögen. Es heißt oft, daß Rituale wie »astrale Leuchtfeuer« wirken und nichtinkarnierte Entitäten (Wesenheiten) anziehen wie die Motten das Licht. Dies ist auch ein wichtiger Grund für die abschließende Entlassungsformel, die folglich auch nach jedem Ritual (also nicht allein nach dem Kleinen Bannenden Pentagrammritual) ausgesprochen werden muß.

Selbst wenn man nicht an die Hypothese – und mehr als eine solche ist es nicht – von nichtinkarnierten Entitäten glauben sollte (die

> *Jedes Ritual hinterläßt seine Spuren in den tiefsten Schichten der Psyche.*

meisten Magier tun es zwar, doch gibt es auch zahlreiche Ausnahmen), ergibt es durchaus Sinn, wenigstens davon auszugehen, daß jedes Ritual seine Spuren in den tiefsten Schichten der Psyche hinterläßt. Somit kann ein eher psychologistisch orientierter Magier auch argumentieren, daß unbewußtes, oft auch verdrängtes Seelenmaterial durch das Ritual aktiviert wird und entsprechend danach wieder gebannt werden muß, um sich nicht plötzlich selbständig – und damit den Magier besessen – zu machen.

»VISUALISATION« UND MAGISCHE SINNESWAHRNEHMUNG

Der Begriff »Visualisation«, wie er gemeinhin in der magischen Literatur verwendet wird, hat zu mancherlei Mißverständnissen geführt. Vielleicht erschüttert der folgende Satz eines Ihrer liebgewonnenen Vor- (oder Fehl-)Urteile, dennoch werden Sie sich durch die eigene Praxis davon überzeugen können, daß er zutrifft:

DIE MAGISCHE SINNES- UND ENERGIEWAHRNEHMUNG ERFOLGT DURCH KEIN BISHER BEKANNTES SINNESORGAN.

Daran ändern auch die Theorien vom »Dritten Auge« oder anderen postulierten feinstofflichen Organen nichts, die oft zur Erklärung magischer Wahrnehmung bemüht werden. Wir wollen die Existenz des Dritten Auges keineswegs leugnen – nur nützt es niemandem, wenn man zunächst, wie in der Magiegeschichte geschehen, erst die Thymusdrüse damit identifiziert, um dann (nach genauerer Erforschung dieses Organs) auf die noch mysteriösere Zirbeldrüse umzuschwenken, bis diese schließlich wieder irgendeinem anderen Zentrum

> *Feinstoffliche Wahrnehmung mag einer bestimmten Sinneswahrnehmung ähneln, sie ist aber nicht mit ihr identisch.*

weichen muß. Und es ist auch ein Trugschluß zu glauben, daß mit solchen Modellen der Schulung der magischen Wahrnehmung wirklich gedient wäre.

Das Konzept eines Dritten Auges hat nämlich vor allem dazu geführt, daß die gesamte Magie über Jahrhunderte hinweg auf die optische Wahrnehmung reduziert wurde, die in Wirklichkeit bestenfalls doch nur eine quasi-optische ist und darüber hinaus nur eine von vielen Möglichkeiten magischer Wahrnehmung darstellt. Schließlich gibt es ja nicht nur das Hellsehen, sondern auch das Hellriechen, Hellhören, Hellschmecken und Hellfühlen. Alle diese Begriffe sind jedoch tatsächlich nur Annäherungen an eine Wahrnehmungsform, die eher einem Ahnen als einem Sehen, Hören, Fühlen gleicht. Die wenigsten Magier und Sensitiven können auf allen diesen Sinnesschienen gleich gut wahrnehmen, auch wenn dies im Interesse einer größeren Treffsicherheit gewiß wünschenswert wäre und aus diesem Grund auch geschult wird. In Wirklichkeit artikuliert sich die feinstoffliche Wahrnehmung nur auf eine Weise, die einer anderen Sinneswahrnehmung zwar ähnlich erscheint, mit dieser aber nicht identisch ist und keineswegs damit verwechselt werden sollte.

Zwar erfolgt die magische Wahrnehmung bei den meisten Menschen tatsächlich über die quasi-optische Schiene, sie scheinen feinstoffliche Energien also gewissermaßen zu »sehen«, doch gibt es auch zahlreiche Ausnahmen. Viele Magier sind sogar erstaunlich unvisuelle Typen und können so gut wie nichts visualisieren. Das bedeutet jedoch nicht, daß es sich bei ihnen um schlechte Vertreter ihrer Zunft handeln würde, sie sind lediglich anders gepolt und können die feinstofflichen Energien beispielsweise eher »riechen«, »schmecken«, »fühlen« und so weiter. Wenn man aber, wie dies in der Literatur bisher fast immer der Fall war, darauf beharrt, schwerpunktmäßig die optische Wahrnehmungsschiene zu trainieren, um feinstoffliche Energien erfahrbar zu machen, bekommen all jene Menschen unnötige Schwierigkeiten, die mit einer anderen Wahrnehmungsschiene zu den gleichen Ergebnissen gelangen könnten.

Mit anderen Worten: Wenn Sie das Gefühl haben, Sie könnten nicht richtig »visualisieren«, so versuchen Sie es statt dessen doch einmal mit einer anderen Wahrnehmungsform. Zwingen Sie sich nicht dazu, den magischen Kreis oder die Pentagramme um jeden Preis »sehen« zu wollen, sondern versuchen Sie lieber einmal, ihn mit den Händen zu »fühlen«, ihn zu »riechen«, zu »schmecken«, ja sogar ihn zu »hören«.

> *Konzentrieren Sie sich bei der »magischen Imagination« darauf, mit jenem Sinnesorgan zu arbeiten, das Ihnen am meisten liegt.*

Einem visuell orientierten Menschen fällt es schwer, sich vorzustellen, wie man beispielsweise ein rotes Dreieck oder ein gelbes Viereck durch »Riechen« voneinander unterscheiden kann, und doch ist das für den »Nasenmenschen«, also den olfaktorischen Typ, überhaupt keine Schwierigkeit. Der Auditive dagegen kann unterschiedliche Farben und Symbole »hören«, und der Taktile kann sie »fühlen«.

Wenn Sie also in anderen Werken zur Magie das Wort »Visualisation« lesen sollten, so ersetzen Sie es einfach durch »magische Imagination«, und konzentrieren Sie sich gerade am Anfang darauf, mit jenem »Sinnesorgan« zu arbeiten, das Ihnen am meisten liegt. Später sollten dann freilich auch die anderen Wahrnehmungsformen geschult werden, weil dies das ganze Wahrnehmungsspektrum erweitert, weil mehr Informationen aufgenommen und verarbeitet werden und somit auch eine größere Entscheidungs- und Wirkungsvielfalt erreicht wird. Doch ist eine solche Maximalforderung für den Anfänger eher ein Stolperstein, der ihn nur frustriert und ihm die Motivation raubt.

PRAKTISCHE ÜBUNGEN

ÜBUNG 4
PRAKTISCHE SIGILLENMAGIE (I)

Führe entsprechend den Anleitungen in diesem Abschnitt drei Monate lang pro Woche mindestens eine Sigillenoperation nach der Wortmethode durch. Trage die Operation vorher ins Magische Tagebuch ein, und überdecke die Sigil nach der Ladung mit einem Blatt Papier, das Du an den Seiten festklebst, damit Du beim späteren Durchblättern des Tagebuchs nicht versehentlich die Sigil zu Gesicht bekommst und möglicherweise deaktivierst. Versäume nicht, ein Datum auf dieses

Abdeckblatt zu schreiben, das anzeigt, wann die Sigillenoperation auf Erfolg oder Mißerfolg überprüft werden soll. Hierbei ist es ganz besonders wichtig, im Tagebuch Platz für spätere Eintragungen zu lassen, die selbstverständlich ebenfalls datiert werden müssen.

ÜBUNG 5
SCHULUNG DER MAGISCHEN WAHRNEHMUNG (I)

Diese Übung wird zusammen mit dem Kleinen Bannenden Pentagrammritual praktiziert. Sie sollte im ersten Monat mindestens zweimal wöchentlich in ihrer vollen Form durchgeführt werden. An den übrigen fünf Tagen kannst Du täglich eine der fünf Einzelstufen der Übung (also die Punkte a, b, c, d oder e) im Anschluß an das Pentagrammritual praktizieren. Dabei solltest Du jedoch sorgfältig darauf achten, daß Du im ersten Monat wirklich auch regelmäßig abwechselnd jede Einzelstufe bearbeitest und keine bevorzugst.

Im zweiten Monat genügt es, die Übung in ihrer vollständigen Form mindestens zweimal wöchentlich durchzuführen. Ab dem dritten Monat führst Du die Übung nur noch dann durch (in beliebiger Häufigkeit), wenn Du es für erforderlich hältst. Solltest Du feststellen (was fast immer der Fall sein wird), daß Deine magische Wahrnehmungsfähigkeit durch die Übung gesteigert wird, so versuche, die Übungsdauer und -länge eine Weile zu intensivieren. Erst wenn Du mit Deiner magischen Wahrnehmung vollkommen zufrieden bist, brauchst Du diese Übung überhaupt nicht mehr durchzuführen. Doch selbst dann empfiehlt es sich, sie einmal pro Vierteljahr zu wiederholen, um nicht »einzurosten«.

a) Nachdem Du beim Kleinen Bannenden Pentagrammritual das zweite Mal das Kabbalistische Kreuz gezogen und intoniert hast, gehst Du mit geschlossenen Augen und vorgestreckten Händen den Kreis ab und versuchst ihn abzutasten. Versuche nun nicht mehr, den Kreis oder gar das Gefühl für ihn zu imaginieren, das wird überhaupt nicht nötig sein, auch wenn es die ersten Male nicht so gut gelingen sollte. Meistens wirst Du die feinstoffliche Energie als leises Prickeln, als Empfindung der Wärme oder der Kälte, möglicherweise sogar wie einen ganz leichten elektrischen Schlag wahrnehmen. Notiere sorgfältig alle Wahrnehmungen im Magischen Tagebuch.

b) Verfahre wie unter a), nur daß Du diesmal mit dem Gehör arbeitest. Zuerst versuchst Du beim Abgehen des Kreises, die von Dir vibrierten einzelnen Gottesnamen in ihren Richtungen zu hören, und zwar einen nach dem anderen. (Bleibe dabei stumm, versuche also nicht, Deiner Wahrnehmung durch erneutes Intonieren nachzuhelfen.) Dann stellst Du Dich in die Kreismitte und versuchst, alle Gottesnamen gleichzeitig zu vernehmen, und zwar in ihre jeweiligen Richtungen hallend. Notiere sorgfältig alle Wahrnehmungen im Magischen Tagebuch.

c) Verfahre wie unter a), nur daß Du diesmal mit dem Geruchssinn arbeitest. Zuerst versuchst Du beim Abgehen des Kreises, die allgemeine Geruchsnote des Ritualraums zu erspüren. Stelle fest, ob sie sich durch das Ritual verändert hat. (Beim nächsten Mal kannst Du ganz bewußt den Geruch im Raum vor und nach dem Pentagrammritual miteinander vergleichen.) Notiere sorgfältig alle Wahrnehmungen im Magischen Tagebuch.

d) Verfahre wie unter a), nur daß Du diesmal mit dem Geschmackssinn arbeitest. Zuerst versuchst Du beim Abgehen des Kreises, die allgemeine Geschmacksnote des Ritualraums zu erspüren. Achte auf Deine Geschmackswahrnehmungen vor und nach dem Ritual. Notiere sorgfältig alle Wahrnehmungen im Magischen Tagebuch.

e) Verfahre wie unter a), nur daß Du diesmal mit dem Gesichtssinn arbeitest. Zuerst versuchst Du beim Abgehen des Kreises, diesen mit weit geöffneten, auf »unscharf« eingestellten Augen wahrzunehmen: Meistens wirst Du zu Anfang nur ein vages Flimmern bemerken, eine Art Nebel oder ein Wabern der Luft, als wäre sie stark erhitzt worden. Dies ist ein gutes Zeichen. Nach einer Weile werden sich die Konturen des Kreises verstärken. Führe das gleiche mit den Symbolen durch; und schließlich nimmst Du auf dieselbe Weise die Erzengelgestalten wahr. Notiere sorgfältig alle Wahrnehmungen im Magischen Tagebuch.

Sei nicht entmutigt, wenn Du zu Anfang nur teilweise oder überhaupt keinen Erfolg im Tagebuch vermelden kannst. Diese Übung soll ja Deine magische Wahrnehmung erst richtig schulen! Zudem bekommst Du, in Verbindung mit der nächsten Übung 6, auf diese Weise klare

Auskunft darüber, wo Deine Wahrnehmungsschwerpunkte im feinstofflichen Bereich liegen. Diese müssen nicht unbedingt identisch mit den Schwerpunkten Deiner Alltagswahrnehmung sein. So kann ein allgemein sehr auditiver, vielleicht sogar musikalischer Mensch magische Energien vielleicht besser »riechen« oder »sehen« als hören; ein ausgesprochen taktiler Mensch macht dagegen vielleicht die Beobachtung, daß er im magischen Bereich eher »hört« oder »schmeckt«.

ÜBUNG 6
SCHULUNG DER MAGISCHEN WAHRNEHMUNG (II)

Nachdem Du die vorhergehende Übung mindestens vier Mal in ihrer vollen Form und entsprechend häufig in ihrer Teilform durchgeführt hast, beantwortest Du in Deinem Magischen Tagebuch im Anschluß an die Durchführung in der vollen Form folgende Frage:

1. Welche Form der magischen Wahrnehmung fällt mir am leichtesten? Kann ich besser »sehen«, »fühlen«, »schmecken«, »riechen«, »hören«, oder gibt es eine andere Form der Sinneswahrnehmung, für die ich (noch) kein Wort habe?

2. Nachdem Du die Frage unter Punkt 1 beantwortet hast, versuchst Du in Zukunft, Deine »beste« Wahrnehmungsschiene verstärkt zu nutzen. Wenn also in diesem Kurs später von »magischer Imagination« die Rede ist, setzt Du diese auf Deine persönliche Wahrnehmungsschiene um, es sei denn, Du wirst ausdrücklich zu einem anderen Vorgehen aufgefordert. (Wird also beispielsweise gesagt: »Imaginiere eine liegende silberne Sichel«, so kannst Du diese »hören«, »fühlen« oder ähnliches, brauchst sie also nicht unbedingt zu visualisieren, wenn Dir dies schwerer fallen sollte als die andere Vorgehensweise. Lautet die Anweisung jedoch: »Visualisiere einen Kraftkegel über dem Kreis«, so weißt Du eindeutig, daß Du quasi-optisch vorgehen sollst.)

ÜBUNG 7
PRAKTISCHE TRAUMARBEIT (I)

Über die Traumarbeit kannst Du Deine magische Wahrnehmung besonders wirkungsvoll schulen und erweitern. Denn die bewußte Aufmerksamkeit, die Du damit Deinem Unbewußten zuteil werden läßt, schmeichelt diesem und macht es gewillter, Dich bei Deinem magischen Bemühen zu unterstützen. Zudem fördert die Arbeit mit Träumen die Trancekontrolle, den Umgang mit der Divination, das Astralwandern und einige andere magische Praktiken, vor allem solche schamanischer Natur.

Wir wollen hier erst einmal ganz einfach anfangen und uns auf das Erinnern von Träumen beschränken. Wenn Du Dich damit noch nicht befaßt haben solltest, magst Du vielleicht glauben, dies sei recht schwierig, doch ist dem keineswegs so. Du brauchst nur ein wenig Geduld, Schreibzeug neben Deinem Bett – und schon kann es losgehen. Vor dem Einschlafen nimmst Du Dir vor, Dich am nächsten Morgen an Deine Träume zu erinnern. (Du kannst diese Arbeit auch durch eine entsprechende Sigil unterstützen.) Am Anfang solltest Du nach Möglichkeit mit diesem Gedanken einschlafen, ihn also während des Eindämmerns ins Unbewußte einsickern lassen.

Nach dem Aufwachen solltest Du Dich eine Weile nicht bewegen, bis Du Deine Träume möglichst vollständig erinnert hast. Erst dann schreibst Du sie in kurzen Stichworten auf. Bestimmte Eindrücke kannst Du auch in Form von Zeichnungen und Skizzen festhalten, das vermittelt Dir beim späteren Durcharbeiten oft einen viel präziseren Eindruck von der Energie- und Gefühlsqualität des Traums als jede noch so detaillierte sprachliche Beschreibung.

Solltest Du in der Nacht plötzlich aus einem Traum aufwachen, so notiere auch diesen sofort. Dies kann auch bei Dunkelheit geschehen, etwa wenn Du dabei nicht völlig wach werden willst, sofern Du einigermaßen leserlich schreibst.

Anstatt Deinen Traum sofort aufzuschreiben, kannst Du ihn auch auf ein Tonband sprechen, das Du neben dem Bett bereithältst. Das hat den großen Vorteil, daß Du in kürzerer Zeit mehr Einzelheiten festhalten kannst, und dies zudem noch viel plastischer als beim Schreiben. Der Nachteil besteht freilich darin, daß es recht zeitaufwendig ist, Bandaufzeichnungen noch einmal abzuhören und abzuschreiben (was für das spätere Nachschlagen und Vergleichen unerläßlich ist).

Führe ein separates Traumtagebuch, trage Deine Träume also nicht ins Magische Tagebuch ein. Denn mit der Zeit wirst Du immer mehr zu notieren haben, und schon bald würde dann Dein Magisches Tagebuch von der Traumarbeit regelrecht überwuchert werden. (Es wird auch eine Zeit kommen, da Du ganz bewußt auf das Erinnern von

Träumen verzichten sollst, dies werden wir Dir in einem späteren Abschnitt bekanntgeben.) Nur dann, wenn Deine Träume in erkennbarem Zusammenhang mit magischen Operationen stehen, kannst Du Teile daraus vielleicht auch zusätzlich im Magischen Tagebuch notieren. Oft genügt aber auch ein Querverweis zur entsprechenden Seite des Traumtagebuchs.

Es kann sein, daß in den ersten Tagen oder sogar Wochen die Traumerinnerung nicht gelingen will. Dieses Problem läßt sich nur durch Beharrlichkeit lösen: Versuche es immer wieder, jede Nacht aufs neue, irgendwann wird Dir der Erfolg sicher sein.

Möglicherweise wirst Du die Erfahrung machen, daß Deine magischen Aktivitäten Dein Traumleben erheblich intensivieren. Dies ist ein gutes Zeichen, zeigt es doch eine wachsende Bereitschaft des Unbewußten zur Mitarbeit an.

WEITERFÜHRENDE LEKTÜRE

Wir wollen in diesem Buch die Querverweise auf andere nützliche Werke auf ein notwendiges Minimum beschränken. Denn erstens ist die Zeit auch des gutwilligsten und engagiertesten Magiers zu beschränkt, als daß er zusätzlich zu den Schulungsinhalten auch noch Hunderte weiterer Bücher durcharbeiten könnte. Zweitens ist es nicht Sinn der *Schule der Hohen Magie*, wieder einmal das magische Wissen zu zerstückeln – sie soll Ihnen ja gerade diese bibliographische Mühsal weitgehend abnehmen.

Dennoch: Es gibt zahlreiche sehr gute Standardwerke beispielsweise über Astrologie oder Kräuterkunde, so daß es uns nicht sinnvoll erscheint, einmal mehr ausführlich den Tierkreis zu erklären oder verschiedenste Kräuter samt ihren Blütezeiten zu beschreiben.

Frater V.·.D.·., *Sigillenmagie in der Praxis,* Berlin: Edition Magus – Werkmappen zur Magie 1, 1985 (Bezugsquelle im Anhang)

Diese Monographie dient der Vertiefung sigillenmagischen Wissens. Sie führt auch in die Atavistische Magie Austin Osman Spares ein, erklärt das Alphabet des Wollens und gibt einen Überblick über die klassischen Planetensigillen und -quadrate, wie sie von Agrippa von Nettesheim kompiliert wurden.

Thorwald Dethlefsen, *Schicksal als Chance,* München: Goldmann TB 11723, 1980

Eine brillante Einführung in die Esoterik und das magische Denken. Dethlefsens Arbeit beschreibt auch sehr anschaulich die Grundzüge der Astrologie und den Umgang mit Analogien und Korrespondenzen.

Einführung in
die Ritualistik (II)

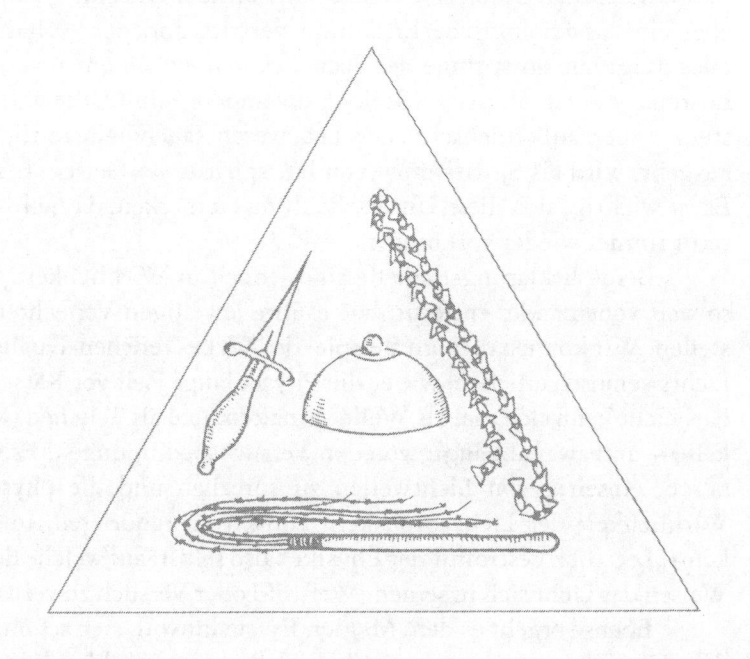

psychologie oder spiritismus?

Die Frage, ob magische Phänomene Projektionen innerseelischer Kräfte beziehungsweise Zustände sind oder sich auf das Wirken außermenschlicher Wesenheiten (Geister, Dämonen, Astralentitäten oder ähnliches) zurückführen lassen, bewegt die Parawissenschaft schon seit vielen Jahrzehnten. Die eine Richtung, die eher eine psychologische Erklärung vertritt und der Auffassung ist, alles Magische entspringe der Seele des Magiers, nennt man den Animismus (von lat. anima = »Seele«); die andere Schule, die von der Existenz realer außermenschlicher Lebewesen (auch feinstofflicher Art) ausgeht, wird als Spiritismus (von lat. spiritus = »Geist«) bezeichnet. Es ist wichtig, sich diese Unterscheidung zu merken, da sie in der Literatur immer wieder vorkommt.

Beide Erklärungsmodelle sind jedoch in Wirklichkeit gar nicht so weit voneinander entfernt, wie es ihre jeweiligen Verfechter oft darstellen. Wir können dies am Beispiel des Welle-Teilchen-Dualismus des Lichts veranschaulichen, wie er die Physik lange Zeit vor Rätsel gestellt hat. Licht kann sich mal als Welle verhalten, mal als Teilchen (»Korpuskel«) – und zwar abhängig von den Versuchsbedingungen! Es wäre also falsch, einseitig von Lichtwellen zu sprechen und die physikalische Wirklichkeit der Lichtkorpuskeln einfach zu ignorieren, und umgekehrt. Letztlich bestimmt der Physiker also selbst, auf welche der beiden Weisen das Licht sich in seinem Weltbild oder Versuch zu verhalten hat.

Ebenso ergeht es dem Magier. Es ist sinnvoll, sich schon früh mit dem Gedanken vertraut zu machen, daß unsere Wirklichkeit stets die Wirklichkeit der Beschreibung ist – Realität ist für uns nur das, was wir in irgendeiner Form ausdrücken und wahrnehmen.*

Dieser wichtigen Grundlage der modernen Magie werden wir im Laufe unserer Schulung immer wieder begegnen.

Für die Praxis müssen wir den erfolgversprechendsten Ansatz wählen; und welcher das ist, hängt von einer Vielzahl unterschiedlicher Faktoren ab, zum Beispiel von der eigenen seelischen Beschaffenheit, den eigenen weltanschaulichen Vorlieben, aber auch von ganz handfesten praktischen Erwägungen. So antiaufklärerisch es sich auch lesen mag, ist es erfahrungsgemäß doch stets sinnvoller, sich durch den scheinbaren Widerspruch zwischen animistischen und spiritistischen Erklärungsmodellen nicht verunsichern zu lassen; dies geschieht am

---

* *Dies ist der tiefere Sinn des Schamanenworts:* »Was man wahrnimmt, ist auch wahr.«

mühelosesten dadurch, daß man die Frage nach ihrem »Wahrheitsgehalt« einfach ignoriert.

Im Ritual zählt in erster Linie die Erfahrung, die Energiewahrnehmung also. Intellektuelle, ja akademische Konzepte wie Animismus oder Spiritismus haben darin wenig zu suchen. Wenn Sie lieber spiritistisch vorgehen wollen und daran glauben, daß Sie es dabei mit realen Geistwesen zu tun haben, so steht dem nichts im Wege. Sind Sie dagegen eher psychologisch eingestellt, und betrachten Sie die rituelle Arbeit vornehmlich als veräußerlichte (»projizierende«) Auseinandersetzung mit Ihren persönlichen Seeleninhalten, so werden Sie damit ebenfalls gute Erfolge erzielen können.

> *Im Ritual zählt in erster Linie die Erfahrung, die Energiewahrnehmung.*

Auch diese Schulung wird nicht versuchen, Sie in die eine oder andere Richtung zu drängen. Denn die Gesetzmäßigkeiten des magischen Rituals sind in beiden Fällen dieselben. Dies erkennen wir jedoch oft erst nach langer Praxis. Daher werden wir auch schon in diesem Abschnitt damit beginnen, den flexiblen Umgang mit verschiedenen Weltanschauungen und Ideologien zu trainieren.

DIE GRUNDSTRUKTUREN DES MAGISCHEN RITUALS

Kommen wir nun zu den Grundstrukturen des magischen Rituals. Wenn wir die Geschichte der westlichen Zeremonialmagie betrachten, fällt auf, daß sich darin zwei Hauptströmungen parallel zueinander entwickelt haben, zwar ohne sich gegenseitig auszuschließen, aber auch ohne sich gegenseitig in nennenswertem Umfang zu befruchten. Wir meinen damit die *zyklische* oder *kreisförmige* und die *winklige* oder *eckige* Ritualform.

Fürs erste soll hier die Kreisstruktur im Vordergrund stehen, da sie sich vor allem dem Anfänger leichter erschließt als die winklige und zudem auch in Alleinregie müheloser zu handhaben ist.

> *Die zwei Hauptströmungen der Ritualistik*

Die Winkelstruktur dagegen setzt ein hohes Maß symbolkundlichen Grundwissens voraus und eignet sich fast nur für die Arbeit in Gruppen von mindestens drei Personen. Auch hier bestätigen Ausnahmen natürlich die Regel, doch als groben Überblick kann man diese Feststellung durchaus gelten lassen. Zudem findet sich die Winkelstruktur typischerweise vornehmlich in dogmatischen und rein mystischen Systemen.

Zur Vermeidung von Mißverständnissen sei gesagt, daß die Bezeichnung »Kreisstruktur« sich nicht allein darauf bezieht, daß mit einem magischen Kreis gearbeitet wird, sondern vielmehr auch den Ablauf des Rituals selbst meint. Dieser soll hier zunächst Gegenstand unserer Betrachtung sein. Die nun folgende Schilderung der Ritualstruktur gibt einen Sachverhalt wieder, der sich zwar in den allermeisten Ritualen dieser Art findet, den sich die Praktikanten und Autoren aber nur selten bewußt machen. Es ist jedoch hilfreich, wenn man diese Grundstruktur verstanden hat, weil man dadurch symbol-logische Fehler oder Widersprüche bei der Entwicklung eigener Rituale vermeidet.

Ein typisches Ritual der Kreistradition ist folgendermaßen aufgebaut:

---

1. Vorbereitung des Rituals
2. Eröffnende Bannung/Reinigung
3. Hauptteil
4. Abschließende Bannung/Reinigung und Entlassungsformel
5. Nachbereitung des Rituals

Übersicht 8: Grundstruktur eines Rituals

Es folgt die ausführliche Darstellung der einzelnen Punkte dieser Übersicht.

1. VORBEREITUNG DES RITUALS

Zur Vorbereitung gehören die Bestimmung der Zielsetzung, die Auswahl der Utensilien, die Terminierung der Operation, das Festlegen des Ritualablaufs, bei Gruppenritualen die Aufgabenverteilung sowie natürlich auch das innere Sicheinstellen auf das Ritual und seinen Zweck.

Häufig gehen Perioden des Fastens, des Schlafentzugs, des ekstatischen Tanzens und andere, die rituelle Gnosis fördernde Praktiken dem eigentlichen Ritual voraus, ebenso Waschungen und bestimmte Formen der Reinigung. Auch das Anlegen von Ritualkleidung, das Entzünden des Weihrauchs und andere für das Ritual erforderliche Maßnahmen sind Bestandteil der Vorbereitung.

Oft stellt die Ritualplanung auf der feinenergetischen Ebene bereits eine Art Durchführung des Rituals selbst dar: Wenn man dann endlich anfängt, merkt man, daß eigentlich schon alles erledigt ist! Dennoch sollte man das Ritual auch dann noch durchführen, und sei es nur als symbolische Krönung und Danksagung. Immerhin zeigt dieses Phänomen aber auch, daß mit einer gründlichen Vorbereitung schon die halbe Arbeit erledigt wurde.

2. ERÖFFNENDE BANNUNG/REINIGUNG

Diese haben wir bereits im Zusammenhang mit dem Kleinen Bannenden Pentagrammritual erörtert.

3. HAUPTTEIL

Im Hauptteil finden spezielle magische Operationen statt. Dazu gehören beispielsweise das Rufen von Energien, ihre Polarisierung, Lenkung und »Verwertung«, ebenso aber auch ganz schlicht ihre Erfahrung. Invokationen, Ladung von Talismanen und Amuletten, mystische Erlebnisse, Evokationen, Fernbeeinflussungen – die Liste der Möglichkeiten ließe sich beliebig fortsetzen, und wir wollen erst im Laufe späterer Ausführungen detaillierter darauf eingehen.

In der Regel gehört auch eine Meditation zur Arbeit im Hauptteil des Rituals, gegebenenfalls auch – speziell bei festlichen Ritualen in der Gruppe, etwa zu Ehren von Pan, der Mondgöttin oder anderer Energien – ein lockerer Teil, bei dem beispielsweise Opfergaben verzehrt werden, gelacht und geplaudert wird, und so weiter.

4. ABSCHLIESSENDE BANNUNG/REINIGUNG UND ENTLASSUNGSFORMEL

Mit der abschließenden Bannung/Reinigung und der Entlassungsformel wird unter anderem der Wiedereintritt ins Alltagsbewußtsein symbolisch signalisiert. Auch diesen Ritualabschnitt haben wir bereits im Zusammenhang mit dem Kleinen Bannenden Pentagrammritual behandelt.

5. NACHBEREITUNG DES RITUALS

Die sorgfältige Nachbereitung ist sicher ebenso wichtig wie das ganze Ritual selbst. Dazu gehört nicht nur die Eintragung ins Magische oder Tempeltagebuch, auch die anschließende Erfolgskontrolle und Auswertung des Rituals (ebenso die Ritualkritik!) müssen dazugezählt werden. Auf die Kunst der Wahrnehmung magischer Effekte, besonders im Alltag bei der Erfolgsmagie, werden wir an anderer Stelle noch ausführlicher einzugehen haben.

Kreisrituale verlaufen stets mehr oder weniger symmetrisch: Beginnt man beispielsweise mit einem Kleinen Bannenden Pentagrammritual zur Bannung und Reinigung, so wird man auch mit diesem enden; wird der »Schleier der Mysterien« durch eine symbolische Geste geöffnet, so wird er zum Schluß auch wieder geschlossen und so weiter.

> *Unbedingt zu beachten: die zyklische Symmetrie des Ablaufs von Kreisritualen.*

Die zyklische Symmetrie ist einer der wichtigsten Bestandteile dieser Ritualform und sollte stets beachtet werden. Verstößt man unbeabsichtigt dagegen, stellt dies oft den Erfolg der gesamten Operation in Frage, da es, bildlich gesprochen, dem Versuch gleichkommt, einen eckigen Klotz in eine runde Öffnung zu treiben – so etwas nimmt das magische Unbewußte nur selten gnädig auf. Bestenfalls geschieht überhaupt nichts (oder zumindest nichts Wahrnehmbares), schlimmstenfalls bekommt man es mit einem magischen Rohrkrepierer zu tun, bei dem die aktivierten Energien sich gegen den Magier selbst wenden. Gegen dieses doch eigentlich recht schlichte und einleuchtende Gesetz wird übrigens gerade auf den Gebieten der Heilungs-, Geld-, Liebes- und Kampfmagie immer wieder verstoßen.

Damit sollen für diesmal unsere Ausführungen zur Ritualistik enden. Es empfiehlt sich, sie noch einmal im Zusammenhang mit dem im letzten Abschnitt Gesagten durchzuarbeiten, macht dies doch sicher einiges von dem deutlich, was gerade dem völligen Anfänger zuvor noch vielleicht schwer nachvollziehbar gewesen sein mag.

Angewandter Paradigmenwechsel

Ein Paradigma ist nach heutigem Sprachgebrauch ein Satz von weltanschaulichen oder technologischen Grundannahmen bzw. Glaubenssätzen, mithin ein Erklärungsmodell. Da Magie stets auch »Realitätstanz« ist, liegt es nahe, praktisch mit verschiedenen Paradigmata zu experimentieren.

Der Magier sollte nicht nur in der Theorie, sondern vor allem auch durch die Praxis mit verschiedenen Weltanschauungen vertraut geworden sein, erst dann kann er seine eigene Realitätsproduktion (und nichts anderes ist Magie!) richtig »feinsteuern« und auf seine persönlichen Bedürfnisse abstimmen, ob diese nun erfolgsmagischer oder eher mystischer Art sein mögen.

> *Magie ist »Realitätstanz«. Deshalb macht sich der Magier mit vielfältigen Weltanschauungen vertraut.*

Letztlich steckt in jeder Weltanschauung eine Portion Wahrheit im Sinne von Wahr-Scheinlichkeit, ebenso natürlich auch ein gerüttelt Maß Lüge im Sinne von Un-Wahr-Scheinlichkeit. Nichts ist absolut, es hat bestenfalls den Anschein, es zu sein.

Dieser relativistische Grundsatz ist keineswegs so modern und bilderstürmerisch, wie es auf den ersten Blick erscheinen mag. Die traditionellen Kirchen und auch die Religionswissenschaftler und Kulturhistoriker haben dem Okkultismus häufig vorgeworfen, eine »Afterreligion« synkretistischer Prägung – und damit unseriös, konstruiert und inkonsequent – zu sein. Unter Synkretismus versteht der Duden eine »Vermischung verschiedener Religionen, Konfessionen oder philosophischer Lehren, meist ohne innere Einheit«. Sicher läßt sich auch der Okkultismus und mit ihm die gesamte Magie zurecht als eine solche Mischform bezeichnen. Doch abgesehen davon, daß diese vielgeschmähte »Bastardphilosophie« gerade aus dem Versuch geboren wurde (und aus ihm einen Großteil ihrer Energie und Überzeugungskraft bezogen hat), in allen religiösen, mystischen und magischen Systemen bzw. Denkgebäuden wenigstens ein Mindestmaß an innerer Einheit zu erkennen; abgesehen davon auch, daß der Okkultismus durch seinen Respekt gegenüber allen möglichen Paradigmata zu einer Toleranz gefunden hat, die manch einem homogeneren Denk- und Glaubenssystem wahrlich gut anstünde; abgesehen von alledem jedenfalls besteht die große Stärke des Okkultismus und der Magie gerade in ihrer Vielfältigkeit und Differenziertheit.

Jedes Pantheon, jedes System von Gottheiten also, ist nicht zuletzt auch Abbild einer bestimmten, in mythische Bilder gekleideten Psychologie – einer persönlichen oder einer kollektiven. Nun gibt es aber zum einen sicher trotz vieler Gemeinsamkeiten mindestens ebensoviele Psychologien, wie es Menschen gab und gibt.

> *Jeder Mensch hat zahllose Gesichter und Persönlichkeiten.*

Zum anderen aber hat jeder Mensch zahllose Gesichter und Persönlichkeiten, die mit einem Pantheon allein oft gar nicht abzudecken sind.*

Aus diesem Grunde ist die Alltagspsychologie jedes Polytheismus in der Regel auch weitaus ausgefeilter und praxisnäher als die monotheistischer Systeme. Dies erkennen wir auch daran, daß letztere sich nach einer anfänglichen Blütezeit fast immer wieder in der einen oder anderen Form zu einem Quasi-Polytheismus hinentwickeln, der freilich oft nur sehr versteckt im Dunkeln blüht. So kamen im Christentum Dreifaltigkeit und Heiligenkulte auf; der Buddhismus machte aus einem Buddha Abertausende, besonders im tibetischen Tantrismus, aber auch im gesamten Mahayana-System; im Islam keimten, darin dem Christentum ähnlich, die schiitischen Richtungen mit ihren zahlreichen Heiligen und Fast-Propheten auf; ja sogar das besonders strenge Judentum entwickelte mit der Kabbala, ihrer Engels- und Dämonenlehre und ihren oft auch individuell verkörpert gesehenen Sephiroth wieder polytheistische Elemente.

Um es an einem Beispiel zu veranschaulichen, das wiederum dem hermetischen Okkultismus entlehnt ist: Wir kennen für das Prinzip des Intellektuellen den römischen Gott und astrologischen Planeten Merkur; ihm gleichgesetzt sind aber auch der griechische Hermes

---

* *Das Ägyptische Totenbuch drückt etwas ähnliches aus, wenn es sagt: »In jedem Glied deines Körpers wohnt eine Gottheit.«*

und der altägyptische Thot (auch: Tahuti, gesprochen Djahuti oder auch Dahaut). Ein Blick in Crowleys Buch der Korrespondenzen und Analogien, *Liber 777*, zeigt, daß diesen drei Gottheiten auf der praktischen Ebene die Zahl 8, die Farbe Orange und das Metall Quecksilber und so weiter gemeinsam sind. Doch ist Analogie nicht dasselbe wie Gleichheit: Merkur ist eben nicht Hermes oder Thot, auch wenn alle drei Aspekte ein und desselben Grundprinzips sind. Der magische Anfänger erkennt zwar die oft nur subtilen Unterschiede zwischen diesen drei Verkörperungen nicht auf Anhieb, und oft genug werden sie auch vom Altmagier noch in einem Atemzug genannt, als wären sie beliebig austauschbar. Tatsächlich zeigt sich jedoch spätestens im magischen Ritual und bei der praktischen Erfolgsmagie, daß dies keineswegs uneingeschränkt der Fall ist: Merkur ist weitaus verspielter als Thot, und wenn er auch seine Verwandschaft mit Hermes schon aus kulturgeschichtlichen Gründen nicht leugnen kann, ist er in mancher Hinsicht doch recht anders als dieser.*

Der ibisköpfige Thot dagegen ist viel strenger als beide anderen Gottheiten, zudem war er ursprünglich ein Mondgott, der auch als Herr der Zeit galt, eine Funktion, die im hellenischen und römischen Pantheon eher dem Chronos bzw. Saturn zukam.

Mit einer solchen Übung soll keineswegs die mühsam errungene »Einheit der kleinsten gemeinsamen Nenner« wieder zunichte gemacht werden, die für die Gleichsetzung der drei Götter bezeichnend ist. Diese Einheit ist zweifellos vorhanden, in vielen Punkten erschließt sie sich dem Adepten freilich erst durch tiefergehende Meditation. Vielmehr wollen wir dadurch die Differenzierung aufzeigen, die unser »Göttergemisch« uns ermöglicht. Denn im magischen Ritual haben wir durch ein derartiges Mischpantheon die Wahl zwischen höchst subtilen Schattierungen – für eine Gerichtssache beispielsweise, bei der es um die strenge Ausdeutung eines Gesetzes geht, würde der versierte Magier eher die Gottheit Thot als Energieschiene verwenden. Bei einem Betrugsprozeß, bei dem er eventuell sogar für den Angeklagten arbeiten soll, wäre dagegen Merkur angezeigt. Gerichtsmedizinische Gutachten wiederum würden eher in den Bereich des Hermes fallen – und so weiter.

---

* *Hermes trägt beispielsweise wie Thot deutliche Züge eines Totengottes oder Seelenbegleiters – psychopompos –, während bei Merkur, zumindest in seiner späteren astrologischen Prägung, eher der Aspekt des Händlergottes und Kommunikators in den Vordergrund tritt.*

All dies sind nur Annäherungen, die je nach subjektiver Einschätzung und Erfahrung auch Veränderungen unterworfen sein können. Doch zeigen sie immerhin den Wert der magisch genutzten Fähigkeit, in mehreren Systemen gleichzeitig zu Hause sein zu können. Oder, moderner und salopper ausgedrückt: das Paradigma wechseln zu können wie sein Hemd. Daraus ergibt sich auch folgender Merksatz, der allerdings nicht bloße Theorie bleiben darf, sondern tagtäglich in die Praxis umgesetzt werden muß:

DER MAGIER WÄHLT SEINE GLAUBENSSÄTZE AUS WIE DER CHIRURG SEIN BESTECK.

Wir wollen dieser Information, gewissermaßen um ihr den allerletzten Schliff zu geben, einen weiteren Leitsatz hinzufügen, der aus der modernen Chaos-Magie stammt und gerade durch seine ziemlich extreme Formulierung seine größte Wirkung erzielt:

DER GLAUBE IST NUR EINE TECHNIK.

Auch wenn Sie mit diesem Satz nicht gänzlich einverstanden sein sollten, empfiehlt es sich dennoch, länger über ihn zu meditieren und ihn zumindest als gültige Arbeitshypothese (und sei es nur der späteren Argumentation halber) schon jetzt zu verinnerlichen. Denn wenn wir an späterer Stelle auf die Magie Austin Osman Spares eingehen, wird ihm eine zentrale Rolle zukommen, wie übrigens auch in unserer gegenwärtigen Praxis.

Die zeitgenössische Praxis der Gehirnwäsche hat gezeigt, daß es relativ einfach ist, aus einem Atheisten einen Christen, aus einem Hindu einen Maoisten, aus einem Christen einen Buddhisten, aus einem Faschisten einen Kommunisten zu machen, wenigstens vorübergehend. Voraussetzung dafür ist lediglich der gezielte und gekonnte Einsatz entsprechender Reizzufuhr bzw. des Reizentzugs. Gewiß ist die politische Gehirnwäsche eine Form der Folter; doch anstatt hilflos eine Welt zu bejammern, in der solches möglich ist, sollten wir uns vielmehr die positiven Möglichkeiten vor Augen halten, die darin für uns als Magier stecken, wenn wir uns nämlich ihre Technik zu eigen machen, um dadurch unsere Magie zu optimieren. Zum einen wird durch den konsequenten, gewollten Paradigmenwechsel die Illusion aufgehoben, daß wir von unseren Glaubenssätzen abhängig seien und uns nur durch sie definieren könnten. Wer nicht nach Absolutem in der Äußerlichkeit strebt, dem kann das Außen auch keine Illusionen mehr als absolute Realität unterschieben. (»Nichts ist wahr, alles ist erlaubt«, soll der Alte vom Berge gesagt haben.) Er ist auch gefeit gegen die Verlockungen religiöser, politischer und gesellschaftlicher Indoktrination und beherrscht – durchaus im Sinne Mao Tse-tungs – die philosophische Guerillataktik.

Zum anderen bedeuten starre Systeme immer Beschränkung. Durch häufigen, bewußten Systemwechsel erobert sich der Magier einen viel größeren Handlungsspielraum, er wird nicht nur vielseitiger sondern vermag auch tatsächlich mehr, weil ihm der illusionäre Charakter der Grenzen bewußt geworden ist und er sie dadurch nicht mehr so hilflos hinzunehmen braucht wie früher.

Dennoch kann es sinnvoll sein, das eine oder andere Glaubens- und Denksystem über längere Zeit bis zur Neige auszukosten, sofern dies nicht auf Kosten der Flexibilität geht. Dadurch vermeidet man nämlich eine gewisse Oberflächlichkeit, die der anderen Praktik als Gefahr innewohnt.

Nun sind feste Glaubenssysteme allerdings nicht gänzlich ohne Wert, sonst hätten sie unsere gewöhnliche Alltagsrealität sicher nicht schon seit Jahrtausenden so fest im Griff. Sie geben dem Menschen einen wenn auch noch so zerbrechlichen Halt; und selbst wenn er diese arg wacklige Sicherheit mit einem äußerst hohen Preis bezahlen muß (beispielsweise mit dem Verlust seiner Freiheit und seiner denkerischen Eigenständigkeit), ist ihm dies in der Regel doch immer noch lieber, als dem Leben völlig hilflos ausgeliefert zu sein. Gerade etwas labilere und unsichere Charaktere können den heiklen Balanceakt zwischen den verschiedenen Realitäten nur mit Mühe verkraften.

Magie hat immer auch etwas von einem Hochseilakt ohne doppelten Boden an sich, und es ist sicher nicht falsch, zu sagen, daß man als Magier immer mit einem Bein im Grab und mit dem anderen im Irrenhaus steht. Das Kunststück besteht nun darin, weder im einen noch im anderen zu landen, sondern vielmehr die volle Freiheit des Grenzgängers zu genießen. Um dies zu gewährleisten, ist allerdings eine gründliche Erdung unverzichtbar.

> *Das Kunststück besteht darin, die volle Freiheit des Grenzgängers zu genießen.*

DIE WICHTIGKEIT DER ERDUNG

Die authentischen Schamanen der Naturvölker sind nur äußerst selten reine Profis: Neben ihrer Tätigkeit als Medizinmänner oder -frauen, als Heiler und Hexer gehen auch sie den stammesüblichen Beschäftigungen als Jäger, Sammler, Fischer oder Bauern nach. Tatsächlich dürfte die wohl beste Erdung in der Ausübung eines ganz normalen Berufs bestehen.

Das erscheint nicht jedem sofort einleuchtend, weshalb es hier etwas ausführlicher erläutert werden soll.

> *Der Magier bewegt sich in extremen Bewußtseinszuständen ...*

Wenn wir das, was weiter oben ausgeführt wurde, einmal genauer durchdenken, stellen wir fest, daß der Magier sich in oft recht extremen Bewußtseinszuständen bewegt, die sich sehr deutlich vom gewöhnlichen Alltag abheben. Zwar wird er seine Magie (und damit auch seine angewandte Gnosis) mit zunehmender Praxis ohnehin immer stärker in den Alltag integrieren, doch bedeutet dies nicht, daß die Grenzen zwischen beiden verwischen – sie werden lediglich durchlässiger. Das ist nicht dasselbe, und gerade schamanische Kulturen zeigen uns immer wieder, wie ernst das Problem der geistigen Stabilität von diesen »Experten des Magischen« genommen wird. So akzeptiert beispielsweise jedes Stammesmitglied einer solchen Kultur die Tatsache, daß es Geister gibt, daß man diese wahrnehmen und mit ihnen kommunizieren kann. Anders in unserer rationalistischen Zivilisation: Wer bei uns Geister sieht und sich mit ihnen regelmäßig unterhält, wird schon recht bald in der Gummizelle enden, mit der wir solche Abweichungen von der Norm gerne aus der Welt schaffen.

Sieht ein Stammesmitglied jedoch ständig Geister, wird es von ihnen andauernd unkontrolliert heimgesucht, und vernachlässigt es darüber hinaus seine Alltagspflichten im Rahmen der Gemeinschaft, so wird diese den Betreffenden schon sehr bald für verrückt erklären und ihn sogar verstoßen.

> *... er sollte es deshalb mit seiner geistigen Stabilität sehr ernst meinen.*

Ähnliches begegnet uns bei den alten Kabbalisten. Wer früher bei einem eingeweihten Rabbiner die Kabbala studieren wollte, mußte nicht nur bereits ein gewisses Alter erreicht, er mußte zudem auch unter Beweis gestellt haben, daß er im beruflichen und wirtschaftlichen Alltag seinen Mann zu stehen verstand.

Bei meinen eigenen Seminaren konnte ich immer wieder die Feststellung machen, daß gerade jene Menschen, die überdurchschnittlich fest im Berufsleben verankert sind, in der Magie tatsächlich am schnellsten vorankommen: Manager beispielsweise, die ohnehin schon eine 70- bis 80-Stunden-Woche haben, bringen es fertig, für die Magie noch zusätzliche drei bis vier Stunden abzuzweigen und setzen sie mit viel Phantasie und Intelligenz im Alltag ein. Menschen dagegen, die über sehr viel Freizeit verfügen, scheinen es oft weitaus schwerer zu haben, ihre Magie zügig weiterzuentwickeln. Ein gewisser Berufs- und Finanzdruck ist sicher nicht die schlechteste Voraussetzung für Leistungen aller Art, doch gründet dieses Phänomen noch sehr viel tiefer.

Wir müssen uns vor Augen halten, daß die schon erwähnten extremen Erfahrungen, welche die Magie uns beschert, gerade psychisch labilere Menschen ohne materielle Verwurzelung anlockt. Doch suchen diese meistens nicht die Magie selbst, sondern vielmehr ein Tummelfeld, auf dem sie ihre seelischen Probleme ungestört austoben können; oder sie streben einen Ersatz für herkömmliche Therapien an. Ganz selten kann die Magie ihnen sogar beides bieten und sie auch heilen (in der Bedeutung von »Heil-/Ganz-Machen«). Meistens werden von diesen Menschen eher die negativen, zerstörerischen Energien der Magie bevorzugt, weil diese in ihren Augen eine größere Intensität aufweisen.

In gewissem Sinne haben wir es hierbei mit einem Teufelskreis zu tun: Für die erfolgreiche Ausübung der magischen Kunst sind, wie wir später noch bei der Astromagie eingehender erläutern werden, bestimmte innerseelische Spannungen schlichtweg unverzichtbar. (Schon aus diesem Grund sind die wenigsten Magier langweilige Persönlichkeiten.) So betrachtet erfüllt die Magie tatsächlich für viele ihrer Praktikanten eine therapeutische Funktion, denn sie ermöglicht es ihnen, ihre psychischen Spannungen und Ungleichgewichte auf konstruktive Weise gezielt einzusetzen und sie dadurch in den Griff zu bekommen. Andererseits können extreme magische Erfahrungen auch unbewußte innerseelische Störungen erst richtig aktivieren. Beachten wir jedoch dabei, daß es nicht die Magie ist, die einen Menschen in den

Wahnsinn treiben kann. Sie zerreißt vielmehr lediglich den Schleier der psychischen Lebenslüge, in dessen Schatten manch eine Sumpfblüte im verborgenen gedeiht und den Gesamtorganismus (dessen Teil die Psyche ja ist) unbemerkt vergiftet. Die Auseinandersetzung mit den eigenen Ängsten, die jeder gute Magier äußerst gründlich betreibt, ist ein gutes Beispiel für diesen Prozeß.

Die Einbettung in einen »normalen« Berufsalltag hilft bei der Erdung, sie verleiht dem Magier Halt in Zeiten, da er vielleicht das Gefühl hat, daß ihm sonst jeder Boden unter den Füßen weggezogen wird; sie schützt ihn vor der Besessenheit durch Komplexe/Dämonen, weil sie ihm ständig eine andere, weitgehend unmagische Realität vor Augen führt, in der er ebenfalls gefordert wird und deren Herausforderungen er erfolgreich bestehen muß. Gewiß ist die Ausübung eines leistungsorientierten Berufs kein Allheilmittel gegen magische Probleme, doch können wir sie dadurch erfahrungsgemäß zum größten Teil vermeiden oder in den Griff bekommen.

> *Die Einbettung in einen »normalen« Berufsalltag verleiht dem Magier Halt.*

Selbstverständlich verlangt die Magie nach mehr, und dies leisten wir beispielsweise durch die regelmäßige Praktik des Kleinen Bannenden Pentagrammrituals und des Kabbalistischen Kreuzes. Weitere Erdungs- und Stabilisierungsübungen werden noch folgen, am wichtigsten jedoch ist vielleicht das gesunde Selbstvertrauen, sofern es frei von Selbstüberschätzung und Überheblichkeit ist. Nur wer seine Grenzen wahrnimmt und kennt, kann sie auch überwinden.

ELEMENTMAGIE

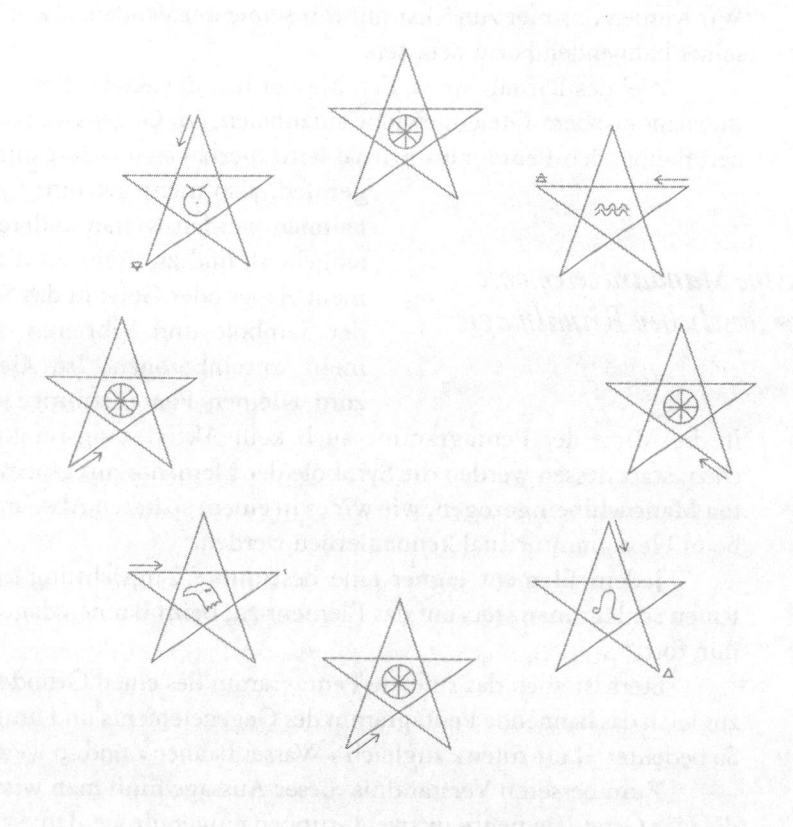

DAS GROSSE PENTAGRAMMRITUAL

Das Große Pentagrammritual ist eine Standardzeremonie der westlichen Ritualmagie, seit es in dieser Form von den Adepten der Golden Dawn entwickelt wurde. Wir werden uns hier zunächst nur mit seiner anrufenden, also nicht mit seiner bannenden Form befassen.

Ziel des Rituals ist es, den Magier mit der Kraft aller Elemente in harmonischem Gleichgewicht aufzuladen. Im Gegensatz zum Kleinen Bannenden Pentagrammritual wird hierbei erstens fast immer nur gerufen, also nicht gebannt (auf Ausnahmen werden wir an anderer Stelle eingehen), und zweitens wird das Element Äther oder Geist in das Schlagen der Symbole und Vibrieren der Formeln miteinbezogen. Im Gegensatz zum Kleinen Pentagrammritual wird in die Mitte der Pentagramme auch kein Aktivierungspunkt gestochen, statt dessen werden die Symbole der Elemente mit einem separaten Mantra hineingezogen, wie wir es in einem späteren Abschnitt auch beim Hexagrammritual kennenlernen werden.

> *Eine Standardzeremonie der westlichen Ritualmagie*

Jedem Element eignet eine bestimmte Zugrichtung zu, beim Rufen schlägt man stets auf das Element zu, beim Bannen dagegen von ihm fort.*

Stets ist auch das rufende Pentagramm des einen Grundelements zugleich das bannende Pentagramm des Gegenelements und umgekehrt. So bedeutet »Luft rufen« zugleich »Wasser bannen« und so weiter.

Zum besseren Verständnis dieser Aussage muß man wissen, daß die vier Grundelemente in zwei Gruppen eingeteilt werden:

Es gelten als *aktive* Elemente: LUFT und FEUER.
Es gelten als *passive* Elemente: WASSER und ERDE.

Entsprechend unterteilt man auch in ein *aktives* und ein *passives* Ausgeglichenes Pentagramm des GEISTES; dieses nennt man gelegentlich auch das *Ausgleichende* oder *Äquilibrierende* bzw. *Äquilibrierte Pentagramm*.

---

* Aus diesem Grund ist auch das Kleine Bannende Pentagrammritual ein bannendes Ritual, das, wie bereits im ersten Abschnitt erwähnt, allein mit dem bannenden Pentagramm des Elements Erde arbeitet.

Als *Gegensatzpaare* gelten die Elemente: LUFT – ERDE sowie FEUER – WASSER.

Ganz bewußt wollen wir die Elemente erst in einem späteren Abschnitt ausführlicher behandeln, da in diesem Fall zuerst die sinnliche Praxis und erst danach der vertiefende intellektuelle Überbau kommen sollte. Deshalb sollen hier auch nur einige ganz allgemeine Stichworte zur Charakterisierung der Elemente in der Reihenfolge ihres Auftretens im Ritual gegeben werden:

LUFT: das Prinzip des Intellektuellen; Kommunikation und Sprache; analytisches (trennendes, aufteilendes) Denken

FEUER: das Prinzip des Triebhaften; Wille, Sexualität und Aggression; spontanes (»hitziges«) Tun

WASSER: das Prinzip des Fühlenden; Emotion, Intuition und Traum/Vision; synthetisches (verbindendes, zusammenfassendes) Spüren

ERDE: das Prinzip des Strukturierenden; Erhaltungswille und Konzentration; bedächtiges, bewahrendes Ordnungsschaffen

ÄTHER/GEIST/QUINTESSENZ: das Prinzip des Übergeordneten; Sinngebung und Sinnfindung; die (»fünfte«) Essenz der anderen Elemente; das überpersönliche Gestalten

Im übrigen folgt das Große Pentagrammritual in seiner Struktur dem Kleinen Bannenden Pentagrammritual.

DIE PRAXIS DES GROSSEN PENTAGRAMMRITUALS

1. Kabbalistisches Kreuz
2. Schlagen (Ziehen) der Pentagramme und des Kreises
3. Anrufung der Erzengel/Visualisation weiterer Glyphen
4. Kabbalistisches Kreuz

Das Ritual wird im Stehen durchgeführt, Blickrichtung ist Osten, die Gesten werden mit der rechten oder der linken Hand ausgeführt, die

Zugrichtungen und die weiteren Einzelheiten bleiben für Linkshänder die gleichen. Man kann mit dem magischen Dolch arbeiten oder mit den ausgestreckten Zeige- und Mittelfingern, an die der Daumen angelegt wird.

1. KABBALISTISCHES KREUZ

(Siehe Abschnitt 1)

2. SCHLAGEN (ZIEHEN) DER PENTAGRAMME UND DES KREISES

Schlage in Richtung Osten das Ausgeglichene Aktive Pentagramm des Geistes. Vibriere beim Schlagen kräftig die Formel:

EXARP (Ex-ar-peh)

Abbildung 9

Ziehe in das Pentagramm das achtspeichige Rad des Geistes und vibriere dabei kräftig die Formel:

EHIH (Äe-hi-iäh)

Schlage nun das Anrufende Pentagramm der Luft. Vibriere beim Schlagen kräftig die Formel:

ORO IBAH AOZPI (O-ro-Ih-bah-Ah-oh-sod-pih)

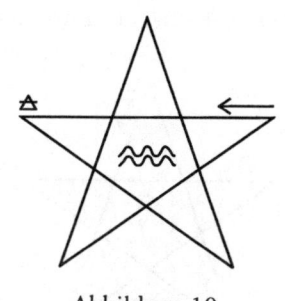

Abbildung 10

Ziehe in das Pentagramm das Zeichen des Wassermanns und vibriere dabei kräftig die Formel:

    JHVH (Jeh-ho-wah oder: Jod-He-Vau-He)

Mit weiterhin ausgestreckter Hand wendest Du Dich nach Süden (Teilkreis abschreiten). Schlage in Richtung Süden das Ausgeglichene Aktive Pentagramm des Geistes. Vibriere beim Schlagen kräftig die Formel:

    BITOM (Bi-toh-me)

Abbildung 11

Ziehe in das Pentagramm das achtspeichige Rad des Geistes und vibriere dabei kräftig die Formel:

    EHIH (Äe-hi-iäh)

Schlage nun das Anrufende Pentagramm des Feuers. Vibriere beim Schlagen kräftig die Formel:

OIP TEAA PEDOKE (Oh-ih-peh-Teh-ah-ah-Peh-doh-keh)

Abbildung 12

Ziehe in das Pentagramm das Zeichen des Löwen und vibriere dabei kräftig die Formel:

ELOHIM (Eh-loh-hii-mm)

Mit weiterhin ausgestreckter Hand wendest Du Dich nach Westen (Teilkreis abschreiten). Schlage in Richtung Westen das Ausgeglichene Passive Pentagramm des Geistes. Vibriere beim Schlagen kräftig die Formel:

HKOMA (Heh-ko-mah)

Abbildung 13

Ziehe in das Pentagramm das achtspeichige Rad des Geistes und vibriere dabei kräftig die Formel:

AGLA (Ah-g-lah)

Schlage nun das Anrufende Pentagramm des Wassers. Vibriere beim Schlagen kräftig die Formel:

EMPEH ARSEL GAIOL (Em-peh-heh-Ar-ess-el-Gah-ih-oh-leh)

Abbildung 14

Ziehe in das Pentagramm das Zeichen des Adlerkopfs und vibriere dabei kräftig die Formel:

AL (A-ll)

Mit weiterhin ausgestreckter Hand wendest Du Dich nach Norden (Teilkreis abschreiten). Schlage in Richtung Norden das Ausgeglichene Passive Pentagramm des Geistes. Vibriere beim Schlagen kräftig die Formel:

NANTA (Nah-ne-tah)

Abbildung 15

Ziehe in das Pentagramm das achtspeichige Rad des Geistes und vibriere dabei kräftig die Formel:

AGLA (Ah-g-lah)

Schlage nun das Anrufende Pentagramm der Erde. Vibriere beim Schlagen kräftig die Formel:

EMOR DIAL HEKTEGA (Eh-moh-ar-Di-ah-leh-Heh-keh-teh-gah)

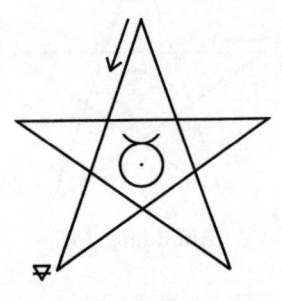

Abbildung 16

Ziehe in das Pentagramm das Zeichen des Stiers und vibriere dabei kräftig die Formel:

ADNI (Ah-do-nai)

Beende das Ritual im Osten wie beim Kleinen Bannenden Pentagrammritual mit der Anrufung der vier Erzengel und mit dem Kabbalistischen Kreuz:

3. ANRUFUNG DER ERZENGEL/VISUALISATION WEITERER GLYPHEN

(Siehe Abschnitt 3)

4. KABBALISTISCHES KREUZ

(Siehe Abschnitt 3)

Rein theoretisch kann das Große Pentagrammritual das Kleine Bannende Pentagrammritual auch ersetzen und als eigenständiges Ritual praktiziert werden. In diesem Falle wäre am Schluß des Gesamtrituals noch die übliche *Entlassungsformel* anzufügen.

Meistens freilich wird auch das Große Pentagrammritual durch das Kleine Bannende Pentagrammritual eingeleitet, und danach wird die Zeremonie mit demselben abgeschlossen. Dies mag wie sehr viel Aufwand aussehen, ist aber symbol-logisch völlig korrekt, wenn wir uns die eigentliche Aufgabe des Kleinen Bannenden Pentagrammrituals vor Augen führen, nämlich das Bannen unerwünschter Kräfte und Gedanken und die dadurch bewerkstelligte Reinigung des inneren (seelisch-körperlichen) und äußeren (räumlichen) Tempels. Zudem ist das Große Pentagrammritual in der hier vorgestellten Form eine rein anrufende Operation, hat also mit Bannung nichts zu tun.*

Weitere Erläuterungen zum Großen Pentagrammritual

Wie schon das Kleine Bannende Pentagrammritual bietet auch das Große Pentagrammritual eine Vielzahl von Deutungsmöglichkeiten und Symbolbeziehungen, auf die wir hier nicht vollständig und erschöpfend eingehen können und sollten. Deshalb empfehle ich, daß Sie mit dem Großen Pentagrammritual erst einige Monate Erfahrungen sammeln und über seine innere Symbol-Logik und Struktur meditieren, bevor Sie sich an eine kompliziertere Ausdeutung derselben wagen. Letztlich geht es ja dabei auch vornehmlich darum, die Elemente durch das Ritual zu erfahren und sich mit ihren Kräften vertraut zu machen. Daher sollen nun lediglich noch einige Detailfragen erörtert werden.

---

* *In der Tradition der Golden Dawn wurden nach dem Schlagen der Elementpentagramme verschiedene Gradzeichen gestellt bzw. gegeben. Dies ist heutzutage praktisch ausgestorben, und es erscheint auch nicht sonderlich sinnvoll für Magier, die nicht in diesem – inzwischen aufgelösten bzw. nur noch in Form einiger selbsternannter Nachfolgeorganisationen existenten – Orden großgeworden sind und sein Gradsystem durchlaufen haben.*

DIE BEDEUTUNG DER FORMELN/GOTTESNAMEN BEIM GROSSEN PENTAGRAMMRITUAL

Die hebräischen Formeln*

JHVH (Jehova oder Jahwe) wird herkömmlich als »ICH BIN DER ICH BIN« übersetzt – die Selbstdefinition des Schöpfergottes der Genesis. Die Tatsache, daß die Gottheit ist, der sie ist, muß der Mensch als Aufforderung verstehen, zu werden, wer er ist. Dies setzt man auch gleich mit dem Erkennen und Leben des eigenen Willens (Thelema), der Herstellung des Kontakts zum und dem Zwiegespräch mit dem heiligen Schutzengel und der Verwirklichung der eigenen Bestimmung. Dieses JHVH wird auch als TETRAGRAMMATON bezeichnet, wörtlich als »Vierer-Wort« oder als »vierbuchstabiger Namen Gottes«.

ELOHIM (auch: ELHM) ist die Pluralform von AL (siehe dort), genauer: von ELOAH, »Göttin«. Daher wird es oft auch mit »Götter« oder sogar »Göttinnen« übersetzt. Die Tatsache, daß dieser Gottesname in der Bibel sehr häufig auch in einem Sinnzusammenhang vorkommt, der eine Mehrzahl nahelegt, läßt einige Zweifel am radikalmonotheistischen Charakter der urjüdischen Religion berechtigt erscheinen.

AL (auch: EL) wird herkömmlich als »Gott« übersetzt, hatte aber ursprünglich die Bedeutung »erhaben, mächtig«. (siehe auch ELOHIM)

ADNI (häufig auch ADONAI geschrieben) bedeutet wörtlich »Herr« oder »mein Herr«. Es ist dies auch in der Regel der Name, den der orthodoxe Jude dort, wo in den heiligen Schriften Tetragrammaton erwähnt wird, an dessen Stelle laut liest. (Denn JHVH darf von ihm nicht ausgesprochen werden.)

EHIH (oft auch EHIEH geschrieben) wird als »Ich werde sein« übersetzt.

AGLA ist kein eigenes Wort, sondern eine Abkürzung aus den Anfangsbuchstaben eines ganzen Satzes, nämlich: »Athath gibor leolam Adonai«, übersetzt als »Du bist mächtig in Ewigkeit, o Herr!«

Wie schon beim Kleinen Bannenden Pentagrammritual ist auch hierbei nicht deutlich, aus welchem Grund die einzelnen Formeln ihren jeweiligen Himmelsrichtungen zugeordnet werden.

---

* *Wegen der besseren Übersichtlichkeit geben wir hier auch die Bedeutung der aus dem Kleinen Bannenden Pentagrammritual bekannten Formeln/Gottesnamen noch einmal wieder.*

Die henochischen Formeln

Das Henochische ist eine Ritualsprache, die von dem englischen Magier, Alchemisten, Gelehrten und Hofastrologen Elisabeths I., John Dee (1527–1608) mit Hilfe seines Mediums Edward Kelley in einer Reihe von Ritualen empfangen wurde. Es handelt sich dabei um eine völlig eigenständige Sprache mit vollständig eigener Grammatik und Ausspracheregeln, deren Herkunft die Linguisten bis heute vor Rätsel stellt. Sie ist Teil des äußerst komplizierten und hochwirksamen Systems der Henochischen Magie, auf das wir hier aus Platzgründen nicht weiter eingehen können. So soll es genügen, die Bedeutung der im Großen Pentagrammritual verwendeten henochischen Formeln kurz zu erläutern. Anzumerken wäre noch, daß die Schreibweise des Henochischen je nach Quelle in Einzelheiten schwankt, auch die Ausspracheregeln lassen gelegentlich Abweichungen zu. Wir haben uns hier an die derzeit gängigste Fassung gehalten.

> *Eine rätselhafte, völlig eigenständige Ritualsprache*

ORO IBAH AOZPI
Die sich aus dem henochischen Luftquadranten ergebende Formel wird herkömmlich als heiliger geheimer Gottesname gedeutet. Er übersetzt sich: »Der laut am Ort der Verlassenheit ruft.«

OIP TEAA PEDOKE
Die sich aus dem henochischen Feuerquadranten ergebende Formel wird herkömmlich als heiliger geheimer Gottesname gedeutet. Er übersetzt sich: »Dessen Name unverändert blieb.«

EMPEH ARSEL GAIOL
Die sich aus dem henochischen Wasserquadranten ergebende Formel wird herkömmlich als heiliger geheimer Gottesname gedeutet. Er übersetzt sich: »Der wahre Urschöpfer ist der Gehörnte.«

EMOR DIAL HEKTEGA
Die sich aus dem henochischen Erdquadranten ergebende Formel wird herkömmlich als heiliger geheimer Gottesname gedeutet. Er übersetzt sich: »Der ohnegleichen die Schändlichkeit verbrennt.«

Bei den folgenden vier Formeln handelt es sich um die im henochischen System beheimateten Herrscher der jeweils zu viert über die Unterelemente (also Luft von Luft, Feuer von Luft, Wasser von Luft und so weiter) gebietenden 64 Niederen Engel, die sich aus den Anfangsbuchstaben der ersten dieser Wesenheiten zusammensetzen und daher als Konstrukte keine Übersetzung haben. Die Affixe E-, B-, H- und N- (hier in Klammern gesetzt) beziehen sich auf die cherubinische Tafel der Einheit oder das Schwarze Kreuz der Henochia, so daß jeder Name fünf henochische Buchstaben enthält.

(E)XARP: Herrschender Niederer Engel der Luft
(B)ITOM: Herrschender Niederer Engel des Feuers
(H)KOMA: Herrschender Niederer Engel des Wassers
(N)ANTA: Herrschender Niederer Engel der Erde

Für den Anfang genügt es vollauf, ähnlich wie bei den hebräischen Gottesnamen, die henochischen Formeln allein wegen ihrer äußerst wirksamen Lautlichkeit zu verwenden und sich nicht allzulange bei ihrer tieferen Bedeutung aufzuhalten.

DIE ELEMENTSYMBOLE IN DEN PENTAGRAMMEN

Das achtspeichige Rad als Symbol des Äthers oder Geistes ist uns bereits von der Elementzuordnung beim Pentagramm her vertraut. Es steht für das Sonnenrad und stellt einerseits das Allesdurchdringende, Allgegenwärtige dar, andererseits aber auch die Zentriertheit und den Mittelpunkt, um den alles kreist.

Anstelle der üblichen alchemistischen Elementdreiecke jedoch werden beim Großen Pentagrammritual cherubinische bzw. astrologische Symbole verwendet. Dies mag gerade beim Anfänger zu etwas Verwirrung führen, deshalb wollen wir es kurz erläutern.

Bei den biblischen Cheruben (auch: Keruben, hebr. Cherubim) handelt es sich um Engel und Himmelswächter, die in der westlichen Zeremonialmagie auch als Hüter der Elemente verstanden werden. Jeder Cherub setzt sich zusammen aus vier Teilen verschiedener Wesen, nämlich aus Adler, Löwe, Ochse und Mensch.

Erklärung cherubinischer und astrologischer Symbole

Aus diesem Grund hat man die Cheruben auch als israelitische Parallele zu den ägyptischen Sphinxen gesehen. Zwei dieser Symbole finden sich im Großen Pentagrammritual bei den Pentagrammen der Elemente Feuer und Wasser, wobei im Falle des Feuers gleichzeitig die astrologische Glyphe des Löwen verwendet wird. Dies gilt ebenso für das Zeichen des Stiers beim Pentagramm der Erde.

Schwierigkeiten bereitet dem astrologieunkundigen Laien die Zuordnung des doch an Wasser erinnernden Symbols beim Pentagramm der Luft. Eher würde man hier den Adlerkopf erwarten. In den Schriften der Golden Dawn wird dies damit begründet, daß die Luft das Wasser in Form von Regen und Feuchtigkeit enthält. Dies mag nicht jedem als sonderlich logisch und überzeugend erscheinen, doch vergessen wir dabei nicht, daß das astrologische Sternzeichen Wassermann, mit dessen Symbol wir es hier ja ebenfalls zu tun haben, ein Luftzeichen ist.

Der Adler dagegen, der für den Laien eher an Luft erinnert, ist auch das alchemistische Symbol der Destillation, was den wäßrigen Prozeß andeutet. Zudem hat er früher nach Auffassung zahlreicher Autoren anstelle des wäßrigen Sternzeichens Skorpion gestanden. Deshalb ist seine Zuordnung zum Wasserelement durchaus verständlich.

Dem Element Erde wird dagegen das astrologische Zeichen des Stiers zugeordnet, das diesem Element zugehört und hier den Fleiß anzeigen soll. Beachten Sie bitte: Anders als bei der in der Astrologie üblichen Darstellung enthält der Kreis des Stiersymbols einen Punkt, wie wir es von der astrologischen Sonnenglyphe her kennen. Dadurch wird auch die »gehörnte Sonne« angedeutet, ein Bezug zum iranisch-römischen Mithraskult mit seiner Sterbethematik und seinem Fruchtbarkeitsanliegen.

Für ein tieferes Verständnis des Großen Pentagrammrituals ist es wichtig, sich vor Augen zu führen, daß die Elemente weder im Kreis noch im Pentagramm selbst statisch sind – sie stehen in direktem Austausch miteinander, ihre Choreographie der Energiebewegungen ist eine der kosmischen Grundvoraussetzungen sowohl für die animistische als auch für die spiritistisch ausgerichtete Magie. Panta rhei, »alles fließt«, heißt es bei Heraklit, und unsere Versuche, dieses Fließen in Strukturen festzuhalten, darf nicht zu der irrigen Annahme verleiten, daß wir es mit undynamischen Konstanten zu tun hätten. Sowohl

> *Eine Choreographie dynamischer Energiebewegungen*

im Ritualkreis als auch im Pentagramm sind die Elemente ganz bewußt nicht in Gegensatzpaaren mit direkter Verbindungsschiene angeordnet: Im Kreis stehen sich nicht etwa Luft und Erde, Feuer und Wasser gegenüber, wie das einige naive, der Symbol-Logik unkundige Autoren fordern, sondern eben Luft und Wasser, Feuer und Erde.

Und auch im Pentagramm stehen die Gegensatzpaare einander nicht gegenüber, sondern vielmehr übereinander, sie sind also nur indirekt miteinander verbunden.

Denn eine Gegenüberstellung LUFT – ERDE bzw. FEUER – WASSER würde ein gegenseitiges Sichaufheben und Stillstand oder, moderner ausgedrückt, Entropie bedeuten. Denn kein Element ist stärker oder gar »besser« als das andere. Nur der Äther steht über der Polarität der Unterelemente, und oft wird er als ihr Ursprung betrachtet.*

Vielleicht meditieren Sie einmal einige Zeit über diese Symbolik und nehmen sie auch mit dem Bauch und der Intuition auf. Das wird die praktische Handhabung der Elementenergien später erheblich vereinfachen. Um Ihnen dies zu erleichtern, haben wir bewußt noch keine Abbildung zur Veranschaulichung dieses Sachverhalts gegeben. Statt dessen sollen Sie sich diese Skizze mit den Energieverbindungen in dem unteren Kasten selbst eintragen, weil dies dabei hilft, die Information in Ihr Unbewußtes zu laden.

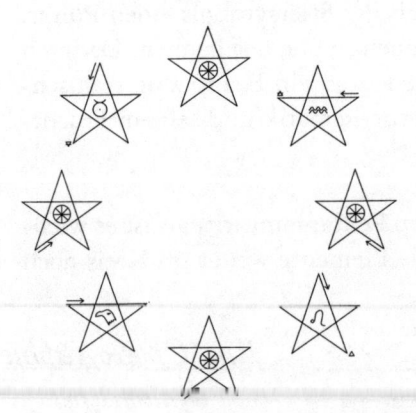

Abbildung 17: Die dynamische Anordnung der Elemente
in Kreis und Pentagramm (selbst auszufüllen)

Wir ziehen es übrigens meistens vor, von Äther zu sprechen anstatt von Geist, weil wir damit die körperfeindlichen Assoziationen vermeiden wollen, die mit der Überhöhung des Geistes in der westlichen Magie so oft einhergehen.

Als Übersicht darstellen wollen wir jedoch für das spätere Nachschlagen noch einmal sowohl die Zugrichtung der Pentagramme als auch die verwendeten Formeln sowie die Reihenfolge der Anrufungen. Später gehen wir, wie schon erwähnt, noch intensiver auf die Zugrichtungen der Pentagramme ein.

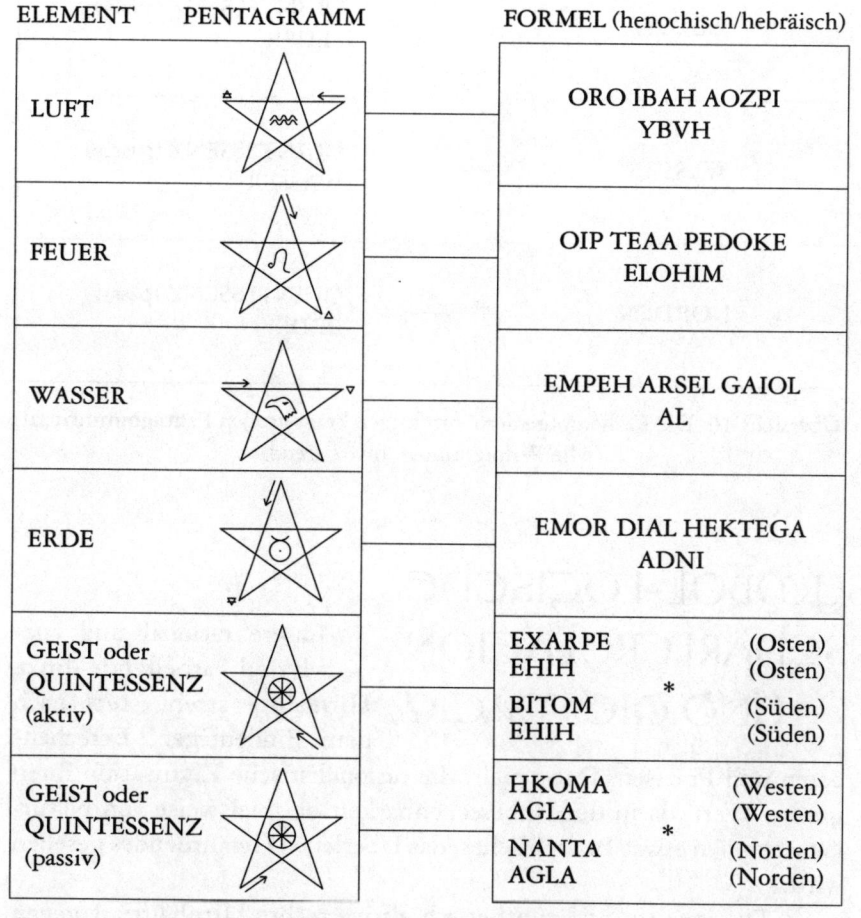

ELEMENT	PENTAGRAMM	FORMEL (henochisch/hebräisch)		
LUFT		ORO IBAH AOZPI YBVH		
FEUER		OIP TEAA PEDOKE ELOHIM		
WASSER		EMPEH ARSEL GAIOL AL		
ERDE		EMOR DIAL HEKTEGA ADNI		
GEIST oder QUINTESSENZ (aktiv)		EXARPE EHIH BITOM EHIH	*	(Osten) (Osten) (Süden) (Süden)
GEIST oder QUINTESSENZ (passiv)		HKOMA AGLA NANTA AGLA	*	(Westen) (Westen) (Norden) (Norden)

Übersicht 9: Die Glyphen und Formeln beim Großen Anrufenden Pentagrammritual (alle Pentagramme invozierend/anrufend)

Auch die Reihenfolge der Anrufungen beim Großen Pentagrammritual wollen wir zur besseren Anschauung noch einmal tabellarisch darstellen:

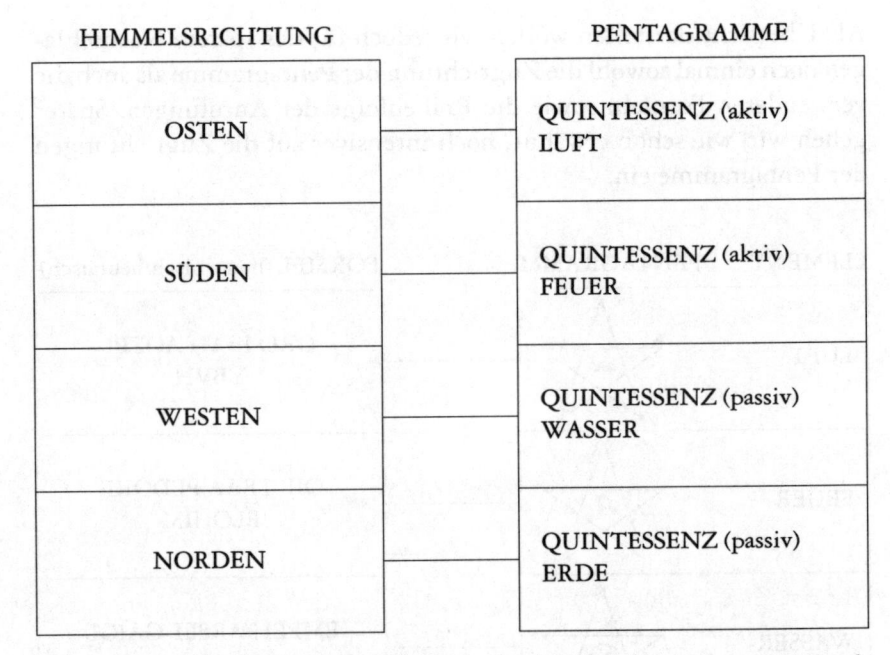

HIMMELSRICHTUNG	PENTAGRAMME
OSTEN	QUINTESSENZ (aktiv) LUFT
SÜDEN	QUINTESSENZ (aktiv) FEUER
WESTEN	QUINTESSENZ (passiv) WASSER
NORDEN	QUINTESSENZ (passiv) ERDE

Übersicht 10: Die Reihenfolge der Anrufungen beim großen Pentagrammritual
(Alle Pentagramme: invozierend)

DIE SYMBOL-LOGISCHE UNSCHÄRFERELATION UND DIE MAGIE

Unsere rational und analytisch arbeitende linke Hirnhälfte strebt stets nach dem Eindeutigen, Berechenbaren und Präzisen. Darin sieht die rationalistische Zivilisation ihren großen Wert, da in der Unberechenbarkeit beispielsweise von Naturkatastrophen etwas Bedrohliches, das Überleben Gefährdendes gesehen wird.

Die intuitiv und synthetisch aktive rechte Hirnhälfte dagegen bevorzugt das Bildliche, Unberechenbare und Unpräzise. Daß dies für subtile kosmische und seelische Zusammenhänge empfänglich macht, wird heute nur mehr wenig verstanden.

Doch hat jede Präzision ihre Grenzen, ebenso natürlich auch das Unpräzise. In beiden Fällen ist ein Zuviel nicht wünschenswert, wird aber nur zu oft ungewollt praktiziert.

Sehen wir uns diesen Zustand einmal am Beispiel eines Orakels an. Dabei lernen wir schnell folgende Regel kennen:

JE UNPRÄZISER DIE AUSSAGE EINES ORAKELS, UM SO HÖHER SEINE TREFFERWAHRSCHEINLICHKEIT.

JE PRÄZISER DIE AUSSAGE EINES ORAKELS, UM SO GERINGER SEINE TREFFERWAHRSCHEINLICHKEIT.

Wenn Sie als Orakelgeber einem Fragenden prophezeien: »In der nächsten Woche wird sich vieles in Ihrem Leben ändern«, so wird der Skeptiker dies kopfschüttelnd als »Wischiwaschi-Aussage« abtun. Tatsächlich dürfte Ihre Trefferquote jedoch objektiv außerordentlich hoch sein – schließlich haben Sie ja auch keine Aussage darüber gemacht, was sich ändert, auf welche Weise und wann genau! Sie haben auf Kosten einer hohen Voraussagepräzision eine hohe Trefferquote erzielt.

Orakeln Sie jedoch: »Heute in einer Woche werden Sie um 15.03 Uhr am Hauptbahnhof auf Gleis 6 einem blonden Mann begegnen, der Ihnen einen Scheck über 4089,67 Mark überreicht«, dürfte Ihre Trefferquote im Vergleich zur ersten Aussage so gut wie null sein. Sie haben auf Kosten einer hohen Trefferquote eine hohe Voraussagepräzision erzielt.

Beide Beispiele sind natürlich Extremfälle, und es soll damit auch nicht grundsätzlich die Möglichkeit geleugnet werden, hohe Trefferquoten bei gleichzeitig hoher Voraussagepräzision zu erzielen – doch die tägliche Orakelpraxis bewegt sich in der Regel irgendwo in der Grauzone zwischen diesen beiden Extremen.

Veranschaulichen wollen wir damit nur, daß Bilder und Symbole sich der Präzisierung im Sinne der exakten Wissenschaften weitgehend entziehen und deshalb auch entsprechend gehandhabt werden sollten. Haben wir diesen Mechanismus erst einmal verstanden, fällt es uns auch leichter, mit Symbolen wie den Elementen, den Tarotkarten oder astrologischen Aspekten konstruktiv umzugehen, um nur ein paar Beispiele zu nennen.

Symbole sind per definitionem stets mehrdeutig und nicht auf eine einzige Bedeutung festzulegen. Dazu sind sie nicht zuletzt auch viel zu subjektiv.

Fragen Sie beispielsweise nur einmal in Ihrem Bekanntenkreis herum,

> *Symbole sind stets mehrdeutig und nicht auf eine einzige Bedeutung festzulegen.*

was die Menschen so alles mit dem Symbol des Kreises oder des Vierecks verbinden. Sicher werden sich die Aussagen in vielen Punkten decken – was bedeutet, daß Symbole zwar ambivalent sind, aber deswegen noch keineswegs beliebig. Aber sie werden sich auch in vielen Punkten unterscheiden – was wiederum bedeutet, daß Symbole Träger mehr als nur eines einzigen Sinninhalts sein können.

Wenn wir dem aus Bildern bestehenden Tarotspiel eine Frage stellen, so muß diese so formuliert werden, daß sie mit Bildern zu beantworten ist. Fragen nach Telefonnummern oder gar Lottozahlen werden dieses Orakel meistens überfordern. Gerade diese Erkenntnis fehlt oft, wenn wir angesichts der Kapriolen des Unbewußten und seiner Magie frustriert reagieren. (Denken Sie an das Beispiel mit dem Reitturnier im letzten Abschnitt!)

Das, was wir gerne die »symbol-logische Unschärferelation« nennen und hier eher spielerisch an einigen Exempeln veranschaulicht haben, birgt sehr konkrete Konsequenzen für die magische Praxis. Es ist nämlich beispielsweise wesentlich einfacher, ganz allgemein für »Reichtum« zu zaubern als für eine bestimmte Geldsumme. Ebenso können wir mit der Magie leichter dafür sorgen, daß wir unseren eigenen Willen richtig leben können, als mittels Magie die Außenwelt in Form von Sexualpartnern, Feinden, Erbtanten und so weiter diesem Willen zu unterwerfen. Darin wurde oft ein Argument für einen im Kern moralisch geordneten und ethisch verfahrenden Kosmos gesehen, doch ist dies keineswegs eine zwingende Schlußfolgerung: Einmal mehr haben wir es hier mit dem Karma als moralfreiem Gesetz von Ursache und Wirkung zu tun. Wer seine Ziele allzu präzise vorformuliert, schmiedet sich selbst die Ketten, die ihn letzten Endes häufig genug am Erreichen ebendieser Ziele hindern. In einem späteren Abschnitt werden wir auf dieses Thema im Hinblick auf das Prinzip des »Weder-weder« (neither-neither) in der Magie Austin Osman Spares noch näher eingehen. Dazu noch ein Beispiel: Sie wollen Kontakt zu einem bestimmten Menschen aufnehmen, dessen Adresse Sie nicht haben. Es ist weitaus vielversprechender, eine Sigil für eine allgemeine »Kontaktaufnahme« mit der Zielperson zu aktivieren als ganz präzise für einen telefonischen oder brieflichen Kontakt.

Hier wollen wir vorerst nur zusammenfassen, daß es keinen Zweck hat, Symbole und Bilder – und mit nichts anderem arbeiten wir in der Magie – rationalistisch vergewaltigen zu wollen. Wir wollen damit nicht behaupten, daß keine präzisen magischen Operationen möglich wären: Wenn etwa ein Magier eine bestimmte Wohnung zugesprochen, eine bestimmte Stelle erhalten oder einen bestimmten Gerichtsprozeß gewinnen will, so läßt sich dies mittels Magie durchaus bewerkstelligen – aber es ist

> *Es hat keinen Zweck, Symbole und Bilder rationalistisch vergewaltigen zu wollen.*

eben sehr viel schwieriger, als allgemeinere Ziele zu erreichen. Die Herausforderung an den magischen Könner besteht im rationalistischen Paradigma sicher in der handwerklichen Präzision seiner Magie; doch sollte sich gerade der Anfänger davor hüten, sich allzusehr auf Präzisionstreffer zu versteifen. Auch erfahrene Magier erreichen in der überwiegenden Zahl ihrer Zauber nur Streuschüsse, was aber kein Manko ist, solange die allgemeine Richtung stimmt. Das Geheimnis des erfolgsmagischen Meisters besteht darin, das Ziel so präzise wie möglich zu definieren, den Weg zu seiner Verwirklichung dagegen möglichst weit offen zu halten und nur minimal festzulegen, um ungewünschte Ereignisse auszuschließen.

Zudem hat die symbol-logische Unschärferelation der Magie Stärken, an die keine exakte Wissenschaft heranreicht. Zum einen erschließt sie uns, wenn wir geschickt mit ihr umgehen, die magischen Kräfte des Unbewußten und der rechten Hirnhälfte sehr viel leichter, weil diese eben besser auf etwas unscharfe, un-eindeutige (was jedoch nicht dasselbe ist wie »ungenaue«!) Bilder und Symbole reagieren. Zum anderen ermöglicht sie es uns aber auch, Zusammenhänge und Möglichkeiten zu erkennen, wo der Rationalist nur Trennung und Grenzen zu sehen vermag. Ja, schon der schlichte Grundsatz der Sympathiemagie, daß nämlich alles mit allem anderen in innerer Beziehung steht, fußt auf dieser Unschärferelation, die man zur besseren Veranschaulichung auch in einer mathemagischen Formel ausdrücken kann:

$$M \alpha \frac{1}{P_s}$$

Legende

M = Magischer Akt

P_s = Symbolpräzisierung

Übersicht 11: Die erste Grundformel der Magie

Der Grad des magischen Erfolgs verhält sich also umgekehrt proportional zum Grad der (rationalistischen) Präzisierung der beim magischen Akt verwendeten Symbole.

Dabei wollen wir es für diesmal bewenden lassen, damit diese Information erst einmal »einsickern« kann. Später werden Sie noch mehr dazu erfahren.

PRAKTISCHE ÜBUNGEN

ÜBUNG 8
KABBALISTISCHES KREUZ (II)

Führe acht Wochen lang täglich dreimal das Kabbalistische Kreuz durch. Dies sollte vorzugsweise nach dem Aufstehen oder vor dem Zubettgehen geschehen, aber auch nach dem Baden, solange der Körper noch naß ist. Achte dabei darauf, daß Du während der Übung mit dem Gesicht zu einer (natürlichen oder künstlichen) Lichtquelle stehst, da Du so die Energien des Lichts stärker wahrnehmen und aufsaugen kannst. Du brauchst Dich allerdings dabei nicht auf das Licht zu konzentrieren. Verfahre wie schon aus Übung 2 gewohnt, doch mit einem Unterschied: Berühre mit der Hand beim Ziehen der Linien nicht den Körper! Lasse die Hand vielmehr etwa 5–10 Zentimeter über den entsprechenden Körperpunkten schweben. Dies schult die feinstoffliche Wahrnehmung und den Umgang mit Körperenergien, erleichtert das Aura-Sehen und -Fühlen und stellt eine Vorstufe zur astralen/mentalen Arbeit dar.

Achte nach der Durchführung auf Deine Körperwahrnehmungen. Stelle auch eventuelle Unterschiede zur Praxis mit Körperberührung fest, und schreibe diese im Magischen Tagebuch auf.

ÜBUNG 9
PRAXIS DES GROSSEN PENTAGRAMMRITUALS

Führe mindestens vier Monate lang alle zwei Wochen einmal das Große Pentagrammritual zu einem beliebigen Zeitpunkt durch. Veranstalte dies wie ein ganz reguläres Ritual:

1. Bannung durch das Kleine Bannende Pentagrammritual
2. Durchführen des Großen Pentagrammrituals
3. Meditation über die Elemente
4. Bannung durch das Kleine Bannende Pentagrammritual mit Entlassungsformel

Achte besonders darauf, wie Du die Elemente wahrnimmst. Nach viermaliger Durchführung kannst Du diese Übung mit Übung 5 koppeln, um Deine Energiewahrnehmung zusätzlich zu verfeinern. Dazu mußt Du Übung 5 sinngemäß an das Große Pentagrammritual anpassen.

ÜBUNG 10
ANGEWANDTER PARADIGMENWECHSEL IN DER PRAXIS (I)

a) Begib Dich an einem Sonntag in einen katholischen Gottesdienst, und beobachte diesen unter magischen Gesichtspunkten. Wie ist das Ritual aufgebaut?

b) Tue dasselbe mit einem evangelischen Gottesdienst, und achte dabei auf die Unterschiede zum katholischen Ritus.

c) Tue dasselbe mit Gottesdiensten und Ritualen mindestens zweier anderer Glaubensgemeinschaften nach Wahl (es können sowohl andere christliche als auch nichtchristliche sein, zum Beispiel griechisch-orthodoxe, adventistische, mormonische, jüdische, islamische, buddhistische, hinduistische und so weiter). Je mehr Du Dich durch persönliche Anschauung mit möglichst vielen verschiedenen religiösen Riten vertraut machst, um so besser.

d) Versuche zu Hause schriftlich die Grundstruktur jedes Rituals zu skizzieren, also den Ritualaufbau, das verwendete Zubehör, die Rollenverteilung der Durchführenden, den Ritualverlauf und so weiter.

Der Grund, weshalb wir hier zunächst christliche Rituale empfehlen, liegt vor allem darin, daß es keiner allzu großen Mühe bedarf, sich diese »vorführen« zu lassen, da es überall Kirchen gibt, die solche abhalten.
    Auch wenn Du kein religiöser Mensch sein solltest, kannst Du aus solchem Anschauungsunterricht sehr viel lernen. Nicht zuletzt wirst Du auf diese Weise aus erster Hand erfahren, wieviel Magisches

sich in alten religiösen Kulten bis in unsere Tage erhalten hat – aber auch, wie wenig Wissen darum noch übriggeblieben ist.

Verhalte Dich während der Ritualfeiern möglichst unauffällig, und nimm die Energien eher passiv wahr, als Dich aktiv einzubringen. Vielleicht stellst Du nach einer Weile erstaunt fest, daß viele Rituale eine ganz eigenartige magische Energie entwickeln, auch wenn dies den Gläubigen und Priestern bzw. Ritualleitern gar nicht bewußt sein mag.

Du solltest diese Übung in ihrer Grundform innerhalb von zwei Monaten absolviert haben, kannst sie danach aber auch beliebig oft wiederholen.

ÜBUNG 11
SCHULUNG DER MAGISCHEN WAHRNEHMUNG (III)
DER 180°-BLICK

Diese Technik hast Du bereits ansatzweise in Übung 5 (e) kennengelernt. Wie keine zweite Praktik ist sie dazu geeignet, die magische Energiewahrnehmung (zum Beispiel auch der Aura) zu schulen. Dies soll nun intensiviert werden.

a) Stelle auf einen ansonsten leeren Tisch zwei hohe Gläser oder Flaschen in einem Abstand von etwa 30 cm voneinander auf. Setze Dich so davor, daß sie nach rechts und links fast Dein Gesichtsfeld begrenzen. Nun stellst Du die Augen auf »unscharf«, wie in Übung 5 bereits praktiziert, und achtest in einem Zustand der größtmöglichen Gedankenstille (»Nichtverhaftetsein-Nichtdesinteresse«) auf den Zwischenraum zwischen den beiden Gegenständen. Halte Deine Wahrnehmungen schriftlich fest (Dauer: etwa 10 Minuten).

b) Nutze einen Spaziergang durch ein Stück Dir vertrauter Natur, um den 180°-Blick zu praktizieren, indem Du beim Gehen die Augen auf unscharf stellst (»Defokussieren« nennt dies der Techniker) und völlig neutral auf das achtest, was Du nun optisch wahrnimmst, beispielsweise zwischen den Bäumen oder um andere Spaziergänger herum (Dauer: etwa 10 Minuten, danach Entspannung der Augen).

Diese Übung kannst Du so oft wiederholen, wie Du magst, Du solltest sie allerdings nach Ablauf eines Vierteljahrs mindestens fünfzigmal durchgeführt haben. Du darfst sie auch so variieren, daß Du sie gelegentlich am Arbeitsplatz, beim Warten an einer Verkehrsampel und in vergleichbaren Situationen durchführen kannst, was den Zeitaufwand erheblich verringert.

Mit Hilfe dieser Praktik erlernt sich die Wahrnehmung der Aura erfahrungsgemäß sehr schnell, außerdem steigert sie das Gespür für feinstoffliche Energien.

ÜBUNG 12
PRAKTISCHE TRAUMARBEIT (II)

Im Anschluß an Übung 4 und Übung 7 soll nun bereits der erste Schritt in Richtung Traumsteuerung getan werden. Diese hilft Dir nicht nur dabei, direkteren Kontakt zu den astralen Bereichen des Unbewußten herzustellen, sie erspart Dir auch manche spätere Mühsal bei der Tranceschulung.

Stelle eine Sigil her, um einen bestimmten Traum zu erhalten. Dieser sollte am Anfang nicht allzusehr präzisiert werden, es genügt beispielsweise, auf einen Traum hinzuarbeiten, in dem eine gelbe Katze vorkommt, eine afrikanische Landschaft, ein Hochhaus oder auch solch absurde Alltagsgegenstände wie Schuhlöffel oder Flaschenbürsten. Versuche, mindestens einmal pro Woche einen solchen Traum mittels einer sigillenmagischen Ladung zu erzeugen, terminiere also die Sigil entsprechend. Technisch gesehen handelt es sich bei dieser Arbeit um eine sogenannte Trauminkubation. Führe sorgfältig Tagebuch über Erfolg und Mißerfolg.*

Du merkst sicher, daß sich die Anforderungen unseres Übungsprogramms immer weiter steigern. Zu Anfang wird sich dies vor allem

---

* **Warnung:** *Es ist für diese Übung unerläßlich, vor dem Zubettgehen einen Schutzkreis um die Schlafstätte zu ziehen, was am besten in Form eines Kleinen Bannenden Pentagrammrituals geschieht. Da sie sehr stark für astrale Einflüsse sensibilisiert, was nicht zuletzt eines ihrer Ziele ist, darf dieser Punkt so lange nicht vernachlässigt werden, bis Du über hinreichend geistige und körperliche Festigkeit verfügst, um gelegentlich auf solche Vorsichtsmaßnahmen zu verzichten. Solltest Du den Schutzkreis nachts (zum Beispiel bei einem Gang ins Bad) durchbrechen, so mußt Du ihn noch einmal ziehen. Dies kann nun auch in mentaler Form geschehen, vorausgesetzt, Du hast regelmäßig die Übung 2 praktiziert.*

im Zeitaufwand bemerkbar machen, also quantitativ. Später wird der Zeitaufwand ein wenig sinken, dafür verschärfen sich aber die qualitativen Herausforderungen. Das ist freilich nicht nur in der Magie so, und Du tust gut daran, Dir immer wieder vor Augen zu halten, daß jede Lehrzeit ihre Zeit- und Energieopfer verlangt. Selbstverständlich kannst und sollst Du zu Deinem eigenen Tempo finden. Doch da die Übungen unserer Schulung zum großen Teil aufeinander aufbauen, also hierarchisch gegliedert sind, solltest Du Dich nach Möglichkeit auch bei zeitlich von unseren Vorgaben abweichender Praxis an die hier angegebene Reihenfolge halten. Vergiß nicht, daß es mit der Zeit immer schwieriger wird sein wird, versäumten Stoff nachzuholen; wenn Du an der Praxis zwar interessiert bist, dennoch aber die Zügel schleifen läßt, wird es Dir schließlich aufgrund mangelnder Erfahrung später immer schwerer fallen, die theoretischen Ausführungen dieser Schulung nachzuvollziehen, da sie sich zunehmend auf die praktischen Erfahrungen beziehen werden.

WEITERFÜHRENDE LEKTÜRE

Horst E. Miers, *Lexikon des Geheimwissens*, 6. verm. Aufl., München: Goldmann TB 11708, 1986

Wenngleich Miers' Werk es in vielen Punkten leider an Zuverlässigkeit und Objektivität vermissen läßt, ist es doch nach wie vor unumstritten das umfangreichste und erschöpfendste Lexikon zum Thema. Es geht vor allem auch auf verschiedene kleinere Gruppen und Strömungen in der Geschichte des Okkultismus bis etwa Anfang der sechziger Jahre des zwanzigsten Jahrhunderts ein (danach werden die Informationen spärlich bis verschwommen). Als Nachschlagewerk – bei entsprechender Vorsicht benutzt – durchaus zu empfehlen.

Hans Biedermann, *Handlexikon der magischen Künste*, 2 Bde., 3. verb. u. verm. Auflage, Graz: Akademische Druck- und Verlagsanstalt, 1986

Bei diesem Werk handelt es sich um die wissenschaftlich seriöseste lexikalische Sammlung des Geheimwissens bis zum Beginn des 19. Jahrhunderts. Ein absoluter Klassiker, der in keiner magischen Bibliothek fehlen darf, zumal er eine Vielzahl alter Quellen im Original zitiert, reich bebildert ist und durch seine sachkundige Objektivität besticht.

PLANETENMAGIE (1)

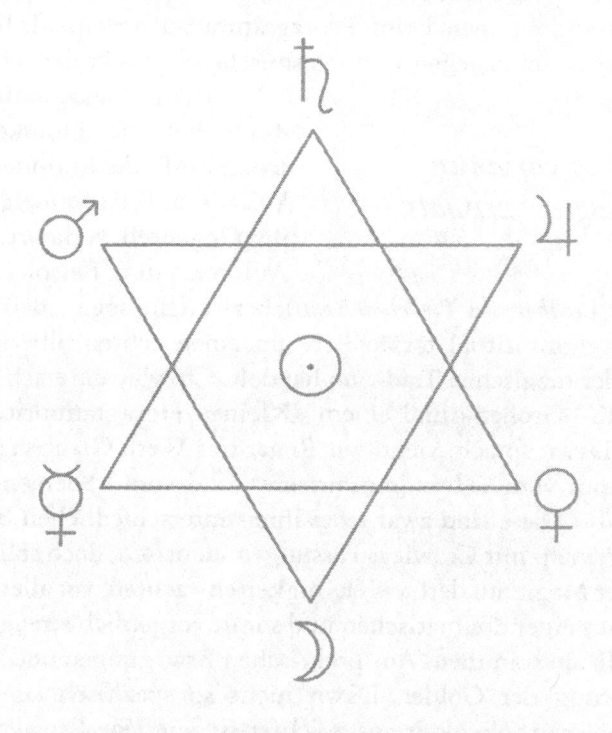

Einführung in das Hexagrammritual (1)

Das Pentagramm gilt in der westlichen Zeremonialmagie als Symbol des Mikrokosmos der Elemente, das Hexagramm dagegen als Symbol des Makrokosmos der Planetensphären. Etwas vereinfacht spricht man beim Pentagramm auch vom »irdischen«, beim Hexagramm dagegen vom »kosmischen« Aspekt der Schöpfung.

> *Zahllose Varianten des Hexagrammrituals*

Beim Hexagrammritual allerdings hat die Einigkeit hier auch schon ihr Ende: Es finden sich zahllose Varianten, verstümmelt oder völlig in ihr Gegenteil verkehrt, und manche Autoren (zum Beispiel Miers in seinem *Lexikon des Geheimwissens*) bezweifeln sogar, daß es sich beim Hexagrammritual tatsächlich um einen echten, überlieferten Ritus aus der magischen Tradition handelt. Crowley unterscheidet zwischen einem »Großen« und einem »Kleinen Hexagrammritual«, die Golden Dawn sprach, wenn wir Regardies Werk Glauben schenken dürfen, nur vom »Hexagrammritual« und vom »Kleinen Hexagrammritual«. Diese sind zwar trotz ihrer unterschiedlichen Bezeichnungen im Prinzip mit Crowleys Fassungen identisch, doch sollte man gerade in der Magie auf derlei »Kleinigkeiten« achten, vor allem bei Autoren, die aus einer dogmatischen und somit vorgeblich streng wortgetreuen Tradition stammen. Aus praktischen Erwägungen und weil die Überlieferung der Golden Dawn nicht so spezifisch auf eine einzelne Magierpersönlichkeit ausgerichtet ist wie jene Crowleys, wollen wir hier deren System als Bezugspunkt nehmen, wenngleich auch wir in Details davon abweichen werden.

Die moderne Entwicklung hat Teile des in der Golden Dawn als »Hexagrammritual« (bei Crowley: »Großes Hexagrammritual«) bezeichneten Rituals für die praktische Planetenmagie ausgekoppelt. Dies erscheint durchaus logisch und vertretbar, wie wir noch sehen werden. Bevor wir jedoch darüber reflektieren können, müssen wir zunächst die Grundform des Hexagrammrituals nach der Tradition der Golden Dawn betrachten.

Dazu ist es notwendig, auf die Symbolik des Hexagramms selbst einzugehen. In Abbildung 18 finden Sie die Grundsymbole, aus denen sich das Hexagramm zusammensetzt. Das aufsteigende Dreieck steht dabei für das männliche (also nicht ausschließlich für das Element Feuer), das absteigende für das weibliche Prinzip (also nicht ausschließlich für das Element Wasser). In dieser Form und Deutung ist das Hexagramm uralt und findet sich auch in östlichen Kulturen, etwa im hinduistischen Tantra im Meditationssymbol des »Sri Yantra«, wo es als Vereingung von Shiva (= männliches Prinzip) und Shakti (= weibliches Prinzip) verstanden wird. Es entspricht in seiner symbolischen Aussage auch dem chinesischen Yin-Yang-Zeichen (dem sogenannten Tai-Chi).

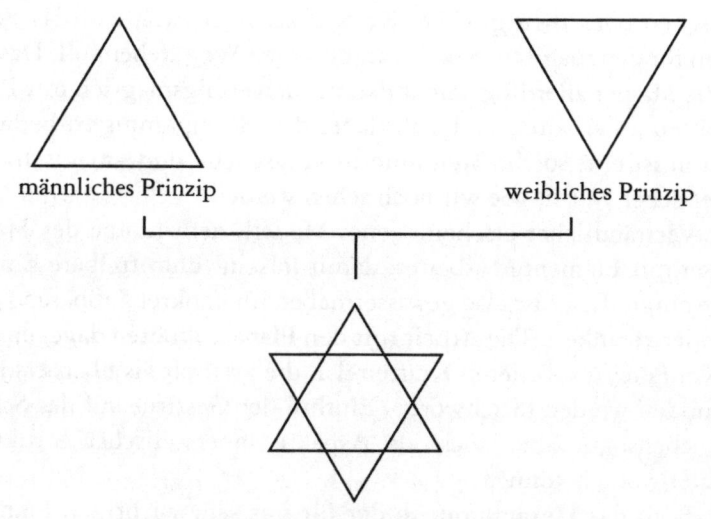

Abbildung 18: Der Aufbau des Hexagramms

In der westlichen Tradition wird das Hexagramm auch als »Siegel« oder »Schlüssel Salomos« bezeichnet, noch bekannter ist es unter dem Namen »Davidsstern«.*

Der Bezug zum biblischen König Salomo wird an anderer Stelle im Zusammenhang mit den Einflüssen des Judentums und der christlichen Überlieferung auf die Magie des Abendlands näher erörtert. Hier möge der Hinweis genügen, daß Salomo schon seit Urzeiten als Archetyp oder Inbegriff des weisen (gelegentlich aber auch des blasphemischen) Magiers gilt.

---

* *Von sachunkundigen Autoren – insbesondere Journalisten – wird es manchmal auch mit dem Pentagramm verwechselt, zudem nicht selten in umgekehrter Richtung. Dies liegt wohl daran, daß man das Hexagramm bisweilen auch als »Pentakel« bezeichnet, was bei Laien gelegentlich Verwirrung stiftet.*

> *Das Hexagramm stellt die Grundpolarität allen Seins dar.*

Wir sehen also, daß das Hexagramm die Grundpolarität allen Seins darstellt.

Doch seine Symbolik geht noch tiefer, denn es steht eben auch für die (makrokosmische) Sphäre der Planeten, so wie das Pentagramm die (mikrokosmische) Sphäre der Elemente versinnbildlicht. Man hat deshalb das Hexagramm auch als Symbol des mystischen oder theurgischen Wegs bezeichnet, während das Pentagramm für den magischen oder dämonischen Weg stehen soll. Das hindert die Magier allerdings nicht daran, auch erfolgsmagisch mit Planetenkräften zu arbeiten und sich dabei des Hexagramms zu bedienen. Ohnehin ist eine solche Trennung in »mystisch« und »magisch« eher theoretischer Natur, wie wir noch sehen werden.

Verständlicher erscheint jenes Modell, demzufolge der Magier, wenn er mit Elementen arbeitet, damit in seine unmittelbare Einflußsphäre eingreift. Er ist also gewissermaßen im konkret Faßbaren »geerdet« oder verankert. Die Arbeit mit den Planetenkräften dagegen stellt den Kontakt zu subtileren Kräften dar, die zwar oft als überpersönlich empfunden werden (Stichwort: »Einfluß der Gestirne auf das Schicksal«), ebensogut aber auch als Aspekte innerseelischer Strukturen gedeutet werden können.

Weil das Hexagramm in der für uns sehr wichtigen Planetenmagie eine herausragende Rolle spielt, ist es erforderlich, auf die Planetenprinzipien im einzelnen ausführlich einzugehen. Dies kann im Rahmen unserer Schulung natürlich nicht in demselben Maße geschehen, wie es in der astrologischen Literatur der Fall ist, weshalb zu einem späteren Zeitpunkt entsprechende Begleitlektüre unverzichtbar wird. Jedoch gehen die wenigsten astrologischen Werke auf die magischen Aspekte der Planetenkräfte ein. Wir werden bei unserer intensiveren Beschäftigung mit der Planetenmagie die einzelnen Prinzipien noch näher betrachten, so daß fürs erste ein grober Überblick genügt. Wer sich mit Planetenkräften bereits gut auskennt, braucht den nächsten Abschnitt nur zu überfliegen.

DIE PLANETENKRÄFTE IN DER MAGIE

Man unterscheidet in der herkömmlichen Magie zwischen sieben »klassischen« Planeten, wobei diese im astrologischen Sinne verstanden werden müssen.

Das bedeutet, daß Sonne und Mond, die ja astronomisch gesehen keine Planeten sind, hier als Planeten wie alle anderen gewertet werden. Dahinter steht ein auch in der heutigen Magie in symbolischer Form noch gültiges geozentrisches Weltbild, bei dem man davon ausgeht, daß alle Himmelskörper um die Erde als ihren Mittelpunkt kreisen. In die magische Terminologie umgesetzt bedeutet dies, daß der Magier im Zentrum seines eigenen Universums steht, worin sich alles um ihn dreht. Zugleich liegt in dieser Auffassung allerdings auch eine der größten Gefahren der Magie, nämlich der Größenwahn, der zu einer bedenklichen Überschätzung der eigenen Fähigkeiten und der eigenen Wichtigkeit führen kann. Dem können wir nur durch systematische Erfolgskontrolle – vor allem in der Erfolgsmagie – begegnen sowie durch entsprechende Sachlichkeit und Nüchternheit. Einer der Grundsätze abendländischer Magie, wir haben ihn schon früher erwähnt, lautet – und zwar nicht erst seit Aleister Crowley, der dieser Auffassung im zwanzigsten Jahrhundert freilich wieder zu ihrem Recht verhalf:

> *Sonne und Mond werden in der Astrologie als Planeten gewertet.*

DEUS EST HOMO – HOMO EST DEUS

»Gott ist Mensch – der Mensch ist Gott« – eine fürwahr sehr gewagte Behauptung, die durch die magische Praxis jedoch tagtäglich belegt wird, allerdings nur, wenn wir sie auch richtig verstehen. Begreifen wir Magie als Weg zur Selbstfindung und Selbstverwirklichung, so leuchtet es ein, daß wir uns selbst zunächst einmal zum Mittelpunkt allen Geschehens machen müssen. Interessant wird in diesem Zusammenhang dann allerdings auch die Frage, wer dieses »wir selbst« eigentlich ist.

Ein besonderes Mißverständnis muß vor allem der Anfänger vermeiden: Die astrologischen oder magischen Planeten haben nicht allzu viel mit den astronomischen Himmelskörpern zu tun. Gewiß, die Horoskopie bedient sich der (übrigens astronomisch, nicht etwa astrologisch berechneten) Gestirnstandstabellen, Ephemeriden genannt; die

> *Die astrologischen Planeten haben nicht viel mit den astronomischen Himmelskörpern zu tun.*

Bewegung der physischen Himmelskörper dient als Bezugspunkt – doch als Bezugspunkt für eine im Kern durch und durch mantische (also auf Omendeutung fußende) Interpretation ihres Laufs. Allen Ansprüchen auf Wissenschaftlichkeit (im Sinne des Wissenschaftsbegriff des rationalistisch-materialistischen neunzehnten Jahrhunderts) der Astrologie zum Trotz ist und bleibt dieses System doch stets eine intuitive Kunst und keine exakte Naturwissenschaft.

Symbol-logisch spielt es für den Magier überhaupt keine Rolle, wie es auf dem physischen Merkur oder Mars aussieht, welche Schwerkraft dort vorherrscht und wie sich die Atmosphäre zusammensetzt. Die symbolischen Planeten haben mit den physischen ebensowenig (und ebensoviel) zu tun wie das »O liebster Rosenmund!« eines Dichters mit der botanischen Familie der Rosazeen. Erst durch die Tiefenpsychologie C. G. Jungs mit ihrem Prinzip der Synchronizität (damit umschreibt man den Zusammenhang der Gleichzeitigkeit kausal nicht miteinander verbundener Ereignisse) und der Analogien, dem wir noch im Zusammenhang mit der magischen Lehre von den symbolischen Korrespondenzen begegnen werden, gelangen wir zu einer Übereinstimmung beider Komponenten. Mit anderen Worten: Wir gehen in der Magie nicht etwa davon aus, daß es die Anziehungskraft des Merkur oder irgendwelche kosmische Strahlen des Mars sind, die unser irdisches Wohlergehen beeinflussen, sondern sehen in den Wandelsternen vielmehr lebende äußere Symbole, welche Ereignisse und Zustände zwar anzeigen, diese aber nicht verursachen.

> *Die Planetenkräfte bieten eine differenzierte Psychologie und Daseinslehre.*

Wie jedes Pantheon (und ein solches sind die Planeten bereits im alten Chaldäa gewesen) bieten uns die Planetenkräfte vor allem eine sehr differenzierte Psychologie und Daseinslehre, mit deren Hilfe wir als Magier unsere Ziele klar umreißen und ihre Verwirklichung in Angriff nehmen können.

Die drei »nichtklassischen« Planeten Uranus, Neptun und Pluto werden als solche bezeichnet, weil sie erst sehr spät entdeckt wurden: Uranus (der in älteren Texten noch nach seinem Entdecker als »Herschel« bezeichnet wird) wurde erstmals 1781 mit Hilfe des Teleskops gesichtet; Neptuns Entdeckung erfolgte (nach vorausgegangener Berechnung durch Leverrier und Adams) im Jahre 1846 durch Galle; Pluto wurde gar erst 1930 durch Tombaugh gesichtet. Ihre astrologische Deutung ist bis heute recht uneinheitlich geblieben, obwohl sich mittlerweile einige Gemeinsamkeiten zwischen den verschiedenen astrologischen Schulen abzeichnen. Immerhin gelten die symbolischen Kräfte dieser Planeten, die man auch die »Transsaturnier« nennt, weil sie jenseits der durch Saturn begrenzten klassischen Planetensphäre liegen, in der Magie als äußerst schwierig zu handhaben; wir wollen uns hier daher ausschließlich mit den klassischen Planeten befassen.

> *Die drei »nichtklassischen« Planeten Uranus, Neptun und Pluto*

Diese sieben Planeten sollten Sie sich zusammen mit ihren Symbolen und ihren wichtigsten Entsprechungen möglichst bald einprägen. Zur besseren Veranschaulichung haben wir sie in der Übersicht 12 aufgelistet, wobei wir zugleich ihre astrologischen/magischen Symbole, ihre kabbalistischen Zahlenentsprechungen und ihre hebräischen Formeln im Hexagrammritual anführen. Weitere Entsprechungen (zum Beispiel Metalle, Farben, Sephiroth und so weiter) folgen in späteren Abschnitten im Zusammenhang mit magischen Korrespondenzen und Planetenritualen.

Die Planeten sind also, ebenso wie die Elemente, symbol-logische Ordnungsprinzipien. In diesem Sinne erfüllen sie eine ähnliche Funktion wie die zehn Sephiroth des kabbalistischen Lebensbaums, die drei alchemistischen Aggregatzustände Schwefel, Quecksilber und Salz, die drei indischen Gunas *sattva*, *rajas* und *tamas* sowie andere, vergleichbare Symbolstrukturen. Sie gliedern die magische Welt und machen sie handhabbar. Nicht mehr, aber auch nicht weniger: Es ist ein Trugschluß zu glauben, es handle sich bei ihnen um »objektive« Entsprechungen, wie sie zum Beispiel der Physiker definieren würde. Betrachten wir sie also als hilfreiche Analogien, die uns die magische Praxis erleichtern.

PLANETENMAGIE (I)

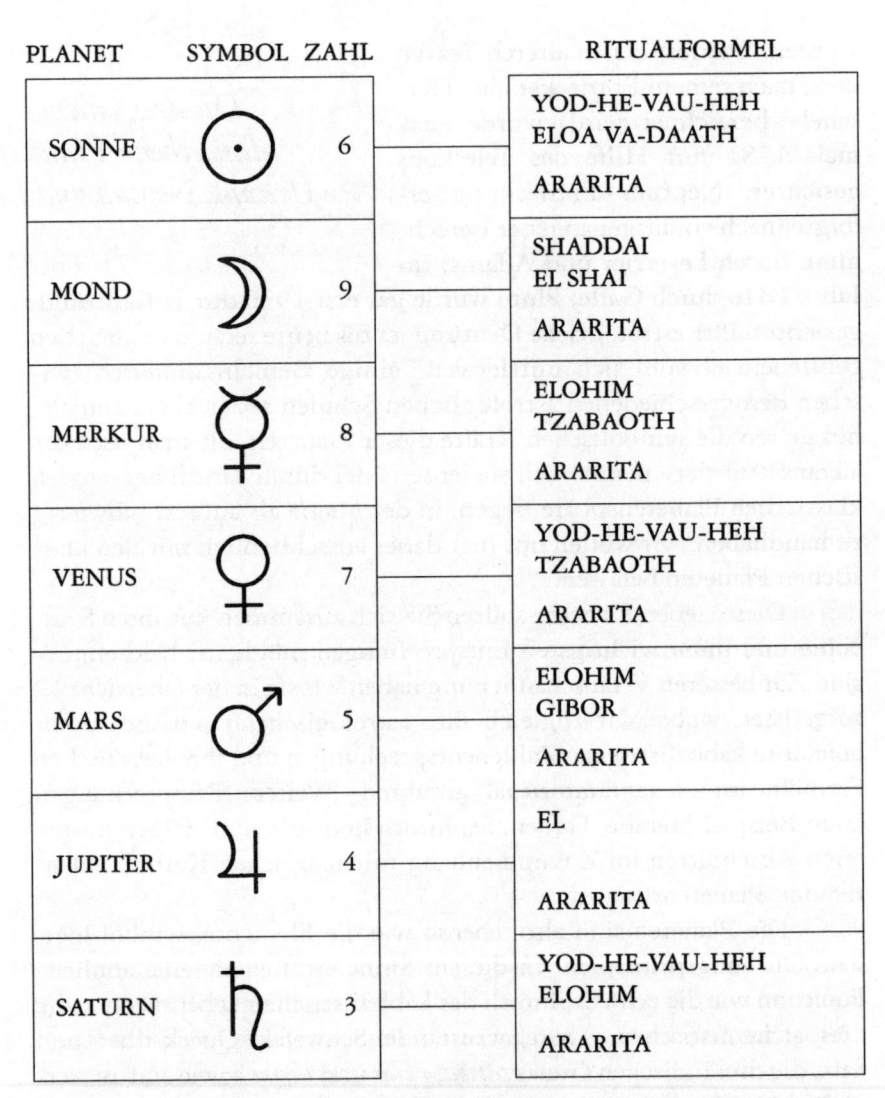

PLANET	SYMBOL	ZAHL	RITUALFORMEL
SONNE	☉	6	YOD-HE-VAU-HEH ELOA VA-DAATH ARARITA
MOND	☽	9	SHADDAI EL SHAI ARARITA
MERKUR	☿	8	ELOHIM TZABAOTH ARARITA
VENUS	♀	7	YOD-HE-VAU-HEH TZABAOTH ARARITA
MARS	♂	5	ELOHIM GIBOR ARARITA
JUPITER	♃	4	EL ARARITA
SATURN	♄	3	YOD-HE-VAU-HEH ELOHIM ARARITA

Übersicht 12: Die Planeten: Astrologische Symbole, kabbalistische Zahlen, Formeln im Hexagrammritual

DIE SYMBOL-LOGIK DER PLANETENZUORDNUNG BEIM HEXAGRAMM

Jeder Spitze des Hexagramms ist einer der sieben klassischen Planeten zugeordnet, mit Ausnahme der Sonne, die in der Mitte plaziert wird. Dies leuchtet auch sofort ein, gilt die Sonne doch als »Summe« oder »Essenz« aller anderen Planeten, vergleichbar dem Äther oder Geist in der Welt der Elemente. Darüber hinaus deckt sich die Anordnung der Planeten auf den Hexagrammspitzen mit ihren kabbalistischen Sephirothentsprechungen: Der oben stehende Saturn (der sonst allein der Sephirah Binah zugeordnet wird) steht dabei für die Gesamtheit der oberen Triade Kether, Chokmah und Binah; der Mond entspricht der Sephirah Yesod, Jupiter entspricht Chesed, Mars Geburah, Venus zählt zu Netzach und Merkur zu Hod.*

Die Planeten werden in der klassischen Lehre auch nach sogenannten »Oktaven« unterteilt, die uns hier allerdings noch nicht in allen Einzelheiten zu interessieren brauchen. Halten wir lediglich fest, daß die sich gegenüberliegenden Planeten (also Saturn und Mond, Jupiter und Merkur sowie Mars und Venus) einander »wohlgesonnen« sind. Die Tatsache, daß sie im Hexagramm den Gegenspitzen zugehören, bedeutet also nicht etwa Gegnerschaft, sondern vielmehr das genaue Gegenteil.**

Sie finden die Planetenzuordnungen in der Abbildung 19 veranschaulicht.

Bitte prägen Sie sich die Anordnung der Planeten auf dem Hexagramm von Anfang an gut ein, Sie werden dies in der Praxis nämlich immer wieder brauchen, weil die Anordnung auch die Zugrichtung der einzelnen Planetenhexagramme bestimmt. Da das Hexagramm zumindest in seiner klassischen Form nicht wie das Pentagramm in einer Linie in den Raum geschlagen (= gezogen) werden kann, also ohne die Hand abzusetzen,

---

* *Wenn Sie sich mit dem kabbalistischen Lebensbaum noch nicht auskennen sollten, so können Sie diese Informationen vorläufig guten Gewissens übergehen, denn wir werden im geeigneten Zusammenhang noch ausführlicher darauf eingehen. Diese Ausführung ist vor allem als Gedächtnisstütze für Leser gedacht, welche die Symbolik des Lebensbaums bereits so verinnerlicht haben, daß sie auch tatsächlich schon jetzt damit arbeiten können.*
** *Dies trifft freilich nur mit gewissen Einschränkungen zu, wie jeder erfahrene Astrologe weiß. Wir geben hier nur in Form eines kurzen Überblicks die Doktrin der Golden Dawn wieder.*

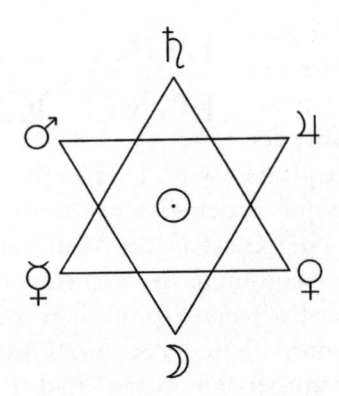

Abbildung 19: Das Hexagramm und die Planeten-Zuordnung

werden stets zwei separate, aber ineinanderliegende Hexagramme gezogen. Dabei gelten folgende Regeln, die Sie sich ebenfalls merken sollten:

GERUFEN WIRD STETS IM UHRZEIGERSINN
GEBANNT WIRD STETS GEGEN DEN UHRZEIGERSINN
DAS ERSTE HEXAGRAMM BEGINNT STETS AN
DER DEM PLANETEN ZUGEHÖRIGEN SPITZE
DAS ZWEITE HEXAGRAMM BEGINNT STETS AN
DER DEM PLANETEN GEGENÜBERLIEGENDEN SPITZE

In den Übersichten 13a und 13b sehen Sie die Zugrichtungen der einzelnen Planetenhexagramme. Wir müssen das Hexagrammritual auf diese zunächst vielleicht etwas umständlich anmutende Form beschreiben, weil seine unterschiedlichen Formen bzw. Versionen erst nach Beschäftigung mit seinen Grundlagen verständlich werden.

Dazu noch eine Anmerkung zum Prinzip des Rufens und Bannens. Es entspricht symbol-logischer Grundstruktur, daß eine magische Operation möglichst symmetrisch verlaufen sollte: Wird beispielsweise zu Beginn eines Rituals symbolisch »der Schleier zur magischen Welt geöffnet«, so muß er bei Beendigung der Operation auch wieder symbolisch geschlossen werden. Wird eine bestimmte Kraft gerufen, so muß sie später folglich auch wieder entlassen werden. Die Bezeichnung »Bannung« ist im Zusammenhang mit den Planetenenergien bzw. Planetengottheiten allerdings ein wenig irreführend, da der Laie darunter oft eine Art »Verscheuchen« oder »Vertreiben« versteht. Tatsächlich handelt es sich jedoch nur bei Dämonen oder Elementkräften um ein echtes Bannen, Gottheiten werden dagegen aufgrund ihrer übergeordneten Qualität nicht vertrieben, sondern verabschiedet.*

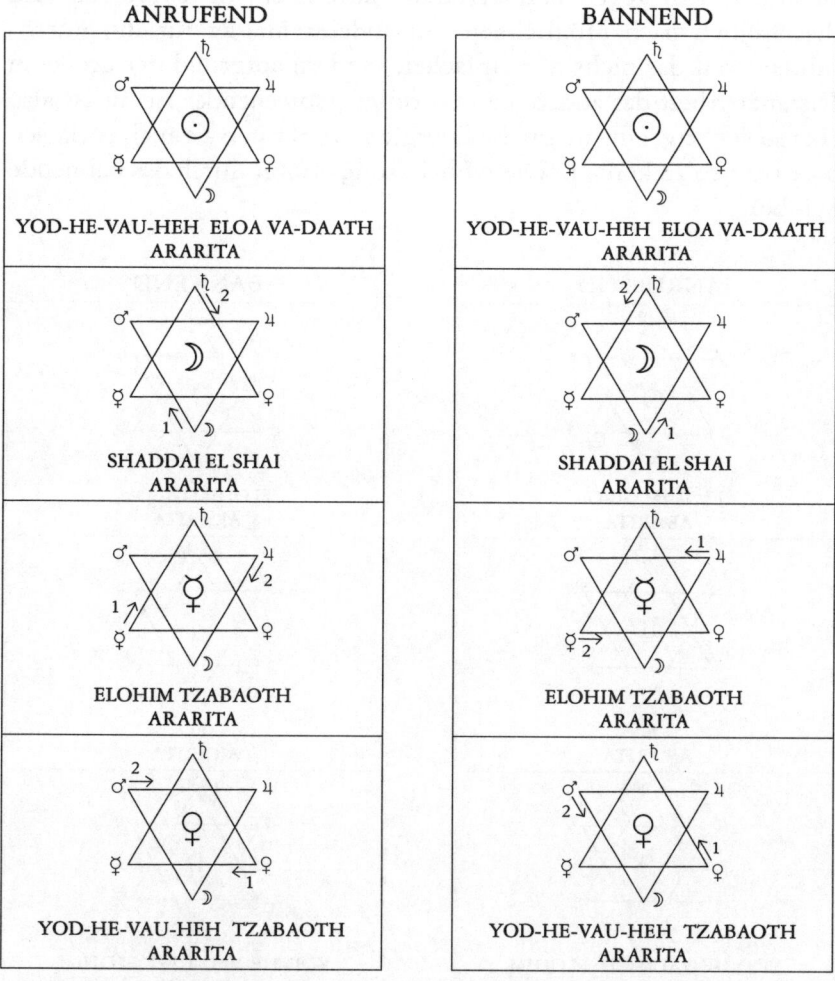

ANRUFEND	BANNEND
(Hexagramm mit ☉ in der Mitte)	(Hexagramm mit ☉ in der Mitte)
YOD-HE-VAU-HEH ELOA VA-DAATH ARARITA	YOD-HE-VAU-HEH ELOA VA-DAATH ARARITA
(Hexagramm mit ☽ in der Mitte)	(Hexagramm mit ☽ in der Mitte)
SHADDAI EL SHAI ARARITA	SHADDAI EL SHAI ARARITA
(Hexagramm mit ☿ in der Mitte)	(Hexagramm mit ☿ in der Mitte)
ELOHIM TZABAOTH ARARITA	ELOHIM TZABAOTH ARARITA
(Hexagramm mit ♀ in der Mitte)	(Hexagramm mit ♀ in der Mitte)
YOD-HE-VAU-HEH TZABAOTH ARARITA	YOD-HE-VAU-HEH TZABAOTH ARARITA

Übersicht 13a: Die Zugrichtung der Hexagramme und ihre Formeln (1)

---

* *Mit »Gottheit« wird in der heutigen Magie ein personifiziertes Prinzip bezeichnet, das allein über einen bestimmten Seinsaspekt regiert; so ist Merkur beispielsweise der »Herr der Sprache«, Saturn der »Herr der Einweihung« und so weiter. Die Gottheit ist dem Magier in dem Sinne stets übergeordnet bzw. überlegen, als sie auch über die in ihm verkörperten spezifischen Seinsaspekte herrscht. Merkur regiert also nicht nur die Sprache im allgemeinen, sondern bestimmt auch die sprachliche Ausdrucksfähigkeit des Magiers selbst, etwa seinen Erfolg bei Streitgesprächen.*

Nur im äußersten Extremfall, nämlich wenn der Magier Gefahr läuft, in eine unkontrollierbare Besessenheit zu geraten, wird er die Bannung auch gegen Planetenkräfte anwenden. In der Regel wird dies freilich nach Möglichkeit ein anderer Magier für ihn durchführen, weil das nicht nur einfacher, sondern aufgrund der größeren Distanziertheit des anderen auch erfolgversprechender ist. Es ist also ebenso wichtig, eine magische Energie sowohl rufen als auch entlassen oder bannen zu können. Diese Entlassung erfolgt durch das bannende Symbol.

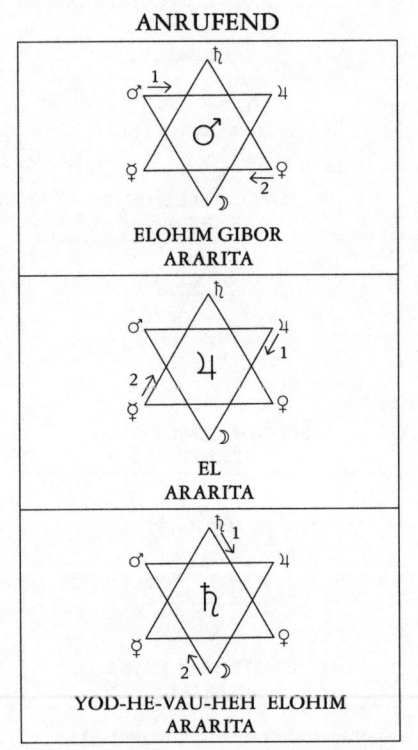

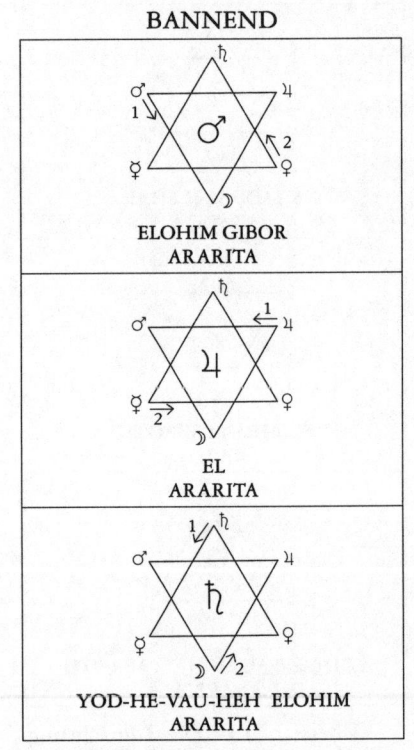

ANRUFEND	BANNEND
ELOHIM GIBOR ARARITA	ELOHIM GIBOR ARARITA
EL ARARITA	EL ARARITA
YOD-HE-VAU-HEH ELOHIM ARARITA	YOD-HE-VAU-HEH ELOHIM ARARITA

Übersicht 13b: Die Zugrichtung der Hexagramme und ihre Formeln (2)

Das Hexagramm der Sonne setzt sich aus allen anderen sechs Planetenhexagrammen zusammen, die jeweils mit dem Sonnensymbol in ihrer Mitte und unter Vibrieren der Sonnenformel geschlagen werden. Dies geschieht in folgender traditioneller Reihenfolge: 1. Saturn; 2. Jupiter; 3. Mars; 4. Venus; 5. Merkur; 6. Mond.

Sie schlagen also zuerst das Hexagramm des Saturn und intonieren dabei die Sonnenformel, um schließlich das Symbol der Sonne (den Kreis mit dem Punkt in der Mitte) hineinzuziehen und Ararita zu vibrieren, dann verfahren Sie ähnlich mit dem Hexagramm des Jupiter, des Mars und so weiter.

DIE PLANETEN-PRINZIPIEN IM ABRISS

Es folgt nun ein kurzer Überblick über die Planetenprinzipien, wobei die in der Literatur gelegentlich auftauchenden lateinischen Bezeichnungen in Klammern angegeben werden.

SONNE (SOL)
Grundprinzip: Vitalkraft, Ratio, Bewußtsein, Seinsmitte, Zentriertheit, Zeugungskraft, Geben, Erschaffen, lineares Wissen, intellektuelle Analyse, Strukturgebung;

erfolgsmagische Operationen: Erhöhung der Lebensqualität; Gesundheitszauber; Wohlstandsmagie; Erwerb von Weisheit und Mittigkeit; Stabilisierung der magischen Identität; Förderung allgemeiner und spezieller geschäftlicher, gesundheitlicher und machtpolitischer Vorhaben.

MOND (LUNA)
Grundprinzip: Weiblichkeit, Intuition, Gefühl, Sensitivität, Traum, Gebärkraft, Empfangen, Hervorbingen, Auflösung, Wandel, Unbeständigkeit, Rhythmik, zyklisches Wissen, emotionale Synthese, Strukturgespür;

erfolgsmagische Operationen: Mantik; Hellsehen; Anima-Verbindung; Traumarbeit; Sexualmagie; Gefühlsmagie; Förderung der feinstofflichen Wahrnehmung; Zersetzungs- und Verunsicherungszauber; Unterstützung der Wahrnehmung von Zyklen und Rhythmen.

MERKUR (MERCURIUS)
Grundprinzip: Intellekt, Sprache, Kommunikation, Heilkunde, Schläue, Raffinesse, Dieberei, Geschäftssinn, Strukturerkenntnis;

erfolgsmagische Operationen: Heilungszauber; geldmagische Operationen; Förderung von Prüfungen, Vorstellungsgesprächen, Geschäftsverhandlungen und so weiter; Unterstützung intellektueller Aktivitäten.

VENUS (VENUS)
Grundprinzip: Harmonie, Verbindung, Liebe, Erotik, Schönheit, Kunst, Romantik, Fingerspitzengefühl, Strukturharmonisierung;

erfolgsmagische Operationen: Harmonieherstellung; Beschaffung von Liebespartnern; Emotionsbeeinflussungszauber; Geldmagie; Förderung künstlerischer und werblicher Projekte.

MARS (MARS)
Grundprinzip: Triebkraft (Dynamik), Selbstdurchsetzung, Sexualität, Leidenschaft, Kampf, Wettbewerb, Aggression, Mut, Selbstschutz, Strukturkampf;

erfolgsmagische Operationen: Angriffs- und Schutzrituale; Durchsetzungsarbeiten; Beschaffung von Sexualpartnern; Steigerung der Leistungskraft; Arbeit mit Zorn-Gnosis.

JUPITER (IOVIS)
Grundprinzip: Überblick, Üppigkeit, Reichtum, Überfluß, Religion, Großzügigkeit, Weihe, Ethik, Ausdehnung, Wachstum, Strukturerhöhung;

erfolgsmagische Operationen: Reichtumszauber/Wohlstandsbeschaffung; Glücksmagie; Heilungsunterstützung; Erwerb philosophisch-ethischer Erkenntnisse; Selbstbehauptungsrituale.

SATURN (SATURNUS)
Grundprinzip: Beschränkung, Konzentration, Härte, Einweihung, Konkretisierung, Erdung, Durchhaltevermögen, Weisheit, Detailtreue, Krankheit, Tod, Zeit (in dieser Funktion auch als Chronos bezeichnet), Strukturerzwingung;

erfolgsmagische Operationen: Arbeitsbeschaffung; Immobilienangelegenheiten; Konzentrationssteigerung; Konkretisierung materieller Projekte; Todeszauber.

Es versteht sich eigentlich von selbst, daß mit den hier aufgezählten erfolgsmagischen Operationen natürlich keineswegs sämtliche Möglichkeiten erschöpft sind. Auch sollten Sie sich nicht daran stören, daß manches sich zu überschneiden scheint. Beispielsweise läßt sich Geldmagie sowohl auf der Sonnen- als auch auf der Jupiter-, Venus- und Merkurschiene verwirklichen, freilich mit unterschiedlichen Nuancen, auf die wir später bei den einzelnen Planetenritualen noch eingehen werden. Für den Anfang genügt es, sich mit den hier geschilderten Faktoren vertraut zu machen.

Zur Aussprache des Hebräischen in der westlichen Magietradition

Die hebräische Kabbala gilt als eine der Grundsäulen der abendländischen Magie. Dies hat vor allem geistes- und religionsgeschichtliche Gründe: Die Vorherrschaft des aus dem mosaischen oder jüdischen Glauben entwickelten Christentums bedingte eine starke, bisweilen geradezu fanatische Orientierung an der Bibel.

Was dem Durchschnittsesoteriker von heute seine Schamanen und Naturvölker, das waren dem mittelalterlichen Geheimgelehrten seine Juden: ein etwas exotisch wirkendes Volk, dessen religiöse Bräuche dem Nichteingeweihten nur mangelhaft vertraut waren, so daß man hinter dem jüdischen Kult oft ebenjenes Wissen vermutete, nach dem man in der eigenen Religion vergeblich suchte. So übernahm man auch die jüdische Doktrin, daß das Hebräische keine normale Sprache wie alle anderen sei, sondern vielmehr die Ursprache der Schöpfung selbst. Dadurch wohnten ihm logischerweise magische Kräfte inne, und eine genaue Kenntnis ihrer esoterischen Gesetzmäßigkeiten galt als Grundvoraussetzung

> *Das Mittelalter hielt das Hebräische für die »Ursprache der Schöpfung«.*

für jede wirkliche Magie. Die gleiche Auffassung findet sich bis heute auch noch im Hinduismus, wo man dasselbe vom Sanskrit glaubt, was wiederum die gesamte Mantramistik entscheidend geprägt und zu dem Glauben geführt hat, manche Mantras seien für den Uneingeweihten so

»gefährlich« wie scharfe Waffen für unwissende Kinder. Das war übrigens noch bis spät nach der vorletzten Jahrhundertwende der Fall, und besonders solch klassisch zu nennende Magie-Autoren wie Levi, Papus, Guaïta, aber auch Mathers, Crowley und Waite legten stets großen Wert auf kabbalistische und hebräische (was nicht unbedingt dasselbe ist!) Erklärungs- und Arbeitsformeln.

Sie haben beim Kleinen Bannenden Pentagrammritual, beim Großen Pentagrammritual und nun in diesem Abschnitt auch beim Hexagrammritual bereits zahlreiche hebräische Formeln (Gottesnamen, Namen von Erzengeln) kennengelernt. Dabei haben wir im Falle der Pentagrammrituale stets auch Empfehlungen für die Aussprache derselben gegeben, die wir der leichteren Anwendbarkeit wegen in quasi-phonetischer Schreibweise abdruckten. Dies wird auch in Zukunft der Fall sein, so etwa im nächsten Abschnitt bei der ausführlichen Schilderung des Hexagrammrituals. Auch wenn wir die Bedeutungen dieser Formeln, also ihren Sinninhalt, wiedergeben, muß doch auch immer wieder darauf hingewiesen werden, daß es vor allem auf ihren akustischen oder mantrischen Effekt ankommt. Bei der späteren Mantra-Schulung werden Sie auch mit Formeln aus dem Sanskrit, dem Pali, dem Arabischen, dem Japanischen und dem Altgriechischen arbeiten, um die Unterschiede in der Energiequalität der jeweiligen Sprachen besser kennenzulernen.

> *Beim Gebrauch der Formeln kommt es vor allem auf den akustisch-mantrischen Effekt an.*

Die Aussprache des Althebräischen ist nicht einwandfrei gesichert. Wie jede andere Sprache machte sie im Laufe der Jahrhunderte eine phonetische Entwicklung durch, die nicht ohne weiteres zu rekonstruieren ist. Dies gilt übrigens für alle semitischen Sprachen, weil ihre Alphabete keine bzw. nicht alle Vokale kennen. Wenn der Hebräer oder der Araber also beispielsweise »KTB« schreibt, könnte dies sowohl als »KATABA« wie auch als »KITABU« gelesen werden, aber auch »KATABU« wäre denkbar. Natürlich bedeutet jedes dieser Worte etwas anderes (z. B. im Arabischen: »kataba« = »schreiben«; »kitabu« = »Buch«; »katabu« = »sie schrieben«), was diese Sprachen für den Europäer auch so schwer erlernbar macht. Zwar gibt es in älteren Texten »diakritische Zeichen«, mit denen vokalisiert wird, was die Lektüre erheblich vereinfacht. (Im Hebräischen sind dies verschiedene Punkte und Striche, etwa das segol, das tzere male, das shewa na', im Arabischen Sonderzeichen wie das fatah, das kasra und andere.) Doch gibt es auch unterschiedliche Interpretationen ganzer Sätze, die auf der Ausdeutung des Konsonantengerüsts beruhen, ja es haben sich sogar im semitischen Sprachraum ganze Literaturgattungen (speziell der Dichtung) entwickelt, deren Vertreter mit dieser Struktur spielen und Sinnsprüche oder Gedichte anfertigen, die auf zahlreiche verschiedene – auch widersprüchliche – Weisen gelesen und verstanden werden können.

Noch im neunzehnten Jahrhundert gehörte das Studium des Hebräischen zusammen mit dem des Griechischen und des Lateinischen zur humanistischen Allgemeinbildung, was auch die Magie und ihre Autoren deutlich geprägt hat. Das ändert freilich nichts daran, daß die Aussprache hebräischer Ritualformeln dadurch nicht wirklich verbindlich festgelegt wurde.

All dies sollte der Magier wissen, wenn er sich mit kabbalistisch beeinflußten Texten auseinandersetzt, die auf einer »einzig wahren« Aussprache speziell hebräischer Worte bestehen, freilich oft ohne diese dann preiszugeben. Tatsächlich gibt es für jede magische Formel nur eine einzige »wirklich wahre« Aussprache, nämlich die wirkungsvollste! Diese ist aber immer subjektiv und muß letzten Endes von jedem Magier selbst überprüft werden. Unsere Empfehlungen zur Aussprache sind der Praxis entnommen und haben nicht unbedingt etwas mit »richtigem Hebräisch« zu tun. Wenn

> *Die »wirklich wahre« Aussprache ist immer diejenige, die am wirkungsvollsten ist.*

wir vom heutigen gesprochenen Hebräisch (dem sogenannten Ivrit) ausgehen, müßten wir beispielsweise beim kabbalistischen Kreuz statt »ve«»wa« sprechen, wobei das »w« weich ausgesprochen wird wie im englischen »wine«, das »a« dagegen etwas kürzer als im Deutschen üblich. Das Wort »Malkuth« dagegen würde ungefähr »Mall-chút« ausgesprochen, und zwar mit kurzem »a«, etwas verhallendem »l« und kehligem »ch«, ähnlich dem deutschen »doch«. Die Formel »Ateh« läßt sich jedoch ohne wissenschaftliche Umschrift nur schwer in ihrer originalhebräischen Aussprache wiedergeben; eine Annäherung wäre »A'-ttä«, mit Stimmabsatz nach dem »a« wie im deutschen »beachten«, kräftigem »t« und scharfem, kurzem »ä« in der zweiten Silbe, auf der auch die Betonung liegt. Das letzte Beispiel macht deutlich, daß der akustische Effekt ein völlig anderer wäre, wenn wir die relativ harten, kurzen und kehligen Originallaute des heutigen Hebräisch verwendeten. Ein gedehntes, sonores Mantra hat dagegen den Vorteil, den »inneren Tempel« tatsächlich zum Beben zu bringen, weshalb wir ihm hier auch den Vorzug geben. Bei den meisten heutigen Magiern geschieht dies jedoch in Unkenntnis der tatsächlichen Zusammenhänge, im Unwissen darüber, daß »ihr« Hebräisch nicht unbedingt das des orthodoxen Juden oder Thora-Gelehrten ist. Aber es kann nur von Nutzen sein, wenn Sie sich ein paar Regeln der hebräischen Aussprache merken, wie sie zumindest die Sprachwissenschaft sie festgeschrieben hat.

Hier soll es genügen, daß Sie sich mit den sogenannten »Sonnenbuchstaben« und ihrem Prinzip der Assimilation vertraut machen. Dabei verzichten wir auf einen Abdruck der Buchstaben in hebräischer Schrift und führen nur die Transskription in lateinischen Buchstaben auf, wobei wir wegen ihrer größeren Verbreitung innerhalb der magischen Literatur auf die übliche englische Umschrift zurückgreifen.

Die hebräischen Sonnenbuchstaben sind die Zahn- und Zischlaute Samekh (s), Shin (sh) und Daleth (d) sowie die Laute Resh (r), Lamed (l) und Nun. Diese assimilieren den Endkonsonanten des vorhergehenden Worts, also beispielsweise das »l« des vorangehenden Artikels »Al« (oder »El«). Man schreibt also zwar AL SCHAMASCH (»die Sonne«), spricht aber ASCH-SCHAMASCH (von diesem Beispiel-Kennwort beziehen die »Sonnenbuchstaben« auch ihre Bezeichnung). Im Beispiel des Mondhexagramms muß es also statt SHADDAI EL SHAI phonetisch korrekt heißen: SHADDAI ASCH-SCHAI. Wir berücksichtigen dies bereits in unserer Umschrift bei der Ritualerörterung, werden es aber in Zukunft nicht immer wieder erneut erklären.

EINFÜHRUNG
IN DIE RITUALISTIK (III)

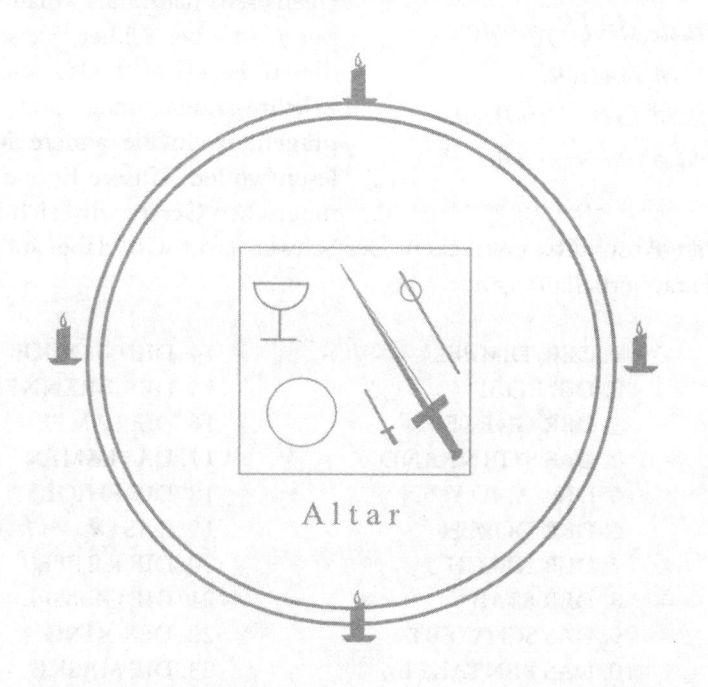

Altar

DAS WERKZEUG DES MAGIERS

Da Rituale, wie wir gesehen haben, Symbole in Aktion sind, und zwar durchaus auch im veräußerlichten, physischen Sinne, wollen wir als nächstes das Zubehör betrachten, mit dem der Zeremonialmagier arbeitet.

> *Rituale sind Symbole in Aktion, magische Gerätschaften sind Symbolhilfen.*

Diese Gerätschaften werden übrigens sehr häufig als »magische Paraphernalia« bezeichnet, Sie sollten sich diesen Fachbegriff also auch für die Lektüre anderer magischer Texte einprägen, wenn Sie andere Magietexte lesen wollen. Unsere Betrachtung der magischen Geräte wird sich über mehrere Abschnitte erstrecken. Der Schwerpunkt wird dabei auf folgenden Paraphernalia liegen:

1. DER TEMPEL
2. DIE ROBE
3. DER GÜRTEL
4. DAS STIRNBAND
5. DIE SANDALEN
6. DER DOLCH
7. DER KELCH
8. DER STAB
9. DAS SCHWERT
10. DAS PENTAKEL
11. DER ALTAR
12. DIE KRONE
13. DIE HAUBE
14. DIE GLOCKE
15. DER BRENNER
16. DIE LAMPE
17. DAS LAMEN
18. DIE PHIOLE
19. DAS ÖL
20. DIE KETTE
21. DIE GEISSEL
22. DER RING
23. DIE MASKE
24. DER SPIEGEL
25. DAS BUCH

Dies sind nur die wichtigsten Gerätschaften – Gegenstände wie Talismane, Amulette, allgemeine und spezielle Fetische, Steine, Räuchermischungen, Duftöle, Imagospurien, Brustschilde, Elementtafeln, Kampfdolche oder Chaoskugeln gehören zu Spezialgebieten der Magie, die im jeweiligen Zusammenhang besprochen werden.

Sie brauchen jetzt keinen Schreck zu bekommen und befürchten, daß Sie Ihre Wohnung nun sofort in eine magische Gerümpel- oder gar Gruselkammer verwandeln müssen. Unsere Liste dient, wie einiges andere in dieser Schulung auch, zunächst einmal dem vollständigen Überblick, und es ist keineswegs üblich, daß ein westlicher Magier alle diese Dinge besitzt, schon gar nicht von Anfang an. Schon allein deswegen, weil ihre Beschaffung oder Anfertigung oft Jahre und Jahrzehnte dauert. Außerdem kann man echte magische Instrumente normalerweise nicht einfach irgendwo per Katalog bestellen, und wenn man es unter bestimmten Umständen doch tut, so erfordert ihre Ladung und feinstoffliche Eichung immer noch einen nicht zu unterschätzenden Energieaufwand. Und schließlich sind es ja auch bekanntlich die Techniken der leeren Hand, die den wahren Adepten kennzeichnen. Doch um diese wirklich zu beherrschen, müssen erfahrungsgemäß etwa 90 Prozent aller angehenden Magier zunächst die Arbeit mit physischen Gerätschaften erlernen, was wir im folgenden noch erläutern werden.

Seien Sie sich stets klar darüber, daß magische Gerätschaften zunächst einmal reine Symbolhilfen sind, die den Geist des Magiers in eine bestimmte Gnosis bringen sollen. Indem er sein Universum äußerlich wie innerlich durch Symbole strukturiert, setzt er »Bewußtseinszustandsanker«. Er projiziert bewußt einen Teil seiner selbst und nimmt diesen Teil wieder zurück, indem er damit praktisch oder erkenntnistheoretisch arbeitet. Man kann diesen Prozeß zwar so rational und intellektuell verstehen, wie er soeben beschrieben wurde, doch die Praxis selbst vollzieht sich ganz anders. Wer beim Anblick seines Dolchs bewußt denkt: »Du bist die Projektion meines Willens und nichts als ein Werkzeug, auf das ich ebensogut auch verzichten könnte«, dem wird dieser Dolch wohl keine sonderlich guten Dienste erweisen. Man hat die Magie nicht ganz zu unrecht auch als »kontrollierte Schizophrenie« bezeichnet, obwohl die Bezeichnung »kontrollierte Projektion« zutreffender ist. Die Veräußerlichung (Projektion) muß eine totale sein, wenn sie Eigendynamik entwickeln und im gewünschten Sinne wirksam werden soll. Andererseits darf dies auch nicht so weit gehen, daß man als Magier völlig handlungsunfähig wird, wenn die eigenen Geräte mal nicht zur Verfügung stehen oder gar abhanden gekommen sind. Doch paradoxerweise können wir diese Unabhängigkeit von unseren magischen Werkzeugen in der Regel nur dadurch erlangen, daß wir mit ihnen solange arbeiten, bis wir sie wieder soweit verinnerlicht haben, daß sie auch auf der innerseelischen (astralen) Ebene völlig real existieren. Nur sehr, sehr wenigen Naturtalenten ist es vergönnt, von Anfang an die Techniken der leeren Hand zu meistern, und oft genug geht dieser Meisterschaft eine langjährige Ausbildung in anderen Disziplinen voraus, mögen dies nun Yoga,

Meditation, Autogenes Training, Alchemie, Radiästhesie, östliche Kampfkunst oder etwas anderes sein. Selbst solche Begabten sollten jedoch in der Magie möglichst gründlich mit physischen Gerätschaften arbeiten, und sei es nur, um ihre eigene Praxis hinreichend zu erden und ein Gespür für die unterschiedlichen Energiequalitäten zu entwickeln.

Warum sind feststoffliche Paraphernalia so wirksam?

Warum aber sind feststoffliche Paraphernalia so wirksam? Die psychologische Erklärung lautet: Weil sie das Unbewußte auf direkte und subtile Weise beeindrucken. Das Unbewußte ist bekanntlich oft ein wenig »kindlich«, zumindest nach Dafürhalten unseres angeblich so »erwachsenen« Verstands. Wie ein Kind liebt es grelle, bunte Farben, kräftige Sinnesreize und eindeutige Festlegungen. Es ist kein Geheimnis, daß vielen Menschen die rituelle Arbeit nicht sonderlich liegt, besonders am Anfang ihrer magischen Karriere. Und gewiß sollte man die Bedeutung des Rituals in der Magie nicht überschätzen. Es gibt auch, wie wir bereits im zweiten Abschnitt bei der Sigillenmagie gesehen haben, andere, ritual-freie Formen und Unterdisziplinen der allgemeinen Magie, die ebenso wirksam und weitaus weniger aufwendig sind. Doch bietet uns nur das Ritual die Möglichkeit, gezielt die Choreographie der magischen Energiebewegungen wahrzunehmen, sie festzulegen und für unsere Zwecke zu nutzen. Nur das Ritual vermag zudem die Psyche des Magiers so nachhaltig auf magisches Tun, magische Wahrnehmung und – wohl am wichtigsten – auf magischen Erfolg zu eichen.

Nur das Ritual vermag die Psyche des Magiers nachhaltig auf magischen Erfolg zu eichen.

Wie wichtig Rituale und Ritualgegenstände sind, sieht man gerade auch im Alltagsleben: Ob wir Begrüßungs-, Beförderungs-, Jubiläums- oder Ordensverleihungsrituale betrachten, Eheschließungen, Taufen und Begräbnisse, Politikerwahlen, militärische Zapfenstreiche oder auch die rituelle Struktur von Sportveranstaltungen, stets finden wir den Menschen mit Symbolhandlungen beschäftigt, um seinen Kosmos auf diese Weise zu ordnen und überschaubar zu machen, sich Bezugspunkte, Orientierungsmarken und damit Handlungsmöglichkeiten und Aktionsspielräume zu verschaffen. In diesem Sinne sind magische Rituale die logische und konsequente Fortsetzung einer bewährten Lebenstechnik, die ohnehin bereits unser ganzes Dasein bestimmt. Mit dem Unterschied freilich, daß wir uns als Magier unsere Rituale weitgehend selbst entwerfen und sie damit im Idealfall auch zielgenauer machen können, ohne daß sie zu bloßen, sinnentleerten Hülsen werden.

Dabei dienen uns die Paraphernalia zugleich als unbewußte Gedächtnisstützen und als Energiespeicher feinstofflicher Kräfte. (Psychologisch gesehen ist dies im Prinzip sogar dasselbe.) Das bisweilen recht bizarre Eigenleben, das diese Gegenstände oft entwickeln, läßt sich mit psychologischen Mitteln jedoch nicht einwandfrei erklären. Doch darüber wird an anderer Stelle noch zu reden sein.

Betrachten wir nun den ersten Punkt unserer Liste, nämlich den Tempel.

DER MAGISCHE TEMPEL

Der magische Tempel ist zunächst einmal ein Ort, an dem ausschließlich magisch gearbeitet wird. Das wird in der Regel entweder ein abgelegenes Zimmer sein oder eine Zimmerecke, die man der magischen Arbeit gewidmet hat. Viele Magier legen sich erst nach vielen Jahren der Praxis einen echten eigenen Tempel zu, vorher behelfen sie sich, indem sie beispielsweise ihr Wohn- oder Schlafzimmer bei magischen Arbeiten vorübergehend entfremden. Je nach Ihren Möglichkeiten müssen Sie selbst entscheiden, wie Sie das Problem des magischen Arbeitsplatzes lösen, ja Sie haben es ja teilweise sicher schon getan, sofern Sie das Angebot unseres Übungsprogramms aktiv angenommen haben. Der Grund, warum wir in unserer Liste ausgerechnet mit dem aufwendigsten Teil anfangen, liegt gerade darin, daß der Tempel gar keinen so großen Aufwand bedeutet, wenn man sein Prinzip erst einmal verstanden hat. Sprechen wir einmal vom idealen Tempel, damit Sie bei Ihrer räumlichen Planung auch wissen, was für Sie persönlich sinnvoll und erforderlich ist und worauf Sie getrost verzichten können.

Der ideale Tempel ist ein Raum, der nur zu magischen Zwecken benutzt wird und ansonsten verschlossen bleibt. Zutritt haben nur der Magier selbst und seine Kollegen bzw. auch Klienten, mit denen er magische Operationen durchführt. Neugierige Außenseiter haben im

> *Der ideale Tempel ist ein Raum, der nur zu magischen Zwecken benutzt wird und ansonsten verschlossen bleibt.*

Tempel nichts zu suchen – denken Sie an das esoterische Schweigegebot! Der Magier hält seinen Tempel selbst in Ordnung, läßt also auch keinen Außenstehenden hinein, um dort zu putzen oder gar aufzuräumen. Es ist sinnvoll, daß der Tempel über eine gute Lüftungsmöglichkeit verfügt, da die bei Ritualen verwendeten Weihrauchmischungen oft recht dichte Schwaden erzeugen. Andererseits braucht ein Tempel nicht unbedingt Fenster, da ohnehin mit wenigen Ausnahmen im Dunkeln gearbeitet wird, weil dies die Konzentration fördert.

Der Tempel kann schwarz, weiß oder in jeder anderen Farbe gestrichen oder ausgelegt sein, die dem Magier zusagt. Schwarz und Weiß eignen sich erfahrungsgemäß am besten, weil ihr Ablenkungseffekt am geringsten ist. Außerdem handelt es sich dabei streng genommen um »Nichtfarben« (technisch gesagt: sie sind »unbunt«), was wiederum eine gewisse energetische Neutralität bewirkt. Lassen Sie sich nicht von Esoterikern ins Bockshorn jagen, die Ihnen gerne etwas von den »negativen Auswirkungen« der Farbe Schwarz vorfaseln. Vielleicht kontern Sie mal mit der Bemerkung, daß jeder Gegenstand optisch gesehen genau die Farbe *nicht* hat, die wir ihm zusprechen.

> *Schwarz gilt als Farbe der Magie, Weiß als Farbe der Mystik.*

Mit anderen Worten: Eine Rose »ist« nicht rot, Rot ist vielmehr die einzige Farbe, die sie nicht ist, denn sie stößt sie ab. Schwarz gilt in manchen Traditionen auch als Farbe des Schutzes und der Konzentration – und eben der Magie. Weiß dagegen gilt als Farbe der Reinheit und der Durchlässigkeit sowie der Mystik. Doch im Zweifelsfall sollten Sie sich lieber auf Ihre Intuition als auf vorgekaute Farbtheorien verlassen. Vermeiden Sie jedoch nach Möglichkeit Blümchentapeten oder starke Musterungen, die den Blick ablenken und sich irritierend auf die Ritualgnosis auswirken könnten.

Im Tempel befinden sich alle Gegenstände, die der Magier für seine Praxis benötigt, also seine Ritualinstrumente wie oben aufgezählt, ebenso Kerzen, Kerzenhalter, Räuchermischungen, Räucherkohle, Pergament (für Talismane und Amulette), Stricke (für Knotenzauber), Kristallkugeln, Meditationskissen sowie natürlich auch die Regale, Vitrinen oder Schränke, um diese Gegenstände zu verstauen. Der Bodenbelag sollte aus schwer entflammbarem Material bestehen, da es beim Räuchern immer wieder mal zu Funkenflug kommt. Eventuelle Fenster sind entweder verhängt, oder sie sollten von außen nicht einsehbar sein.

Das wären auch schon die Grundanforderungen, die natürlich jeder nach Belieben ausweiten kann. Die meisten Magier ziehen Kerzenlicht beim Ritual vor, aber manche arbeiten auch gerne mit elektronischen Beleuchtungseffekten, was freilich eine entsprechende Anlage erfordert. Wer, ganz in romantischer Tradition, völlig ohne Elektrizität auskommt, wird auch keine Steckdose benötigen.

Die Größe des Tempels richtet sich ebenfalls nach den individuellen Bedürfnissen des Magiers, danach, ob er ausschließlich allein arbeitet oder zusammen mit Sinnesgenossen. Immerhin sollte der Tempel möglichst so groß sein, daß der Altar (sofern vorhanden) darin stehen und der Magier bequem um diesen herum den Kreis schlagen kann.

Für die klassische Dämonenevokation wird zudem außerhalb des Kreises noch Platz für ein Dreieck benötigt. Zur Not tut es zwar auch eine Besenkammer, doch ein wenig mehr Komfort kann nicht schaden, zudem magische Gesten (beispielsweise die Annahme von Gottesformen) einen gewissen Bewegungsspielraum verlangen, ebenso das Tanzen bei bestimmten Invokationen.

> *Zur Not tut es zwar auch eine Besenkammer, doch ein wenig mehr Komfort kann nicht schaden.*

Nur wer in der winkligen Tradition arbeitet, benötigt mehr Mobilar: Einen Altartisch für den Meister vom Stuhl, je einen Tisch für den 1. und 2. Aufseher und eine entsprechende Bestuhlung. In der bei uns vorläufig den Schwerpunkt bildenden Kreistradition wird in der Regel im Stehen gearbeitet, oder der Magier nimmt mal auf dem Boden Platz, zum Beispiel kniend oder im Meditationssitz.

Hauptblickrichtung ist in der Regel Osten, doch sollte die Einrichtung genügend flexibel sein, um auch die Arbeit in anderen Richtungen zu ermöglichen. In der Abb. 5 sehen Sie den Aufbau eines Tempels in der Kreistradition; wobei es sich natürlich nur um eine Empfehlung handelt.

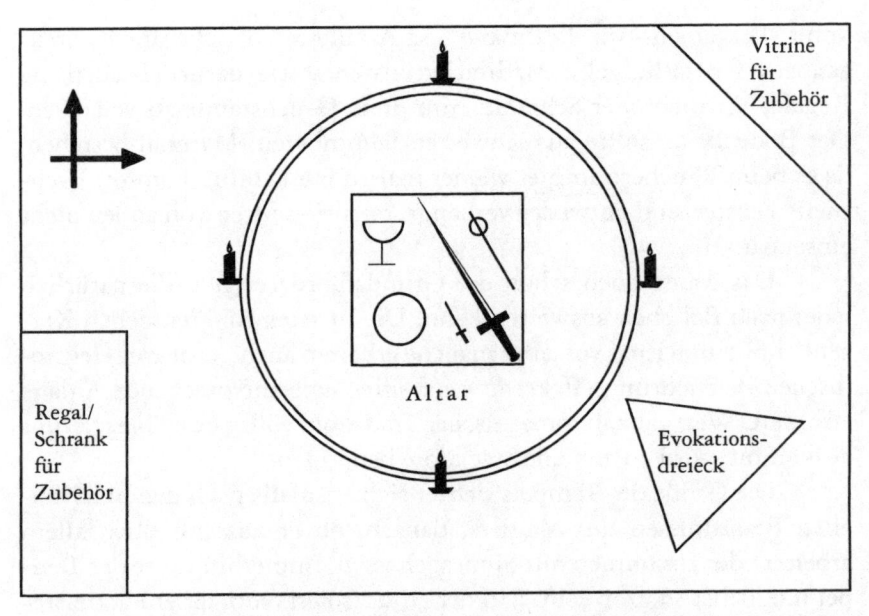

Abbildung 20: Der magische Tempel (Kreistradition)

Ein weiterer »Tempel« ist die freie Natur. Besonders Element- und Naturgottheitenrituale führt man am besten im Freien durch, doch sind uns Magiern in der heutigen zersiedelten Industrielandschaft in dieser Hinsicht leider oft empfindliche Grenzen gesetzt, vor allem wenn wir während des Rituals wirklich ungestört bleiben wollen.

Der eigentliche Tempel jedoch ist der Körper des Magiers selbst, wie bereits im Zusammenhang mit dem Kleinen Bannenden Pentagrammritual kurz erwähnt. Deshalb gilt die »Tempelpflege« auch ganz besonders dem vernünftigen, pfleglichen Umgang mit dem eigenen Körper. Es wird auch Zeit, daß die Magie endlich von der ihr durch das Christentum und falsch verstandene östliche Askeseideale (die den westlichen an Prüderie in nichts nachstehen) verordneten Körperfeindlichkeit abrückt und den Menschen wieder als Ganzheit von Körper und Geist begreift, ohne den einen zum Diener des anderen machen zu wollen. Zum echten magischen Tempel wird der Körper ohnehin erst durch die Mentalmagie, und um diese vorzubereiten, bedarf es eines vernünftigen, gesun-

> *Der eigentliche Tempel jedoch ist der Körper des Magiers selbst.*

den Umgangs mit diesem Hauptmedium magischer Energien Nummer eins.

Wie Sie Ihren magischen Tempel auch anlegen und einrichten mögen, ob als Zimmerecke, als voll ausgebauten Ritualkeller oder gar -pavillon, auf jeden Fall sollten Sie dafür sorgen, daß dieser nicht ohne Ihr Wollen von anderen betreten oder, im Falle einer Zimmerecke, als Tempel erkannt werden kann. Denn der Tempel sollte so etwas wie Ihr Allerheiligstes sein, das unberührt von störenden äußeren Einflüssen gedeihen kann, Ihre Kraftbatterie, die Ihnen jedesmal aufs neue Energie und Ruhe, Konzentration und Besinnung, magische Kraft und Gnosis beschert, sobald Sie damit (und darin) zu arbeiten beginnen.

> *Der Tempel sollte so etwas wie Ihr Allerheiligstes sein, das unberührt von störenden äußeren Einflüssen gedeihen kann.*

Es wird nicht immer einfach sein, sich einen voll ausgerüsteten Tempel zuzulegen, wie wir ihn beschrieben haben. Doch gerade diese Herausforderung kann oft Bewußtseins- und Kraftprozesse in Gang setzen, die für uns als Magier nicht mit Gold aufzuwiegen sind. Deshalb sollten Sie bei Anlage und Ausstattung (wie überhaupt in magischen Dingen) nicht geizen und sich Mühe geben, Ihr eigenes Ideal vom magischen Tempel möglichst vollständig zu verwirklichen, auch wenn dies meist nicht über Nacht zu bewerkstelligen sein wird.

PRAKTISCHE ÜBUNGEN

Diesmal haben wir nur zwei weitere Übungen angegeben, da Sie mit Ihrem bisherigen Übungsprogramm noch hinreichend beschäftigt sein dürften, zumal dann, wenn Sie einiges wirklich solange üben, bis Sie mit Ihren Ergebnissen zufrieden sind. Es empfiehlt sich, einen magischen Übungsplan ähnlich einem Stundenplan anzufertigen, damit Sie mit der Zeit nicht den Überblick verlieren. Da dieser auf die individuellen Möglichkeiten und Bedürfnisse zugeschnitten sein muß, haben wir darauf verzichtet, einen solchen Plan in fertiger Form vorzulegen.

ÜBUNG 13
SCHULUNG DER MAGISCHEN WAHRNEHMUNG (IV)
DIE ARBEIT MIT DEM WÜRFEL

Besorge Dir, falls nicht bereits vorhanden, einen gewöhnlichen Würfel, der allerdings nicht zu klein sein sollte. Du solltest ihn vor Dir auf dem Tisch deutlich sehen können. Einen solchen Würfel erhältst Du beispielsweise in Spielwarengeschäften.

Betrachte nun eine Seite dieses Würfels eine Weile lang (nicht unter 3 Minuten) unter Anwendung des 180°-Blicks. Schließe die Augen und versuche, das Abbild des Würfels vor dem geistigen Auge optisch wahrzunehmen. Wenn Du kein optischer Typ sein solltest, wird Dir dies möglicherweise erst nach einigen Monaten gelingen. Für diese Übung ist es jedoch wichtig, daß Du diese Form der Wahrnehmung beherrschst, deshalb mußt Du nötigenfalls entsprechend lange üben, nach Möglichkeit täglich.

Als nächstes konzentrierst Du Dich auf zwei Seiten des Würfels und verfährst sinngemäß wie oben.

Gelingt Dir dies zufriedenstellend, betrachtest Du drei Seiten des Würfels gleichzeitig und verfährst wie gewohnt.

Nun wird es etwas schwieriger: Versuche als nächstes, vier Seiten des Würfels gleichzeitig optisch wahrzunehmen, ohne den Würfel zu bewegen – sowohl mit dem 180°-Blick als auch danach vor dem geistigen Auge. (Letzteres wird Dir möglicherweise leichter gelingen als ersteres – das ist völlig normal und kein Grund zur Beunruhigung.)

Was nun kommt, kannst Du Dir schon denken: Sieh als nächstes fünf Seiten des Würfels, und zwar alle gleichzeitig – wieder ohne den Würfel zu bewegen. Spätestens jetzt wird Dir auffallen, daß wir es hier mit einer Form des »Meta-Sehens« zu tun bekommen, bei dem die Augen bestenfalls ein symbolisches Hilfsmittel sind. Doch es kommt noch drastischer:

Als nächstes versuchst Du, gleichzeitig alle sechs Seiten des Würfels zu sehen. Möglicherweise wirst Du dabei feststellen, daß Du dazu Deinen Blick gewissermaßen »krümmen« mußt, so als würdest Du »um die Ecke schauen«.

Hast Du auch dies erfolgreich absolviert, beginnst Du damit, den Würfel gleichzeitig von allen sechs Seiten zu betrachten und ihn in seiner Vergangenheit zu sehen, also als das, was er früher einmal war.

Mit Absicht geben wir nicht an, wie das auszusehen hat – das sollst Du nämlich selbst herausfinden!

Die nächste Stufe der Übung besteht darin, den Würfel gleichzeitig von allen sechs Seiten (= Gegenwart) im Zeitstrom der Vergangenheit und in seiner zukünftigen Beschaffenheit zu sehen. Glaube nicht, dies sei unmöglich – es wird Dir auf jeden Fall gelingen, sofern Du Dich in den richtigen Bewußtseinszustand versetzt, was auch der tiefere Sinn dieser Übung ist. Rein technisch gesehen handelt es sich dabei um eine multidimensionale Wahrnehmung, und erfahrungsgemäß führt schon der bloße Versuch derselben zu einer ungeheuer mächtigen magischen Trance bzw. Gnosis.

Diese Übung solltest Du eine Weile lang (etwa sechs Monate) täglich durchführen. Wenn Du Dich erst einmal daran gewöhnt hast, wirst Du sie ohne große Mühe binnen weniger Minuten auch im Büro in der Mittagspause, in der Straßenbahn oder kurz vor dem Abendessen absolvieren können. Ein geringer Aufwand – und ein gewaltiges Ergebnis, wie Du schon bald merken wirst! Denn durch eine solche Betrachtung der Realität öffnen sich Dir zahllose Universen.

ÜBUNG 14
SYMBOLSCHULUNG

Meditiere über die in diesem Abschnitt angegebenen Zuordnungen der Planetenkräfte in allen Einzelheiten. Präge Dir die Beschreibungen bis zum nächsten Abschnitt gründlich ein, besonders dann, wenn Du noch nicht mit Astrologie oder Planetenmagie vertraut sein solltest. Nimm Dir in den folgenden vier Wochen jeden Tag einen Planeten vor und achte auf die Manifestation der Planetenkräfte im Alltag. So könntest Du beispielsweise am Merkurtag auf die Kommunikationsfreudigkeit Deiner Umgebung und Deine eigenen Denkmuster achten, am Tag des Mondes auf Deine Gefühle und Eingebungen und so weiter.

Am besten hältst Du Dich dabei gleich an die Zuordnung zu den Wochentagen (wie nachfolgend angegeben), da diese in der Planetenmagie gern beachtet wird. Die Formeln des Hexagrammrituals brauchst Du noch nicht auswendig zu lernen; diese werden erst im nächsten Abschnitt erklärt. Ziehe aber jeden Morgen nach dem Aufstehen ohne hebräische Formel das anrufende Hexagramm des Tagesplaneten, um am Abend vor dem Zubettgehen das bannende Hexagramm zu schlagen. Tue dies auf jeden Fall in der erwähnten ersten Übungsperiode physisch und nicht etwa mental.

DIE PLANETEN UND DIE WOCHENTAGE*

Es entsprechen:

SONNE – SONNTAG
MOND – MONTAG
MARS – DIENSTAG (französisch mardi)
MERKUR – MITTWOCH (französisch mercredi)
JUPITER – DONNERSTAG (»Donner« = Wotan, französisch jeudi = »Iovis-Tag«)
VENUS – FREITAG (von der germanischen Liebesgöttin Freya)
SATURN – SAMSTAG (englisch Saturday)

Halte auch bei dieser Übung Deine Eindrücke sorgfältig im Magischen Tagebuch fest. Langziel ist es nämlich, jede beliebige Erscheinung in Form von Planetenenergien ausdrücken zu können, erst dann ist echte Planetenmagie möglich.

DIE ZWEITE GRUNDFORMEL DER MAGIE

Wir wollen nun die zweite Grundformel der Magie vorstellen, wie sie von Pete Carroll und mir entwickelt wurde. Dazu müssen wir vorangehend erwähnen, daß derlei Formeln vor allem der Veranschaulichung, nicht aber der wissenschaftlichen »Erklärung« dienen. Sie sehen vielmehr nur wissenschaftlich aus, was aber immerhin den Vorteil hat, unseren durch das naturwissenschaftliche Weltbild stark beeinflußten Zensor und natürlich auch den rationalen Verstand ein wenig weichzuklopfen.

Diese zweite Grundformel der Magie ist eine qualitative, nicht aber eine quantitative Darstellung. Das bedeutet, daß sie vor allem Be-

---

* In Klammern finden Sie Merkhilfen, überwiegend aus anderen Sprachen, in denen die klassische Planetenzuordnung noch deutlicher zu erkennen ist als im Deutschen.

dingungen und Zustände veranschaulichen will; es hat jedoch wenig Wert, die einzelnen Faktoren durch konkrete Zahlen ersetzen zu wollen, zumal sie sich ohnehin nicht wirklich objektivieren lassen. Doch betrachten Sie zunächst einmal die Formel selbst, danach wollen wir sie ausführlicher erläutern.

> *Diese Grundformel ist eine qualitative, keine quantitative Darstellung.*

$$M \propto \frac{g \cdot v}{b \cdot W_i} \cdot W_z$$

Legende
M = Magischer Akt/Magie
g = Grad der Gnosis
v = Grad der magischen Verbindung zum Ziel/ zur Zielperson
b = Bewußtheit um den Akt
W_i = Widerstand gegen den Akt
W_z = Zufallswahrscheinlichkeit des magischen Erfolgs

Übersicht 14: Die zweite Grundformel der Magie

Beachten Sie zunächst bitte, daß das Zeichen »$\propto$« in unserer Formel Proportionalität anzeigt. Der erfolgreiche magische Akt »M« (oder die Magie überhaupt) verhält sich also direkt proportional zum Grad der eingesetzten Gnosis oder magischen Trance, malgenommen mit dem Grad der Verbindung des Magiers zum Ziel oder zur Zielperson (bei der Beeinflussungsmagie); umgekehrt proportional verhält sich »M« zum Grad der Bewußtheit um den magischen Akt und dem innerseelischen Widerstand dagegen. Das Ganze wird zudem noch mit dem Grad der Zufallswahrscheinlichkeit des magischen Erfolgs malgenommen.

Betrachten wir nun die Formel im einzelnen, um zu sehen, was sie für die magische Praxis bedeutet.

> *Was die Formel für die magische Praxis bedeutet.*

Daß der magische Erfolg vom Grad der beim magischen Akt eingesetzten magischen Trance (Gnosis) abhängig ist, wurde bereits an früherer Stelle ausführlicher erläutert und bedarf wohl keiner weiteren Erklärung.

Direkt proportional verhält sich der magische Erfolg aber auch zum Grad der magischen Verbindung zum Ziel oder zur Zielperson. Bei der Beeinflussungsmagie ist dies ganz offensichtlich: Will der Magier eine Zielperson beispielsweise heilen oder ihr schaden, so braucht er einen entsprechenden Zugang zu ihr. Dieser wird meist durch das erste sympathiemagische Gesetz der Entsprechung bestimmt oder auf seiner Grundlage gesucht. Diese Doktrin besagt beispielsweise, daß ein Gegenstand, der über längere Zeit mit einem anderen (oder einer Person) zusammen war, dessen (oder deren) Eigenschaften mit aufnimmt und mit ihm (oder ihr) in dem Sinne »eins« wird, daß der Magier mit ihm/ihr verfahren kann, als handele es sich dabei um die fragliche Person selbst. Daher auch die in alten Grimoarien so häufig zu findende Forderung, der Magier solle sich von seiner Zielperson Dinge wie Nagelabschnitte, Haarlocken, Blut oder andere Körpersekrete und -ausscheidungen beschaffen. Durch das zweite sympathiemagische Gesetz der Übertragung (auch: »Ansteckung«) wird die theoretische Grundlage für einen aktiven Umgang mit dem sympathiemagischen Objekt gelegt. Wenn der Magier also von seiner Zielperson beispielsweise eine Haarlocke (oder, moderner, ein Foto) besitzt, so kann er damit nach Belieben verfahren und wird durch Übertragung bewirken, daß alles, was diesem Objekt geschieht, auch der eigentlichen Zielperson widerfährt.

Der Grad einer solchen Verbindung kann sehr unterschiedlich sein; so hängt er fast immer entscheidend davon ab, wie gut sich der Magier in das Energiefeld seiner Zielperson einschwingen kann. Dies ist nicht selten eine Frage seines Einfühlungs- und Imaginationsvermögens und der Hilfsmittel, welche dieses benötigt, um den magischen Akt optimal zu unterstützen. Wo dem einen vielleicht der Name einer wildfremden Person bereits genügt, um sich magisch auf sie einzustellen, bedarf der andere dazu vielleicht weitaus umfassenderer, intensiverer Reize und Informationen, etwa dergestalt, daß er die Zielperson mindestens einmal persönlich gesehen, gesprochen und/oder berührt haben muß, ein Foto von ihr benötigt oder ähnliches. Wir sehen daran, daß der Faktor »v« nur sehr subjektiv zu bestimmen ist, was natürlich auch für den Grad der eingesetzten Gnosis gilt. Beachten wir auch in diesem Zusammenhang, daß die Ladung von Talismanen und Amuletten zuallererst der Herstellung einer *magischen Verbindung* dient!

Wir können unter »magischer Verbindung« also den Grad der Empathie (= des Gleichklangs) zwischen uns selbst und einer Zielperson oder eines Sachziels verstehen. Eine Verbindung zwischen Magier und Zielperson wird zwar auf theoretischer Ebene leicht als solche erkannt, doch haben selbst erfahrene Magier oft Schwierigkeiten, eine »Verbindung« beispielsweise zu ihrem Verlangen nach materiellem oder mystischem Erfolg wahrzunehmen. Tatsächlich heißt »binden« aber soviel wie Zusammentun, ja sogar Verschmelzen – gemeint ist hier also unsere eigene Mittigkeit, bei der die Trennung zwischen unserem Willen und unserem magischen Ziel möglichst klein oder gar völlig aufgehoben sein sollte. Ist unser Verlangen, wie Spare es nennen würde, organisch geworden, ist es gleichzeitig gemittet und ausgedehnt genug, um unser Ziel voll in unsere Gesamtpersönlichkeit zu integrieren, so können wir von einer starken magischen Verbindung sprechen. Einfacher ausgedrückt: Der Magier muß wie der Budo-Krieger mit seinem Ziel eins werden, dann schließt er innerseelische Mißerfolgsmechanismen aus.

> *Eine »magische Verbindung« ist der Gleichklang zwischen dem Magier und dem Ziel seiner Magie.*

Es gibt allerdings noch einen viel subtileren Aspekt des Faktors »v«, nämlich die tatsächliche Eignung des Magiers für die gewünschte Aktion. Auch in der Magie gibt es schließlich ein Spezialistentum, obwohl natürlich jeder ernsthafte Magier bemüht ist, seine Fähigkeiten so vielseitig wie möglich zu entwickeln. Aber auch die Eignung des Magiers für sein gewünschtes Ziel spielt hier hinein. Wer etwa ein gestörtes Verhältnis zu Geld hat, dem werden Geldzauber erfahrungsgemäß nur selten zufriedenstellend gelingen; ähnlich funktioniert Sexualmagie fast nie bei Magiern, die ihre normale Alltagssexualität nicht richtig in den Griff bekommen haben.

> *Wer ein gestörtes Verhältnis zu Geld hat, dem werden Geldzauber nur selten gelingen.*

Wer eher zum Liebes- oder Bindungszauber neigt als zum magischen Heilen, wird auf seinem schwächeren Gebiet eben auch größere Anstrengungen (und mehr Hilfsmittel) benötigen als auf dem seiner Stärke. Letztenendes ist die Beschaffung sympathiemagischer Objekte nach Meinung moderner Magier nur eine gefechtsunterstützende Maßnahme, deren Durchführung oft wichtiger ist als das Endergebnis. Der beste sympathiemagische Kontakt ist sicher ein möglichst präzises geistiges Abbild vom gewünschten Ziel oder der Zielperson. »Möglichst präzise« meint freilich eher eine gefühlsmäßige oder emotionale Präzision als eine physische oder gar physikalische. Stellt ein Magier eine Puppe als Abbild seiner Zielperson her, so kommt es weniger darauf an, daß dieses Abbild möglichst detailgetreu oder quasi-fotografisch ist, als vielmehr darauf, daß die Identität zwischen Puppe und Zielperson für ihn emotional optimal hergestellt ist. Der erfolgversprechendste geistige Zustand ist dabei jener, den Spare »Nicht-Verhaftetsein/Nicht-Desinteresse« genannt hat. Oft werden Puppen und andere Stellvertreterobjekte zu dem alleinigen Zweck hergestellt oder geladen, die Konzentration des Magiers stärker in Richtung seines Ziels zu bündeln und zu lenken.

> *Der erfolgversprechendste geistige Zustand ist »Nicht-Verhaftetsein/ Nicht-Desinteresse«.*

Vermindert wird die Aussicht auf magischen Erfolg durch die Faktoren »b« und »w_i«. Die Bewußtheit um den magischen Akt ist sicher einer der größten Stolpersteine des Anfängers, wenn er seine ersten Gehversuche auf dem magischen Parkett unternimmt. Unter »Bewußtheit« verstehen wir hier vor allem die bewußte geistige Verkupplung der magischen Operation mit dem magischen Ziel durch den Zensor. Um beim Beispiel der Puppenmagie zu bleiben: Zwar sollte die magische Verbindung zwischen Puppe und Zielperson emotional optimal hergestellt werden, doch sollte bei der eigentlichen magischen Operation diese Identifikation wieder »vergessen« sein.

Geschieht die emotionale Ablösung von der Identifikation (man könnte von einer gezielten »Des-Identifikation« sprechen) nicht, so wird der Zensor nur zu oft alles in seiner Macht Stehende unternehmen, um einen Erfolg zu verhindern, schon um dem Dilemma eines späteren schlechten Gewissens (»Das habe ich nicht gewollt«; »So war das nicht gemeint«; »Das steht mir eigentlich nicht zu«) vorzubeugen, das oft sehr viel schlimmere seelische Belastungen zur Folge hat als ein magischer Mißerfolg. Eine derartige Befangenheit kann alles zunichte machen. Hier ist eine gründliche vorherige Seelenschau erforderlich, da die Konsequenzen sonst katastrophal sein können.*

Rational-skeptizistische Einwände (»Das klappt doch nie!«; »Das kann ich bestimmt nicht«; »Wie sollte das denn funktionieren?«) lassen sich, von wenigen Ausnahmefällen abgesehen, am einfachsten durch magische Erfolge aus der Welt räumen. Wer nicht gerade nach Palmström-Morgensterns Devise »Und also schloß er messerscharf/daß nicht sein kann, was nicht sein darf« lebt, den wird der Erfolg schon bald zumindest davon überzeugen, daß der Skeptizismus auch nicht unfehlbar ist und häufig genug an seine eigenen Grenzen stößt.

Zu den »sonstigen« Widerständen gehören Faktoren wie mangelndes seelisches und körperliches Wohlbefinden (»Energielosigkeit«), mangelhafte Motivation oder Langeweile (häufig beim Zaubern im Auftrag für andere!), Zerstreutheit (überstarke Beschäftigung mit subjektiv eigentlich als wichtiger empfundenen magischen Aufgaben) und ähnliches. Diese müssen situationsangepaßt behandelt werden, so daß wir dafür keine allgemeingültige Regel formulieren können.

Unterschätzt wird gerade vom Anfänger häufig der Faktor »w_z«, also die Zufallswahrscheinlichkeit eines magischen Erfolgs. Dies mag nicht zuletzt daran liegen, daß die esoterische Ideologie von heute den Begriff »Zufall« wie einen Paria behandelt und sich nur wenig darüber im klaren ist, daß – was der sogenannte gesunde Menschenverstand doch sehr wohl spürt und weiß – auch unserem Tun als Magier gewisse Grenzen gesetzt sind. Diese Grenzen sind sicher sehr viel weiter gesteckt, als wir oft glauben oder wahrhaben wollen, aber es wäre töricht, in der Magie nur eine Erfüllungsgehilfin für kindliche Allmachtsphantasien zu sehen. Sicher mag es rein theoretisch

> *Der gesunde Menschenverstand spürt sehr wohl: Auch unserem Tun als Magier sind Grenzen gesetzt.*

---

* *In Crowleys Terminologie: Der magische Akt muß dem eigenen Wahren Willen – Thelema – entsprechen, sonst verstößt der Magier gegen die Urgesetze seines eigenen Universums und muß die meist äußerst schmerzlichen Folgen seines in diesem Sinne unverantwortlichen Tuns tragen. Denn: »Du hast kein Recht außer deinen Willen zu tun.«*

möglich sein, daß ein Magier mit seiner Kunst den physischen Planeten Mars oder Merkur zum Explodieren bringen könnte – doch sind solche Überlegungen meistens nichts anderes als rein akademische Gedankenspielereien, die nicht selten zu dem in der Magie tatsächlich sehr weitverbreiteten und recht gefährlichen Größenwahn verleiten. Nehmen wir hier ausnahmsweise ein quantitatives Beispiel. Angenommen, die Wahrscheinlichkeit, daß ein Meteorit binnen der nächsten halben Stunde im Tempel des Magiers einschlägt, beträgt 1:1 000 000 000 000 000. Nehmen wir ferner an, daß es ihm mit Hilfe einer entprechend intensiven Gnosis, einer hohen emotionalen Affinität zum Ziel »Meteoriteneinschlag im Tempel« und sehr geringer Bewußtheit um den magischen Akt sowie niedrigen innerseelischen Widerständen dagegen gelingt, diese Wahrscheinlichkeit auf 1:1 000 000 000 000 (also um drei Nullen oder um den Faktor tausend) zu seinen Gunsten zu »erhöhen«, ja vielleicht sogar, falls er ein wahrer Meister seiner Kunst sein sollte, um den Faktor hunderttausend auf 1:1 000 000 000, so hat er zwar im Rahmen der Wahrscheinlichkeitsrechnung bereits Gewaltiges, ja aus naturwissenschaftlicher Sicht sogar geradezu Ungeheuerliches geleistet, dennoch ist ein magischer Erfolg immer noch äußerst unwahrscheinlich.

Gewiß kann man gegen dieses Beispiel einiges einwenden: Erstens läßt sich die Wahrscheinlichkeit eines solchen Meteoriteneinschlags (oder überhaupt eines magischen Erfolgs) auf seriöse Weise nach gegenwärtigem Erkenntnisstand niemals so präzise bestimmen; zweitens läßt sich ebensowenig festlegen, wie viele »Nullen« sich durch die Magie wegstreichen lassen; und drittens sagt eine hohe Wahrscheinlichkeit oder Unwahrscheinlichkeit nichts darüber aus, ob ein angestrebtes Ereignis im Einzelfall nicht doch eintritt, denn Statistiken befassen sich bekanntlich immer nur mit Durchschnittswerten, nicht aber mit individuellen oder gar subjektiven Geschehnissen, Erlebnissen oder Empfindungen. Zudem läßt sich oft erst nach dem magischen Erfolg oder Mißerfolg feststellen (und selbst dann nicht immer), wie wahrscheinlich oder unwahrscheinlich der magische Erfolg war, je nachdem, auf welche Weise er dann schlußendlich zustandekommt oder eben nicht. Man kann beispielsweise dafür zaubern, daß einem eine absolut sichere Erbschaft möglichst bald zugesprochen wird; dennoch wird sie einem möglicherweise streitig gemacht, statt dessen gewinnt man vielleicht völlig unverhofft die fragliche Summe im Lotto oder beim Roulette. Gerade solche »Erfolge auf der anderen Schiene« zeigen oft die Grenzen solcher Gedanken- und Erklärungs- oder Veranschaulichungsmodelle auf.

Dennoch entspricht die Grundaussage unserer Formel der magischen Erfahrung, und zwar sowohl der subjektiven als auch der kollektiven.*

Dies macht einmal mehr deutlich, wie wenig sinnvoll es ist, die Faktoren unserer Gleichung durch Zahlenwerte ersetzen zu wollen. Halten wir fest, daß auch die Macht des Magiers einen eigenen Wirkungshorizont kennt. Sigillen für den »Weltfrieden« oder gegen den »Welthunger« zu laden, mag zwar einen gewissen Wert als moralische Erbauungsübung haben, mit pragmatischer Praxis hat dies jedoch wenig gemein, sie beruhigt allenfalls ein schlechtes Gewissen. Aus ähnlichen Überlegungen heraus haben wir die Regel aufgestellt, daß man auch – am Anfang sogar ganz besonders – dann für ein Ziel zaubern soll, wenn es auch ohne Magie sehr wahrscheinlich zu erreichen wäre. Wenn wir uns beharrlich zu schwierigeren Aufgaben emporarbeiten, anstatt gleich den zehnten Schritt vor dem ersten tun zu wollen, kommen wir auch psychisch besser mit etwaigen Mißerfolgen zurecht, die immer wieder einmal vorkommen, weil wir nämlich gelernt haben, kleinere Brötchen zu backen.

Fassen wir noch einmal kurz zusammen:
Im Idealfall sind die Werte unterhalb des Bruchstrichs gleich null, denn dann werden die Werte oberhalb gleich »unendlich« sein, doch dürfte dies in der Praxis nur selten wirklich vorkommen.

Je größer der Grad magischer Trance (»g«) und magischer Verbindung (»v«), um so höher also auch die Erfolgsquote des magischen Akts.

Gemindert wird sie durch die Faktoren »b« und »w_i«.

Je größer der innerseelische und rationale Widerstand (»w_i«) gegen den magischen Akt oder sein Ziel, um so niedriger ist übrigens auch ganz automatisch die magische Verbindung bzw. der Wert »v«, weil das magische Wollen dann nämlich nicht organisch genug ist, also eine Entfremdung zwischen Magier und Ziel vorherrscht anstelle einer absoluten Einheit.

Ohnehin wird Ihnen vielleicht schon aufgefallen sein, daß unsere Faktoren sich nicht immer eindeutig voneinander scheiden lassen. So bedeutet ein großer Trance-Wert schon per definitionem eine eingeschränkte Bewußtheit, Widerstände können auf einem Mangel an

---

* *Vergessen wir nie, daß wir es bei der Magie um eine Kunst mit wissenschaftlicher Methodik zu tun haben, nicht aber um eine Wissenschaft im Sinne der heute gängigen akademischen Definition.*

magischer Verbindung beruhen und so weiter. Es wären auch andere Formeln möglich, so könnte beispielsweise der Faktor »w_i« unter dem Bruchstück durch einen anderen Faktor »w« (= für »magischer Wille«) ersetzt werden. Dies ist mehr als intellektuelle Spielerei, verschafft es uns doch unterschiedlichste geistige Angänge zur praktischen Magie. Deshalb sollten Sie durchaus mit anderen Formeln experimentieren.

DIE MAGIE AUSTIN OSMAN SPARES

DIE METHODE DES »WEDER-WEDER«

Spares Sigillenmagie, mit der wir uns in diesem Abschnitt hauptsächlich befassen wollen, beruht auf einem Mechanismus, der in der Psychologie Sigmund Freuds eine Schlüsselrolle spielt. Es ist dies die psychische Verdrängung. Grob zusammengefaßt läßt sich feststellen, daß Freuds These besagt, daß die Psyche aus verschiedensten Gründen gewisse Traumata, Triebe, Ängste und andere Inhalte des Bewußtseins ins Unbewußte (bei Freud: ins Unterbewußtsein) verdrängt. Sie werden also unbewußt gemacht. Dies kann zu krankhaften Verhaltensweisen führen wie Zwangshandlungen, Neurosen oder Psychosen. Mit anderen Worten: Durch ihre Verdrängung bleiben diese Seelenbestandteile zwar nur im Unbewußten aktiv, sie verlieren dadurch jedoch keineswegs unbedingt an Wirkkraft und können im Gegenteil das Bewußtsein zu scheinbar rationalen, in Wirklichkeit aber durch das Unbewußte bestimmten Handlungsweisen zwingen.*

> *Verdrängte Seelenbestandteile bleiben im Unterbewußtsein aktiv.*

Spares geniale Erkenntnis, die er kurz nach der Wende vom neunzehnten zum zwanzigsten Jahrhundert machte, in einer Zeit also, da Sigmund Freuds Werk in England erst einem winzigen Kreis von Spe-

---

* *Ein früher Vaterhaß kann für einen Mann zusammen mit einer sehr starken Mutterbindung zu Störungen im sexuellen Verhalten gegenüber dem weiblichen Geschlecht führen.*

zialisten bekannt war, bestand darin, diesen psychischen Mechanismus nicht als störend oder unerwünscht zu betrachten und wie der Vater der Psychoanalyse nach seiner Aufhebung zu streben*, sondern ihn völlig pragmatisch zunächst als vorgegeben anzuerkennen und für die praktische Magie zu nutzen. Wie groß die Leistung Spares war, läßt sich ermessen, wenn man die Geschichte der Psychoanalyse und der Tiefenpsychologie im zwanzigsten Jahrhundert und ihres gewaltigen Einflusses auf das Denken unserer Zeit berücksichtigt. Freuds Modell war durch und durch pathologisch orientiert, Verdrängung war für ihn und seine Anhänger nur etwas Abzulehnendes, das es rückgängig zu machen galt, um den Menschen von seinen unbewußten Zwängen und Ängsten zu befreien und auf diese Weise seine pathogenen Störungen (»Krankheiten«) zu beheben. Diesen Weg gingen auch Freuds Schüler, Anhänger, Nachfolger und akademische Geistesbrüder, ob wir nun Alfred Adler, C. G. Jung oder Georg Groddek betrachten. Selbst Wilhelm Reich war in erster Linie mit der Behebung und Verhinderung von Seelenkrankheiten beschäftigt. Auch wenn fast alle großen Schüler Freuds schließlich andere Wege einschlugen als der Altmeister der modernen Psychologie, die zum Teil durchaus in magische Gefilde führten (wie etwa bei C. G. Jung), so wurde die Möglichkeit der »Umkehrnutzung« des psychischen Verdrängungsprozesses doch nie ernsthaft erwogen. Dies blieb Austin Osman Spare vorbehalten, der daraus eine der ökonomischsten und wirkungsvollsten Disziplinen der Schwarzen Kunst entwickelte, nämlich die schon häufiger erwähnte Sigillenmagie.

> *Eine interessante Möglichkeit für den Magier: die »Umkehrnutzung« des psychischen Verdrängungsprozesses*

Spares Gedankengang war in etwa folgender: Wenn die Psyche bestimmte Triebe, Wünsche, Ängste und so weiter verdrängt und diese dadurch derart wirksam werden können, daß sie die gesamte bewußte Persönlichkeit des Menschen bis in die subtilsten Kleinigkeiten prägen oder gar bestimmen können, so bedeutet dies nichts anderes, als daß erst durch Verdrängung (= »Vergessen«) viele Triebe, Wünsche und so weiter eine Realität erschaffen können, die ihnen verwehrt bleibt,

---

* *Freud: »Wo Es war, soll Ich werden.«*

solange sie entweder im Bewußtsein gehalten oder wieder in dieses zurückgeholt werden. Was verdrängt wird, wird also unter bestimmten Umständen mächtiger als das, was im Bewußtsein bleibt.

Aus solchen Überlegungen ergab sich fast zwangsläufig der Wunsch, diesen Mechanismus psychischer Macht konstruktiv zu nutzen, anstatt ihn auszumerzen, rückgängig zu machen oder zu unterlaufen. Gezielt herbeigeführte Verdrängungen, so dachte sich Spare, müßten zu ungeheurer Wirksamkeit führen und ebenso wie die »ungewollten« (weil nicht bewußt provozierten) Verdrängungen und Komplexe eine gewaltige Macht über den Menschen und seine Realitätsgestaltung erlangen können. So lag es nahe, im Unbewußten die Quelle aller magischen Kraft zu erblicken, was Spare auch schon bald tat. Erst wenn das magische Wollen organischer Bestandteil des Unbewußten geworden ist, so seine Argumentation, kann es wirklich wirksam werden. Das ist durchaus auch körperlich zu verstehen, weshalb Spare einleuchtenderweise großen Wert auf persönliche magische Körperhaltungen (Mudras) legte.

Spares Verdienst bestand aber nicht allein darin, eine auf der Psychoanalyse fußende theoretische Grundlage für den Prozeß magischen Handelns zu liefern, er ermöglichte es darüber hinaus, diesen Prozeß a) genauer zu verstehen und b) ihn wesentlich effizienter zu nutzen, als dies in der westlichen Magie bis zum neunzehnten Jahrhundert der Fall gewesen ist. Er entwickelte nämlich eine Technologie der kontrollierten Verdrängung, und diese kennen wir heute unter der Bezeichnung Sigillenmagie.

Fassen wir um des klareren Verständnisses willen noch einmal zusammen: Spares System, das Wollen »organisch« zu machen, läßt sich als Technik der bewußten Verdrängung definieren. Jedes Verlangen wird gar nicht erst für längere Zeit ins Bewußtsein gelassen, sondern sofort unterdrückt, ja abgedrückt ins Unbewußte, wo es schließlich wie ein Komplex regiert, sich selbständig macht und Erfüllung anstrebt.*

> *Bewußte Verdrängung – im Dienste des magischen Wollens*

---

* *Möglicherweise erklärt dies auch die Tatsache, daß Menschen, die viel mit Gedankenleere meditieren, so häufig davon berichten, daß sie keiner aktiven Magie – beispielsweise ritueller Art – mehr bedürfen, da sich ihre Wünsche auch ohne eine solche verwirklichen, und zwar geradezu automatisch.*

Der Magier arbeitet nach der Methode Spares also mit Hilfe des Verdrängungsmechanismus der Psyche. Indem er gewünschte Zielvorgaben absichtlich verdrängt, nutzt er den seelischen Erfüllungsautomatismus und bringt das Unbewußte dazu, gegen den potentiellen Widerstand von Bewußtsein und Zensor das Gewünschte herbeizuführen. Ein von der Psychologie Freuds und seiner Nachfolger an sich als pathologisch gewerteter Prozeß wird zum Instrument magischen Handelns und garantiert weitgehend seinen Erfolg.

Es ist wichtig, daß Sie sich diesen Vorgang in aller Klarheit vor Augen führen, denn daraus leiten sich unverzichtbare Regeln der modernen Magie ab; wir finden diese Erkenntnis sowohl im Bereich der theoretischen als auch der praktischen Magie immer wieder.

Selbstverständlich soll hier nicht der falsche Eindruck entstehen, daß Freuds Thesen auch nur im entferntesten auf die Magie abgezielt hätten. Tatsächlich hat Spare, wie es in unserem Jahrhundert bei vielen Magiern der Fall war (etwa bei Aleister Crowley, Dion Fortune, William Gray, William Butler, Israel Regardie und anderen), Anleihen bei der Psychologie gemacht und ihre Erkenntnisse zur Erweiterung der zeitgenössischen Magie genutzt. Viele ursprünglich magische Techniken feiern ohnehin heutzutage im Gewand der Psychologie neue Triumphe, ohne daß sich die Magie jedoch allein auf eine etwas bizarre Spielart der angewandten Psychologie reduzieren ließe, wie wir in der eigenen Praxis immer wieder merken werden.

In Spares System gilt es jedoch nicht etwa aus irgendeiner Moralvorgabe heraus das Wünschen schlechthin zu verhindern oder zu dämonisieren, wie dies beispielsweise der Buddhismus und andere asketische Lehren fordern. Vielmehr soll es gezielt unterdrückt werden, um dadurch erfüllbar zu werden. Die Dämonen in der eigenen Psyche sorgen schon für seine Verwirklichung. Es liegt allerdings nach allem Gesagten auf der Hand, daß eine solche Praktik nach einer sehr robusten Psyche verlangt.

Das Unbewußte reagiert auf Unterdrückung und Untersagung/Entsagung wie ein Kind und versucht, nun erst recht sein Wollen durchzusetzen. Diese Technik hat zudem den Vorteil, daß der Verstand dabei hinsichtlich des Willensinhalts ausgeschaltet bleibt (etwa bei der Ladung einer Sigil) und die

> *Das Unbewußte reagiert auf Unterdrückung und Untersagung/Entsagung wie ein Kind.*

Verwirklichung nicht durch Phantasien, rationale Überlegungen, Einwände, Hirngespinste, Tagträume, Zweifel oder durch regelrechte Angst vor dem möglichen Erfolg die ganze Operation behindern kann, indem er ihre Ausdrucksmöglichkeiten von vornherein beschränkt. Dies ist auch eine Umsetzung der Crowleyschen Forderung, beim Zaubern »frei von Verlangen nach Ergebnis« zu sein, die sich in ähnlicher Form ebenso im Karma Yoga und im Zen findet, um nur zwei weitere Beispiele zu nennen.

Verwendet man also die Verdrängungspraktik Spares, so muß man den Wunsch oder das Verlangen ersticken, es vom Ich abspalten und ihm danach Energie zuführen, damit es seinen Auftrag erfüllen kann. Es gibt Autoren, die der Auffassung sind, daß das Verlangen energetisiert werden muß, das reine Vergessen (= Verdrängen) genügt ihrer Meinung nach nicht, um den magischen Erfolg zu gewährleisten. Dies kann jedoch von Magier zu Magier unterschiedlich sein. Die Energetisierung geschieht durch die eigentliche Ladung, etwa mit Hilfe der Todeshaltung. Es läßt sich allerdings oft beobachten, daß auch bei magisch nicht aktiven Menschen gerade solche Wünsche am sichersten in Erfüllung gehen, die oft nur einen Bruchteil einer subjektiven Sekunde ins Bewußtsein aufsteigen, um dann sofort wieder zu verschwinden und durch andere Bewußtseinsinhalte überlagert zu werden. Sicher kennen Sie aus eigener Anschauung Beispiele für diesen Prozeß, etwa wenn Sie mal ganz kurz daran dachten, daß ein Bekannter Sie anrufen solle, um die Sache sofort wieder zu vergessen – bis kurz darauf das Telefon klingelte! Mag man dies vielleicht noch als Telepathie erklären, so greift dieser Erklärungsversuch jedoch nicht bei unverhofften »Glücksfällen« (etwa Geldgewinne, Arbeitsausfall ungeliebter Kollegen oder Vorgesetzter, Spontanheilungen, plötzliche Geschenke), wo wir es ganz eindeutig mit dem oben beschriebenen Mechanismus zu tun haben scheinen.

Betrachten wir nun die magische Technologie des Spareschen Systems.

Die magische Technologie des Spareschen Systems fußt auf dem Weder-Weder-Prinzip.

Es fußt vorbehaltlos auf dem sogenannten Weder-Weder-Prinzip (»neither-neither«). Dieses Weder-Weder-Prinzip beruht auf der Erkenntnis, daß es keine Wahrheit (und keinen Wunsch, kein Verlangen, kein Wollen) gibt, die nicht durch eine Gegenwahrheit aufgewogen würde. Nur unsere jeweilige Perspektive und unsere materiellen und seelischen Lebensumstände entscheiden darüber, was uns zeitweilig als »wahrer« erscheint. Das Weder-Weder-Prinzip führt unmittelbar über in eine magische Verfahrenstechnik, die Spare als »freies Glauben« (»free belief«) bezeichnet hat. Wir haben diese Praktik in unser Übungsprogramm integriert, und Sie finden ihre Einzelheiten im praktischen Übungsteil dieses Abschnitts. Durch die Technik des freien Glaubens erreicht der Magier ein undifferenziertes, da vom ursprünglichen »Sinn« abgespaltenes Energiepotential. Dies haben wir auch mit unserer Übung 10 schon in die Wege geleitet.*

Wir sprechen anstelle des freien auch vom »aleatorischen« (durch Zufall bestimmten) Glauben, etwa wenn wir diese Technik mit Hilfe eines Würfels durchführen**. Die Technik des freien oder aleatorischen Glaubens besitzt freilich noch mehr als eine nur grenzensprengende Wirkung: Die Glaubenssätze heben sich gegenseitig auf und erzeugen dadurch die meta-polaren Energien, die das wahre Geheimnis jeglicher Sigillenmagie sind.

SIGILLENLADUNG UND TODESHALTUNG***

Bevor wir diesen ersten Abschnitt unserer Sonderabhandlung über die Magie Austin Osman Spares beschließen, wollen wir uns noch etwas näher mit den Techniken der Sigillenaktivierung befassen.

Techniken der Sigillenaktivierung

Zunächst einmal sollten wir uns darüber klar werden, daß Sigillenladung nicht etwa ein Aufladen mit magischen Energien, sondern eher das Laden eines Programms in den »Zentralrechner Unbewußtes« ist. Je »maschinennäher« die Sigil ist, je mehr sie also sprachlich und inhaltlich dem Unbewußten entspricht, um so leichter wird sie entziffert, und das Programm wird im Hintergrund aktiv (im Computerjargon: »Multitasking«), um dem Anwendungsprogramm (= Alltagsbewußtsein) schließlich die fertigen Ergebnisse zu liefern.

---

*   *Vgl. auch unsere Merksätze über den Glauben als Technik und chirurgisches Werkzeug.*
**   *Lat. »alea« = »Würfel/Würfelspiel; Unbestimmtheit«.*
*** *Aufgrund ihrer beispielhaften Klarheit und Präzision wollen wir uns im folgenden einiger Zitate aus einer amerikanischen Studie zur Magie bedienen. Sie stammen allesamt aus* Stealing the Fire from Heaven *von Stephen Mace; nähere bibliographische Angaben dazu im Anhang.*

Die Ladung erfolgt in Sparescher Tradition in der Regel durch die sogenannte Todeshaltung, die bereits eingehend beschrieben wurde. Hier sollen noch einige Ergänzungen dazu gegeben werden. »Die Todeshaltung ist ebensosehr Tun wie Stellung. Der Magier nimmt die Haltung des Todes ein [...] Indem er sein Ego zu einer Todesmimikry (= Nachahmung) zwingt, kann sich der Magier selbst ›zurücknehmen‹ und auf diese Weise erkennen, welche Kräfte/Mächte seinem eigenen Tun und dem anderer Energie verleihen, um auf diese Weise in Erfahrung zu bringen, wie er sich dieser Kräfte/Mächte am besten bedienen kann, damit sie seinen Willen ausführen.« [Mace, S. 59] Sie ist also ein Weg zur magischen Objektivität.

»Bei der Todeshaltung stellt der Magier Gedankenleere her, indem er alle Gegensätze innerlich und äußerlich annimmt (akzeptiert) und sie sämtlich miteinander vereint, so daß sie vernichtet werden.« [Mace, S. 60] Dabei tritt tatsächlich oft ein Gefühl der Vernichtung auf, ebenso der Macht und der Kraftausdehnung. Doch sollte der Geist still sein und im Zustand des »Weder-Weder« verharren. Wir nehmen also jeder möglichen inneren Entzweiung den Wind aus den Segeln, indem wir unser »Selbst« so weit ausdehnen, daß es alles einzuschließen vermag. Nur stetes Üben führt, so Spare, zum »Mittelpunkt des Verlangens«, der sich allerdings mit sprachlichen Mitteln nicht näher definieren läßt.

> *Der Geist sollte still sein und im Zustand des »Weder-Weder« verharren.*

Die Todeshaltung ist also, in Spares eigenen Worten, »eine Todes-Simulation durch völlige Negation des Denkens, d.h. die Verhinderung des Verlangens und das Funktionieren allen Bewußtseins durch die Sexualität.« [nach Mace/Grant, S. 60] Denn durch die Sexualität verbinden wir uns mit dem Kia, wie Spare das Absolute bezeichnet.*

Allerdings sollten wir stets berücksichtigen, daß die Todeshaltung nichts mit dem physischen Tod des Magiers zu tun hat; »Es ist eine Sache, einen Todeskrampf zu simulieren, eine völlig andere jedoch, ihn zu stimulieren.« [Mace, S. 60] Zwar darf sie getrost mit Schweiß und Tränen einhergehen, doch ist jede gesundheitsschädigende Überanstrengung zu vermeiden.

---

* *Dieses Kia entspricht mit gewissen Einschränkungen dem Tao der Chinesen.*

PLANETENMAGIE (II)

☿

♄ ♀

☉

♃ ☽

♂

EINFÜHRUNG IN DAS HEXAGRAMMRITUAL (II)

Das moderne Hexagrammritual hat, wie im letzten Abschnitt bereits erwähnt, Teile aus der Tradition der Golden Dawn herausgenommen, was besonders für die Planetenmagie von Bedeutung ist.

Nachdem wir die theoretischen Grundlagen behandelt haben, wollen wir uns nun der Praxis widmen. Das Hexagrammritual (das »Große« wie das »Kleine«) wird, wie fast alle anderen Rituale der modernen hermetischen Tradition, in der Regel nicht allein durchgeführt, sondern durch das Kleine Bannende Pentagrammritual eingerahmt.

> *Wir betreten nun das Gebiet der praktischen Planetenmagie.*

Wir betreten nun bereits das Gebiet der praktischen Planetenmagie, wollen uns aber zunächst auf das Hexagrammritual beschränken, was auch zu Übungszwecken sinnvoller ist, als sofort das volle Programm der doch oft recht aufwendigen Planetenbeschwörungen vorzustellen. Der Übersichtlichkeit halber geben wir aber schon jetzt die Grundstruktur eines typischen Planetenrituals wieder:

DIE STRUKTUR EINES PLANETENRITUALS

1. Kleines Bannendes Pentagrammritual
2. Meditation über die Planetenkraft
3. Kleines Rufendes Hexagrammritual
4. Anrufung der Planetenkraft (Hymne)
5. Arbeit mit der gerufenen Planetenkraft
6. Verabschiedung der Planetenkraft
7. Abschließende Meditation (in manchen Traditionen: Kleines Bannendes Hexagrammritual)
8. Kleines Bannendes Pentagrammritual (mit Entlassungsformel)

Die einzelnen Punkte dieses Gesamtrituals sollen zu gegebener Zeit erläutert werden. Vorläufig interessieren wir uns vor allem für das eigentliche Hexagrammritual, das eine sehr schlichte Form hat.

DIE GRUNDSTRUKTUR DES KLEINEN HEXAGRAMMRITUALS (RUFEND ODER BANNEND)

1. Schlagen des Hexagramms (im Osten)
2. dabei: Intonation der Planetenformel
3. Schlagen des Planetensymbols in die Mitte des Hexagramms
4. dabei: Intonation der Formel »Ararita«
5. Wiederholung des ganzen Vorgangs in den anderen drei Himmelsrichtungen

DAS KLEINE HEXAGRAMMRITUAL DER SONNE (RUFEND ODER BANNEND)

Einen Sonderfall stellt, wie im letzten Abschnitt bereits erwähnt, die Sonnenanrufung mittels des Hexagrammrituals dar. Der Vorgang ist zwar der gleiche wie bei der obigen Grundstruktur, doch werden alle sechs Planetenhexagramme gezogen, allerdings jeweils mit der Sonnenformel und dem Sonnensymbol in der Mitte. Technisch gesehen handelt es sich also dabei um sechs separate Hexagrammrituale, bei denen zwar unterschiedliche Zugrichtungen (nämlich die der sechs Planeten außer der Sonne) verwendet werden, ansonsten aber alles durch die Sonnensymbolik »überlagert« wird.

Dabei wird traditionsgemäß eine bestimmte Reihenfolge eingehalten.

Schematisch sieht dies folgendermaßen aus:

1. Schlagen des Saturn-Hexagramms (im Osten)
2. dabei: Intonation der Sonnenformel
3. Schlagen des Sonnensymbols in die Mitte des Hexagramms
4. dabei: Intonation der Formel »Ararita«
5. Wiederholung des ganzen Vorgangs in den anderen drei Himmelsrichtungen
6. Wiederholung von 1–5 mit dem Jupiter-Hexagramm.
7. Wiederholung von 1–5 mit dem Mars-Hexagramm.
8. Wiederholung von 1–5 mit dem Venus-Hexagramm.
9. Wiederholung von 1–5 mit dem Merkur-Hexagramm.
10. Wiederholung von 1–5 mit dem Mond-Hexagramm.

Was zunächst vielleicht etwas kompliziert erscheinen mag, erweist sich in der Praxis als logisch und einfach zu verstehen.

Sie brauchen sich die Vorgehensweise beim Hexagrammritual der Sonne vorläufig nicht einzuprägen, da wir zunächst mit den anderen Planetenkräften arbeiten sollten. Dazu bedarf es einer gewissen Vorübung, wie wir sie mit Übung 14 aus dem letzten Abschnitt bereits begonnen haben. Im Übungsteil des vorliegenden Abschnitts finden Sie weitere Anleitungen dazu.

DIE PLANETENFORMELN, IHRE AUSSPRACHE UND BEDEUTUNG

SONNE
Planetenformel/Gottesname: YOD-HE-VAU-HEH ELOA VA-DAATH
Übliche Aussprache: (Jod-He-Vau-He [od. Jeh-ho-wah] Eh-loh-a wa-da'at)
Bedeutung: »Gott, manifestiert in der Sphäre des Geistes«

MOND
Planetenformel/Gottesname: SHADDAI EL SHAI
Übliche Aussprache: (Schaddaj-asch-schaij)
Bedeutung: »Der allmächtige lebendige Gott«

MERKUR
Planetenformel/Gottesname: ELOHIM TZABAOTH
Übliche Aussprache: (Eh-loh-hiim tza-ba-oht)
Bedeutung: »Herr der Heerscharen«

VENUS
Planetenformel/Gottesname: YOD-HE-VAUH-HEH TZABAOTH
Übliche Aussprache: (Jod-He-Vau-He [oder Jeh-ho-wah] tza-ba-oht)
Bedeutung: »Herr der Heerscharen« oder »Ich bin der ich bin, Herr der Heerscharen«

MARS
Planetenformel/Gottesname: ELOHIM GIBOR
Übliche Aussprache: (Eh-loh-hiim Gibor)
Bedeutung: »Allmächtiger Gott«

JUPITER
Planetenformel/Gottesname: EL
Übliche Aussprache: (ALL) (gelegentlich auch: Aleph-Lamed)
Bedeutung: »Gott« bzw. »Ochse (Aleph) – Ochsentreiberstock (Lamed) = treibende Kraft, kosmische Dynamik«

SATURN
Planetenformel/Gottesname: YOD-HE-VAUH-HEH ELOHIM
Übliche Aussprache: (Jod-He-Vau-He [oder Jeh-ho-wah] Eh-loh-hiim)
Bedeutung: »Gott der Herr«

Die Zuordnung der hebräischen Gottesnamen entstammt der Kabbala. Die Formeln entsprechen den jeweiligen Sephiroth des Lebensbaums (beziehungsweise deren Gottesnamen), denen die Planeten zugeordnet werden.

Bewußt verzichten wir vorläufig auf umständliche Korrespondenztabellen, auf die Angabe von Weihrauchmischungen und anderes mehr. Im nächsten Abschnitt werden wir näher auf dieses Thema eingehen, bis dahin sollten Sie bereits genügend einschlägige Erfahrungen mit dem Kleinen Hexagrammritual gesammelt haben, um mit diesen Hilfsmitteln wirklich sinnvoll umgehen zu können. Dann wird auch das Tagespensum praktischer Arbeit vorübergehend ein wenig gelockert, damit sich Phasen der inneren Verarbeitung mit Phasen starker Aktivität abwechseln können.

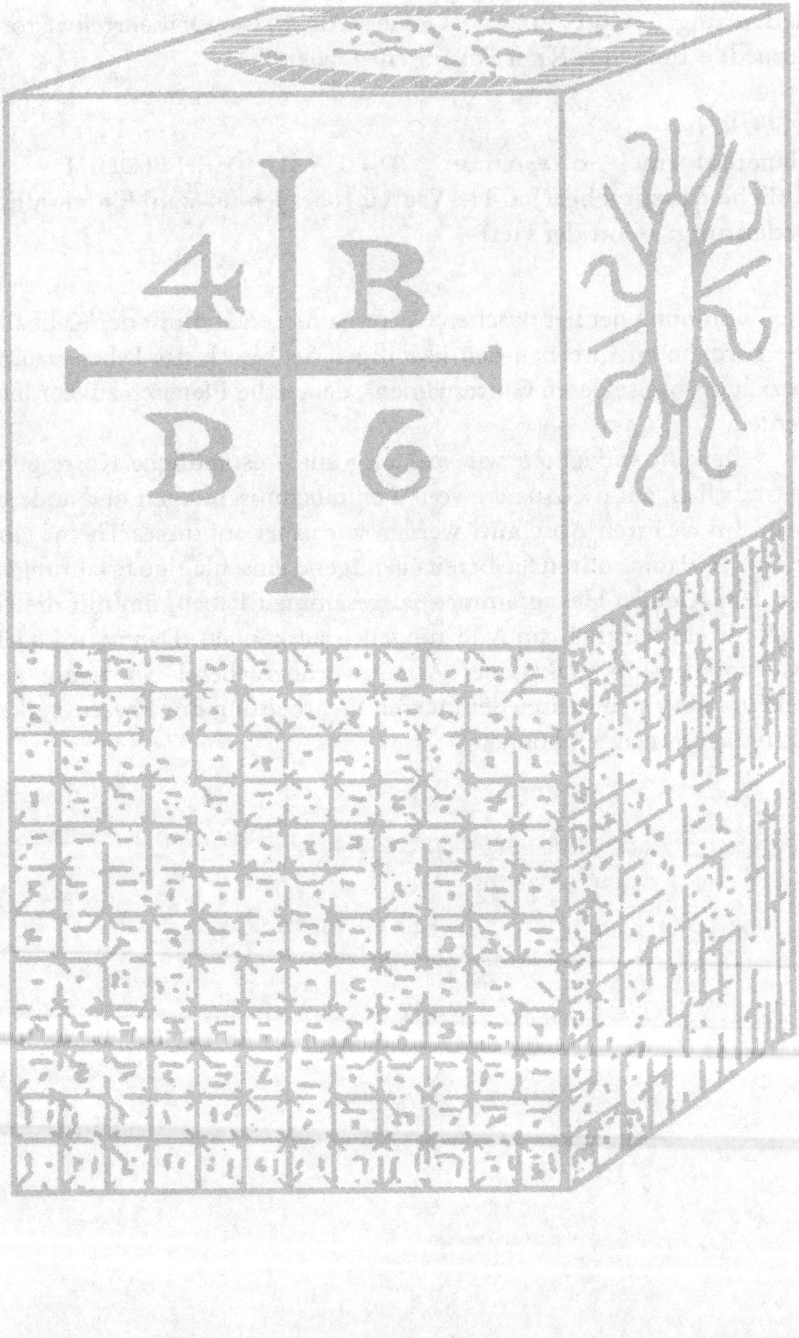
4
B
B
6

Einführung in die Ritualistik (IV)

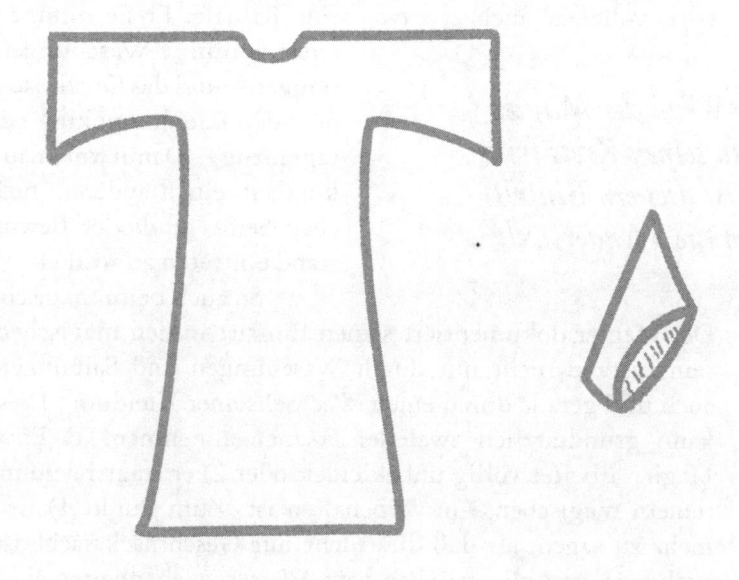

DIE MAGISCHE ROBE

Wenn der Magier in seinen Kreis tritt (oder diesen erst aufbaut), so ist er vor allem geschützt, was ihn bei seinem Werk stören könnte. Es ist dies ein Eintritt in die »Anderswelt«, in das Reich der magischen Energien und Wesenheiten.

Wenn der Alltagsmensch in eine bürgerliche »Anderswelt« eintritt, vollzieht auch er zuvor seine Rituale: Er/sie nimmt sich Zeit, er/sie vollführt Waschungen und Salbungen – und das Outfit ist »festlich«, ob Abendkleid, Smoking oder »Sonntagsanzug«. Damit tut man äußerlich kund, in einen anderen, nichtalltäglichen Seins- und/oder Bewußtseinszustand eintreten zu wollen.

> *Wenn der Magier in seinen Kreis tritt, ist dies ein Eintritt in die »Anderswelt«.*

So auch beim magischen Ritual: Der Magier dokumentiert seinen Eintritt in den magischen Bewußtseinszustand nicht nur durch Waschungen und Salbungen, sondern auch und gerade durch einen Wechsel seiner Kleidung. Diese Technik kann grundsätzlich zweierlei Formen annehmen: 1) Entweder der Magier arbeitet völlig unbekleidet; oder 2) er trägt Kleidung, die nur seinem magischen Tun vorbehalten ist. Zum Punkt 1) ist nicht viel mehr zu sagen, als daß dies nicht nur Geschmackssache ist, sondern auch evtl. von klimatischen bzw. Wettergegebenheiten abhängig sein mag. Immerhin kann das Arbeiten im »Himmelskleid«, wie es der Wicca-Kult bezeichnet, besonders bei der Gruppenarbeit schon von allein zu einem veränderten Bewußtseinszustand führen.

Arbeitet der Magier in einer Gruppe, so fördert eine möglichst gleichartige Bekleidung aller Beteiligten die Anonymität, was die Akzeptanz des anderen speziell bei der Invokationsmagie erheblich erleichtert: So ist es dann nicht mehr Ihr allzu leicht zu erkennender Freund Karl Müller, der plötzlich als Merkur zu Ihnen spricht, sondern ein anonymes menschliches Vehikel dieser Planetenkraft – Sie rauben dem Zensor also eine nicht zu unterschätzende Angriffsfläche, wenn Sie in einer Art anonymisierender magischer »Uniform« arbeiten.

Eine wichtige Funktion des unbekleideten oder uniformierten Arbeitens in der Gruppe war seit altersher auch die Aufhebung etwaiger sozialer Gegensätze, denn im Ritual sind im Rahmen der rituellen Rollenverteilung alle gleich.

Arbeitet der Magier dagegen allein, was eigentlich die Regel ist, so kann er sich natürlich ungestört zwischen beiden Möglichkeiten entscheiden.

Aleister Crowley führte einen Mechanismus vor, der in entsprechender Abwandlung für alles magische Zubehör gilt. Einerseits gab er detaillierte Anweisungen für die Anschaffung einer magischen Robe, andererseits meinte er aber auch, daß der Magier ebensogut in einem Bademantel arbeiten kann, sofern dieser allein für magische Arbeiten verwendet wird. Auf die präzise Einhaltung vorgegebener Ausstattungsregeln kommt es also nicht an, solange das Unbewußte darauf geeicht ist, mit einem bestimmten Gegenstand magisches Handeln zu verbinden.

> *Nicht auf die Ausstattung an sich kommt es an, sondern darauf, daß das Unbewußte damit magisches Handeln verbindet.*

Über die magische Robe ist schon eine Menge Unsinn geschrieben worden, der vor allem den Anfänger nur verunsichert, anstatt ihm zu erläutern, worum es bei diesem Kleidungsstück eigentlich geht. Zunächst einmal haben wir es dabei mit einer Kleidung zu tun, die sehr schlicht ist und schon allein dadurch die Konzentration fördern dürfte. Ihre zweite, ebenso wichtige Funktion, ist der Schutz, wobei Konzentration und Schutz im Prinzip gleichartige Funktionen haben. Denn unter magischem Schutz verstehen wir vor allem das Ausschließen unerwünschter Energien, während die Konzentration unerwünschte Gedanken ausschließen soll. Symbolisch steht die Robe auch für die Aura des Magiers, zudem verbirgt sie ihn und seine Absichten oder konzentriert sie im Inneren. Mit ihrer Hilfe macht er sich symbolisch bei seinem Tun für die profane Außenwelt unsichtbar oder nichtidentifizierbar. Ihre Anonymität ist Garant dafür, daß sein Alltagsego (auch: der Zensor) ihm bei seinem Tun nicht in die Parade fährt. Unter der Robe ist der Magier in der Regel nackt, denn sie allein, sein Symbol der magischen Kunst, ist sein Bollwerk gegen störende Einflüsse und die manchmal recht gefährlichen Kräfte, die er beschwört.

Die Robe ist das klassische magische Kleidungsstück. Diese hat für gewöhnlich die sogenannte Tau-Form*, wie in Abbildung 21 darge-

---

* Nach dem griechischen Buchstaben »τ« (= »tau«), an dessen Form sie erinnert.

stellt. Die Ärmel werden nach unten hin zunehmend weiter und reichen in der Regel bis zur Mitte des Handrückens bzw. der Handfläche. Der untere Teil der Robe reicht entweder bis zur Wadenmitte oder bis zu den Fußknöcheln. Die Robe besitzt keine Taschen. Die schlichteste und üblichste Form der magischen Robe hat keine Vorderöffnung und wird einfach über den Kopf gestreift. Eine Robe mit Vorderöffnung, die dann meist senkrecht entlang der vorderen Mittellinie von oben nach unten führt, nennt man technisch einen magischen Mantel. Die Öffnung kann mit gewöhnlichen Knöpfen oder Druckknöpfen verschlossen werden, sehr modern gesinnte Magier verwenden auch einen Klettverschluß. Der Mantel wird oft von magischen Logen verwendet, ebenso zu sexualmagischen Arbeiten, bei denen die Geschlechtsteile zwar freigelegt werden sollen, eine komplette Nacktheit aber unerwünscht ist. Der Einfachheit halber werden wir im folgenden nicht weiter zwischen Robe und Mantel unterscheiden, da ihre Funktion dieselbe ist.

Das Material der Robe ist traditionellerweise reine schwarze Seide, weil Schwarz die Farbe der Konzentration und der Abwehr ist, während Seide als gute Isolierung gilt. Für theonische und mystische Arbeiten wird oft mit einer weißen Robe aus Leinen (Flachsleinen) gearbeitet (in der Regel ohne Kapuze), doch besitzen die meisten Magier nur eine einzige »Allzweckrobe«, die keineswegs immer aus Seide ist, selbst synthetische Stoffe finden relativ häufig Verwendung. Immerhin ist reine Seide kein eben billiges Material, so daß die Entscheidung für den Robenstoff auch die Brieftasche des Magiers mitberücksichtigen sollte. Sehr begüterte Magier verwenden für verschiedene Operationen auch verschiedenfarbige Roben, etwa für jeden Planeten eine, doch ist dies erfahrungsgemäß keineswegs zwingend erforderlich. Eine Seidenrobe hat den Vorteil, bei Bedarf warm oder kühl zu halten, sie fühlt sich auf der Haut angenehm an und läßt sich platzsparender und leichter zusammenfalten und verstauen als die meisten anderen Textilroben. Zudem hat sie, je nach Seidenart, nur ein geringes Gewicht. Manche dogmatischen Schulen fordern, daß die Robe nur aus reinen Naturstoffen bestehen soll, in diesem Fall muß auch mit Naturgarn vernäht werden.

Zur traditionellen Robe gehört außerdem eine Kapuze, die entweder – das ist die Regel – fest an der Robe angenäht ist oder bei Bedarf mit Hilfe von Sicherheitsnadeln, Druckknöpfen oder ähnlichem befestigt wird. Die Kapuze kann rund oder spitz sein und sollte beim Tragen ein gutes Stück über den Gesichtsrand hinausragen.

Um das Gesicht zu bedecken, was vor allem bei manchen Gruppenritualen gefordert ist, verwendet der Magier meistens eine eigene, gesondert am vorderen Kapuzenrand zu befestigende Gesichtskapuze oder eine Maske. Beide lassen in ihrer üblichen Form nur die Augen frei, und zwar in Form von entsprechenden Schlitzen.

Die Robe sollte der Überlieferung zufolge niemals gewaschen werden, um ihre »Astral-Imprägnierung« nicht zu verlieren. Sicher spricht manches dafür, die Gerüche, welche die Robe bei fleißigem Arbeiten durch Weihrauchschwaden, Körperausdünstungen, Salbungen und so weiter zwangsläufig annimmt, für die magische Trance zu nutzen, da sich speziell Düfte sehr gut dazu eignen, Assoziationsmechanismen des Unbewußten auszulösen, wodurch sich nach entsprechender Praxis aufwendige Vorbereitungsmeditationen auf ein Minimum reduzieren lassen; freilich auf Kosten der Hygiene, die allerdings gerade in unseren Breitengraden oft zu einem maßlos übertriebenen Fetischismus geführt hat.

In der Regel bleibt die Robe unverziert, manche Magier ziehen es allerdings vor, sie mit Gradabzeichen ihrer magischen Orden oder mit persönlichen Symbolen zu versehen.

Zur Aufbewahrung der Robe verwenden die meisten Magier einen quadratischen oder runden Robenbeutel, der aus praktischen Gründen fast immer aus demselben Material gefertigt ist wie die Robe selbst und meist aus entsprechenden Stoffresten gefertigt wurde. Im Robenbeutel sollte auch noch Platz für die Gesichtskapuze und den Gürtel sein, ggf. auch für die Sandalen.

Wichtiger als Material und Schnitt der Robe ist die Regel, daß dieses magische Kleidungsstück – wie übrigens alle magischen Gerätschaften – der westlichen Tradition zufolge ausschließlich für magische Zwecke verwendet werden soll. So können wir beispielsweise am Anfang ein ehemaliges Alltagskleidungsstück anstelle einer magischen Robe verwenden, doch müssen wir es dazu dem normalen Alltagsgebrauch entziehen. Der Sinn dieser Regel besteht darin, daß das Unbewußte mit der Robe ausschließlich magisches Handeln und Gnosis assoziieren soll, was jedoch schwerfällt, wenn wir die Robe beispielsweise kurz nach dem Ritual zu einer

> *Dieses magische Kleidungsstück soll ausschließlich für magische Zwecke verwendet werden.*

Kostümparty anziehen, wie es gewisse amerikanische Adepten der Golden Dawn getan haben sollen!*

Spitzkapuze

Abbildung 21: Die magische Robe (Tau-Form)

DER GÜRTEL

Der Gürtel wird um die Robe geschlungen und verknotet, meist hängt er dann noch seitlich ein Stück herab (ungefähr bis zur Oberschenkelmitte oder bis zum Knie). Der Gürtel kann eine Farbe haben, die dem Magier aus symbolischen Gründen zusagt, beispielsweise ein weißer Gürtel zu einer schwarzen Robe, um den magischen Umgang mit den Polaritäten der Existenz zu verdeutlichen, oder ein roter Gürtel für sexualmagische Arbeiten, Gürtel in den jeweiligen Planetenfarben und so weiter.

Sein Material ist beliebig, meist wird Stoffkordel, gelegentlich auch Leder oder Seide verwendet. Symbolische Knoten können dem Gürtel eine zusätzliche Bedeutung geben, so etwa drei Knoten für eine Saturn-Arbeit oder auch in Knoten festgehaltene (»gespeicherte«) magische Energien oder Bewußtseinszustände.

---

* Eine Ausnahme von dieser Regel, die ansonsten so gut wie weltweit gilt, bilden beispielsweise die afroamerikanischen Kulte wie Voodoo, Macumba, Candomblé, Santería, bei denen bei Bedarf auch Alltagsgegenstände wie Küchenmesser und -geschirr Verwendung finden. Diese Kulte arbeiten denn auch, mit anderen Trancetechniken, bei denen es in der Regel um gezielte Besessenheit mit Volltrance geht, also einen Weg, den die westliche Magie aus Gründen schwerer Kontrollierbarkeit gern vermeidet. Zudem wird dort die kontinuierliche Ladung vernachlässigt – um den Preis, Rituale durchführen zu müssen, die sich nicht selten über mehrere Tage hinziehen, bis das eigentliche Ziel der Zeremonie erreicht wird.

Eine Spielart des Gürtels ist die Schärpe, die meist aus Seide gefertigt und mit magischen Symbolen bestickt wird. Oft hat sie eine ähnliche Funktion wie das Stirnband; ansonsten soll sie auch das Sonnengeflecht schützen.

> *Der Gürtel ist zugleich ein magischer Kreis, der den Körper des Magiers umgibt.*

Eine weitere Symbolebene des Gürtels oder der Schärpe läßt sich mit dem Stichwort »Zucht« andeuten: Die Disziplin, die der Magier sich in der Ausübung seiner Kunst auflegen muß, wird durch den Gürtel versinnbildlicht, ebenso die Strenge seines Willens und seine Mittigkeit, denn der Gürtel ist ja zugleich ein magischer Kreis, der den Körper des Magiers dicht umgibt.

DAS STIRNBAND

Das Stirnband schützt oder aktiviert das Dritte Auge des Magiers, man kann es als »energetische Brennlinse« verstehen. Auch sein Material ist beliebig, oft ist es aus Leder oder Samt, seltener aus Seide. Das Stirnband kann jede gewünschte Farbe haben, etwa die eines Planeten bei einer Planetenarbeit; verwendet der Magier nur ein Stirnband, so hat es meist die Farbe seiner Robe.

Es läßt sich mit magischen Glyphen besticken oder bemalen, beispielsweise mit der persönlichen Sigil (dem »Astral-Stempel«) des Magiers, gelegentlich wird es auch mit Edel- und Halbedelsteinen bestückt, manchmal sogar mit kleinen Metallplatten. So soll beispielsweise der Mondstein die Visionsfähigkeit steigern, man würde ihn also für Mondanrufungen und Divinationen verwenden. Auch mythische Symbole finden ihren Niederschlag im Stirnband, etwa wenn es die Form der ägyptischen Uräusschlange aus reinem Gold hat. So wie der Gürtel die Körpermitte strafft und diszipliniert, so strafft und diszipliniert das Stirnband die Hirnmitte und dadurch – nach westlicher Symbolik – den Geist und das Denken.

> *Das Stirnband strafft und diszipliniert den Geist und das Denken.*

Wer einmal mit einem Stirnband gearbeitet hat, schätzt das Gefühl der Sicherheit und der Konzentration, das es ihm verleiht. Natürlich darf es nicht zu straff sein, andererseits aber auch nicht zu locker. Es sollte ein leichter Druck spürbar sein, der nicht unangenehm ist und keine tiefen Eindrücke auf der Haut hinterläßt.

(Unter manchen Naturvölkern ist es üblich, mit Hilfe eines überstraffen Stirnbands bestimmte Trancen zu erreichen, doch verlangt dies nach großer Erfahrung und kundiger Aufsicht, weshalb wir hier von einer solchen Praktik abraten.)

DIE SANDALEN

Die Sandalen sind in gewissem Sinne ein etwas »altmodisches« magisches Zubehör, das heute nur noch selten verwendet wird. Die meisten Magier ziehen es inzwischen vor, barfuß zu arbeiten, was zudem die Symbolik beinhaltet, fest auf dem Boden der Materie zu stehen und sich der Kräfte der Erde zu bedienen.

Vor allem in vorgeblich »theonisch« orientierten Kreisen ultratraditionell eingestellter Dogmatiker, denen leider allzuoft eine extreme Körper- und Materiefeindlichkeit eignet, wird eine solche Erdung mit Mißfallen betrachtet, weil diese danach streben, den Geist zu überhöhen und den Körper zu überwinden. Dies ist jedoch nicht unser Weg, weshalb wir nicht näher darauf eingehen.

In der Tradition sind die Sandalen meist aus Leder und sollen einerseits den festen Halt symbolisieren, den der Magier in seiner Kunst hat, andererseits sollen sie die Fußchakras vor den chthonischen (tiefenirdischen) Kräften schützen.*

Andererseits gelten sie aber auch als Symbol des Merkur und des Hermes, der als Götterbote bekanntlich geflügelte Sandalen trägt. In diesem Sinne können die Sandalen auch ein Sinnbild der Schnelligkeit und Beweglichkeit des Magiers (auch: seiner Fähigkeit zum Astralflug) sein.

Wir sehen auch hier, daß magische Symbole oft sehr subjektiv gedeutet und verwendet werden, nur ihre Grundstrukturen sind nicht beliebig und stehen einigermaßen fest. Dieser Interpretationsspielraum mag den Anfänger zwar zunächst etwas verwirren, dem erfahrenen Magier bietet er jedoch Zugang zu großer praktischer Vielseitigkeit.

---

* *Interessanterweise sind dies ebenjene Kräfte, mit denen gerade Schamanen vorzugsweise arbeiten – schon an diesem Beispiel läßt sich der scharfe ideologische Gegensatz zwischen naturnahen und technozentrischen Kulturen verdeutlichen!*

PRAKTISCHE ÜBUNGEN

ÜBUNG 15
KONZENTRATIONS- UND AUFMERKSAMKEITSSCHULUNG

Diese Übung fördert Konzentration und Aufmerksamkeit. Im allgemeinen versuchen wir zwar Übungen zu vermeiden, die nicht in erkennbarem Zusammenhang zur praktischen Magie stehen, doch ist die hier vorgestellte Praktik von nicht zu unterschätzender Wichtigkeit. Dies betrifft auch ihren Wert für die Magie, denn immerhin fördert die Übung die Wachheit des Magiers auch gegenüber scheinbar belanglosen Dingen.

Schreibe einen Brief an eine beliebige Person. Das kann ein lebender oder ein verstorbener Mensch sein, eine reale oder eine fiktive Persönlichkeit, aber auch ein Tier, eine mythische Gottheit oder ähnliches. Der Inhalt des Briefs ist unerheblich, Du bist in der Themenwahl also völlig frei.

Es gibt nur folgende Regeln: Zu vermeiden sind die Worte »der«, »die« und »das« sowie »und« und »aber«, ebenso die Buchstaben »a«, »l« und »f«.

Wir wollen vorher keine weiteren Einzelheiten preisgeben, da Du diese Erfahrung möglichst unbeeinflußt machen sollst. Nur soviel: Beobachte Dein eigenes Tun sehr sorgfältig und achte auch auf Deine Bewußtseinszustände während dieser Übung. Nachdem Du den Brief fertiggestellt und korrigiert hast, läßt Du ihn einige Tage liegen. Danach korrigierst Du ihn ein weiteres Mal.*

Solltest Du bei der zweiten Korrektur einen völlig fehlerfreien Brief vorfinden, kannst Du diese Übung beenden. Ist dem nicht der Fall, so wiederhole sie solange mit weiteren Briefen, bis Du dieses Ergebnis erzielt hast.

Als kleiner Tip sei verraten, daß Du Dir auf diese Weise unter anderem der kleinen sinnfreien Bausteine Deiner Realität bewußt werden kannst, in diesem Fall der Buchstaben Deiner Sprache. Solche Bausteine prägen unsere Wahrnehmungsmuster auf allen Gebieten, also

---

* *Es kann sinnvoll sein, den Brief ein- oder zweimal von einem unbeteiligten Freund auf Fehler durchsehen zu lassen, da wir hier eine objektive Fehlerfreiheit anstreben und keine rein subjektive.*

auch das, was wir im Leben für wahr und unwahr halten. Wie Du weißt, lauert der Teufel stets im Detail, und das gilt besonders für die praktische Magie und den Umgang mit veränderten Bewußtseinszuständen. Gerade am Anfang ist es unverzichtbar, diese zahllosen Realitätsbausteine zu erkennen und ihre Wertigkeit zu begreifen. Erst dann können wir tatsächlich, wie es die Freimaurer nennen würden, zu Baumeistern unserer Wirklichkeit werden, die über der Suche nach Gesamtzusammenhängen die »kleinen« Einzelheiten nicht übersehen und sie ebenso sorgsam und ehrfürchtig behandeln wie das große Ganze.

ÜBUNG 16
PENDELSCHULUNG (I)

Besorge Dir, falls noch nicht vorhanden, ein Pendel. Form und Gewicht spielen zunächst keine große Rolle, am Anfang tut es zur Not auch ein Schlüssel oder ein Fingerring an einem Bindfaden, solange das Pendel nicht zu schwer in der Hand liegt. (Maurerpendel sind meistens zu schwer.) Gute Pendel in verschiedensten Ausführungen findest Du auch im esoterischen Fachhandel, am empfindlichsten reagieren in der Regel Spiralpendel, die relativ leicht sind und aus verschiedenen Materialien sein können (z. B. Messing, Kupfer, seltener: Silber oder Gold). Wichtig ist vor allem, daß das Pendel Dir persönlich zusagt.*

Nimm eine Reihe von männlichen und weiblichen Fotos (Paßfotos sind am besten geeignet, aber zur Not tun es auch Ausschnitte aus Illustrierten). Auf jedem Foto sollte nur eine Person zu sehen sein. Die Fotos legst Du mit dem Gesicht auf die Tischplatte und mischt sie gründlich durch, damit Du sie nicht an ihrer Rückseite erkennst. Vielleicht läßt Du sie nach dem Mischen eine Weile (auch mehrere Stunden) liegen, bevor Du weitermachst, das erleichtert das Vergessen.

Nun setzt Du Dich in bequemer Haltung davor und stützt den Ellenbogen auf die Tischplatte, so daß der Unterarm möglichst senkrecht steht. Das Pendel hältst Du zwischen Zeige- und Mittelfinger, es sollte dicht über dem ersten auszupendelnden Foto hängen (ca. 1–2 cm

---

* *Für Nichtpendler: Wenn Du noch nie über längere Zeit hinweg gependelt haben solltest, mußt Du Dich erst eine Weile mit Deinem Pendel vertraut machen. Bedenke, daß das Pendel einen direkten Zugang zu Deinem Unbewußten darstellt, der erst geschult werden will. Anstelle der üblichen Einprogrammierungsmethoden wollen wir hier lieber den Weg der unmittelbaren Paxis beschreiten.*

Abstand). Warte nun, bis das Pendel reglos hängt. Dann konzentrierst Du Dich auf die Frage, welches Geschlecht die Person auf dem Foto hat. Lasse das Pendel frei schwingen, aber versuche nicht, seiner Bewegung nachzuhelfen. Wenn Du unbedingst willst, kannst Du Dir selbst vorher suggerieren, daß das Pendel beispielsweise bei weiblichen Personen linksherum, bei männlichen dagegen rechtswendig dreht, doch ist es besser, wenn Du Deine individuelle Drehrichtung durch einige Proben selbst herausfindest. Führe Buch über Erfolg und Mißerfolg. Wiederhole die Übung nicht allzu häufig, damit keine vorzeitigen Ermüdungserscheinungen auftreten, zwei- bis dreimal pro Woche eine Viertelstunde genügt für den Anfang völlig. Sei nicht enttäuscht, wenn Du zu Anfang nicht so gut abschneidest, wie Du es vielleicht gerne hättest: Auch diese Form der feinstofflichen oder magischen Wahrnehmung braucht oft eine gewisse Übung.*

ÜBUNG 17
ANGEWANDTER PARADIGMENWECHSEL
IN DER PRAXIS (II)**

Du wartest entweder ab, bis Du von der absoluten Wahrheit einer Sache überzeugt bist, oder Du nimmst Dir einen bereits vorhandenen Glaubenssatz dieser Art vor. Dann beschwörst Du ihre Gegenwahrheit herauf, bis sich beide neutralisiert haben. Es spielt dabei keine Rolle, aus welchem Bereich diese »Wahrheiten« stammen, Du kannst also ebensogut auf dem Gebiet der Religion oder der Philosophie, der Psychologie oder der Naturwissenschaft, des Gefühls oder der Wahrnehmung, der Partnerschaftsbeziehungen oder der Sexualität, des Berufs oder der Freizeitgestaltung arbeiten.

In der Praxis könnte dies vielleicht folgendermaßen aussehen:

a) Du bist beispielsweise absolut davon überzeugt, daß es eine Reinkarnation gibt. »Missioniere« nun so lange bei Dir selbst, bis Du jede Reinkarnationslehre ablehnst, sie für Humbug hältst

---

* *Nicht jeder Magier ist auch ein guter Pendler. So gibt es Menschen, die beispielsweise weitaus besser mit Wünschelruten umgehen können. Diese können anstelle eines Pendels auch eine Rute beliebiger Wahl verwenden. Doch sollte man erst einmal einige Monate lang auch die Probe mit dem Pendel gemacht haben, bevor man endgültig umsattelt.*
** *Diese Übung baut auf Übung 10 auf und ergänzt sie.*

und so weiter. All dies sollte allerdings auch rational begründet sein. Dann verfährst Du wie unter Punkt c) beschrieben.

b) Wenn Du hingegen beispielsweise felsenfest vom Wert der Homöopathie überzeugt bist, so werde für eine Weile zum ebenso überzeugten Allopathen oder Homöopathiegegner (mindestens einige Wochen lang).

c) Danach kehrst Du wieder zu Deiner ursprünglichen Überzeugung zurück und analysierst sie im Lichte Deiner neugewonnenen Erkenntnisse (oder Deines gerade mühsam abgestreiften Fanatismus), oder Du wiederholst die Übung so lange, bis Du jederzeit dazu in der Lage bist, nach Belieben die eine oder die andere Position zu vertreten, und zwar ohne Deinen vorherigen Absolutheitsanspruch.

Der Umgang mit naturwissenschaftlichen Wahrheiten erfordert natürlich einiges an technischem Vorwissen; überhaupt solltest Du Dich zu Anfang möglichst nur auf solche Bereiche beschränken, von denen Du schon eine Menge verstehst. Das können auch banale Dinge sein, und auch gefühlsgeladene »Wahrheiten«, die oft eher den Charakter von Gewohnheiten haben, können bearbeitet werden. So kann ein passionierter Reiter beispielsweise eine vorübergehende Abneigung gegen die Reiterei entwickeln, ein fanatischer Japan-Enthusiast setzt sich ausschließlich mit den negativen Aspekten der japanischen Kultur auseinander, ein dezidierter Heterosexueller befaßt sich ebenso ausschließlich mit der Homosexualität und so weiter.

Wir wollen Dir keine Vorschriften machen, welche Bereiche Du für diese Übung wählen sollst, auch Zeitangaben können allenfalls Empfehlung bleiben. Wir halten es allerdings für sinnvoll, mindestens auf Wochenbasis, möglichst länger, zu arbeiten, da vor allem zu Anfang der rasche Paradigmenwechsel von einem Tag auf den anderen (oder gar, wie in der Praxis oft gefordert, von einer Sekunde zur anderen!) gewisse Schwierigkeiten machen kann.

Mit Hilfe dieser Übung wird es Dir wesentlich leichter gelingen, den für die westliche Ritualmagie so typischen Mischmasch verschiedenster Symbolelemente mühelos nachzuvollziehen, zum Beispiel kabbalistische Zuordnungsformeln bei der Annahme ägyptischer Gottesformen und ihre Einrahmung in rosenkreuzerische Symbolik, bei gleichzeitigem Gebrauch indischer Mantras und altgriechischer Hymnentexte... So bleibt es Dir erspart, daß Du Dich erst einzeln in jeden Symbolbereich einarbeiten mußt.

Deshalb unser Rat: Führe diese Übung so oft durch, wie Du nur kannst, keine Minute davon ist vergeudet!

Führe dabei besonders über Deine Bewußtseinszustände Buch. Ziel ist die Erlangung des bereits erwähnten undifferenzierten (= nicht festgelegten) Energiepotentials, das die Quelle aller Magie ist.

ÜBUNG 18
PRAXIS DES KLEINEN HEXAGRAMMRITUALS (I)

Führe mindestens zwei Kleine Hexagrammrituale mit unterschiedlichen Planetenkräften durch. Am besten fängst Du mit Jupiter an und arbeitest beim zweiten Mal mit der Energie des Merkur. (Stelle selbst fest, warum wir Dir dies raten!) Vermeiden solltest Du vorläufig das Sonnenritual, weil dieses eine gründliche Erfahrung mit allen anderen Planetenkräften voraussetzt, wie wir im nächsten Abschnitt noch näher erläutern werden.

Verfahre wie bei der Grundstruktur der Planetenrituale, wobei Du die Punkte 4 und 5 allerdings nicht zu bearbeiten brauchst, weshalb sie hier auch in eckigen Klammern stehen. Dein Vorgehensmuster sieht also folgendermaßen aus:

1. Kleines Bannendes Pentagrammritual
2. Meditation über die Planetenkraft
3. Kleines Rufendes Hexagrammritual
[4. Anrufung der Planetenkraft (Hymne)]
[5. Arbeit mit der gerufenen Planetenkraft]
6. Verabschiedung der Planetenkraft
7. Abschließende Meditation
8. Kleines Bannendes Pentagrammritual (mit Entlassungsformel)

Die Meditation über die Planetenkraft kannst Du frei gestalten, zu Anfang wirst Du wohl hauptsächlich damit beschäftigt sein, Dir Ihre Eigenschaften einzuprägen. Das ist in diesem Übungsstadium auch durchaus erwünscht.

Die Verabschiedung der Planetenkraft besteht zu Anfang aus einem allmählichen Ausklingenlassen, eventuell auch einer Danksagung. Tue dies auch dann, wenn Du nichts gespürt haben solltest, denn oft wirken diese Rituale auf eine sehr subtile, zu Anfang kaum wahrnehmbare Weise.

Wieder trägst Du alle Eindrücke in das Magische Tagebuch ein.*

DIE HÄRTUNG DER AURA DES MAGIERS

Wir kehren noch einmal zurück zur Bedeutung des magischen Kreises. Dieser ist nach Meinung mancher moderner Autoren nur erforderlich bei den mächtigsten magischen Operationen. So spricht Stephen Mace ihm lediglich Bedeutung bei a) Blutopfern und b) Evokationen von Geistern und Dämonen bis zur physischen Sichtbarkeit zu. Worauf es beim magischen Schutz vielmehr ankäme, sei die Aura des Zauberers. Diese müsse »gehärtet« sein, dann könne er auf jegliches spezielles Schutzritual verzichten: »Eine leuchtende, feste Aura, durch Jahre der regelmäßigen Bannung und des Loderns unter den Worten der Macht eines Hexers gehärtet, ist sein bester Schutz gegen Obsession, Besessenheit und magische Angriffe.« [Mace, S. 58]

So sehr sich gerade der Anfänger auch immer wieder dagegen sträuben mag: Das Schlüsselwort im obigen Zitat sind die »Jahre der regelmäßigen Bannung« — nur jahrelange Praxis vermag jenen magischen Schutzautomatismus herzustellen, den wir so oft bei großen Magiern und Schamanen beobachten können, obwohl sie doch oft keine einzige praktische Übung mehr regelmäßig durchführen.**

Das »Lodern« aber, das sicher ebenso wichtig ist, erlangen wir nur durch möglichst intensive, ja hingebungsvolle Praxis. Erst wenn

---

* *Die in diesem Abschnitt zitierten Stellen stammen aus Stephen Mace,* Stealing The Fire From Heaven. A Technique for Creating Individual Systems of Sorcery, *4th ed., rev. & enl., New Haven, Connecticut: Privatdruck, 1984. Dies ist ein sehr rares, aber höchst empfehlenswertes Werk eines ansonsten wenig bekannten amerikanischen Magiers. Nur für Leser mit sehr guten Englischkenntnissen geeignet! Bezugsquelle: Stephen Mace, c/o Book World, 1143 Chapel Street, New Haven, Connecticut 06511, USA.*

** *Ähnliches können wir bei sehr guten Hatha-Yogis feststellen, daß sie nämlich bestenfalls ein- oder zweimal im Monat ihre Asanas üben müssen, während Menschen unterhalb dieser Stufe täglich immer noch viele Stunden der Praxis benötigen, um in körperlicher und seelischer Bestform zu sein, ohne an die Meister jedoch heranzureichen.*

die Magie zur lebensausfüllenden und -erfüllenden Leidenschaft geworden ist, wenn man auf die Frage »Warum tust du das alles?« mit Carlos Castanedas Don Juan antworten muß: »Weil man anders nicht leben kann«, erst dann kann man erwarten, daß sie soweit automatisiert oder integriert ist, ja daß der Zensor vollends so gründlich auf Magie umprogrammiert wurde, daß sie ihm zur alltäglichen Selbstverständlichkeit geworden ist, mit der er ebenso hantiert, wie er es früher mit der gewöhnlichen Alltagsrealität getan hat.

Mit dieser Leidenschaft ist jedoch nicht die überschnelle Begeisterung des Anfängers gemeint, der ob seiner Freude über die neue Welt, die sich ihm durch die Magie plötzlich erschlossen hat, allzu gern den zehnten Schritt vor dem ersten tun will, für den Geduld und Beharrlichkeit ekle Fremdworte sind – und der ebenso rasch und gründlich stürzt und dann oft sehr schnell wieder die Lust verliert, sobald die ganze Sache in Arbeit auszuarten beginnt. Nicht das Strohfeuer, sondern der Dauerbrand in der Seele ist es, der einen in der Magie wirklich weiterbringt, jenes geheime Pochen des »Ich will, ich will, ich will«, das jeden Herzschlag ummünzt in ein Streben nach dem Mehr, nach der Vollkommenheit,

> *Nicht das Strohfeuer, sondern der Dauerbrand in der Seele bringt einen in der Magie wirklich weiter.*

nach der Meisterschaft, nach der Vollendung, und sei diese auch so fern wie das Ende unserer Galaxie oder unseres Universums.

Von solchen eher psychologischen Faktoren abgesehen gibt es eine Reihe von magischen Übungen, durch welche diese gewünschte Härtung der Aura, die mit dem Aufbau eines automatischen Warn- und Signalsystems einhergehen sollte, erreicht werden kann. Die erste, die Sie im Rahmen dieser Schulung bereits kennengelernt haben, ist das Kabbalistische Kreuz, die zweite war das Kleine Bannende Pentagrammritual.*

Die dritte war das Kleine Hexagrammritual, und die vierte finden Sie weiter unten in diesem Abschnitt, es ist die IAO-Formel in ihrer ersten praktischen Anwendung. Im Übungsteil schließlich sind weitere Empfehlungen gegeben.

---

* *Selbstverständlich tragen alle magischen Übungen dazu bei. Wir sprechen hier lediglich von jenen Praktiken, die eine solche Härtung der Aura ganz gezielt fördern.*

Wenn wir hier also vergleichsweise früh die etwas ketzerische Auffassung referieren, daß magische Kreise von einigen Spezialarbeiten abgesehen »eigentlich unnötig« seien*, so wollen wir damit weder die bisherige Praxis abwerten oder in Frage stellen, noch zu einer allgemeinen Verwirrung beitragen. Vielmehr möchten wir damit einen kurzen Blick auf das freigeben, was uns als Magier in der Praxis noch erwartet, und aufzeigen, welchen Kurs das Schiff eigentlich nehmen soll.

Die Techniken allein sind jedoch noch keine Garantie für magischen Schutz und erfolgreiche Magie.

> *Techniken allein sind noch keine Garantie für magischen Schutz und erfolgreiche Magie.*

Eher könnte man davon sprechen, daß es das beharrliche Üben selbst ist, das einer derartigen Garantie nahekommt. Die vielen grundverschiedenen magischen Systeme dieser Welt, die einander an Effektivität selten nachstehen, beweisen, daß es nicht so sehr darauf ankommt, *was* der Magier im Rahmen seiner Ausbildung tut, als vielmehr darauf, *wie* – und nicht zuletzt auch, *wie lange* – er es tut. Allerdings wird auch dreißigjähriges Üben nicht zum gewünschten Erfolg führen, wenn die richtige Grundeinstellung fehlt und die magische Wahrnehmung nicht entwickelt wird.

---

* *Die winklige Ritualtradition verzichtete beispielsweise sehr häufig darauf.*

MANTRAMISTIK (I)

```
A B R A C A D A B R A
 A B R A C A D A B R
  A B R A C A D A B
   A B R A C A D A
    A B R A C A D
     A B R A C A
      A B R A C
       A B R A
        A B R
         A B
          A
```

EINFÜHRUNG IN DIE MANTRAMISTIK

> *Die Lehre von den magischen Wirkungen der sprachlichen Laute und Klänge*

Unter Mantramistik versteht man die Lehre von den magischen Wirkungen der sprachlichen Laute und Klänge.

Das Sanskritwort mantra bedeutet soviel wie »magisch-mystische Lautformel«, und es hat inzwischen seit gut hundert Jahren in der Sprache der westlichen Esoterik seinen festen Platz gefunden.

Die Mantramistik ist ein hochkompliziertes Gebiet, das wir im Rahmen unserer Schulung immer wieder streifen werden, ohne es jedoch jemals erschöpfend abhandeln zu können. Wenn wir uns jedoch die Grundstrukturen magischer Mantras klar machen, wird es uns auch ohne großes religions- und sprachgeschichtliches Wissen gelingen, die Magie der Laute und Klänge wirkungsvoll für unsere Zwecke zu nutzen.

Jedes magisch verwendete Mantra hat vor allem einen Zweck: die Herstellung von Gnosis oder magischer Trance. Wir brauchen uns vorläufig nicht für die sehr verwickelten Theorien zu interessieren, die besonders die indische und die hebräische Mantramistik prägen. Es genügt, daran zu erinnern, daß in der hinduistischen und jüdischen Tradition (aber nicht nur dort) dem Sanskrit bzw. dem Hebräischen die Eigenschaft einer »Ursprache der Schöpfung« zugesprochen wird. Speziell das Sanskrit gilt in der hinduistischen Kultur als Kraftquelle, deren Beherrschung den Magier zur Gottheit werden lassen kann. Mit anderen Worten: Das – natürlich später liegende – Johanneszitat »Im Anfang war das Wort« findet hier einen sehr konkret gemeinten Ausdruck; wer die subtilen Energien einer solchen Sakral- und Ritualsprache meistert, der kann dadurch selbst zum Schöpfer werden. Ähnliche Überlegungen finden wir im Hebräischen, und auch dem Latein und dem Arabischen des Koran wurde gelegentlich derartige Macht zugesprochen. Dies ist der makrokosmische Angang.

Vom mikrokosmischen Angang aus betrachten wir vor allem die Wirkung von Mantras. Wir lassen die These von der den Mantras innewohnenden »objektiven« Kraft für eine Weile beiseite und experimentieren damit, welche Effekte sich mit welchen Mantras erzielen lassen. Es soll hier nicht verschwiegen werden, daß in der mantramistischen Literatur gelegentlich vor einer solchen »Profanierung« gewarnt wird. Doch hat unsere Praxis immer wieder gezeigt, daß in solchen Fällen keine magische, sondern vielmehr eine dogmatisch-religiöse Grundhaltung vorliegt, die nicht auf praktischen Erfahrungen mit der Magie beruht.*

Es interessiert uns also vorläufig gar nicht, welchen Sinninhalt, welche »Bedeutung« ein Mantra haben mag.

Auf kuriose Weise stimmen wir darin sogar mit den religiös-dogmatischen Mantramistikern überein, die den »heiligen« Mantras eine Eigenwirkung zugestehen, welche völlig unabhängig vom Verständnis des Verwenders existiert.**

> *Es interessiert uns vorläufig gar nicht, welchen Sinninhalt, welche »Bedeutung« ein Mantra haben mag.*

Halten wir zunächst fest, daß es sich bei Mantras um Lautkombinationen handelt,

    a) die der Herstellung von Gnosis dienen und
    b) die magische Effekte erzielen sollen.

Sie haben aber auch noch weitere Funktionen, unter anderem:

    c) Ausschaltung störender Außeneinflüsse;
    d) Konzentrationsförderung;
    e) Herstellung von Gedankenleere;
    f) Erweckung magischer Kräfte und Wahrnehmungen.

Dabei ergeben sich zwangsläufig Überschneidungen zwischen den Punkten a) und c–f), doch brauchen wir vorläufig nicht auf solche Feinheiten einzugehen.

In der Praxis stellen wir fest, daß es keineswegs gleichgültig ist, ob wir beispielsweise Mantras aus dem Hebräischen, dem Sanskrit, dem

---

* *Der religiöse Kosmos ist nicht eigenmächtig zu erforschen, das wäre ein Sakrileg, vielmehr soll er erduldet und hingenommen werden, in diesem Sinne ist er auch statisch. Der magische Kosmos dagegen ist dynamisch, er kennt – zumindest im Idealfall – keine festgelegten Gesetze und erschließt sich dem Magier nur durch die persönliche praktische Erfahrung, ja, er wird durch diese überhaupt erst erschaffen.*

** *Ähnlich spricht aus magischer Sicht vieles für die Beibehaltung des Lateinischen als Liturgiesprache in der katholischen Messe, und dies wurde von weiten Kreisen innerhalb der Kirche bis zum Zweiten Konzil auch genauso verstanden.*

Tibetischen, dem Arabischen oder dem Japanischen verwenden – alle diese Sprachen haben eine eigene, unverwechselbare Energiequalität und erzeugen dadurch auch unterschiedliche Formen der Gnosis. Dies werden wir noch ausgiebig überprüfen können.

Bevor wir für diesmal unsere Ausführungen zur Mantramistik beenden, wollen wir noch auf die unterschiedlichen Anwendungsweisen von Mantras (im Sanskrit japa mantra genannt) eingehen. Grundsätzlich können nach der indischen Lehre Mantras auf dreierlei Arten intoniert werden:

1) laut
2) leise
3) stumm.

Dabei gilt die stumme oder mentale Intonation in vielen Mantraschulen als die »höchste«, doch ist damit eher die Feinstofflichkeit des Energiezustands gemeint als irgendeine moralische Wertung. Die Anwendungsart richtet sich logischerweise vor allem nach dem Zweck. Nicht immer ist die vergleichsweise subtile Energie des stummen oder mentalen Arbeitens erwünscht, wir sollten dabei also funktional denken und entsprechend auswählen. Als Faustregel läßt sich sagen, daß das laute Intonieren von Mantras Außenreize abblockt und einen Eintritt in die Trance fördert, das leise Intonieren ist der Konzentration und der Innenschau dienlich, und das stumme Intonieren erzeugt eine geistig-astrale Ablösung vom grobstofflichen Körper.

> *Die Anwendungsart richtet sich vor allem nach dem Zweck.*

Wie Sie aus der Sigillenmagie wissen, kann sich der Magier aber auch eigene Mantras (z. B. akustische Sigillen) und »Worte der Kraft« erschaffen, die zwar aus der Alltagssprache entwickelt, aber dabei zugleich derart abstrahiert werden, daß sie mit dieser allenfalls noch genetisch etwas zu tun haben.

Im Anschluß an diesen eher theoretisch gehaltenen Teil werden wir nun zur Praxis mantrischer Sigillen übergehen, um dann im nächsten Schritt Beispiele für die praktische Arbeit mit traditionellen Mantras zu bringen.

PRAKTISCHE SIGILLENMAGIE (II)

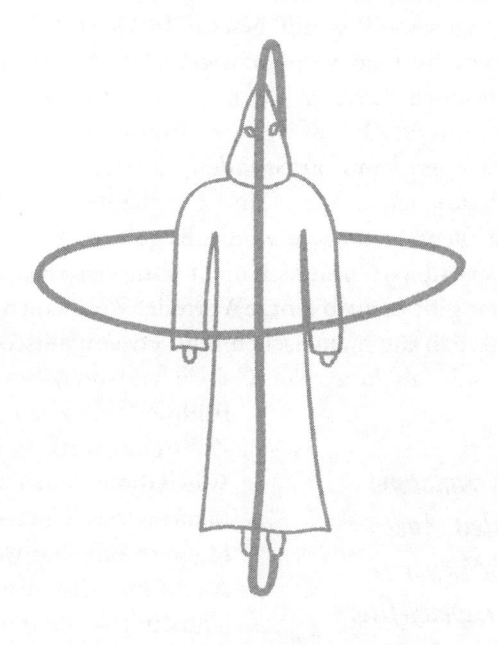

MANTRISCHE SIGILLEN

Bisher haben wir nur die Wortmethode der Sigillenmagie kennengelernt. Nun soll die mantrische Sigillenmethode zur Sprache kommen.

Anders als die Wortmethode werden mantrische Sigillen in der Regel bekanntlich nicht spasmisch geladen bzw. aktiviert, sondern durch rhythmisch-monotones Herunterleiern.*

Das hat seine Vor- und Nachteile. Der wohl wichtigste praktische Nachteil besteht in der vergleichsweise langen Dauer der Operation. Bei der spasmischen Ladung (Wort- und Bildmethode) läßt sich der gesamte magische Akt auf wenige Minuten terminieren, das Leiern von Sigillen dagegen kann oft Stunden, ja sogar – insgesamt gerechnet – Tage beanspruchen. Zudem sind die mantrischen Sigillen auffälliger, zumindest wenn man, wie es die Regel ist, laut intoniert und nicht stumm. Deshalb lassen sie sich nicht ohne weiteres ungestört aktivieren.

Doch gibt es auch einige Vorteile. Zum einen haben viele Magier das Gefühl, daß die mantrischen Sigillen »organischer« seien und nicht wie ein Vorschlaghammer »ins Gehirn hauen«, wie es die nach Wort- oder Bildmethode geladenen Sigillen oft tun. Zweitens wird durch das monotone Wiederholen eines scheinbar sinnfreien Mantras das Unbewußte bei manchen Magiern offenbar weiter geöffnet – mit Ausnahme der sexualmagischen Sigillenladung – als durch die nichtsexualmagische Todeshaltung. Und drittens kommt die mantrische Aktivierung vor allem jenen Magiern mehr entgegen, die bereits viel mit verbalen Suggestionen oder mit Hypnose gearbeitet haben, ebenso natürlich stark auditiv veranlagten Menschen wie etwa Musikern. Zum vierten sei noch einmal betont, daß auch die mantrischen Sigillen am wirksamsten sind, wenn wir ihren Inhalt vergessen haben. Gegenüber den anderen Methoden der Sigillenmagie hat das Ableiern mantrischer Sigillen den Vorteil, daß dieses Vergessen oder Verdrängen von Sinninhalten nach einer Weile ganz automatisch geschieht.**

> *Durch das monotone Wiederholen eines sinnfreien Mantras kann das Unbewußte geöffnet werden.*

---

* Oft auch neudeutsch »Chanten« genannt, vom englischen »to chant« = »(liturgisch) singen, (ab-, herunter-)leiern«.

** Das gilt übrigens ganz allgemein für Worte: Wenn Sie eine halbe Stunde lang ununterbrochen das Wort »Käsekuchen« vor sich hinmurmeln, werden Sie schon sehr bald

Es hat sich ferner als recht wirkungsvoll erwiesen, bei mantrischen Sigillen die Vokalisierung ausschließlich mit den Lauten I, A und O durchzuführen. Denn es hat den Anschein, als würde das Unbewußte auf diese Klangkombination besonders dankbar reagieren.

Wir werden weiter unten eine moderne Übung beschreiben, die auf der alten gnostischen IAO-Formel aufbaut und sich diesen Effekt gezielt zunutze macht. Vielleicht sollten Sie einmal mit mantrischen Sigillen experimentieren, indem Sie bei ein und derselben Operation mit verschiedenen Vokalisierungen arbeiten. So könnten Sie beispielsweise an einem Tag die akustische Sigil »BILAKO« verwenden, am nächsten »BALAKA«, am übernächsten »BELUKO«, und beobachten, welche Vokalkombination sich am besten anfühlt. Dabei muß die Reihenfolge der Laute I-A-O nicht unbedingt eingehalten werden, wir können also auch mit Umstellungen arbeiten (also z. B. mit O-A-I, I-O-A, A-O-I), was übrigens schon die antiken Gnostiker taten.

DIE IAO-FORMEL

Über die sogenannte »IAO-Formel« ist schon viel geschrieben worden, dennoch läßt sich nicht immer eindeutig definieren, was in der Magie im allgemeinen darunter verstanden wird. In der spätantiken Gnosis spielte die Vokalfolge »I-A-O« eine große Rolle, und auch Aleister Crowley hat viel und gern mit ihr gearbeitet.***

---

gar nicht mehr bewußt wissen, was Sie da sagen – es bedarf eines Akts der Anstrengung, um dieses Wissen wieder zu aktivieren.

*** Es sollte hier zum besseren Verständnis angemerkt werden, daß der Begriff »Formel« in der Magie ganz ähnlich verwendet wird wie beispielsweise in der Mathematik oder der Chemie. So definiert der Duden »Formel« als: »Folge von Buchstaben, Zahlen od. Worten zur verkürzten Bezeichnung eines {...} Sachverhalts«; als zusätzliche Bedeutung gilt in der Magie auch: »kurzgefaßter Satz od. Ausdruck, in dem sich ein gedanklicher Zusammenhang erhellend fassen läßt«. Tatsächlich stellen magische Formeln oft eine Mischform aus beidem dar. Mal bestehen sie, wie die hier behandelte IAO-Formel oder unsere hier häufiger besprochenen mathemagischen Strukturformeln – z. B. die symbollogische Unschärferelation – tatsächlich nur aus Buchstabenkürzeln, mal aber auch aus Merksätzen oder -worten mit praktischem Hintergrund, etwa die Formeln »V.I.T.R.I.O.L.«, »Thelema«, »93/93« (= ein thelemitischer Gruß, mit dem die Worte Thelema – Wille – und Agapé – Liebe – durch ihren kabbalistischen Zahlenwert zusammengefaßt werden).

Hier wollen wir noch nicht auf die philosophische und symbolische Bedeutung der IAO-Formel eingehen und statt dessen die persönliche Erfahrung und Praxis in den Vordergrund stellen. Damit soll auch bewiesen werden, daß ein Großteil der magischen Techniken auch ohne allzu aufwendigen ideologischen Überbau auskommen und auch ohne genauere Kenntnisse von philosophischem »Faktenmaterial« geradezu automatisch wirken, sofern die entsprechende Gnosis vorhanden ist.

Anstelle philosophisch-mystischer Ausführungen werde ich Ihnen also hier diese von mir entwickelte Übung in diesem Abschnitt in ihren praktischen Einzelheiten schildern.

Dabei handelt es sich um eine Energetisierungs- und Schutzübung, die in ihrer Wirkungsweise dem Kabbalistischen Kreuz gleicht, aber unaufwendiger und in mancher Hinsicht sogar effektiver ist. Sie dient uns vor allem zur »Härtung« der Aura des Magiers, wodurch sie einen optimalen magischen Schutz ermöglicht.

DIE ARBEIT MIT DER IAO-FORMEL

Die IAO-Formel wird zu Anfang stets aufrecht stehend geübt, erst nach einiger Praxis solltest Du sie auch in anderen Stellungen versuchen.

DIE I-FORMEL

Du stehst aufrecht mit aneinandergestellten Füßen, auf Wunsch mit Blickrichtung Osten. Mit geschlossenen oder (sofern bereits entsprechende Meditationserfahrung vorhanden) halbgeschlossenen Augen intonierst Du langgezogen den Vokal I: »Iiiiiiiiiiiiiiiiiihhhhhh«.

Gleichzeitig imaginierst Du einen senkrechten Lichtstrahl, der von oben kommend durch den Scheitelpunkt in Deinen Körper eindringt und sich senkrecht durch die Körpermitte nach unten fortsetzt, um im Boden zu verschwinden. Der Strom hat allerdings keine festgelegte Fließrichtung, tatsächlich fühlt es sich mit der Zeit so an, als würde er – meist im Rhythmus mit dem Atem – gleichzeitig von oben nach unten und von unten nach oben strömen. Der Strahl ist ein kontinuierlicher Strom, es handelt sich also nicht etwa um einen einmaligen »Blitz«. Spüre die Energie, die dich kraftvoll durchströmt. Oft wird sie als warmes Prickeln oder als Gefühl der Kraft und Macht empfunden.

Wenn Du es Dir zutraust, kannst Du diesen Strahl schon von Anfang an in weißer, durchschimmernder Farbe imaginieren. Sollte dies nicht problemlos gelingen, so übst Du erst einige Wochen ohne Farbimagination, um es dann aufs neue zu versuchen.

Dies ist die Vereinigung von Makro- und Mikrokosmos; die Chinesen sprechen von der »Vereinigung von Himmel und Erde«. Damit harmonisierst Du Deine Kräfte und stellst einen Einklang zwischen Deinem »Oben« und Deinem »Unten« her. Dieser Teil der IAO-Formel dient auch der Inspiration und öffnet das Scheitelchakra für Dein Informationsuniversum.

DIE A-FORMEL

Immer noch senkrecht stehend und mit geschlossenen bzw. halbgeschlossenen Augen breitest Du seitlich die Arme aus und intonierst langgezogen den Vokal A: »Aaaaaaaaaaaaaaaaaaahhhhhh«.

Gleichzeitig imaginierst Du einen kontinuierlichen waagerechten Energiestrom, der Deinen Körper in der Horizontalen durchstößt und rechts und links von ihm in die Weite schießt, aus der er auch kommt. Der Strom hat keine festgelegte Fließrichtung, tatsächlich fühlt es sich so an, als würde er gleichzeitig von links nach rechts und von rechts nach links strömen. Spüre die Energie, die dich kraftvoll durchströmt. Oft wird sie als warmes Prickeln oder als Gefühl der Kraft und Macht empfunden.

Wenn Du es Dir zutraust, kannst Du diesen Strahl schon von Anfang an in roter, durchschimmernder Farbe imaginieren. Sollte dies nicht problemlos gelingen, so übst Du erst einige Wochen ohne Farbimagination, um es dann aufs neue zu versuchen.

Dies ist die Vereinigung von linker und rechter Seite, von Geben und Empfangen, von Handeln und Erdulden; die Chinesen sprechen von der »Vereinigung von Yin und Yang«. Damit aktivierst Du Deine Kräfte und stellst einen Einklang zwischen Deinem »Rechts« und Deinem »Links« her. Dieser Teil der IAO-Formel dient auch der Herstellung des geistigen und körperlichen Gleichgewichts und öffnet die Handchakras für Dein Informationsuniversum.

Dies ist Mittung, das innere Zentrieren, und es kommt in seiner Funktion dem magischen Kreis nahe. Damit konzentrierst Du Deine Kräfte und stellst Dich ins Zentrum Deines eigenen Kosmos.

DIE O-FORMEL

Immer noch senkrecht stehend und mit geschlossenen bzw. halbgeschlossenen Augen legst Du seitlich die Arme an den Körper und intonierst langgezogen den Vokal O: »Oooooooooooooooooohhhhhh«.

Gleichzeitig imaginierst Du einen kontinuierlichen doppelkreisförmigen Energiestrom, der Deinen Körper waagerecht und senkrecht im Umkreis von etwa eineinhalb Metern umgibt. Der Strom hat keine festgelegte Fließrichtung, tatsächlich fühlt es sich so an, als würde er gleichzeitig links- und rechtsherum, von oben vorne herab und umgekehrt strömen. Spüre die Energie, die dich kraftvoll umströmt. Oft wird sie als warmes Prickeln dicht über der Haut oder als Gefühl der Kraft und Macht empfunden.

Wenn Du es Dir zutraust, kannst Du diesen Kreis- bzw. Kugelstrom schon von Anfang an in blauer, durchschimmernder Farbe imaginieren. Sollte dies nicht problemlos gelingen, so übst Du erst einige Wochen ohne Farbimagination, um es dann aufs neue zu versuchen. Nun kannst Du den O-Kreis bzw. die Doppel-O-Kugel auf bis zu etwa sechs Metern ausdehnen, abhängig davon, wie gut Du ihn/sie aufrechtzuhalten vermagst.*

Dies ist die Mittung, das innere Zentrieren, und es kommt in seiner Funktion dem magischen Kreis nahe. Damit konzentrierst Du Deine Kräfte und stellst Dich ins Zentrum Deines eigenen Kosmos.

Dieser Teil der IAO-Formel dient auch der Herstellung des geistigen und körperlichen Gleichgewichts, der Sicherheit und des Selbstvertrauens, er reduziert die magische Verwundbarkeit und macht Dich zum Beherrscher Deines Informationsuniversums.

Die Intonationen müssen nicht sehr laut sein, Du solltest aber versuchen, sie so kraftvoll wie möglich durchzuführen. Mit etwas Übung wirst Du schon die für Dich richtige Lautstärke, Tonlage, Intonationsdauer und so weiter feststellen.

Die IAO-Formel dient also sowohl dem magischen Schutz als auch der Mittung und der Kraftaufladung. Sie kann auch vor Heilungen mit Erfolg praktiziert werden. Wir verwenden sie außerdem gern vor und nach dem Kleinen Bannenden Pentagrammritual sowie vor und nach

---

* Dies sind nur Richtwerte, im Zweifelsfall solltest Du Deiner eigenen Intuition stets den Vorzug geben.

jeder anstrengenden, kraftaufwendigen magischen Operation. Sie eignet sich ferner ganz hervorragend für die Arbeit mit dem magischen Doppelgänger sowie bei bzw. vor beeinflussungsmagischen Operationen und kann von Magiern, denen die Arbeit mit kabbalistischen Formeln nicht zusagt, beispielsweise anstelle des Kabbalistischen Kreuzes und anderer Mittungs- und Aufladungspraktiken, verwendet werden. Darüber hinaus läßt sie sich jederzeit völlig gefahrlos und ganz nach Bedarf einsetzen.

> *Die IAO-Formel dient der Mittung, Kraftaufladung und Heilung.*

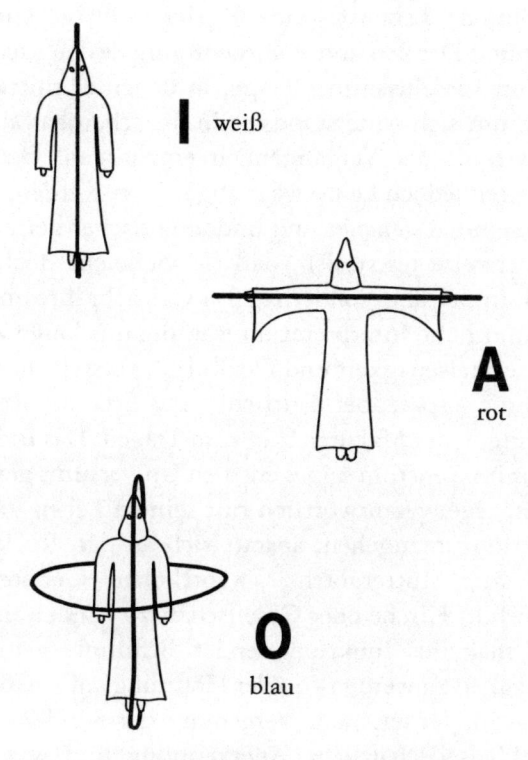

Abbildung 22: Die IAO-Formel

EXKURS:
DIE WUNDEN PUNKTE DER MAGIER-SEELE (I)

Der Magier Gurdjieff widmete sein Leben dem »Kampf gegen den Schlaf«, wie er es formulierte. Dies ist übrigens auch der Titel einer sehr lesenswerten Gurdjieff-Studie von Colin Wilson. Unter diesem Schlaf verstand er etwas Ähnliches wie die alten Gnostiker, nämlich das Leben im Nicht-Bewußtsein um seine wahre Bestimmung. Die Antwort auf die drei gnostischen Fragen »Wer bin ich? Woher komme ich? Wohin gehe ich?« zu suchen, bedeutet aufzuwachen aus dem, was Colin Wilson die »Gewohnheitsneurose« genannt hat.

Im Gegensatz zu früheren Zeiten glauben heute nur noch die wenigsten Magier, daß es auf diese Fragen – oder auch auf die Urfrage nach dem »Sinn des Lebens« – eine allgemeingültige Antwort gibt. Zu differenziert sind Denken und Wahrnehmung des Menschen geworden, zu kompliziert die Zusammenhänge, in denen er mittlerweile denkt und handelt, um sich widerstandslos in die scheinbar allzu schlichten Erklärungssysteme der Vergangenheit einzufügen. Damit sollen die alten Weisheiten jedoch keineswegs abgewertet werden. Im Gegenteil, wenn wir sie einmal genauer und undogmatischer betrachten, werden wir möglicherweise feststellen, daß sie vielleicht doch gar nicht so schlicht und simpel sind, sondern daß es vielmehr ihre unreflektierte, ja geradezu dümmliche Interpretation war, die uns lange Zeit den Blick für ihre wahre Vielseitigkeit und Flexibilität verstellt hat. Erst in unserer Zeit kommt – spät, aber deutlich! – das Erbe der Renaissance und der Aufklärung in der Magie richtig zum Tragen: Das Individuum wird schonungslos ins Zentrum seines eigenen Universums gestellt, damit es endlich lernt, eigenverantwortlich mit seinem Leben und seiner Realitätsproduktion umzugehen, anstatt sich an den Rockzipfel irgendeiner Vater- oder Muttergottheit, »göttlicher« Gebote, oktroyierten Moral und Ethik, Kirche oder Gesellschaft zu hängen und nur danach zu streben, makellos funktionierender Erfüllungsgehilfe, ja Sklave fremder Vorgaben zu werden – in der Hoffnung auf einen schönen Platz an der Sonne im Jenseits, auf Vergebung der Sünden, auf »positives Karma«, auf gesellschaftliche Anerkennung und was der Karotten mehr sind, die man dem Esel »Menschheit« seit Jahrtausenden vor die Nase hängt, damit er pariert und unermüdlich weiter in seine Sackgassen hineintrabt. Statt dessen will die Magie von heute den selbstbestimmten, aus innerer Erfahrung und Weisheit handelnden Menschen, der keineswegs amoralisch oder verantwortungslos agieren muß, der sich aber seine Ethik weder von einer Kirche noch einem Geheimorden mit »Wahrheitsmonopol« vorschreiben läßt.

> *Die Magie von heute will den selbstbestimmten, aus innerer Erfahrung und Weisheit handelnden Menschen.*

Bis dieses Ziel tatsächlich erreicht wird, ist es jedoch noch ein langer Weg voller Hindernisse, und das gilt sicher für jeden von uns. So individuell wie die einzelnen Lebensziele, so unterschiedlich können auch die wunden Punkte der Magier-Seele sein. Deshalb können wir hier auch keine verbindliche Liste sämtlicher Stolpersteine aufstellen, sondern nur einige der häufigsten aufzählen und Hinweise für einen konstruktiven Umgang mit ihnen geben. Einer davon soll jetzt im Vordergrund der Betrachtung stehen: die Gewohnheit.

DIE MACHT DER GEWOHNHEIT

Allzuoft vergessen wir, daß Floskeln und Zitate für vieles einen aufschlußreichen Anschauungsunterricht bietet.*

Ein Satz wie »die Macht der Gewohnheit«, den wir täglich – ja geradezu gewohnheitsmäßig! – gebrauchen, ohne über seine eigentliche Bedeutung nachzudenken, sollte uns eigentlich stutzig machen. Tatsächlich hat die Gewohnheit in der Regel eine derartige Macht über uns, daß sie

a) zum ernsten Hindernis beim für die moderne Magie so wichtigen Paradigmenwechsel werden kann;

aber auch

b) ausgenutzt werden kann, indem wir uns neue, magiefördernde Gewohnheiten aneignen.

> *Consuetudo est quasi altera natura.*
>
> (*»Die Gewohnheit ist soviel wie eine zweite Natur.«*)
> *nach Cicero*

---

* Oder, wie es L. Ron Hubbard in seinem Buch *Dianetik* formuliert: »Hat man erst einmal etwas entdeckt, das zur Lösung bisher ungelöster Probleme führt, so stellt man fest, daß sogar die Wörterbücher ›es schon immer gewußt‹ haben.«

Deshalb ist es auch erforderlich, sich ein genaues Bild von den eigenen Gewohnheiten zu machen und diese so gut es geht auf ihre Ursachen abzuklopfen. Beides ist nicht so einfach, wie es sich lesen mag: Ein Großteil unserer Gewohnheiten ist im Unbewußten verankert und daher nur schwer aufzuspüren. Oft sind wir erstaunt, wenn uns Freunde und Bekannte auf Gewohnheiten aufmerksam machen, von deren Existenz wir überhaupt nichts ahnten. Noch schwieriger ist es, die Ursachen für solche Gewohnheiten festzustellen, zumal diese meist sehr vielschichtig sind und häufig bestenfalls erahnt, nicht aber präzise formuliert werden können. Aus diesem Grund sollten wir auch mit Gewohnheiten anfangen, die offensichtlicher sind, wie Rauchen, Abhängigkeit vom Morgenkaffee, regelmäßiges Sehen von Nachrichten- oder Sportsendungen und so weiter. Begnügen Sie sich bei der Ursachenforschung bitte nicht mit vordergründigen Erklärungen wie »Ich rauche, weil es mir Spaß macht« – vielleicht macht Ihnen das Essen von Eiskrem auch Spaß, dennoch werden Sie wohl kaum über Jahre hinweg zwanzig bis sechzig Tüten Eiskrem pro Tag vertilgen oder völlig nervös und zittrig werden, wenn mal kein Eis zur Verfügung steht – es sei denn, Sie sind wirklich eiskremsüchtig! Die Trennlinie zwischen Gewohnheit und Sucht ist oft nur haarfein, und ein wesentlicher Bestandteil von Sucht ist das hartnäckige Leugnen des Süchtigen, abhängig zu sein.

> *Die Trennlinie zwischen Gewohnheit und Sucht ist oft nur haarfein.*

Wenn Sie sich schon seit zehn Jahren vormachen sollten, daß Sie das Rauchen »ja jederzeit aufgeben« könnten, sofern Sie nur wollten, so beweisen Sie es sich auch, indem Sie beispielsweise mal sechs Monate oder gar zwei Jahre damit aufhören oder mal eine Woche damit aussetzen, dann einen Tag zwanzig Zigaretten rauchen und am nächsten nur drei, am übernächsten zehn und am Tag darauf eine und so weiter, bis Ihr Rauchverhalten völlig unberechenbar geworden ist. Als magisches Hilfsmittel für die Entscheidung können Sie auch den Würfel verwenden.

Wir möchten hier nicht für das Rauchen plädieren, wollen es aber andererseits auch nicht verteufeln – letztlich müssen Sie selbst entscheiden, ob Sie das damit verbundene gesundheitliche Risiko auf sich nehmen wollen oder nicht. Unsinn ist jedenfalls die in älteren Magietexten immer wiederkehrende Behauptung, als Magier müsse man unbedingt auf Tabak-, Alkohol- und Fleischkonsum verzichten und auch sexuell enthaltsam leben. Was von den Forderungen solcher Autoren zu halten ist, erkennen wir, wenn wir uns einmal vor Augen halten, daß ein Franz Bardon dem angehenden Adepten das Rauchen zwar streng verboten hat, selbst aber Kettenraucher war!

Das Rauchen ist jedoch insofern ein gutes Beispiel, weil es sehr verbreitet ist und uns die Möglichkeit bietet, uns mit ihm als Gewohnheit und/oder als Sucht sehr intensiv auseinanderzusetzen. Sollten Sie Nichtraucher sein, so versuchen Sie es beispielsweise mit Ihrem Trink- oder Eßverhalten, Ihren Sexualgewohnheiten oder ähnlichem. Im Übungsteil finden Sie weitere praktische Hinweise, mit deren Hilfe Sie das hier Behandelte umsetzen können.

Aus dem Gesagten ergibt sich, daß der Magier auch von Zeit zu Zeit mit seiner Magie aussetzen muß, um nicht wiederum von dieser gewohnheitsmäßig abhängig und ihr Sklave anstatt ihr Meister zu werden. Doch dazu muß meist erst eine jahrelange Magie-Routine aufgebaut worden sein.

PLANETENMAGIE (III)

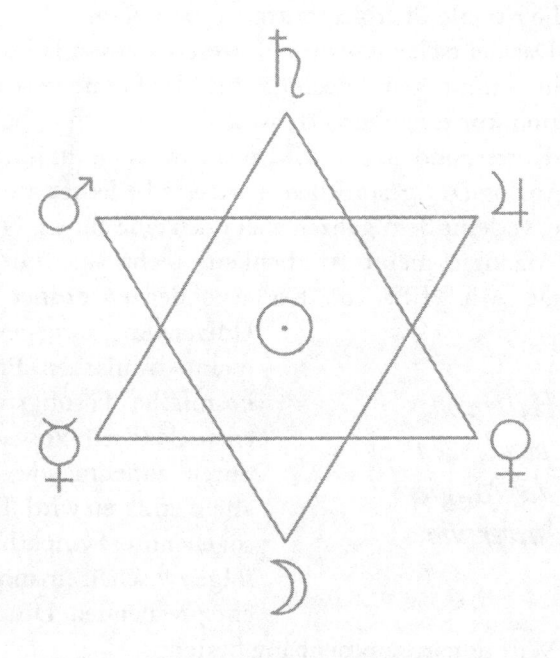

Die Lehre von den Korrespondenzen (1)

Bevor wir unsere Einführung in das Hexagrammritual und die Planetenmagie fortsetzen, wollen wir einige grundsätzliche Aspekte des Umgangs mit magischen Korrespondenzen behandeln, da diese die rituelle Praxis unmittelbar betreffen.

Das deutsche Wort für Korrespondenzen lautet »Zuordnungen, Übereinstimmungen«, doch hat sich das Fremdwort inzwischen in der Magieliteratur eingebürgert, weshalb wir auch dabei bleiben wollen. Statt »Korrespondenzen« wird auch, vor allem in jüngerer Zeit, häufig von »Analogien« gesprochen. Letzteres bedeutet zwar im Prinzip das gleiche, verleiht dem ganzen aber doch eine andere Nuancierung:*

Analogie meint Ähnlichkeit, nicht aber Gleichheit oder gar Identität: Mit Hilfe von Korrespondenzen ordnet der Magier sein Universum, um gewissermaßen aus makrokosmischen Problemen mikrokosmische Lösungsmöglichkeiten zu entwickeln, ein Vorgang, der sich Ihnen durch zunehmende Praxis noch von allein erklären wird. Dahinter steht das sogenannte Sympathiegesetz, demzufolge zwischen einander ähnlichen oder entsprechenden Dingen ein feinstofflicher Wirkungszusammenhang besteht.

> *Mit Hilfe von Korrespondenzen ordnet der Magier sein Universum.*

Mit den Korrespondenzen ist vor allem in der Dogmatischen Magie Schindluder getrieben worden, etwa wenn sie als »objektiv« und somit unumstößlich verstanden wurden. So wird Ihnen ein dogmatischer Magier beispielsweise einzureden versuchen, daß das Metall Blei einzig und allein zum Planetenprinzip des Saturn, nicht aber etwa zur Venus oder zum Mond gehört. Wenn Sie also ein Mondritual unter Verwendung des Metalls Blei durchführen, so argumentiert unser Dogmatiker, ist dieses von vorneherein zum Scheitern verurteilt. Damit denkt er ähnlich wie ein Chemiker, in dessen Weltbild sich bei einem Laborversuch Natrium ja auch nicht beliebig durch Kalium oder

---

* *Aufschlußreich ist, was in diesem Zusammenhang der große Duden zum Begriff Analogie vermerkt: »(... lat. analogia < griech. analogía): 1. (bildungsspr.) Entsprechung, Ähnlichkeit, Gleichheit von Verhältnissen...« Ja, er kennt sogar das Wort Analogiezauber: »Zauber, der durch eine bestimmte Handlung Ähnliches bewirken will (z. B. das Verbrennen von Haaren eines Menschen, der dadurch geschwächt werden od. sogar sterben soll).«*

Helium ersetzen läßt, wenn ein bestimmtes Ergebnis gefordert wird. Von Ramsey Dukes stammt das Beispiel des Chemikers, den wir eben *nicht* dabei ertappen werden, wie er kopfschüttelnd und ungläubig vor einem Häuflein Tafelsalz (= Natriumchlorid) sitzt und murmelt: »Kann mir doch niemand weismachen, daß das Zeug Chlor enthält!« Dukes führt aber auch sinngemäß weiterhin aus, daß es falsch wäre zu glauben, das Metall Blei »enthalte« irgendwie den Saturn so wie Natriumchlorid Chlor enthält.

Gerade in einer naturwissenschaftlich so gründlich geprägten Welt wie der unsrigen ist es von größter Wichtigkeit, als Magier nicht der Versuchung zu erliegen, die Bezugsebenen zu verwechseln und die Korrespondenz, also die Entsprechung, mit Identität gleichzusetzen. Das ist nicht nur unwissenschaftlich gedacht, es schafft auch unnötige Probleme, die uns in der magischen Entwicklung um Jahre und Jahrzehnte zurückwerfen können, unter anderem auch deshalb, weil der subjektive Charakter von Korrespondenzen dadurch verkannt wird.

> *Es ist von größter Wichtigkeit, »Entsprechung« nicht mit »Identität« gleichzusetzen.*

Der praktische Nutzen der Korrespondenzen ergibt sich jedoch weniger aus der Ordnung, die sie dem sonst oft als chaotisch empfundenen Kosmos oktroyieren, sondern vielmehr aus den vielfältigen Anwendungsmöglichkeiten, die sie uns bescheren. Wie es Ramsey Dukes formuliert:

> *In der Ritualmagie lernen wir, Zuordnungen sowohl durch Meditation als auch durch Beobachtung herzustellen, doch anstatt den Status quo passiv zu studieren, um daraus eine Prophezeiung abzuleiten, wie es der Orakeldeuter tut, stellen wir absichtlich eine unnatürliche Konzentration passender Faktoren her, um ein bestimmtes Ereignis herbeizuführen. (Dies ist eine Parallele zum Laborexperiment.)*
> Ramsey Dukes, LIBER SGDSMEE

Innerhalb gewisser, freilich sehr eng gesteckter Grenzen sind die Korrespondenzen also im Prinzip beliebig und willkürlich: Ob wir dem Saturn nun, wie es eine von vielen widersprüchlichen Traditionen fordert*, das Metall Blei zuordnen oder das Eisen, spielt insofern keine Rolle, solange wir dabei konsequent bleiben und nicht einmal Blei, ein anderes Mal Eisen und ein drittes Mal Kupfer wählen, denn dies würde das Unbewußte vor allem am Anfang unserer Praxis erfahrungsgemäß stark verunsichern und zu völlig unberechenbaren Ergebnissen führen. Diese Grenzen brauchen uns im Augenblick allerdings noch nicht näher zu beschäftigen, da es die Materialflut nur unnötig vergrößern und möglicherweise von der eigentlichen Praxis ablenken würde. Wichtiger ist dagegen die Tatsache, daß uns die Korrespondenzen dazu dienen, im magischen Ritual künstlich eine Einseitigkeit herzustellen, die unseren Vorhaben förderlich ist. Wenn wir also beispielsweise mit dem Planetenprinzip des Jupiter arbeiten wollen, so werden wir aus dem Tempel so gut wie alles verbannen, was nicht dem Jupiter entspricht oder diesen gar ausschließt beziehungsweise ihm entgegenwirken könnte. Es ist dies ein Akt der symbolischen Konzentration, wie wir ihn in krankhafter Form auch in der Hysterie beobachten können – nur daß er hier gezielt und beherrscht stattfindet und darum auch zum gewünschten Erfolg führt.

Sie sollten sich immer vor Augen halten, daß Entsprechungen praktisch erfahren und erlebt sein wollen, wenn sie überhaupt einen Wert haben sollen. Oder, anders ausgedrückt: Ob Sie nun fertige, durch die Tradition sanktionierte Korrespondenzen übernehmen oder sich eigene erschaffen, stets müssen Sie diese durch die eigene Praxis zum Leben erwecken, wenn sie nicht reine intellektuelle Spielerei bleiben sollen.

> *Entsprechungen wollen praktisch erfahren und erlebt sein.*

Haben wir es erst völlig verinnerlicht, so hat das Korrespondenzsystem den Vorteil, uns schnelle und flexible Reaktionen zu ermöglichen. Wir brauchen nicht lange für die »Sinnsuche«, sondern wissen sofort zu handeln, da alles einen (subjektiven) Sinn aufweist und in Beziehung zum Ganzen gesetzt werden kann, ohne

---

* *Zufälligerweise ist dies im Augenblick zwar die vorherrschende Tradition, doch war dem keineswegs immer so.*

daß allzuviel Zeit auf die Ursachenforschung verwendet werden müßte.*

Am deutlichsten hat vielleicht Mace den Vorgang der Korrespondenzbelebung zusammengefaßt, wenn er schreibt: »Der Magier unterscheidet viele verschiedene Arten verfügbarer Energie, bestückt sie mit Symbolen und Namen und ruft sie bei Bedarf herbei, sei es durch Meditation, durch Singsang (Mantras), Tanzen oder sogar durch sexuelle Aktivität.« [Mace, S. 28]

Der moderne Freistilhexer jedoch verzichtet darauf, aus den Kräften, mit denen er arbeitet, ein universales, allgemeingültiges System zu machen. Außerdem verwendet er so gut wie keine traditionellen Symbole, sondern fast nur solche, die seinem eigenen Unbewußten entspringen. Auch dorthin ist es freilich meist ein langer, dorniger Weg, den wir Ihnen mit unseren Ausführungen in den nächsten Abschnitten ein wenig abzukürzen hoffen.

Die nächsten beiden Übersichten zeigen die wichtigsten traditionellen Korrespondenzen der Planetenmagie, wie sie speziell für die rituelle Praxis relevant sind. Sie entstammen weitgehend den Systemen der Golden Dawn und Aleister Crowleys. Im Anschluß daran werden wir anhand des Ritualplans und seiner Erläuterung noch weiteres Anschauungsmaterial für den sinnvollen Gebrauch dieser Korrespondenzen unterbreiten.

Wenn Sie Wert auf eine gründliche Ausbildung auch im traditionellen Stil legen, sollten Sie sich diese Korrespondenzen nachhaltig einprägen, ja sie sogar auswendig lernen, bis sie richtig »sitzen« und jederzeit abrufbar in Ihrem Geist gespeichert sind. Erst dann können Sie darauf hoffen, Ihr magisches

> *Korrespondenzen sollten Sie sich gründlich einprägen, bis sie richtig »sitzen«.*

---

* Wenn uns viermal hintereinander ein Mißgeschick passiert, »wissen« wir sofort, daß wir es hier mit einer Störung im Jupiter-Bereich (Jupiter = 4) zu tun haben und können entsprechend aktiv werden, um diese Störung präzise zu orten und zu beheben. Selbst wenn dies, wie es uns der materialistische Psychologe vielleicht weismachen will, nur Einbildung wäre, zählt doch letztlich nur die Effektivität dieses Vorgangs, und in dieser Hinsicht braucht die Magie keinen Vergleich mit anderen Disziplinen der Schicksalsbewältigung (z. B. Religion, Psychologie oder Wissenschaft) zu scheuen ...

Leben mit ihrer Hilfe sinnvoll und überschaubar zu ordnen und zu einer entsprechend erfolgreichen Praxis zu gelangen.

Vergessen Sie bitte nicht, daß die Planeten selbst Korrespondenzen sind! Wir haben es hier also mit einer Verknüpfung und Ausweitung von Analogien zu tun.

Vermeiden müssen wir auch die in der Vergangenheit auf solch irreführende, unselige Weise immer wieder breitgetretenen Formeln wie »Planet = Edelstein«, »Zahl = Farbe« und so weiter. Noch einmal: Nicht mit einer mathematischen Gleichheit oder Identität haben wir es hier zu tun, sondern eben nur mit einer Analog-Entsprechung. Ähnlich sprechen wir auch im Alltag nicht davon, daß die Farbe Rot »gleich« Liebe oder die Farbe Schwarz »gleich« Trauer ist – sie zeigen ihre jeweilige Entsprechung lediglich an! Erst wenn wir dies gründlich verstanden haben, können wir die symbol-logische Unschärferelation wirklich

PLANET	SYMBOL	ZAHL	WOCHEN-TAG		METALL/FARBE/EDELSTEIN/DUFT/PFLANZE/FORMEL
SONNE	☉	6	Sonntag	m f e d p fo	GOLD GELB, GOLDEN HELIOTROP, TOPAS OLIBANUM, ZIMT/alle »HERRLICHEN DÜFTE« AKAZIE, LORBEER, WEIN YOD-HE-VAU-HEH ELOA VA-DAATH
MOND	☽	9	Montag	m f e d p fo	SILBER WEISS, SILBERN MONDSTEIN, KRISTALL, PERLE JASMIN, GINSENG/alle »SÜSSEN, JUNGFRÄUL. DÜFTE« DAMIANA, MANDRAGORA, MANDEL SHADDAI EL SHAI
MERKUR	☿	8	Mittwoch	m f e d p fo	QUECKSILBER, MESSING ORANGE [GELB] (FEUER-)OPAL, ACHAT STYRAX, MASTIX/alle »FLÜCHTIGEN DÜFTE« MOLY, SALBEI, PEYOTE ELOHIM TZABAOTH
VENUS	♀	7	Freitag	m f e d p fo	KUPFER GRÜN SMARAGD, TÜRKIS ROSE, MYRTE/alle »SANFTEN, LÜSTERNEN DÜFTE« ROSE, MYRTE, KIEF YOD-HE-VAU-HEH TZABAOTH
MARS	♂	5	Dienstag	m f e d p fo	EISEN ROT RUBIN PFEFFER, TABAK, DRACHENBLUT/alle »HEISSEN, STECHENDEN DÜFTE« EICHE, NESSEL, BRECHNUSS ELOHIM GIBOR

Übersicht 15: Die Planeten und ihre wichtigsten Korrespondenzen (I)

effektiv nutzen und brauchen uns nicht mit pseudowissenschaftlichen Pseudoproblemen herumzuschlagen wie beispielsweise der Frage, was denn die »wahre« Pflanzenkorrespondenz für einen bestimmten Planeten oder von welcher Frequenz ihre »Schwingungen« seien.

PLANET	SYMBOL	ZAHL	WOCHEN-TAG		METALL/FARBE/EDELSTEIN/DUFT/PFLANZE/FORMEL
JUPITER	♃	4	Donnerstag	m	ZINN
				f	BLAU (KÖNIGSBLAU)
				e	AMETHYST, SAPHIR
				d	ZINNKRAUT, SAFRAN/alle »GROSSZÜGIGEN DÜFTE«
				p	OLIVE, KL. GOLDKLEE (SHAMROCK)
				fo	EL
SATURN	♄	3	Samstag	m	BLEI
				f	SCHWARZ, BRAUN
				e	ONYX
				d	ASANT, SKAMMONIA, INDIGO/alle »ÜBLEN DÜFTE«
				p	EIBE, ZYPRESSE, NACHTSCHATTEN
				fo	YOD-HE-VAU-HEH ELOHIM

Übersicht 16: Die Planeten und ihre wichtigsten Korrespondenzen (II)

EINFÜHRUNG IN DAS HEXAGRAMMRITUAL (III)

In diesem Abschnitt finden Sie das Hexagrammritual eingebettet in ein Merkur-Ritual. Das soll für diesmal genügen, um Sie mit der praktischen Anwendung dieses Rituals vertraut zu machen. Dies liegt schon deswegen nahe, weil es in der Regel ohnehin den Charakter eines »Teilrituals«, also eines Bestandteils eines übergeordneten, größeren Rituals hat.

Erläutern möchten wir an dieser Stelle lediglich, warum das Sonnenprinzip erst nach den anderen Planeten bearbeitet werden sollte: Da sie kein gewöhnlicher Planet, sondern vielmehr die Summe der anderen ist (eine Größe freilich, die größer ist als die Summe ihrer Teile), ist zur Auseinandersetzung mit der Sonne eine gründliche Kenntnis ihrer »Bestandteile« erforderlich.

Aus diesem Grund wird auch in alten Magietexten immer wieder vor der Sonnenmagie gewarnt. Erst wenn

> *In alten Magietexten wird immer wieder vor der Sonnenmagie gewarnt.*

wir beispielsweise den Saturn verstanden haben, können wir auch begreifen, was mit dem alten Diktum gemeint ist: »der Sonnenkern ist saturnisch«, oder erkennen wir, weshalb die Zahlen 3 (Saturn) und 6 (Sonne) miteinander in einer engen Beziehung stehen, die sich nicht allein durch »Verdoppelung« erklären lässt. Erst dann wird uns klar, weshalb »666« die Zahl des »Großen Tiers«, »333« dagegen die des Dämons »Choronzon« ist, was dies zu bedeuten hat und wie es sich praktisch nutzen läßt.

Dem magischen Neuling sind – mit gewissen, vom eigenen Horoskop abhängigen Einschränkungen – Planeten wie Merkur oder Jupiter im allgemeinen zugänglicher als beispielsweise Mars oder Saturn, und deshalb wollen wir uns zunächst diesen Prinzipien widmen, bevor wir uns an die schwierigeren und »härteren« Planeten machen.

DER RITUALPLAN

In der modernen Magie ist zwar viel Platz für Spontaneität, doch setzt diese eine gründliche Kenntnis der Materie voraus – erst der Magier, der sein Metier wirklich beherrscht, kann auch hoffen, im Notfall oder nach Gefühl effektiv zu improvisieren. Zwar neige ich persönlich nicht zu der übertriebenen Vorsicht, mit der vor allem Magier der alten Schule ihre Rituale oft monate-, ja jahrelang vorbereiten, aus Angst, es könnte etwas schiefgehen, die »falsche« Korrespondenz die ganze Operation sabotieren.

> *Verzagtheit sollte nicht an die Stelle des praktischen Handelns treten.*

Doch ist natürlich nichts gegen ein gründliches Studium seines Handwerks einzuwenden. Nur sollte die Verzagtheit eben nicht an die Stelle des praktischen Handelns treten.

Vor allem der Anfänger hat oft Probleme, Rituale richtig zu »stylen«. Da eines der unmittelbaren Hauptziele der magischen Zeremonie, wie inzwischen deutlich geworden sein dürfte, das »Stimmungmachen« ist, also die Herstellung einer gnosisfördernden Atmosphäre, die dem Erlangen des magischen Ziels dienlich ist, sollte man auf Rituale zumindest dieselbe Sorgfalt verwenden, wie man es mit einer Party (zum Beispiel anläßlich einer Hauseinweihung) im Kreis lieber

Freunde täte. Immerhin können kleine Pannen eine Gesellschaft ungemein beleben und eine völlig unerwartete, sehr schöne Stimmung erzeugen, und das gilt ebenso fürs Ritual. Doch da sie sich in der Regel ohnehin oft genug ungewollt einstellen, braucht man nicht erst noch künstlich dafür zu sorgen.

In den nächsten beiden Übersichten finden Sie einen Musterplan für ein planetenmagisches Hexagrammritual, der zudem auf unserer Grundstruktur aufbaut, wie wir sie mit kleinen Abweichungen vorläufig für die allermeisten Rituale beibehalten werden, sowie ein ausgefülltes Beispiel eines solchen Plans für ein Merkur-Ritual. Sie können sich, wenn Sie wollen, diesen Plan – am besten unter Abdecken der Kopf- und Fußzeilen – einige Male kopieren (z. B. für jeden der sieben klassischen Planeten ein Exemplar) und im Laufe der Zeit ausfüllen und als Merkhilfe im Tempel auf den Altar legen. Es ist für die Rituale aus der zyklischen oder Kreistradition charakteristisch, daß sie mit einem Minimum auch an schriftlichem Aufwand auskommen. Die winklige Tradition bevorzugt dagegen meist weitaus umfangreichere Rituale mit minutiöser Rollenverteilung (man arbeitet in der Regel mindestens zu dritt) und festgelegten Ritualtexten. Unsere Rituale aus der Kreistradition, die vorläufig im Vordergrund unseres Interesses stehen sollen, sind jedoch mehr auf den »Hausgebrauch« zugeschnitten und können ohne große Mühe oder überzogene Anforderungen an Zubehör und Gedächtnisleistung durchgeführt werden.

> *Rituale aus der Kreistradition können ohne große Mühe oder überzogene Anforderungen durchgeführt werden.*

Dahinter steht eine ganz spezifische Psychologie: Anstatt, wie in der ohnehin stärker ordensorientierten Winkeltradition, den Magier durch ein Maximum an äußerem Aufwand – von der Tempelausstattung über die Paraphernalia bis zu manchmal äußerst barock wirkenden Ritualtexten und einem oft geradezu autokratischen Zeremonienleiter – in eine bestimmte Energie hineinwachsen zu lassen, ja ihn förmlich »per Masse« in diese hineinzudrängen, konzentriert sich die Kreistradition darauf, den Magier die entsprechenden Energien aus sich selbst heraus und möglichst in Alleinregie entwickeln zu lassen.

Damit keine Mißverständnisse entstehen: Ich will mit diesen Bemerkungen die Winkeltradition keineswegs angreifen; doch ist sie für den Anfänger meines Erachtens meist viel zu kompliziert und streng, wie überhaupt die Dogmatische Magie, der sie ja entstammt.

Sie können natürlich auch Ort und Zeitpunkt des Rituals auf der Checkliste festhalten, doch ist das eigentlich nicht erforderlich, es sei denn, Sie wollen in dieser schriftlichen Form eine ganze Gruppe von beteiligten Magiern benachrichtigen und auf das Ritual vorbereiten.

RITUALPLAN
für _____-Ritual

1. Tempel-/Ritualplatzaufbau:

2. Zubehör:
   a) Beleuchtung:
   b) weitere Korrespondenzen
        Metall:
        Farben:
        Edelsteine:
        Duftstoffe:
        Pflanzen/Räuchermittel:
        Sonstiges:

3. Ritualablauf:
   1) Vorbereitung:
   2) Kleines Bannendes Pentagrammritual:
   3) Invozierendes Hexagrammritual:
   4) Anrufung:
   5) Konzentration der Energie:
   6) Arbeit mit der Energie:
   7) Danksagung und Verabschiedung:
   8) Kleines Bannendes Pentagrammritual:
   9) Entlassungsformel:

Anrufungstext:

Übersicht 17a: Der Ritualplan – Checkliste

RITUALPLAN
für *Merkur-Ritual*

1. *Tempel-/Ritualplatzaufbau:*
   — Altar in der Mitte des Tempels
   — Vorraum für Disput

2. *Zubehör:*
   a) Beleuchtung/Kerzen: 8 gelbe Kerzen/Punktstrahler
   b) weitere Korrespondenzen
   Metall: Messingplatte, achteckig
   Farben: Orange, Gelb – Schleier, Stirnband
   Edelsteine: Opal
   Duftstoffe: Äther
   Pflanzen/Räuchermittel: Mastix und Salbei
   Sonstiges: Fisch, Weißwein, Schießbaumwolle, Flügelsandalen, Wörterbuch, Rap-Musik

3. *Ritualablauf:*
   1) Vorbereitung: Meditation über Intellekt/Sprache, Lösung von Mathematikaufgaben/Denkpuzzles, philosophischer Disput
   2) Kleines Bannendes Pentagrammritual: wie üblich
   3) Invozierendes Hexagrammritual: 1. ELOHIM 2. TZABAOTH
   4) Anrufung: siehe unten
   5) Konzentration der Energie: Meditation, Mantras
   6) Arbeit mit der Energie: Talismanladung, Tarotbefragung, Verzehr der Opfergaben
   7) Danksagung und Verabschiedung: wie üblich
   8) Kleines Bannendes Pentagrammritual: wie üblich
   9) Entlassungsformel: wie üblich

Anrufungstext:

HYMNE AN MERKUR
Hoher Geist des Intellekts,
spielerischer Narr der Diebe:
gibst uns Wissen um das Wissen,
flinkes Spiel des Worts und Denkens.
Wirst gerufen schon seit Zeiten
von den Ahnen unsrer Zunft:
Denker, Magier und Gaukler
heischen stets nach deiner Gunst.
Gibst uns spottend deine Gaben,
schnell gewonnen, schnell verloren:
silbern scheint Mercurius,
scheint und blitzt nur kurz im Auge,
bricht das starre Denken auf.
Gib mir, ach, Ideen zum Leben,
mach mich reich in deinem Wissen,
lehr mich Suchen, lehr mich Streben –
zeig die Fugen in den Rissen!

[danach acht Glockenschläge]

Fra V.·.D.·.

Übersicht 17b: Beispiel für einen Ritualplan (Merkur-Ritual)

ERLÄUTERUNGEN ZUM RITUALPLAN-BEISPIEL (ÜBERSICHT 17A UND 17B)

Anhand dieses Beispiels wollen wir stellvertretend für alle Rituale dieser Art einmal durchgehen, worauf es bei der Gestaltung einer magischen Zeremonie ankommt. Betrachten Sie die Übersicht 17b bitte nur als Vorschlag, eben als Beispiel – es soll Sie niemand hindern, alles nach Ihren eigenen Vorstellungen und Bedürfnissen umzugestalten!

1. Tempel-/Ritualplatzaufbau

Bei den meisten Planetenritualen ist der Aufbau des Tempels oder des Ritualplatzes derselbe. Doch bei manchen Operationen ist eine Veränderung erforderlich, beispielsweise bei traditionellen Dämonenevokationen, die nach einem Dreieck außerhalb des Kreises verlangen. Auch Gruppenarbeiten erfordern eine gewisse Vorbereitung des Raums, denn schließlich sollen sich die teilnehmenden Magier nicht gegenseitig auf die Füße treten. Rituale in der winkligen Tradition verlangen gelegentlich sogar nach einer richtig ausgefeilten Choreographie, nicht selten muß dabei ein Tempelbeamter den Teilnehmern ihre Plätze zuweisen.

> *Alles sollte an seinem Platz sein.*

Auch bei der Arbeit allein sollte man darauf achten, daß alles an seinem Platz ist, denn eine zeitraubende Suche nach einem benötigten Gegenstand – zudem in magischer Trance! – stört den Ablauf empfindlich.

2. Zubehör und 3. Ritualablauf

Hier braucht nur das für das Ritual spezifische »Sonderzubehör« aufgeführt zu werden, also nicht etwa auch die üblichen Paraphernalia wie Robe, Dolch, Gürtel und so weiter. Vergeßliche Magier sollten allerdings auf jeden Fall daran denken, daß sie Schreibzeug auf dem Altar oder auf einem Beistelltisch bereithalten, denn oft erhält man in der Ritualtrance wichtige Informationen, die man sofort festhalten sollte – man kann dies mit der Traumarbeit vergleichen, bei der die sofortige Aufzeichnung ebenfalls eine Garantie für das Weiterkommen darstellt.

Die Auswahl des ritualspezifischen Zubehörs richtet sich nach den persönlichen Korrespondenzen des Magiers. Deshalb sei hier noch einmal ausdrücklich darauf hingewiesen, daß die behandelte Abbildung nur ein Beispiel sein will und kann! Oft wird dabei der Faktor »Beleuchtung« vergessen, obwohl sich dieser (besonders in Form von farbigen Kerzen oder Lampen) zur Herstellung einer korrespondenzorientierten Atmosphäre geradezu anbietet. Es gibt zwar einige Autoren, die jedes elektrische Licht im Tempel ablehnen, doch lassen sich auch zahlreiche Gegenbeispiele aufführen. Auf jeden Fall bietet die moderne Beleuchtungstechnik dem aufgeschlossenen Magier eine

> *Die Auswahl des Zubehörs richtet sich nach den persönlichen Korrespondenzen des Magiers.*

Menge Möglichkeiten, um mit ihrer Hilfe korrespondenzentsprechende Farbeffekte herzustellen, nach denen sich unsere Ahnen sicher alle zehn Finger geleckt hätten – ein ganzer Tempel in orangefarbenes (Merkur) oder grünes Licht (Venus) getaucht, ist als theatralisches Stimulans gewiß nicht zu verachten.

Der Zahl der weiteren Korrespondenzen sind bei der Tempelausstattung natürlich keine Grenzen gesetzt, und so wollen wir hier nur auf einige übliche Beispiele eingehen, zumal diese den Umgang mit den magischen Analogien der Tradition veranschaulichen. Zunächst einmal finden wir unter 2.b eine achteckige Messingplatte eingetragen – hier liegt also eine Verbindung der Korrespondenzen »8« und »Messing« vor, und eine solche Verschmelzung ist relativ typisch für das praktische magische Denken. Ebenso könnte man beispielsweise bei einer Marsarbeit einen fünfeckigen Eisenring mit eingefaßtem Rubin verwenden, auf den mit Blut Symbole aufgetragen wurden.

Die verwendeten Korrespondenzen sind nicht einmalig, das heißt, sie können durchaus mehrfach auftreten. Wir könnten also beispielsweise eine zusätzliche achteckige Messingplatte an einem gelben oder orangefarbenen Stirnband befestigen, den Gürtel mit acht orangefarbenen achteckigen Lederstücken verzieren und in die (Messing-) Schnalle einen Achat einlassen. Dies mag manchem zwar als ziemlich aufwendig, ja theatralisch und kitschig erscheinen, doch sollten wir uns bei solchen Überlegungen auch immer daran erinnern, daß das Unbewußte in seiner »kindlichen« Art auf ein Übermaß an Reizen sehr dankbar reagiert. Denn in der Magie ist bekanntlich nichts so wirkungsvoll wie der Exzeß! Oder wie es der Volksmund ausdrückt: »Viel hilft viel.« Insofern kann man es mit den Korrespondenzen gar nicht übertreiben, und intellektuell-ästhetische Erwägungen müssen in den Hintergrund treten. Vieles am Magischen mag dem ästhetisch sensiblen Laien ohnehin eher geschmacklos vorkommen, doch geht es da-

> *In der Magie ist bekanntlich nichts so wirkungsvoll wie der Exzeß!*

bei – wie in jedem Handwerk auch – in erster Linie um die Funktionalität. Wird es nur konsequent genug betrieben, entwickelt es schon von allein eine eigengesetzliche, spezifische Ästhetik, in die der Betrachter ebenso hineinwachsen muß wie beispielsweise in die Ästhetik des Futurimus oder des Kubismus.

Zwischen Duftstoffen und Räuchermitteln gibt es häufig Überschneidungen, da das eine oft die Stelle des anderen einnimmt. Im allgemeinen können wir in der Zeremonialmagie allerdings zwischen Duftstoffen unterscheiden, die als Parfüm oder Öl dienen, und solchen, die zur Räucherung verwendet werden. Ihre Verwendungsart ergibt sich häufig aus der Praxis selbst: Wenngleich Rosen in frischem Zustand recht lieblich duften können und durchaus an Venus erinnern, entwickeln getrocknete (aber auch frische) Rosenblätter beim Räuchern dagegen einen geradezu pestilenzialischen Gestank, der die Assoziationen »Venus« und »Lieblichkeit« selbst beim erfahrensten Magier ziemlich erschweren dürfte. Und nicht jedes Öl, das auf der Haut gut riecht, tut dies auch beim Verdampfen oder Verbrennen. Und es empfiehlt sich auch nicht, um auf unser Beispiel zurückzukehren, hochexplosiven Äther räuchern zu wollen – dagegen wird er, in geringen Dosen gerochen, (jedoch möglichst nicht bis zum Rausch!) durchaus etwas von der Beschwingtheit des Merkur vermitteln (aber Vorsicht mit offenem Feuer – Äther entflammt sich sehr schnell – also nicht offen herumstehen lassen!), während Salbeiöl auf der Haut mit Sicherheit keine intellektuelle Anregung (außer vielleicht dem Nachdenken über den bisweilen doch ziemlich exotischen Charakter der Magie ...) bescheren, sondern eher an Krankenzimmer erinnern dürfte, während das Kraut in getrocknetem Zustand geräuchert durchaus reinigend-klärend wirken kann.

> *Die Verwendung von Duftstoffen und Räuchermitteln ergibt sich aus der Praxis.*

Wir haben die sogenannten Sakramente unter der Rubrik »Sonstiges« zusammengefaßt, da nicht jedes Ritual mit Opferungen arbeitet. Generell gesprochen gibt es in der Magie – wie übrigens auch in der Religion – zwei »Opferschulen«: Die Anhänger der einen pflegen die Opfergaben nach dem Ritus zu vernichten (was in Form von

Verbrennen oder Vergraben geschehen kann), die Anhänger der anderen nehmen die Opfergaben zu sich. Letztere Schule, der ich persönlich auch angehöre, läßt sich wieder in zwei Gruppen unterteilen: a) Magier/Mystiker, die die Opfergabe erhöhen, zum Beispiel im Christentum, wo aus Brot der Leib der Gottheit wird, und b) Magier/Mystiker, die sich selbst zur Gottheit erhöhen, der die Opfergaben zustehen und die diese deshalb auch verzehren. Der Weg b) scheint mir im Rahmen der Invokationsmagie der logischere zu sein, doch soll damit nicht gesagt werden, daß für die anderen Richtungen nichts spräche. Im Prinzip handelt es sich dabei um eine Glaubens- und/oder Temperamentfrage, die jeder für sich selbst beantworten muß. Die theophagische (von griechisch theos – »Gott« und phagein – »essen, fressen«) oder kannibalische (»Gott ist Mensch geworden«, »Dies ist mein Leib«) Richtung hat unter magischen Gesichtspunkten immerhin den Vorteil, in ihrem Paradigma die Kraftaufnahme von außen (»Geist Gottes«, »Gnade des Höchsten«) zu verankern, was schon psychologisch einen nicht zu unterschätzenden Wert hat.

Die sogenannten Sakramente

Die Flügelsandalen (die sich der Magier wohl selbst fertigen muß) entsprechen natürlich der herkömmlichen Gestalt des Merkur-Hermes in seiner Funktion als Götterbote. Auch die Zuordnung Fisch (unter anderem wegen der Schnelligkeit und Beweglichkeit dieser Wassertiere) und Weißwein (unter anderem wegen der Klarheit und beschwingenden Wirkung dieses Getränks) ist traditionell. Das Wörterbuch als Korrespondenz ergibt sich ganz logisch aus der Funktion des Merkur als Kommunikator (entsprechend dem altägyptischen Thot, dem Erfinder der Schrift). Weniger orthodox mögen auf den ersten Blick Zuordnungen wie Schießbaumwolle und Rap-Musik erscheinen, doch handelt es sich dabei nur um Erweiterungen der Tradition in die Moderne: Schießbaumwolle sieht völlig harmlos aus, sie läßt sich weitgehend wie ganz gewöhnliche Baumwolle beziehungsweise Watte verwenden. Erst durch die Berührung mit dem Feuer wird ihr wahres, durchaus nicht ungefährliches Wesen offenbar: Gibt es eine schönere Analogie für Merkur, der ja auch der Gott der Diebe und Gauner, der Trickbetrüger und Gaukler ist? Die Rap-Musik dagegen lebt vom gesprochenen Wort, Text und Sprache stehen einerseits im Vordergrund, andererseits gehen Wortbedeutung und -sinn auch eine pfiffige Symbiose mit ihrem rhythmischen Gebrauch ein. Dies spiegelt das Spiel des Merkur mit Sprache, Wahrheit und Witz wider.

Ein wesentlicher Bestandteil des magischen Umgangs mit Korrespondenzen ist ihre Umsetzung in praktisches Tun. Es hat sich gezeigt, daß dies besonders wirkungsvoll bei der Vorbereitung einer magischen Operation berücksichtigt werden kann. Zu Anfang mag es vielleicht etwas gekünstelt wirken, wenn man unmittelbar vor dem Ritual gewissermaßen auf Befehl einen philosophischen Disput (noch dazu womöglich mit sich selbst) vom Zaun brechen soll, doch wird sich schon sehr bald zeigen, daß es gerade solche Aktionen sind, die den Erfolg der Arbeit fördern oder sogar garantieren. Einfallsreichtum ist dabei nicht nur erwünscht, er ist sogar integraler Bestandteil der Magie selbst, denn nur durch die konsequente Umsetzung der Korrespondenzen in Alltagshandlungen und -wahrnehmungen erwachen diese zum Leben und geben dem Magier etwas von ihrer ihnen innewohnenden Kraft und Energie ab.

> *Nur durch die konsequente Umsetzung der Korrespondenzen in Alltagshandlungen erwachen diese zum Leben.*

In die Rubriken 2 und 3 lassen sich vor allem zu Anfang kleine Merkhilfen eintragen, also etwa, wie in unserem Beispiel, die hebräischen Ritualformeln. (Die Formel »Ararita« haben wir hier als bekannt vorausgesetzt, da diese bei allen Hexagrammen verwendet wird.) Ebenso könnten aber auch die Zugrichtungen von Penta- oder Hexagrammen in Form von kleinen Skizzen vermerkt werden und so weiter.

Für die Gruppenarbeit ist es wichtig, daß jeder im voraus seine ihm zugewiesene Rolle kennt, das wird dann entsprechend im Ritualplan vermerkt. (Zum Beispiel würde dann unter 2 stehen »Frater X«, unter 3 »Soror Y« und so weiter.)

Wie unsere Übersicht zeigt, muß eine Hymne, also ein Anrufungstext, nicht unbedingt ganze Seiten füllen. Wir werden zwar, wie hier auch, gelegentlich Beispiele für derartige Hymnen wiedergeben, doch sollten Sie sich von Anfang an daran gewöhnen, Ihre Hymnen möglichst selbst zu schreiben! Das mag manchen sprachlich nicht sonderlich firmen Magier zunächst in wahre Höllenqualen stoßen, doch ist das eigentlich gar nicht nötig. Denn erstens müssen Hymnen nicht irgendwelchen literarkritischen Normen entsprechen, Sie brauchen damit ja nicht gleich einen Literatur-Nobelpreis anzustreben. Und zweitens können Hymnen noch viel schlichter sein als die obige, oft genügt ein inbrünstiges Wiederholen des Planetennamens mit einem »Komm, komm!«, um die gewünschte Wirkung zu erzielen. Aus diesem Beispiel ersehen Sie, daß unsere Hymne aus der Übersicht 17b selbst wiederum Träger für allerlei Korrespondenzen ist (»Geist des Intellekts«, »spielerischer Narr der Diebe« und so weiter). Wenn Sie Schwierigkeiten mit der sprachlichen Formulierung von Hymnen haben sollten, so halten Sie den Text kurz und knapp, und sorgen Sie statt dessen für eine um so umfangreichere Ausstattung des Tempels mit Korrespondenzen.

Allerdings sollten Sie sich auch klar machen, welche Funktion eine Hymne im Ritual hat: Sie ist gewissermaßen der »Telefonanruf«, mit dem der endgültige Kontakt zu der gewünschten Energie hergestellt wird. (Man spricht ja aus gutem Grund von »Anrufungstexten«.) Psychologisch gesehen wird das Unbewußte durch eine Merkur-Anrufung darauf hingewiesen, daß es nun Merkur-Energien aktivieren soll. Deshalb sollten wir zumindest in den ersten Jahren der Praxis nicht auf solche Texte verzichten, stellen sie doch zudem auch eine Artikulation unseres Willens (also Willenssätze) dar. Später werden Sie die verwendeten Korrespondenzen reduzieren können.

> *Eine Hymne ist der »Telefonanruf«, mit dem Kontakt zu der gewünschten Energie hergestellt wird.*

Durch den häufigen Gebrauch von Korrespondenzen wird das Unbewußte zudem regelrecht konditioniert, bis Sie schließlich mit Styrax-Duft oder der Farbe Orange schon ganz automatisch »Merkur« assoziieren. Haben Sie dies erreicht, werden Sie in Zukunft nur noch wenige Korrespondenzen benötigen, um die gewünschte Energie wachzurufen.

Auf jeden Fall sollten Sie sich im Rahmen Ihrer Beschäftigung mit der Planetenmagie auch mit der Mythologie auseinandersetzen, da es natürlich große Schwierigkeiten bereiten kann, eine Planetengottheit zu rufen, von der man so gut wie nichts weiß. Auch dies gehört zur magischen Konditionierung. Im Literaturteil geben wir Ihnen einige Empfehlungen für mythologische Grundlagen- und Nachschlagewerke, die bei der Ritualplanung sehr nützlich sein können.

Auf die Funktion des Weihrauchs bzw. der Räuchermittel im Ritual gehen wir im nächsten Abschnitt näher ein.

PRAKTISCHE ÜBUNGEN

ÜBUNG 19
ANGEWANDTER PARADIGMENWECHSEL IN DER PRAXIS (III)

Aufbauend auf die Übungen 10 und 17 und ergänzend dazu verfährst Du folgendermaßen:

Gehe eine Woche täglich die Liste Deiner Gewohnheiten durch und schreibe so viele davon auf, wie Dir einfallen. Vielleicht trägst Du zu diesem Zweck ein Notizbuch bei Dir, damit Du jedesmal, wenn Dir eine Gewohnheit auffällt, diese sofort festhalten kannst. Frage auch Freunde, Bekannte, Partner und Verwandte nach Gewohnheiten, die sie an Dir bemerkt haben – oft wirst Du über die Antworten staunen!

Nachdem Du eine einigermaßen vollständige Liste beisammen hast, suchst Du Dir eine dieser Gewohnheiten aus und gewöhnst sie Dir für eineinhalb Wochen ab. Es sollte möglichst eine Gewohnheit sein, die für Dich nicht stark emotionsgeladen ist wie etwa das Auf- und Abnehmen der Brille beim Sprechen, das Kratzen am Hinterkopf, das Essen bestimmter Marmeladen- oder Käsesorten beim Frühstück oder ähnliches.

Jedesmal, wenn Du Dich dabei ertappst, wie Du Deiner Gewohnheit (meistens »ganz unbewußt/ungewollt«, nicht wahr?) nachgibst, solltest Du Dir eine Erinnerung daran auferlegen. Crowley pflegte seinen Schülern pro Verfehlung einen Schnitt mit der Rasierklinge in den Unterarm zu befehlen, was zwar sehr wirkungsvoll sein kann, aber unter hygienischen und gesundheitlichen Gesichtspunkten nicht zu empfehlen ist. Doch ist das Prinzip der »Schmerz-Strafe« nicht unbedingt falsch, da wir uns ja auch viele unserer Gewohnheiten erst durch Schmerz (körperlichen oder seelischen) angeeignet haben, zum Beispiel im Laufe unserer Erziehung. Die »Erinnerung« an Dein Vorhaben sollte Dir also durchaus unangenehm genug sein, um Dich anzuspornen, es wirklich gründlich in die Tat umzusetzen. Allerdings solltest Du mit zunehmender Praxis unabhängig von solchen Hilfsmitteln werden.

Die folgenden eineinhalb Wochen versuchst Du nun, Dir eine andere, ebenso sinnfreie Gewohnheit anzueignen, den Verlust der alten also durch eine neue auszugleichen. Dadurch erkennst Du auch, wieviel Energie solche Gewohnheiten tatsächlich »auffressen«.

Nach insgesamt vier Wochen beginnst Du wieder von vorn, arbeitest aber natürlich diesmal mit anderen Gewohnheiten. Tue dies mindestens fünf Monate lang, um in den vollen Genuß dieser Übung zu gelangen.

Auf diese Weise lernst Du, Dich auch von tiefersitzenden Gewohnheiten zu lösen bzw. Dich, nachdem Du Deine Unabhängigkeit von ihnen hergestellt und bewiesen hast, bewußt für oder gegen sie zu entscheiden.

Die vorläufige Endstufe besteht darin, eine Gewohnheit, die Dir sehr wichtig ist, von der Du also stark abhängig bist (zum Beispiel Rauchen, Morgenkaffee, charakteristische Sexualgewohnheiten, täglicher Abendspaziergang oder ähnliches) für längere Zeit aufzugeben, ohne nach ihr zu verlangen oder gar rückfällig zu werden.

Eine hilfreiche Frage lautet in diesem Zusammenhang: »Woran würde ein anderer mich erkennen, wenn ich völlig verkleidet/entstellt/optisch nicht zu sehen – zum Beispiel im Dunkeln – wäre?«

ÜBUNG 20
PENDELSCHULUNG (II)

Fahre eine Weile mit Übung 16 fort, bis Du mit Deinem Erfolg zufrieden bist. Das kann unter Umständen noch einige Monate dauern – laß Dir also Zeit und gehe möglichst gründlich vor, bis Du mit dieser Übung fortfährst.

Als nächstes besorgst Du Dir zehn leere Streichholzschachteln und ein Stück Metallfolie. Jetzt pendelst Du in gewohnter Haltung bei möglichst großer Gedankenstille einige Minuten lang über dieser Folie und beobachtest genau den Ausschlag. Du kannst die Folie übrigens auch »fragen«, welchen Pendelausschlag sie hat. Nun gibst Du die Folie in eine der Schachteln und vermischst diese auf dem Tisch, bis Du nicht mehr weißt, in welcher Schachtel sie sich befindet. Lege die Schachteln in einer Reihe so aus, daß Du bequem über jeder von ihnen pendeln kannst, ohne sie verschieben zu müssen. Natürlich kannst Du Deinen Stuhl dafür verrücken. Versuche mit Hilfe des Pendelausschlags festzustellen, in welcher Streichholzschachtel sich die Folie befindet.

Anstelle einer Metallfolie kannst Du auch jeden beliebigen anderen Gegenstand verwenden, solange er leicht und klein genug ist. Denn Du sollst natürlich nicht beim Ausrichten und Verschieben am Gewicht der Streichholzschachtel erkennen können, wo sich der gesuchte Gegenstand befindet.

Hast Du daran Zweifel, oder möchtest Du mit schwereren Gegenständen arbeiten, kannst Du nach dem Auspendeln des freien Gegenstands auch den Raum verlassen und einen Freund oder Partner bitten, ihn für Dich in einer der Schachteln zu verstecken. Allerdings empfiehlt es sich, daß der andere nun seinerseits den Raum verläßt, bevor Du mit Deinem Experiment beginnst, damit er Dich nicht – auch ungewollt und unbewußt – in Deinem Pendeln beeinflußt.

Erzielst Du gute Ergebnisse (eine Trefferquote von 80 Prozent oder höher wäre schon ganz ausgezeichnet), so kannst Du die Zahl der Schachteln verdoppeln, das steigert die Konzentrationskraft beim Pendeln. Später kannst Du auch mit zusätzlichen Schachteln und unterschiedlichen Gegenständen arbeiten.

Stelle auch fest, wann Deine Trefferquote höher ist als sonst. Natürlich sollten die Versuchsbedingungen stets möglichst identisch sein. Indem Du lernst, auch auf Faktoren wie Witterung, Gemütszustand, Planetenstände, vorangegangene oder nachfolgende Rituale und anderes mehr zu achten, sensibilisierst Du zugleich Deine feinstoffliche oder magische Energiewahrnehmung und lernst die magische Erfolgskontrolle.

ÜBUNG 21
PRAXIS DES KLEINEN HEXAGRAMMRITUALS (II)

Führe mindestens zwei Merkur-Rituale durch, in die Du das Kleine Hexagrammritual integrierst wie in unserem Beispiel beschrieben. Verwende dabei einen dem Merkur entsprechenden Gegenstand, den Du bei jedem Ritual mit der gerufenen Energie lädst, indem Du diese mental durch die Hand in ihn überträgst.*

Diesmal verwendest Du die in Übung 18 angeführte Ritualstruktur in ihrer Gänze, berücksichtigst also auch die Punkte 4 und 5. Du wirst den Gegenstand insgesamt achtmal laden – stelle Dich also jetzt schon innerlich darauf ein. Im übrigen gilt sinngemäß das in Übung 18 Gesagte.

---

* Das braucht nicht besonders erklärt zu werden – halte Dich an unseren Schulungsgrundsatz: »Was nicht ausdrücklich in bestimmter Form vorgeschrieben ist, kannst Du nach Gutdünken frei gestalten.«

ÜBUNG 22
DIE IAO-FORMEL IN DER PRAXIS (I)

Führe jedesmal nach dem Baden oder Duschen mit noch feuchtem Körper die IAO-Formel durch, wie in diesem Abschnitt beschrieben.

Achte dabei auf feinstoffliche Wahrnehmungen vor allem in Deinem Körper: Wohin fließt die Energie bei welchem Vokal? Wie unterscheiden sich die drei Vokale in ihrer Wirkung?

Versuche nach der Übung, die Energiekugel mit geschlossenen Augen abzutasten. Was spürst Du dabei?

Halte alle Eindrücke im Magischen Tagebuch fest.

Nach einer Weile kannst Du die IAO-Formel beliebig häufig zu jeder passenden Gelegenheit durchführen, etwa nach dem Aufwachen oder vor dem Einschlafen. Sie läßt sich auch vor und nach dem Pentagrammritual, ja vor jeder magischen Zeremonie anwenden.

WEITERFÜHRENDE LEKTÜRE

Diesmal möchten wir Ihnen einige Standardwerke zur Mythologie empfehlen, die besonders bei der Vorbereitung von Planetenritualen und magischen Arbeiten mit traditionellen Gottheiten wertvolle Dienste leisten können.

Herbert Hunger, *Lexikon der griechischen und römischen Mythologie*, Reinbeck: Rowohlt, rororo 6178, 1974 ff.

Eine gründliche, auch philologisch abgesicherte, sehr brauchbare Übersicht über die wichtigsten antiken Götter und Mythengestalten mit umfangreichem Quellenmaterial.

Knaurs Lexikon der ägyptischen Kultur, München/Zürich: Knaur, TB 574, 1978

Reich illustriertes Nachschlagewerk mit den wichtigsten ägyptischen Gottheiten und Mythen, auch nützlich zum Nachschlagen von bestimmten Einzelthemen (zum Beispiel die Funktion der »Sonnenschiffe«, die Rolle des »Skorpions« in der ägyptischen Kultur, »Menschenopfer«).

Umfangreichere Speziallexika*:
Hans Bonnet, *Reallexikon der ägyptischen Religionsgeschichte*, Berlin/New York: De Gruyter, 1971

Wenngleich inzwischen etwas veraltet (das Original erschien 1952), noch immer das wichtigste Nachschlagewerk des Ägyptologen. Umfangreich, mit zahllosen Fakten und Quellenangaben – eine wahre Fundgrube von einem Großen Alten Mann der Ägyptologie.

Der kleine Pauly, Lexikon der Antike auf der Grundlage von Pauly's Realencyclopädie der classischen Altertumswissenschaft, Olten/Freiburg: Walter, 1979

Ebenfalls ein »Klassiker der Klassik«, noch dazu mehrbändig (in Kassette).

Literaturnachweis
Die in diesem Abschnitt zitierten Stellen stammen (mit Ausnahme von Mace, s. vorigen Abschnitt) aus:

Ramsey Dukes, *LIBER SGDSMEE. Die Grundlagen der Magie*, Unkel a. Rhein: Edition Magus, 1987

Colin Wilson, *GURDJIEFF. Der Kampf gegen den Schlaf*, München: Knaur TB 4162, 1986

L. Ron Hubbard, *DIANETIK. Die moderne Wissenschaft der geistigen Gesundheit*, Genf: Ariston, 1979

MANTRAMISTIK (II)

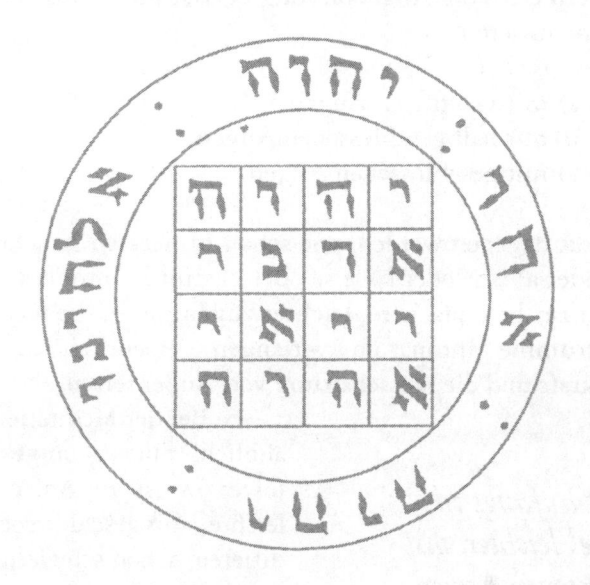

MANTRAS UND MEDITATION

Eine kuriose Parallele, auf die meines Wissens in der Literatur bisher noch nicht hingewiesen wurde, läßt sich zwischen der Form der Mantra-Intonation und dem Grad der Augenöffnung bei der Meditation beobachten. Man kann meditieren

- a) mit geöffneten Augen,
- b) mit halbgeschlossenen Augen,
- c) mit geschlossenen Augen.

Mantras dagegen werden, wie schon im letzten Abschnitt ausgeführt, entweder a) laut oder b) leise oder c) stumm intoniert. Die laute Intonation ist die einfachere, leichter zugängliche; die leise und vor allem die stumme Intonation verlangen wesentlich mehr Konzentrationskraft und die Ausschaltung von Außenreizen.

Bei der Meditation verhält es sich ähnlich, nur in umgekehrter Reihenfolge: Es ist zu Anfang in der Regel leichter, mit geschlossenen Augen zu meditieren, schon schwieriger, mit halbgeschlossenen Augen zu arbeiten – und gilt schließlich als reine Meisterschaft, es mit geöffneten Augen zu tun! Die folgende Übersicht stellt dies schematisch dar.

> *Es ist anfangs in der Regel leichter, mit geschlossenen Augen zu meditieren.*

Da zumal die Energiequalität bei jeder Methode eine andere ist, empfiehlt es sich, bei der Mantra-Meditation mit verschiedensten Kombina-

MANTRAS	MEDITATION	SG
laute Intonation	geschlossene Augen	I
leise Intonation	halbgeschlossene Augen	II
stumme Intonation	geöffnete Augen	III

Übersicht 18: Mantra- und Meditationstechniken
(SG: Schwierigkeitsgrad, steigend von I–III

tionen aus beiden Bereichen zu arbeiten, also beispielsweise mit geschlossenen Augen leise zu intonieren, mit geöffneten Augen stumm und so weiter. Dies fördert außerdem die Flexibilität der Gewohnheiten.

Wir wollen diesmal einige traditionelle Mantras vorstellen, mit denen Sie sich in der Praxis vertraut machen sollten. Dies geschieht wie im Übungsteil angegeben.

TRADITIONELLE MANTRAS*

OM MANI PADME HUM
(»Heil dir, Juwel im Lotus« – eine Anrufung des Buddha) (tibetisch)

Die Tibeter sprechen das »Padme« wie »Peme«, doch die Aussprache »Padme« ist durchaus üblich, und zwar unter Asiaten wie Europäern.

OM
(nach indischer Lehre die »Ursilbe« der Schöpfung) (sanskr.)

Ausgesprochen wie ein langgedehntes, sehr nasales »Aaauu-uooommm«.

HARE KRISHNA, HARE KRISHNA, KRISHNA KRISHNA, HARE HARE, HARE RAMA, HARE RAMA, RAMA RAMA, HARE HARE
(Anrufung Krishnas und Ramas) (sanskr.)

Ein altes, durch das Musical *Hair* und die Krishna-Bewegung auch im Westen sehr bekannt gewordenes Mantra mit starken trancefördernden Eigenschaften. (Auch auf Schallplatten und Cassetten erhältlich, was gut für das Einhören ist.)

OM NAMO SHIVAYA
(»Heil sei Shivas Namen«) (sanskr.)

Zur shivaitischen Meditation verwendet. Shiva, der dritte Aspekt der hinduistischen Dreifaltigkeit Brahma, Vishnu und Shiva, ist nicht nur der Gott der (konstruktiven) Zerstörung, sondern auch der Herr der Yogis und Asketen sowie der Meister der Meditation.

---

* *Alle Mantras aus dem Sanskrit, dem Pali und aus dem Tibetischen sollten möglichst nasal ausgesprochen werden. Wer damit nicht vertraut ist, sollte sich die ersten Male beim Intonieren die Nase zuhalten, um ein Gehör dafür zu entwickeln (keine Dauerpraxis!).*

LAM VAM RAM YAM HAM OM
(die sogenannten Keimsilben der sechs unteren Chakras, mit deren Hilfe auch die Kundalini-Kraft geweckt wird) (sanskr.)

Das oberste Chakra (sahasrara, der »tausendblättrige Lotus«) kennt keine festgelegte Einzelsilbe, sondern verwendet vielmehr alle Mantras.

OM HRAM HRIM HRUM
(eigentlich Götternamen bzw. Keimsilben, von vielen Schulen aber auch als »sinnfrei« bezeichnet und verwendet) (sanskr.)

SO HAM
(»Er/Es/das Unendliche/Gott bin ich.«) (sanskr.)

Wird vor allem bei der Meditation als stummes Mantra eingesetzt.

HAM SO
(sanskr.)
Wie SO HAM (siehe dort).

OM NAMO BUDDHAYA
OM NAMO DHARMAYA
OM NAMO SANGHAYA
(Zufluchtnahme beim Erleuchteten – Buddha –, beim universalen Gesetz – Dharma – und bei der Gemeinschaft der nach Erleuchtung Strebenden – Sangha –) (sanskr.)

Meist beim Kirtan (siehe unten) und der Gruppenmeditation laut intoniert. Dient dem Buddhisten zudem zum Herbeirufen helfender Kräfte durch Anschluß an den Gruppengeist.

SHIKI FU I KU KU FU SHIKI SHIKI SOKU ZE KU KU SOKU ZE SHIKI
(ungefähr: »Form ist nichts anderes als Leere, Leere ist nichts anderes als Form, Form ist die Leere, Leere die Form«) (japanisch)

Dieses Mantra stammt aus dem Prajna Paramita Sutra oder »Großem Lehrbuch der Vollkommenen Weisheit« in seiner japanischen Übersetzung als Hannya Haramita Shingyô und wird vor allem in Zen-Klöstern viel rezitiert.

LA ILLALAH (auch: LA ILLALAHU)
(»Gott ist Gott«) (arabisch)

Dieses arabische Mantra, das viel in der Sufi-Tradition verwendet wird und das auch jeder andere gläubige Muslime zu rezitieren gewohnt ist, weist inhaltlich auf die Tatsache hin, daß das Göttliche nicht beschrieben werden kann (ähnlich dem Tao der Chinesen). Ganz wie ein Zen-Koan (= Meditationsrätsel in der Schule des Rinzai-Zen) schaltet es den rationalen Verstand aus, indem es ihn durch die Paradoxie in die Trance hinüberführt. Insofern gleicht seine Funktion dem »ICH BIN DER ICH BIN« (JEHOVA/JAHWE) des Judentums, das hebräische Mantra ist jedoch für den orthodoxen Juden tabu und darf nicht ausgesprochen werden.

ALAM	TASAM
ALAMAS	JAS
ALAR	KAHA JA AS
ALAMAR	CHAM
TA HAM	CHAM ASAK

Bei diesen arabischen Mantras handelt es sich um Zauberwörter aus dem Koran, deren Bedeutung nicht eindeutig feststeht. Sie finden im Sufismus und Derwischtum (»türkische Freimaurerei«) Verwendung und sind wesentliche Bestandteile der orientalisch ausgerichteten Buchstabenmagie Rudolf von Sebottendorfs.

Es wurde bereits erwähnt, daß das Intonieren von Mantras im Sanskrit *Japa Mantra* genannt wird. Wird ein Mantra dagegen (öffentlich) laut gesungen, spricht man vom *Kirtan*, zu dem auch meist unter Musikbegleitung getanzt wird. Die Kenntnis dieses Spezialvokabulars ist erforderlich, wenn man tiefer in die einschlägige Literatur eindringen will.

Fürs erste wollen wir es bei dieser Auswahl traditioneller Mantras belassen, zudem Sie durch Ihre Praxis der beiden Pentagrammrituale und des Hexagrammrituals bereits mit einer ganzen Reihe hebräischer Formeln vertraut sind.

EXKURS:
DIE WUNDEN PUNKTE DER MAGIER-SEELE (II)

DUNKLER BRUDER ANGST

Von allen menschlichen Empfindungen ist die Angst vielleicht die gefährlichste, unberechenbarste und die am schwierigsten zu beherrschende. Angst legt den Menschen in Ketten, sie schnürt ihm die Luft ab, beraubt ihn seiner Vernunft, seines Selbstwertgefühls, seiner Selbstachtung, sie treibt ihn in Panik und Hysterie, nagt an seinem Organismus und zersetzt ihn, bohrt sich wie ein Stachel in seine Träume, macht ihn willenlos, läßt ihn alle Pflichten und Rechte vergessen, benebelt seine Wahrnehmung, lähmt seinen Geist – und greift ständig nach dem, was sie nährt, zieht das Gefürchtete an und fleht um Erlösung durch Betäubung, durch Errettung oder durch die aller Qual endlich einen Schluß setzende Katastrophe. Aus Angst verrät der Freund den Freund, die Mutter die Tochter, der Sohn den Vater, der Bruder die Schwester, im Krieg wird sie geächtet und notfalls sogar mit dem Tode bestraft, wenn der Ängstliche die gemeinsame Sache gefährdet ...

Und doch ist Angst lebensnotwendig, ja vielleicht sogar selbst der wichtigste aller Urtriebe.

> *Angst ist lebensnotwendig, ja vielleicht der wichtigste aller Urtriebe.*

Angst bewahrt den Organismus vor Gefahr, läßt ihn weichen, wo er versagen und zu Schaden kommen würde, sichert den Fortbestand der Art. Ist der Überlebens- und Selbsterhaltungstrieb nicht eine Kehrseite der Angst vor dem Tod, vor der Vernichtung und der Auslöschung?

Folglich ist es auch keineswegs wünschenswert, die Angst total auszurotten – zumindest nicht solange, bis die Instinkte gelernt haben, auf einer anderen, angstfreien Ebene ihre lebenserhaltenden Funktionen optimal auszuüben, ohne daß der Gesamtorganismus der quälenden Angst bedarf, um sich außer Gefahr zu begeben oder diese unschädlich zu machen. Gewiß verdanken wir der Angst vor dem Erfrieren im Winter die Architektur, der Angst vor dem Verhungern den Ackerbau und die Viehzucht, das Konservieren und Langzeitlagern von Lebensmitteln und manches andere mehr.

EXKURS: DIE WUNDEN PUNKTE DER MAGIER-SEELE (II)

Bis zum angstfreien Menschen, der dieses Alarmmechanismus' nicht mehr bedarf, ist es oft ein sehr weiter Weg, der sich über Jahrzehnte bis zum Lebensende hinziehen kann, ohne daß der Erfolg jemals garantiert wäre. Der Magier ist zu ungeduldig, mag keine kostbare Zeit vergeuden (ein Leben ist immer viel zu kurz für die Magie!), um erst darauf zu warten, bis er dieses Ziel erreicht hat. Deshalb geht er ganz pragmatisch vor und nutzt die Angst dort, wo er es vermag, um sie nach und nach in den Griff zu bekommen und frei darüber entscheiden zu können, welche Ängste er sich zu welchem Zweck bewahren will und welche er ausmerzt oder umwandelt und verfeinstofflicht. Für manche magische Operationen ist Angst schließlich unabdingbar, z. B. bei Dämonenevokationen sowie teilweise auch bei der Arbeit mit dem sogenannten Heiligen Schutzengel.

Wir sollten daher lernen, die Angst möglichst zu respektieren, ohne sie aber zu unserer alles beherrschenden Herrscherin werden zu lassen. Regiert die Angst bereits, müssen wir dieses Joch abschütteln und sie auf ihre eigentlichen Funktionen zurückstutzen. Das liest sich freilich viel leichter, als es sich verwirklichen läßt. Doch wer den Weg der Magie ernsthaft geht, dem bieten sich genügend Gelegenheiten, um aus dem Blei seiner Angst das Gold der Tapferkeit und des Muts herzustellen, der Unabhängigkeit und Furchtlosigkeit, der Sicherheit und der Gelassenheit, die aus wahrer Selbst-Liebe entspringen und aus dem Erkennen des eigenen Willens sowie aus der Annahme der eigenen Kraft und Macht. Magie hat also im besten Sinne des Wortes stets auch etwas mit Erwachsenwerden zu tun, und ihr Prüfstein ist nicht zuletzt die Angst und die Art, wie wir mit ihr umgehen.

> *Wir sollten die Angst respektieren, ohne sie zu unserer Herrscherin werden zu lassen.*

Leider gibt es jedoch kein Patentrezept für diesen Umgang. Meist arbeitet man daher mit alten, mehr recht als schlecht bewährten, oft eher primitiven Methoden wie dem Aufbau eines Gegengewichts zur Angst durch bewußtes Erfahren des Angstmachenden. Wer beispielsweise unter Höhenangst leidet, gewöhnt sich nach und nach ans Bergsteigen und Fahrstuhlfahren; wer sich nicht auf die Achterbahn traut, löst eine Zehnerkarte und steht die Sache solange durch, bis die Angst ein für alle Male verflogen ist. Bei anderen, psychischen Ängsten, ist das schon schwieriger, etwa bei Eifersucht, Versagens- oder Existenzangst. Hier hilft nur viel Meditation und Einsicht, verbunden mit einem gezielten und möglichst systematischen Aufbau der eigenen Selbstsicherheit und des Selbstvertrauens. Denn die allermeisten Ängste gründen in mangelndem Selbstwertgefühl – entwickelt sich dieses erst einmal, so lösen sie sich von allein auf. Häufige Meditationen über den Tod, verbunden mit Saturn-Ritualen und die gelegentliche Erfahrung des mystischen oder schamanischen Tods führen zu einem gesünderen Verhältnis zum Tod und relativieren Ängste und Sorgen des Alltags.

> *Die allermeisten Ängste gründen in mangelndem Selbstwertgefühl.*

Manche Ängste lauern tief im Verborgenen, und es ist oft gar nicht so leicht, sie aufzuspüren. Meist verraten sie sich durch unerklärliche Abneigungen und Vorlieben, durch »Freudsche Fehlleistungen«, besonders Versprecher, bei der direkten, unerwarteten Konfrontation mit angstauslösenden Dingen, Personen oder Situationen oder auf der Traumebene. Hier bedarf es häufig eines erfahrenen Psychologen (im Sinne von »Menschenkenner«), um die Ängste beim Namen zu nennen.

Halten Sie daher stets Ausschau nach etwaigen Ängsten, die Ihnen noch nicht bewußt waren, ergänzen Sie Ihre Erkenntnisse aus der Übung 1 durch einen Angstspiegel, also eine Liste Ihrer sämtlichen gegenwärtigen Ängste. Erweitern Sie diese Liste, wenn erforderlich – und streichen Sie auch Ängste, wenn Sie sie überwunden haben!

Behalten Sie in der Magie stets im Auge, daß jede Angst ihren Gegenpart anzieht. Dies können wir besonders gut beim Umgang mit Tieren beobachten. Wenn Sie einem fremden Hund zeigen, daß Sie Angst haben, wecken Sie dadurch seinen Jagdinstinkt, und er fällt Sie möglicherweise an. Zeigen Sie jedoch unerschrockene Furchtlosigkeit, so wird er sich im Normalfall Ihrem Willen beugen, oder Sie zumindest in Ruhe lassen.

> *Behalten Sie in der Magie stets im Auge, daß jede Angst das anzieht, worauf sie sich richtet.*

Man sollte es mit dem Angstmodell gewiß nicht übertreiben, doch andererseits sind es nun einmal gerade die Ängste, die den Menschen am meisten peinigen und ihn von seinem Ziel der freien Selbstbestimmung abhalten.

Schließlich muß man noch zwischen Angst und Furcht unterscheiden, wiewohl wir beide bisher fast synonym gebraucht haben. Der Duden definiert Angst als: »undeutliches Gefühl der Beklemmung, des Bedrohtseins, des Ausgeliefertseins [verbunden mit bestimmten körperlichen Reaktionen]«. Furcht dagegen erklärt er folgendermaßen: »Gefühl des Bedrohtseins durch eine bestimmte Gefahr od. ein bestimmtes Übel«. Furcht ist also spezifischer, zielgerichteter, Angst dagegen allgemeiner, ungezielter. Für die Praxis spielt der Unterschied zwischen beiden vor allem bei der Frage eine Rolle, wie damit umgegangen werden soll. So ist die Furcht (umgangssprachlich durchaus auch »Angst«) vor dem Fahrstuhlfahren etwas Konkretes, das sich mit Hilfe eines Fahrstuhls beseitigen läßt. Existenzangst dagegen ist, wie schon erwähnt, mit derlei Äußerlichkeiten nicht beizukommen, sie muß gründlicher angegangen und durch Erfolgserlebnisse und Erfahrungen der Sicherheit und Geborgenheit aufgewogen werden, bis sie an Macht verliert (also durch den Aufbau einer ihrer selbst sicheren Existenz).

Die Lehre von den Korrespondenzen (II)

Vielleicht haben Sie sich bei der Lektüre des letzten Abschnitts gefragt, was eine solch vage Angabe von Korrespondenzen wie »alle herrlichen Düfte« oder »alle üblen Düfte« soll. Wir haben bewußt darauf verzichtet, dies schon bei der Auflistung selbst zu besprechen, um dadurch möglicherweise einen Denkprozeß zu provozieren, der sich mit diesem Problem auseinandersetzt.

Gerade am Anfang sucht man in der Magie oft viel präzisere Aussagen, möglichst mit genauen Mengenangaben und Gebrauchsanleitungen. Dies ist zugleich ein Produkt der inneren Unsicherheit und der Suche nach »objektiven« oder doch zumindest greifbaren Orientierungshilfen. Tatsächlich sind derart »unscharfe« Bezeichnungen wie die besprochenen jedoch meist sehr viel brauchbarer als Auflistungen von speziellen Kräutern, Salben oder Ölen. Eine Kategorisierung wie »alle herrlichen Düfte« (Crowley) überläßt die Entscheidung über die Zuordnung nämlich dem Magier selbst – und wird damit der Tatsache gerecht, daß Korrespondenzen immer nur subjektiv sein können, so daß jeder Magier sich schließlich sein eigenes, ganz persönliches Korrespondenzsystem aufbauen muß.

> *Jeder Magier muß sich sein eigenes Korrespondenzsystem aufbauen.*

Auch hier gilt sinngemäß unsere symbol-logische Unschärferelation: Ein Übermaß an Präzision würde die Gewichtung zugunsten des ordnenden, einteilenden und analysierenden Intellekts verschieben, dadurch aber würden Intuition und Gefühl unterdrückt und von einer Flut unnötiger Einzelfakten vom eigentlichen Anliegen abgelenkt. Wieder einmal muß sich also die »Wissenschaft« innerhalb der Magie der »Kunst« unterordnen, wenn der Magier Erfolge erzielen will. Lesen Sie unter diesem Gesichtspunkt bitte noch einmal unsere diesbezüglichen Ausführungen im ersten Abschnitt.

Weitere Ausführungen zu diesem Thema finden Sie weiter unten, wo wir uns mit der Funktion von Räucherstoffen in der Magie befassen.

MAGIE ALS REALITÄTSTANZ

In einem Artikel wies der englische Magier Ramsey Dukes auf das Problem der Magie als Realitätsdurchsetzung hin. »Wie kommt es«, so fragten ihn immer wieder Menschen, »daß wir Europäer mit unserer weitgehend unmagischen rationalistischen Weltanschauung und Technik uns die angeblich doch über soviel magische Kräfte verfügenden schamanischen Naturvölker jahrhundertelang untertan machen konnten?« Dukes' Antwort darauf ist gleichzeitig unerwartet und außerordentlich aufschlußreich: »Weil wir die besseren Magier sind.« Tatsächlich, so führt er aus, bedeutet Magie ja vornehmlich, eine bestimmte, gewollte Realität herzustellen und sie gegen etwaige Widerstände der Außenwelt durchzusetzen. Ebendies aber hat der Weiße Mann getan, so daß inzwischen selbst der abgelegenste und rückständigste Schamane am Amazonas und in den Bergen Nepals seine Werte angenommen hat und danach zu leben versucht, beispielsweise indem er nach dem Besitz technischer Geräte wie Radios, Digitaluhren oder Gewehre strebt.

> *Alle Magie ist »Realitätsproduktion«.*

Wenn wir einmal gründlicher darüber nachdenken, was es für die Praxis zu bedeuten hat, daß alle Magie tatsächlich »Realitätsproduktion« ist, so wird mancherlei deutlich, das sich mit anderen Gedankenmodellen nur sehr viel umständlicher, indirekter erschließt. Zum einen können wir daraus folgern, daß die Auswahl der Mittel in der Magie praktisch unbegrenzt ist, denn sie umfaßt eben alles, was der Herstellung von Realität dient – von der unbedeutendsten Alltagsgeste bis zum aufwendigen Zeremonialzauber. Zum anderen wird so auch deutlicher, was unter dem Satz zu verstehen ist, daß Magie »stets die Wahrnehmung der Magie« sei: Wir müssen Magie als solche erkennen (oder sie uns unter Umständen auch solange »einbilden«), bis sie zur »Wirklichkeit« wird. Letztere erkennen wir im wissenschaftlichen Paradigma zwar in erster Linie durch Effekte auf der grobstofflichen (= »objektiven«) Ebene, doch ist die Magie natürlich noch sehr viel subtiler. Und schließlich begreifen wir, wie sehr wir uns schon immer mit aktiver Magie im Leben durchgesetzt haben, ohne es bewußt so zu benennen oder zu erkennen.

Solche Überlegungen münden zwangsläufig in die Frage, was denn das Wesen der Realität oder Wirklichkeit sei – eine Frage, die zu beantworten Religion und Philosophie, Wissenschaft und Psychlogie schon seit Tausenden von Jahren sich bemühen. Wir können hier aus einleuchtenden Gründen ebensowenig eine allgemeingültige Antwort darauf geben wie andere Systeme auch, dürfen aber bemerken, daß sich die Realität für den modernen Magier nicht etwa als starre, unflexible Konstante darstellt, sondern vielmehr als fließende, nie völlig eindeutig und scharf zu umreißende Größe. Ja, er geht sogar soweit zu behaupten, daß es zahllose Wirklichkeiten gibt und daß seine Aufgabe als Magier vornehmlich darin besteht, möglichst vieler dieser Wirklichkeiten teilhaftig zu werden, um sowohl seine eigene Vielseitigkeit und Flexibilität zu gewährleisten als auch, als logische Schlußfolgerung daraus, sein Handlungsspektrum zu erweitern.

> *Für den modernen Magier gibt es zahllose Wirklichkeiten.*

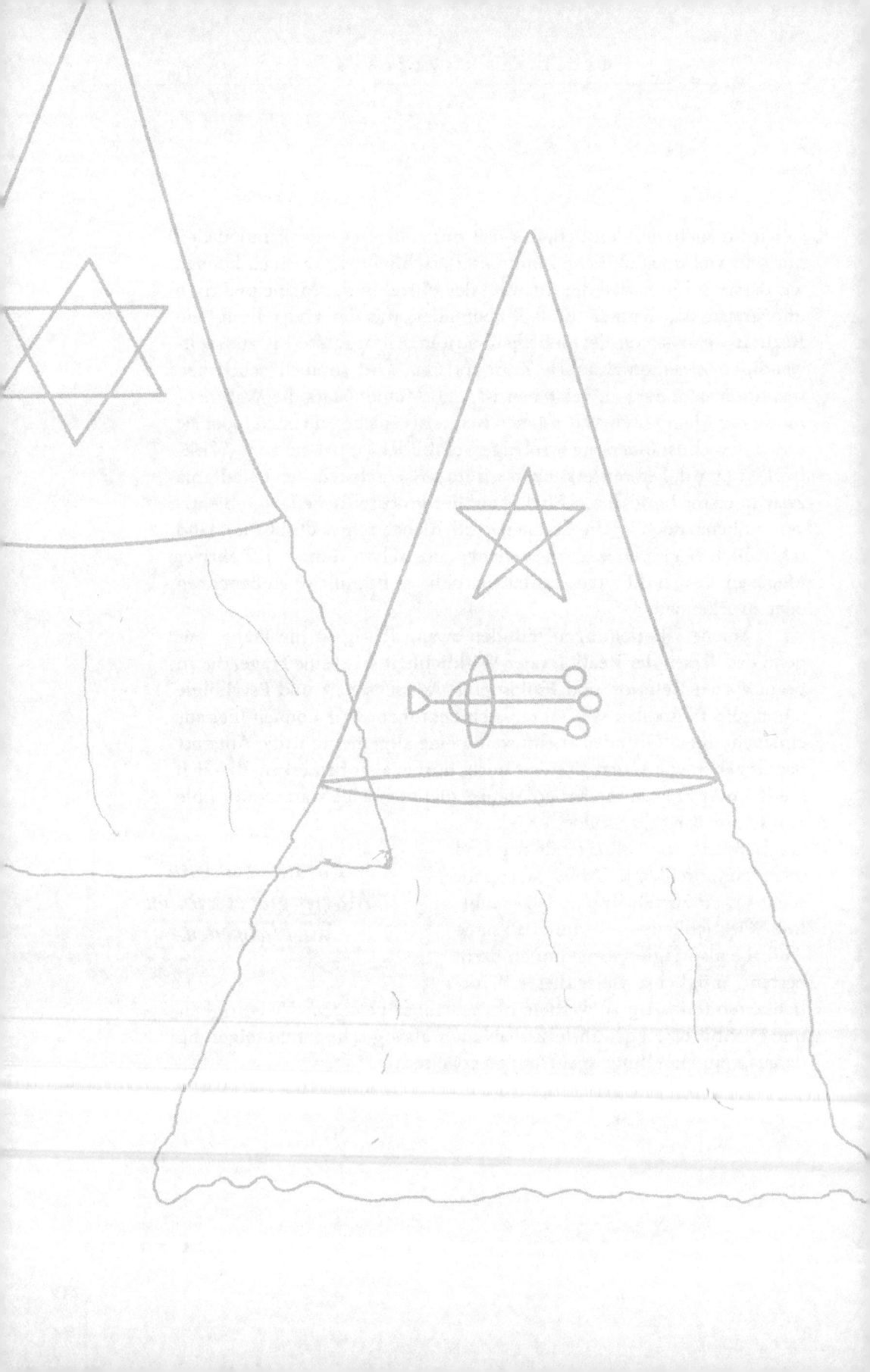

EINFÜHRUNG IN DIE RITUALISTIK (V)

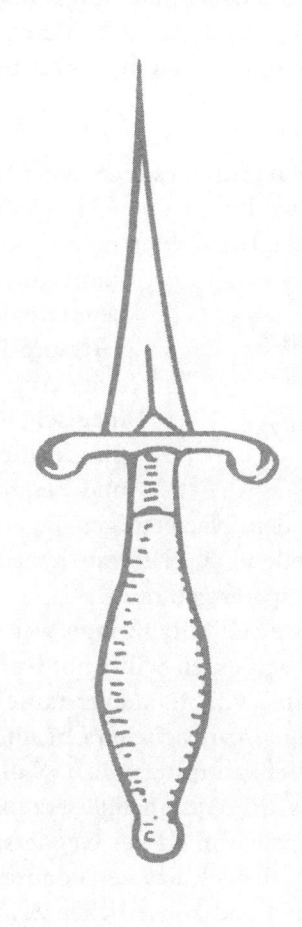

Der magische Dolch

Der magische Dolch ist zugleich die wichtigste und doch die scheinbar am leichtesten zu beschreibende Waffe des traditionell arbeitenden Magiers: Er steht für den Willen, und mit ihm werden alle wichtigen magischen Operationen durchgeführt, vom Ziehen des Kreises bis zur Ladung von Amuletten und Talismanen, Heilungs- und Schadenszaubern und dem Lösen und Binden anderer. Mit dem Dolch wird gebannt und geschützt, viele Magier lassen ihn als einzige ihrer Waffen niemals von anderen berühren.

Welch für den Laien seltsames Eigenleben magische Waffen bekommen können, läßt sich am Beispiel meines eigenen Dolchs zeigen: Es handelt sich dabei um einen Brieföffner, eine Silberarbeit mauretanischer Herkunft, die im Senegal zu mir kam. Ich benutzte ihn schon einige Zeit, als eine vertraute Person ihn mir im Rahmen einer Auseinandersetzung stahl. Ohne magisch etwas gegen die Person zu unternehmen, wartete ich einfach ab und beschloß sofort, nur noch astrale Waffen zu verwenden. Nach einigen Tagen der Übung gelang mir dies auch zufriedenstellend, und fortan hantierte ich täglich mit ihnen. Etwa eine Woche später gab mir die besagte Person den Dolch freiwillig zurück. Die weiche Silberklinge war verbogen und blutbefleckt: Ergebnis eines mißglückten Selbstmordversuchs. Vorsichtig geworden, nahm ich die Waffe an mich und verstaute sie nach Richten der Klinge in Seide isoliert an einem sicheren Ort und arbeitete eine ganze Weile weiterhin ausschließlich mit astralen Waffen. Später zahlte sich meine Vorsicht aus: Als die Auseinandersetzungen zum magischen Krieg eskalierten, konnte ich mich des Gegners, dessen Blut ich besaß und mit dessen Fotografien ich arbeiten konnte, erfolgreich erwehren, jeden weiteren magischen und körperlichen Angriff verhindern beziehungsweise abschmettern und ihn schließlich von seinem Vorhaben meiner Vernichtung durch ständige Mißerfolge, Rückschläge körperlicher und seelischer Art und durch magische Rohrkrepierer (also Angriffe, die nicht richtig zündeten und den Verursacher selbst trafen) abbringen. Dabei arbeitete ich nicht mehr astral, sondern verwendete den physischen Dolch mit der mumia (= an Körpersekrete gebundene Lebenskraft bzw. diese Sekrete selbst) des Gegners.

> *Magische Waffen können seltsames Eigenleben bekommen.*

Die seitdem unter magischen Kollegen kursierende Legende, ich besäße einen Dolch, der »immer wieder zurückkäme«, ist zwar stark übertrieben, doch ist es eine Tatsache, daß Waffen dieser Art oft einen regelrecht individuellen Charakter bekommen und sich manchmal völlig unberechenbar verhalten, nicht zuletzt auch auf der materiellen Ebene. Das ist um so mehr Grund für einen Magier, sorgfältig mit ihnen umzugehen und sie vor dem Zugriff Unbefugter zu bewahren – weniger weil die Waffen dadurch an Kraft einbüßen könnten, was bei richtiger Ladung ohnehin nicht passieren dürfte, sondern vielmehr wegen ihrer nicht vorhersehbaren Auswirkungen auf ebenjene Unbefugten. Auch deshalb trägt jeder erfahrene Magier Sorge dafür, daß mit seinen Waffen nach seinem Tod sachgemäß umgegangen und entsprechend über sie verfügt wird.

> *Waffen dieser Art bekommen oft einen regelrecht individuellen Charakter.*

Als Symbol des magischen Willens ist der Dolch zusammen mit dem später zu erörternden Pentakel beziehungsweise Lamen die individuellste Waffe des Magiers. Folglich sind Form und Material auch beliebig, und die Abbildung zeigt nur eine von vielen Möglichkeiten auf.

Es sollte noch angemerkt werden, daß es magische Traditionen gibt, die bei Arbeiten der Bannung und der Ladung das Schwert dem Dolch vorziehen, andere wiederum sehen im magischen Schwert nur eine Waffe der äußersten Not, die so gut wie nie gebraucht wird.

Wird er in das Spannungsfeld »Männlich/Weiblich« einbezogen, so ist der Dolch der Vertreter des männlichen Prinzips, der Kelch dafür jener des weiblichen, etwa beim Hexen- oder Wicca-Kult; in der hermetischen Tradition nimmt diese männliche Stellung häufig auch der – meist phallisch geformte – Stab ein.

Stellt man seinen Dolch selbst her, oder kann man sich eine entsprechende Waffe aussuchen, sollte man dafür sorgen, daß sie gut zu greifen ist und fest in der Hand liegt. Auch sollte die Klinge scharf und spitz zugleich sein, ebenso kräftig, fest und frei von Scharten. Doch kann es andererseits (wie etwa in meinem Fall) geschehen, daß eine Waffe unter seltsamen Umständen zu Ihnen kommt (oder für Sie »erwacht«), die zwar nach herkömmlichen Maßstäben nicht dem Ideal entspricht, dennoch für Sie genau die richtige ist. Dann sollten Sie stets Ihrer Intuition und Ihrem Gefühl gehorchen und keine Waffe von

> *Gehorchen Sie stets Ihrer Intuition und Ihrem Gefühl.*

anderer Form herbeizwingen wollen. Dies gilt auch für »sprechende Waffen« wie einen Dolch, der den Magier bei der ersten Berührung verletzt und sein Blut zieht, und so weiter. Das für den Dolch Gesagte trifft übrigens sinngemäß auf alle magischen Waffen zu.

In manchen, noch heute gängigen Traditionen westlicher Magie wird weniger Wert auf den Dolch gelegt als in anderen. Crowley sieht ihn ihm lediglich das Symbol des alchemistischen Quecksilbers (wobei Geißel und Kette ihrerseits für den Schwefel respektive für das Salz stehen), doch verlangt er von ihm immerhin, daß seine Klinge mit Gold eingelegt werden solle, während der Griff bei ihm ebenfalls aus Gold bestehen muß beziehungsweise mit diesem Metall beschichtet ist.

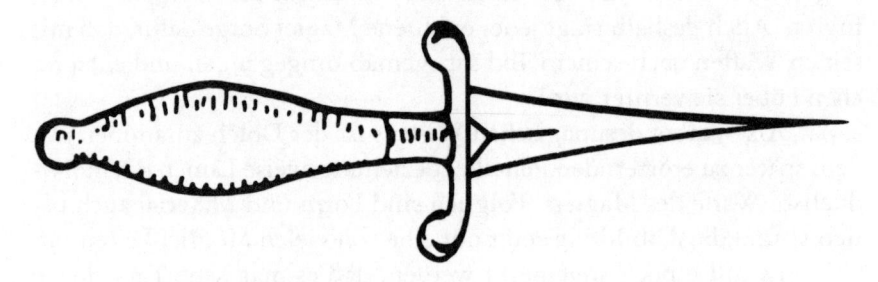

Abbildung 23: Der magische Dolch (Muster nach Crowley)

DIE FUNKTION VON WEIHRAUCH UND RÄUCHERMITTELN IM RITUAL

Unser Geruchssinn ist aus Sicht der Entwicklungsgeschichte der älteste aller menschlichen Sinne, er ist direkt mit dem Stammhirn verbunden. Aus diesem Grund wirkt er auch eher auf der Ebene des Unbewußten, weshalb manche Wissenschaftler sogar behauptet haben, es sei unmöglich, ihn zu steuern oder gewollt Geruchshalluzinationen herbeizuführen, worüber der Magier freilich nur lächeln kann, schult er seinen Geruchssinn doch systematisch, um nicht zuletzt solche »Halluzinationen« gezielt herbeizuführen. Allerdings ist es richtig, daß den meisten Menschen dieser Umgang mit dem Riechorgan ohne entsprechende Übung sehr schwerfällt.

DIE FUNKTION VON WEIHRAUCH UND RÄUCHERMITTELN

In der Zeremonialmagie spielen Düfte und Gerüche eine wichtige Rolle, und das war schon immer so. Auch schamanische Kulturen kennen den Gebrauch von Ölen und Räuchermitteln, und schon in der Antike gab es eine regelrechte Industrie, die sich auf die Herstellung sakraler Räuchermischungen spezialisiert hatte, die bei privaten und gemeinschaftlichen Kulthandlungen Verwendung fanden. Kein indischer Tempel, keine buddhistische Pagode, kein Shinto-Schrein ohne Räucherstäbchen – das Räucheropfer mag vielleicht eine der ältesten menschlichen Praktiken überhaupt sein.

> *In der Zeremonialmagie spielen Düfte und Gerüche eine wichtige Rolle.*

Insofern ist es also keineswegs so, wie man manchmal liest, daß sich die westliche Magie mit ihrem Gebrauch von Weihrauch und ähnlichem beim Ritual nur an die katholische Kirche anlehnen würde, tatsächlich steht die Kirche in dieser Hinsicht selbst in einer uralten vorchristlichen Tradition.

Die Funktion des Räucherwerks ist zweifach: Es dient zur grob- und feinstofflichen Reinigung und zur Herstellung eines bestimmten Bewußtseinszustands, also einer magischen Trance oder Gnosis. Da die Erinnerung an Duftstoffe oft tief im Unbewußten gespeichert wird, stellen diese eine geradezu ideale Möglichkeit der Psychenkonditionierung dar. Wenn wir beispielsweise zehn- oder zwanzigmal bei einem Mars-Ritual immer die gleiche Räuchermischung verbrannt haben, prägt sich die Mars-Trance viel tiefer ein als ohne derlei Hilfsmittel, so daß schon bald das bloße Räuchern des Mars-Weihrauchs genügt, um beim Magier die gewünschte Mars-Gnosis herzustellen bzw. herbeizurufen.

Um so enttäuschender mag es erscheinen, daß sich magische Autoren so gut wie immer uneins sind, welche Düfte welchem Prinzip (hier: welchem Planeten) zuzuordnen sind. Um nur ein Beispiel für die zahlreichen widersprüchlichen Aussagen zu geben, wollen wir einmal betrachten, welche Räucher-Korrespondenzen vier bekannte magische Autoren deutscher und englischer Zunge für die Planetenkraft des Jupiter angeben:*

> *Welche Düfte sind welchem Prinzip zuzuordnen?*

---

* *Zusammenstellung und Übersicht nach Ivanovas, siehe Literatur im Anhang.*

ALEISTER CROWLEY: Safran; alle großzügigen Düfte.

FRANZ BARDON: allein = Safran, oder mit: Leinsamen, Veilchenwurzel, Pfingstrosenblüten, Betonienblätter, Birkenblätter.

KARL SPIESBERGER: Safran, Eschensamen, Aloeholz, Styrax, Benzoe, Lasurstein, Spiegel, Pfauenfeder.

JAMES STURZAKER: Ochsenzunge, Apfelbaum, Esche, Gerste, Rotbuche, Nelke, Mais, Löwenzahn, Lolch, Hartriegel, Alant, weiße Feige, Haselnuß, Bilsenkraut, Stechpalme, Roßkastanie, Jasmin, Muskatnuß, Eiche, Olivenbaum, Pfirsichbaum, Pflaumenbaum, Pappel, Trauben, Rhabarber, Salbei, Weizen, Odermenning, Lavendel.

Es fällt auf, daß immerhin der Safran bei drei unserer Autoren erwähnt wird, doch ist selbst dies nicht immer die Regel, es sei denn, daß ein Autor – wie so häufig in der okkulten Literatur – vom anderen abschreibt, auch wenn sein Vorbild sich nicht an der »Tradition« orientiert. Das Wort »Tradition« steht hier in Anführungszeichen, weil sich zumindest im Bereich des Räucherwerks nicht ernsthaft von einer solchen reden läßt, obwohl es in der Magiegeschichte natürlich immer wieder Überschneidungen gab.

> *Jeder Magier muß im Hinblick auf Räucherwerk seine eigenen Korrespondenzen erschaffen.*

Wir können also festhalten, daß es auch auf diesem Gebiet nicht die objektiven Korrespondenzen gibt, daß traditionelle Autoren einander oft erheblich widersprechen – und wir müssen daraus für die Praxis die Konsequenz ziehen, daß sich jeder Magier gerade im Hinblick auf Räucherwerk seine eigenen Korrespondenzen erschaffen muß. Dies wird für den Anfänger nicht immer sehr leicht sein, da er mit den Planetenkräften noch nicht hinreichend vertraut ist, um eindeutige Entscheidungen dieser Art zu treffen. Deshalb genügt es am Anfang auch, sich fertige, im Handel erhältliche Mischungen zu beschaffen, die sich meist an den Vorgaben eines älteren Autors orientieren oder von Magiern komponiert wurden, die über die erforderliche Erfahrung verfügen.

Ein solches Vorgehen hat allerdings auch einige Nachteile: Zum einen macht sich der Magier dadurch abhängig von Lieferanten und

Herstellern, was zum Problem werden kann, wenn eine solche Firma einmal ihre Tore schließt oder ihr Produkt nicht mehr herstellt. Dergleichen ist auf dem doch recht kleinen, ja winzigen Markt für Magiezubehör keine Seltenheit. Ist man erst einmal gründlich auf eine bestimmte Duftmischung konditioniert, bedarf es oft gewaltiger Anstrengungen, um mit neuen, anderen Duftreizen die gleichen Erfolge zu erzielen wie zuvor. Des weiteren verführt das passive Kaufen magischer Hilfsmittel auch zu einer allgemeinen Passivität in magischen Dingen. Zudem ist gutes Räucherwerk nicht eben billig.

Will man sich allerdings eigenes Räucherwerk herstellen, entdeckt man bald, daß dies keine leichte Aufgabe ist, sondern viel Feingefühl und eine gute Nase erfordert, wie auch viel Fleiß und Geduld. Manche Magier ziehen es deshalb vor, mit möglichst wenigen, leicht erhältlichen Ingredienzien auszukommen. Letztere bezieht man über den magischen Fachhandel, über Apotheken und aus Geschäften für Kirchenzubehör. Dies gilt speziell für Harzmischungen. Kräutermischungen stellt man sich auf gleiche Weise zusammen, große Auswahl bieten oft Kräuter- und Naturkostläden sowie natürlich Apotheken.

Zu den klassischen, schon in der Antike und im vorderen Orient hauptsächlich verwendeten Zutaten gehören:

> **STYRAX** (auch: Storax, flüssiger Amber, Benzoin)
> Dieser flüssige Balsam aus dem Amberbaum (Liquidambra orientalis) wird gern zu Mischungen gegeben, um den Rauch dichter zu machen. In flüssiger Form ist er recht klebrig und dient auch dazu, trockene Harze aneinanderzubinden, etwa zum Räuchern von größeren Weihrauchbrocken. Oft ist eigentlich Styrax gemeint, wenn von Ambra (siehe dort) die Rede ist.
>
> **GALBANUM** (auch: Mutterharz)
> Ein Gummiharz aus grünbläulichen, verklebten Körnern, das vor allem bei Mischungen aus der hermetischen, winkligen Tradition eine große Rolle spielt.
>
> **OLIBANUM** (auch: Weihrauch, Thus, englisch frankincense)
> Nach dem Erhärten nimmt dieser milchähnliche Saft des nordafrikanischen Boswelliabaums, der seinen Namen einer Verballhornung des hebräischen lebonah = »Milch« verdankt, die Form gelblicher oder bräunlicher, durchscheinender Körner an.

MYRRHE
Eines der am häufigsten verwendeten Gummiharze, es besteht aus spröden bräunlichen Körnern. In Form von Tinktur findet Myrrhe zudem in der Naturheilkunde Verwendung.

BENZOE (auch: wohlriechender Asant, Asa dulcis)
Das Harz des Benzoebaums ist überall leicht erhältlich und dient zum Würzen von Räuchermischungen.

ASANT (auch: Asafoetida, Teufelsdreck)
Dieses Gummiharz wurde im Mittelalter viel als Knoblauchersatz verwendet und durfte in keinem Kuchen (!) fehlen. Heute wird es fast ausschließlich in der Tiermedizin verwendet, weshalb man es meist nur in sehr verschmutztem Zustand erhält und entsprechend säubern muß. Asant entwickelt beim Räuchern dichte Schwaden von sehr stechendem, üblem Geruch, der entfernt an Gummi und Knoblauch erinnert, und es wird vornehmlich für dämonische Operationen verwendet, gelegentlich auch beim Exorzismus.

AMBRA (auch: grauer Amber, Agtstein, Ambergris)
Ein Sekret des kranken Pottwals, das vor allem nach Stürmen an der Meeresoberfläche gefischt wird. Es ist sehr selten und teuer, daher nicht einfach zu beschaffen. Oft verstehen Autoren unter Ambra aber auch andere wohlriechende Stoffe, meist Styrax (siehe dort). Als »gelben Amber« bezeichnet man auch Bernstein, der ebenfalls – meist in gemahlener Form – gelegentlich zu Räucherzwecken verwendet wird.

BALSAM
Hierbei handelt es sich um einen Oberbegriff für wohlriechende, dickflüssige Harze. Unter Mekkabalsam (auch: Balsam von Gilead, Opobalsum verum) versteht man das Harz der Pflanze Somiphora opobalsamum, der süßliche Perubalsam besteht aus dem Harz des Baumes Toluifera pereirae und wird auch als »schwarzer indischer Balsam« bezeichnet. Tolubalsam (auch: Opobalsam) ist das Harz des Baumes Toluifera balsamum.

Alte Rezepte für Räuchermischungen stellen eine ständige Quelle des Irrtums dar: Oft werden Zutaten wie Benzoe und Benzoin, Ambra und Amber sowie auch die verschiedenen Balsame verwechselt, aus zahlreichen Sprachen übersetzt und weiterübersetzt, ungenau abgeschrieben und ohne große Sachkunde zusammengestellt. Ein sehr altes Rezept für Kyphi (ägyptischer Sonnenweihrauch) findet sich immerhin im Papyrus Ebers. Es lautet nach Hopfner: Trockene Myrrhe, Wacholderbeeren, Weihrauch, Cyperngras, Mastyxzweige, Bockshorn, Kalmus von Nordsyrien, Rosinen, Styraxsaft zerstoßen, zu einer Substanz gestalten. Frauen sollen dem Rezept noch Honig zusetzen und alles zusammen kochen.

Im 2. Buch Mose (30, 34 ff.) finden sich ebenfalls Angaben für eine Räuchermischung, die Jahwe dem Moses offenbart:

> *Und der HERR sprach zu Mose: Nimm dir Spezerei: Balsam, Stakte, Galbanum und reinen Weihrauch, vom einen soviel wie vom andern, und mache Räucherwerk daraus nach der Kunst des Salbenbereiters, gesalzen, rein, zum heiligen Gebrauch. Und du sollst es zu Pulver stoßen {...} Es soll euch ein Hochheiliges sein.*

Doch warnt er Moses auch, die dem Gottesdienst vorbehaltene Mischung nicht zweckentfremden und dadurch profanieren zu lassen:

> *Aber solches Räucherwerk sollt ihr für euch nicht machen, sondern es soll dir als dem HERRN geheiligt gelten. Wer es macht, damit er sich an dem Geruch erfreue, der soll ausgerottet werden aus seinem Volk.*

Auch für die Altar-, Schrein- und Priesterweihe gibt Jahwe Anweisungen, und zwar für ein Salböl:

> *Nimm dir die beste Spezerei: die edelste Myrrhe, fünfhundert Lot,* und Zimt, die Hälfte davon, zweihundertundfünfzig Lot, und Kassia, fünfhundert nach dem Gewicht des Heiligtums, und eine Kanne Olivenöl. Und mache daraus ein heiliges Salböl nach der Kunst des Salbenbereiters.*
>   (2. Mose 30, 23–25)

Auch dieses Öl war ausschließlich dem sakralen Gebrauch vorbehalten, und Schänder wurden mit Ausrottung bedroht.

---

* *Zur Orientierung: ein alttestamentarisches Lot entspricht etwa 11,2–12,2 Gramm.*

Nicht selten werden anstelle von Harzen aber auch Kräuter (meist in getrocknetem Zustand) zum Räuchern verwendet, und zwar sowohl für sich allein wie auch als Mischungen. Schamanen arbeiten bei Heilungen oft mit Tabakrauch, und unter den nordamerikanischen Indianern werden Salbeiräucherungen bevorzugt, was mittlerweile auch in schamanisch gesinnten Kreisen bei uns Schule gemacht hat.

Bei der Dämonenmagie beziehungsweise -evokation soll eine Wesenheit »bis zur Konsistenz dichter Dämpfe« (Crowley) beschworen und materialisiert werden. Dies ist bisweilen ganz wörtlich gemeint: Ins Evokationsdreieck wird eine Räucherpfanne gestellt, und der Dämon soll sich in der Rauchsäule manifestieren.

Über Techniken und Praktikern des Räucherns

Vor wenigen hundert Jahren gab es zur Unterstützung dieses Vorgangs eigens angefertigte Altäre, die mit Hilfe von ausgeklügelten Spiegelsystemen vorbereitete Bilder in einer Art frühzeitiger »Dia-Show« auf die Rauchschwaden projizieren konnten. Sicher geschah dies nicht selten in betrügerischer Absicht, doch ist der Wert dieser Praktik als Imaginationshilfe noch heute ungebrochen. Es fällt leichter, ein bereits bestehendes Bild zu beleben, das sich auf einer flackernden, sich drehenden und wälzenden Rauchsäule optisch wahrnehmbar bewegt (Projektionstechnik), als abzuwarten, bis sich im Rauch ein geeignetes Bild manifestiert (sogenannte »eidetische« oder auch »Kristallkugeltechnik«).

Erwähnt werden sollte übrigens auch, daß Forschungen in jüngerer Zeit ergeben haben, daß sich beim Abbrennen von bestimmten Räucherstoffen (vor allem Olibanum) sogenannte Tetrahydrocannabinole oder »Haschisch-Inhaltsstoffe« bilden. Mit anderen Worten macht Weihrauch in gewissem Umfang »high«, was zumindest teilweise im Einklang mit dem Anstreben einer magischen Trance steht. Es wurden sogar unter Ministranten Fälle von »Weihrauchsucht« bekannt, die sich nicht allein im Einatmen, sondern auch im Kauen von Weihrauch äußerten.

Darüber hinaus hat Weihrauch auch ganz konkrete hygienische Funktionen, da er desinfiziert und Ungeziefer fernhält.

Zur persönlichen Praxis sei empfohlen, sich zunächst mit den Element- und Planetenkräften durch das Ritual vertraut zu machen, wobei entweder auf Räucherung verzichtet oder eine bestehende verwendet wird, die man entweder selbst mischt oder fertig erwirbt.

Nachdem sich der Magier entsprechend mit allen Planeten angefreundet hat, beschäftigt er sich mit ihnen einzeln und schwerpunktmäßig, bis ihm die dem jeweiligen Planeten zukommenden Korrespondenzen völlig klar und verständlich sind. Nun stellt er seine persönliche Räuchermischung her. Es leuchtet ein, daß dieser Prozeß sich über Jahre hinziehen kann, denn welcher Magier kann schon wirklich von sich behaupten, daß ihm sämtliche Korrespondenzen einer Energie vertraut und verständlich sind! Letztlich ist das Problem ohnehin rein akademisch, sofern genügend Nachschub von Räucherwerk gewährleistet ist und es das Ritual eindeutig fördert.

Wurden Räucherstoffe früher meist ins Opferfeuer geworfen, so werden sie heute lieber im Brenner verdampft oder verkohlt, anstatt sie zu verbrennen. Diese Praktik setzt die Aromastoffe schonender und wirkungsvoller frei. Die meisten heutigen Magier verwenden imprägnierte, selbstzündende Holzkohle, die auf einer Seite mit einer Mulde versehen ist, in die das Räucherwerk gegeben wird. Flüssigere Räucherstoffe und Öle gibt man zum Verdampfen auf ein Blech (zum Beispiel aus Kupfer), das von unten mit einer Kerze erhitzt wird und auf einem Gestellt ruht, beispielsweise auf einem Dreibein.

DER BRENNER

Der Brenner zählt zu den am häufigsten verwendeten Paraphernalia der Zeremonialmagie. Für das Verständnis englischer Magie-Literatur ist es wichtig zu wissen, daß der Brenner im Englischen sowohl »thurible« als auch »censer« heißen kann – beides relativ ungebräuchliche Begriffe, weshalb wir sie hier auch erwähnen. Crowley unterscheidet in seinem *Magick* zwischen beiden und verwendet gleich zwei verschiedene Brenner.

Häufig besteht der Brenner aus einem Dreifuß mit halbkugelförmiger Brennschale. Kabbalistisch und biblisch ausgerichtete Magier verwenden gern Messing zur Herstellung des Brenners.

Man hat den Akt der Räucherung stark mit Symbolik geladen, und als Beispiel dafür wollen wir Crowley anführen:

> *Ins Magische Feuer wird alles geworfen. Es symbolisiert das letztliche Verbrennen aller Dinge im Shivadarshana. Es ist die absolute Vernichtung sowohl des Magiers als auch des Universums.*
> (Crowley, *Magick*, S. 115).

Der Wille des Magiers ist es, der dieses verzehrende Feuer entfacht, das das Alte vernichtet, auf daß Neues werde, und der Brenner ist das Gefäß (ja, das Universum), in dem dieser Akt fruchtbarer Zerstörung (zum Beispiel ungewollter Einflüsse und ablenkender Gedanken) stattfindet. Aber Crowley warnt auch vor der Überschätzung des Wahrgenommenen:

> *In diesem Rauch entstehen Illusionen. Wir suchten nach dem Licht und siehe, der Tempel verfinstert sich! In der Dunkelheit scheint dieser Rauch seltsame Gestalten anzunehmen, und vielleicht vernehmen wir auch Tiergeschrei. Je dichter der Rauch, um so dunkler wird das Universum. Wir keuchen und zittern, wenn wir gewahr werden, welch üble und vergängliche Dinge wir heraufbeschworen haben!*
> *Und doch können wir nicht ohne das Räucherwerk auskommen! Wenn unser Streben keine Form annimmt, kann es die Form auch nicht beeinflussen. Dies ist auch das Mysterium der Inkarnation.*
> (Crowley, S. 116)

Und er fährt später fort:

> *Alle diese Phantome, welcher Natur auch immer sie seien, müssen heraufbeschworen, untersucht und gemeistert werden; sonst stellen wir vielleicht fest, daß ebendann, wenn wir es wollen, eine Vorstellung auftaucht, mit der wir uns noch nie befaßt haben; und daß diese Vorstellung uns möglicherweise überraschend anspringt und uns gewissermaßen von hinten erdrosselt. Dies ist die Legende vom Magier, der vom Teufel erdrosselt wurde!*
> (Crowley, S. 118)

Allerdings meint der Altmeister der modernen Magie mit diesen Phantomen keineswegs nur das, was sich in den Räucherschwaden zeigt, sondern auch moralische und religiöse Ideen und Vorstellungen, wie überhaupt jeden Gedanken, der nicht analysiert und somit von unserem eigentlichen Selbst ferngehalten wird, damit dieses sich nicht mit ihm identifiziert und dadurch in den Abgrund der Illusion stürzt.

Auch ein Rezept für Räucherwerk gibt Crowley an: 1 T Olibanum (= die Opferung des Willens des menschlichen Herzens, also seines profanen Wollens), $1/4$ T Styrax (= das irdische Verlangen: dunkel, süß, haftend), ¼ T Aloe (Lignum aloes) (= Symbol des Sternzeichens Schütze und des Pfeils, somit des magischen Strebens selbst).

Für Crowley (der sich in seinem hier zitierten Abschnitt weniger zum eigentlichen Brenner äußert als zur metaphysischen Bedeutung des Räucherns und der dabei verwendeten Stoffe) steht der Rauch zudem für die Astralebene, was im Hinblick auf unsere Ausführungen zur Dämonenevokation wohl keiner weiteren Erklärung bedarf.

Vor allem bei Gruppenritualen und bei der Arbeit in großen Räumen finden Weihrauchschwenker Verwendung, mit denen auch der magische Schutzkreis nach dem Schlagen abgeschritten werden kann.

Über die Verwendung verschiedener Brenner

Dadurch bildet der Magier eine Rauchsäule, die ihm zusätzlichen Schutz verleiht, aber diese Säule hat auch etwas von einem Schleier, der das magische Tun vor profanen Augen verbirgt und die Undurchschaubarkeit des guten Magiers symbolisiert.

Es versteht sich natürlich von selbst, daß der Brenner aus feuerfestem Material bestehen muß. Häufig wird jedoch zu wenig auf eine hinreichende Luftzufuhr geachtet, so daß Kohle und Räucherwerk oft ersticken. Bei offenen Brennschalen ist dies kein Problem, doch werden häufig auch abgedeckte Brenner verwendet, weil sie den Funkenflug eindämmen und manchmal auch das Verdampfen von Ölen und Essenzen auf ihrem Deckel ermöglichen. Diese sollten aber stets genügend Belüftungslöcher aufweisen, um eine optimale Rauchentwicklung zu gewährleisten.

Eine Variante des Brenners ist die Räucherpfanne, manche Magier verwenden auch nur eines von beiden. Die Pfanne ist meist aus Kupfer, aus starkem Messing (ist das Messing zu dünn – zum Beispiel bei den meisten billigen Blumenübertöpfen –, springt es unter großer Hitze) oder sogar aus Eisen. Nur selten besitzt sie einen Deckel. Wegen ihres handlichen Stiels eignet sie sich besonders gut zum Schwenken, was vor allem bei Einweihungen gefragt ist, etwa wenn der Kandidat mit Rauchschwaden beräuchert werden soll, um ihn durch das Element Luft zu reinigen oder ihn mit diesem zu verbinden.

Abbildung 24: Der Brenner (Muster nach Crowley)

PRAKTISCHE ÜBUNGEN

ÜBUNG 23
ASTRALMAGIE UND MEDITATION (I)

Anders als andere Autoren beginnen wir die Schulung der Astralreisen und Astralmagie nicht damit, daß wir den Austritt des Astralleibs aus dem physischen Leib empfehlen. Es fällt nämlich besonders Anfängern, die im Astralreisen ungeübt sind, oft viel leichter, mit einer anderen, wesentlich einfacheren Technik in weitaus kürzerer Zeit zu einem ebensoguten Ergebnis zu gelangen wie mit der eigentlichen Reise, die wir aus diesem Grund auch erst später angehen wollen. Gleichzeitig schulen wir dabei bereits die Beherrschung der Asanas und die Körperkontrolle.

Begib Dich einige Wochen lang täglich mindestens fünfzehn Minuten in eine Asana Deiner Wahl, vorzugsweise in den Herrscher-, Drachen- oder Halblotusitz. Sammle Deine Gedanken und beobachte nur Deinen Atem. Sollten Gedanken aufkommen (und das werden sie mit Sicherheit!), so versuche nicht, sie mit Gewalt zu verdrängen, denn das macht sie nur noch störrischer – lasse sie vielmehr ohne inneres Interesse einfach an Dir vorüberziehen, ohne Dich an sie zu verhaften. Nach einer Weile beginnst Du, Dich selbst und Deinen Körper mit jedem Ausatmen im Geiste auszudehnen. Gehe dabei nur schrittweise vor, also erst vielleicht zwei bis drei Zentimeter, die Du mit zunehmender Praxis von Tag zu Tag steigerst, bis Du nach etwa vier Wochen das ganze Zimmer, in dem Du meditierst, ausfüllst. Beende die Meditation, indem Du Dich mit dem Einatmen langsam wieder kleiner werden läßt. Du kannst diese Übung auch mit der nachfolgenden koppeln, indem Du erst mit Mantras arbeitest, um eine zufriedenstellende Gnosis zu erlangen, und dann in die eigentliche Meditation übergehst.

ÜBUNG 24
MANTRASCHULUNG

Übe täglich mindestens zehn Minuten lang ein traditionelles Mantra, wie in diesem Abschnitt beschrieben. Du kannst aber auch andere Mantras verwenden, sofern diese aus möglichst unterschiedlichen Sprach- und Kulturkreisen stammen. Beginne auf jeden Fall mit der akustisch vernehmbaren Intonation (es muß aber nicht sonderlich laut sein), und hebe Dir die leiseren Formen für die spätere Praxis auf. Achte sorgfältig auf die unterschiedlichen Energiequalitäten.

ÜBUNG 25
DIE IAO-FORMEL IN DER PRAXIS (II)

Für diese Übung brauchst Du einen Partner. Wenn dieser kein Magier sein sollte und von Deinen magischen Aktivitäten nichts erfahren darf, kannst Du sie auch zur Ton- und Energieübung erklären, wie man sie ähnlich beim Gesangsunterricht oder bei der Eutonie verwendet. Auch der größte Zweifler wird schon bald bemerken, wie sehr sie seinen gesamten Organismus belebt, und wird sein Fragen einstellen.

Die Partner stellen sich voreinander auf. Nun richtet der erste die Arme mit senkrecht nach oben gestellten Handflächen auf die Halsgegend des anderen und intoniert möglichst kräftig den Vokal I. Der andere sollte nicht mitintonieren, sondern mit geschlossenen Augen die dadurch geweckten Energien in seinem Körper wahrnehmen. Dann breitet der Intonierende die Hände mit gerade ausgestreckten Armen im rechten Winkel zur Seite und intoniert, auf die Brustgegend des anderen gerichtet, den Vokal A. Schließlich breitet er die Arme kreisförmig aus, die Handflächen in Hüfthöhe auf den anderen gerichtet (als wollte er ihn in der Hüfte umarmen), und intoniert O. Bei alledem wird der Körper des anderen nicht berührt, da dies die Konzentration und den Energiefluß hemmen könnte.

Nun wird gewechselt. Diese Übung kann beliebig oft wiederholt werden, doch sollte man auf die Stimme des Körpers hören, damit dieser nicht überladen wird – er kündigt dies meist durch ein extrem gesteigertes Kraftempfinden an. Sie ist sehr gut geeignet für die Heilung und zur Vorbereitung aufs Ritual. Es ist wichtig, zu beachten, daß der Intonierende dabei dem anderen keine eigene Energie überträgt, sondern vielmehr dessen persönliche Energie weckt und zum Strömen bringt. Sonst wäre ein empfindlicher Kraftverlust die Folge. Diesen verhinderst Du durch beharrliche Konzentration auf das Intonieren.

ÜBUNG 26
TRATAK

Diese im indischen Yoga und Tantra als »Tratak« bezeichnete Praxis besteht aus der Konzentration auf einen äußeren Gegenstand zur Herstellung von Gedankenleere oder Gnosis. Wähle Dir ein Objekt aus, das Dich emotional nicht berührt, es kann durchaus etwas so Alltägliches sein wie eine Gabel, ein Wegwerffeuerzeug oder ein Schnürsenkel. Begib Dich ins Asana und mustere den Gegenstand, ohne dabei an irgendetwas zu denken. Du wirst feststellen, daß diese Übung eine andere Qualität hat als die Übung 23 weiter oben. Übertreibe es nicht – führe sie etwa drei- bis viermal pro Woche jeweils zehn Minuten durch, das genügt für den Anfang vollauf. Versuche auch nicht etwa, über den Gegenstand nachzudenken, nimm ihn einfach wahr und benutze dabei den 180°-Blick, solange Du ihn halten kannst, ohne daß Dir die Augen brennen. Nimm in keiner Form Stellung zum Objekt oder zur Übung, erst hinterher sollst Du natürlich Deine Eindrücke im Magischen Tagebuch festhalten. Führe diese Übung mindestens drei Monate lang durch wie besprochen, denn auch hier macht nur stetes Üben den Meister.

LITERATURNACHWEIS

Aleister Crowley, *Magick*, ed. & ann. by John Symonds & Kenneth Grant, London & Henley: Routledge & Kegan Paul, 1973

Georg Ivanovas, »*Räucherwerk – Nahrung der Götter*«, Unicorn H. 5, 1983, S. 80–121.

Mystik oder Magie?

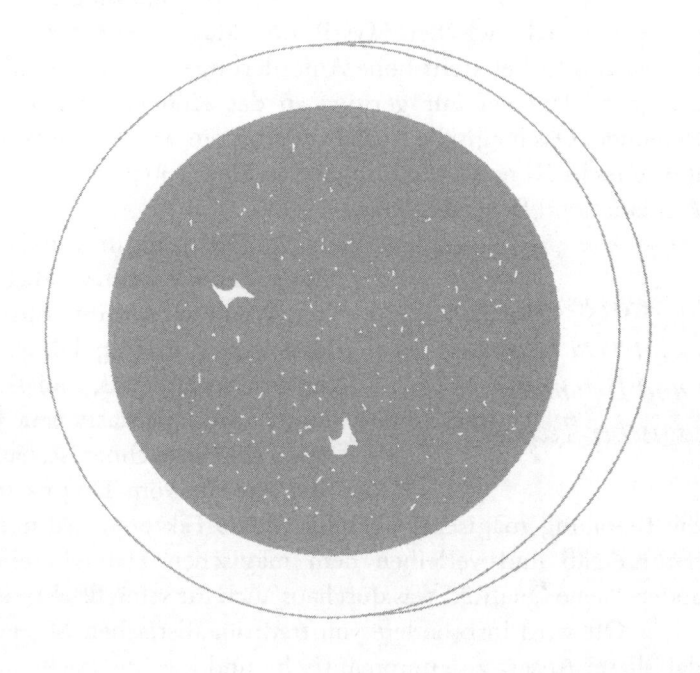

DAS ÜBERPERSÖNLICHE UND DIE GEHEIMWISSENSCHAFTEN

Auf den wesentlichen Unterschied zwischen Glauben und Wissen, zwischen Gebet und magischem Ritual, ja eigentlich auch zwischen Mystik und Magie weist Mace hin (a. a. O., S. 14): Das Gebet stellt hohe Anforderungen an den Glauben und die Hingabe, dagegen nur geringe an das Können und Vermögen des Betenden. Das magische Ritual verlangt nur wenig Glauben, dafür aber um so mehr Können; die Hingabe an eine Gottheit wird ersetzt durch Ausdauer und Beharrlichkeit.

Die heutige Magie: Abkehr vom Dogma und Betonung magischer Technik

Dies steht im Einklang mit dem Weg, den die heutige Magie beschreitet. Wenn wir uns ihre Entwicklung in den letzten dreißig Jahren vor Augen halten, so fällt auf, daß sie vor allem durch zwei qualitativ neue Charakteristika gekennzeichnet ist, nämlich durch die Abkehr vom Dogma sowie durch die Betonung magischer Technik. Beide Faktoren bedingen einander naturgemäß und verleihen dem magischen Handeln eine gänzlich andere, neue Qualität, was durchaus auch für seine Effektivität gilt.

Oft wird insbesondere von traditionalistischen Magiern beklagt, daß dieser Ansatz zu »unromantisch« und »technokratisch« sei. Dieser Vorwurf hat eine gewisse Berechtigung, und er ist nicht nur unter ideengeschichtlichen Gesichtspunkten ernstzunehmen, greift er doch zugleich ein praktisches Problem auf, mit dem sich eine erfolgs- und effizienzorientierte Magie ständig konfrontiert sieht. Denn es wäre ein Irrtum, zu glauben, mit der »Neuen Sachlichkeit« und durch die von ihr praktizierte Entlarvung alter geheimwissenschaftlicher Bluffs (zum Beispiel geheimer kosmischer Meister im Himalaya, astraler Ordensleiter und ähnlichem) sei das Grundbedürfnis des Menschen nach dem Mysterium und dem Numinosen, mithin dem »Göttlichen« endgültig aus der Welt geschafft. Zudem ist auch unter praktischen Gesichtspunkten fraglich, ob dies tatsächlich wünschenswert ist. Wie wir im Zusammenhang mit der Invokationsmagie immer wieder feststellen können, ist die zeitweise Unterwerfung des Magiers unter ein als »höherstehend« begriffenes Prinzip oft eine der Grundbedingungen des magischen Erfolgs.

Da wir stets mit dem Unbewußten arbeiten müssen, wenn wir magisch tätig werden, spielen auch Bilder und vor allem Mythen eine große Rolle. Sicher ist die moderne Magie in ihrem Bedürfnis nach Bilderstürmerei und Auflehnung gegen verknöcherte alte Strukturen und Dogmen manches Mal über ihr Ziel hinausgeschossen. Doch bringen Revolutionen und Umbrüche nun einmal dergleichen mit sich – man kann es mit einem reinigenden Gewitter vergleichen.

Sehen wir uns jetzt einmal näher an, was dabei geschehen ist, um einen genaueren Eindruck davon zu gewinnen, wie die Frage nach dem Überpersönlichen oder Göttlichen und der Magie zu bewerten ist.

DER MAGIER ALS MYSTIKER

Ob wir magische Autoren wie Eliphas Levi, Papus, Guaïta, Mathers, Waite und Crowley oder Quintscher, Bardon und Gregorius nehmen, oder ob wir die Magiegeschichte von der Antike bis in die jüngste Gegenwart betrachten, stets herrschen mystische Modelle vor, wird der Weg der Magie auch als Weg zur – wie auch immer definierten – Gottheit begriffen.

Von wenigen früheren Ausnahmen (zeitweise auch bei Crowley) abgesehen, haben erst die moderne Pragmatische Magie und die Chaos-Magie in größerem Stil eine Abkehr vom magischen Theismus vollzogen und dies philosophisch untermauert. Das ist um so verwunderlicher, wenn wir uns vor Augen halten, welch gewichtige Rolle doch beispielsweise dem ebenfalls nichttheistischen Frühbuddhismus in der Philosophie des Abendlands seit dem ausklingenden Klassizismus und der Romantik zukommt: Philosophen wie Schopenhauer oder Nietzsche sind ohne diese Beeinflussung nicht zu verstehen, ebensowenig Kierkegaard und die viel später einsetzende Existenzphilosophie.*

> *Erst die moderne Pragmatische Magie und die Chaos-Magie haben eine Abkehr vom magischen Theismus vollzogen.*

---

* *Damit ist natürlich nicht gemeint, daß diese Denker jemals praktizierende Buddhisten gewesen wären. Vielmehr nahmen sie den östlichen Buddhismus durch den aus ihren ideen- und zeitgeschichtlichen Bedingtheiten bestehenden »Filter« wahr. Es ist unstrittig, daß der Hinayana-Buddhismus im 19. Jahrhundert unter Intellektuellen stark beachtet und wegen seiner Rationalität geschätzt wurde.*

Auch innerhalb der Geheimwissenschaften gab es starke buddhistische Elemente, nicht zuletzt bezeichnete sich Crowley ja auch lange Zeit als Buddhist und schrieb Essays wie »Wissenschaft und Buddhismus«, lehnte alle Theismen radikal ab und vertrat eine eher skeptisch-rationale Weltanschauung, bevor er schließlich durch die endgültige Annahme des Buchs des Gesetzes als Offenbarung mit Weltgeltung zum thelemitischen Mystiker wurde. Sowohl die Theosophie als auch die Anthroposophie, beides Bewegungen von spürbarer Bedeutung für die abendländische Esoterik, verbreiteten unter anderem auch buddhistisches Gedankengut, dieses allerdings bereits theistisch verfremdet und dem Mahayana-Buddhismus näherstehend.

Jedenfalls wurde und wird in der westlichen Esoterik fast immer mit irgendeiner Form des Theismus, ja sogar des Monotheismus gearbeitet. Darin erkennen wir den starken, schier unüberwindlichen Einfluß von Juden- und Christentum in unserer Kultur. Untrennbar damit verbunden ist auch die Auffassung, daß es »höhere« und »niedere«, »gute« und »böse« Sphären gibt, ja, daß die Religion letztendlich der Magie doch überlegen, weil »wahrer« sei. Es ist müßig, sich darüber zu streiten, ob die Religion nun die Mutter oder die Tochter der Magie sei, sowohl für als auch gegen beide Auffassungen gibt es gute Argumente. Ich persönlich neige zwar zu der Ansicht, daß die Religion erst aus der Magie hervorgegangen sein muß, obwohl es natürlich schon in frühester Zeit zu Überschneidungen kam. Doch ist dies eher eine sachliche Überlegung, die nicht darauf hinauswill, das eine gegenüber dem anderen durch postulierte »größere Ursprünglichkeit« aufwerten zu wollen. Letztlich handelt es sich dabei eher um eine Temperamentfrage: Es gibt eben stärker religiös ausgerichtete Menschen (wohl die Mehrzahl), und Menschen, die eher dem Weg des Magiers zuneigen, der sich ungern auf Dauer einer Gottheit unterwirft, die nicht er selbst ist.*

Nun sind Mystik und Religion allerdings auch nicht dasselbe, im Gegenteil: Der Mystiker begreift sich zwar als Vertreter der »wahren Religion« im Sinne der religio oder Rückverbindung zu dem Ursprung des Seins, steht damit aber meistens in heftigem Gegensatz zur religiösen Orthodoxie. Diese wittert im Mystiker eine Bedrohung ihrer sorg-

---

* *Auch hier muß zur Vermeidung von Mißverständnissen darauf hingewiesen werden, daß in der Praxis natürlich die Mischformen die Regel sind. Wir wollen mit unserer Vereinfachung lediglich die Grundpositionen stärker veranschaulichen, um den Disput schärfer abgrenzen zu können.*

fältig gehüteten Hierarchie, da er nicht ihrer Vermittlung bedarf, um die Kommunikation mit dem Göttlichen herzustellen. Meist werden Mystiker von den christlichen Kirchen mehr oder weniger totgeschwiegen oder bestenfalls unter ferner liefen erwähnt, ohne daß eine echte Auseinandersetzung mit ihren Mitteilungen stattfinden würde. Häufig wird als Grund für die Skepsis gegenüber der Mystik die Besorgnis um die geistige und seelische Gesundheit des »Durchschnittsmenschen« vorgeschoben, der derlei Erfahrungen »nicht gewachsen« sei – und nicht selten wird die Mystik regelrecht als gefährlich verteufelt, was angesichts ihrer anarchischen Grundhaltung auch nicht weiter überrascht, zumal viele Mystiker gründlich mit kirchlichen Dogmen aufgeräumt haben und durch ihre mystische Vereinigung mit der Gottheit in den Ruch der »Selbstvergottung« gerieten. (Hier scheint noch immer der Gnosis-Schock des Frühchristentums nachzuwirken.)

Dennoch sind sich der Mystiker und der Religiöse darin einig, daß es eine Gottheit gibt, der der Mensch untersteht. Für beide ist es Ziel des Lebens, sich auf irgendeine Weise mit dieser Gottheit dauerhaft zu arrangieren und die religio zu verwirklichen.

Magie hingegen ist zunächst einmal eine weltanschaulich neutrale Technologie der Schicksalsbeeinflussung.

> *Der Mystiker und der Religiöse sind sich darin einig, daß es eine Gottheit gibt, der der Mensch untersteht.*

Erst durch ihr soziokulturelles und natürlich auch religiöses Umfeld gerät sie in den Bann anderer Systeme und wird mit ihnen verschmolzen. Dies zeigt besonders deutlich die Entwicklung der abendländischen Magie, die, von einigen altheidnischen Elementen im Mittelalter einmal abgesehen, sehr früh ausschließlich jüdisch-christlich geprägt war. Auf der Suche nach einem Erklärungsmodell für die Wirksamkeit der Magie bot sich die vorherrschende Religion an, die ja im Einklang mit ihrem Erlösungsauftrag ohnehin vorgab, alles erklären zu können. Dies ist freilich keine spezifisch abendländische Erscheinung, der gleiche Prozeß läßt sich beispielsweise auch im islamischen und hinduistischen Kulturraum beobachten. Andererseits steht die Magie durch ihre aktive Handhabung der Schicksalsfaktoren der doch meist als »passiv« bezeichneten Mystik paradoxerweise näher als der eher erduldenden, vorgegebenen Offenbarungen und »göttlichen Gesetzen« folgenden Religion. Denn beide vereint der Geist des Widerspruchs gegen die

> *Der Magier will sich nicht mit einer Rolle als Spielball und Opfer des Schicksals abfinden.*

Fremdbestimmung durch menschliche Autoritäten: Der Mystiker läßt sich nicht durch Verhaftung an ein von Menschen erschaffenes System von seinem Zugang zum Ursprung aller Erscheinungen abhalten, der Magier seinerseits will sich nicht mit einer Rolle als Spielball und Opfer des Schicksals abfinden und sucht die Mächte seinerseits zu beherrschen, deren Herrschaft über sich selbst und andere er beobachtet hat.

Dabei ist es struktural betrachtet unerheblich, daß die allermeisten Mystiker ihre Visionen und Informationen eher ungefragt erhalten und nur sehr selten nach ihnen streben, ihre Rebellion also eher unbewußt als gewollt ist. Auch ihre Demut gegenüber dem Göttlichen sollte nicht davon ablenken, daß hier – wie die Reaktion der Orthodoxie ja auch deutlich zeigt – ein im Grunde luziferischer Geist am Werk ist, der zwar das Höchste will, nicht aber das Gebäude, das andere (»Nichtwissende« und daher »Untergeordnete«) um dieses Höchste herum aufgebaut haben. Vom praktischen Standpunkt sind beide zudem Pragmatiker, der Religiöse dagegen Dogmatiker, da ihm fast immer die Erfahrungsdimension fehlt und er daher in der Regel nur aufgrund des Hörensagens anderer an etwas Nichterfahrenes glauben kann, das ihm zudem wiederum von anderen (etwa Priestern) interpretiert werden muß.

Diese Entwicklung hat innerhalb der westlichen Magie zu einer Verquickung mit monotheistischen und mystischen Vorstellungen geführt, die uns lange Zeit den Blick auf ihre eigentlichen Mechanismen verschleiert haben. Der Magier wird so als Mensch begriffen, der letztendlich seine Magie irgendwann aufgeben muß. Die Trennung zwischen sogenannter niederer und sogenannter höherer Magie, die wir so häufig in der Literatur finden, ist Ausdruck einer solchen Grundhaltung: Als »niedere« Magie gilt alles, was mit Beeinflussung der Materie zu tun hat, also Erfolgs-, Geld-, Liebes- und Gesundheitszauber, Schadens- und Todesmagie, wie denn die Ausübung des eigenen Willens überhaupt. Weil die Materie grundsätzlich als minderwertig betrachtet wird, gilt ihre Beeinflussung logischerweise nur als Vorstufe, die es hinter sich zu lassen gilt. Die »hohe« Magie läßt sich schon weniger eindeutig defi-

> *»Niedere« und »hohe« Magie*

nieren. Heute unterscheiden wir in zwei Deutungen: a) die herkömmliche, nach der der Magier schließlich den Kontakt zur Transzendenz herstellt und sich nur noch von dieser leiten läßt (»Nicht mein, sondern dein Wille geschehe, Herr« und so weiter), mithin zu einer Art Heiligen wird; b) die modernere (und doch im Schamanismus schon seit Jahrtausenden anerkannte), die die Unabhängigkeit von äußeren Hilfsmitteln definiert (»die Techniken der leeren Hand sind das Zeichen des wahren Adepten«, wie Pete Carroll einmal schrieb), also eine unmittelbare Magie der direkten Einflußnahme auf das Schicksal ohne aufwendige Symbolgerüste, äußere Übungen und ohne Abhängigkeit von Außenfaktoren. In der ersten Definition wird der Magier zum theurgischen Mystiker, in der zweiten hingegen zum virtuosen Techniker, der keiner äußerlichen Werkzeuge mehr bedarf.

Schließlich hängt Magie aber auch ganz unmittelbar mit Wissen und Erkenntnis zusammen, mit persönlicher Entwicklung und mit Weisheit. Im Rahmen des religiös-monotheistischen Paradigmas kann der Weg nur linear verlaufen, also hierarchisch abgestuft von unten nach oben, wobei dieses Oben (zum Beispiel der Geist) für wertvoller gehalten wird als das Unten (zum Beispiel der Körper). Hier wird der Magier einmal mehr vor allem als Wahrheitssucher verstanden, weniger als ein Mensch, dem es um die persönliche Freiheit und Unabhängigkeit geht. Aufgrund der patriarchalischen Struktur dieses Paradigmas wurde nur selten die Möglichkeit in Erwägung gezogen, daß diese beiden Ziele einander nicht widersprechen müssen, da die Wahrheit ja durch den vorherrschenden Monotheismus bereits vorformuliert worden war und nur die Unterwerfung unter den einen Gott bedeuten konnte.

Der Magier als Wahrheitssucher

Was in diesem Zusammenhang oft vergessen wurde, ist die Tatsache, daß die Hoch-Zeit dieser Form der Magie keineswegs, wie häufig angenommen, im Mittelalter lag, sondern vielmehr in der Renaissance, der Vorstufe der Aufklärung also. In dieser Epoche, als die Unruhe über das plötzlich in Frage gestellte soziale und religiöse Gefüge der Welt (samt einem ersten versteckten Atheismus) zusammen mit einer Wiederentdeckung des Individuums und einer gleichzeitigen Furcht, ob solchen »widergöttlichen« Frevels der ewigen Verdammnis anheimzufallen, aufkam, entstand innerhalb der Magie jene kuriose Mischung aus Selbstbehauptung und Unterwerfung unter die Religion, die uns noch heute manches Kopfzerbrechen bereitet. Selbst vergleichsweise moderne Autoren wie Douval sind noch voll des alten Paradigmas und der inneren Widersprüche, etwa wenn der Magier von ihnen stets zur Frömmigkeit und Gottesfurcht angehalten wird, um schließlich sogar noch vor einem Schadenszauber erst die Heilige Dreifaltigkeit oder den Eingeborenen Sohn Gottes, Jesus Christus, sowie die himmlischen Heerscharen anzurufen, bevor er schließlich sein höchst unchristliches Tun in Angriff nimmt.

Auch die vielen Warnungen und Ermahnungen, mit denen sich diese Autoren so gerne schmücken, lassen sich durch ihr schlechtes Gewissen erklären, weil sie eben im Grunde gar keine wirklichen Magier, sondern vor allem (meist verhinderte) Mystiker sind, die es sich nicht leisten können oder wollen, sich von den Fesseln der orthodoxen Religion zu befreien und diese ebenso nüchtern und struktural zu betrachten, wie es die Wissenschaft tut. Es blieb Aleister Crowley vorbehalten, mit seinem »die Methode der Wissenschaft, das Ziel der Religion« eine Synthese zu versuchen, die dem gebrochenen Realitätsempfinden seiner Epoche entsprach, und die für viele von uns noch heute ihre Gültigkeit hat.

DER MAGIER ALS ANTI-MYSTIKER

Die beschriebene geistesgeschichtliche Entwicklung war unter den gegebenen historischen Umständen wahrscheinlich unvermeidlich, so daß es nunmehr wenig sinnvoll erscheint, noch immer dagegen Sturm zu laufen, wie es in der zeitgenössischen Magie häufig genug geschieht.

> *Magie ist effektiver, wenn sie von religiösem und ethischem Ballast befreit wird.*

Auch Revolutionen haben sich irgendwann einmal selbst überlebt. Was jedoch bleibt, sind – im Idealfall – ihre Errungenschaften. Zu diesen gehört in unserem Fall die Erkenntnis, daß Magie nicht nur möglich, sondern sogar effektiver ist, wenn sie von religiösem und ethischem Ballast befreit wird. Durch die Veränderungen, welche Moral und Ethik im zwanzigsten Jahrhundert erfahren haben, hat der Magier gelernt, seine

Kunst im relativistischen, weniger im religiös-dogmatischen Geist zu verstehen.*

So wie die Naturwissenschaft sich erst aus dem Würgegriff der apriorischen Religionen und Philosophien befreien mußte, um weltweit ihren Siegeszug antreten zu können, mußte es auch die Magie tun, um sich zu einer effizienzorientierten Technologie zu entwickeln. Magie wird heute meist nur noch als Werkzeug begriffen, als Handwerk.

Wenn sie dennoch mehr ist als nur dies, so deshalb, weil es sich bei der Magie im Unterschied zu den Disziplinen der Naturwissenschaft nicht um einen eng begrenzten Bereich bestenfalls »feinstofflicher« Naturgesetze handelt, sondern um einen ganzen Lebensprozeß, bei dem, wiederum anders als in der Wissenschaft, die Theorie vollkommen, der Operand aber unvollkommen ist, wie es Ramsey Dukes einmal formulierte. Denn das Rohmaterial der Magie ist der Magier selbst, sie bedarf stets des lebendigen Mediums, und ein wirklich fähiger Magier ist immer nur einer, der sein ganzes Leben in die Waagschale geworfen hat. Damit ist jedoch kein metaphysischer »Teufelspakt« gemeint, sondern vielmehr die Tatsache, daß unsere Realität ein Produkt unserer Bewußtseinszustände ist. Diese aber muß der Magier nutzen, verändern, manipulieren, will er in seinem Tun erfolgreich sein.

Wir haben den Begriff Magier natürlich nicht gepachtet und haben daher kein Recht darauf, das Richtbeil zu schwingen, indem wir unterteilen, wer denn »schon« und wer »noch nicht« wirklicher Magier ist. Deshalb muß der Hinweis genügen, daß wohl die Mehrzahl der heutigen Magier, sofern sie nicht ausschließlich traditionellen Systemen verhaftet sind, die Rebellion gegen den lange Zeit vorherrschenden Mystizismus und religiösen Dogmatismus begrüßen, weil dadurch die eigentlichen, die technischen Strukturen der Magie erst herausgearbeitet werden konnten. Indem wir nämlich die Magie zunächst auf eine Technologie begrenzen und alle

> *Die Begrenzung der Magie auf eine Technologie schafft Klarheit und erhöht die Effizienz.*

---

* *Insofern wäre es heute sicher treffender, davon zu sprechen, daß die Magie »die Methode der Wissenschaft« und »das Ziel der Kunst« – und sei es die Kunst des Schicksalsingenieurs – verfolgt.*

ontologischen und heilsorientierten Fragen aus ihr heraushalten, verschaffen wir uns größere Klarheit über ihre Wirkungsmechanismen und können diese effizienter nutzen – übrigens auch für mystische Zwecke!

Zudem hat der Mensch der heutigen Zeit erkannt, daß er mit der Suche nach der einen, »objektiven« Wahrheit nur das eigentliche Problem umgehen will, nämlich die Erschaffung seiner eigenen, subjektiven Wahrheit. Es wäre vielleicht genauer, den modernen Magier nicht als Anti-Mystiker, sondern eher als »Anti-Mystizisten« zu bezeichnen. Die Suche nach der Antwort auf die gnostischen Fragen »Wer bin ich? Woher komme ich? Wohin gehe ich?« ist auch in unserer Zeit noch aktuell, und wird es wohl immer bleiben. Es ändern sich lediglich die Methoden der Antwortfindung und die Brillen, durch welche wir die Welt sehen.

Der wohl wichtigste Faktor bei der magischen Auflehnung gegen orthodoxe Religiosität und Mystik ist die sich daraus ergebende Befreiung von Angst und schlechtem Gewissen. Letzteres spielt in der Magie eine geradezu verhängnisvolle Rolle, lähmt es doch einen Großteil unserer magischen Möglichkeiten. Wer in der Angst magisch tätig wird, eigentlich etwas »Verbotenes«, »Widergöttliches« zu tun, sich also anmaßend und hoffärtig zu verhalten, es gleichzeitig aber nicht versteht, diese Angstenergie für seine Arbeit zu nutzen (wie wir es beispielsweise mit Hilfe unseres Modells von den magischen Trancen tun), der erzeugt in seinem Inneren einen dynamischen Widerspruch, dessen Auswirkungen oft genug verheerend sind, indem sie sich beispielsweise als »magische Rohrkrepierer« oder »Bumerangs« äußern.*

Zwar kann man auch ohne religiöse Bindungen und Abhängigkeiten so etwas wie ein schlechtes Gewissen haben, das die eigene Magie sabotiert; die Tiefenpsychologie hat uns ja deutlich genug die Mechanismen aufgezeigt, durch welche sich Derartiges entwickelt. Doch ist es schon ein Gewinn, zumindest jene hinderlichen Faktoren auszuschalten, die wir bewußt und relativ zügig angehen können.

Es soll hier also nicht dafür plädiert werden, Religion und Mystik grundsätzlich eine Abfuhr zu erteilen, denn das Streben nach

---

* *Klassische Beispiele dafür sind das Scheitern von geld- und sexualmagischen Operationen bei Magiern, die im Grunde einer eher puritanischen Weltanschauung verhaftet sind, was mit Einschränkungen auch auf Altmeister Crowley zutraf, wie seine Biographie und seine Tagebücher immer wieder belegen.*

der *religio* scheint dem Menschen nun einmal angeboren zu sein. Wem Religion und/oder Mystik ein tiefes inneres Anliegen sind, der wird sie früher oder später mit seiner Magie verbinden (müssen), und auch das ist Teil des thelemitischen Prinzips von »Tu was du willst«.

Doch halten wir uns im Interesse einer erfolgreichen Praxis dabei stets den bereits erwähnten Grundsatz vor Augen, daß sich der Magier seine Glaubenssätze aussucht wie der Chirurg sein Besteck, so daß in seinem Weltbild für »absolute« und alleinseligmachende Glaubensinhalte kein Platz ist.

> *Der Magier sucht sich seine Glaubenssätze aus wie der Chirurg sein Besteck.*

Ist unser Interesse an magischer Effizienz freilich nicht gegeben oder nur untergeordneter Natur, so sind wir doch wohl eher religiösmystische Naturen, für welche die Magie tatsächlich allenfalls eine Zwischenstufe auf dem Weg zur Erlösung darstellt.

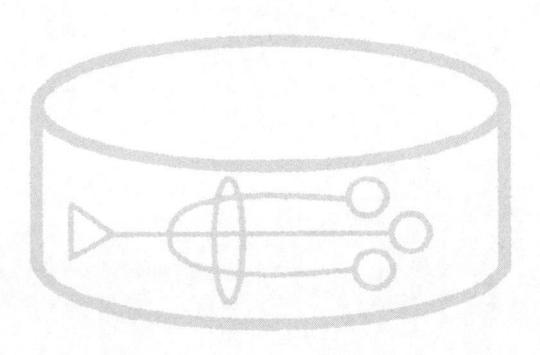

PRAKTISCHE SIGILLENMAGIE (III)

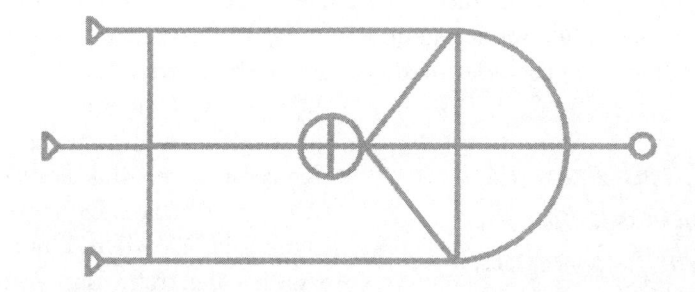

DIE BILDMETHODE

Zur bereits bekannten Bildmethode der Herstellung magischer Sigillen nach dem System Austin Osman Spares ist wenig Ergänzendes zu sagen. Vielleicht verdienen ihre Vor- und Nachteile jedoch eine gesonderte Erwähnung.

Vor allem Menschen mit künstlerischen Neigungen, etwa Maler, Grafiker und Zeichner, bevorzugen in der Regel die Bildmethode, weil sie ihrem Talent entgegenkommt. Sie wirkt auch auf viele Magier (ähnlich wie die nach der mantrischen Methode erstellten Sigillen) »natürlicher«, weil sie nicht erst den Weg über das intellektuelle, sprachliche Konzept geht und keines rationalen Alphabets bedarf. Es ist auch einleuchtend, daß sie dem Unbewußten dadurch nähersteht, daß sie sich unmittelbar der Bilder bedient: Willenssätze werden nicht erst über die Schrift formuliert, sondern sofort in Piktogramme umgesetzt.

> *Willenssätze werden nicht erst über die Schrift formuliert, sondern sofort in Piktogramme umgesetzt.*

Darin liegt freilich auch ihr Nachteil. Wie schon im Zusammenhang mit der symbol-logischen Unschärferelation ausgeführt, lassen sich Bilder und Symbol nicht ungestraft überpräzisieren. So taugt die Bildmethode denn auch wenig für Willenssätze und magische Operationen, bei denen es um genaue Zahlen, Termine und Maße geht. Wenn Sie also beispielsweise eine bestimmte Person an einem bestimmten Tag treffen wollen, so werden Sie dies in der Regel leichter mit Hilfe der Wort- als der Bildmethode bewerkstelligen.

Auch Konzepte wie »Erkenntnis« oder »Glück« lassen sich nur schwer in Bildern ausdrücken. Sollte Ihnen dies jedoch gelingen, so lassen Sie sich nicht davon abhalten, mit der Bildmethode zu arbeiten.

Ohnehin sollten Sie sich spätestens jetzt mit dieser Methode vertraut machen, um das Spektrum Ihrer Sigillenmagie zu erweitern und um festzustellen, mit welcher Methode Sie am erfolgreichsten sind.

SIGILLENLADUNG DURCH VISUALISATION

Grundsätzlich werden Sigillen entweder mit der sexualmagischen Methode oder mit Hilfe der Todeshaltung geladen, wobei letztere vielerlei Formen annehmen kann. Vor allem britische Magier arbeiten jedoch auch häufig mit einer Aktivierungsmethode, die eine Mischung zwischen Visualisation und Todeshaltung darstellt.

Erinnern wir uns daran, daß die Todeshaltung das Ziel hat, den Geist ruhigzustellen. Eine von Spare häufig verwendete Variante bestand beispielsweise darin, das eigene Antlitz im Spiegel lange Zeit zu fixieren bzw. anzustarren, ohne daß es vor dem Auge verschwimmt. Da der menschliche Verstand es in der Regel nicht erträgt, über längere Zeit ohne neue Reize auszukommen, ohne sie zu verfremden und ihnen »Sinninhalte« aufzuzwingen, wird er das Bild meist verzerren bzw. »ergänzen«: Plötzlich wachsen dem Spiegelbild Wülste, es wird zur Fratze oder nimmt andere Formen an. Sie können selbst einmal die Probe aufs Exempel machen, indem Sie versuchen, zehn Minuten lang eine schlichte weiße oder graue Rauhfasertapete zu betrachten, ohne darin unentwegt irgendwelche Bilder und Muster zu »erkennen«. Ähnlich werden Sie unter normalen Umständen in sinnfreiem Radiorauschen nach einer Weile »Nachrichten« und »Texte« hören.

Soll das Spiegelbild also ohne Verzerrung erscheinen, setzt dies voraus, daß Ihr Verstand nicht mehr aktiv ist und versucht, Muster und Mitteilungen hineinzuprojizieren, was meist durch Veränderung der Wahrnehmung geschieht. Erst nachdem dies gelungen ist, wird die Sigil internalisiert, und zwar durch intensive Visualisation, die schließlich durch spasmisches Lachen beendet wird.

Im Übungsteil haben wir eine Empfehlung gegeben, wie Sie, natürlich auch im Interesse Ihrer Visualisationsschulung, diese Technik mit der des aus dem letzten Abschnitt bekannten Tratak verbinden können.

Der einzige Nachteil der Visualisation von Sigillen besteht wohl darin, daß eine intensive bildliche Vorstellung der Glyphen ihr Vergessen erschwert, doch ist auch dies vor allem Übungssache.

Ihr Hauptvorteil dagegen besteht im »leerhändigen« Arbeiten, Sie sind also unabhängig von einem Sigillenträger wie beispielsweise einem Blatt Papier oder ähnlichem. Das kann von großem Nutzen sein, wenn man aus

Nachteil und Hauptvorteil der Visualisation von Sigillen

irgendwelchen Gründen unbemerkt eine Sigil laden muß, etwa in Gesellschaft, im Wartezimmer beim Arzt, auf Reisen im Zug oder Flugzeug oder sonstwo.

EMOTIONEN UND SIGILLENLADUNG

Mancher Laie erschrickt, wenn er mit ansieht, wie kühl und berechnend Magier oft mit ihren Emotionen umgehen und sie ganz gezielt für ihre magischen Zwecke einsetzen. Besonders die Sigillenmagie reagiert sehr dankbar auf die Ausnutzung extremer Gefühlszustände, und es zeugt von der inneren Freiheit und Unsentimentalität des Magiers, wenn es ihm gelingt, sogar noch in einem Zustand starker Wut oder Furcht sein Magierleben ernstzunehmen, diese Emotionen für magische Operationen zu nutzen und keine wertvollen Energien zu vergeuden.

> *Magie ist immer auch ein Stück Selbsttherapie.*

Zudem ist Magie ja immer auch ein Stück Selbsttherapie.

Wenn Sie sich beispielsweise vor der Fahrt mit Achterbahnen fürchten, können Sie diese Sie einengende Furcht zugleich beseitigen und sie nutzen, indem Sie während einer Achterbahnfahrt im Augenblick des größten Schreckens eine Sigil laden – bei längeren oder wiederholten Fahrten auch mehrmals oder eben mehrere Sigillen nacheinander. Die Praxis hat gezeigt, daß derlei Operationen oft von größter Wirksamkeit sind, sowohl was den Erfolg der Sigillen angeht als auch was die Überwindung der Angst bzw. Furcht betrifft.

Auch aus diesem Grund ist es so wertvoll, einen genauen Seelenspiegel der eigenen Ängste und Emotionen zu besitzen. Mit etwas Phantasie können Sie sich auf diese Weise ein reiches Übungsfeld für Ihre praktische Arbeit erschließen und zugleich durch Gewöhnung einen Großteil Ihrer Ängste auflösen. Versuchen Sie beispielsweise einmal eine Sigillenvisualisation bei Ihrem ersten Fallschirmsprung!

Gewarnt werden sollte lediglich vor dem Irrglauben, daß die Magie ausschließlich mit derlei extremen Bewußtseinszuständen funktionieren würde, dem nur zu viele, vor allem jüngere Magier unterliegen. Vielmehr ist die Suche nach derlei Zuständen integraler Bestandteil jener Ganzwerdung und Befreiung, nach der die allermeisten

Magier streben, und nicht etwa Selbstzweck oder unabdingbarer Bestandteil der magischen Technologie. Dennoch ist sicher etwas an dem Standpunkt, daß es vor allem der emotionale Exzeß ist, der in der Magie meist zu den besten Ergebnissen führt.

DIE OMNIL-FORMEL

Die OMNIL-Formel stammt von dem englischen Magier William Gray, der eine ganze Reihe hervorragender Werke geschrieben hat, die jedoch zumeist bisher leider nicht ins Deutsche übersetzt wurden. Wir finden die Formel in seinem *Magical Ritual Methods*. Die Bezeichnung OMNIL ist eine Wortschöpfung aus den beiden lateinischen Begriffen omnis (= Alles) und nihil (= Nichts). Michael Gebauer schreibt zusammenfassend dazu: »Aus der Leere heraus, aus dem Nichts [...], kann sich Alles [...] entwickeln, kann ich neu schöpfen. Mit diesem sog. Null-Stadium erfahren wir einen gleichen Abstand zu allen Daseinsformen.« (*Thelema* H. 9, S. 33). Die OMNIL-Formel ist somit Zentrierungs- und Erkenntnismethode zugleich, sie dient der Herstellung einer kosmischen Gnosis im Magier, die ihn in den Mittelpunkt seines eigenen Universums stellt. Dieses Universum (das »All[es]«) wird aus dem Nichts erschaffen, und in diesem Spannungsfeld findet Magie, ja findet überhaupt alles Leben statt. Wir müssen also unser Nihil-Potential erst verwirklichen (in der Chaos-Magie »Chaos« genannt), bevor wir uns daran machen können, es umzusetzen und wahrhaftig zu Göttern zu werden, wie es Ziel der allermeisten magischen Systeme ist. Das Nihil erreichen wir aber zunächst vor allem durch eine gründliche Bannung all dessen, was in unserem Universum keinen Platz haben soll – erst in der vollkommenen Leere kann sich die Macht des Chaos voll und ungehindert entfalten. Um unseren magischen Kosmos Wirklichkeit werden zu lassen, müssen wir also bei Null anfangen, denn wenn noch Überreste fremder Kosmen vorhanden sind, wird unsere Schöpfung getrübt und ist nicht mehr allein die unsrige.

Gray erläutert dies sehr eindrucksvoll mit der rituellen Frage:

> *Erst in der vollkommenen Leere kann sich die Macht des Chaos voll und ungehindert entfalten.*

»*Was ist das Wichtigste von allem?*«
»*Gott.*«
»*Was ist wichtiger als Gott?*«
»*Nichts ist wichtiger als Gott.*«
»*Dann lasse das Nichts vor Gott kommen.*«
(Magical Ritual Methods, S. 27)

Er fährt fort: »Wir erkennen nun die esoterische Bedeutung der Aufforderung, »keine fremden Götter neben Mir zu haben«. Dies ist kein Gebot, mit dem Götzen oder andere Gottesvorstellungen als JHVH abgeschafft werden sollen, sondern vielmehr eine konstruktive Anweisung, erst vom Nihil- oder Nullpunkt auszugehen, bevor man zu irgendeinem Gotteskonzept gelangt.« (ibid.)

Mit seiner OMNIL-Formel gibt er uns also ein Werkzeug in die Hand, um uns, wie er es ausdrückt, zu »nullen« – ganz ähnliches will beispielsweise die östliche Meditation mit dem Herstellen von »Gedankenleere«, »Samadhi« und »Satori«. In vielen Einweihungssystemen wird der Kandidat seiner gesamten früheren Identität beraubt – er wird nackt ausgezogen, löst sich durch rituelle Waschungen vom »Schmutz« seiner vergangenen Existenz, nimmt einen neuen Namen an, formuliert ein neues Lebensziel und so weiter. Oft nimmt dies die Form einer rituellen Wiedergeburt an, und dieser Mechanismus läßt sich bei den antiken Mysterien von Eleusis ebenso beobachten wie in den noch heute üblichen Praktiken christlicher Klöster, indischer Ashrams und westlicher Freimaurerlogen, wenn auch mit teils sehr verschiedenen Zielvorgaben.

Rein äußerlich gleicht die OMNIL-Formel sehr stark der schon behandelten IAO-Formel, und tatsächlich gibt es auch Mischformen, die beide Elemente miteinander verbinden. Wir wollen uns hier jedoch zunächst mit der reinen Form dieser Praktik befassen, wie sie Gray vorgestellt hat. Seine Ausführungen sind zwar recht spärlich, nach unseren bisherigen Erfahrungen mit Ritualtechniken sollte es jedoch ein Leichtes sein, sie in die Praxis umzusetzen.

DIE OMNIL-FORMEL IN DER PRAXIS

Stelle Dich an einem ungestörten Ort aufrecht gen Osten oder gen Norden gewandt, und richte Deine Aufmerksamkeit auf das Überpersönliche (»Göttliche«) über Dir und das unterhalb dem Menschen stehende Leben unter Dir. Nun zentrierst Du die Aufmerksamkeit in Dir selbst und polarisierst sie nach außen wie einen Stab oder einen Lichtstrahl. Mit diesem zentrierten Strom Deines Bewußtseins ziehst Du um Dich herum einen waagerechten Kreis. Dies kannst Du auch mit Hilfe eines Stabs oder Deines magischen Dolchs tun – doch sollte dies nur am Anfang erforderlich sein. Dieser Kreis ist die Null der Zeit.

Nun ziehst Du einen lateralen Kreis vom Zenith (Scheitelpunkt) nach rechts zum Nadir, von dort empor zur Linken und wieder hinauf zum Zenith. Dies ist die Null des Raums.

Schließlich ziehst Du einen dritten Kreis, diesmal vertikal vom Zenith nach vorn, hinten hinauf und wieder empor zum Zenith. Dies ist die Null der Ereignisse.

Beachte, daß die Kreise im Deosil (Uhrzeigersinn) gezogen werden. Im Idealfall solltest Du sie alle gleichzeitig ziehen bzw. projizieren, was Dir mit der Zeit immer leichter fallen wird (nach: Gray, S. 26).

Die ganze Operation nimmt nach einiger Übung allenfalls Sekundenbruchteile in Anspruch. Sie wirkt ungeheuer stark, stabilisiert den magischen Akt, fördert die Konzentration und leistet auf symbol-logischer Ebene, worauf das Kleine Bannende Pentagrammritual durch rituelles Tun abzielt. Gebauer hat sie in ihrer Wirkung mit dem Kabbalistischen Kreuz verglichen, doch deckt diese Feststellung nicht alle Aspekte des Gebrauchs der OMNIL-Formel ab. Am besten stellst Du selbst fest, welche Gemeinsamkeiten und Unterschiede zwischen beiden bestehen.

DER GEBRAUCH DER OMNIL-FORMEL

Die OMNIL-Formel wird meist nicht allein verwendet, sondern als Einleitung zu einem größeren Ritual, oft auch als Bestandteil des Kleinen Bannenden Pentagrammrituals. Da sie keinen großen Arbeitsaufwand erfordert, läßt sie sich aber auch im Alltag einsetzen, beispielsweise als Konzentrationshilfe vor anstrengender geistiger Arbeit, zur Mittung in Gefühlskrisen und ähnlichem. Der Wert dieser Übung kann kaum übertrieben werden, und es hat sich gezeigt, daß sie ebenso wie die IAO-Formel der Härtung der Aura dient.

Eine Art Mischform zwischen IAO- und OMNIL-Formel stellt Michael Gebauer vor. Dabei werden zusammen mit den einzelnen Kreisen jeweils die Vokale I, A und O intoniert. Wir empfehlen jedoch, beide Übungen zunächst getrennt zu halten und erst später, nachdem Sie die unterschiedlichen Energiequalitäten gründlich kennengelernt haben, mit der Mischform zu experimentieren.*

Anmerkungen zur Imaginationsschulung

Viele Werke über die Magie legen ihren Schwerpunkt zu Anfang auf die Schulung der magischen Imagination, worunter sie freilich meist vor allem die Visualisation verstehen. Wir haben jedoch wiederholt darauf hingewiesen, daß die Magische Wahrnehmung nicht unbedingt optischer bzw. quasi-optischer Art sein muß.

Nun hat sich in der Praxis gezeigt, daß viele Menschen nur dann Schwierigkeiten mit der Imaginationsschulung haben, wenn diese ausdrücklich als solche bezeichnet wird, wohl hauptsächlich deshalb, weil sie früher – und teilweise noch heute – von zahlreichen Autoren überbewertet wurde. Dadurch entstand ein Leistungsdruck, der dem reibungslosen Funktionieren der Imagination eher abträglich war, anstatt es anzuspornen. Tatsächlich ist unsere gesamte »Schulung der magischen Wahrnehmung« nicht zuletzt auch Imaginationsschulung, doch läuft diese zunächst über die viel zugänglichere empfangende als über die aktive Schiene ab. Wir werden auch in Zukunft darauf verzichten, den Schulungsteilnehmer dadurch zu überfordern, daß wir die Imaginationsschulung unnötig kompliziert gestalten oder sie nicht zugleich in imaginationsfördernde Praktiken einbetten, wie es beispielsweise von Anfang an mit dem Kleinen Bannenden Pentagrammritual geschah.

Machen Sie sich also keine Sorgen über einen etwaigen Mangel Ihrer Imaginationsfähigkeit, sondern vertrauen Sie unserem Übungssystem zumindest soweit, daß Sie mit den hier behandelten Praktiken arbeiten, ohne zuvor zum Meister der Visualisation oder gar der magi-

---

* *Dies gilt sinngemäß natürlich für alle in dieser Schulung vorgestellten Übungen, denn wir wollen ja kein starres Gerüst vorgeben, sondern dazu ermuntern, zur eigenen Praxis zu finden, was fast immer durch Variation und Anpassung an individuelle Bedürfnisse geschieht.*

schen Halluzination geworden zu sein. Man kann auf vielen Wegen zur Magie gelangen, und das Beispiel der Sigillenmagie zeigt, wie wenig oft dazu gehört, erfolgreich praktisch zu arbeiten.

Ein Charakteristikum der magischen Imagination besteht darin, daß sie oft gar nicht bewußt als solche wahrgenommen wird. Das hat sie mit der magischen Trance gemeinsam. War die Magie früherer Zeiten eher projektionsorientiert (aktive Imaginationsprojektion), so arbeiten wir heute etwas leichthändiger mit der aktiven Wahrnehmungsorientierung, die zudem ursprünglicher ist, weil sie von ihrer Grundstruktur her aus dem Schamanismus stammt.

Wenngleich viele Magier mit der Projektionsmethode gute Erfolge erzielen, so verstärkt sich durch wachsende persönliche Erfahrung bei mir persönlich doch der Eindruck, daß die Wahrnehmungsorientierung im Schnitt die besseren Ergebnisse zeitigt. Es kommt also nicht so sehr darauf an, das Bild eines gewünschten Ereignisses möglichst kraftvoll und konzentriert zu visualisieren und zu projizieren, als vielmehr, es sehr genau (und sei es für noch so kurze Zeit) wahrzunehmen und ein Gefühl für seine Energiequalität zu haben. Denn eine der Erkenntnisse der modernen Magie besagt:

PRÄZISION IST WICHTIGER ALS KRAFT

Damit wird die Imagination jedoch nicht entwertet, es ist lediglich so, daß unsere Zweite Strukturformel der Magie der Ersten qualitativ eben doch überlegen scheint. In der Praxis wird diese Unterscheidung ohnehin nicht so streng gehandhabt, wie es sich in der Theorie lesen mag.

Gründliche Imaginationsschulung ist allerdings für jene Menschen unerläßlich, die entweder Schwierigkeiten haben, magisch wahrzunehmen (Wahrnehmungsblockaden), oder von ihren inneren Bildern geradezu überwältigt werden (Bildüberflutung). Erstere müssen überhaupt erst zur bildlichen/feinstofflichen Wahrnehmung gelangen, zweitere müssen diese beherrschen lernen, um ihrer Herr zu werden und nicht ständig in unkontrollierte Tagträume abzuleiten, welche die Magie in den allermeisten Fällen zunichte machen.

Aus diesem Grund gehen wir in unserer Schulung auch einen soliden Mittelweg und versuchen, einerseits die Imagination zu erleichtern und sie andererseits beherrschbar zu machen oder zu halten.

EINFÜHRUNG IN DIE ASTROMAGIE

Das Gebiet der astrologischen Magie (häufiger: Astromagie) ist so umfassend und spezialisiert, daß wir es hier nicht umfassend behandeln können. Leser, die bereits über gute astrologische Kenntnisse und über einen eigenen Erfahrungsschatz verfügen, brauchen den folgenden Abschnitt nur zu überfliegen.

Wir wollen uns hier nicht auf eine bestimmte astrologische Richtung festlegen, denn Astrologie ist immer subjektiv und reine Erfahrungssache. Ob Sie also mit der klassischen Astrologie arbeiten wollen, ob Sie das Häusersystem von Placidus oder das von Koch (GOH) bevorzugen oder gar nach äqualer Manier verfahren, ob Sie der Hamburger Schule anhängen oder der Kosmobiologie Ebertins, ob Sie die Hubersche Schule oder die Münchner Rhythmenlehre vertreten, wichtig ist nur, wie Sie die Astrologie in Ihre Magie integrieren – wenn überhaupt.

> *Astrologie ist immer subjektiv und reine Erfahrungssache.*

Denn eine ganze Reihe von Magiern verzichtet gänzlich auf den Gebrauch der Astrologie, und dafür gibt es durchaus überzeugende Gründe. Astrologie soll dem Menschen zwar die kosmischen Gesetzmäßigkeiten bewußt machen, getreu dem »Wie das Oben so das Unten« der Hermetik. Mit ihrer Hilfe vermag er die Rhythmen der Gestirnläufe mit seinem eigenen Schicksal in Beziehung zu setzen, sie liefert ihm ein mächtiges Instrumentarium der Selbsterkenntnis und der Prognostik und vermag ihm in der Magie eine wertvolle Hilfe bei der Abrundung magischer Vorhaben zu sein, die durch astrologisches Wissen in Einklang mit fördernden Zeitqualitäten gebracht werden können.

Doch hat die Sache auch ihre Haken: Wer sich von der Astrologie soweit abhängig macht, daß er nur noch bei bestimmten Konstellationen magisch tätig zu werden vermag; wer für jedes magische Scheitern »ungünstige« Gestirneinflüsse verantwortlich macht, anstatt die Schuld zunächst einmal bei sich selbst und seiner mangelhaften Sorgfalt, Achtsamkeit und Konzentration zu suchen; wer gar den alten Grundsatz mißachtet, daß die Sterne zwar geneigt machen, aber keineswegs zwingen, der wird nie ein guter Magier werden. Konstellationen können wir uns nur selten aussuchen: Wenn Sie für ein bestimmtes

Ritual unbedingt ein Jupiter-Saturn-Trigon benötigen, weil Ihr Paradigma Sie davon abhängig macht, so können Sie unter Umständen jahrelang warten, bis Sie einen geeigneten Zeitpunkt dafür zur Verfügung haben. Wenn es womöglich noch der transitierende Saturn sein soll, der einen bestimmten Aspekt auf Ihren Geburtsjupiter wirft, kann dies sogar bis zu achtundzwanzig Jahren dauern. Noch komplizierter wird es natürlich, wenn gleich mehrere Planetenaspekte zusammenfallen sollen, zum Beispiel wenn Sie eine Konjunktion von Merkur und Jupiter benötigen, die zugleich ein Trigon zum Saturn und ein Sextil zur Spitze Ihres fünften Hauses wirft ...*

> *Wer den alten Grundsatz mißachtet, daß die Sterne zwar geneigt machen, aber keineswegs zwingen, wird nie ein guter Magier werden.*

Darüber hinaus kann die Astrologie zu einer echten Fessel werden, etwa indem sie den Menschen abhängig von ihren Prognosen macht und ihn in seiner Entscheidungsfreiheit einschränkt (ein Problem, das freilich alle divinatorischen Systeme aufwerfen), oder wenn er sich selbst nur noch aus der Astrologie heraus begreift (»Ich kann mich gar nicht wirklich ändern, denn als Steinbock bin ich eben so ...«).

Aus all diesen Gründen raten wir Anfängern davon ab, ihre Magie allzu stark mit der Astrologie zu verknüpfen. Dennoch wollen wir die Astrologie damit keineswegs abwerten. Sie kann uns unschätzbare Dienste erweisen, beispielsweise wenn wir uns schnell über die Charaktereigenschaften eines Menschen und seine gegenwärtigen Lebensrhythmen informieren wollen, was besonders bei der Arbeit mit Klienten eine große Rolle spielen kann. Es kann auch nützlich sein, günstige Planetenstände auszunutzen, wenn sie sich schon anbieten, zum Beispiel bei der Ladung von Planetentalismanen und -amuletten oder beim Angriffszauber zur Bestimmung von Schwächephasen des Gegners.

Immerhin hat die Astrologie in der Geschichte der westlichen Magie lange Zeit eine wichtige Position eingenommen, und im Interesse einer möglichst umfassenden magischen Allgemeinbildung sollte kein Magier auf eine gründliche Auseinandersetzung mit ihr verzich-

---

* *Im Übungsteil werden diese Begriffe in ihren Grundzügen erklärt.*

> *Astrologie schult die magische Wahrnehmung und das Denken in Symbolen.*

ten. In der magischen Alchemie ist sie sogar völlig unverzichtbar, und ein Großteil der magischen Literatur ist ohne genaue astrologische Kenntnisse völlig unverständlich. Zudem ist sie wohl eines der umfangreichsten und faszinierendsten Gebiete der Geheimwissenschaften und kann in einem Menschenleben niemals gänzlich ausgeschöpft werden. Ferner schult sie die magische Wahrnehmung und das Denken in Symbolen, ihre Symbol-Logik ist oft vorbildlich.

Deshalb werden wir uns auch näher mit ihr befassen, insofern dies im Zusammenhang mit der Magie von Bedeutung ist. Fürs erste sollen jedoch die im Übungsteil gegebenen Empfehlungen genügen.

EINFÜHRUNG
IN DIE RITUALISTIK (VI)

DER MAGISCHE KELCH

Der Kelch steht für das Element Wasser, also unter anderem für das weibliche, empfangende Prinzip, für Gefühl, Intuition, Traum, Vision und Divination. Crowley setzt ihn mit dem Verstehen gleich, womit allerdings nicht das logisch-rationale intellektuelle Verstehen gemeint ist, sondern vielmehr das, was man früher als »Herzenswissen« bezeichnete. Heute würden wir es mit dem Begriff »Instinktwissen« belegen – dies ist freilich ein Instinktwissen, das es gründlich zu schulen gilt.

> *Der Kelch steht für »Herzenswissen«.*

Crowley schreibt ferner:

> *Am Anfang ist der Kelch des Schülers fast leer; und selbst solche Wahrheit, die er empfangen mag, kann aus ihm heraussickern und verlorengehen.*
>
> *Es heißt, daß die Venetier Gläser herzustellen pflegten, die ihre Farbe veränderten, wenn man Gift hinein gab; aus solchem Glas muß der Schüler seinen Kelch fertigen.*
> [Magick, S. 73]

Diese Aufforderung ist natürlich bildlich zu verstehen. Es ist hier auch der Hinweis angebracht, daß es mit der rein äußerlichen Herstellung der magischen Waffen nicht getan ist: Sie stehen nicht nur für abstrakte Elementprinzipien sondern sollen zugleich Spiegel des geistigen Entwicklungsstands des Magiers sein. Schon aus diesem Grund ist es nicht sinnvoll, Zeitvorgaben zu machen, bis wann welche Waffe anzufertigen ist.*

Während ein Magier beispielsweise am wenigsten Schwierigkeiten mit der Herstellung des Stabs oder des Schwerts haben kann, wird es ihn vielleicht viele Jahre kosten, bis er seinen Kelch vervollkommnet hat. Dies ist keine Frage des handwerklichen Könnens, sondern vielmehr der geistigen und charakterlichen Reife. Wir haben es dabei also im Prinzip mit einem alchemistischen Prozeß zu tun, bei dem das äußere Ereignis (hier: die Herstellung einer magischen Waffe) eine innere Entwicklung widerspiegeln soll und umgekehrt.

Der Kelch ist also auch Symbol und Werkzeug der Instinktsicherheit, der entwickelten, trainierten Intuition. Er ist gefährlich,

---

* *Eine Ausnahme von dieser Regel bilden magische Orden, die eine standardisierte Ausbildung vermitteln, in deren Interesse es liegt, eine möglichst synchrone und einheitliche Ausbildung zu gewährleisten, damit die Gruppe als Ganzes klar strukturiert bleibt.*

solange er noch nicht vollkommen ist: »Dieser Kelch ist voller Bitterkeit und Blut und Rausch.« [*Magick*, S. 73] Denn ein allzu offenes Unbewußtes zu haben, das alle erdenklichen Fremdeinflüsse kritiklos aufnimmt, ist gleichbe-

> *Der Kelch ist auch Symbol und Werkzeug der entwickelten, trainierten Intuition.*

deutend mit einem defekten Zensor. Wahnvorstellungen und allgemeiner Realitätsverlust sind die häufigste Folge. Der Kelch empfängt nicht nur, er verleiht auch Gestalt, das Wasser, das in ihn gegeben wird, paßt sich seiner Form an – verliert sie aber wieder sofort, wenn es ausgegossen wird. Insofern kann man den Kelch nicht zuletzt als Sinnbild der geformten Illusion bezeichnen: Die empfangenen Bilder des Magiers bedürfen der Struktur, um wirksam werden zu können. Bleiben sie struktur- oder gestaltlos, lösen sie ihre Umgebung auf, verwandelt sich Wein in ätzende Säure und zerstört das Gefäß.

Dazu noch einige Zitate aus Crowleys Ausführungen, die zur Meditation anregen sollen:

> *Der Kelch kann kaum als Waffe bezeichnet werden. Er ist rund wie das Pentakel – nicht gerade, wie der Stab und der Dolch. Sein Wesen ist nicht die Projektion, sondern das Empfangen.* [S. 74]
>
> *Was das Wasser in diesem Kelch betrifft, so läßt sich von ihm sagen, daß es, so wie der Stab völlig steif sein sollte, der ideale Festkörper, das Wasser die ideale Flüssigkeit sein sollte.*
>
> *Der Stab ist aufrecht und muß sich in die Unendlichkeit ausdehnen.*
>
> *Die Oberfläche des Wassers ist flach und muß sich in die Unendlichkeit ausdehnen.*
>
> *Doch so, wie der Stab ohne Breite schwach ist, so ist das Wasser ohne Tiefe trügerisch. Das Verstehen des Magus muß alles umfassen, und dieses Verstehen muß unendlich tief sein.* [S. 74f.]
>
> *Die Oberfläche des Magischen Kelchs ist unendlich; es gibt auf ihr keinen Punkt, der sich von irgendeinem anderen Punkt unterscheidet.*
>
> *Folglich ist der Kelch, so wie der Stab eine Bindung und Beschränkung ist, eine Ausdehnung – ins Unendliche.*
>
> *Und dies ist die Gefahr des Kelchs; er muß notgedrungen für alles offen sein, doch wird etwas in ihn hineingegeben, das außer Proportion ist, unausgewogen oder unrein, so erleidet er Schaden.* [S. 78]

Die Form des Kelchs ist beliebig, gelegentlich wird er dem weiblichen Geschlechtsorgan nachgebildet, als Material wird häufig Silber genommen, aber auch Kupfer und Glas finden Verwendung.

Auf der praktischen Ebene dient der Kelch zur Verabreichung von Sakramenten beim Ritual. Nicht selten wird er auch zum Zwecke der Divination als magischer Spiegel verwendet, indem der Magier eine Frage formuliert und solange in die Flüssigkeit im Kelch starrt, bis er darin eine (meist bildliche) Antwort erkennt. Dazu muß das Wasser still sein – wieder ein Symbol des Geisteszustands, in dem allein solche Operationen möglich sind!

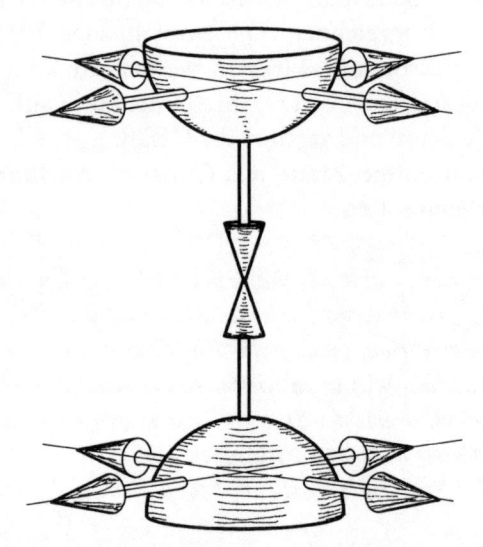

Abbildung 25: Der magische Kelch (Entwurf zu einem Chaos-Doppelkelch)

PRAKTISCHE ÜBUNGEN

ÜBUNG 27
DIE OMNIL-FORMEL IN DER PRAXIS

Experimentiere vier Wochen lang täglich mit der OMNIL-Formel, wie wir sie weiter oben beschrieben haben. Du kannst sie in Deine Praxis des Kleinen Bannenden Pentagrammrituals integrieren oder sie auf ähnliche Weise durchführen wie die IAO-Formel. Letztere solltest Du aber ebenfalls nicht vernachlässigen, da sich beide Übungen ideal ergänzen. So könntest Du beispielsweise die IAO-Formel am Morgen, die OMNIL-Formel dagegen am Abend durchführen. Halte auch diesmal Deine Eindrücke im magischen Tagebuch fest.

ÜBUNG 28
ASTRALMAGIE UND MEDITATION (II)

Verfahre bei dieser Übung wie im letzten Abschnitt unter Übung 23 beschrieben, jedoch mit dem Unterschied, daß Du diesmal im Geiste mit jedem Ausatmen kleiner wirst. Wieder gehst Du stückweise vor und steigerst die Übung täglich, bis Du nach etwa vier Wochen vor Beschließen der Übung die Größe eines Atoms erlangt hast. Zum Beenden der Übung wirst Du nach und nach mit jedem Einatmen wieder größer.

ÜBUNG 29
PRAKTISCHE ASTROMAGIE

Solltest Du noch keines haben, so beschaffe Dir ein persönliches Horoskop. Es spielt keine Rolle, ob Du es selbst berechnest oder von einem Computer ausrechnen läßt. Achte aber im im letzteren Fall darauf, daß Du lediglich eine reine Berechnung benötigst und keine Interpretation, da Computerdeutungen aufgrund ihrer starren, geistlosen Schematik für einen bewußt lebenden Menschen völlig unbrauchbar sind. Solltest Du Dein Horoskop erst jetzt selbst berechnen, so verwende dafür nur seriöse Tabellenwerke (Ephemeriden und Häusertabellen) und keine »Ungefähr«-Tabellen, wie man sie in vielen billigen Sternzeichenbüchern findet, denn diese sind notorisch ungenau.

Damit ein Horoskop berechnet werden kann, benötigt man folgende Daten: Geburtsdatum (Tag, Monat, Jahr); Geburtsort; Geburtszeit (eventuell Sommerzeit beachten!). Letztere erfährst Du am einfachsten entweder aus Deiner Geburtsurkunde (dies ist freilich nicht bei allen Jahrgängen der Fall), durch Nachfrage beim Standesamt oder über Eltern bzw. Verwandte. Zwar sind auch diese Aussagen nicht immer sehr zuverlässig, doch müssen wir erst einmal pragmatisch vorgehen und mit dem arbeiten, was uns zur Verfügung steht.*

Das Horoskop sollte nach klassischer Manier erstellt worden sein und folgende Daten aufweisen:

Planetenstände
Häuser (auch »Felder« genannt; System Placidus oder Koch)
Aspekte

Für den Anfang genügen die »großen Aspekte« oder Winkel völlig, also Konjunktion (0°), Opposition (180°), Sextil (60°), Quadratur (90°) und Trigon (120°).

Beschäftige Dich nun, sofern Du noch astrologischer Anfänger bist, ausführlich anhand von Deutungstabellen (empfohlene Literatur siehe Anhang) mit Deinem Horoskop. Dies ist sicher nicht die intelligenteste und zuverlässigste Methode, doch bleibt eine solche Tretmühle dem astrologischen Laien leider nicht erspart. Wenn Du also noch nichts von Astrologie verstehen solltest, wird Dir nichts anderes übrigbleiben, als Dich auf diese Weise in die Materie einzuarbeiten, bis Du die Symbole und die Choreographie ihrer Energiebeziehungen gründlich verinnerlicht hast und fähig zur virtuosen Kombinatorik bist. Durch die Praxis des Hexagrammrituals solltest Du inzwischen allerdings schon ein einigermaßen zuverlässiges Gespür zumindest für die feinstofflichen Energiequalitäten der Planeten entwickelt haben, was Dir sehr viel nützen wird.

Beginne auch damit, auf Transite zu achten, also auf die Übergänge der Planeten über Dein eigenes Radix (= Geburtshoroskop). Wenn Du noch nicht viel Übung damit hast, so beschränke Dich zunächst auf zwei oder drei Planeten (zum Beispiel Mond, Jupiter und Saturn). Beachte ihre Aspekte zu ihrer Stellung im Radix, also zum Beispiel an welchem Tag der transitierende Jupiter eine Opposition zum Radix-Jupiter hat, der transitierende Saturn eine Quadratur zum

---

* *Sollte sich Deine Geburtszeit überhaupt nicht ermitteln lassen, so wird die Sache sehr aufwendig, dann muß nämlich von einem seriösen Astrologen anhand von Lebensereignissen eine umfangreiche Korrektur durchgeführt werden, deren Richtigkeit sich nur durch Prognosen bestätigen läßt, die über Jahre hinweg verfolgt werden. Das ist ein sehr mühsamer Prozeß, den zudem nicht jeder Astrologe beherrscht und der natürlich auch nicht eben billig ist. Viele Astrologen behelfen sich damit, fürs erste eine Geburt um die Mittagszeit anzunehmen, doch ebensogut könnte man die Geburtszeit auch erpendeln.*

Radix-Saturn, der transitierende Mond eine Konjunktion mit dem Radix-Mond eingeht und so weiter.

Gleichzeitig beobachtest Du sorgfältig, wie sich die Transite auf Deine magische Wahrnehmung und auf Deine Magie im ganzen auswirken – falls überhaupt, denn nicht jeder Mensch reagiert, wie bereits erwähnt, gleich stark auf Transite.

Dies solltest Du mindestens ein Jahr lang tun, bis Du nach und nach sowohl Dein Horoskop als auch Deine Reaktionen auf solche Transite gründlich kennengelernt hast. Sinn der Übung ist es nicht etwa, Dich von astrologischen Faktoren abhängig zu machen, sondern vielmehr Dein Gespür für kosmische Energien und Schicksalsfaktoren zu schulen.

Wenn Dir die Astrologie völlig neu ist, solltest Du Geduld mit Dir selbst haben und am Anfang nicht zuviel erwarten. Durch Deine Praxis der Planetenrituale wirst Du immerhin leichteren Zugang zu den Planetenkräften finden, doch solltest Du die Sache langfristig angehen, bis Du über genügend Erfahrung verfügst.

Bist Du bereits ein erfahrener Astrologe, wirst Du diese Übung wahrscheinlich ohnehin schon in der einen oder anderen Form absolviert haben. Du kannst Sie also vernachlässigen, es sei denn, Du möchtest Deine astrologische Erfahrung stärker in Deine magische Praxis integrieren oder die Erfolge Deiner Magie auch astrologisch überprüfen.

Übrigens ist es eine gute Idee, das Erlernen der Astrologie durch sigillenmagische Operationen zu unterstützen.

ÜBUNG 30
PRAKTISCHE SIGILLENMAGIE (II)

Verbinde das Tratak aus Übung 26 mit der Sigillenmagie, indem Du als Konzentrationsobjekt eine Sigil verwendest, die Du nach der Bildmethode hergestellt hast. Dies kannst Du ein- bis zweimal pro Woche tun, bei Bedarf auch häufiger.

Verwende jedoch erst dann eine Sigil, wenn Du den Eindruck gewonnen hast, daß Du mit der Tratak-Übung bereits gut zurechtkommst, das könnte also beispielsweise auch erst in einigen Wochen der Fall sein. Du kannst auch damit experimentieren, die selbe Sigil mehrfach zu verwenden. Halte die Ergebnisse im Magischen Tagebuch fest.

WEITERFÜHRENDE LEKTÜRE

Es gibt mittlerweile eine solche Fülle wirklich brauchbarer astrologischer Literatur, daß es schwerfällt, eine Auswahl anzubieten. Daher wollen wir uns hier auf einige klassische Werke und auf Einführungsliteratur beschränken, ohne damit eine Wertaussage über nicht aufgeführte Titel zu treffen. (Aufgrund der zahlreichen Neuauflagen der meisten Werke wurde auf die Angabe von Jahreszahlen bzw. Erscheinungsdaten verzichtet.)

ASTROLOGIE

Allgemeine Einführungen

F. Riemann, *Lebenshilfe Astrologie. Gedanken und Erfahrungen*, München: Pfeiffer

    Sehr aufschlußreiche Einführung in das astrologische Denken aus der Sicht eines Tiefenpsychologen, auch für erfahrene Astrologen noch lesenswert. (Keine praktischen Unterweisungen!)

R. Tegtmeier, *Astrologie*, Braunschweig: Aurum

    Eine fundierte, praxisnahe Einführung in klarverständlicher Sprache. Mit Bezugsquellennachweis, Verbandsadressen usw. Modernerer, undogmatischer Ansatz.

S. Strauß-Kloebe, *Das kosmopsychische Phänomen. Geburtskonstellation und Psychodynamik*, Olten/Freiburg: Walter

    Ebenfalls tiefenpsychologische, aufschlußreiche Betrachtung.

U. Becker, *Lexikon der Astrologie*, Freiburg et al.: Herder

    Wer einen Überblick über die erstaunliche Vielfalt der Astrologie sucht und auch einmal unvertraute Begriffe nachschlagen will, der ist mit diesem Lexikon gut beraten.

    Wie bei den meisten Lexikonwerken sind auch hier nicht alle Beiträge erschöpfend, und manches ist unpräzise, doch fallen diese Mängel angesichts der reichhaltigen Informationen kaum ins Gewicht.

F. Sakoian/L. Acker, *Das große Lehrbuch der Astrologie*, München: Knaur TB 7607

    Eine recht brauchbare Übersicht, gut zum Nachschlagen geeignet. Auch die Grundlagen der Horoskopberechnung werden – obwohl etwas oberflächlich – erklärt. Die Liste der Deutungsmöglichkeiten ist umfangreich und wird den allermeisten Problemen der astrologischen Praxis vollauf gerecht.

R. Schneider, *Wie berechnet und deutet man ein Horoskop*, Schnega-Warpke: Baumgartner

Etwas altväterlich und verzopft, aber durchaus noch lesbar; an der Klassik orientiert.

B. u. L. Huber, *Horoskop-Berechnung und Zeichnung*, Zürich: API
Eine moderne Darstellung mit starkem Einschlag der Huber-Schule.

R. H. Rohm, *Die Berechnung der Häuser und Planeten. 48–54 Grad nördlicher Breite*, Bietigheim: Zluhan
Vielleicht die brauchbarste, weil neutrale Darstellung der eigentlichen Horoskopberechnung.

Speziellere und umfangreichere Werke

A. M. Grimm, *Astrologische Aphorismen von Strauch-Leoviticus*, Schnega-Warpke: Baumgartner
Ein Standardwerk der Klassik bzw. Renaissance, für erfahrene Astrologen immer noch sehr interessant, dem Anfänger jedoch aufgrund seines Rezeptbuchcharakters nur bedingt zu empfehlen. Wichtig für die klassische Astromagie.

H. Frhr. v. Klöckler, *Kursus der Astrologie*, (3 Bände) Freiburg: Hermann Bauer
Ein Standardwerk der klassischen Astrologie. Die vorgestellten Berechnungsmethoden sind zwar teilweise etwas umständlich und altertümlich (z. B. die ausschließliche Arbeit mit Mittagsephemeriden), doch aufgrund seiner weiten Spannbreite und seines sachlichen Tiefgangs handelt es sich hier noch immer um ein Werk, das in keiner ernstzunehmenden astrologischen Bibliothek fehlen darf.

Th. Ring, *Astrologische Menschenkunde*, (3 Bände) Freiburg: Hermann Bauer
Wie auch die Bände von Klöckler eines der wichtigsten zeitgenössischen Standardwerke. Rings Analyse fußt auf der Tiefenpsychologie C. G. Jungs. Trotz der eigenwilligen Sprache ist dieser Ansatz in seinem scharfsinnigen Tiefgang bis heute unübertroffen und stellt eine der Glanzleistungen der neuzeitlichen deutschen Astrologie dar. Auch für Anfänger zu empfehlen, die bereits die ersten astrologischen Hürden (Grundstruktur des Zodiaks, Berechnungsmethoden) genommen haben und Sinn für poetisch-philosophische Sprache haben.

Leider z. Zt. vergriffen, gelegentlich aber noch in Antiquariaten erhältlich und sehr zu empfehlen sind auch die Werke älterer deutscher Autoren wie Brandler-Pracht, Kühr, Kündig, Sindbad-Weiß, Vehlow.

Über Tabellenwerke (Ephemeriden, Häusertabellen, geographische Positionstabellen) gibt der esoterische Buchhandel ausführlich Auskunft. In der klassischen Astrologie wird überwiegend mit Häusertabellen nach Placidus gearbeitet, moderne Astrologen verwenden aber auch häufig das Häusersystem von Walter Koch (sog. GOH).

Was Ephemeriden betrifft, so sollte beim Kauf darauf geachtet werden, daß sie auch die Werte für den erst 1930 entdeckten Planeten Pluto enthalten. (Bei manchen Werken ist dies erst ab Anfang der 60er Jahre der Fall!) Im allgemeinen werden heute aus berechnungstechnischen Gründen die Mitternachts- den Mittagsephemeriden vorgezogen.

LITERATURNACHWEIS

Aleister Crowley, *Magick*, s. I/7/S. 32
Michael Gebauer, »*Grundlagen der Zeremonialmagie I*«, Thelema, H. 9, 1984, S. 30–35.
William Gray, *Magical Ritual Methods*, New York: Weiser, 1969
Stephen Mace, *Stealing The Fire From Heaven*, s. vorigen Abschnitt

ÖER MAGISCHE BLICK (1)

Der berüchtigte »böse Blick« (auch bei uns gelegentlich unter seiner italienischen Bezeichnung *malocchio* bekannt) gehörte schon seit jeher zu den Grundtechniken der Hexen und Magier. Er wurde und wird noch heute vom Nordkap bis Sizilien gefürchtet und gilt den Ethnographen als Paradebeispiel für »volkstümlichen Aberglauben«.

Während Völkerkundler und Anthropologen jedoch den Glauben an den magischen Blick belächeln und in ihm ein faszinierendes Überbleibsel einer vorzivilisatorischen Zeit sehen, wird er von unserer Zunft dagegen durchaus ernstgenommen und mannigfach praktiziert.

Es hat schon viele verschiedene Erklärungsmodelle für seine Funktionsweise gegeben, doch ist das Phänomen in Wirklichkeit viel zu komplex, um es in wenigen Zeilen erschöpfend abhandeln zu können. Denn tatsächlich gibt es eine ganze Vielzahl verschiedenster

Der magische Blick: ein komplexes Phänomen

»Blicke«. Anders ausgedrückt, der magische Blick hat sehr unterschiedliche Funktionen und wird auch entsprechend vielseitig geschult und eingesetzt. Wir wollen uns in mehreren Abschnitten diesem Thema widmen, zudem wir daran zugleich unsere magische Wahrnehmungsfähigkeit trainieren können und ein ungeheuer machtvolles Instrument der Beeinflussungsmagie in die Hand bekommen.

Sie kennen bestimmt den Ausdruck »wenn Blicke töten könnten!« Nun, vom Standpunkt der Magie aus können Blicke – allerdings nur in äußerst seltenen Fällen – tatsächlich töten, zumindest aber, und dies weitaus häufiger, nachhaltigen Schaden anrichten. Dennoch wäre es falsch, nur den negativen Aspekt dieser Praktik zu sehen, denn sie läßt sich ebensogut zum Zwecke der Heilung, der Clairvoyance (Hellsehen) und der Beruhigung übermäßig erregter Menschen oder Tiere einsetzen. Es ist wahrscheinlich hauptsächlich der Tatsache zuzuschreiben, daß Technik und Funktion des magischen Blicks lange Zeit unbekannt geblieben sind, daß er in einen so bösen Ruf geriet.

Erschwerend kommt noch hinzu, daß der »böse Blick« häufig von völlig ungeschulten Naturtalenten ganz instinktiv verwendet wird. Solche Menschen aber sind meist, genau wie alle anderen Sensitiven – »Spökenkieker«, Hellseher und so weiter – Außenseiter und werden wegen ihrer Andersartigkeit von vornherein geächtet, bis sie sich oft schon aus reiner Notwehr dazu gezwungen sehen, den Blick auch für destruktive Zwecke einzusetzen. Gewöhnlich wird der Überbringer schlechter Nachrichten mit diesen identifiziert und für sie bestraft. Wer mit dem magischen Blick beispielsweise den Tod einer bestimmten Person voraussieht, der er auf der Straße begegnet, und womöglich unvorsichtig genug ist, darüber offen zu reden, gerät in eine gefährliche (im Zeitalter der Inquisition sogar lebensgefährliche) Situation: Im besten Fall geschieht nichts, und er wird verlacht oder als »ein bißchen nicht ganz richtig im Kopf« abgetan. Trifft die Vorhersage jedoch ein, finden sich schnell böse Zungen, die Ursache und Wirkung dergestalt verwechseln, daß sie dem Seher und seinem magischen Blick die Schuld für den Tod der betreffenden Person geben.

Da die Augen als »Fenster der Seele« gelten, hat die Magie sich schon immer mit Blicktechniken befaßt, teils um sie für magische Operationen zu nutzen, teils um der Tarnung willen (zum Beispiel zur Gedankenverschleierung). Blicke verraten ungeheuer viel über den jeweiligen Bewußtseinszustand eines Menschen, meist sind sie einer Veränderung der Mimik und Gestik zeitlich ein ganzes Stück voraus.

Die wichtigsten Anwendungsmöglichkeiten des magischen Blicks

Die wichtigsten Anwendungsmöglichkeiten des magischen Blicks, die uns hier interessieren sollen, sind unten aufgelistet.

Zu diesen Hauptfunktionen wollen wir hier aus Platzgründen nur stichwortartige Erläuterungen geben, denn vieles ergibt sich ohnehin durch die Praxis wie von selbst.

1) Konzentration von Gedankenkraft und Erlangung von Einspitzigkeit:
bedarf keiner Zielperson (keines »Opfers«), sondern dient als Technik der Gedankenkontrolle an sich;

2) Übertragung magischer Reize (Befehle) auf eine Zielperson ohne deren Wissen, um sie zu beeinflussen:
Aura- und Chakra-Manipulationen zu Heilungszwecken bis zur Implantation einer Sprengglyphe in die Aura eines Opfers;

3) Tarnung des eigenen Gemütszustands und der eigenen Absichten:
eine Verschleierung des eigenen Blicks oder die Vortäuschung eines irreführenden Gesichtsausdrucks (zum Beispiel gütig statt finster);

4) Wahrnehmung feinstofflicher Energien und ihre Lenkung sowie Clairvoyance:
eine Erweiterung des eigenen Wahrnehmungsspektrums zum Zwecke der Manipulation oder zur Zukunftsschau (zum Beispiel im magischen Spiegel oder in der Kristallkugel);

5) Abtasten eines Gegenübers zur Feststellung von Stärken und Schwachstellen:
Bestimmung und Diagnose des Status quo (zum Beispiel beim Heilungszauber, bei der Kampfmagie und ähnliches) als magieeinleitende Maßnahme;

6) Abziehen von Energien oder Informationen einer Zielperson:
Aura- und Chakra-Manipulation durch Abzapfen von feinstofflichen Energien und Schwächung bis zur (allerdings sehr seltenen) völligen Entodung des Opfers; aber auch zum Abzug unerwünschter Krankheitsenergien oder zum Exorzismus; ferner Duplizieren

und »Überspielen« der in der Zielperson gespeicherten bewußten und unbewußten Informationen.

Im Gegensatz zum schon behandelten 180°-Blick gehört der magische Blick zu den sogenannten Fixationstechniken. Hierbei werden die Augen also nicht »auf unscharf gestellt«, sondern vielmehr im Gegenteil auf einen bestimmten Punkt fixiert.

Wo der 180°-Blick (der eigentlich technisch gesehen natürlich ebenfalls unter die übergeordnete Rubrik »magische Blicke« fällt) eher der passiven Wahrnehmung, also dem Empfang von feinstofflichen Sinnesreizen und der Bewußtseinserweiterung dient, hat der magische Blick im allgemeinen (Ausnahme: die Punkte 4 und 5) die Aufgabe, feinstoffliche Sinnesreize zu senden und Bewußtsein sowie Energie auf einen einzigen Punkt zu konzentrieren.

Seine Macht erklärt sich nicht zuletzt aus der Tatsache, daß der Mensch besonders beim Dialog mit anderen auf Veränderungen im Augenbereich achtet und aus den Blicken des Gesprächspartners, meist gänzlich unbewußt, Informationen bezieht, die über den rein sprachlichen Austausch weit hinausgehen. Oft genügt schon die Verweigerung des direkten Blickaustauschs, um das Gegenüber nervös zu machen oder es sogar zu scheinbar völlig grundloser Wut anzustacheln.

> *Informationen beziehen, die über den rein sprachlichen Austausch weit hinausgehen*

Dies können Sie selbst einmal ausprobieren: Fixieren Sie Ihren Gesprächspartner mit dem Blick auf den Punkt genau zwischen beiden Augen (Ajna Chakra). Sehen Sie ihm beim Sprechen also nicht in die Augen selbst, sondern heften Sie den Blick auf ihn, wie soeben erklärt, während Sie ansonsten ganz normal weitersprechen. Dies ist auch eine gute Übung für jene Magier, die Schwierigkeiten damit haben, dem Blick anderer standzuhalten. Das Raffinierte an dieser Technik liegt darin, daß sie vom Gegenüber fast nie durchschaut werden kann. Da der Partner nicht einmal behaupten kann, daß Sie seinem Blick ausweichen würden, weil er ja ständig in Ihre Augen sieht, aber deren Fixierung nicht zu erkennen vermag (er »kann den Blick nicht einfangen«), fällt seine eigene Unsicherheit mit voller Wucht auf ihn zurück. Die Folge sind steigende Nervosität, unkontrollierter Bewegungsdrang, ein unbestimmtes Gefühl des Unbehagens, mitunter bei unbeherrschten Naturen sogar heftige Schweiß- und Zornesausbrüche. Wenn Ihr Chef Sie gerade fürchterlich anschreit, weil Sie seiner Meinung nach einen Fehler gemacht haben, können Sie also seinen Tiraden mit diesem Blick mühelos standhalten, zumal er Ihnen eine um so größere innere Kraft und Sicherheit verleiht, je mehr diese Ihrem Gegenüber verlorengehen. Andererseits sollten Sie sparsam damit umgehen, weil sich der Ärger des anderen sonst womöglich in unkontrollierbarem Maße steigern könnte, was ja keineswegs immer wünschenswert ist.

Daß die Wirkung des Blicks jedoch nicht ausschließlich auf einen direkten Blickkontakt beschränkt sein muß und sich auch nicht mit den Mitteln der herkömmlichen Psychologie (»Einschüchterungsblick«) erklären läßt, beweist folgendes Experiment:

> *Die Wirkung muß nicht ausschließlich auf einen direkten Blickkontakt beschränkt sein.*

Wenn Sie das nächste Mal im Kino, im Bus, in der Straßenbahn, im Großraumabteil eines Zugs oder sogar im Flugzeug sitzen, fixieren Sie den Hinterkopf eines irgendwo vor Ihnen sitzenden, Ihnen den Rücken zukehrenden Mitmenschen. Der korrekte Punkt ist das sogenannte »Nacken-« oder auch »Todeschakra« in der Mitte des Genicks, dicht oberhalb des Wirbelsäulenansatzes. Tun Sie dies solange, bis Ihr »Opfer« sich entweder umdreht, sich am Hals kratzt oder irritiert hin und her rutscht. Dann suchen Sie sich eine neue Zielperson.

Experimentieren Sie dabei auch mit unterschiedlichen Entfernungen, indem Sie sich vielleicht mal einen Passagier in der nächsten Reihe vornehmen, mal einen, der fünf oder zehn Reihen von Ihnen entfernt sitzt. Selbstverständlich können Sie auch im Restaurant damit arbeiten und beispielsweise den Kellner, der Sie ständig so geflissentlich übersieht, dadurch auf sich aufmerksam machen.

Haben Sie diese Technik zu Ihrer eigenen Zufriedenheit gemeistert, können Sie den Nackenpunkt auch von vorne angehen, indem Sie ganz einfach durch den Hals der Zielperson hindurchsehen, als wäre er aus Glas. Dies geschieht am Anfang meist mit geöffneten, später aber auch mit halb- und sogar gänzlich geschlossenen Augen.

Noch wirkungsvoller wird diese Methode, wenn Sie sich einem gründlichen Fixationstraining unterziehen, das ohnehin für die weitergehende Arbeit mit dem magischen Blick unerläßlich ist. Zu diesem Zweck zeigt Abbildung 26 einen Fixationskreis, der zusammen mit seinem Rahmen die Blick-Fixationstafel bildet. Mit dieser können Sie auf dreifache Weise verfahren:

1) Sie trennen sie aus dem Buch und klappen Ober- und Unterteil herum, damit Sie nicht von der Schrift irritiert werden;

2) Sie kopieren die Seite und schneiden den Mittelteil entlang des Rahmens aus;

3) Sie malen sich einen eigenen Kreis nach unserer Vorlage und verwenden diesen.

Zu empfehlen ist in jedem Fall, daß Sie den Kreis in einem fahlen Gelbton ausmalen. Am geeignetsten sind dafür weiche Buntstifte. Achten Sie darauf, daß der Mittelpunkt sich danach noch deutlich abhebt, denn er ist das Wichtigste an der Fixationstafel. Notfalls helfen Sie mit einem nicht zu dicken Filzstift ein wenig nach.

Nun hängen Sie die Fixationstafel in Sitzaugenhöhe an eine kahle Wand mit ungemusterter Tapete, am besten ist ein völlig weißer oder schwarzer Hintergrund. Wenn Sie zu Hause keine geeignete Wand zur Verfügung haben, können Sie auch ein weißes oder schwarzes Bettlaken glatt gespannt aufhängen und vor diesem üben. Nehmen Sie in etwa 1,5–2 Meter Entfernung davor auf einem bequemen Stuhl im Herrschersitz Platz; wenn Sie darin bereits gut genug geübt sind, können Sie natürlich auch im Halblotus-, im Drachen- oder gar im Lotussitz auf dem Boden Platz nehmen.

Atmen sie eine Weile mit halbgeschlossenen Augen tief ein und aus. Nun öffnen Sie die Augen ganz, und fixieren Sie den Mittelpunkt des Kreises. Mit starr geöffneten Augen (also ohne mit den Lidern zu zucken!) betrachten Sie den Mittelpunkt solange, bis die ersten Tränen kommen. Dann schließen Sie die Augen, legen die Handflächen leicht nach außen gewölbt schräg auf die Augen und geben mehrmals leichten Druck auf die Lider, indem Sie die Hände anpressen (sog. »Palming«). Das entspannt – und schon geht es in die nächste Runde!

Wiederholen Sie diese Prozedur mindestens zehnmal. Wenn Sie regelmäßig (am besten täglich) üben, werden Ihre Phasen des Starrens schon bald immer ausgedehnter werden. Das Optimum ist ein einstündiges Starren ohne Liderzucken. Doch sollten Sie zu Anfang jegliche

Überanstrengung vermeiden, um keine Augenschäden zu provozieren. Im Gegensatz zum 180°-Blick mit seiner Sehunschärfe werden bei dieser Technik die Augen ungleich stärker belastet, daher ist entsprechende Vorsicht geboten.*

Die durch dieses Training erlangten Fähigkeiten können Sie zu verschiedenen Zwecken anwenden: Nicht allein der eigentliche magische Blick als Mittel der Beeinflussungsmagie wird dadurch geschult, auch die Arbeit mit dem magischen Spiegel wird erheblich erleichtert, wie sie in diesem Abschnitt noch beschrieben werden soll.

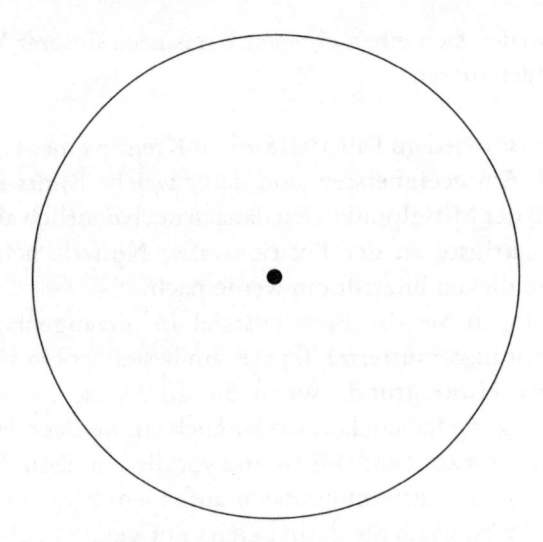

Abbildung 26: Blick-Fixationstafel

---

* *Sie sollten bei dieser Übung alle etwaigen Sehhilfen (besonders Kontaktlinsen) ablegen, da der Blick ohne solche Mittel geschult werden muß, um magisch effektiv zu sein. Wenn Sie extrem kurzsichtig sein sollten, müssen Sie die Entfernung zur Fixationstafel entsprechend verringern, bis Sie alles deutlich genug erkennen können.*

  Es sei noch einmal ausdrücklich betont, daß es sich bei der Fixation nicht um den 180°-Blick handelt! Sie sollten also auf jeden Fall vermeiden, daß Sie aus Versehen in diesen überwechseln. Vorläufig sollten Sie also Tratak und magischen Blick sorgfältig auseinanderhalten.

EINFÜHRUNG IN DIE RITUALISTIK (VII)

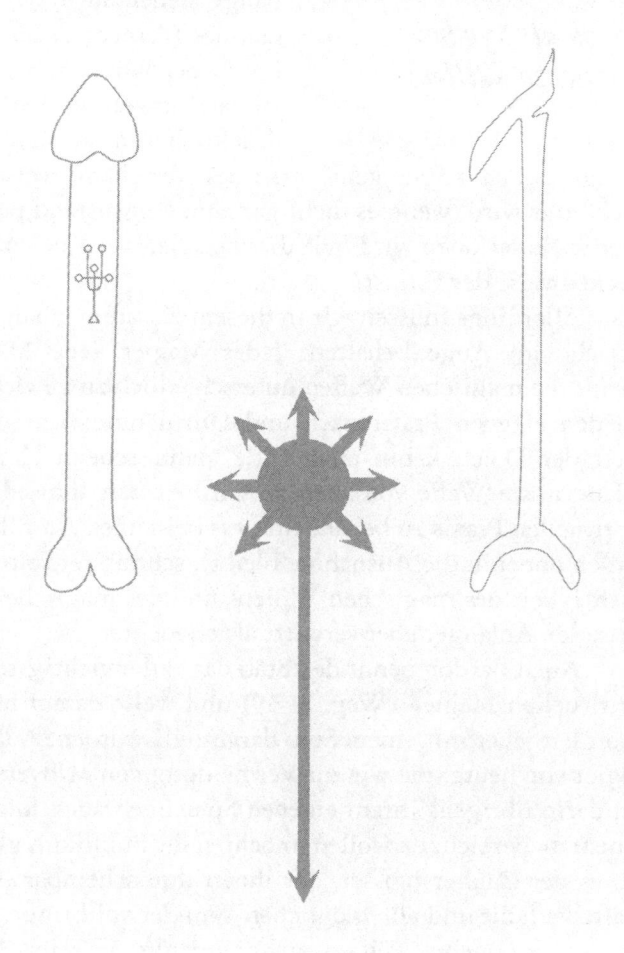

Der magische Stab

> *Der Stab als Symbol des magischen Willens*

Der »Zauberstab« ist ein beliebtes Utensil klischeehafter Magierabbildungen. Tatsächlich steht er in der hermetischen Tradition der Golden Dawn für das Element Feuer. Als solcher ist er immer wieder Gegenstand mannigfacher Diskussionen. Das hängt sicher auch damit zusammen, daß das Element Feuer unter anderem für die Sexualität steht, so daß selbst in Abhandlungen, in denen es nicht ausdrücklich um sexuelle Themen oder gar um Sexualmagie geht, manches verschämt verschwiegen oder beschönigt wird, wenn es nicht gar zum Gegenstand pompöser mystischer Spekulationen wird, wie dies beispielsweise bei Aleister Crowley streckenweise der Fall ist.

Allerdings müssen wir in diesem Zusammenhang eine wichtige Tatsache im Auge behalten: Jeder Magier, jede Magiergeneration scheint die magischen Waffen unterschiedlich zu gewichten, abhängig von den eigenen Präferenzen und Unzulänglichkeiten. Bei Crowley spielt der Dolch kaum eine Rolle, dafür scheint ihm der Stab die bedeutsamste Waffe von allen zu sein. Anstatt ihn jedoch mit Bezug zur rituellen Praxis zu behandeln (was bei seinen Ausführungen zu den Waffen ohnehin die Ausnahme bleibt), schreibt er seitenlang über die Wichtigkeit des magischen Willens und des magischen Eids, was vor allem den Anfänger eher verwirrt als erleuchtet.

Auch Bardon nennt den Stab das »allerwichtigste Hilfsmittel in der rituellen Magie« (Weg, S. 39) und weist darauf hin, daß Magier schon seit jeher mit einem Stab dargestellt wurden. Auch die Bühnenmagier von heute, die wir zur Vermeidung von Mißverständnissen lieber, darin übrigens ihrem eigenen Sprachgebrauch folgend, als »Illusionisten« bezeichnen wollen, möchten ihr Publikum glauben machen, daß es der Zauberstab sei, der ihnen ihre scheinbar übernatürlichen Kräfte verleiht und alle möglichen Wunder vollbringt. Wie für Crowley, dem er ohnehin weitaus mehr verdankt, als seine Anhänger zugeben wollen, ist auch für Bardon der Dolch eher eine untergeordnete Waffe. Sie ist für ihn sogar nur ein verkleinertes Schwert ohne nennenswerte eigene Symbolik.

Es ist wahrscheinlich, daß die große Bedeutung, die dem Dolch in den letzten Jahrzehnten zugekommen ist, vor allem auf den Einfluß der angelsächsischen Hexenmagie zurückführt. Es läßt sich mit Fug und

Recht behaupten, daß sich seit dem Ende des Zweiten Weltkriegs innerhalb der europäischen und nordamerikanischen Magie in dieser Hinsicht ein beachtlicher Paradigmenwechsel vollzogen hat, auf den meines Wissens in der einschlägigen Literatur bisher noch nie hingewiesen wurde: der Austausch des Stabs in seiner Funktion als Verkörperung des magischen Willens durch den Dolch. In der winkligen Tradition wird sogar bis heute so gut wie nie mit dem Dolch gearbeitet, und dort ist er ebenfalls meist nur ein Ersatz für das Schwert.

> *Der Austausch des Stabs in seiner Funktion als Verkörperung des magischen Willens durch den Dolch*

Wenn Sie ältere Autoren lesen, müssen Sie sich also darüber im klaren sein, daß bei diesen der Stab in der Regel die Hauptwaffe ist: Sie steht für den Willen des Magiers und ist Symbol seiner Kraft und Macht. Andererseits arbeitet beispielsweise Bardon mit mehreren Stäben, die für unterschiedliche Zwecke oder Sphären geweiht werden, aber im Prinzip nur mit einem einzigen Schwert, wiewohl er zusätzlich durchaus auch den Dolch und den Dreizack gelten läßt, vor allem wenn es um dämonische Arbeiten geht.

Wie sieht nun die heutige Magie den Stab? Er ist, wie gesagt, Symbol des Elements Feuer. Somit verkörpert er die Lebenskraft und auch den Lebenswillen, sowohl den biologischen als auch den psychischen und magischen. Die Analogie »Stab = Wille« wird verständlicher, wenn wir als tertium comparationis den Begriff »Tat« heranziehen. Essentiell ist der Stab eine aktive Waffe, das Sinnbild des magischen Tuns und Wirkens, der Annahme und Ausübung persönlicher Macht. Da er aber auch für die Sexualität steht, wird er vor allem in der älteren, patriarchalischen Tradition in phallischer Form dargestellt. Und hieran erkennen wir auch, weshalb es in unserer Zeit fast zwangsläufig zu dem erwähnten Paradigmenwechsel kommen mußte: Die allgemeine Abkehr vom phallokratischen, patriarchalen, ausschließlich männlich betonten Weltbild früherer

> *Die Abkehr vom phallokratischen, patriarchalen, ausschließlich männlich betonten Weltbild früherer Magier*

Magier äußert sich fast unbemerkt in ebendiesem Wandel vom Stab zum Dolch. Es fällt uns heute auch schwer, ausgerechnet in einem einzigen Element den ganzen Willen des Magiers verkörpert zu sehen, in diesem Fall im Feuer. Der Dolch hingegen ist keine Elementwaffe und entspricht unserem heutigen Empfinden nach daher weitaus besser dem Willen, der doch eigentlich der Herr der Elemente sein sollte und daher schon aus logischen Gründen nicht eines von ihnen sein kann. Zumindest ist dies die Argumentation der heutigen Magie, und wir wollen sie uns zu eigen machen, wenngleich es Ihnen natürlich freigestellt bleibt, eine andere Gewichtung zu treffen und sich beispielsweise lieber der älteren Tradition zuzuwenden. Ohnehin werden wir im Anschluß an die Besprechung der Ritualwaffen noch viel tiefer in die Symbolik und Philosophie magischen Denkens eintauchen müssen, damit wir nicht ausschließlich auf der Ebene der sogenannten »niederen« oder Erfolgsmagie stehenbleiben, so wichtig diese auch zweifellos ist.

Dennoch ist und bleibt der Stab eine wichtige magische Waffe, allerdings wird der um größere Vielseitigkeit bemühte Magier von heute nur ungern von einer Waffe behaupten, sie sei die »wichtigste«, auch wenn er wahrscheinlich immer zu manchen Waffen eine bessere Beziehung haben wird als zu anderen. Alle magischen Waffen sind grundsätzlich gleichwertig. Was sie – von ihrer Funktion bzw. Elementzuordnung einmal abgesehen – von den anderen unterscheidet, ist unsere eigene Stellungnahme dazu. Im Sinne eines ganzheitlichen, harmonikalen Weltbilds geht es jedoch nicht an, daß wir einem Element den Vorzug über das andere geben.

Wo der Kelch empfängt und gebiert, wird der Stab zum Träger des Willens, zu seinem ausführenden Organ.*

Dies ist jedoch nicht dasselbe wie eine völlige Identifizierung von Wille und Stab! Betrachten wir den Stab also als eine Art »rechte Hand« des eigenen magischen Willens. Er verkörpert die Zeugung und die Tat. Ist der Kelch zentripetal (sich zur Kreismitte hin bewegend) und weiblich, so ist der Stab zentrifugal (von der Kreismitte nach außen fliehend) und männlich. Taucht er ins kalte Wasser ein, läßt der heiße

---

* *Man denke an den Caduceus- oder Hermesstab wie auch an den des Äskulap/Asklepios. Wo Hermes der Psychopompos, der Seelenführer im Totenreich ist, ist Asklepios der Gott der Heilkunde und somit des Lebens. Zugleich symbolisiert der Stab die Kundalini, also die Schlangenkraft, die Essenz aller Sexualität und allen Lebens.*

Stab es verdampfen und erzeugt auf diese Weise die Luft: Das Denken wird aus der Polarität der Geschlechter geboren, auch die Erde ist das Kind dieser Ur-Vereinigung.

Der Stab ist also Kraft und Trieb-, ja Antriebskraft, zugleich, er ist die Macht der Beherrschung seiner selbst und des ihn umgebenden Universums, das er selbst erschafft. Doch erschafft er nicht allein, er bedarf dazu des Kelchs: Blindes Handeln ohne sichere Intuition ist Vergeudung von Energie und Leben. Der Lingam (Phallus, Stab) muß sich mit der Yoni (Vagina, Kteïs, Kelch) vereinen; nur aus dem Zusammenspiel zwischen Yang und Yin entsteht die Spannung, die zur Schöpfung führt.

> *Der Stab bedarf des Kelchs.*

Die Tat ist es, die den Magier zum wirklichen Magier macht: Wer nur im stillen Kämmerlein über die Möglichkeiten der Magie spekuliert, ohne sich dem rauhen Wind der Praxis zu stellen, wird stets nur ein blutleerer Theoretiker bleiben und den »dunklen Bruder Angst« niemals in die Knie zwingen. Deshalb ist der Stab auch das Symbol der Furchtlosigkeit. Auf der praktischen Ebene wird er vor allem für die Energiebündelung und -übertragung verwendet, in der Sexualmagie wird er durch das Glied des männlichen Magiers ersetzt, so wie die Vagina der Magierin zum Kelch wird.

Auch seine Form ist beliebig, oft wird er als Phallus dargestellt, gelegentlich auch als Stab des ägyptischen Thot oder Tahuti, der in der Korrespondenz dem Hermes und dem Merkur entspricht. Die Golden Dawn bevorzugte den Hermesstab mit der Doppelschlange, die zeitgenössische Chaos-Magie hat den Stab als Blitz der Chaossphäre entwickelt. Sein Material variiert von geschnitztem Holz bis Gold oder Eisen. Dient er zugleich als Wünschelrute (Wasser-Sucher!), so kann er sogar gegabelt und aus Weidengerte sein. Wenn auch vielleicht nicht von seiner Symbolik her, so ist der Stab doch immerhin handwerklich die am leichtesten herzustellende Waffe: Ein dickeres Aststück und ein Schnitzmesser genügen schon, um einen brauchbaren Stab anzufertigen. Selten ist er länger als eine Elle (gemessen vom Handgelenk bis zum Ellenbogen), manchmal kann er allerdings doch auch Spazierstocklänge haben, vor allem in seiner ägyptischen Form. Auf jeden Fall sollte er nicht zu leicht sein, sondern gut und griffig in der Hand liegen. Drei Muster für magische Stäbe finden Sie in der folgenden Abbildung.

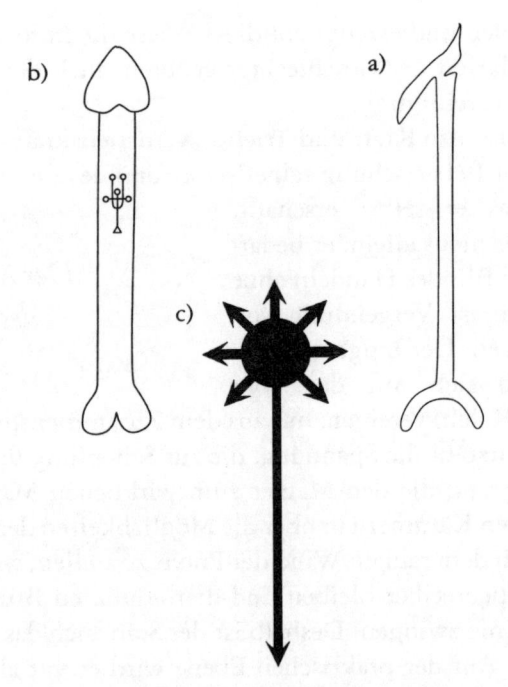

Abbildung 27: Der magische Stab
a) ägyptischer Stab; b) Phallus-Stab; c) Chaos-Stab

DER MAGISCHE SPIEGEL

Bevor Sie sich an die faszinierende und vielseitige Arbeit mit dem magischen Spiegel machen, sollten Sie bereits einige Zeit sowohl mit dem 180°-Blick (Defokussierungsblick) als auch mit dem in diesem Abschnitt beschriebenen magischen Blick (Fixationsblick) gearbeitet haben, um optimale Ergebnisse zu erzielen. Wollen Sie sich Ihren eigenen magischen Spiegel herstellen, so können Sie die Zeit bis zu seiner Vollendung darauf verwenden, einen entsprechenden Trainingsstand zu erreichen, bevor es richtig losgeht. Richtwert für den Anfänger: etwa 3–6 minütiges zukkungsfreies Starren; mittelfristiges Übungsziel: etwa 10–15 Minuten.

Strenggenommen wird der magische Spiegel nicht zu den Ritualwaffen, sondern zum magischen Zubehör gezählt. Das ist freilich eine Konvention, die nicht immer ganz der Praxis entspricht, denn tatsächlich läßt sich der magische Spiegel wie kaum ein zweites Instrument auch als regelrechte Waffe der Kampfmagie verwenden, etwa zur Beeinflussung ferner Zielpersonen, bei der Fern-Entodung und so weiter. Die meisten Autoren beschreiben den Spiegel als Werkzeug der Divination, und in dieser Funktion gleicht er von seinem Gebrauch her der Kristallkugel.

> *Die Vielseitigkeit des magisches Spiegels*

Wird er nur zur Divination und Evokation verwendet, so kann der magische Spiegel grundsätzlich aus jedem beliebigen glänzenden Material bestehen: Glas, Kristall, Edelsteine oder ähnliches. Es gibt auch magische Spiegel »auf Zeit«, etwa wenn der Magier eine Schale mit Wasser oder dunklem Öl füllt, welches nach der Operation ausgegossen wird. Sogar ein schwarzlackierter Daumennagel kann diese Funktion wahrnehmen! Manche Magier verzichten auf einen separaten Spiegel und verwenden zu divinatorischen Operationen den magischen Kelch.

Meist ist mit dem Begriff »magischer Spiegel« jedoch ein spezielles Utensil gemeint, das auch oft als »schwarzer Spiegel« bezeichnet wird. Der Grund für diese Benennung liegt auf der Hand, es wird nämlich eine schwarze Fläche verwendet. Diese ist meist konkav, also einwärts gewölbt, und besteht entweder aus gewöhnlichem Glas oder aus glänzendem Gestein, beispielsweise aus Obsidian oder sogar polierter Kohle. Auch Metalle finden Verwendung, vornehmlich Stahl oder Silber, wobei letzteres jedoch allenfalls durch Oxydation richtig »schwarz« wird. In der Regel arbeiten moderne Magier mit einem sogenannten Uhrglas-Spiegel, weshalb wir uns hier auch vor allem mit diesem beschäftigen wollen.

Die einfachste Möglichkeit, einen solchen magischen Spiegel herzustellen, besteht darin, sich beim Uhrmacher ein Uhrglas von etwa 10–18 Zentimeter Durchmesser zu beschaffen. Dieses wird an der Außenwölbung geschwärzt. Das Schwärzen läßt sich eigentlich sehr einfach durchführen, doch gibt es eine ganze Reihe von Möglichkeiten, es falsch zu machen. Um Ihnen unnötige Zeitverluste zu ersparen, sollen hier ausnahmsweise auch einige an sich recht naheliegende Methoden besprochen werden, die leider nicht zu empfehlen sind, von Anfängern aber immer wieder gern versucht werden. Doch ist es ja schließlich nicht nötig, das Rad jeden Tag aufs neue zu erfinden!

> *Ersparen Sie sich unnötige Zeitverluste!*

Die Praxis hat nämlich gezeigt, daß gewöhnliche Glasfarbe zum Schwärzen nicht sonderlich gut geeignet ist, weil sie nicht die nötige Schwärze erzeugt: Das Glas bleibt allzu transparent. Der Gebrauch von Ruß (zum Beispiel durch Halten des Uhrglases über eine Kerze) ist insofern problematisch, als die Beschichtung nicht kratz- und schabfest ist. Wenn das Uhrglas dann in einen Rahmen gelegt wird, was bei dieser Methode unverzichtbar, aber auch sonst grundsätzlich zu empfehlen ist, muß äußerste Vorsicht geübt werden, sonst verwickelt man sich in endlose Neuversuche. Schwarzes Wachs wiederum schlägt meistens, genau wie Kunstharz, Blasen, haftet nur ungleichmäßig am Glas und erzeugt auf diese Weise eine unerwünschte Musterung, die den Blick nur ablenkt, anstatt ihn zu konzentrieren. Außerdem ist es sehr hitzeempfindlich und löst das Glas leicht aus seinem Rahmen.

Am besten bestreichen Sie die Glasfläche ganz schlicht mit Unterbodenschutzfarbe, wie Sie sie im Autozubehörhandel erhalten. (Gregor A. Gregorius empfiehlt auch Teerfarbe.) Dadurch erhalten Sie eine gleichmäßige, undurchsichtige Schwarztönung, wie sie für die praktische Arbeit optimal ist.

Die Gestaltung des Rahmens bleibt dem Magier selbst überlassen. Es gibt magische Spiegel in allen nur erdenklichen Rahmenformen: runde, viereckige, fünfeckige, ovale und so weiter. Die runde Form ist die üblichste, meist besteht der Rahmen aus gewöhnlichem schwarzlackierten Holz. Gebeiztes Holz lenkt durch seine Maserung ebenfalls den Blick ab, doch wird dies von manchen Magiern sogar bevorzugt. Es empfiehlt sich in der Regel nicht, das Uhrglas in eine Kunstharzform zu pressen, da es sich daraus nach einer Weile meistens wieder löst. Statt dessen kann der geübte Kunstharzgießer aber auch Spiegel und Rahmen in einem Guß, also komplett aus Kunstharz herstellen. Auch Pappmaché wird gelegentlich verwendet.

Eine etwas aufwendigere Methode der Spiegelherstellung besteht darin, in eine ebenmäßig schwarze Wölbung eine Edelsteinplatte zu schleifen und diese glattzupolieren, was Sie von einer guten Edelsteinschleiferei erledigen lassen sollten. Beliebtestes Material dafür ist der schon erwähnte Obsidian. Kleine Formate sind aber auch gelegentlich aus Onyx gefertigt.

Regeln für den Umgang mit dem magischen Spiegel

Für den Umgang mit dem magischen Spiegel geben ältere Autoren die unterschiedlichsten Regeln an. Einig sind sich die allermeisten jedoch darin, daß nach der Fertigstellung und Weihung des Spiegels nur noch der Magier selbst in diesen hineinschauen darf. Daher soll er auch bei Nichtgebrauch stets verhüllt und an für Unbefugte unzugänglicher Stelle versteckt werden. Traditionsgemäß wird er in schwarze Seide oder in Samt eingeschlagen, manchmal auch in einem eigenen verschließbaren Kasten aufbewahrt.

Der Sinn dieser Regel leuchtet sowohl psycho- als auch symbollogisch durchaus ein: Erstens ist der in der älteren Literatur ja fast ausschließlich divinatorisch gebrauchte Spiegel ein Tor zur Seele bzw. zum Unbewußten des Magiers; durch dieses Tor aber sollen keine Unbefugten eintreten dürfen. Deshalb lassen viele Wahrsager ihre Karten und Kristallkugeln auch niemals von Klienten berühren.

Zweitens gilt in der Tradition für sämtliche magische Waffen, daß sie nur von ihrem Besitzer berührt werden dürfen, da ein Außenstehender sonst ihre durch umfangreiche Rituale mühsam aufgebaute feinstoffliche Ladung zerstören könnte. Dies gilt sinngemäß auch für das »Berühren durch Blicke«.

Zum Dritten erzeugt das Bewußtsein, über Gegenstände zu verfügen, die kein anderer Mensch handhaben darf, eine gewisse innere Zuversicht, die wohl nicht zuletzt daher rühren dürfte, daß das Unbewußte sich bei seiner Öffnung sicherer (»unbeobachteter«) fühlt, was Trancesperren abbauen hilft.

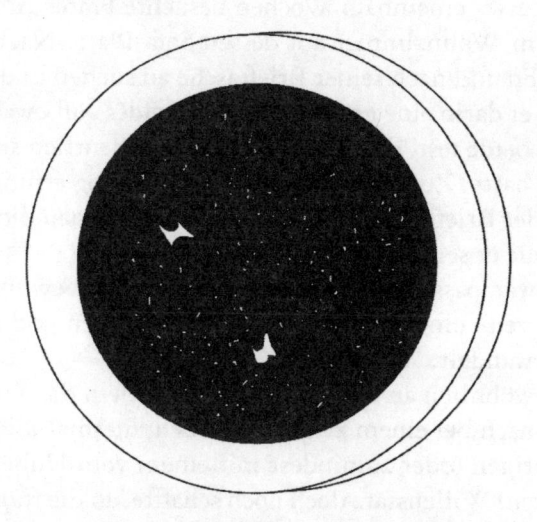

Abbildung 28: Der magische Spiegel

BERICHTE AUS DER MAGISCHEN PRAXIS (I)

Mit dieser kleinen Serie wollen wir zur Abrundung unserer Schulung in unregelmäßigen Abständen über die Arbeit im magischen Alltag berichten. Alle Beispiele sind in ihrem Kern absolut authentisch und entstammen entweder meiner eigenen Praxis oder der anderer Magier. Sie dienen unter anderem auch dazu, Grundgesetze der Magie aufzuzeigen bzw. zu veranschaulichen, wie wir sie eben nur in der Praxis selbst erfahren können. Aus Gründen des Persönlichkeitsschutzes werden jedoch keine Namen anderer lebender Magier genannt, und wo dies in Form von Abkürzungen doch stilistisch erforderlich oder sinnvoll erschien, wurden diese wie auch Ortsbezeichnungen und Charaktere so verfremdet, daß eine Identifizierung der Beteiligten nicht mehr möglich ist. Nur dort, wo die Beispiele aus der allgemein zugänglichen Literatur stammen, wurde auf diesen Verfremdungseffekt verzichtet.

> *Alle Beispiele sind in ihrem Kern absolut authentisch.*

Wie wichtig und bisweilen heikel die korrekte Formulierung des Willenssatzes bei der Sigillenmagie ist, konnte Frater A. in D. am eigenen Leib erfahren: Er fertigte eine Sigil mit der Wortmethode nach dem Willenssatz »Ich will bis übernächste Woche 1 000 Mark besitzen« und lud sie sexualmagisch.

Nach etwa eineinhalb Wochen besuchte Frater A. einen Freund und nahm im Wohnzimmer auf dessen Sofa Platz. Nach einer Weile begann der Freund nach seiner Brieftasche zu suchen und wurde schon nervös, weil er darin eine größere Summe Geldes aufbewahrte. Schließlich stellten beide fest, daß Frater A. sich versehentlich auf die Brieftasche gesetzt hatte. Zu seiner maßlosen Verblüffung erfuhr dieser dann, daß sich in der Brieftasche fast auf den Pfennig genau dieselbe Summe befand, für die er seine Sigil geladen hatte.

Was war passiert? Offenbar hatte sein Unbewußtes den Ausdruck »besitzen« ein wenig zu wörtlich genommen und ihn in ein be- »sitzen« verwandelt.

Ungewöhnlich an diesem Fall ist außerdem die Tatsache, daß es Frater A. danach bei einem zweiten Versuch, diesmal mit einem weniger zweideutigen (oder zumindest mit einem vom Unbewußten nicht umgedeuteten) Willenssatz doch noch schaffte, an die fragliche Summe zu gelangen. Meistens haben solche »Ausbesserungsoperationen« nämlich nur sehr geringe Aussichten auf Erfolg, zumindest dann, wenn sie in relativ kurzem Abstand zur bereits gescheiterten Operation durchgeführt werden. Immerhin zeigt uns das Beispiel, daß man die Hoffnung nie aufzugeben braucht und durchaus noch einen weiteren Versuch wagen sollte.

Wir sollten also bei solchen Formulierungen die Tatsache nicht außer acht lassen, daß das Unbewußte gerne den Weg des geringsten Widerstands geht (zumindest erscheint es unserem Bewußtsein meist so), wenn es um die Erfüllung eines magischen Auftrags geht. Sicher fiel es ihm im Falle des Fraters A. leichter, zunächst nur fremdes Geld herbeizuschaffen, auf das er sich setzen konnte. Dieses Beispiel macht aber auch ein grundsätzliches Problem der Sigillenmagie und der Arbeit mit Willenssätzen deutlich: Es ist so gut wie unmöglich, sämtliche möglichen Fehldeutungen (oder, genauer, »Allzu-wörtlich-Deutungen«) bei der Formulierung eines Willenssatzes von vorneherein mit absoluter Sicherheit auszuschließen. So bleibt uns nur der Weg über Versuch und Irrtum, um mit der Zeit ein entsprechendes Feingefühl für die Sprachlichkeit des eigenen Unbewußten zu entwickeln. Dies aber gelingt nur durch häufiges Üben und sorgfältige Erfolgskontrolle.

Die folgende Episode entstammt meiner eigenen Praxis. Eine Klientin in S. beauftragte mich, magisch darauf hinzuarbeiten, daß ihr Mann zu den von ihr gewünschten Bedingungen in die ersehnte Scheidung einwilligen solle. Er war zwar mittlerweile prinzipiell mit einer Scheidung einverstanden, wollte aber möglichst wenig finanzielle Verpflichtungen für seine Frau und die gemeinsamen drei Kinder eingehen und hatte deshalb auch schon manchen, zum Teil sogar gewalttätigen Streit vom Zaun gebrochen. Die beiden Eheleute lebten bereits in Trennung, und die Ehefrau wollte das Haus behalten sowie eine bestimmte monatliche Alimentenregelung. Zudem erhob sie Anspruch auf das Sorgerecht für die Kinder.

Anhand eines neuen Fotos des Mannes unternahm ich einen Beeinflussungszauber nach Art der Puppenmagie. Etwa drei Wochen später erschien der Mann plötzlich wie verwandelt bei meiner Klientin: Er war äußerst gut gelaunt, weil er sich auf den bevorstehenden Urlaub freute, den er mit seiner neuen Freundin zu verbringen gedachte. Wieder kam es zu einer Aussprache zum Thema Scheidung, doch diesmal willigte er in alles ein, was seine Frau von ihm schon monatelang verlangt hatte. Überglücklich rief sie mich am darauffolgenden Tag an, um mir darüber zu berichten.

Meine Nachfrage ergab allerdings, daß sie es leider versäumt hatte, sich seine Einwilligung schriftlich bestätigen zu lassen, schon gar nicht notariell. Sie hatte es über ihrer Freude völlig vergessen.

Ich wollte ihr den Mut nicht nehmen, hatte aber den Eindruck, daß die Sache noch lange nicht ausgestanden sei. Und in der Tat: Als der Ehemann aus dem Urlaub zurückkehrte, wollte er von der Vereinbarung nichts mehr wissen, er schraubte seine Angebote sogar noch unter den vorherigen Stand herunter.*

Erst nach mannigfachen weiteren magischen Operationen gelang es, das Problem wenigstens soweit hinzubekommen, daß schließlich, fast ein volles Jahr später, doch noch eine einvernehmliche Scheidung stattfand, bei der auch eine für meine Klientin halbwegs günstige, zufriedenstellende Lösung gefunden wurde. Doch war diese Lösung, wenngleich zwar nicht ausgesprochen schlecht, nur »zweite Wahl« im Vergleich zu dem ursprünglichen Ziel – das sie doch nur um Haaresbreite verfehlt hatte.

Mit diesem Beispiel will ich vor allem auf die Tatsache aufmerksam machen, daß die Auswirkungen magischen Tuns oft sehr flüchtig sind: Man muß sie mit wachem Auge erkennen und die günstige Gelegenheit sofort beim Schopf packen, sonst ist sie auch schon wieder fort, und es bleibt nur noch die Enttäuschung zurück. Immerhin wird Magie ja auch gerne als »Illusionskunst« bezeichnet. Die eigentliche Kunst besteht jedoch darin, den mit Magie erzeugten »Illusionen« genügend Substanz zu verleihen, damit sie beständig werden und sich auch ganz konkret-greifbar in materieller Form manifestieren.

Dazu ist es allerdings erforderlich, daß man auch auf der nichtmagischen Ebene alles Erforderliche tut, um einen Erfolg zu gewährleisten. Wo die Magie zum Ersatz für persönliche Anstrengung und Wachheit, für Pfiffigkeit und Geistesgegenwart werden soll, wird der Magier immer wieder einen äußerst schweren Stand haben. Nicht daß die Zauber sonst niemals wirken würden, doch kommt es in einem sol-

---

* *Übrigens eine typische Reaktion auf eine magische Fremdbeeinflussung, nachdem deren erster Bann erst einmal durchbrochen wurde. Wir haben es hierbei mit dem alten Gesetz des Ausgleichs – actio et reactio – zu tun.*

chen Fall zu häufigen Verzögerungen, zum »Erfolg auf der anderen Schiene«, zu unerwünschten Nebeneffekten und überhaupt zu Episoden aller Art, die eine schiere Karikatur des Ausdrucks »Ironie des Schicksals« zu sein scheinen.

PRAKTISCHE ÜBUNGEN

ÜBUNG 31
DER MAGISCHE BLICK (I)

Arbeite aktiv mit dem magischen Blick, wie in diesem Abschnitt beschrieben. Tue es spielerisch genug, um nicht zu ermüden, aber auch regelmäßig und ernsthaft genug (vor allem mit der Fixationstafel), um schon möglichst bald gute Ergebnisse zu erzielen.

ÜBUNG 32
DER MAGISCHE BLICK (II)

Für diese Übung brauchst Du einen Partner. Sie läßt sich übrigens besonders gut und unauffällig auch mit Kindern durchführen, die daran sehr viel Spaß haben und oft ausgezeichnete Ergebnisse erzielen, solange daraus kein Zwang wird. Sie dient der Sensibilisierung für den magischen Blick auf der Empfängerseite, damit Du selbst die Anwendung des magischen Blicks gegen Dich bemerkst – ein wichtiger Aspekt jeder Schutzmagie! Die Übung kann sowohl im Gebäude als auch in der freien Natur durchgeführt werden.

Der sendende Partner kann jede beliebige Haltung einnehmen, meist wird er bequem sitzen wollen, was allerdings vorzugsweise auf dem Boden geschehen sollte, da die optische Sendeperspektive dann besser ist. Du stellst Dich mit dem Rücken zum Partner in bequemer Haltung aufrecht hin, die Entfernung sollte nicht weniger als etwa 3 Meter und am Anfang nicht mehr als etwa 8 Meter betragen. Dies sind die durchschnittlichen optimalen Erfahrungswerte, die natürlich geringfügig variieren können. Am besten schließt Du nun die Augen, atmest eine Weile tief und ruhig durch und gibst dem Partner schließlich ein Handzeichen, damit er beginnen kann. Wenn Du etwas fortgeschrittener bist, kannst Du auch mit geöffneten Augen arbeiten.

Nun fixiert der Partner eine Körperstelle bei Dir, und es gilt, diese zu bestimmen. Verlasse Dich dabei ausschließlich auf Dein eigenes Feingefühl. Auf keinen Fall solltest Du die Sache vom Verstand her angehen und etwa überlegen, wohin Du an Stelle des Partners schauen würdest. Die Erfahrung hat gezeigt, daß diese Übung am besten funktioniert, wenn auch der Partner sein Denken dabei weitgehend ausschaltet. Er sollte also nicht etwa versuchen, Dir irgend etwas zu »senden«, eine bestimmte Wirkung (Brennen, Jucken oder ähnliches) erzeugen wollen oder ungeduldig darauf warten, daß Du vor Schreck zusammenzuckst. Im Idealfall genügt nämlich der bloße kurze Vorsatz, den magischen Blick zu trainieren, der Rest ist, wie bei der Sigillenmagie auch, Vergessen und Unverkrampftheit. (Denke stets an das Prinzip von »Nichtverhaftetsein/Nichtdesinteresse«!)

Es genügt für den Anfang vollauf, wenn Du als Empfänger nur 5–10 Minuten übst. Danach wird gewechselt. Wenn beide noch genug Lust dazu haben, könnt ihr die Übung noch zwei weitere Male wiederholen, öfter ist jedoch nicht angezeigt, da das unbekannte Organ der feinstofflichen Wahrnehmung sonst schnell ermüdet und dies die Ergebnisse (auch die späteren) beeinträchtigen könnte.

DER MAGISCHE BLICK (II)

Wir wollen nun etwas ausführlicher auf den eigentlichen Gebrauch des magischen Blicks eingehen. Dazu besprechen wir die im letzten Abschnitt erwähnten Punkte im einzelnen.

1) KONZENTRATION VON GEDANKENKRAFT UND ERLANGUNG VON EINSPITZIGKEIT:

Diese Praktik bedarf keiner Zielperson (keines »Opfers«), sondern dient als Technik der Gedankenkontrolle an sich. Wir üben den Blick also ausschließlich zu dem Zweck, die Gedanken zu beherrschen und unseren Willen zu konzentrieren.

Es hat sich in der Praxis immer wieder gezeigt, daß bereits durch die bloße Blickkonzentration im Unbe-

Die Praxis des magischen Blicks

wußten eine magische Operation ausgelöst wird. Vgl. auch die Technik der Todeshaltung bei der Sigillenladung: Hier dient der Blick zur Herstellung der gewünschten Ladungsgnosis.

2) ÜBERTRAGUNG MAGISCHER REIZE (BEFEHLE) AUF EINE ZIELPERSON OHNE DEREN WISSEN, UM SIE ZU BEEINFLUSSEN:

Durch eine Ladung des Blicks mit einem Willenssatz oder Befehl (durch konzentratives Mitten desselben) können Aura- und Chakra-Manipulationen zu Heilungszwecken erreicht werden. Dies setzt allerdings voraus, daß die Blickbeherrschung bereits weit fortgeschritten ist. Wir versetzen uns dann in einen Zustand einspitziger Gnosis und übertragen den Befehl gleichzeitig imaginativ und halbbewußt auf die Zielperson. Dies kann bis zur Implantation einer Sprengglyphe in die Aura eines Opfers gehen. Eine Sprengglyphe ist eine Sigil bzw. Sigill (also entweder nach der Methode Spares oder auf andere Weise hergestellt), die in der Zielperson einen Selbstzerstörungsmechanismus auslösen soll. Bildlich gesprochen »sprengt« sie das Kraftfeld des Gegners von innen heraus. Da die meisten Schadenszauber das Immunsystem des Opfers angreifen, besteht der Sinninhalt einer Sprengglyphe auch aus einem entsprechenden Befehl. Die Glyphe wird wie eine bewußte Halluzination in die Aura der Zielperson hineinprojiziert, dort verankert und dann durch Aufheben des Blicks und Ablenkung (»Bannung«) aktiviert bzw. ihrer Selbstaktivierung überlassen. Wir sehen an diesem Beispiel einmal mehr, wie neutral die Techniken der Magie tatsächlich sind: Mit ein und derselben Praktik können wir sowohl heilen als auch krank machen.

3) TARNUNG DES EIGENEN GEMÜTSZUSTANDS UND DER EIGENEN ABSICHTEN:

»Blicke sind verräterisch«, »die Augen sind der Spiegel der Seele«: Wenn wir unsere Stimmungen und Absichten wirksam vor einem anderen Menschen verbergen wollen, müssen wir unter anderem eine Verschleierung des eigenen Blicks oder die Vortäuschung eines irreführenden Ausdrucks (zum Beispiel gütig statt finster) beherrschen. Bei oberflächlichen Kontakten wird dies bereits genügen. Haben wir es jedoch mit einem sehr sensitiven Gegner zu tun, so wird darüber hinaus auch eine scharfe Gedankenkontrolle erforderlich sein, damit der andere uns nicht auf telepathischem Wege »anzapft«. Empfehlenswert ist dabei die Aktivierung eines ablenkenden, völlig irrelevanten Gedankenstrangs, was der Funktion eines Störsenders entspricht. Gerade starke Gemütsbewegungen wie Angst, Zorn oder Freude lassen sich vom Ungeübten nur schwer verbergen. Das sprichwörtliche »Poker-Gesicht« des Berufsspielers wird nicht nur durch eine vollständige Kontrolle der Mimik bzw. der Gesichtsmuskulatur gekennzeichnet, sondern vor allem auch durch einen starren, »abblockenden« Blick, der keinen Aufschluß über die innerseelischen Vorgänge des Spielers erlaubt. Man könnte diese Vorgehensweise auch als »Panzerblick« bezeichnen. Gerade bei schwierigen Geschäftsverhandlungen kann eine derartige Blickbeherrschung von größtem Nutzen sein.

4) WAHRNEHMUNG FEINSTOFFLICHER ENERGIEN UND IHRE LENKUNG SOWIE CLAIRVOYANCE:

Im allgemeinen verwenden wir zur Wahrnehmung feinstofflicher Energien zwar den 180°-Blick, doch ziehen es manche Magier auch vor, den fokussierenden magischen Blick dazu einzusetzen. Hier müssen Sie selbst probieren, was Ihnen am meisten liegt. Ziel ist stets eine Erweiterung des eigenen Wahrnehmungsspektrums zum Zwecke der Manipulation oder zur Zukunftsschau (etwa im magischen Spiegel oder in der Kristallkugel). Die Lenkung feinstofflicher Energien dagegen findet fast ausnahmslos im fokussierten Zustand statt. Oft wird der fokussierte Blick zur Wahrnehmung feinstofflicher Energien verwendet, um den psychischen Zensor auszuschalten und Gedankenleere herzustellen. Erst wenn dies erreicht ist, geht der Magier dann zum 180°-Blick über.

5) ABTASTEN EINES GEGENÜBERS ZUR FESTSTELLUNG VON STÄRKE- UND SCHWACHSTELLEN:

Auch bei der Bestimmung und Diagnose des Status quo (zum Beispiel beim Heilungszauber oder bei der Kampfmagie) als magieeinleitende Maßnahme kann der fokussierte Blick von Nutzen sein. Während wir mit dem 180°-Blick eher über die Gesamtaura des Gegenübers schweifen, um bereits erste Stärke- und Schwächefelder auszumachen, setzen wir danach den fokussierten Blick ein, um Einzelheiten genauer zu erkennen. Auch hier ersetzt eine Unze Praxis eine Tonne Theorie: Üben

Sie mit einem Partner oder einer anderen Person das Abtasten mit beiden Blickarten, und vergleichen Sie die Ergebnisse.

6) ABZIEHEN VON ENERGIEN ODER INFORMATIONEN EINES GEGENÜBERS:

Indem wir die Augen als Saugkanal verwenden, können wir magische Aura- und Chakra-Manipulation durch Abzapfen von feinstofflichen Energien eines Gegenübers durchführen und sogar eine Schwächung bis zur (allerdings sehr seltenen) völligen Entodung des Opfers erreichen. Doch läßt sich diese Technik aber auch zum Abzug unerwünschter Krankheitsenergien, zum Exorzismus oder ähnlichem verwenden. Darüber hinaus können wir die in der Zielperson gespeicherten bewußten und unbewußten Informationen damit duplizieren und in unseren eigenen Informationsspeicher »überspielen«. Die Technik des Absaugens per Blick hat gegenüber der des Handauflegens oder des Gebrauchs anderer Hilfsmittel – wie beispielsweise Kristalle – den Vorteil, weitaus unaufwendiger und teilweise auch unauffälliger zu sein. Beim Exorzismus wird meist mit einem extrem starren Blick gearbeitet, der direkt in die Augen oder auf das Ajna Chakra des zu Exorzierenden gerichtet wird, um den Widerstand seiner Besessenheit zu brechen. Letzteres erkennt man in der Regel am Flackern im Auge des anderen. Dies ist auch der Moment, da man – meist synchron mit tiefem, ruckartigem Einatmen – die unerwünschte Energie oder Wesenheit aus dem anderen herauszieht. Je nach Stärke der Besessenheit kann dies mehrfache Versuche erfordern, die sich nicht selten über Wochen, ja Monate hinwegziehen.

Alle diese Praktiken lassen sich besser andeuten als genau beschreiben. Unsere Sprache ist wenig geeignet, derartig subjektive Vorgehensweisen zu präzisieren. Das hier Angedeutete sollte, zusammen mit Ihrer Praxis der Spiegelmagie, aber genügen, um Ihnen hinreichend Anregungen für eigene Experimente zu geben. Vergessen Sie nie, daß jeder Magier letztendlich seine ureigene Magie entwickelt. Unsere Schulung dient vor allem als Hilfe auf dem Weg zur individuellen Zauberei, anstatt Ihnen einen festen Kanon von Praktiken aufzudrängen.

> *Ihre Augen –*
> *Schaltzentralen der Kraft*

Machen Sie aus Ihren Augen Schaltzentralen der Kraft! Lernen Sie, mit Ihrer optischen Wahrnehmung zu spielen, die Zwischenräume der Realität (auch jene zwischen ganz konkreten Gegenständen) zu schauen, also empfangend wahrzunehmen – und lernen Sie auch, aktiv Blicke der Kraft auszusenden. Zur Übung können Sie beispielsweise selbstgefertigte Wort- oder Bildsigillen projizieren, sei es zu Hause auf eine farblich neutrale Fläche, sei es aber auch im gesellschaftlichen Leben mit anderen Menschen. Interessant sind auch entsprechende Versuche mit Tieren, die teilweise sehr sensibel auf Blickmagie reagieren.

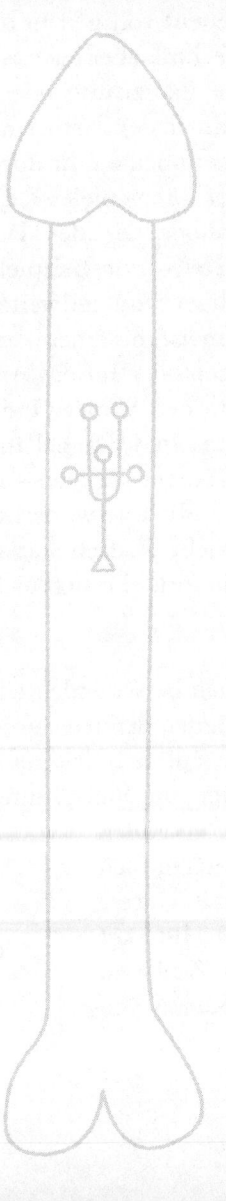

EINFÜHRUNG IN DIE RITUALISTIK (VIII)

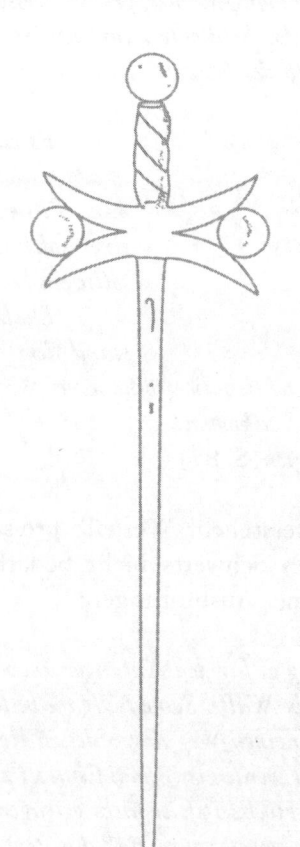

DAS MAGISCHE SCHWERT

Die magiephilosophisch wohl tiefschürfendste Betrachtung des magischen Schwerts als Ritualwaffe stammt erneut von Aleister Crowley:

> Das Magische Schwert ist die Fähigkeit zur Analyse; wird es gegen einen beliebigen Dämon gerichtet, greift es dessen Komplexität an.
>
> Nur das Schlichte kann dem Schwert widerstehen. Solange wir uns unterhalb des Abyssos befinden, ist das Schwert folglich völlig zerstörerisch:
>
> Es entzweit Satan mit Satan. Nur in den niederen Formen der Magie, den rein menschlichen Formen, ist das Schwert zu einer solch wichtigen Waffe geworden. Es sollte ein Dolch genügen.
>
> Doch für gewöhnlich ist der Verstand dem Menschen so wichtig, daß das Schwert tatsächlich die größte seiner Waffen ist; glücklich, wer mit dem Dolch allein auskommt!
>
> [Magick, S. 87]

> **Die Bedeutung des magischen Schwerts nach Crowley**

Wie ist dies zu verstehen? Weshalb preist Crowley jenen Magier als glücklich, der des Schwerts nicht bedarf? Betrachten wir zunächst einige weitere seiner Ausführungen:

> So notwendig es für den Anfänger auch sein mag, ist das Schwert doch nur eine grobe Waffe. Seine Aufgabe besteht darin, den Feind abzuwehren oder sich einen Weg durch dessen Reihen zu bahnen – und wenn es auch benutzt werden muß, um Eintritt zum Palast zu erhalten, kann es doch bei der Hochzeitsfeier nicht getragen werden.
>
> Man könnte sagen, daß das Pentakel das Brot des Lebens ist und das Schwert das Messer, mit dem es geschnitten wird. Man muß Ideen haben, aber man muß sie auch kritisch prüfen.
>
> Das Schwert ist auch die Waffe, mit der man den Dämonen Entsetzen einflößt und sie beherrscht. Das Ego muß der Herr der Eindrücke bleiben. Man darf es nicht zulassen, daß der Dämon den Kreis durchbricht; man darf es nicht zulassen, daß irgendeine Vorstellung einen mitreißt.
>
> Es ist leicht zu erkennen, wie grundlegend und falsch all dies ist – doch für den Anfänger ist es nötig.

> *Bei allen Auseinandersetzungen mit Dämonen wird die Spitze des Schwerts nach unten gehalten, und es sollte nicht für Invokationen verwendet werden, wie in manchen Schulen der Magie gelehrt wird.*
>
> *Wird das Schwert gegen die Krone erhoben, ist es kein wirkliches Schwert mehr. Die Krone kann nicht geteilt werden. Gewiß sollte das Schwert nicht erhoben werden.*
>
> *Das Schwert kann jedoch mit beiden Händen gepackt und ruhig und aufrecht gehalten werden, um zu symbolisieren, daß das Denken eins geworden ist mit dem einzigen Streben und verbrannt wurde wie eine Flamme. Diese Flamme ist das Shin*, der Ruach Alhim, nicht der bloße Ruach Adam. Das göttliche und nicht das menschliche Bewußtsein.*
>
> *Der Magier kann das Schwert nicht handhaben, wenn sich nicht die Krone auf seinem Haupt befindet.*
>
> *Jene Magier, die versucht haben, das Schwert zu ihrer einzigen oder auch nur zu ihrer Hauptwaffe zu machen, haben sich nur selbst vernichtet, nicht durch die Vernichtung des Verbindens, sondern durch die Vernichtung der Teilung.** Schwäche überwindet Kraft.*
>
> *Der Geist muß erst in eine Form des Wahnsinns aufgebrochen werden, bevor er transzendiert werden kann.*
>
> [S. 88 f.]

Das Schwert ist also die kritische Instanz, mit seiner Hilfe bekommt der Magier die Gefühle in den Griff, die seine Wahrnehmung verzerren und ihm den Blick auf die Dinge, wie sie sind, verschleiern. Es gebrauchen zu müssen bedeutet, in der Gefahr der Selbsttäuschung und des Wahns zu schweben. Dann ist die Instinktsicherheit des Kelchs verletzt, herrscht gefährliche Disharmonie im Inneren des Magiers. Das Schwert ist aber auch das Instrument der Gedankenbeherrschung und der Einspitzigkeit, es ist das Ideal der Wissenschaftlichkeit und der gefühlsneutralen Objektivität.

---

* Shin ist der hebräische Buchstabe des Geistes; der Ruach Alhim, der Odem des Geistes oder der Götter; Ruach Adam ist der Odem oder Geist des Menschen.

** Es sollte beachtet werden, das diese Mehrdeutigkeit des Wortes ›Vernichtung‹ zu zahlreichen Mißverständnissen geführt hat. Solve ist zwar Vernichtung, doch coagula ist es ebenfalls. Das Ziel des Magus ist es, sein Teildenken zu vernichten, indem er es mit dem Universalen Denken vereint, nicht aber, dem Ganzen einen weiteren Bruch und eine weitere Teilung zuzufügen.

{...} *jede Vorstellung muß vom Schwert analysiert werden. Folglich darf im Geist des Meditierenden auch nur ein einziger Gedanke existieren.*

Nun kann damit fortgefahren werden, das Schwert in seiner Funktion des Reinigens von Gefühlen zu Wahrnehmungen zu betrachten.

Es war die Aufgabe des Kelchs, die Wahrnehmungen durch Neigungen zu deuten; das Schwert befreit die Wahrnehmungen vom Netz der Emotion.

Die Wahrnehmungen an sich sind bedeutungslos; doch die Emotionen sind noch schlimmer, denn sie verführen ihr Opfer dazu, sie für bedeutsam und wahr zu halten.

Jede Emotion ist eine Besessenheit; die schrecklichste aller Blasphemien besteht darin, Gott im Makrokosmos oder der reinen Seele im Mikrokosmos Emotionen zuzuschreiben.

{...}

Der Magier muß sich in dieser Hinsicht also absolut frei machen.

Es ist eine beständige Übung der Dämonen, daß sie versuchen zu entsetzen, zu schrecken, anzuekeln, zu verlocken. Gegen all dies muß er den Stahl des Schwerts wenden. Wenn er sich von der Ego-Vorstellung befreit hat, wird die Bewältigung dieser Aufgabe vergleichsweise leicht sein; bevor er dies erreicht hat, wird es fast unmöglich sein. Also spricht die Dhammapada:

> *Mich mißhandelte er, und mich schlug er, er beraubte mich, er beleidigte mich:*
>> *Wer solche Gedanken beherbergt, in dem wird der Haß niemals aufhören zu sein.*

Und dieser Haß, das sind die Gedanken, welche die Liebe behindern, deren Apotheose der Samadhi ist.

Doch es wäre zu viel verlangt, von dem jungen Magier zu erwarten, daß er die Verhaftung an das Ungeliebte übt; so soll er denn zunächst unbeteiligt werden. Möge er versuchen, Tatsachen als Tatsachen zu erkennen, so schlicht, als seien sie historischer Natur. Möge er die einfallsreiche Ausdeutung jedweder Tatsachen meiden. Möge er sich nicht in die Lage jener begeben, auf welche die Tatsachen sich beziehen, oder tut er es doch, so soll es ausschließlich zum Zwecke des Verstehens geschehen. Sympathie*, Empörung, Lob und Tadel sind beim Beobachter fehl am Platze.

---

* *Es ist allerdings wahr, daß Sympathie gelegentlich für das Verstehen erforderlich ist.*

Sogar bei Instrumenten selbst erzeugen deren physikalische Eigenschaften, wie beispielsweise die Dehnung und die Kontraktion (die man in gewissem Sinne als die Wurzeln von Freude und Schmerz bezeichnen könnte), Verfälschungen.

Stellt man ein Thermometer her, so ist das Glas durch die dazu erforderliche Verschmelzung derart erregt, daß die Höhe des Quecksilbers Jahr für Jahr, noch dreißig Jahre danach und länger, schwanken wird; um wieviel mehr ist dies bei einer solch formbaren Materie wie dem Geist der Fall! Es gibt keine Emotion, die im Geist keine Markierung hinterließe, und alle Markierungen sind schlecht. Hoffnung und Furcht sind nur entgegengesetzte Phasen einer einzigen Emotion; beide sind unvereinbar mit der Reinheit der Seele. Etwas anders verhält es sich mit den Leidenschaften des Menschen, da sie Funktionen seines eigenen Willens sind. Sie müssen diszipliniert, aber nicht unterdrückt werden. Doch Emotion wird von außen aufgezwungen. Sie ist ein Einbruch in den Kreis.
[S. 92 f.]

Crowleys Ermahnungen machen – genau wie jene der Schamanen – immer wieder deutlich, daß der Verstand ein Diener sein sollte und kein Herr. Doch ist dies nicht als Abwertung zu verstehen: Auch dieser Diener hat eine wichtige, ja herausragende Funktion, denn ohne ihn stehen der Selbsttäuschung, der Paranoia und dem Größenwahn Tür und Tor offen. Das Schwert stellt unsere Garantie gegen die magische Besessenheit dar, weshalb wir auf seine Herstellung bzw. Weihung mindestens ebensoviel Sorgfalt verwenden müssen wie auf die aller anderen Waffen.

Dem Schwert entspricht das Element Luft, also unter anderem das Denken, die Kommunikation, die Sprache, das Rationale. Seine Form ist im Prinzip beliebig, am häufigsten werden Schwerter gebraucht, wie in der Abbildung 28 gezeigt. Der Griff ist meist aus mit Kupfer beschlagenem, umwundenem oder gefaßtem Holz*, manchmal aber auch aus massivem Kupfer.

Form und Material des Schwerts

Am Knaufende des Griffs befindet sich eine Kupferkugel oder -scheibe. Das Heft besteht aus zwei Mondsicheln, die für den zuneh-

---

* *Gerne wird Eibe verwendet, das klassische »Magierholz«.*

menden und den abnehmenden Mond stehen. Dazwischen sind kupferne Rundscheiben angebracht.*

Die drei Scheiben oder Kugeln bilden zusammen ein gleichseitiges Dreieck. Crowley gibt auch an, daß manche Magier die drei Kugeln aus Blei, Zinn und Gold anfertigen; die Mondsicheln bestünden aus Silber, während der Griff mit Quecksilber gefüllt sei, so daß das Schwert zum Symbol der sieben Planeten wird. Doch sei dies, so fährt er fort, nur eine manierierte Phantasterei.

Die Klinge des Schwerts besteht in der Regel aus rostfreiem Stahl und sollte gerade, spitz und scharf bis zum Heft sein. Die Korrespondenz-Symbolik der Metalle macht deutlich, daß wir es hier mit einer Waffe zu tun haben, die in sich die Prinzipien des Mars und der Venus vereint. Crowley schreibt dazu:

Diese beiden Planeten sind männlich und weiblich – und spiegeln so den Stab und den Kelch wider, wenngleich in einem viel niederen Sinne.

Das Heft ist venusisch, denn die Grundlage dieser erbarmungslosen Analyse ist die Liebe – wäre dem nicht so, so handelte es sich bei dem Schwert um eine schwarzmagische Waffe.
[S. 87]

In die Klinge ätzt oder graviert der Magier Glyphen, Symbole oder Gottesnamen. Es könnte beispielsweise die Sigil des eigenen magischen Namens verwendet werden, Crowley gibt als Beispiel das Ätzen der Formel AGLA an, das mit Vitriol durchgeführt wird.**

In der rituellen Praxis der hier beschriebenen Schule wird das Schwert praktisch nur bei Evokationen, also dämonischen Arbeiten verwendet. Doch auch hierbei ist es stets nur eine »Waffe der letzten Instanz«. Man stelle sich dies ganz praktisch vor: Droht von dem Dämon im Dreieck Gefahr, gerät die Stabilität des Kreises ins Schwanken, so ist das

---

* *Gelegentlich werden auch kleine glattgeschliffene Kugeln aus reinstem Bergkristall bevorzugt, doch stellt dies für die Fertigung einige Probleme dar, da meist keine wirklich stabile Fassung möglich ist.*

** *Die Formel V.I.T.R.I.O.L. ist ein kabbalistisches Notarikon für: Visita Interiora Terræ Rectificando Invenies Occultum Lapidem. Etwas frei übersetzt: »Indem ich in den Mittelpunkt der Erde vorstieß und alles prüfte und richtete, entdeckte ich den Stein der Weisen.« Es ist dies eine alchemistische Aufforderung zur beharrlichen Gründlichkeit und Kritikfähigkeit.*

Verwendung des Schwerts

Schwert (= der Verstand, die Rationalität) gefordert. Nicht nur wird mit ihm der Dämon notfalls zurückgetrieben oder »vernichtet«; im Rahmen unseres Modells vom Paradigmenwechsel kann es für den Magier der letzte Ausweg sein, angesichts einer drohenden Besessenheit sofort in das Paradigma des »Magie-Ungläubigen« überzuspringen und die ganze Operation kurzentschlossen zu »abergläubischem Mummpitz« zu erklären. Das will freilich nicht nur gelernt sein, es bringt auch erhebliche Gefahren mit sich, denn dadurch wird die Symbol-Logik verletzt, die magische Operation wird praktisch einfach für null und nichtig erklärt, was im Trancezustand zu schwerwiegenden Negativkonditionierungen führen kann. Diese aber wieder abzubauen, kann oft Jahre dauern, Durststrecken erzeugen, wo magisch fast nichts mehr gelingen will und die Verzweiflung leicht die Oberhand gewinnt. Strenggenommen sollte das Schwert (ohne physische Berührung) vor der Operation verwendet werden, denn es ist auch die Verkörperung der Verstandesfunktion des Entscheidens, der Magier trifft seine Entscheidung (zum Beispiel für und wider ein Ritual) nach reiflichem Abwägen vorher. Danach führt er sie kompromißlos aus.

Also noch einmal die Ermahnung, die gar nicht oft genug wiederholt werden kann:

Wohl dem Magier, der das Schwert nie zu benutzen braucht!

Wir erkennen also, wie tief die Symbolik der Ritualwaffen reicht, und wenn wir es damit auch nicht übertreiben sollten, so wird doch deutlich geworden sein, was damit gemeint ist, daß der Magier sich sein Universum selbst erschafft. Dabei kommt es nicht darauf an, daß er sich einen wahren Wust an symbolkundlichem Material aneignet, denn oberstes Gebot ist stets, daß jedes individuelle Symbolsystem in sich stimmig sein muß, die Symbol-Logik muß also gewahrt bleiben. Deshalb ist auch das relativ einfache, grobschlächtige Symbolsystem des heutigen Anfängers dem geistlosen Nachäffen hochraffinierter Bildungsprotzerei früherer Zeiten auf jeden Fall vorzuziehen. Ohnehin müssen wir die Symbole selbst zum Leben erwecken – machen wir uns also schon in diesem Punkt zu Göttern, indem wir ihnen unseren Odem einhauchen!

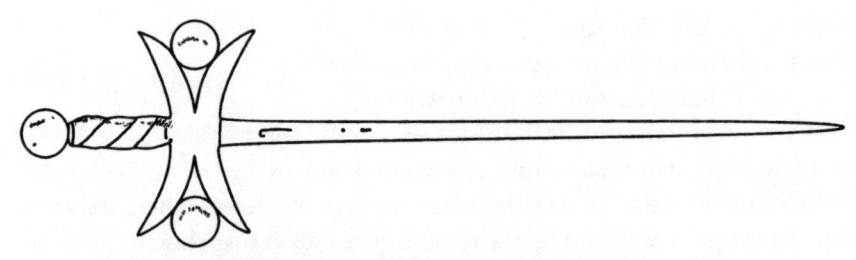

Abbildung 29: Das magische Schwert

DIE KRONE UND DIE HAUBE

Heute nur noch selten verwendet, galt die Krone früher, vor allem in der Magie der Golden Dawn wie überhaupt in allen stark ägyptisch geprägten Systemen der schwarzen Kunst, einmal als wichtiges Utensil. Auch Crowley widmet ihr zwei Seiten in seinem *Magick*, und wie wir an seinen Ausführungen zum magischen Schwert gemerkt haben, stellt für ihn die Krone die Voraussetzung für den Gebrauch des Schwerts dar.

Häufiger dagegen wird heutzutage noch mit der magischen Haube (dem »Zauberhut«) gearbeitet, die in ihrer Funktion der Krone sehr ähnlich ist.

Crowley schreibt ziemlich lakonisch: »Die Krone des Magiers stellt das Erreichen seines Werks dar.« [S. 106] Danach beschränkt er sich jedoch auf Beschreibungen verschiedener Kronen und ihrer Symbolik. So empfiehlt er grundsätzlich zwei Typen von Kronen:

> a) eine Goldreifkrone, die vorne drei Pentagramme aufweist (das mittlere faßt einen Diamanten oder Opal), hinten dagegen ein Hexagramm, und von der Uräusschlange (einem altägyptischen Herrscher- und Einweihungssymbol) umringt wird;

> b) die klassische ägyptische Atef-Krone des »Magiergotts« Thot, die aus einem Widdergeweih mit einer großen und drei kleinen Sonnenscheiben besteht, dazu aus einem großen Gefieder und einem stilisierten Lotos (vgl. Abbildung 30).

An der hinteren Kreishälfte der Goldreifkrone ist ein scharlachrotes Tuch befestigt, das bis auf die Schultern herabfällt. Da derartige Kronen, wie bereits erwähnt, heute nur noch selten Verwendung finden, wollen wir uns hinsichtlich der Symbolik mit einem Hinweis auf Crowleys Werk begnügen.

Die Haube hat dagegen meist die Form eines Kegels und symbolisiert somit die auf den Magier im Kreis herabsteigende feinstoffliche Energie (sog. »Kraftkegel«). Ihr Material ist in der Regel Filz (auf ein Drahtgestell aufgezogen), Stoff oder sogar Leder. Häufig wird sie mit gängigen magischen Symbolen bestickt, auch die persönliche Sigil des Magiers wird verwendet.

Sowohl Krone als auch Haube haben, von ihrer symbolischen Bedeutung einmal abgesehen, vor allem die Funktion, das Gefühl der persönlichen Macht und Größe des Magiers zu erhöhen. Dies ist eine psychologische Hilfe, die den magischen Willen bei seiner Durchset-

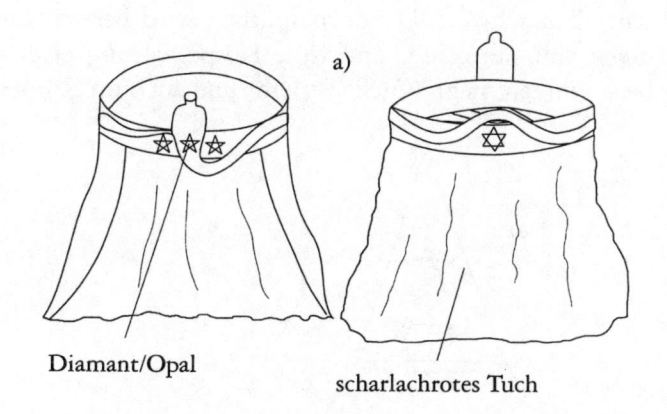

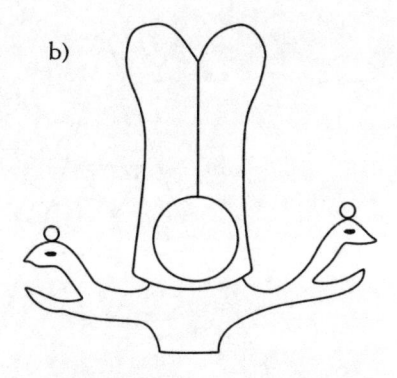

Abbildung 30: Die magische Krone
a) Goldreifkrone Vorderansicht/Rückansicht (nach Crowley)
b) ägyptische Atef-Krone

Funktion von Krone und Haube

zung unterstützt und kräftigt. Wer einmal eine Krone oder Haube beim Ritual getragen hat, weiß dieses Gefühl zu schätzen. Es ist wertvoll für die Konzentration und die Bündelung der Magis, setzt allerdings auch einen Tempel mit hoher Decke voraus, da besonders die Haube oft eine beträchtliche Größe hat. Als Anhaltspunkt sei die Strecke zwischen Bauchnabel und Kinn des Magiers genannt.

In allen Kulturen schmückten sich Herrscher und Zauberer, Schamanen, Medizinmänner und Hexer mit entsprechender Kopfbekleidung, da diese als trancefördernd gilt und zudem etwaige Zuschauer schon allein durch ihre Körperverlängerung beeindruckt. Sind Krone oder Haube nicht allzu schwer, aber doch spürbar, wird bereits durch ihr bloßes Tragen eine aufrechte, kraftvolle Körperhaltung erreicht, die den Armbewegungen mehr Wucht verleiht und auch im Körperlichen

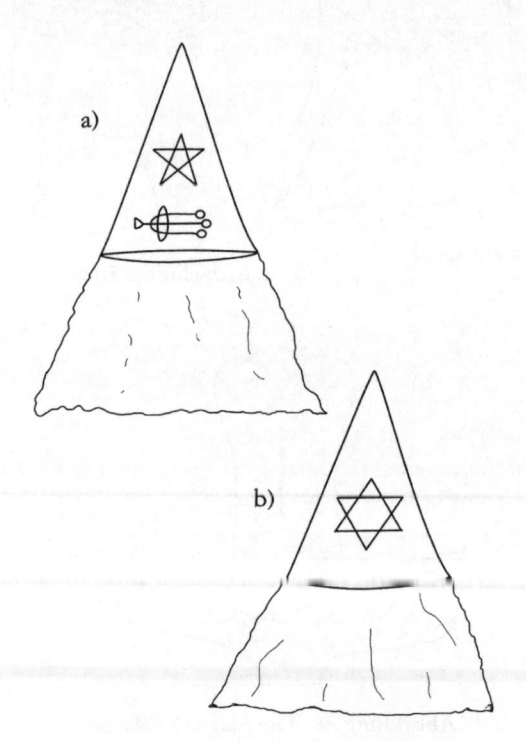

Abbildung 31: Die magische Haube
a) Vorderansicht; b) Rückenansicht

manifestiert, was im Geistigen gefordert wird: Einspitzigkeit, Mittung und Willenskonzentration.

Bei Gruppenritualen trägt in der Regel nur der Ritualleiter (beispielsweise der Hohepriester und die Hohepriesterin) eine Krone oder Haube als Zeichen der Würde und der Macht.

Wenngleich ein Fehlen der Krone oder Haube unter Ihren Ritualutensilien nicht unbedingt als empfindlicher Mangel zu werten ist, sollten Sie dennoch einmal den Versuch mit einer hohen, auch provisorischen Kopfbedeckung machen, um wenigstens ein Gespür dafür zu entwickeln, welchen Wert solche Paraphernalia haben können. Letztendlich ist ihr Gebrauch jedoch stark von persönlichen Vorlieben abhängig, und es wäre sicher falsch, ihre Funktion überzubewerten.

DER MAGISCHE NAME

Es ist auf der ganzen Welt üblich, daß sich Magier einen magischen Namen zuzulegen. Auch Mönche und Nonnen nehmen bei ihrem Eintritt in den geistlichen oder klösterlichen Stand einen solchen Namen an. Er stellt zugleich eine neue Identität und eine Abkehr von der Alltagspersönlichkeit dar. In magischen Gruppen und Orden ist er zudem ein Mittel, um die Anonymität zu wahren und die Infiltration durch Außenseiter zu erschweren.

Der magische Name wird meistens in Trance empfangen, manchmal wird er aber auch kabbalistisch errechnet, oder er symbolisiert irgendein Prinzip, mit dem sich der Magier besonders verbunden fühlt, wie etwa Aquarius, Therion und so weiter. Gern werden auch ansprechende Vorbilder aus Mythologie und Geschichte als Namensgeber bemüht wie Merlin oder Kundry, Parzifal oder Kassandra.

> *Neue Identität und Abkehr von der Alltagspersönlichkeit*

In fast allen Fällen stellt der magische Name ein Lebensmotto dar, nicht selten besteht er sogar aus einem solchen. Mein eigener Name ist ein Beispiel dafür: V∴D∴ ist die Abkürzung für VBIQUE DÆMON VBIQVE DEVS (lat. »der Dämon ist überall/in allem, der Gott ist überall/in allem«). Dies kennzeichnet den Vorsatz, stets beide Seiten der Medaille sehen und nicht schematisch in Gut und Böse unterteilen zu wollen. Andere Beispiele sind Crowleys Name Perdurabo (lateinisch »ich werde durchhalten«) oder der von William Butler Yeats, der sich in der Golden Dawn D.E.D.I. für lateinisch Demon est deus inversus (»Der Dämon ist ein umgekehrter Gott«) nannte.

Es gibt auch Phantasienamen, die, ebenfalls in Trance erhalten, ihre Bedeutung oft erst nach und nach enthüllen und möglicherweise nach einer Weile verblassen und von anderen abgelöst werden können.

Die Zusatzbezeichnung Frater (lateinisch »Bruder«) für männliche, bzw. Soror (lateinisch »Schwester«) für weibliche Magier ist vor allem in magischen Bünden und Orden üblich und entspricht auch christlich-klösterlicher Tradition. Doch ist im Laufe der Zeit daraus der Brauch entstanden, auch ohne Ordenszugehörigkeit darauf zurückzugreifen, vor allem bei Publikationen oder in der magischen Briefkorrespondenz; insbesondere weil man die Begriffe Frater und Soror auch als »Weggefährt/e/-in, Mitpilger/-in« verstehen kann.

Übrigens werden dem magischen Namen oft auch Zahlen hinzugefügt (etwa Abraxas 333), die für den Magier von besonderer Bedeutung sind, sei diese Bedeutung kabbalistischer oder anderer Art.

Für den Erwerb eines magischen Namens gibt es glücklicherweise keine Vorschriften. Es ist auch durchaus üblich, mehrere solcher Namen zu haben. Wenn man beispielsweise Mitglied in einem magischen Orden ist, so wird man neben seinem persönlichen auch noch einen Ordensnamen tragen. Zahlreiche Magier besitzen zudem noch einen Namen, den außer ihnen kein anderer Mensch kennt und den sie mit ins Grab nehmen, ohne ihn jemals zu offenbaren. Dahinter steht die alte magische Vorstellung, daß den »wahren« Namen eines Wesens – auch einer Gottheit – zu kennen gleichbedeutend mit Macht über dieses ist. Deshalb stellt der geheime magische Name eine »letzte innere Verteidigungslinie« dar, einen Fluchtpunkt der Identitätsbewahrung, ein geistiges Allerheiligstes sozusagen.

> *Keine Vorschriften für den Erwerb eines magischen Namens*

In seiner Funktion als Lebensmotto spiegelt der magische Name das Lamen beziehungsweise Pentakel wider, auf das wir im nächsten Abschnitt eingehen werden. Stellt das Lamen den Ist-Zustand des individuellen magischen Kosmos, also die Gegenwart, dar, so symbolisiert der Name den Soll-Zustand oder das Ziel, dem der Magier zustrebt, seine angestrebte Zukunft.

Ein solcher Name kann Segen und Fluch zugleich sein: Hat man ihn erst einmal anerkannt und angenommen, so erinnert er ständig daran, was es noch zu erreichen gilt. Diese bewußte Namenswahl wird um so deutlicher, je weniger wir uns im Laufe unseres Lebens mit der Bedeutung unserer »zufällig« erhaltenen bürgerlichen Namen auseinandergesetzt haben. Es kann ein großartiger, beglückender Akt der Selbstbestimmung sein, sich einen magischen Namen zuzulegen; aber nicht selten werden wir ihn auch als ernste Mahnung erleben. Immerhin hilft er uns bei der Umschiffung mancher psychonautischer Klippe, er kann uns als Wanderstab und Krücke in einem dienen. Deshalb auch sollte man den magischen Namen weder leichtfertig annehmen noch wieder ablegen. Gewiß ist es in der magischen Tradition durchaus üblich, verschiedene persönliche Entwicklungsstufen durch unterschiedliche Namen zu dokumentieren. So reicht beispielsweise die Namenspalette eines Aleister Crowley von Perdurabo über V.V.V.V.V. und Baphomet bis zu seinem berühmtesten, To Mega Therion 666.

Andererseits ist ein Name aber auch mehr als nur ein willkürlich gewähltes Dokument des persönlichen magischen Entwicklungsstands, er wird bei entsprechend häufigem Gebrauch zu einem festen Bestandteil der magischen Persönlichkeit, zu einem »Teil der Aura« und läßt sich daher auch nicht so ohne weiteres problemlos wieder abstreifen.

Manchmal kann es geschehen, daß sich ein Magier für eine bestimmte, meist längerfristig geplante Operation einen Namen zulegt, den er nur dieses eine Mal verwendet. Dies kommt der Verkleidung oder Maske eines Schauspielers gleich, ist aber auch Ausdruck der Betonung eines einzigen, speziellen Persönlichkeits- oder Handlungsaspekts. Mit anderen Worten: Der Magier erschafft sich damit gezielt eine bestimmte Persönlichkeit, die für die vor ihm liegende Aufgabe konstruiert wurde. In diesem Sinne ist er also gewissermaßen sein eigener Psychogon! Doch ist dies nicht sehr häufig und findet fast ausschließlich zu kampfmagischen Zwecken statt.

> *Der Magier erschafft sich gezielt eine bestimmte Persönlichkeit.*

Es soll Ihnen selbst überlassen sein, ob und wann Sie sich einen magischen Namen (oder mehrere) zulegen, sofern nicht ohnehin schon geschehen. Wenn Ihnen keine andere Möglichkeit zusagt, können Sie auch einen entsprechenden Traum inkubieren, in dem Ihnen Ihr Name offenbart werden soll (am einfachsten gelingt dies durch eine sigillenmagische Operation). So ist es beste alte Schamanensitte. Überlegen Sie sich auch gut, ob Sie Ihren Namen anderen Menschen offenbaren wollen, immerhin geben Sie damit einen sehr intimen Teil Ihrer Persönlichkeit preis, und dazu bedarf es des gegenseitigen Vertrauens.

Einführung in das Pan-Ritual

Im folgenden wird ein Vorschlag für ein Pan-Ritual unterbreitet, das in dieser Form schon zahllose Male von verschiedensten Magiern praktiziert wurde.

Die Gestalt des griechischen Gottes Pan hat in der Magiegeschichte Europas immer eine große Rolle gespielt. Die Bedeutung seines Namens ist unklar, man hat sowohl versucht, ihn aus dem Sanskrit abzuleiten, als auch, darin ein Lallwort zu sehen (wie »Papa« oder »Mama«). Erst später bekam das Wort Pan die Bedeutung »All, Alles«, die es noch heute (in seiner Deutung als »gesamt-«) hat, etwa in Wortschöpfungen wie »panarabische Freundschaft«, »Pansexualismus« oder sogar »Panorama« (= »Allschau«). Pan als Allgott ist freilich erst in der Zeit Neros nachgewiesen.

> *Herkunft, Überlieferung und Bedeutung des Pan-Prinzips*

Pan galt als Sohn des Zeus und einer Nymphe. Von Geburt an war er am ganzen Körper behaart und besaß sowohl Ziegenhörner als auch -beine. In der Überlieferung stellt er der Nymphe Syrinx nach, die aber auf ihr Flehen hin von ihren Schwestern (nach anderer Version auch von der Erdmutter Gaia) in Schilfrohr verwandelt wird. Betrübt seufzt Pan in dieses hinein, und es tönt ihm klagend entgegen. Er schneidet einige Rohre verschieden lang zu, fügt sie mit Wachs zusammen und erschafft so die Hirten- oder Panflöte. Diese Flöte verliert er später wieder, um sich aus Rohren eine neue zu fertigen, damit er auf einem Frühlingsfest des Dionysos aufspielen kann. Er fordert sogar Apollon zum musikalischen Wettstreit heraus, wird aber besiegt.

Pans Heimat ist Arkadien, er ist ein typischer Hirten- und Ziegengott, der wegen seiner Fruchtbarkeit verehrt wurde; er »besprang«

die Ziegen und machte ganze Herden fruchtbar. Doch wird er schon in frühester Zeit auch als zumindest teilmenschlich gesehen, besitzt also keine reine Tiergestalt.

Er kann Mensch und Tier durch sein plötzliches Auftreten erschrecken, beispielsweise wenn diese gerade in der Mittagshitze ruhen, aber er ist auch fröhlich, zu Späßen aufgelegt und weinselig.*

Pan ist keineswegs nur hinter den schönen Nymphen her, auch die Knaben haben es ihm angetan, und er wird schon früh als Inbegriff der Sexualität schlechthin verstanden. Bei Pindar wird er als Begleiter der Großen Mutter erwähnt, was sich übrigens im heutigen Hexen- und Wiccakult wiederfindet, wo er als der »Gehörnte« oder als der »Große Gott« verehrt wird. Er tritt in vielen Gestalten auf und wird später auch häufig mit anderen Gottheiten verschmolzen oder gleichgesetzt, beispielsweise mit Dionysos, wobei auch sein Stammbaum ein wenig durcheinander gerät. Verwandt ist er auch mit dem römischen Faunus, wie denn überhaupt Satyrn und Faune oft als Verkörperungen des Pan gelten.

Es war das Christentum, das aus Pan einen »Teufel« machte und ihn mit dem biblischen Satan gleichsetzte. Darin ist ganz eindeutig eine Dämonisierung des vorchristlichen Heidentums zu erkennen, und so nahmen Teufelsdarstellungen schon bald die Züge des Bocksgotts an. In diesem Sinne wird Pan auch mit dem Saturn verschmolzen, wobei auch ältere ägyptische Elemente eine Rolle gespielt haben dürften (Set – Satan – Saturn). Als Herold der körperlichen Sinnlichkeit wird er dem körperfeindlichen Christentum zur Inkarnation des Bösen und der Sünde schlechthin. Was die

> *Es war das Christentum, das aus Pan einen »Teufel« machte und ihn mit dem biblischen Satan gleichsetzte.*

kabbalistischen Entsprechungen des Pan angeht, so sei hier und im folgenden aus meinem »Versuch über Pan« (vgl. Literaturhinweis am Ende dieses Kapitels) zitiert:

Aleister Crowley ordnet in seinem LIBER 777, wie ich finde mit einigem Recht, Pan sowohl der Zahl 0 als auch der 13 zu. All-Gott und Teufel

---

* *Dionysos – der spätere römische Bacchus – war auch der Gott, dem Pan am meisten gefiel, als er nach seiner Geburt im Olymp vorgestellt wurde.*

— welch ein gewaltiger Schritt über den plumpen Dualismus des zoroastrischen und manichäischen Systems hinaus — von dem des Christentums, des Mosaismus und des Islam einmal ganz zu schweigen! Darin steht der Meister Therion natürlich in bester synkretistischer aber auch gnostischer Tradition.
[S. 4]

Das Wort »Panik« ist ebenfalls von dieser Gottheit abgeleitet — denn Pan ist eben nicht allein gütig, er verbreitet auch Angst und Schrecken, vor allem bei jenen, die eine verklemmte Sexualität und Virilität haben.

Das bringt uns zu seinen magischen Funktionen. Diese sind äußerst vielfältig:

Dem einen erscheint Pan wohl eher als die personifizierte Natur, der man den Frühling und die Ekstase des Lebenserwachens zuordnen sollte; andere wiederum sehen in ihm den Urgrund allen Seins, das Prinzips der Totalität, die Ekstase auch des Todes. Nicht umsonst wird (ebenfalls im LIBER 777 wie auch anderswo) Pan bisweilen der Planet Saturn zugeordnet, der ja auch lange Zeit mit dem Makel des ›Teuflischen‹ behaftet war.

> **Pan ist das Symbol der Ekstase überhaupt.**

Für mich persönlich ist Pan das Symbol der Ekstase überhaupt, der Ekstase nämlich, die sich im Verschmelzen des Mystikers mit seinem Gott ebenso äußert wie im tosenden Tanz der Schöpfung, im Kreislauf von Geburt, Tod und Wiedergeburt, im Rausch der Sinne und des Geistes. Pan ist eben ALL und ALLES. Insofern hat er eine ähnliche Qualität wie CHAOS, wenn er auch stärker dessen schöpferischen, rauschhaften Aspekt verkörpert.
[S. 5]

Pan bringt, wenn er gerufen wird und kommt, fast immer etwas Üppiges, aber auch Plötzliches und Exzessives mit sich:

Pan liebt es eben, einem ab und zu einen Schlag Suppe zuviel in den Teller zu geben, das Glas über den Rand hinaus zu füllen — und das verkraften zu können ist eine der wichtigsten Voraussetzungen überhaupt für Magie mit dem Pan-Prinzip. Wenn er kommt, dann kommt er total. Ein Freund von mir berichtete einmal, daß er jedesmal nach einem Pan-

EINFÜHRUNG IN DAS PAN-RITUAL

Ritual neue Bekanntschaften macht, und zwar so viele, daß ihm die Sache schon bald über den Kopf wächst. Wer Pan also um etwas Bestimmtes bittet (er kommt aber auch gerne ›einfach nur so‹ mal im Ritual vorbei), der sollte nie vergessen, daß er ein arger Scherzbold sein kann, der seinen Diener immer auch ein wenig neckt und ihm Streiche spielt. Humorlose Magier haben bei ihm keine Chance, ihnen macht er das Leben zur Hölle – wobei wir wieder beim Teufel wären.

Natürlich ist Pan auch die Sinnenlust, der Rausch, so daß er besonders gerne dann auftritt, wenn seine Feste orgiastischen Charakter haben. Da sprengt er alle Schranken {...}, denn das All läßt sich eben nicht in der Nußschale unserer Vorstellungen und Ordnungsschemata einkerkern. Wer wirklich einmal theurgisch erfahren will, was Grenzenlosigkeit und Panik {...} sein können, dem sei dieser Weg ans Herz gelegt. Pan ist ›teuflisch‹ insofern, als er Schluß macht mit alten, liebgewonnenen Routineansichten, er entzweit uns von unserer Illusion und führt uns zu einer neuen, ekstatischen Einheit. Dabei kann es vorkommen, daß man auch Federn lassen muß, aber wenn man sich dem einmal so entfesselten Strom anvertraut, dann wird man rasch merken, daß es nur Ballast gewesen ist, was man hat abwerfen müssen.

Pan ist ein Gott, der einem soviel Einblick in sein Prinzip gewährt, wie man eben noch verkraften kann. Zwar darf es bei ihm gern schon mal ›ein Viertelpfund mehr‹ sein, aber das bezieht sich erfahrungsgemäß eher auf das Quantitative. Insofern ist er auch, bei aller Raserei, ein milder Gott, ein schelmischer Kamerad, dem man allerdings auch keine Vorschriften machen kann.
[S. 6f.]

Wenn Sie es also einmal mit dem Pan-Prinzip versuchen wollen, allein oder in der Gruppe, so seien Sie dazu herzlich eingeladen. Pan kann einem die Magie vielleicht mehr versüßen als jede andere Gottheit, denn er ist die personifizierte Fröhlichkeit.

Magisch-therapeutisch wird er auch zur Behebung von sexuellen Störungen von Impotenz bis Frigidität

> *Pan ist die personifizierte Fröhlichkeit.*

gerufen, er hilft gegen Depressionen und steigert die Lebenslust, weckt die »müden Lebensgeister« und ist auch bei der Beschaffung von Liebes- oder, genauer, Sexualpartnern behilflich.

Nach dem Ritual sollten Sie verstärkt auf Veränderungen in Ihrem Leben achten, auf Omen im Alltag, plötzliche neue Bekanntschaften und so weiter.

> *Oft gibt Pan seinen Freunden ein Erkennungszeichen für spätere Anrufungen: etwa eine Melodie, ein Wort, eine Geste o. ä. Dieses Zeichen sollte man natürlich in Zukunft immer dann verwenden, wenn man mit Pan in Kontakt treten will. Das kann auch im Alltag und mental geschehen (im Auto, in der Straßenbahn, am Arbeitsplatz – also praktisch und überall). ›Viel hilft viel‹ – wenn man davon genug hat, dann wird man das schon merken. Pan läßt einen da selten im Zweifel ...*
>
> *Hat man aber tatsächlich genug, dann läßt man die Pan-Wirkung leise ausklingen und meidet natürlich eine Weile lang entsprechende Veranstaltungen. Da Pan ein Menschenfreund ist (wenn auch vielleicht nicht unbedingt im Sinne des Roten Kreuzes und der Christlichen Wohlfahrt), drängt er sich einem auch (fast) nie unaufgefordert auf.*
> [S. 8]

ZUM RITUALABLAUF

Wir beginnen mit einem einleitenden Schutz- und Reinigungsritual; dann folgt eine kurze Meditation; als nächstes wird Musik gespielt, vorzugsweise vom Magier bzw. den Teilnehmern selbst. (Es muß nicht unbedingt »schön« sein, solange es einigermaßen heftig und ekstatisch ist!) Nun wird das Liber A'ash des Magiers Aleister Crowley vorgetragen, beim Gruppenritual dann noch ein zweites Mal mit Musikbegleitung. Als Steigerung folgt nun das Vortragen der Hymne an Pan (ebenfalls mehrmals), auch dies sollte so ekstatisch wie möglich geschehen (Texte siehe unten). Dann (bei mehreren Teilnehmern synchron dazu) Musik, Tanz, Rufe/Mantras wie »IO PAN!« oder auch einfaches Jauchzen und Schreien.

Spätestens jetzt sollte Pan in jeden Teilnehmer spürbar »eingetreten« sein und den Rest des Rituals bis zu seiner Entlassung selbst bestimmen. Dies wird je nach Temperament meditativer oder orgiastischer sein, es kann auch sexualmagisch gearbeitet werden.

Nach einer abschließenden Phase erneuter Meditation werden die Opfergaben verzehrt. Bei Gruppenritualen: keine feierlichen Trauermienen! Pan liebt das Lachen und auch mal einen schmutzigen Witz!

Zum Schluß erfolgt eine weitere kurze Meditation, die Danksagung, das abschließende Reinigungsritual und die Entlassungsformel.

Die folgende Checkliste sollte als Gedächtnisstütze benutzt und als Vorschlag verstanden werden, den Sie beliebig nach Ihren eigenen Bedürfnissen abändern können und sollen.

DAS PAN-RITUAL

Teilnehmer: Das Ritual wird sowohl allein als auch zu mehreren durchgeführt (für Gruppenarbeit besonders gut geeignet, auch für Anfänger).

Zeitpunkt: zu jeder Zeit; besonders gern zu Frühlingsanfang sowie im Sommer praktiziert.

Kleidung: gewöhnliche Robe; kann während des Rituals auch abgestreift werden.

RITUALPLAN

1. Tempel-/Ritualplatzaufbau:
- vorzugsweise in der freien Natur, ansonsten im Tempel
- Altar in der Mitte
- genügend Platz zum Tanzen

2. Zubehör:
    a) Beleuchtung: nach Gegebenheiten (Kerzen, Fackeln)
    b) weitere Korrespondenzen
Metall: keins
Farben: arkadische, ländliche Farben (Brauntöne)
Edelsteine: eventuell Onyx
Duftstoffe: herbe Öle
Pflanzen/Räuchermittel: herbe, sinnliche Düfte
Sonstiges:
- Opfergaben, die nach dem Ritual verspeist werden (Oliven, Weißbrot, Ziegenkäse, herber Weißwein/Retsina, Zwiebeln, Knoblauch, Zitronen und so weiter)
- Musikinstrumente (Panflöte, Zimbeln, Trommeln, Rasseln, Schlaghölzer)

3. Ritualablauf:
1) Vorbereitung: Auslegen der Gabe und so weiter
2) Kleines Bannendes Pentagrammritual: ja
3) Invozierendes Hexagrammritual: nein
4) Anrufung: ja
5) Konzentration der Energie: Tanzen, Singen
6) Arbeit mit der Energie: orgiastisch, eventuell sexualmagisch, danach Verzehr der Opfergaben
7) Danksagung und Verabschiedung: ja
8) Kleines Bannendes Pentagrammritual: ja
9) Entlassungsformel: ja

Anrufungstexte (siehe unten):
- Liber A'ash (Crowley)
- Hymne an Pan (Crowley) [auch mehrmals]
- Mantra: IO PAN!

LIBER A'ASH VEL CAPRICORNI PNEUMATICI

SUB FIGURA CCCLXX*

0. Knorrige Eiche Gottes! In deinen zweigen nistet der blitz! Über dir hängt der Augenlose Falke.
1. Verdorrt bist du und schwarz! Erhaben und einsam in dieser heide von büschen.
2. Empor! Über dir lasten die blutroten wolken! Es ist der sturm.
3. Da ist ein flammender spalt am himmel.
4. Empor.
5. Umhergeworfen wirst du im griff des sturmes äeonen-äeonen-äeonen-lang. Doch gibst du deinen saft nicht preis; du fällst nimmer.
6. Nur im ende sollst du deinen saft geben, wenn der große Gott F.I.A.T. den thron besteigt, am tage des Sei-mit-Uns.

---

* Von Aleister Crowley. Aus dem Englischen von Frater V∴D∴ und J.S. 209 (von Fra V∴D∴ 1988 nochmals überarbeitet).

7. Denn zwei dinge sind getan und ein drittes ist begonnen. Isis und Osiris geben sich hin dem inzest und dem ehebruch. Dreifach bewaffnet springt Horus hervor, aus dem schoß seiner mutter. Harpokrates, sein zwillingsbruder, ist in ihm verborgen. Set ist sein heiliger bundesgenosse, den er enthüllen wird am großen tage M.A.A.T., gedeutet als meister des Tempels des A∴A∴, dessen name ist Wahrheit.

8. Darin wird nun die magische kraft erkannt.

9. Sie ist wie die eiche, die sich selbst härtet und dem sturme trotzt. Sie ist verwittert und narbig und kühn auch wie ein kapitän zur see.

10. Auch ist sie reißend wie ein jagdhund an der leine.

11. Stolz eignet ihr und große schläue. Ja, und heiterkeit ebenso.

12. Möge der magus in seiner beschwörung also verfahren.

13. Möge er sitzen und beschwören; möge er sich sammeln in jener kraftfülle; möge er dann sich erheben, straff und geschwollen; möge er die haube reißen von seinem haupt und sein basiliskenauge auf die sigill des dämon heften. Dann möge er schweigend die kraft hin und her schwingen wie ein satyr, bis das Wort aus seiner kehle hervorbricht.

14. Nicht niederstürzen darf er erschöpft, auch wenn die gewalt das menschliche zehntausendfach überstiege; denn was ihn durchflutet, ist die unendliche gnade des Genitor-Genetrix des Universums, für die er das Gefäß ist.

15. Auch täusche dich nicht selbst. Leicht ist es, die lebendige kraft vom toten stoff zu unterscheiden. Ebenso leicht ist es, die lebendige schlange von der toten schlange zu unterscheiden.

16. Ebenso gelübde betreffend. Sei beharrlich und sei nicht beharrlich. Verstehe das nachgeben der Yoni als eins mit dem strecken des Lingam. Du bist diese beide; und dein gelübde ist nur das rauschen des windes am Berge Meru.

17. So sollst du mich denn verehren, der Ich bin das Auge und der Zahn, der Geißbock des Geistes, der Herr der Schöpfung. Ich bin das Auge im Dreieck, der Silberne Stern, den ihr verehrt.

18. Ich bin Baphomet, das ist das Achtfache Wort, das aufgewogen werden soll mit der Drei.

19. Weder tat gibt es noch leidenschaft, die nicht eine hymne zu meinen ehren sein wird.

20. Alle heiligen dinge und alle symbolischen dinge sollen meine sakramente sein.

21. Diese tiere sind mir heilig; der geißbock und die ente, esel, gazelle, der mann, die frau und das kind.

22. *Alle leichname sind mir heilig; sie sollen nicht berührt werden, außer in meiner eucharistie. Alle einsamen Orte sind mir heilig; wo einer sich sammelt in meinem namen, dort will Ich hervorspringen in seine mitte.*
23. *Ich bin der abscheuliche gott; und wer mich meistert, ist häßlicher denn Ich.*
24. *Und doch gebe Ich mehr denn Bacchus und Apoll; meine gaben übertreffen die olive und das pferd.*
25. *Wer mich verehrt, der verehre mich in vielen riten.*
26. *Ich bin verborgen mit allen verborgenheiten; wenn der Heiligste Alte entblößt und über den marktplatz getrieben wird, so weile Ich dennoch im geheimen und abseits.*
27. *Wen ich liebe, den züchtige ich mit vielen ruten.*
28. *Alle dinge sind mir heilig; kein ding ist durch mich heilig.*
29. *Denn da ist keine heiligkeit, wo Ich nicht bin.*
30. *Fürchtet euch nicht, wenn Ich in der raserei des sturmes falle; denn meine eicheln werden weit verstreut vom wind; und wahrlich, Ich werde wieder auferstehen, und meine kinder um mich, auf daß wir unseren wald errichten in Ewigkeit.*
31. *Ewigkeit ist der sturm, der mich umhüllt.*
32. *Ich bin das Sein, das Sein, das nicht ist außer durch sein eigenes Sein, das jenseits des Seins des Seins ist, und tiefer verwurzelt als der Kein-Ding-Baum im Lande Kein-Ding.*
33. *Und daran erkennst Du, daß Ich in dir bin, wenn meine haube über deinen schädel gebreitet ist, wenn meine macht größer ist als der gestaute Indus, und unbezwingbar wie der Riesengletscher.*
34. *Denn so wie du vor einer lüsternen frau stehst, in deiner nacktheit im bazaar, aufgesogen von ihrer verschlagenheit und ihrem lächeln, so bist du auch ganz und ungeteilt vor dem symbol der geliebten, sei es nur ein Pisacha, ein Yantra oder ein Deva.*
35. *Und in allem sollst du die Unendliche Glückseligkeit schaffen, und das nächste glied der Unendlichen Kette.*
36. *Es reicht diese kette von Ewigkeit zu Ewigkeit, ewig in dreiecken – ist nicht das dreieck mein symbol? – ewig in kreisen – ist nicht der kreis das symbol der Geliebten? Darin ist aller fortschritt eitles blendwerk, denn jeder kreis ist gleich und jedes dreieck ist gleich!*
37. *Doch der fortschritt ist fortschritt, und fortschritt ist verzückung, beständig, blendend, regen des lichtes, wogen von tau, flammen des haares der Großen Göttin, blüten der rosen um ihren hals, Amen!*

38. Darum erhebe dich, wie Ich erhoben werde. Zügle dich, wie Ich ein meister der vollendung bin. Und am ende, sei dies ende auch so fern wie die sterne, die im nabel der Nuit ruhen, töte dich, wie Ich am ende getötet werde, im tod, der das leben ist, im frieden, der mutter des krieges, in der dunkelheit, die das licht in ihrer hand hält, wie eine hure, die ein juwel von ihren nüstern pflückt.

39. Also ist der anfang entzücken, entzücken das Ende, und entzücken ist auch in der mitte, wie auch der Indus wasser ist in der höhle des gletschers, und wasser inmitten der größeren Berge und kleineren Berge, zwischen den wällen der berge und in den ebenen, und wasser an seiner mündung, wo er hinfortspringt in die mächtige see, ja, die mächtige see.

HYMNE AN PAN*

Erhebe in gleißender Lust des Lichts!
O Mann, mein Mann!
Stürme heran
aus dem Dunkel der Nacht des Pan!
Io Pan! Io Pan! Io Pan!
Über die See sollst du zu mir ziehn –
aus Sizilien, aus Arkadien –!
Komm als Bacchus mit faunisch Gelächter
mit Nymphen und Satyrn als deine Wächter.
Über die See komm herbei auf weißem Getier.
Zu mir – zu mir!
Komm mit Apollo im Brautgeschmeid,
als Priesterin oder im Hirtenkleid –
komm auf seidenen Schuhen der Artemis,
und wasch deinen Schenkel, du Gott,
und – dies.
In dem Monde der Wälder auf marmornem Fels,
in der dämmrichten Höhlung des goldgelben Quells
wilden Gebetes Purpur tauch ein
in die blutrote Schlinge, den Scharlachschrein!
Der Seele unschuldig Auge erschrickt,
wenn es deine quellende Wonne erblickt,

---

* Von Aleister Crowley. Aus dem Englischen von Frater V∴D∴ unter Verwendung einer Vorlage von Frater Fines Transcendam.

wie sie durchsickert den Busch, den Baum
des Lebens, der ist Geist und Traum
und Leib und Hirn – komm übers Meer
(Io Pan! Io Pan!)
Gott oder Teufel,
zu mir her, zu mir her,
mein Mann! Mein Mann!
Komm mit schrillem Trompetenklang,
vom Bergeshang!
Komm mit dumpfem Trommelschall
vom Wasserfall!
Mit Flötenblasen und grellem Gepfeif –!
Bin ich nicht reif?
Ich, der wartend und werkend sich windet,
ermattet nur Leere umarmt, die schwindet
vor meinem Zugriff, der sehnenden Brunst
meines Leibes voll Löwenstärke und Schlangenkunst –
Komm herbei!
Mach mich frei!
Von meiner Tumbheit und einsamen Teufelei!
Zerschlage die Fessel, die mich noch bezwingt,
du, der alles erschafft und verschlingt!
Das Zeichen des Offenen Auges gib mir!
Des dornigen Schenkels steilragend Rapier!
Heiligen Wahnsinns geheimes Panier –
O Pan! Io Pan!
Io Pan! Io Pan Pan! Pan Pan! Pan,
ich bin ein Mann –
tu was du willst, wie nur ein Gott es kann
O Pan! Io Pan!
Io Pan! Io Pan Pan! Oh, wie lange
bin ich erwacht im Griff der Schlange!
Der Adler buckt, seine Krallen fassen!
Die Götter verblassen ...
Dein großen Bestien kommen!
Io Pan! Auf seinem Horn
trägt mich in den Tod das Unicorn.
Ich bin Pan! Io Pan! Io Pan Pan! Pan!
Ich bin dein Weib, ich bin dein Mann,

dein Herdenbock, dem man Goldene Göttlichkeit gab,
Fleisch deinen Knochen, Blüte dem Stab.
Von Sonnenwende bis Äquinox
klirrt mein Huf auf der Härte des Felsenblocks.
Und ich reiße und rase und wüt durch die Weiten –
ewig und immer, bis ans Ende der Zeiten,
Männlein, Mägdlein, Mänade, Mann –
in der Macht von Pan.
Io Pan! Io Pan Pan! Pan! Io Pan!

Wir wollen es Ihnen grundsätzlich selbst überlassen, sich durch beständige Meditation mit der tieferen Symbolik dieses Paradebeispiels Crowleyscher Ritualdichtung auseinanderzusetzen. Daher sollen auch nur einige wenige Hinweise gegeben werden, die vor allem dem kabbalistisch noch unbewanderten Magier eine Starthilfe sein mögen.

Das hebräische Wort A'ASH bedeutet zu deutsch »Schöpfung«, sein Zahlenwert ist 370. Crowley meint zu dieser Zahl in seinem 777: »Der Geißbock des Sabbat in seinem höchsten Aspekt. Dies zeigt das Ganze der Schöpfung als Materie und Geist. Die materielle 3, die spirituelle 7, und alles zur Null sich aufhebend.« Daher ist auch vom »pneumatischen Steinbock« die Rede (von griechisch pneuma = »Geist«). Es liegt also nahe, diesen Bocks-Aspekt der Transzendenz mit dem Prinzip des Pan zu verbinden.

BERICHTE AUS DER MAGISCHEN PRAXIS (II)

Diesmal soll es um zwei magische Operationen gehen, bei denen Probleme im Vordergrund stehen, wie sie im Alltag immer wieder auftreten können.

Die beiden Magier P. und W. hatten eine nicht endenwollende Auseinandersetzung mit ihrem Vermieter. Sie lebten zusammen in einem abgelegenen Waldhaus, und der Vermieter schikanierte sie nach Herzenslust, eines morgens stand er sogar unangemeldet mit einem Preßluftbohrer im Wohnzimmer!

Als auch Drohungen mit rechtlichen Schritten nichts fruchten wollten, sahen die Magier sich dazu gezwungen, härtere Maßnahmen zu ergreifen. So erschufen sie einen Psychogon, um diesen dem Vermieter anzuhexen, damit er von ihnen abließ. Dabei verwendeten sie die Technik des Imagospurius, wie sie von Bardon beschrieben wird und auf die wir an anderer Stelle noch eingehen werden. Die Operation dauerte einen vollen Monat: Jeden Abend luden die beiden zwei Stunden lang den Psychogon und hetzten ihn auf den Gegner.

Wenige Tage nach Ende der Operation wurde plötzlich das junge Kind des Vermieters überfahren und starb nach schweren Verletzungen. Danach hörten die Auseinandersetzungen zwar auf, doch P. und W. zogen es vor, das Haus aufzugeben und sich eine wohnlichere Bleibe zu suchen. Noch heute werden die beiden allerdings von einem schlechten Gewissen geplagt. Ihre Lust auf Angriffszauber (auch, wie hier, zu Verteidigungszwecken) war lange Zeit spürbar gedämpft.

Wir haben es hier mit dem Prinzip des »magischen Querschlägers« zu tun, das eines der größten Probleme im Bereich der Kampfmagie und der Schadens- und Todeszauber darstellt: Man greift eine bestimmte Zielperson an, statt dessen aber bekommt ein dieser Zielperson nahestehender Mensch die volle Wucht des Angriffs ab. Meist sind dies Verwandte oder Liebespartner, es können aber gelegentlich auch Geschäftspartner oder Nachbarn getroffen werden. Wie kann so etwas geschehen?

Es gibt dafür mehrere mögliche Erklärungen, und wir wollen sie einmal näher betrachten. Als erstes kommt uns natürlich die bereits in einem früheren Abschnitt behandelte symbol-logische Unschärferelation in den Sinn. Die Präzision der Symbole, mit der wir in der Magie arbeiten, ist nicht dieselbe, wie wir sie von der Naturwissenschaft her kennen und erwarten.

Bekanntlich ist es gerade bei Angriffszaubern außerordentlich schwierig, die Wucht der Attacke genau zu dosieren und zielsicher zu applizieren. Immer wieder kommt es vor, daß der Magier anstelle seiner Zielperson einen scheinbar »unbeteiligten« Dritten trifft. Dennoch muß dies keineswegs immer als »Mißerfolg« gelten: Möglicherweise hat der Verlust seines Kindes dem Vermieter wesentlich stärker zugesetzt, als es eine eigene Erkrankung oder möglicherweise sein eigener Tod (der von den Magiern ebenfalls nicht beabsichtigt worden war) getan hätte. Es bleibt aber die unbestreitbare Tatsache, daß die Magier einen Menschen trafen, auf den sie nicht bewußt gezielt hatten.

Wir können also bestenfalls von einem »Erfolg auf der anderen Schiene« sprechen, ein Phänomen, das in der Magie immer wieder zu beobachten ist.

Eine weitere Erklärung besagt, daß die Zielperson unbewußt derart gut geschützt war, daß alles von ihr abprallte, so daß statt ihrer eben das Kind getroffen wurde. Dergleichen ist nicht selten. Wenn Sie einmal versucht haben, einen Betrunkenen magisch zu beeinflussen oder einen Menschen, der extrem erdverbunden und unsensibel ist oder der ganzen Magie mit größter Skepsis gegenübersteht, so werden Sie wissen, daß dies außerordentlich schwierig ist. Hier haben wir es mit einer »Härtung der Aura« zu tun, die oft völlig unbewußt erzielt wird. Die Angriffsenergie wird in einem solchen Fall automatisch deflektiert, vor allem dann, wenn die Zielperson sich bester Gesundheit erfreut. Nicht selten wird sie sogar unbewußt auf den Angreifer zurückgeworfen.

Die meisten Magier vergessen bei ihren Angriffen, vorher die Aura der Zielperson entsprechend abzutasten und auf ihre Härtung zu überprüfen. Im Zweifelsfall sollte erst eine Aufweichung der Aura (beispielsweise durch Einimpfung einer Sprengglyphe) angestrebt werden, bevor zum eigentlichen Angriff übergegangen werden kann. Solche, gelegentlich auch als »Säurezauber« bezeichneten Operationen verlangen allerdings eine ausgezeichnet geschulte magische Energiewahrnehmung, speziell die Spiegelmagie bietet sich dazu an.

Es ist aber auch denkbar, daß die eigentliche Ursache für das Versagen bei den Magiern selbst zu suchen ist. Wer nämlich aus einer Position psychologischer Schwäche heraus reagiert, anstatt zu agieren, dem fehlt es meistens an der erforderlichen Zielgenauigkeit. Im hier geschilderten Fall halte ich diese Erklärung übrigens für die wahrscheinlichste: Die Wut der beiden Magier fand nicht etwa nur im Ritual statt, dort bündelte sie sich nur, es wurde lange Zeit und immer wieder gegen das Gebot vom »Nichtverhaftetsein/Nichtdesinteresse« verstoßen, was die Qualität der magischen Operation von vorneherein beeinträchtigen mußte. Wer den Gegner lange Zeit als überlegen erlebt hat, wer erst mit dem Rücken an der Wand beginnt zuzuschlagen, schwächt sich selbst und stärkt den anderen.

Man kann dieses Vorgehen mit dem wilden Umsichschlagen eines Verzweifelten vergleichen: Er entwickelt zwar ungeheure Kräfte, so daß es manchmal eines halben Dutzend ausgewachsener, kräftiger Männer bedarf, um einen schmächtigen, aber wie besinnungslos tobenden Schwächling zu bändigen; doch ist es um seine Zielgenauigkeit nur selten gut bestellt, den größten Teil seiner Energie vergeudet er darauf, ungewollt auf völlig harmlose Gegenstände oder Personen einzudreschen, anstatt sich seinen wirklichen Gegner gezielt vorzunehmen. Auch seine Koordinationsfähigkeit ist beeinträchtigt. Was ihn dennoch so gefährlich machen kann, ist eben die schon erwähnte freigesetzte Kraft und seine Unberechenbarkeit. Und so wie der Tobende in seinem Eifer auch unschuldige Dritte treffen kann, kann auch ein Magier, der seinen eigenen Zorn nicht mehr unter Kontrolle hat, seine Zielperson verfehlen. Gewiß ist die Energie des Zorns nicht zu unterschätzen, und sie läßt sich magisch vortrefflich nutzen, doch muß dies in gebändigter Form geschehen, etwa in Gestalt der gnostischen Trance, und es ist unerläßlich, daß sie nach Beenden der Operation gründlich gebannt wird.

Schließlich wäre noch die Gedankenkontrolle zu erwähnen, die für jeden Angriffszauber, ja für jede konzentrative magische Arbeit überhaupt unerläßlich ist. Denn wenn die Gedanken bei dieser Form der Energieübermittlung auch nur ein einziges Mal abschweifen, kann es schnell geschehen, daß die Kräfte sich selbständig machen und zu völlig unvorhersehbaren Ergebnissen führen.

Etwas zielgenauer ging die folgende Operation aus: Das Magierehepaar T. und C. hatte ebenfalls Schwierigkeiten mit dem Vermieter, der zudem noch im selben Haus lebte. Als die beiden endlich magisch reagierten, war die Sache bereits derart eskaliert, daß die ersten Schadenszauber völlig erfolglos blieben. Schließlich entschlossen sie sich dazu, den Weg des geringsten Widerstands zu gehen und auszuziehen. Da jedoch noch rechtliche Auseinandersetzungen drohten, hinterließen sie beim Auszug an mehreren Stellen gut versteckte Sprengglyphen und Fluchfetische aus Pergament. Diese blieben unter Parkettbohlen und im Gemäuer verborgen und wurden beim Auszug nicht bemerkt.

Bei dem später stattfindenden Prozeß brach der Vermieter, der zugleich Kläger war, plötzlich zusammen und fing im Gerichtssaal an zu schluchzen: »Diese Leute haben uns fertiggemacht. Seitdem sie ausgezogen sind, hat niemand mehr die Wohnung mieten wollen. Meine Frau ist inzwischen in psychiatrischer Behandlung, und ich selbst fühle mich ebenfalls dem Tod nahe.« Unsere beiden Magier waren davon recht ungerührt; hatte doch das Vermieterehepaar nicht nur Rufmord zu begehen versucht, indem es sie bei ihrem neuen Vermieter anschwärzen wollte; es hatte auch eine Weile mit nächtlichem Telefonterror gearbeitet; zudem waren die rechtlichen Vorwürfe gegen die Magier völlig haltlos, wovon ich mich übrigens selbst überzeugen konnte. Noch beim Auszug war es von seiten der Vermieter und seiner Familie zu völlig unprovozierten Handgreiflichkeiten gekommen, bis sogar die Polizei hatte eingreifen müssen.

Hier haben wir es mit einem gelungenen Rachezauber zu tun. Man mag zu derlei Operationen stehen, wie man will, immerhin zeigen sie jedoch, welch subtile und nachhaltige Wirkungen die Magie haben kann. Es ist auch charakteristisch, daß der eigentliche Erfolg erst nach dem Auszug des Magierpaars stattfand: Denn damit war die Distanz des »Nichtverhaftetseins« auch räumlich hergestellt, was den Zauber mit Sicherheit erst richtig ausgelöst hat. Das Scheitern der vorangegangenen Versuche (an einem davon war ich selbst beteiligt), erklärt sich wie beim obigen, ersten Beispiel auch in erster Linie wohl aus der allzu großen Betroffenheit und dem Mangel an innerer Ruhe und Mittigkeit unserer Magier.

Aus diesem Grund kann ich jedem Magier nur eindringlich empfehlen, bei Bezug einer neuen Wohnung diese von Anfang an magisch gegen unerwünschte Störeinflüsse abzusichern, auch wenn keine unmittelbare Gefahr drohen sollte. Dann kann nämlich im Notfall auf einem bereits bestehenden Schutz aufgebaut werden, anstatt erst in allerletzter Minute Verteidigungslinien ausheben zu müssen. Eine gründliche Entodung vor dem Einzug durch Ausräuchern und ein entsprechendes Ritual, vielleicht auch unterstützt von einer Sigillenarbeit, wird das Schlimmste verhindern oder abwenden. Im Falle akuter Bedrohung sollten Sie auch täglich mental einen Schutzkreis um das ganze Anwesen legen, beispielsweise in Form eines Lichtgürtels. Dies wird auch als Schutz vor Einbruch und Brand empfohlen und kann auch beim Verlassen des Gebäudes geschehen. Beachten Sie dabei aber auch die Gesetze der Symbol-Logik: Wenn Sie von der Arbeit zurückkehren und den Schutzkreis beim Betreten der Wohnung oder des Hauses durchbrechen, müssen Sie natürlich einen neuen Kreis auslegen.

PRAKTISCHE ÜBUNGEN

ÜBUNG 33
DER MAGISCHE BLICK (III)

Wenn Du die Tratak-Übung drei Monate lang praktiziert hast, kannst Du sie nun mit dem magischen Blick verbinden, indem Du die Fixationstafel aus dem letzten Abschnitt verwendest. Jetzt geht es darum, abwechselnd den 180°-Blick und den magischen Blick zu üben. (Es handelt sich also um eine Verbindung aus Übung 26 und Übung 32.) Wechsle die unterschiedlichen Blicke zunächst in längeren Abständen von mehreren Minuten ab, um dann bei späteren Übungen immer schneller zu werden, bis Du jeden Blick jeweils etwa eine Viertelminute oder sogar nur fünf Sekunden aufrechthältst, um dann zu wechseln. Zu Anfang genügt eine Gesamtübungszeit von maximal 6–8 Minuten, später kannst Du die Übungsphasen sogar noch verkürzen.

Dies ist übrigens nebenbei auch ein ausgezeichnetes Augentraining.

ÜBUNG 34
DER MAGISCHE BLICK (IV)
BLICKPROJEKTION

Nimm Dir einen alltäglichen Gegenstand aus Metall vor (etwa einen Löffel, einen Fingerring oder ähnliches) und betrachte ihn zuerst mit dem 180°-Blick. Versuche über den Blick seine Temperatur wahrzunehmen. (Dies ist natürlich eine subjektive Größe, die nicht in °C gemessen werden kann!) Ist dies zu Deiner Zufriedenheit geschehen, projizierst Du nun mit Hilfe des fokussierten magischen Blicks Hitze auf den Gegenstand, zuerst auf seine Oberfläche, dann ein Stück tiefer und schließlich bis in den Kern hinein. Lasse ihn immer heißer werden und brich ab, wenn Du das Gefühl hast, Dein Ziel erreicht zu haben.

Führe diese Übung mindestens 500mal (!) durch, ohne danach durch Befühlen des Gegenstands zu prüfen, ob die Temperatur sich tatsächlich verändert hat! Diese Regel ist äußerst wichtig. Wenn Du nämlich derartige Psi-Ergebnisse erzielen willst, mußt Du Dich zuvor von jedem krampfhaften Erfolgszwang freimachen.

Lasse den Gegenstand also nach der Übung erst eine Weile unberührt zum Abkühlen liegen, bevor Du ihn wieder an Dich nimmst oder fortlegst.

ÜBUNG 35
DER MAGISCHE BLICK (V)
LADUNG DURCH BLICKPROJEKTION

Später, nachdem Du die vorangegangene Übung mindestens 100mal ausgeführt hast, übst Du auch die Blickladung von gewöhnlichem Leitungswasser (kein kohlensäurehaltiges Wasser verwenden). Dazu stellst Du vor Dir ein Glas Wasser auf, probierst einen Schluck, nimmst kurze Zeit mit dem defokussierten 180°-Blick seine Aura und seinen Zustand wahr, und wechselst dann in den fokussierten magischen Blick über. Versuche dabei, in den »Kern« des Wassers hineinzublicken. Danach probierst Du das Wasser erneut und stellst fest, ob Du irgendwelche Geschmacksveränderungen wahrnimmst. Experimentiere mit und ohne spezielle Imaginationen, oft genügt es schon, das Wasser nur hinreichend intensiv zu betrachten, um seinen Geschmack zu verändern. Es ist also nicht unbedingt erforderlich, ihm einen Befehl zur Geschmacksveränderung zu übermitteln. Danach versuchst Du, den alten Geschmack auf die gleiche Weise wiederherzustellen.

Diese Übung kannst Du auch mit einem oder mehreren Partnern zusammen durchführen, beispielsweise indem diese draußen warten, bis Du das Wasser mit dem Blick geladen hast, ein anderes Glas jedoch nicht. Danach können sie durch Abschmecken prüfen, welches der beiden Gläser geladen wurde und welches nicht. Dies solltest Du jedoch erst tun, nachdem Du allein hinreichend Erfahrungen gesammelt hast.

ÜBUNG 36
ARBEIT MIT DEM PAN-PRINZIP

Führe, wenn Dir danach ist, das oben beschriebene Pan-Ritual allein oder mit einer Gruppe durch. Dies kann auch und gerade dann geschehen, wenn Du Dich gesundheitlich nicht auf der Höhe fühlst, denn Pan ist die Vitalität schlechthin.

Experimentiere mit dem Pan-Prinzip zu verschiedenen Jahreszeiten: Wie fühlt sich der Gott im Frühling an, wie im Sommer, Herbst und Winter? Bevorzugst Du Pan-Rituale im Freien, zu Hause im Tempel oder gar in einer Höhle? Du brauchst keinen bestimmten Anlaß, um ein Pan-Ritual durchzuführen – es genügt, wenn Du Pan gerne wiedersehen möchtest, neugierig bist oder Dir über Deine Motive noch nicht so recht klar bist. Vermeide es jedoch, Pan irgendwelche Zwänge auferlegen zu wollen – wenn er in Dir ist, so gestatte ihm rückhaltlos sein Rasen. Oft wirst Du nach einem solchen Ritual sexuell erregt sein, weshalb es auch eine gute Idee ist, es gemeinsam mit einem Liebespartner durchzuführen.

LITERATURNACHWEIS

Aleister Crowley, *Magick*, s. I/7/S. 32
Frater V∴D∴, »*Versuch über Pan*«, Thelema H. 7, 1984, S. 4–9

EINFÜHRUNG IN DIE GELDMAGIE (1)

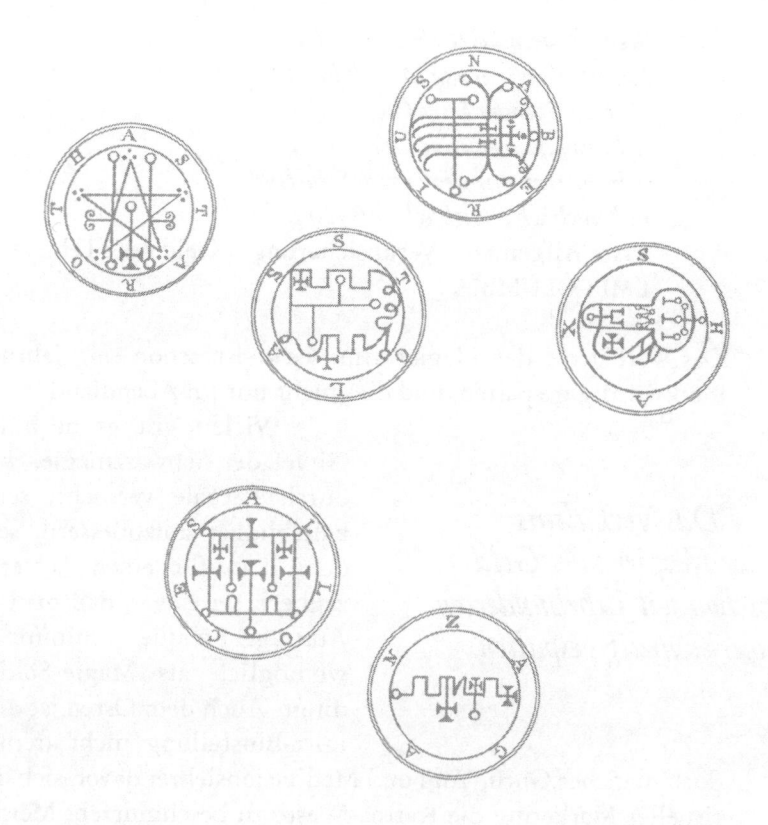

»GELDMAGIE ODER MIT DRECK FÄNGT MAN KEINE MÄUSE«

Vor Jahren erschien in der Magie-Zeitschrift ANUBIS ein Artikel zum Thema Geldmagie. Da dieses Heft inzwischen vergriffen ist, soll er hier noch einmal abgedruckt werden.*

Wenn Ahmed keine Drachmen hat
lutscht traurig er am Dattelblatt (...)
Hat der Svenson keine Öre
elcht von dannen seine Göre.
Nimmt man mir den letzten Schilling
hab auch ich ein schlechtes Feeling.
Erste Allgemeine Verunsicherung, »Geld oder Leben«, EMI/COLUMBIA

Das Verhältnis der Magier zum Geld ist schon seit Jahrhunderten merkwürdig gespalten, und dies nicht nur im Abendland.

> *Das Verhältnis der Magier zum Geld ist schon seit Jahrhunderten merkwürdig gespalten.*

Vielen gilt es noch heute als Gipfel der Schwarzmagie, wenn man durch Rituale versucht, sein Haushaltsbudget aufzubessern, sei es, indem man für einen Lotteriegewinn zaubert, sei es gar, daß man für Bares Aufträge Fremder annimmt und sich womöglich als Magie-Söldner verdingt. Auch dem Osten ist diese Igittigitt-Einstellung nicht fremd, warnt doch mancher Guru, Yogi und Meditationslehrer davor, sich durch spirituelles Marketing die Karma-Weste zu beschmutzen. Meistens werden dergleichen Tiraden von Sätzen begleitet wie: »Nur kein spiritueller Materialismus!«, »Wissen ist ein Geburtsrecht«, »Die Wahrheit ist kostenlos« und so weiter.

Auf der anderen Seite stehen die Befürworter der Penunze und kontern, daß Wissen und Weisheit zwar vielleicht umsonst seien (was übrigens auch nicht unbedingt jedem einleuchten muß), daß dies aber

---

* Der Artikel wird inhaltlich unverändert abgedruckt, nur Druck- und Stilfehler wurden berichtigt.

keineswegs für ihre Vermittlung gelte und daß man sich schließlich auch als Erleuchteter die Butter aufs Brot beschaffen müsse... Es gibt sicher auch in der Magie fiese Kommerzlinge, die nicht einen Finger rühren, ohne sich vorher nach Möglichkeit in Gold (oder wenigstens Silber) aufwiegen zu lassen, andererseits aber auch idealistische Naivhexer, die meinen, »gerade jetzt im Wassermannzeitalter und New Age« müsse doch alles für lau sein, wie der Rheinländer sagt.

Nun ist es gewiß kein Wunder, daß sich auch in der Esoterik und Magie die Gemüter am Geld entzünden – prägt diese Auseinandersetzung die Menschheit immerhin schließlich schon seit ihrer Entstehung, denn auch in den frühen Sammel- und Tauschgesellschaften dürfte es bereits deutliche merkantile Erscheinungen gegeben haben.

Woher die Verachtung des Geldes rührt, ist einigermaßen klar, versinnbildlicht es doch für die meisten Menschen das Materielle schlechthin. Kulturen wie die indische mit ihrer inhärenten Diesseitsfeindlichkeit und die christliche mit ihrem spätägyptischen Jenseitskult können es kaum dulden, daß sich die Massen freudig dem Gelderwerb widmen, anstatt die Augen fromm gen Himmelreich oder Moksha zu verdrehen – was die Priesterkasten aller Zeiten freilich nie daran gehindert hat, für sich selbst das Privileg der Geldhortung fleißig in Anspruch zu nehmen. »Gib das Geld her, dir verdirbt das nur den Charakter«, sagt Lupo in einem frühen Comic zu Lupinchen, und mit diesen Worten ist auch die Einstellung der meisten religiösen Hierarchien gegenüber ihren doch oft recht pekuniär denkenden Gläubigen treffend charakterisiert.

Warum sollte denn etwas so Nützliches und Wanderfreudiges wie Geld ausgerechnet den Charakter verderben? Gewiß, es kann süchtig machen wie so manche Annehmlichkeit des Lebens, und es ist kein Zufall, daß aus den gleichen Kreisen oft ebenso vehement gegen Alkohol, Sex und Vergnügungen aller Art gewettert wird. Und wer den Gelderwerb kontrolliert, der kontrolliert auch das Leben der Massen, jedenfalls weitgehend. Noch heute ist es radikal-islamischen Banken verboten, Zinsen zu nehmen und zu zahlen (statt dessen bedienen sich die Scheichs oft ausgetüftelter Genossenschaftsmodelle mit Gewinn- und Verlustverteilung), und im

> *Warum sollte etwas so Nützliches und Wanderfreudiges wie Geld den Charakter verderben?*

christlichen Mittelalter durften nur die Juden reine Geldgeschäfte (vor allem den Verleih gegen Zins) ausüben – wofür man sie dann, wie praktisch, gelegentlich heftig steinigen konnte, übrigens eine der Hauptursachen für die Entstehung des europäischen Antisemitismus. Man könnte dies auch als eine Übung im »systematischen Heranzüchten von Sündenböcken« bezeichnen, noch dazu als eine, die vom Neuen Testament abgesegnet wurde: Der angeblich so milde Jüngling aus Nazareth war plötzlich alles andere als lammfromm, als er die Geldwechsler aus dem Tempel prügelte, eine Geste, die nach wie vor auch jedes Marxistenherz höherschlagen läßt.

Wobei wir bei einer weiteren geldverachtenden Ideologie wären: Sozialismus und Kommunismus gebärden sich in Sachen Privateigentum und Gelderwerb zumindest in der Theorie oft nicht viel anders als weiland die Bettelorden der Albigenserzeit. Je mehr man sich übrigens mit dieser Materie befaßt, um so mehr gerät man ins Staunen über soviel Energie, die (zumindest pro forma) in die Ablehnung einer Sache gesteckt wird, ohne die dennoch keiner von uns auskommt und die, wie schon erwähnt, von hohem praktischen Wert ist. Oder, wie es in dem unsterblichen Roman von Douglas Adams, *Per Anhalter durch die Galaxis*, so schön über unseren Planeten heißt: »Die meisten seiner Bewohner waren fast immer unglücklich. Zur Lösung dieses Problems wurden viele Vorschläge gemacht, aber die drehten sich meistens um das Hin und Her kleiner bedruckter Papierscheinchen, und das ist einfach drollig, weil es im großen und ganzen ja nicht die kleinen bedruckten Papierscheinchen waren, die sich unglücklich fühlten.«[1] Wie wahr, wie wahr!

Beleuchten wir das Problem einmal von einer anderen Seite, und bedienen wir uns dazu zur Abwechslung der Symbolik des Tarot. Heute ist es allgemein üblich, den Pentakeln, die auch immer noch häufig als Münzen be- und gezeichnet werden, das Element Erde zuzuordnen, wohl weil Geld (wenn wir die uralte Analogie »Pentakel/Münzen« einmal beibehalten und auf das etwas euphemistische »Scheiben« verzichten) als Inbegriff des materiellen Besitzes galt. Doch seltsamerweise ist dies eine Entwicklung, die erst im neunzehnten Jahrhundert eingesetzt hat, in einer Zeit also, als »Besitz« vermehrt und beinahe ausschließlich mit »Immobilien« gleichgesetzt wurde. Auch damals wagte der Händler sein Glück zwar, wie zu allen Zeiten, mit beweglichen (»luftigen«)

---

[1] *Deutsch von Benjamin Schwarz, Frankfurt et al.: Ullstein, 1984, S. 7.*

Waren, doch pflegte er die Gewinne nach Möglichkeit hurtigst »anzulegen«, und dies vor allem in statische (»erdige«) Wertobjekte wie Grundstücke, Gebäude und ganze Ländereien. Merk-

> *Die »luftige« und die »erdige« Natur des Geldes*

würdigerweise finden wir aber im selben Jahrhundert noch eine wohl weitaus ältere Deutung, die den Münzen das Element Luft zuweist, nämlich bei keinem geringeren als Papus in seinem *Tarot der Zigeuner*! Mir persönlich leuchtet diese Zuordnung auch viel eher ein,[2] und dies aus mehreren Gründen: Zum einen, weil Geld ja essentiell beweglich ist, es lebt gerade davon, von einem Ort zum anderen gebracht zu werden, seinen Besitzer zu wechseln und so weiter. Ja nur dann kann es seine Funktion wirklich erfüllen, und so erscheint es geradezu widersinnig, Geld horten zu wollen. (In wirtschaftlich solideren Zeiten horteten die Banken auch weitaus weniger Bargeld als vielmehr Edelmetalle und Immobilien!) Der Händler ist im Prinzip ein merkurialer (»luftiger«) Charakter: Er lebt vom Transport, der Kommunikation und der Bewegung, nützt das Überangebot an einem Ort und den Mangel an einem anderen aus, indem er (hier läßt das Waage-Prinzip grüßen!) zwischen beiden ein, wenn auch geschickterweise nur vorübergehendes, Gleichgewicht herstellt. Ebendieser Funktion aber dient das Geld.

Der zweite Grund, der für die Zuordnung »Münzen = Luft« spricht, ist der, daß es sich beim Geld um eine Abstraktion (= Luftprinzip) ersten Ranges handelt. Es ist nicht eßbar und hat keinen anderen Nutzen, als sich auf andere, nichtgeldliche Werte zu beziehen,[3] also Vermittler (= Merkur/Hermes = Götterbote) zu sein.

Der dritte Grund erscheint mir freilich als der gewichtigste, weil er direkt die Psychologie des Geldes berührt. Indem man durch die Zuordnung zur Luft das Geld nämlich als etwas Unstatisches betrachtet, verliert es gleich einen großen Teil seiner Bedrohlichkeit, es sei

---

[2] *Dagegen, daß bei ihm die Schwerter dafür das Element Erde vertreten müssen, mag sich zunächst manches Nackenhaar sträuben, doch versteht man dies vielleicht etwas besser, wenn man einmal bedenkt, daß die Schwerter im französischen Blatt der Farbe Pik entsprechen, also dem Spaten; diese Farbe wird ja auch heute noch umgangssprachlich gern als »Schippe« bezeichnet, was die »Erde« ja wohl deutlich genug nahelegt.*

[3] *Vergleiche hierzu auch die exzellenten Ausführungen von Georg Ivanovas zu den Münzen im Tarot: »Das Münz-As – Anmerkungen zu den Kleinen Arcana«, UNICORN, Heft X/84, S. 146–148.*

denn, man krebst (pardon! steinbockt) immer noch in den ontologischen Kinderschuhen herum und bejammert haareraufend die Tatsache, daß der Wandel doch das einzige Beständige auf dieser Welt ist. Aber wer bringt es schon über sich, Geld als etwas Leichtfüßiges, Ephemeres nicht nur zu begreifen, sondern auch zu schätzen, wenn es ihm gerade fehlt? Dabei kommt es meines Erachtens gerade in Zeiten der Geldnot (von denen ich persönlich manch garstig Lied zu singen wüßte!) darauf an, diesen Schritt zu tun und das Geld als Spiel zu begreifen, als geradezu kosmischen Ausdruck des Tanzes der Schöpfung, als Verkörperung der sich ständig wandelnden, abwechselnden Energien von Yin und Yang, von Finsternis und Licht und so weiter.

Geld als Spiel, als Ausdruck des Tanzes der Schöpfung

Was hat nun all dies mit Magie zu tun? Eine ganze Menge, will ich meinen. Nicht etwa nur, weil auch Magier gelegentlich von Geldproblemen gepiesackt werden. (Das ist übrigens interessanterweise beinahe die Regel: Materiell-geldlich reiche Magier sind schon immer die absolute Ausnahme gewesen. Vielleicht haben viele erst durch ihren Geldmangel zur Magie gefunden, weil sie diesen durch jene zu beheben hofften? Wer weiß!) Schon eher deshalb, weil selbst Magier, die es eigentlich besser wissen sollten, von der Asketenschelte gegenüber der »Vermehrung unserer Währung« nicht unbeeinflußt geblieben sind und bei Geldzaubern ein geradezu phantastisches schlechtes Gewissen zu entwickeln pflegen. Und das hat so manche grausige Konsequenz für die Praxis.

Zahlreichen meiner Kollegen (und auch mir selbst) ist es bei der Geldmagie häufig so ergangen, daß sie entweder zu überhaupt keinem Erfolg führte oder zum glatten Gegenteil oder gar zu einem »Erfolg auf der anderen Schiene«, was ich gleich noch erläutern möchte.

Hat eine magische Operation überhaupt keinen Erfolg, so läßt sich dazu eigentlich nicht allzuviel sagen: Zu viele Faktoren können dabei eine Rolle gespielt haben, sicher auch jene, die im folgenden noch behandelt werden. Erzielt der Magier dagegen einen »Negativ-Erfolg«, wird die Sache schon aufschlußreicher. Aleister Crowley hat in seinen internen O.T.O.-Schriften im Zusammenhang mit der Sexualmagie auf dieses Phänomen hingewiesen. Sinngemäß paraphrasiert: Man zaubert, um, sagen wir, DM 10 000,– zu erhalten, und drei Tage später baut man schuldhaft einen Unfall, der einen ebendiese Summe kostet; oder der

Gerichtsvollzieher taucht unvermutet auf (vielleicht sogar, was ja noch harmlos ist, völlig ungerechtfertigterweise, zum Beispiel weil das Finanzamt die Steuernummer verwechselt hat) und

> *Geldmagie: »Erfolg auf der anderen Schiene«*

hätte gern, bitteschön, die zehn Riesen, notfalls auch in Naturalien, widrigenfalls er überall sein Krafttier, den Kuckuck, hinklebt und Wache halten läßt. Viele Magier haben derartige Erfahrungen gemacht, und dies keineswegs nur mit der Sexualmagie (weshalb man dieses Phänomen auch, meine ich, nicht wirklich dieser Disziplin selbst anlasten kann), daß sie nämlich oft genau die vorher bezeichnete Summe »erhielten«, nur eben mit umgekehrten Vorzeichen. Da hört man dann, wie es so schön heißt, »das Universum lachen«. Und wie bei jedem Witz, der auf unsere Kosten geht, gehört eine gewaltige Portion Distanz und Selbstironie dazu, in dieses Lachen miteinzustimmen, eine Praktik, die ich im übrigen gar nicht eindringlich genug empfehlen kann, aus psychologischen wie aus magischen Gründen. (Nicht vergessen: »Lachen bannt«!) Für solche Erlebnisse haben die Psychologen, flink wie sie nunmal gerne sind, eine hübsche Erklärung parat, sofern sie überhaupt dazu bereit sind, einen analogen Kausalzusammenhang zwischen Ritual und Minus-Erfolg zuzugeben: Versteckte Schuldgefühle und Selbstbestrafungsmuster könnten den ursprünglichen Willenssatz in sein Gegenteil umgekehrt haben. Dagegen läßt sich schwer andiskutieren, denn wenn man leugnet »Hab ich aber gar nicht!«, zieht der gewiefte Tiefenpsychologe seine Standard-Trumpfkarte aus dem Ärmel und sagt: »Ätsch! Hast du aber wohl! Nämlich unbewußt!« Und da man übers eigene Unbewußte ja schon per definitionem nichts Bewußtes aussagen kann, zumindest nicht unmittelbar, hat man prompt den Schwarzen Peter in der Hand. Dennoch will ich nicht leugnen, daß diese Erklärung etwas für sich hat, zumindest wirkt sie vor allem dann sehr bestechend, wenn sich derlei Vorfälle häufen und man sein eigenes Verhältnis zum Geld einmal ganz generell überprüft.

Richtig interessant wird es allerdings bei der dritten Möglichkeit, also beim »Erfolg auf der anderen Schiene«. Dieses Phänomen tritt recht häufig auf, und ich könnte eine wahre Unzahl wahrer Begebenheiten aus meiner eigenen Praxis wie auch aus der einiger magischer Freunde berichten. Doch soll ein Beispiel hier genügen: Vor einigen Jahren stand mir finanziell das Wasser bis zur Oberkante Unterlippe, so daß ich nicht mehr wußte, wovon ich im nächsten Monat leben sollte. Daraufhin

> *Wenn das Universum ganz perfide lacht...*

unternahm ich eine Reise ins Erd-Tattwa (immer noch an die Analogie »Geld = Erde« glaubend!) und erhielt von einer der dort zuständigen »Instanzen« ein vieltägiges Ritual genannt, welches ich durchführen sollte. (Man könnte dergleichen Mitteilung als »Offenbarung«, als »Durchsage« oder als »Information aus dem Unbewußten« bezeichnen, aber das ist hier jetzt nebensächlich.) Einige Tage vor Beendigung des Rituals erhielt ich dann anstelle irgendwelcher Lotteriegewinne oder unwahrscheinlicher Schenkungen an zwei aufeinanderfolgenden Tagen gleich fünf Aufträge auf einmal, von denen einer dringender und eiliger war als der andere. Da ich es mir nicht leisten konnte, auch nur einen davon abzulehnen (es standen immerhin auch spätere Anschlußaufträge auf dem Spiel – perfide, perfide!), endete die Angelegenheit damit, daß ich zwar im nächsten Monat nicht verhungern mußte, dafür aber zahlreiche Wochen lang einen 16-Stunden-Tag hatte, bis ich fast am Krückstock ging. Da hatte ich meine »Erde«!

Es gibt aber noch andere Varianten des »Erfolgs auf der anderen Schiene«: So etwa die Tatsache, die sich in langer Praxis bei einer ganzen Reihe von Magiern herauskristallisierte, daß es nämlich oft unverhältnismäßig viel leichter ist, Gegenstände und Wertobjekte herbeizuzaubern als Bares, das zu ihrem Erwerb nötig wäre. So brauchte ein Freund von mir mal ein Fahrrad, hatte aber kein Geld, um sich eins zu kaufen. Kurz nach einem Geldritual bekam er dann »zufällig« ein Fahrrad geschenkt... Wer Schwierigkeiten mit »Cash-Zauberei« hat, sollte es lieber mit dieser Methode versuchen, sie schont übrigens auch die Nerven ganz erheblich.

Grundsätzlich kommt es nicht unbedingt darauf an, welche Technik man bei der Geldmagie verwendet. Als sehr effektiv hat sich die Sigillenmagie erwiesen, aber auch die Planetenmagie konnte eine Menge Erfolge verbuchen. Bei letzterer wäre es zu empfehlen, zunächst einmal durch ein Jupiter-Ritual generell »gut Wetter« zu machen (Jupiter ist zwar für Reichtum und Überfluß zuständig, doch äußert sich dies oft eher in reichen Gaben wie beispielsweise fuderweise Sektflaschen oder Eimerchen voller Kaviar, jedoch weniger in Lotteriegewinnen oder ähnlichem), um dann die eigentliche Aktion etwas gezielter mit Merkur anzupeilen. Wer der ganzen Sache dann noch mehr Stabilität und Dauerhaftigkeit verleihen will, kann abschließend noch ein Saturn-Ritual »nachschieben«. Die Reisen in die Tattwa-Sphären (die ja im Prinzip eine urschamanische Technik darstellen) verlaufen ebenfalls recht erfolgreich, solange man möglichst darauf achtet, sich dort irgendwelche Rituale empfehlen zu lassen, die man auf der physischen Ebene durchführen muß, weil die Erfahrung dadurch im Materiellen gewissermaßen verankert wird. (Denn was nützen einem schon schnöde Astraldollar?) Auch die Sexualmagie eignet sich hervorragend für geldmagische Operationen, sofern man an dergleichen Geschmack findet.

> *Sexualmagie eignet sich hervorragend für geldmagische Operationen.*

Es wird auch oft empfohlen, nach einer geldmagischen Operation möglichst einige Kanäle freizumachen, damit das Geld dann auch zu einem strömen kann, beispielsweise indem man gegen seine normale Gewohnheit Lotto spielt, abstruse Wetten eingeht oder ähnliches. Wenngleich ich dieses im Prinzip zwar auch so sehe, rate ich andererseits dennoch von Glücksspielen und Lotterien in diesem Zusammenhang ab, weil sie das Vergessen der Operation (laut Austin Osman Spare bekanntlich eine der wichtigsten Voraussetzungen für ihr Gelingen) erschweren. Ob man will oder nicht – hat man erst sein Los in der Tasche, wird man zunehmend nervöser, je näher der Tag der Ziehung rückt. Sinnvoller ist es da schon, einfach die Augen offenzuhalten und Gewinnchancen, Geschäfte und so weiter als solche wahrzunehmen.

Spielcasinos können im wahrsten Sinne des Wortes zur Spielhölle werden, wenn man nicht mit ihrer Atmosphäre vertraut ist. Nehmen wir als Beispiel das Roulette: Wenn wir es schon mit Magie angehen wollen, so stellt sich die Frage, ob wir versuchen sollen, die Kugel zu beeinflussen (= Telekinese), oder ob wir die kommende Zahl, Farbe, und so weiter erraten/erahnen wollen (= Präkognition), was übrigens für alle Glücksspiele gilt. Ersteres dürfte den meisten Menschen schwererfallen als letzteres, doch gibt es auch hierfür keine feststehenden Regeln. Eines sollte aber auch der Roulette-Magier beherzigen: Gute Spieler, erst recht Profis, spielen so gut wie nie länger als etwa 20 Minuten pro Tag, weil sie die für das Gewinnen erforderliche Distanzierungstrance nicht länger aufrechterhalten können. Und wenn man 100 Mark riskiert hat und nach einer halben Stunde mit 110 Mark herauskommt, so sollte man darüber nicht die Nase rümpfen: Wo kann man schon (bei einer reellen Gewinnchance von 48,3 Prozent) in einer halben Stunde 10 Prozent Zinsen einheimsen?

> *Es fällt meist leichter, Gegenstände oder Aufträge herbeizuzaubern als Bargeld und Erbschaften.*

Die Tatsache, daß es meist leichterfällt, Gegenstände oder Aufträge oder ähnliches herbeizuzaubern als Bargeld und Erbschaften, mag vielleicht auch damit zu tun haben, daß unser Unbewußtes (das im psychologischen Modell ja für die Magie verantwortlich zeichnet) mit Abstraktionen wie Geld nur wenig anfangen kann, sondern lieber, wie es ein Kind auch täte, viele bunte Gegenstände herbeischaffen möchte. Und schließlich ist die Wahrscheinlichkeit, daß die Leute in Ihrer Umgebung ebenfalls alle ein Fahrrad wollen, viel geringer, als dies bei Geld der Fall ist, so daß die »Energieform« Fahrrad sich besser orientieren kann und sich wie ein Taxi zu dem begibt, der eben speziell nach ihr winkt.

Wir tun uns selbst und dem Geld gerade als Magier keinen Gefallen, wenn wir es zu wichtig nehmen. Das wirklich Entscheidende an der Geldmagie nämlich ist unsere Einstellung zum Geld und die Art und Weise, wie wir mit ihm umgehen. Es ist meines Erachtens eine weitaus bessere und gesündere Geldmagie, wenn wir spielerisch vorgehen und beispielsweise jeden Tag einen (möglichst großen!) Geldschein streicheln und humorvoll-spaßig »Hol doch mal deine Freunde!«

> *Das wirklich Entscheidende an der Geldmagie ist unsere Einstellung zum Geld.*

flüstern, als wenn wir uns verkrampft in den Kreis stellen und verzweifelt versuchen, einen Dämon ins Dreieck zu evozieren, damit der dann irgendwann ein bißchen Kohle rüberschiebt. Recht amüsant kann es auch sein, sich seinen pekuniären Willenssatz (vielleicht auch als Sigil) mit dem Kugelschreiber auf die Schuhsohlen zu schreiben und sich seine Erfüllung gewissermaßen zu »erlatschen«. Das ist vor allem etwas für Naturen, die immer noch meinen, man müsse sich Geld »hart erarbeiten« und gleicht im übrigen der Technik der tibetischen Gebetsmühle... Wie der Rev. Ike so schön sagt: »Wenn du Geld liebst, dann liebt Geld auch dich.« Betrachten wir es ruhig einmal, wie es schamanische Sitte ist, personifiziert. Warum sollte sich die Wesenheit namens »Geld« zu jemandem begeben, der sie im Grunde seines Herzens nicht mag und sie verachtet? Würden wir selbst das etwa tun, wenn wir die Wahl hätten? Und Geld hat die Wahl, das können Sie glauben! Überall stehen ihm Tag und Nacht Türen und Tore offen, wird es zärtlich willkommen geheißen und gehegt – und wieder ausgegeben. Ich habe es mir schon in meiner Studentenzeit angewöhnt, gerade dann, wenn ich am wenigsten Geld zur Verfügung hatte, die größten Trinkgelder zu geben. Und ich muß sagen, daß mir diese Art von Geldmagie weitaus mehr gebracht hat als jeder Versuch, es an mich zu reißen und aufzuhäufen. Geld ist luftig und verspielt; wo man es in dumpfen Verliesen oder dämlichen Sparschweinen einsperren will, da fühlt es sich nicht wohl und verduftet bei der nächsten passenden oder (meistens) unpassenden Gelegenheit – eben ganz wie wir es auch täten!

Geld will Spaß haben, wie jeder bessere Unterhaltungskünstler auch. Und wenn wir ihm diesen gönnen, etwa indem wir beim Merkur-Ritual den Altar mit prallen Geldbörsen und bunten Geldscheinen aus aller Welt schmücken, es liebkosen und streicheln, ihm aber auch ohne Zaudern seine Freiheit geben, wenn es wieder fort will – dann, und erst dann hört es

> *Geld will Spaß haben!*

auf, uns durch sein Fernbleiben zu beherrschen oder durch seine materiellen Aspekte (die es ja durchaus hat) zu versklaven und abhängig zu machen. Es ist wahr: Geld stinkt nicht, es läßt allenfalls stinken! Doch wie gesagt, überschätzen wir es nicht! Es ist das Blut unseres Wirtschaftskreislaufs, war es schon immer, es ist lebensnotwendig, aber es ist eben nur ein lebensnotwendiger Teil von zahllosen anderen. Es ist Unsinn, so zu tun, als wäre das Blut das Wichtigste von allem: Ohne Herz (für den Antrieb) und Leber und Nieren (für die Reinigung) ist es beispielsweise nichts, gerät es ins Stocken, verdickt und wird klumpig, verklebt die Adern, verklebt das Leben.

Und genau das ist es auch, was der Geldmagier beherzigen sollte: Geld ist Bewegung und braucht Luft, weil es selbst Luft ist! Reichsein heißt »reich sein«, und das hat nicht unbedingt mit Geld zu tun, wenngleich es ein herrlicher Indikator für den persönlichen magischen Erfolg sein kann. Geld ist, wie Elektrizität (und wie Magie!) eine

> *Geld ist, wie Elektrizität (und wie Magie!), eine völlig neutrale Kraft, eine Energie.*

völlig neutrale Kraft, eine Energie, die zum Guten wie zum Bösen angewendet werden kann, und wer dies nicht nur im Kopf, sondern auch im Bauch verinnerlicht hat, dem offenbart es eine geheime Magie ganz besonderer Art: Geben ist seliger denn Nehmen – doch das schließt das Empfangen nicht aus ...

Wir werden uns im nächsten Abschnitt umfassender dem Thema der angewandten Geldmagie widmen, empfehlen Ihnen aber schon jetzt, anhand des obigen Artikels die ersten praktischen Übungen durchzuführen.

EINFÜHRUNG
IN DIE RITUALISTIK (IX)

DAS PENTAKEL

Bevor wir auf die Funktion von Pentakel und Lamen eingehen, soll auf einen Umstand hingewiesen werden, der in der modernen Magieliteratur zu einiger Verwirrung geführt hat. Dort werden beide Paraphernalia oft miteinander verwechselt oder verschmolzen, wir aber werden beide magischen Waffen getrennt behandeln, wie es in der Tradition üblich ist. Warum zeitgenössische Autoren nur noch vom Pentakel sprechen, wollen wir vorläufig nicht erläutern, zumal sie dies selbst auch nicht tun. Halten wir nur fest, daß in der älteren magischen Tradition (noch bis Crowley und über ihn hinaus) zwischen Pentakel und Lamen klar unterschieden wird, dies aber heute nicht mehr bei allen Autoren der Fall ist. Wir werden uns in diesem Abschnitt allein dem Pentakel widmen und das Lamen erst an späterer Stelle behandeln.

> *Pentakel und Lamen werden in der modernen Magieliteratur oft miteinander verwechselt.*

Das Pentakel ist die vierte und letzte Elementwaffe, die wir behandeln. So wie der Stab dem Feuer, der Kelch dem Wasser und das Schwert der Luft entspricht, ordnen wir dem Pentakel das Element Erde zu.*

Auch zum Pentakel hat Aleister Crowley die wohl klarste Zusammenfassung gegeben:

> Wie der Magische Kelch die himmlische Speise des Magiers ist, so ist das Magische Pentakel seine irdische Speise.
>
> Der Stab war seine göttliche Kraft, das Schwert seine menschliche Kraft.
>
> Der Kelch ist hohl, um den Einfluß von oben zu empfangen. Das Pentakel ist flach wie die fruchtbaren Ebenen der Erde.

> *Die Symbol-Logik des Pentakels nach Crowley*

---

* *Aus unseren obigen geldmagischen Ausführungen über die Elementzuordnung zu den Pentakeln/Münzen/Scheiben im Tarot wissen wir, daß die Entsprechung »Pentakel = Luft« eigentlich die ältere, ursprünglichere ist. Da aber die Golden Dawn, von der unsere moderne Magie ja nach wie vor zehrt, den Pentakeln das Element Erde zuordnete, hat sich dies eingebürgert und ist meines Wissens in keiner modernen, elementorientierten Magierichtung jemals geändert worden. Deshalb wollen auch wir dabei bleiben.*

Der Name Pentakel deutet ein Bild des Ganzen an, omne in parvo; doch geschieht dies durch eine magische Transformation des Pentakels. So wie wir das Schwert durch die Kraft unserer Magie zum Symbol von allem gemacht haben, so bearbeiten wir auch das Pentakel. Was nur ein Stück gewöhnlichen Brotes ist, soll der Leib Gottes werden!

Der Stab war der Wille des Menschen, seine Weisheit, sein Wort; der Kelch war sein Verständnis, das Vehikel der Gnade; das Schwert war seine Vernunft; und das Pentakel soll sein Körper sein, der Tempel des Heiligen Geistes.

Welche Länge hat dieser Tempel?
Von Nord bis Süd.
Welche Breite hat dieser Tempel?
Von Ost bis West.
Welche Höhe hat dieser Tempel?
Vom Abyssos bis zum Abyssos.

Es gibt folglich unter dem ganzen Himmelsfirmament nichts Bewegliches oder Unbewegliches, das nicht in diesem Pentakel enthalten wäre, auch wenn dieses nur »von acht Zoll Durchmesser und von einem halben Zoll Dicke« sei.

Feuer ist überhaupt keine Materie; Wasser ist eine Verbindung aus Elementen; Luft ist fast gänzlich eine Mischung der Elemente; Erde enthält alles sowohl als Mischung wie auch als Verbindung.

Also muß es auch bei diesem Pentakel sein, dem Symbol der Erde.

Und da dieses Pentakel aus reinem Wachs ist, vergiß nicht, daß »alles, was lebt, heilig ist«.

Alle Erscheinungen sind Sakramente. Alle Tatsachen, ja sogar die Falschheiten müssen in das Pentakel eingehen; es ist das große Lagerhaus, aus dem der Magier schöpft.

[Magick, S. 97]

Crowleys Hinweis, daß das Pentakel aus reinem Wachs (Bienenwachs) zu sein habe, »acht Zoll im Durchmesser, ein halbes Zoll in der Breite«, wird heute nur noch wenig beachtet. Es werden auch andere Materialien verwendet, von Metall über Ton und Stein bis zum Holz. Das war sicher auch früher schon so.

Das Pentakel soll ein Abbild des persönlichen Universums des Magiers sein: Alles, was in diesem Kosmos enthalten ist, muß sich im Pentakel in symbolischer Form wiederfinden. Daher ist es auch von allen Elementwaffen am schwierigsten herzustellen. Nicht etwa, weil es

> *Das Pentakel soll ein Abbild des persönlichen Universums des Magiers sein.*

uns vor allzu große handwerkliche Probleme stellen würde, das genaue Gegenteil ist der Fall: Es ist wirklich nicht schwierig, Wachs zu einer Scheibe zu kneten oder zu schmelzen und diese zu gravieren. Nein, die Herstellung des Pentakels verlangt nicht nur nach einem Feingespür für persönliche Symbolik, sie setzt vor allem voraus, daß der Magier sich selbst bis in alle Tiefen ergründet hat. Und das Pentakel ist auch keine statische, sondern im Gegenteil eine außerordentlich dynamische, wandlungsfähige magische Waffe, ist es doch das Dokument unseres gesamten Lebens.

> {...} *dieses Pentakel stellt folglich alles dar, was wir sind, das Ergebnis all dessen, was zu sein wir einmal geneigt waren.* {...}
> *Das Pentakel ist also in gewissem Sinne identisch mit dem Karma oder Kamma des Magiers.*
> *Das Karma eines Menschen ist sein Kontobuch. Die Bilanz wurde noch nicht erstellt, und er weiß nicht, wie sie aussieht; er weiß nicht einmal bis in alle Einzelheiten, welche Schulden er noch abtragen muß oder was ihm noch zusteht; auch weiß er nicht einmal, auf welches Datum jene Zahlungen fallen werden, deren Fälligkeit er voraussehen mag.*
> *Ein nach diesen Prinzipien geführtes Geschäft würde sich in einem schrecklichen Durcheinander befinden; und wir stellen fest, daß der Mensch sich in eben so einem Durcheinander befindet.* {...}
> *Nun bedenke, daß dieses Karma alles ist, was ein Mensch besitzt oder ist. Sein Endziel besteht darin, sich seiner vollkommen zu entledigen – wenn der Punkt kommt, das Selbst dem Geliebten hinzugeben**; *doch am Anfang ist der Magier noch nicht dieses Selbst, er ist nur der Abfallhaufen, aus dem dieses Selbst aufgebaut werden muß. Die Magischen Instrumente müssen erst hergestellt worden sein, bevor sie vernichtet werden können.*
> [Magick, S. 100]

---

* *Um alles hinzugeben, muß man nicht nur das Böse, sondern auch das Gute aufgeben; nicht nur die Schwäche, sondern auch die Stärke. Wie kann der Mystiker alles hingeben, wenn er sich an seine Tugenden klammert?*

Aleister Crowley gibt zwar auch Hinweise für den Entwurf des Pentakels:

> *Alle Pentakel enthalten letztlich die Konzepte des Kreises und des Kreuzes, wenngleich manche es vorziehen, das Kreuz durch einen Punkt zu ersetzen oder durch ein TAU oder durch ein Dreieck. Manchmal wird die Vesica Pisces anstelle des Kreises verwendet, oder der Kreis wird symbolisch als Schlange dargestellt. Manchmal werden Zeit und Raum und die Vorstellung der Kausalität abgebildet; ebenso die drei Stufen der Geschichte der Philosophie, deren drei Studienobjekte nacheinander die Natur, Gott und der Mensch waren.*
>
> *Auch die Dualität des Bewußtseins wird manchmal dargestellt; und der Lebensbaum selbst mag darin auftreten oder die Kategorien. Es sollte ein Emblem des Großen Werks hinzugefügt werden. Doch das Pentakel wird unvollkommen bleiben, solange nicht jede Vorstellung auf ausgewogene Art mit ihrem Gegenteil ausgeglichen wird und solange es keine notwendige Verbindung zwischen jedem Vorstellungspaar und jedem anderen Paar gibt.*
>
> *Der Neophyt wird wohl gut daran tun, die ersten Entwürfe zu seinem Pentakel sehr groß und kompliziert zu machen, um danach zu vereinfachen, nicht so sehr durch Auslassung als vielmehr durch Verschmelzung, ganz wie ein Zoologe mit den vier großen Affenarten und dem Menschen beginnt, um sie schließlich alle in dem einen Wort »Primaten« zu vereinen.*
>
> *Es ist unklug, allzusehr zu vereinfachen, da die ultimate Hieroglyphe unendlich sein muß. Da aber die endgültige Auflösung noch nicht vollzogen wurde, darf ihr Symbol auch nicht wiedergegeben werden.*
> [Magick, S. 99]

Er macht aber auch noch einmal deutlich, wie schwierig die Herstellung des Pentakels ist:

> *Wie wenige Menschen können die Jahre der Vergangenheit betrachten und feststellen, daß sie in einer eindeutigen Richtung vorangekommen sind? Und bei wie wenigen ist doch ebendiese Veränderung eine Variable von Intelligenz und bewußtem Wollen! Die unbewußten Kräfte sind unvergleichlich größer als jene, von denen wir wissen. Dies ist die Festigkeit unseres Pentakels, das Karma unserer Erde, die einen*

Menschen, ob er will oder nicht, mit tausend Meilen pro Stunde um ihre Achse wirbelt. {...}

Es ist also sehr schwierig, dieses schwere Pentakel auf irgendeine Weise herzustellen. {...}

Wir ritzen eine Figur ins Eis; bereits am selben Morgen wird sie von den Spuren anderer Eisläufer verwischt; noch hat diese Figur mehr bewirkt als nur die Oberfläche des Eises anzukratzen, und das Eis selbst muß vor der Sonne schmelzen. Tatsächlich kann der Magier verzweifeln, wenn er sich anschickt, das Pentakel herzustellen! {...}

Also – sei achtsam! Wähle! Wähle! Wähle!

Dieses Pentakel ist ein unendliches Lagerhaus; die Dinge werden stets dort sein, wenn wir sie brauchen. Wir mögen gelegentlich dafür sorgen, daß sie abgestaubt werden und die Motten von ihnen fernbleiben, doch werden wir meistens zu beschäftigt sein, um sehr viel mehr zu tun als dies. Vergiß nicht, daß man es auf einer Reise von der Erde zu den Sternen nicht wagen darf, sich mit übermäßig viel schwerem Gepäck zu belasten. Nichts, was kein notwendiger Teil der Maschine ist, sollte in seine Komposition aufgenommen werden.

Doch wenngleich dieses Pentakel nur aus Falschheiten besteht, scheinen einige Falschheiten doch falscher zu sein als andere.

Das ganze Universum ist eine Illusion, aber es ist eine Illusion, die man nur schwer los wird. Verglichen mit den meisten Dingen, ist es wahr. Doch neunundneunzig von hundert Eindrücken sind sogar falsch in Relation zu den Dingen ihrer eigenen Ebene.

Solche Unterscheidungen müssen vom Heiligen Dolch tief in die Oberfläche des Pentakels eingegraben werden.

[*Magick*, S. 100 f.]

Die Herstellung des Pentakels verlangt also die völlige Durchleuchtung und Erkenntnis unserer selbst. In diesem Sinne wird es immer die unvollkommenste unserer magischen Gerätschaften bleiben, eine, an der wir ein Leben lang arbeiten müssen, ohne sie jemals zu vollenden. Es ist die individuellste aller Waffen – und die größte Herausforderung von allen.

> *Die individuellste aller Waffen – und die größte Herausforderung von allen*

Abbildung 32: Pentakel des John Dee (»sigillum dei æmeth«)

DER ALTAR

Spätestens nun ist die Zeit gekommen, daß Sie sich bei Ihrer zeremonialmagischen Arbeit auch intensiver um den magischen Altar kümmern. Bisher haben wir dieses Tempelmöbel nicht weiter beachtet, es diente uns vor allem als Abstellmöglichkeit für unsere diversen Utensilien.

Die meisten heutigen Magier machen sich nicht mehr die Mühe, einen aufwendigen Altar herzustellen: Der Altar ist zu einem rein funktionalen Möbel geworden. Meist werden irgendwelche Tische oder Kommoden als Altar zweckentfremdet, und damit hat es sich.

Unterschiedliche Betrachtungsweisen

Selbstverständlich steht es Ihnen frei, dies auch so zu handhaben. Doch sollte dem zuvor wenigstens eine Meditation darüber vorangehen, wie Sie Ihren Tempel überhaupt ausstatten wollen. Denken Sie daran, daß der Tempel im Idealfall ein kleines Universum für sich ist. So wie Sie als Magier das große Bauwerk Ihres Lebens und Schicksals selbst gestalten wollen, so sollten Sie dies auch in Ihrem Tempel äußerlich manifestieren.

Es ist vor allem die Magie des neunzehnten Jahrhunderts gewesen, die alles, aber auch wirklich alles, was der Magier tat, besaß und um sich herum aufstellte, mit Symbolik durchtränkte. Der Mensch von heute empfindet dies oft, wie übrigens auch viele Moden der damaligen Malerei, der Literatur und der Musik, als überspannt und überflüssig. Daß die Magie sich auch äußerlich dem Stil ihrer Zeit anpaßt, beweist die moderne Chaos-Magie, bei der beispielsweise gelegentlich anstelle von Kerzen auch Neonröhren verwendet und Mantras vom Computer abgespult werden.

Wir wollen Ihnen für die Herstellung eines »richtigen« magischen Altars keine Vorschriften machen. Die folgenden kurzen Hinweise dienen vielmehr als Beispiel für die Art, wie wir uns mit dem Altar befassen können. Finden Sie zu Ihrer eigenen Form und Weise der Betrachtung – denn das ist ohnehin das Endziel unserer Schulung.

Für Magier in der Tradition der Golden Dawn soll der Altar ein Doppelkubus sein. Warum dies? Weil der Altar, wie Crowley schreibt, »die feste Grundlage des Werks darstellt, den fixierten Willen des Magiers; und das Gesetz, unter dem er arbeitet.« [S. 52] Der Doppelkubus aber ist ein Symbol des Großen Werks, da die Verdoppelung des Kubus in der Antike ein Problem von ebensolcher Bedeutung war wie die Quadratur des Kreises. So dokumentiert der Altar auch das Wissen des Magiers um die Naturgesetze bzw. die Gesetze der Magie, durch welche er arbeitet.

Der Altar sollte dem Magier bis zum Nabel reichen, daraus ergeben sich dann seine Maße. (Die Höhe vom Boden bis zum Nabel geteilt durch 2 ergibt die Kante jedes Kubus.) »Doppelkubus« ist nicht unbedingt wörtlich gemeint, der Altar kann also durchaus aus einem Stück gefertigt sein, man braucht nicht unbedingt zwei Kuben aufeinanderzulegen. Doch sollte in diesem Fall die Bemalung den Doppelkubus-Charakter des Altars dokumentieren, indem jeder Kubus in einer anderen Farbe gehalten ist. Dies könnten beispielsweise, um die Dualität unserer Wahrnehmung und unser Bemühen zu symbolisieren, stets das Lichte und das Dunkle zu sehen, die Farben Schwarz und Weiß sein. Wir können aber auch Silber (= Mond) und Gold (= Sonne) oder Grün (= Venus) und Rot (= Mars) verwenden. Nun können wir bei-

> *Finden Sie zu Ihrer eigenen Form und Weise der Betrachtung!*

spielsweise den vier Seiten des oberen Kubus je ein Element zuordnen und dies symbolisch kennzeichen. Crowley verwendet dazu das Zuordnungssystem des John Dee. So würde etwa die nach Osten zeigende Seite der Luft entsprechen, die westliche Seite wäre dem Element Wasser zugeordnet und so weiter, ganz wie beim Pentagrammritual. Die Oberfläche könnten wir entweder dem Element Äther zuordnen oder unserem manifesten magischen Willen, zum Beispiel durch unsere persönliche Namensglyphe oder -sigil. Ebensogut können wir aber auch die sieben Planetensymbole aufmalen oder eingravieren. Es gibt also zahllose Möglichkeiten, den Altar zu gestalten, und jeder Magier sollte seine eigene Altarsymbolik entwickeln.

Die obere Fläche des Altars läßt sich mit Gold bedecken, in das wir zum Beispiel den kabbalistischen Lebensbaum eingravieren oder, falls wir das preisgünstigere Blattgold verwenden, aufmalen.

Der Altar besteht in der Regel aus Holz, oft wird Eiche als Symbol der Beharrlichkeit und Unbeugsamkeit des magischen Gesetzes empfohlen, möglich ist aber auch die Akazie als Symbol der Wiederauferstehung. Dies ist freilich auch eine Frage des Geldbeutels, und viele Magier nehmen heute mit preiswerteren Hölzern oder Furnier vorlieb.

In der Praxis ergeben sich leider einige Schwierigkeiten: Wenn der Magier nicht gerade von hünenhaftem Wuchs ist, wird seine Nabelhöhe als Grundmaß einen Altar ergeben, der zwar schön symbolisch ist, dafür aber recht unpraktisch: Die Oberfläche ist einfach zu klein, um viel mehr als die elementarsten Waffen darauf abzulegen, schon das magische Tagebuch und ein paar Kerzenständer können erhebliche Probleme aufwerfen, wenn sie ebenfalls darauf Platz finden sollen. Es ist schließlich nicht Sinn der Sache, daß man beim Ritual aus schierem Platzmangel ständig alles mögliche umwirft!

Eine Lösung besteht darin, den Altar mit einem Beistelltisch zu ergänzen, doch nimmt dieser dann natürlich zusätzlichen Tempelplatz weg, der meist ohnehin sehr knapp bemessen ist. Viele Magier ziehen es vor, einen Hohlaltar zu verwenden, dessen Inneres ein paar Fächer oder einfache Bretter aufweist, um darin zumindest einen Teil ihrer Gerätschaften zu verstauen. Die offene Front wird entweder durch eine Tür oder durch einen Vorhang (ebenfalls mit Symbolen versehen) abgedeckt.

Versuchen Sie also, zu einer symbol-logisch schönen, zugleich aber auch praktischen Lösung zu finden, lassen Sie sich ruhig Zeit, um Ihren Altar zu durchdenken. Da Sie inzwischen genügend rituelle

Erfahrung haben, wissen Sie jetzt auch besser als am Anfang, welchen Anforderungen Ihr Altar gerecht werden sollte. Aus diesem Grund behandeln wir ihn auch erst an dieser Stelle.

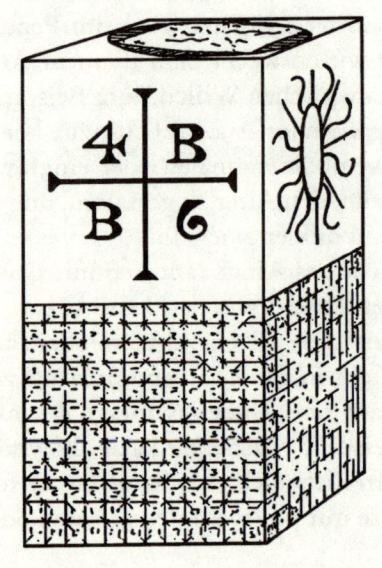

Abbildung 33: Der magische Altar (nach Crowley)

MAGISCHE EIDE

Ähnlich wie der magische Name stellt auch der magische Eid eine Verpflichtung dar, die der Magier aus den verschiedensten Gründen eingeht. Crowley schreibt dazu:

> *Die Bedeutung des magischen Eids nach Crowley*
>
> *Das Wort sollte den Willen ausdrücken: Daher ist der Mystische Name des Probanden Ausdruck seines höchsten Willens.*
>
> *Natürlich gibt es nur wenige Probanden, die sich selbst hinreichend verstehen, um diesen Willen allein formulieren zu können, deshalb wählen sie nach Beendigung ihrer Probandenzeit einen neuen Namen.*
>
> *Daher ist es für den Studierenden nützlich, seinen Willen auszudrücken, indem er Magische Eide ablegt.*

Da ein derartiger Eid unwiderruflich ist, sollte er wohlüberlegt sein; und es ist besser, keinen Eid auf alle Zeiten abzulegen; denn mit wachsendem Verständnis könnte sich eine Unverträglichkeit zwischen dem niederen und dem höheren Eid herausstellen.

Dies geschieht sogar beinahe mit Sicherheit, und man muß sich vor Augen halten, daß die ganze Essenz des Willens die Einspitzigkeit ist und ein derartiges Dilemma daher eines der schlimmsten ist, in dem sich ein Magier wiederfinden kann.

Ein weiterer wichtiger Punkt bei der Betrachtung Magischer Gelübde besteht darin, darauf zu achten, daß sie stets an ihrem richtigen Platz belassen werden sollen. Sie müssen mit einem klar definierten Ziel abgelegt werden, mit einem klar verstandenen Ziel, und nie dürfen sie über dieses hinausgehen.

Für einen Diabetiker ist es eine Tugend, keinen Zucker zu verspeisen, doch nur in Beziehung zu seinem eigenen Gesundheitszustand. Es ist jedoch keine Tugend von universaler Bedeutung. Elijah sagte einmal aus gegebenem Anlaß: »Ich tue gut daran, zornig zu sein«; doch solche Anlässe sind selten.

Zudem ist dem einen Gift, was dem anderen Fleisch sein mag. Ein Armutsgelübde mag sehr nützlich für einen Mann sein, der unfähig war, seinen Reichtum für das angestrebte einzige Ziel einzusetzen; für einen anderen dagegen ist es nur eine Energieverausgabung, die dazu führt, daß er seine Zeit mit Lappalien vergeudet.

Es gibt keine Macht, die sich nicht in den Dienst des Magischen Willens pressen ließe: Nur die Versuchung, diese Macht um ihrer selbst willen wert zu schätzen, ist verwerflich.

Man sagt nicht: »Schneide es ab; was überwuchert es den Boden?«, es sei denn, daß wiederholte Beschneidungen den Gärtner davon überzeugt haben, daß das Gewächs aufrecht und schlank sein muß.

»Wenn deine Hand sündigt, so haue sie ab!« ist der Ruf eines Schwächlings. Wenn man Hunde immer sofort tötete, wenn sie sich das erste Mal schlecht benehmen, würden nicht viele das Welpenalter überleben.

Der beste Eid und der mit den universalsten Einsatzmöglichkeiten, ist der Eid des Heiligen Gehorsams; denn er führt nicht nur zur vollkommenen Freiheit, er ist auch eine Übung in jener Preisgabe, die das schlußendliche Werk ist.

Er hat den großen Wert, daß er niemals einrostet. Wenn der Vorgesetzte, gegenüber welchem der Eid abgelegt wird, sein Geschäft versteht, wird er sehr schnell jene Dinge aufspüren, die dem Schüler zuwider sind, und wird ihn mit ihnen vertraut machen.

Ungehorsam gegenüber dem Vorgesetzten ist ein Kampf zwischen diesen beiden Willen im Untergebenen. Der in seinem Eid ausgedrückte Wille, der durch die Tatsache an seinen höchsten Willen gebunden wird, daß er ihn abgelegt hat, um ebendiesen höchsten Willen zu entwickeln, liegt im Wettstreit mit dem vorübergehenden Willen, der nur auf vorübergehenden Erwägungen beruht.

Der Lehrer sollte als nächstes danach streben, den Schüler sanft und streng soweit aufzubauen, bis der Gehorsam dem Befehl unmittelbar folgt, ohne Rücksicht darauf zu nehmen, um welche Art Befehl es sich handeln mag; wie Loyola schrieb: »perinde ac cadaver«.

{...} Es ist immer von Wert, Unkraut zu jäten, doch die Blume selbst bedarf der Pflege. Wenn wir alle Wünsche in uns selbst zermalmt haben, und, wenn notwendig, auch die anderer, die sich gegen unseren Wahren Willen stellen, wird dieser Wille selbst in größerer Freiheit wachsen können. Doch ist es nicht allein notwendig, den Tempel zu reinigen und zu weihen; es müssen auch Invokationen stattfinden. Daher ist es erforderlich, unentwegt Dinge positiver, nicht bloß negativer Natur zu tun, um diesen Willen zu bestätigen.

Entsagung und Opfer sind notwendig, doch sind sie vergleichsweise leicht. Es gibt Hunderte von Methoden, um das Ziel zu verfehlen, aber nur eine, um es zu treffen. Den Verzehr von Rindfleisch zu vermeiden, ist leicht; ausschließlich Schweinefleisch zu verzehren, ist jedoch schwer.

[*Magick*, S. 62 ff.]

Haben Sie vielleicht gestutzt, als Sie lasen, daß ausgerechnet der Meister Therion, der doch der größte Propagandist des freien magischen Willens überhaupt ist, einen solchen Wert auf den Gehorsam legt? Wir bewegen uns hier auf einem gerade in unserer von demokratischen, ja antiautoritären Idealen geprägten Zeit recht heiklen Gebiet. Es läßt sich auch nicht leugnen, daß der Mensch Crowley selbst nicht unbedingt das beste Beispiel für den vorbildlichen Umgang mit den Prinzipien von Befehl und Gehorsam gewesen ist.

Freiwillige Selbstzucht bedeutet nicht nur irgendeine willkürliche Zwangsjacke, sondern vielmehr die Vorbedingung für bestimmte Erfahrungen, die anders nur sehr schwer oder überhaupt nicht zu machen wären. In diesem Sinne handelt es sich bei der Selbstzucht um das bewußte und gewollte Herstellen bestimmter Versuchsbedingungen, wie sie auch der Wissenschaftler sucht, wenn er beispielsweise einen Nährboden sterilisieren muß, um darauf nur die gewünschte Zellkultur züchten zu können. »Konzentration« bedeutet nicht zuletzt auch das Ausmerzen des Unnötigen zugunsten des Gewünschten, die Trennung der Spreu vom Weizen.

> *Selbstzucht ist das bewußte und gewollte Herstellen bestimmter Versuchsbedingungen.*

Es ist Mode geworden, jeder Art von Zwang mit Argwohn zu begegnen, »Lockerheit« ist angesagt, Selbstbeschränkung und Askese sind unerwünscht. Auch wir haben schon öfter in dieses Horn gestoßen und von der Freiheit gekündet, zu der die Magie uns alle führen soll. Es war auch notwendig (und ist es sicher noch immer), ein Gegengewicht gegen die versteinerten Askese- und Selbstkasteiungsideale eines falsch verstandenen Christentums zu schaffen, die selbst in der heutigen Magie noch immer gelegentlich ihr häßliches Gorgonenhaupt erheben. Zu lange wurde verkannt, daß Magie auch Spaß machen kann und soll, daß der Mensch sehr viel schneller und gründlicher vorankommt, wenn er durch Freude und Vergnügen motiviert ist.

Doch bedeutet dies nicht, daß Dinge wie Disziplin und beständiges Üben, mithin also auch die Selbstzucht gegen alle Einwände unserer Bequemlichkeit und Angst, gegen Trägheit und Indolenz unnötig geworden wären. Im Gegenteil: Auch hier müssen wir den Mittelweg zwischen dem blinden, freudlosen Kadavergehorsam und dem strukturlosen, entropischen Durcheinander widerstrebender, einander neutralisierender Gelüste und ephemerer Wünsche und Begierden finden.

Der Gehorsam, um den es beim individuell und autark arbeitenden Magier vor allem geht, ist der Gehorsam gegenüber seinem eigenen Eid. Soll der Rosenstock nicht irgendwann verfaulen, austrocknen und absterben, muß er von Zeit zu Zeit gezielt beschnitten werden. Das schmerzt zwar, verhindert dafür aber auch Schlimmeres.

Wenn Sie einen magischen Eid ablegen, und das sollten Sie auf jeden Fall einige Male im Laufe Ihres Magierlebens tun, seien Sie sich also ruhig darüber klar, daß Sie sich dadurch einschränken, behalten Sie aber auch im Auge, daß Sie dadurch Größeres schaffen wollen als nur die kurzsichtige Befriedigung Ihrer vorübergehenden Bequemlichkeit.

> *Gehorsam ist der Gehorsam gegenüber seinem eigenen Eid.*

Der Magier muß alles, was er besitzt, in seine Pyramide einbauen; und wenn diese Pyramide die Sterne berühren soll, wie breit muß da doch ihre Grundfläche sein! Es gibt kein Wissen und keine Macht, die dem Magier unnütz wären. Man könnte fast sagen, daß im ganzen Universum kein noch so geringer Stoffetzen ist, den er entbehren könnte. Sein endgültiger Gegner ist der große Magier, der Magier, der die ganze Illusion des Universums erschaffen hat; und um diesem im Kampf entgegenzutreten, bis nicht von ihm oder von dir mehr übrig ist, mußt du ihm völlig gleichrangig sein.

Zugleich sollte der Magier niemals vergessen, daß jeder Ziegelstein zum Gipfel der Pyramide emporstreben muß – die Seiten müssen vollkommen glatt sein; es darf keine falschen Gipfel geben, nicht einmal in den untersten Schichten.

Dies ist die praktische und aktive Form jener Verpflichtung eines Meisters des Tempels, in der es heißt: »Ich werde jede Erscheinung als eine besondere Mitteilung Gottes an meine Seele deuten.«

[Magick, S. 67.]

Die Feststellung, daß der Proband aufgeben kann, wenn er dies will, gilt in Wirklichkeit nur für jene, die den Eid lediglich oberflächlich abgelegt haben.

Ein wahrer Magischer Eid kann nicht gebrochen werden: Du magst glauben, daß du ihn brechen kannst, aber das ist nicht möglich.

Das ist der Vorteil eines wahren Magischen Eids.

So weit du auch umherirren magst, wirst du dennoch am Ende ankommen, und alles, was du erreicht hast, indem du versuchtest, deinen Eid zu brechen, war, dich den schrecklichsten Mühsalen auszusetzen.

Man kann gar nicht klar genug begreifen, daß dies die Natur der Dinge ist: Es hängt nicht vom Wollen irgendeiner Person ab, so mächtig oder erhaben sie auch sein mag; noch kann IHRE Kraft, die Kraft IHRER großen Eide auch nur gegen den allerschwächsten Eid des allerschlichtesten Anfängers etwas ausrichten.

[Magick, S. 71.]

Es ist also gute Praxis, den magischen Eid vor allem funktional zu sehen. Ein Eid ist mehr als nur ein Vorsatz – er ist eine freiwillige Bindung. Binden Sie sich daher nur so, wie Sie es wirklich wollen. So könnten Sie beispielsweise mit einem »kleinen« Eid beginnen, im nächsten Monat regelmäßig Ihre magischen Übungen zu absolvieren, völlig unabhängig von jeglichen äußeren Widerständen. Dann können Sie einen Eid ableisten, eine Woche lang jeden Morgen eine halbe Stunde früher aufzustehen, um ein bestimmtes Ritual durchzuführen. Das Ablegen – und natürlich das Einhalten – von Eiden ist eine nützliche Übung zur Stärkung der Willenskraft und sogar der Omendeutung und der feinstofflichen Energiewahrnehmung, denn durch die damit einhergehende Einspitzigkeit wird diese stark geschärft, und Sie beobachten ganz von allein, wie das ganze Universum Ihnen beim Großen Werk hilft, sobald Sie erst einmal selbst einen wirklich ernstgemeinten Erstimpuls gesetzt haben.

> *Das Ablegen – und natürlich das Einhalten – von Eiden ist eine nützliche Übung zur Stärkung der Willenskraft.*

Freilich sollten Sie eine »Eid-Inflation« vermeiden. Gehen Sie sorgfältig mit diesem mächtigen magischen Hilfsmittel um, dann werden Sie mit Sicherheit seiner gewaltigen Vorzüge teilhaftig. Vor allem die wirklich schwerwiegenden Eide haben eine nachhaltige, tiefgreifende Wirkung und können unser ganzes Leben verändern.

Crowley hat in seinem oben zitierten Text ein mittlerweile berühmt gewordenes Beispiel gegeben. Wer den hier als Eid des Magister Templi bezeichneten magischen Akt unternahm, konnte in seinem Orden A∴A∴ sofort vom Neophyten in den höchsten Grad aufsteigen – doch solche Eide sind, wie ausgeführt, sehr gefährlich und sollten wohlüberlegt werden.

BERICHTE AUS DER MAGISCHEN PRAXIS (III)

Der Magier G. aus K. war ein hochkreativer, aber gelegentlich heftig aufbrausender Mensch, der auch seine Magie oft etwas unbeherrscht einsetzte. Daß er inzwischen wesentlich vorsichtiger geworden ist, hat er folgendem Erlebnis zu verdanken, das er mir einmal erzählte und das meiner Meinung nach ein Paradebeispiel für die magische Symbol-Logik ist, mit der wir in der Praxis immer wieder konfrontiert werden.

Frater G. hatte sich außerordentlich über einen Mann geärgert, der ihm privat und beruflich große Schwierigkeiten gemacht hatte. Er fühlte sich von ihm hintergangen, betrogen, ausgenutzt und gedemütigt. Daß dies keine gute Grundlage für einen Schadenszauber ist, bei dem eher emotionale Kälte bzw. nur künstlich heraufbeschworene und danach wieder sorgfältig gebannte Gefühle die eigentliche Energiebasis darstellen sollten, war ihm damals nicht bewußt. So entschloß er sich zu einem Schadenszauber äußerst drastischer Art: Er wollte seinem Gegner einen Hodenkrebs anhexen!

Dazu arbeitete er mit den Energien des Elements Feuer und dem Erzengel-Prinzip des Michael, die eigentliche Technik soll uns hier vorläufig nicht weiter interessieren.

Anstatt jedoch mitanzusehen, wie sein Gegner krank wurde, mußte er zu seiner Enttäuschung feststellen, daß zunächst überhaupt nicht passierte. Dann, knapp eineinhalb Monate später, schwollen Frater G. die eigenen Hoden binnen weniger Stunden enorm an, bis sie fast Apfelgröße erreicht hatten, und er litt unter gewaltigen Schmerzen. Als er daraufhin ins Krankenhaus eingeliefert wurde, stellte sich heraus, daß dies keine Minute zu früh geschehen war: Eine Verzögerung von nur wenigen Stunden hätte, so teilten ihm die Ärzte mit, seinen sicheren Tod bedeutet.

Frater G. hatte zwar keinen Hodenkrebs, wie er zunächst befürchtete, dennoch wurde eine Operation erforderlich, an deren Folgen er noch lange zu tragen hatte. Noch viel wichtiger erschien ihm jedoch folgende Synchronizität: Sein behandelnder Arzt war ein »Dr. Krebs«, dessen Assistent ein »Dr. Michael«!

»Du kannst dir denken«, erzählte er mir, »daß es mir da plötzlich wie Schuppen von den Augen fiel – das Ziel der magischen Operation und das Erzengel-Prinzip, mit dem ich gearbeitet hatte, beide in den Namen meiner Ärzte vereint, nachdem bei mir selbst ausgerechnet jener Körperteil erkrankte, auf den ich bei meinem Gegner gezielt hatte! Seitdem bin ich sehr, sehr vorsichtig geworden, was Schadenszauber angeht, und ich setze ihn nur noch im allergrößten Notfall zur echten Selbstverteidigung ein.«

Wir haben es bei diesem Ereignis mit dem Phänomen des magischen Eigentors zu tun: Die Energie, die der Magier einem Opfer sendet, schlägt auf ihn zurück und bewirkt ebendas, was er der Zielperson zugedacht hat.

Solche Phänomene treten durchaus häufiger auf, und sie sind es wohl auch, die der »schwarzen« oder destruktiven Magie den Ruf eingebracht haben, vor allem für den Operanden selbst gefährlich und schädlich zu sein. Es wäre allerdings falsch, darin eine Art moral-ethischen Bestrafungsautomatismus »göttlichen« Ursprungs sehen zu wollen, ganz so, als würde das »Böse« stets auf seinen Urheber zurückfallen. Dem mag im kosmischen Maßstab gesehen (nach dem Tode, also karmisch) so sein oder auch nicht, in der täglichen kampf- und schutzmagischen Praxis gilt dies keineswegs durchgängig.

Die im letzten Abschnitt behandelten Erklärungen für das Scheitern eines Angriffszaubers können auch für diesen Fall gelten. Hinzu kommt jedoch noch ein weiterer Faktor, wie er vor allem bei magischen Rohrkrepierern der geschilderten Art in Erscheinung tritt: das schlechte Gewissen des Magiers selbst. Es muß wohl inzwischen nicht mehr erklärt werden, daß innere Vorbehalte gegen eine magische Operation diese von vorneherein zum Scheitern verurteilen; wobei der Grad des Scheiterns sich meist direkt proportional zur Intensität der Vorbehalte verhält. Auch Frater G. hat, genau wie die Fratres P. und W. aus dem letzten Abschnitt, seine Zornesenergie im Ritual bestenfalls nur vorübergehend gebündelt, er reagierte anstatt zu agieren, und er hat zu einem Mittel gegriffen, das zwar vielleicht seiner Wut, nicht aber seiner Charakterstruktur und inneren Ethik entsprach. Dafür spricht auch die enge Verknüpfung von Ritual-Symbolik (»Hoden«, »Krebs«, »Michael«) und Ereignis-Symbolik dieser Operation; denn sie zeigt das Ausmaß, in dem G. seine magische Energien projiziert bzw. (zu seinem eigenen Schaden) objektiviert hat. Wäre ihm einfach nur irgendein Mißgeschick widerfahren, das in keinem erkennbaren Zusammenhang zu seiner vorangegangenen Operation gestanden hätte, so hätte es schon einer gewissen Paranoia bedurft, um das eine mit dem anderen kausal zu verknüpfen. So aber hat sich die magische Symbolik selbst im Außen klar erkennbar manifestiert, so daß es töricht wäre, eine solche Verbindung zu leugnen.

Es ist von großer Wichtigkeit, auf derartige Zusammenhänge zu achten. Dies ist auch der eigentliche Grund, weshalb Frater G.s Beispiel hier überhaupt angeführt wurde: Die magische Erfolgskontrolle setzt voraus, daß wir einerseits mit einem gehörigen Fingerspitzengefühl und geschärfter Intuition vorgehen, andererseits aber nüchtern-realistisch genug bleiben, um nicht in Verfolgungswahn und Irrsinn zu verfallen. Wenn Sie den Erfolg oder Mißerfolg einer magischen Operation so objektiv bewerten wollen, wie es einem ohnehin stets im Subjektiven verhafteten Menschen eben nur möglich ist, so gehört dazu, daß Sie vor allem die Symbol-Logik mitberücksichtigen.

Leider gibt es viel zu viele Magier, die sich sofort und völlig hemmungslos in Larmoyanz und Paranoia ergehen, sobald ihnen nach einer wie auch immer gearteten Operation ein Unglück geschieht: Sofort ist die Magie an allem schuld, oder es muß irgendein böser, hexender Gegner herhalten, um von den eigenen Stolperdrähten abzulenken. »Vertraue auf Allah – aber binde zuerst dein Kamel an«, sagt ein islamisches Sprichwort. Es muß immer erst eine bestimmte äußere Eindeutigkeit vorliegen, bevor über eine magische Operation wirklich geurteilt werden kann. Wilde Vermutungen, hysteriedurchtränkte Ahnungen, Argwohn und Mißtrauen sind nicht genug: Meist werden sie nur mit Intuition verwechselt und täuschen uns über unsere Unfähigkeit hinweg, uns selbst und unser Tun mit einer gewissen inneren Distanz zu betrachten.

Daher folgender Rat: Man suche die Schuld immer erst bei sich selbst und weder bei der Magie noch bei einem anderen Menschen. Das ist sicher nicht immer einfach, denn viele unserer Stolperdrähte sind unsichtbar: Ein schlechtes Gewissen ist oft nur unbewußt. Erst durch beständige Selbstbetrachtung und wiederholte, anders nicht erklärbare Zwangshandlungen wird uns vielleicht klar, daß wir es mit einer inneren Blockierung zu tun haben. Daher ist die Selbsterkenntnis die Aufgabe auch des reinen Erfolgsmagiers, der mit seiner Kunst keine weiteren transzendenten Ziel verfolgen mag: Sie ist für ihn eine absolute technische Notwendigkeit, wenn er nicht ständig an sich selbst scheitern will.

Materialistisch gesprochen: Wenn wir davon ausgehen, daß das Unbewußte den »Rohstoff« der Magie darstellt, so gehört zur erfolgreichen Arbeit die genaue Materialkunde: Womit gehen wir um? Wie sieht es aus? Welchen Gesetzen unterliegt es?

Das folgende Beispiel stammt aus England und liegt schon einige Jahre zurück. Dort unternahm der arbeitslose Frater John, als er sich in finanziellen Schwierigkeiten befand, an einem Mittwoch ein Merkur-Ritual. Sein Ziel war eine Verbesserung seiner finanziellen Misere und allgemeiner Wohlstand.

Noch am selben Tag, als er, kurz nach der Operation, das Haus verließ, fand er auf dem Gehsteig eine Kreditkarte, die jemand dort verloren haben mußte. Nun stand Frater John vor einem moralischen Dilemma: Sollte er den Fund ignorieren bzw. die Karte im Fundbüro abgeben? Oder sollte er das Ereignis als Omen sehen, als Erfolg seines

Rituals, und die Karte unbefugt benutzen? Immerhin verlangt die Magie ja, daß man ihre Erfolge auch am Schopf packt, ehe sie sich wieder verflüchtigen.

Frater John befolgte diese Maxime aufs Wort: Bis zum Wochenende lebte er von seiner gefundenen Kreditkarte in Saus und Braus; er fälschte die Unterschrift des rechtmäßigen Inhabers und kaufte sich allerlei Dinge damit. Dies war natürlich Betrug. Immerhin hatte er beschlossen, spätestens am nächsten Montag damit aufzuhören, da ihm das Risiko zu groß schien. Schließlich beliefern die Kreditkartenfirmen ihre Vertragsunternehmen regelmäßig mit Listen verloren oder gestohlen gemeldeter Karten und verlangen von ihnen auch oft Kontrollanrufe, vor allem vor größeren Transaktionen. Am Sonntag sprach er mit einem engen Freund darüber. Dieser war anderer Ansicht: Es sei schließlich Weihnachtszeit mit viel Hektik und Trubel, da würde der Vorgang mit Sicherheit frühestens in vierzehn Tagen bearbeitet sein, er könne die Karte also getrost noch eine weitere Woche nutzen, das Risiko sei sehr gering.

Unvorsichtigerweise befolgte Frater John diesen Rat. Am Montag wurde er bei dem Versuch verhaftet, sich mit der Karte eine Stereoanlage zu kaufen.

Dieses Beispiel charakterisiert unter anderem auch das Funktionieren des Merkur-Prinzips. Bekanntlich ist Merkur auch der Gott der Diebe und Beutelschneider. Salopp gesagt: Wer einen Bankraub plant, wäre gut beraten, es lieber mit dem Merkur- als mit dem Jupiter-Prinzip zu versuchen; Jupiter ist zwar das »große Glück« – fortuna major –, andererseits aber auch die Gerechtigkeit, er nimmt niemandem etwas weg, er gibt nur. Auch der Verlust am Montag (Mond = Verlust, Einbuße) spiegelt eine geradezu bilderbuchmäßige Symbol-Logik wider.

Doch die Geschichte geht noch weiter. Frater John wurde wegen Kreditkartenbetrugs zu eineinhalb Jahren Haft verurteilt. Er kam in einen vergleichsweise liberalen Strafvollzug: Im Gefängnis konnte er eine Elektronikausbildung absolvieren. Nach seiner Haftentlassung begann der Computerboom; Frater John nutzte ihn, er stieg in die Elektronikbranche ein – und ist heute Millionär!

Wir können in diesem Zusammenhang a) von einem direkten Erfolg und b) von einem »Erfolg auf der anderen Schiene« sprechen. Der direkte Erfolg war der kurzfristige Zugewinn und Wohlstand –

freilich durch betrügerische Mittel; der Erfolg auf der anderen Schiene dagegen war der langfristige Nutzen, den unser Magier aus seiner Haft und der dadurch »erzwungenen« Berufsausbildung ziehen konnte.

»Im Grunde genommen«, meint Frater John heute, »konnte mir überhaupt nichts Besseres passieren. Ich habe meinen ersehnten Reichtum und Wohlstand ja bekommen, wenn auch über komplizierte Umwege. Doch ohne meinen Gefängnisaufenthalt wäre ich heute wahrscheinlich wieder arbeitslos und arm wie eine Kirchenmaus.«

Fragen Sie sich einmal, wie Sie sich an Frater Johns Stelle verhalten hätten, wenn Ihnen unmittelbar nach dem Ritual auf der Straße die Kreditkarte aufgefallen wäre. Bevor Sie pauschal mit einem entrüsteten »So etwas würde ich doch nie tun!« antworten, bedenken Sie bitte, was wir über das Merkur-Prinzip gesagt haben. Einmal mehr kann ich nur wieder betonen, daß das eigentliche Problem bei der Magie nicht darin besteht, ob sie funktioniert, sondern vielmehr darin, *daß* sie es tut!

Sicher werden auch Sie der Meinung sein, daß es wünschenswerter ist, nicht erst über vertrackte, noch dazu kriminelle Umwege zu magischem Erfolg zu gelangen. Dies ist jedoch eine Frage der magischen (nicht der symbolischen!) Präzision und Erfahrung. Begreifen Sie die Magie auch als Chance, sich über Ihre eigene Ethik klar zu werden, zu erkennen, welchen Lebensweg Sie gehen wollen – und wie Ihre wahren Wünsche eigentlich aussehen.

Unabhängig von jeder moral-ethischen Debatte möchte ich an dieser Stelle darauf hinweisen, daß Frater John nach seiner Haft höchstwahrscheinlich nur deshalb zu wirklichem Reichtum gelangt ist, weil er bereits vorher bereit war, jedes Risiko einzugehen, auch das der Kriminalität, um seinen magischen Willen Wirklichkeit werden zu lassen. Ob wir sein Tun billigen mögen oder nicht, fest steht, daß er es vor allem seiner absoluten Konsequenz zu verdanken hat, daß die Magie ihm zu solchem Erfolg verhelfen konnte.

Schließlich lehrt uns das Beispiel auch noch, daß wir bei der Beurteilung magischer Operationen nicht allzu vorschnell und kurzsichtig urteilen dürfen. Manches, was zunächst wie eine absolute Katastrophe aussehen mag, erweist sich Jahre später als wahrer Segen. Das ist natürlich nicht nur in der Magie allein so, es gilt ganz allgemein für unser Leben. Der Magier ist auf mehreren Ebenen zugleich ein Künstler, ja ein Lebenskünstler: Er steuert den Zufall, schafft sich Chancen, wo der Normalmensch nur unabwendbare Schicksalsschläge sieht, ist lieber Täter als Opfer (wenn er schon Opfer sein muß, so will er wenigstens sein eigener Prügelknabe sein und nicht der eines anderen) – und er übernimmt bewußt in jedem Augenblick die volle und alleinige Verantwortung für sein Tun. Mit anderen Worten: Er lebt im Idealfall wahrhaft selbstbestimmt. Will er der Ethik der Gesellschaft folgen, will er herkömmliche Moralnormen übernehmen, so tut er es allenfalls aus eigener, freier Entscheidung heraus und nicht etwa, weil er sich bewußtlos dem Druck der Mehrheit beugt. Er kann Dieb sein und Wohltäter, Schlitzohr und Ehrenmann, Teufel und Gott, denn er hat erkannt, daß alles aus ihm selbst entspringt. Er macht kein Schicksal und keine strafende Gottheit für seine Mißgeschicke verantwortlich, er legt sich ständig Rechenschaft über sein eigenes Tun ab und lebt nach dem alten Motto der französischen Revolution, *ni dieu ni maître* (»Weder Gott noch Herr [sei über mir]«). Wenn er sich doch einer Gottheit unterwirft, so geschieht auch dies freiwillig, als bewußter Akt mystischer Einsicht, nicht jedoch aus feiger Unterwerfung in Fremdbestimmtheit oder aus Furcht vor einer Bestrafung nach dem Tode.

Der Weg zu diesem idealen Magier ist sehr weit, vielleicht bleibt das Ziel auch immer unerreichbar, aber wir sollten es stets vor Augen haben, wenn das Wandern uns mühsam erscheint und wenn wir verzagen wollen angesichts unserer eigenen Unzulänglichkeiten und der äußeren Widerstände, auf die wir immer wieder zwangsläufig stoßen werden. Utopien sind nicht unbedingt dazu da, verwirklicht zu werden, sie sind vielmehr Ziele, die angestrebt werden sollen, ganz im Sinne des Zen-Worts »Der Weg ist das Ziel«. Der Weg zum idealen Magier ist wichtiger als das Erreichen des Endzustands, die Arbeit am Selbst bedeutender als die Mühsal und Qual der Wanderschaft. Doch dürfen wir dabei nie vergessen, daß die Arbeit am Selbst auch Hand in Hand gehen muß mit dem Vergnügen am Selbst.

PRAKTISCHE ÜBUNGEN

ÜBUNG 37
PENDELSCHULUNG (II)

Diese Übung steht in Verbindung zu den beiden folgenden. Bevor wir näher auf die Theorie der Herstellung von Talismanen und Amuletten eingehen, ist es sinnvoll, das Prinzip der magischen bzw. feinstofflichen

Ladung von Gegenständen in der Praxis kennenzulernen. Die übernächste Übung wird zugleich die Erfolgskontrolle bieten und dies ebenfalls mit der Pendelschulung koppeln.

Beschaffe Dir, sofern nicht schon geschehen, sieben Metallstücke oder, besser, -scheiben, die den sieben Planeten entsprechen. Im Falle von Gold genügt auch ein Fingerring, ein Medaillon oder ähnliches, doch ungraviert, und es dürfen keine Steine eingefaßt sein.

Im Rohzustand (wie besorgt) legst Du jeweils ein Metallstück vor Dich auf einen schwarzen Untergrund; ein Stück schwarzer Seide ist wegen seiner laut Tradition großen Isolierfähigkeit besonders gut geeignet. Nun hältst Du Dein Pendel, wie schon geübt (siehe Übung 16), über das Metall und beachtest den Ausschlag. Diesen notierst Du auf einem Blatt Papier oder auch im Magischen Tagebuch.*

Führe dies nacheinander mit allen Metallen durch. Das muß nicht direkt hintereinander geschehen, Du kannst die Übung auch auf mehrere Tage verteilen, doch solltest Du dann in möglichst regelmäßigen Abständen und stets zur selben Tageszeit arbeiten.

Nun hältst Du das erste Metall etwa 10 Minuten unter fließendes kaltes Wasser und imaginierst dabei, wie alle unerwünschten Energien aus ihm entweichen und fortgespült werden. Dies ist die Entodung. Danach trocknest Du das Metall ab, ohne es mit den Händen zu berühren (z. B. indem Du es in ein Handtuch wickelst) und gibst es in unberührtem Zustand wieder auf die schwarze Unterlage. Wiederhole nun das Pendeln und stelle den Unterschied fest, den Du dann ebenfalls schriftlich aufzeichnest. Sollte kein Unterschied des Pendelausschlags zu beobachten sein, mußt Du die Entodung solange wiederholen, bis dies der Fall ist. Das entodete Metallstück wickelst Du – immer noch unberührt – in ein kleines Stück schwarzer Seide und legst es solange beiseite, bis Du die nächste Übung beginnst.

Jetzt verfährst Du auf gleiche Weise mit den anderen Metallen.

---

* *Zähle von Pendelstillstand bis Pendelstillstand; das kann unter Umständen etwas länger dauern. Beachte auch Art und Häufigkeit des Ausschlags. So könnte eine Eintragung beispielsweise lauten: »17 Rechtsdrehungen, 3 Linksellipsen, 4 Linksdrehungen«. Du solltest erst mehrere Durchläufe versuchen, bis Du immer wieder den gleichen Ausschlag beobachten kannst.*

ÜBUNG 38
PRAKTISCHE TALISMANTIK (I)

Nimm Dir eines der Metallstücke aus der letzten Übung vor, und führe ein dem Metall entsprechendes Planetenritual durch. Ziel des Rituals ist es, das auf dem Altar liegende, nach seiner Entodung immer noch unberührte Metall auf dem Höhepunkt mit der invozierten Planetenkraft zu laden. Dies tust Du, indem Du beide Hände dicht über das Metall hältst und durch kräftiges, stoßartiges Ausatmen die Energie überträgst. Dies ist die Odung. Danach führst Du die nächste Übung durch. Dies kann noch im Ritual geschehen, doch ist es vorzuziehen, das Ritual erst abzuschließen.

Wiederhole den Versuch mit anderen Materialien, besonders gut geeignet sind Bergkristalle und Edelsteine, aber auch Wasser und Steinsalz (Tafelsalz) sowie Steine aller Art. Das muß nicht unbedingt im rituellen Rahmen geschehen, Hauptsache ist am Anfang, daß Du die Energiequalität der Gegenstände irgendwie veränderst und dies mit der folgenden Übung überprüfst.

ÜBUNG 39
PENDELSCHULUNG (III)

Inzwischen solltest Du soviel Erfahrungen mit dem Pendel gesammelt haben, daß Du Deine Versuche nun auf ein weiteres Gebiet ausdehnen kannst.

Bei dieser Übung geht es darum, die Odung eines Gegenstands zu überprüfen. Aufgrund Deiner vorangegangenen Versuche mit der Übung 37 hast Du Vergleichswerte, anhand derer Du die Prüfung durchführen kannst. Du verfährst wie bei der ersten Odungsprüfung, indem Du einfach auspendelst, inwieweit sich die Energiequalität des geodeten Gegenstands verändert hat. Sollte keine Veränderung festzustellen sein, mußt Du die Odung solange wiederholen, bis dies der Fall ist.

Mit diesen drei Übungen machen wir die ersten Schritte in Richtung Talisman- und Amuletthrstellung. Deine geodeten Planetenmetalle sind nicht nur Übungsgegenstände: Es sind bereits einfache Planetentalismane, und Du kannst und solltest Sie ab jetzt bei jedem dem

Metall entsprechenden Ritual auf dem Altar plazieren. Ihre Odung wird sich von Mal zu Mal verstärken, was sich in der Regel an einem heftigeren Pendelausschlag zeigt. Doch solltest Du nicht den typischen Anfängerfehler begehen, nun nach jedem Ritual sofort Deinen Pendel zu zücken und begierig die Odung überprüfen. Es genügt, wenn Du dies alle drei oder vier Male tust, später kannst Du gänzlich darauf verzichten.

LITERATURNACHWEIS

Aleister Crowley, *Magick*, s. I/7/S. 32

Frater V∴D∴, »*Geldmagie, oder mit Dreck fängt man keine Mäuse*«, Anubis, H. 1/85, S. 13–21.

EINFÜHRUNG IN DIE GELDMAGIE (II)

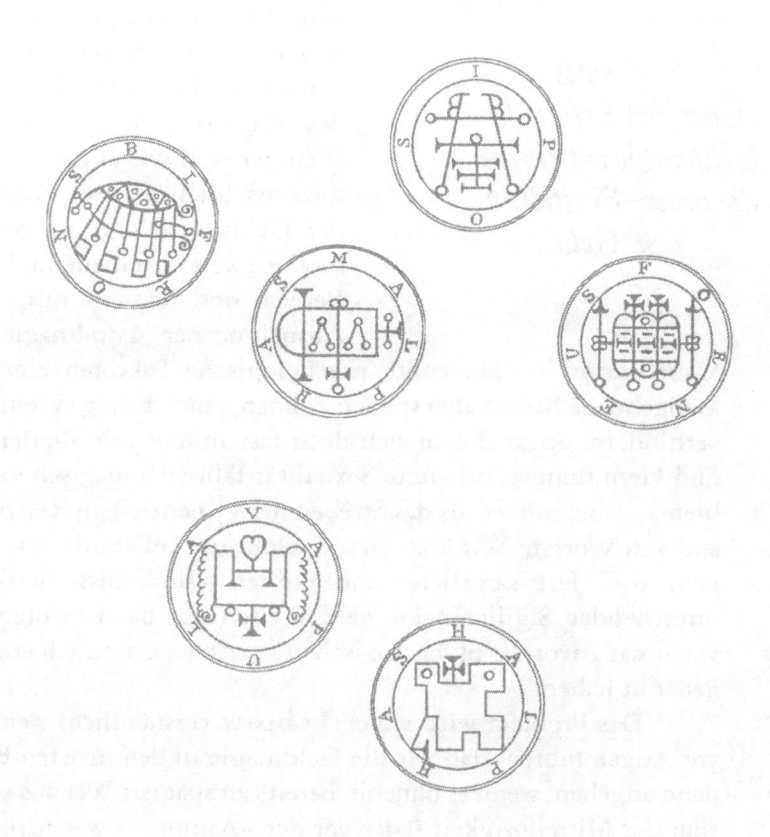

DER UMGANG MIT SCHULDEN

Im letzten Abschnitt haben wir einige Grundlagen der praktischen Geldmagie behandelt. Nun sollten wir konkrete Überlegungen anstellen, wie diese ins tägliche magische Leben einzubringen sind.

> *Nochmals:*
> *Über den Erfolg der*
> *Geldmagie entscheidet*
> *die innere Einstellung*
> *zum Geld.*

Betonen müssen wir noch einmal, daß über den geldmagischen Erfolg nach allen bisherigen Erfahrungen einzig und allein die Einstellung des Magiers zum Geld entscheidet. Weniger weil wir es bei der Geldmagie ausschließlich mit einer Spielart der Geldpsychologie zu tun hätten, sondern weil in keinem uns bekannten Bereich der Magie – mit möglicher Ausnahme der Astralmagie und der Visualisation – unbewußte psychologische Faktoren eine derartig maßgebende Rolle dabei spielen können, einen Erfolg systematisch zu verhindern. Sogar die an sich doch fast immer mit allerlei Ängsten und Hemmungen behaftete Sexualität läßt sich magisch viel unproblematischer nutzen als das Streben nach finanziellem Reichtum. Mit anderen Worten: Wir können selbst mit der außerordentlich mächtigen, weil fast sämtliche unbewußten Hindernisse wirkungsvoll umgehenden Sigillenmagie geldmagisch nur dann Erfolge erzielen, wenn wir zuvor die psychologischen Barrieren gründlich erkannt und gebannt haben.

Das Problem wird vielleicht besser verständlich, wenn wir uns vor Augen führen, daß wir die Geldmagie in den meisten Fällen erst dann angehen, wenn es ohnehin bereits zu spät ist: Wer aus einer Position der Mittellosigkeit (oder gar der »Armut« – was natürlich sehr subjektiv ist) heraus damit anfängt, magisch etwas an seiner Situation ändern zu wollen, der hat denkbar ungünstige Startbedingungen. Denn sein Unbewußtes ist bisher auf finanziellen Mißerfolg konditioniert, und nun muß in der tiefsten Verzweiflung die Magie plötzlich alles wieder richten, was nicht selten schon jahrelang falsch gemacht wurde. Das läßt sich mit der Situation von Heilpraktikern, Naturheilkundlern und Geistheilern vergleichen, deren Patienten fast immer erst dann kommen, nachdem alle anderen, schulmedizinischen Methoden versagt haben. Weil die persönliche Geldproblematik so tief im

Psychischen wurzelt, müssen wir auch eine gehörige Portion Geduld mitbringen und uns auch damit abfinden, daß wir uns zu ihrer Lösung anfangs mit einigen Dingen zu befassen haben, die in keinem unmittelbar erkennbaren Zusammenhang mit dem Geldprinzip zu stehen scheinen.

> *Die innere Beziehung zwischen Schulden und Schuldgefühlen*

Auch in weniger dramatischen Fällen, etwa wenn man »nur mal eben gern einen Tausender als kleines Zubrot« hätte, spielen alte Mißerfolgs- und, vor allem, Schuldgefühlsmuster eine große Rolle. Es gibt eine aufschlußreiche Gleichung, die wir auf dem Weg zu einer erfolgreichen Geldmagie von Anfang an beherzigen sollten.

SCHULDEN = OBJEKTIVIERTE SCHULDGEFÜHLE

Damit sind natürlich in erster Linie persönliche und drückende Schulden (»Problemschulden«) von jener Art gemeint, in die wir oft »ganz unverhofft« geraten zu sein meinen. Etwas anders verhält es sich bei der der »Fremdfinanzierung« etwa eines Unternehmens durch Bankkredite oder ähnliches, die ja meistens nur gegen Hinterlegung realer (gelegentlich aber auch durchaus fiktiver) Sicherheiten gewährt werden und die in der heutigen Wirtschaft für einen reibungslosen (»geschmierten«) Geschäftsablauf so gut wie unverzichtbar sind. Außerdem sei darauf hingewiesen, daß der obige Merksatz nicht bedeutet, daß Schulden per se etwas Schlechtes sind, das es um jeden Preis zu meiden gelte. Im Gegenteil, schon durch einen richtigen Umgang mit Schulden ist bereits viel gewonnen, und manchmal kann es auch bei geldmagischen Operationen erforderlich und sinnvoll sein, ein gewisses finanzielles Risiko einzugehen, um dem magischen Anliegen mehr Schubkraft zu verleihen.

Zudem sind Schulden in Wirklichkeit ja kein Minus, und es ist äußerst hilfreich, sich einmal unter anderem vor Augen zu führen, daß wir bisher: a) noch nie an Geldmangel gestorben sind; b) über das verflossene Kapital verfügt haben, es also zumindest ein vergangener Teil von uns war, den uns niemand nehmen kann (ebensowenig wie unsere Erinnerungen und alles, was wir einmal erlebt haben); c) der Wert des Geldes keineswegs objektiv ist, sondern auf ziemlich willkürlichen Vereinbarungen beruht, die zumindest theoretisch jederzeit widerrufbar sind, und daß ein »Minus« oder ein »Plus« vor der fraglichen Summe unmöglich eine solche Gewalt über uns ausüben kann und darf, daß wir daran seelisch zugrundegehen.

Auch wenn Sie, beispielsweise durch einen selbstverschuldeten Unfall oder eine unglückliche Erbschaft, eine hohe Schuldenlast auf sich nehmen mußten, für die Sie keinen erkennbaren materiellen Gegenwert erhielten, sollten Sie sich dennoch fragen, warum Sie sich diese Situation (unbewußt) ausgesucht haben und/oder was Sie dadurch lernen wollten!

> *Warum haben Sie sich diese Situation (unbewußt) ausgesucht?*

Die Antwort auf diese Frage zu finden, wird nicht immer ganz einfach sein, doch führt uns die Suche danach immerhin aus dem tödlich lähmenden Paradigma heraus, daß wir ein machtloses »Opfer der Umstände« und ein Spielball des Schicksals seien – wer eine solche Einstellung nicht erfolgreich zu bekämpfen vermag, wird auch in der allgemeinen Magie niemals durchschlagende Erfolge sehen.

Einer meiner Freunde, seines Zeichens Millionär, empfahl mir einmal in einer großen finanziellen Krise: »Wenn du überhaupt keine Geldmittel hast, auf die du zurückgreifen kannst, dann nimm einen Kredit von 100 000 Mark auf. Dann wirst du nie mehr ein bürgerliches Leben führen: Entweder du schaffst es, oder du gehst unter.« Dieser Rat ist keineswegs so abwegig, wie er sich zunächst anhören mag. Denn tatsächlich leben wir oft genug vom inneren und äußeren Druck, den wir uns geschaffen haben. Besonders die Freiberufler und Selbständigen, die über keine geregelte Arbeitslosen- und Altersversorgung verfügen, können ein Lied davon singen, wie sehr der Druck, gut doppelt soviel verdienen zu müssen wie ihre angestellten und beamteten Zeitgenossen, ihre Kreativität, ihren Einfallsreichtum und ihren Wagemut beflügelt. Das Kunststück besteht allerdings darin, nicht der grundfalschen Annahme aufzusitzen, daß man für viel Geld auch viel arbeiten müsse. Auch wenn unsere bisherigen persönlichen Erfahrungen oft dagegen sprechen sollten – eine genauere Betrachtung der Esoterik des Geldprinzips ergibt unter anderem folgende Regeln:

- Harte Arbeit ist nicht etwa der Schlüssel zum Reichtum, sondern vielmehr zum Armutsbewußtsein und zum Ausleben geldfremder Komplexe und Probleme.
- Geld kommt nur zu dem, der es liebt und richtig behandelt.
- Je mehr wir das Geld verachten, um so mehr verachtet es uns.
- Je mehr wir das Geld lieben, um so mehr liebt es uns.
- Geld ist nicht nur Mittel zum Zweck, sondern ein Wesen mit eigenem, unabhängigem Leben – jedenfalls sollten wir es stets als solches behandeln.
- Geldmagie ist immer auch die Magie des selbstbestimmten Lebens und der Überwindung innerseelischer Ängste und Barrieren.
- Da der Wert des Geldes fiktiv ist, muß der Magier sich darüber klar werden, welchen Stellenwert das Geld für ihn tatsächlich hat.

Übersicht 19: Regeln der Esoterik des Geldprinzips

Diese Merksätze sind natürlich nur ein Ausschnitt aus dem Gesamtkomplex der Geldmagie. Stellen wir jedoch vorläufig die eher theoretischen Ausführungen eine Weile beiseite und schauen wir, welche praktischen Konsequenzen wir aus dem oben Ausgeführten ziehen können. Dies wird freilich nicht den Charakter zeitlich präzise begrenzbarer Übungen haben, sondern die Form von allgemeinen Empfehlungen, die wir – mehr noch als sonst – in unseren Alltag einbauen sollten. Bevor dies geschehen ist, bevor wir die innerseelischen Widerstände wirkungsvoll beseitigt haben, werden die meisten geldmagischen Rituale höchstwahrscheinlich scheitern. Sollten Sie andere Erfahrungen machen, würde uns das freuen; in der Regel jedoch werden Sie erst dann geldmagische Erfolge erzielen, wenn Sie sich die Grundgesetze des eingeweihten Umgangs mit Geld zu eigen gemacht haben.

Wir empfehlen daher, vor jeglicher geldmagischen Arbeit erst einmal die eigene Einstellung zum Geld, zum Leben und zur Materie überhaupt zu überprüfen. Allzu leicht perlt uns der Satz »Der Magier ist Herr über die Materie« über die Lippen – doch inwieweit meinen wir es wirklich ernst

> *Vor jeglicher geldmagischen Arbeit die eigene Einstellung zum Geld überprüfen!*

damit, und in welchem Ausmaß behalten wir unsere magische Zuversicht und unser Selbstvertrauen bei, wenn es um finanzielle Probleme geht?

- Finde einen sinnlichen Zugang zum Geld.
- Stelle fest, welchen Stellenwert Geld bisher in Deinem Leben eingenommen hat.
- Bestimme, welchen Stellenwert Geld in Deinem Leben ab nun bekommen soll.
- Betrachte das Geld wie ein reales Wesen, das Verhältnis zu ihm wie eine Liebesbeziehung.
- Stelle fest, welche Fehler Du bisher vielleicht gemacht hast, und was Du ab nun besser machen willst.
- Gestalte die im letzten Abschnitt gegebenen Empfehlungen zu einem konkreten Arbeitsplan »gesundes Geldbewußtsein«, den Du im Alltag in die Praxis umsetzen willst.
- Verzichte auf jeden Geldzauber, solange Du Dir nicht darüber klar bist, was du mit Geld wirklich willst.

Übersicht 20: Prinzipien geldmagischer Arbeit

In Verbindung mit den Ausführungen im letzten Abschnitt dürften sich diese Ratschläge von selbst erklären. Als kleiner Tip für den sinnlichen Umgang mit Geld: Es empfiehlt sich, mit Geld umzugehen wie mit einem wohlgesinnten Hilfsgeist. Streicheln Sie es also gelegentlich, meditieren Sie über seine Form und Farbe, über seine Geschichte und vor allem auch darüber, was es für Sie wirklich bedeutet. Ist Ihnen tatsächlich am Geld selbst gelegen, oder wollen Sie eigentlich irgendwelche Gegenstände, materielle Sicherheit, Liebe, Gesundheit, Luxus, Macht, Unabhängigkeit oder ähnliches besitzen? Denken Sie an das im letzten Abschnitt Gesagte. In den allermeisten Fällen ist es viel sinnvoller und erfolgversprechender, für Ihr eigentliches Ziel zu zaubern als für das Geld als Mittler bzw. »Mittel zum Zweck«. Wir erkennen auf diese Weise außerdem, was wir wirklich wollen, und was dagegen nur unreflektiertes Nachbeten übernommener Konventionen ist. Im Übungsteil finden Sie eine Übung, die Ihnen dabei helfen kann, die Grundlage für erfolgreiches geldmagisches Wirken zu legen.

PRAKTISCHE ÜBUNGEN

ÜBUNG 40
MAGISCHES GELDTRAINING (I)

Ziehe Bilanz Deines gesamten Besitzes: Rechne möglichst genau aus, wieviel Geld Du bereits hast, indem Du jeden Gegenstand, der Dir gehört, in Geldwert umrechnest, vom Eigenheim bis zum losen Hosenknopf. Sei realistisch: Da man einzelne Hosenknöpfe in der Regel schlecht verkaufen kann, wirst Du dafür nur Pfennigbeträge ansetzen; im Zweifelsfall orientiere Dich an Flohmarktpreisen. Lasse jedoch nichts, auch nicht die geringste Kleinigkeit aus. Zähle auch geliehenes Geld bzw. Schulden dazu, denn darüber hast Du bereits verfügt. (Und wenn Du eine Million an Schulden haben solltest, bedeutet dies, daß Du irgend jemandem mindestens eine Million wert sein mußt!)

Am Schluß rechnest Du alles zusammen und meditierst über Deinen gegenwärtigen objektivierten Reichtum.

ÜBUNG 41
MAGISCHES GELDTRAINING (II)

Ziehe Bilanz Deines gesamten Besitzes: Rechne möglichst genau aus, wieviel Geld in Deinem Leben bereits durch Deine Hände gegangen ist, also alles, was Du jemals verdient, geerbt, geschenkt oder sonstwie bekommen hast. Zähle auch geliehenes Geld dazu.

Am Schluß rechnest Du alles zusammen und meditierst darüber, welche Summe Du in Deinem Leben zu beschaffen imstande gewesen bist. (Eine Million ist in wenigen Jahrzehnten schnell erreicht.)

Bei beiden Übungen genügt es vollauf, das Ergebnis so stehen zu lassen, wie es ist, und darüber zu meditieren. Unternimm in der gegenwärtigen Phase noch nichts, um eine etwaige finanzielle Misere durch magische Operationen zu beheben, sondern arbeite erst einmal gründlich an der Entwicklung Deines Geldbewußtseins.

DER MAGISCHE WILLE UND DAS PRINZIP VON THELEMA (I)

»Schließlich wird der Magische Wille derart eins mit dem ganzen Wesen des Menschen, daß er unbewußt wird und eine ebenso konstante Kraft darstellt wie die Gravitation.«
[Crowley, *Magick*, S. 64]

Im Jahre 1904 »empfing« Aleister Crowley in Kairo sein *Buch des Gesetzes* (genauer: Liber Al vel Legis), das er als Offenbarung einer übernatürlichen Instanz namens Aiwass ansah. Wir wollen hier nicht im einzelnen auf die genauen Umstände dieser Offenbarung und ihrer Deutung durch Crowley eingehen. Wichtig soll für uns hier nur sein, daß damit das »Gesetz von Thelema« Einzug in die moderne Magie hielt. Das griechische Wort *thelema* bedeutet soviel wie »Wille«. Das vollständige Gesetz von Thelema lautet:

TUE WAS DU WILLST IST DAS GANZE GESETZ
LIEBE IST DAS GESETZ, LIEBE UNTER WILLEN

Da unsere Schulung nicht sektiererisch sein will, werden wir das System Crowleys möglichst ebenso neutral und wertungsfrei behandeln wie die Systeme anderer Magier und ihm nur so viel Platz einräumen, wie für ein allgemeines Verständnis erforderlich ist. Die Crowleyaner bzw. Thelemiten (auch: Thelemiter) unter den Teilnehmern mögen uns also verzeihen, wenn wir auch das Gesetz von Thelema nicht bis in sämtliche Verästelungen und Feinheiten verfolgen, sondern uns mit einem groben Überblick begnügen, der aber wohl genügen dürfte, die Grundprinzipien zu verdeutlichen. Allerdings muß festgehalten werden, daß kaum ein zweites Konzept der allgemeinen modernen Magie solch kräftige, fruchtbare Impulse gegeben hat, wenn wir einmal von der Magie Austin Osman Spares und der zeitgenössischen Chaos-Magie absehen.

> *Der Magische Wille wird eine ebenso konstante Kraft wie die Gravitation.*

Crowleys Konzept geht davon aus, daß der Mensch einen »Wahren Willen« im Gegensatz zum bloßen Wollen oder Begehren des Alltagsegos besitzt. Wir können diesen Wahren Willen (dieses Thelema, wie wir es fortan immer wieder einmal nennen wollen) mit der »Berufung« oder »Bestimmung« gleichsetzen, mit dem Ziel aller Selbstverwirklichung, ohne daß es zu seiner Erschaffung (über die sich Crowley nicht ausführlich äußert) eines Gottes oder einer ähnlichen transzendenten Instanz bedürfte, was eine solche freilich aber auch nicht von vorneherein ausschließt.

Crowley folgend ist es das Ziel des Magiers, sein eigenes Thelema zu erkennen und es zu verwirklichen. Dies ist keineswegs so selbstverständlich, wie es auf den ersten Blick vielleicht scheint: Im Gegenteil kann es äußerst mühsam und schmerzlich sein, vor allem dann, wenn man lange Zeit (meistens über Jahrzehnte) gegen den eigenen Wahren Willen gelebt hat. Dann heißt es nicht etwa nur einfach umdenken, es wird auch erforderlich sein, manches an altem, oft liebgewonnenem Ballast abzuwerfen. Wenn Sie beispielsweise nach dreißigjähriger Karriere als nüchterner, kühl kalkulierender Geschäftsmann feststellen sollten, daß Ihr Wahrer Wille eigentlich darin besteht, in Sack und Asche zu gehen, der Askese zu frönen und unbezahlte Werke der Barmherzigkeit zu vollbringen, so wird sich dies schon sehr bald in manchen Schwierigkeiten mit Familie und Umwelt niederschlagen: vom Höhnen Ihrer Geschäftspartner über die »Midlife-crisis«, der Sie zum Opfer gefallen seien, über das Klagen Ihrer Familie wegen der plötzlichen »Verschlechterung des Lebensstandards« bis zu den »freundlichen« Schreiben von Bank und Bausparkasse, wenn plötzlich keine Kredittilgungen mehr erfolgen, weil Sie Ihr Einkommen einer wohltätigen Organisation überschrieben haben. Dies mag sich wie ein ziemlich unwahrscheinlicher Extremfall lesen, doch hat die Erfahrung gezeigt, daß es in Wirklichkeit meist noch sehr viel schlimmer kommt!

Und doch lautet Crowleys Diktum: »Du hast kein Recht außer deinen Willen zu tun.« Und das ist auch richtig so, denn wenn wir davon ausgehen, daß es uns im Leben vor allem darum gehen muß, glücklich zu werden bzw. unsere selbstgesteckten Ziele zu erreichen, leuchtet es auch unter magischen Gesichtspunkten ein, daß alles andere dagegen unwichtig wird.

Doch damit nicht genug. In Crowleys System gilt ferner die Prämisse, daß wir der gesamten Unterstützung und Schubkraft des Universums teilhaftig werden, sobald wir unseren Wahren Willen erkannt haben und danach leben. Es läßt sich mit dem Schwimmen in einem Fluß vergleichen: Da das Thelema stets im Einklang mit dem Gesamtwillen des ganzen Universums steht, bedeutet ein Leben in Harmonie mit dem eigenen Wahren Willen, mit dem Strom des Ganzen zu schwim-

> *Thelema und Tao haben manches gemeinsam.*

men, anstatt dagegen anzukämpfen. Untersuchen wir diese Auffassung genauer, so erkennen wir darin eine Spielart des Taoismus, und in der Tat haben Thelema und Tao manches gemeinsam.

Selbst Crowleyanern ist oft nicht bewußt, daß Aleister Crowley keineswegs der erste war, der das Primat des Willens des einzelnen formulierte. Vom *fac quid vult* des Kirchenvaters Augustinus von Hippo (354–430) bis zum *fayce que voudras* des François Rabelais im zweiten Band seines 1532–1564 erschienenen Romans *Gargantua et Pantagruel* (in dem auch eine Abtei »Thélème« vorkommt, die als eine Art utopisches Anti-Kloster Träger humanistischer Freiheitsideale ist) reicht die Palette der Betonung der Willensfreiheit, und auch die Philosophen Bergson (dessen Schwester Moina die Frau des Chefs der Golden Dawn, Mathers, war), Schopenhauer und Nietzsche lassen unmißverständlich grüßen, wenn wir das Buch des Gesetzes einmal genauer unter die Lupe nehmen. Einen starken Einfluß stellt auch die bekannte Magie des Abramelin dar, mit der wir uns hier jedoch leider nicht näher befassen können.

Die größte Schwierigkeit des Magiers besteht darin, sein eigenes Thelema unmißverständlich zu erkennen, denn die Kräfte der Illusion sind stark, das Fleisch ist schwach und der Geist keineswegs immer willig.

> *Die größte Schwierigkeit des Magiers: sein eigenes Thelema unmißverständlich zu erkennen*

Dies ist Ziel aller Magie, wie Crowley sie versteht, so wie es Ziel der Magie des Abramelin ist, den Kontakt zum eigenen »Heiligen Schutzengel« herzustellen, den wir auch als eine Art Verkörperung des individuellen Thelema verstehen können. Ähnliche Konzepte finden wir in der schamanischen Magie und der Zauberei naturnaher Völker, beispielsweise beim sogenannten Totem oder Clan-Totem.

Crowleys System hört dort auf magisch zu sein und geht ins rein Religiöse über, wo aus dem Prinzip von Thelema ein dogmatischer Glaubenssatz wird, wo dessen konkret-magische, unmittelbar auf das Schicksal einflußnehmende Aspekte in den Hintergrund rücken und eben doch der Glaube und/oder die transzendente Utopie die Vorherrschaft an sich reißt. Dies werden wir bei seinem Glaubenssatz »Jeder Mann und jede Frau ist ein Stern« an anderer Stelle genauer untersuchen. Damit wollen wir die Thelemitik jedoch nicht abwerten, sie entzieht sich unter diesem Aspekt lediglich dem Aussagespektrum unserer Schulung, wie wir es bereits im ersten Abschnitt definiert haben.

Andererseits ist es für den angehenden Magier von großer Wichtigkeit, sich hierüber klar zu werden, weil er sonst einige Schwierigkeiten mit dem Verständnis der Werke Aleister Crowleys haben wird: Diese sind nämlich weniger für die magische Alltagspraxis geschrieben, sondern, darin ihrem Vorbild Eliphas Levi folgend, für die religiös-transzendente Mystik innerhalb des westlichen Okkultismus. Auch dies werden wir noch detaillierter herausarbeiten.

Als vorläufige Zusammenfassung soll genügen, daß »Tue, was du willst« keineswegs bedeutet »tue, was dir gerade in den Sinn kommen mag«, sondern eben »tue, was dein Wahrer Wille ist«. Crowley verstand darunter (zumindest tat er das theoretisch) das Erkennen und Befolgen des eigenen daimoniums, Thelema ist Berufung und Verpflichtung zugleich und hat nicht das geringste mit dem ständigen Auf und Ab der Wünsche und dem Verlangen unseres kleinen Alltagsegos zu tun. Für Crowley ist der Magier letztendlich immer ein Mystiker, einer, der zur »höchsten Wahrheit« strebt, wie sehr dies auch gegen die Normen herkömmlicher bürgerlicher Ethik und Moral verstoßen mag. Bei aller nicht zu leugnenden magischen Praxis geht es ihm doch in erster Linie darum, eine neue Weltreligion zu stiften, wie er an zahlreichen Stellen selbst bekundet und wie es sich ja auch 1928 bei der Konferenz von Weda zeigte, als er von der deutschen Pansophischen Bewegung verlangte, ihn offiziell zum »Weltenheiland« zu erklären, was schließlich zur Spaltung dieser magischen Crème des deutschsprachigen Okkultismus und – unter anderem – zur Gründung der Fraternitas Saturni führte. Auch im Untertitel seiner Zeitschrift *The Equinox*, nämlich »The Method of Science – the Aim of Religion« (»Die Methode der Wissenschaft – das Ziel der Religion«) wird dies sehr deutlich.

> *Thelema hat nicht das geringste mit dem ständigen Auf und Ab der Wünsche unseres Alltagsegos zu tun.*

Dennoch gibt es zahllose Thelemiten, die sich keineswegs als Crowleyaner bezeichnen würden. Weshalb das so ist und wie beides zusammenhängt, wollen wir im nächsten Abschnitt untersuchen.

EINFÜHRUNG IN DIE RITUALISTIK (X)

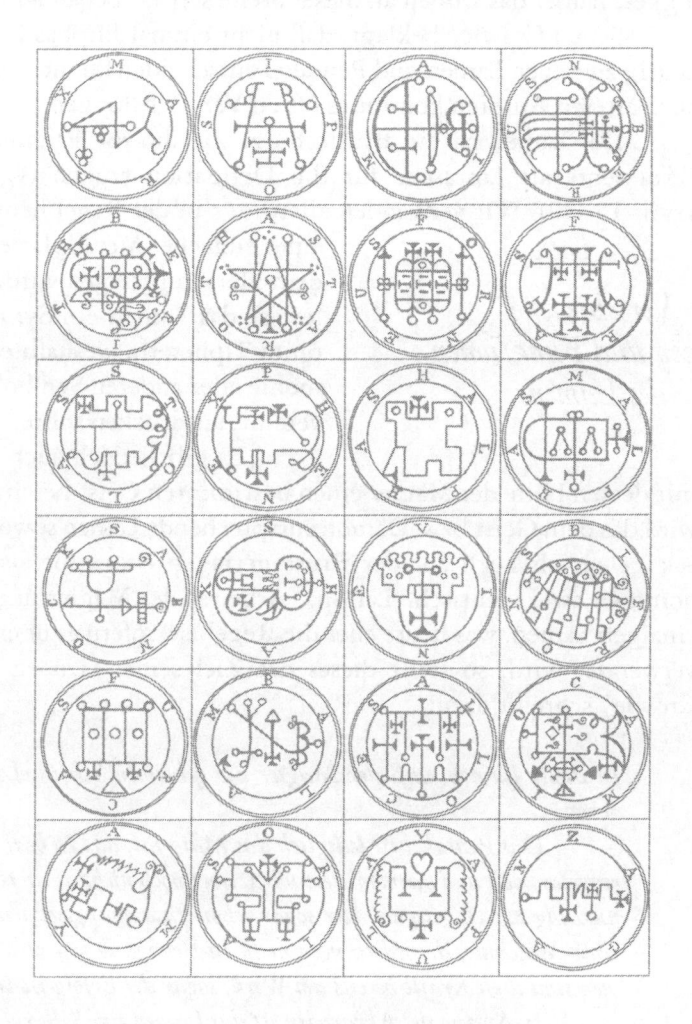

DAS LAMEN

Wie im vorletzten Abschnitt bereits erwähnt, wird in der modernen magischen Literatur häufig nicht mehr zwischen Lamen und Pentakel unterschieden. In der Tradition sieht das freilich anders aus, hier wird sehr wohl ein Unterschied zwischen beiden gemacht, und wir wollen deshalb der Vollständigkeit halber das Lamen an dieser Stelle separat behandeln.

Schon Crowley beklagt, daß nicht einmal Eliphas Levi sich eindeutig zwischen Lamen und Pentakel entscheiden konnte, und auch bei noch älteren Autoren kommt es oft zu Verwechslungen.

Das Lamen ist ein Brustschurz, wie ihn die Priester des Alten Testaments als Lostasche für die Divination trugen (vgl. 2 Mose, xxviii,15–30). Wir verwenden allerdings in der Regel heute nur noch eine einfache Metallplatte, die über dem Herzen getragen wird. Für Crowley ist das Lamen ein Symbol der Sephira Tiphereth, weshalb es eine Harmonie aller anderen Symbole, in einem vereint, ausdrücken sollte.

> *Verschiedene Formen und Funktionen des Lamens*

Es gibt jedoch auch das Lamen, mit dessen Hilfe der Magier einen bestimmten Geist beschwört: Dabei wird das dem Geist bzw. Dämon entsprechende Lamen sowohl ins Dreieck gelegt als auch auf der Brust getragen – es gibt also genaugenommen zwei identische Lamina. Arbeitet der Magier nur mit einem einzigen Lamen, was heute eher die Regel ist, sofern es überhaupt noch verwendet wird, so stellt dieses das Ziel seines Großen Werks dar. Crowley schreibt dazu:

> *In dieses Lamen muß der Magier die geheimen Schlüssel seiner Macht geben.*
>
> *Das Pentakel ist lediglich das Material, das zu bearbeiten ist, das eingesammelt und harmonisiert wird, aber noch nicht aktiv ist, die zur Benutzung zurechtgelegten oder sogar schon zusammengesetzten Bestandteile einer Maschine, die jedoch noch nicht in Bewegung gesetzt wurde. Im Lamen sind diese Kräfte bereits am Werk; sogar der Erfolg ist vorgezeichnet.*
>
> *Im System des Abramelin ist das Lamen eine Silberplatte, auf welche der Heilige Schutzengel mit Tau schreibt. Dies ist ein anderer Ausdruck für dieselbe Sache, denn er ist es, welcher die Geheimnisse dieser Macht verleiht, die hierin ausgedrückt werden soll.*
>
> [*Magick*, S. 113 f.]

Sicher liegt es auch an dieser merkwürdigen Unsicherheit und Vagheit, daß das Lamen so gut wie abgeschafft wurde. Einerseits soll es als Symbol des Glaubens und der Unverwundbarkeit dienen, andererseits ist es praktisch eine Art Dämonentalisman, mit dessen Hilfe Geister herbeigerufen werden.

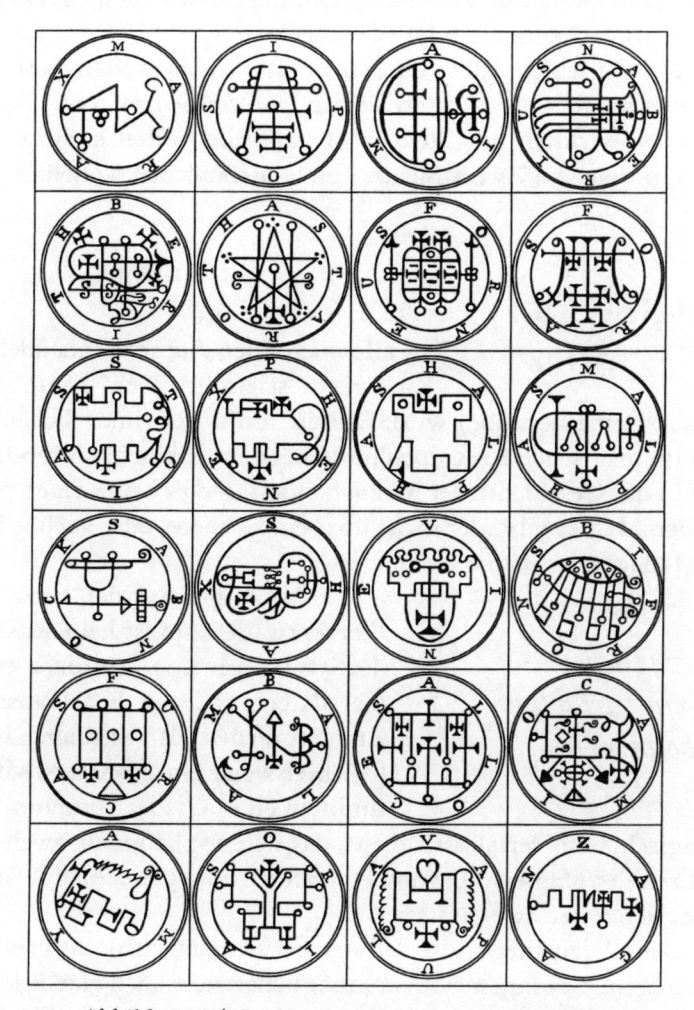

Abbildung 34: Lamina aus der Clavicula Salomonis

In der Abbildung 34 sehen Sie als Beispiel einige Lamina aus dem berühmten Kleinen Schlüssel Salomos (Clavicula Salomonis), einem spätmittelalterlichen Grimoire.

Wird das Lamen heute noch verwendet, so meistens in seiner Funktion als Schutz des Herzchakras. Zudem verleiht es dem Magier ein gewisses Gefühl der Sicherheit und Stärke, zumal dann, wenn es nicht zu leicht ist und sein Gewicht auf der Brust deutlich zu spüren ist.

Für die Dämonenmagie dagegen verzichten wir meist auf ein Lamen, da es ökonomischere Methoden der Evokation gibt, als gleich zwei identische Lamina pro Dämon anzufertigen.

Wenn Sie sich selbst ein Lamen anfertigen wollen, sollten Sie sich genau darüber klar sein, ob Sie den Unterschied zwischen Pentakel und Lamen wirklich begriffen haben; und Sie sollten natürlich auch wissen, zu welchem Zweck Sie das Lamen gebrauchen wollen.

DER MAGISCHE RING

Fast alle magischen Autoren behandeln den Ring recht stiefmütterlich, kaum daß er überhaupt jemals erwähnt wird. Dies ist um so verwunderlicher, als es sich beim magischen Ring doch um eines der gebräuchlichsten Instrumente in der Geschichte der Magie handelt und es kaum einen praktizierenden Magier gibt, der nicht über ein kleineres oder auch größeres Arsenal magischer Ringe verfügt.

Ein magisches Requisit mit variablem Symbolprinzip

Allerdings ist der Ring keine Elementwaffe, ihm ist kein feststehendes Symbolprinzip zugeordnet, er kann mal als Fetisch, mal als Talisman oder Amulett dienen, als Erkennungszeichen (beispielsweise einer Bruderschaft), als Emblem eines Grades – kurzum, er ist ein magisches Universalinstrument, das sich wie kaum ein zweites den Absichten des Magiers fügt und eine schier unbegrenzte Fülle an Einsatzmöglichkeiten aufweist.

Danach leuchtet es ein, daß sich der Ring nur schlecht in ein starres Regelgerüst zwingen läßt, was möglicherweise auch eine Erklärung für die große Zurückhaltung der (meist älteren) Autoren ist. Wir halten den Ring jedoch für eine der wichtigsten magischen Waffen überhaupt, und zwar sowohl aus praktischen als auch aus theoretischen Gründen.

Praktisch gesehen bietet sich der Ring als leichtes, bequem zu benutzendes und in seiner Herstellung im allgemeinen nicht zu aufwendiges oder zu teures Instrument an. Man verliert ihn nicht so ohne weiteres, sofern er gut am Finger sitzt, er kann äußerst unauffällig sein (was freilich nicht immer der Fall ist), denn schon ein einfacher Gold- oder Silberreif kann magisch geladen und am Körper getragen werden, ohne daß er allzu großes Aufsehen erregt. Da die große Mehrheit aller magischen Operationen mit Hand- und Fingertätigkeit verbunden ist, bietet es sich an, dies durch eine entsprechende »Bewaffnung« der Hände bzw. Finger zu unterstützen.

So ist es beispielsweise üblich, daß sich der Magier mindestens einen Ring anfertigt (oder anfertigen läßt), der seine magische Identität dokumentiert. Das kann ein schlichter, etwas breiterer Reif aus einem ihm genehmen Metall sein, in den er innen oder außen sein persönliches Motto in Form einer Sigil eingraviert oder auch Glyphen, die für jene Kräfte (z. B. Elemente, Planeten oder Dämonen bzw. Engel) stehen, mit denen er vornehmlich arbeitet, mit denen er einen Pakt geschlossen hat und so weiter. Es kann auch ein Ring für konstruktive Arbeiten sowie einer für destruktive Operationen angefertigt und durch Gebrauch geladen werden. Allerdings ziehen wir es vor, mit mindestens einem Ring zu arbeiten, der beide Seiten, die lichte wie die dunkle, miteinander vereint.

Die Gestaltung des Rings obliegt dem Magier selbst: Ob er bestimmte Edelsteine (zum Beispiel für Planetenkräfte) integriert, mit Mischmetallen arbeitet (zum Beispiel Gold und Silber als Symbol der »Chymischen Hochzeit« bzw. der Vereinigung der Gegensätze), ob er Ziselierungen anbringt oder Gravierungen/Bemalungen unter einer Metallbeschichtung (etwa durch Vergolden) verbirgt – seiner Phantasie sind in diesem Punkt keine Grenzen gesetzt.

Da Ringe, wie bereits angedeutet, auch die Funktion von Talismanen und Amuletten haben können, wird sich der Ringzauberer auch Ringe anfertigen, die nur zu bestimmten Zwecken oder bei besonderen Anlässen getragen werden, etwa einen Ring mit Heilungsenergie oder geldmagnetischen Eigenschaften, einen Ring für evokatorische Arbeiten, einen für Schutz im magischen Krieg und so weiter. Im alten Ägypten trug man auch gern Ringe mit Götterdarstellungen, die eine Verbindung zu den jeweiligen Energien herstellen sollten.

Logenringe sind Erkennungszeichen von Bruderschaften, sie können

> *Logenringe sind Erkennungszeichen von Bruderschaften.*

aber auch ganz allgemein die Verbundenheit mit einem bestimmten Prinzip bekunden. In der Abbildung 35 finden Sie zwei Beispiele dafür sowie einen dritten Ring aus meinem eigenen Arsenal.

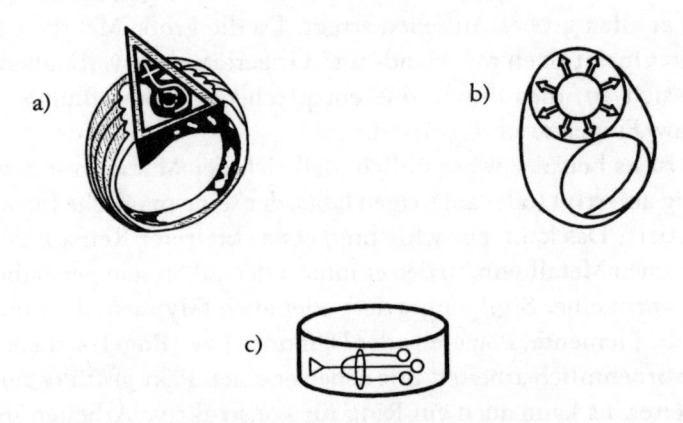

Abbildung 35: Magische Ringe
a) Logenring der Fraternitas Saturni;
b) Ring des magischen Pakts der Illuminaten von Thanateros (IOT)
c) Ring mit individueller Sigil (Fra V∴D∴)

DER MAGISCHE WILLE UND DAS PRINZIP VON THELEMA (II)

THELEMITEN, ABER NICHT-CROWLEYANER – WIE GEHT DAS?

> I am the Magician and the Exorcist. I am the axle of the wheel, and the cube in the circle. ›Come unto me‹ is a foolish word: for it is I that go.
> (»Ich bin der Magier und der Exorzist. Ich bin die achse des rades und der würfel im kreise. ›Kommet zu mir‹ ist ein törichtes wort: denn ich bin es der geht.«)
> Liber AL, II,7

Wir haben im letzten Abschnitt bereits gesehen, daß Crowley nicht der erste war, der sich in der Geschichte des Abendlandes mit dem Konzept des Wahren Willens befaßt hat. Sicher war er aber einer seiner radikalsten und kompromißlosesten Vertreter und steht damit zumindest weltanschaulich Seite an Seite mit einer Gestalt wie dem Marquis de Sade oder mit Gilles de Rais, die er übrigens beide hoch verehrte.

> *Ein weltweit verbreitetes magisches Konzept*

Aber auch im außereuropäischen Raum finden wir ähnliche Vorstellungen, was ja bereits angedeutet wurde. Der Veranschaulichung halber sei hier noch auf eine weitere Praktik eingegangen. Es ist die Rede von der »Visionssuche«, wie sie beispielsweise in den schamanistisch geprägten indianischen Kulturen eine große Rolle spielt. Typischerweise wird sich dabei der angehende Schamane (oder auch jeder junge Mann kurz vor seiner Einweihung zum vollwertigen, erwachsenen Stammesmitglied) auf die Suche nach einer Lebensvision begeben. Dazu kann er Phasen der körperlichen Entsagung (Fasten, sexuelle Enthaltsamkeit, Zurückgezogenheit, Schmerzfolter) durchmachen, sei es als Vorbereitung oder als integraler Bestandteil der eigentlichen Visionssuche. Beispielsweise würde ein solcher Suchender nach längerer Fastenzeit mit einer fieberinduzierenden Droge behandelt, um sich im Fieberzustand in den Dschungel zu begeben und dort im Traum oder als Wachschau eine Vision zu erhalten, die ihm seinen weiteren Lebensweg aufzeigt. Offenbart ihm eine derartige Vision etwa, daß er zum Weg des Kriegers oder des Schamanen berufen ist, daß er sein Dorf verlassen und in die Fremde ziehen oder einen Krieg gegen den Nachbarstamm führen soll, so ist ihm dies für die Zukunft Leitschnur und Verpflichtung zugleich. Die Aussage »ich folge meiner Vision« gilt dann jedem anderen Stammesmitglied als unanfechtbare Rechtfertigung, doch versteht es sich von selbst, daß dergleichen nicht leichtfertig behauptet werden darf, da sonst die Schutzgeister oder der Große Geist das Sakrileg bestrafen würden.

Es gibt zahlreiche Berichte über indianische Menschen, denen keine Visionssuche gelingen wollte: Auch nach mehrmaligem Versuch kehrten sie ohne Erfolg zurück, was nicht selten eine schlimme Ächtung durch die Stammesgemeinschaft zur Folge hatte, so daß der Verdacht naheliegt, daß dabei zumindest gelegentlich doch kräftig nachgeholfen wurde, um einem solchen Schicksal zu entgehen. Wir erwähnen diesen Umstand vor allem deswegen, weil er zeigt, daß auch die in der heutigen romantisierenden Esoterik oft so vielgepriesenen Naturvölker nicht selten ihre liebe Müh' mit Visionsunfähigkeit und auch Schwierigkeiten bei der feinstofflichen Wahrnehmung haben.

Wer katholischer Priester werden will, der muß seine »Berufung« nachweisen; wie der Indianer sagen würde: seine Lebensvision als Seelsorger. Hier wird also zumindest in einem Teilbereich geprüft, ob das Thelema des Priesteramtskandidaten wirklich seiner Wahl entspricht oder ob darin nicht vielleicht eine bloße Laune oder das Ergebnis einer vorübergehenden Krise zu sehen ist.

So betrachtet ist Crowleys Konzept also keineswegs so neu, wie er es selbst gern darstellte. Auch mit dieser Relativierung wollen wir es nicht entwerten, doch ist es einer objektiveren Betrachtung der Magie sicher dienlich, wenn wir es in den richtigen Zusammenhang rücken. Wir erkennen auf diese Weise, daß Thelemiter sein noch lange nicht auch heißen muß, Crowleyaner zu sein. Dies ist insofern wichtig, als die Crowleyaner, wie es die Vertreter aller charismatischen Offenbarungsreligionen und Erlösungslehren tun, oft den Anspruch auf ein Definitionsmonopol des Begriffs Thelema erheben, der unserer Meinung nach weder durch Crowleys Buch des Gesetzes selbst noch durch den historischen Kontext des thelemitischen Konzepts zu rechtfertigen ist.

> *Thelemiter sein muß nicht heißen, Crowleyaner zu sein.*

Wenig wird in der einschlägigen Literatur auch auf die Interpretationsmöglichkeiten des Thelema-Begriffs eingegangen. Die meisten Thelemiter scheinen davon auszugehen, daß das persönliche Thelema eine konstante Größe ist, die man einmal erfährt und die sich danach nicht mehr ändert. Eine solche Auffassung unterscheidet sich prinzipiell nur wenig vom sogenannten »Uhrwerk-Paradigma« früherer Zeiten, als man den Kosmos wie eine einzige große Zahnradmaschine verstehen wollte (vgl. zum Beispiel die newtonsche Physik). Nicht zuletzt durch die Erkenntnisse der modernen Teilchenphysik aber geraten solche Modelle zunehmend ins Wanken, so daß auch in der Magie von heute immer mehr relativistisches Gedankengut sowie Elemente der Philosophie des Kritischen Rationalismus (Popper), des Strukturalismus (Lévi-Strauss, Barthes, Lacan) und ganz allgemein des Skeptizismus Berücksichtigung finden. Ein solcher relativistischer, skeptischer Magier wird im Thelema

> *Ein relativistischer, skeptischer Magier wird im Thelema eine »Vision auf Zeit« sehen.*

eine »Vision auf Zeit« sehen, eine Variable, die wie alles andere im Universum dem Wandel unterworfen ist und die es demzufolge immer wieder aufs neue zu erkennen und zu bestimmen gilt – ja, die vielleicht niemals wirklich in ihrer ganzen Spannweite erkannt werden kann.

Doch ist jetzt noch nicht die Zeit, um auf die spekulativeren Aspekte der magischen Philosophie einzugehen – zunächst ruft die Praxis! Nur durch die beständige persönliche Erfahrung kann der Magier zu einer fundierten Aussage über derlei Dinge gelangen, alles andere wäre bloßes Fürwahrhalten und Hörensagen.

Magie und freier Wille

I am alone: there is no God where I am.
(»Ich bin allein: da ist kein Gott, wo ich bin.«)
Liber Al, II, 23

Bevor wir uns wieder praktischeren Dingen zuwenden, sollten wir uns allerdings noch ein wenig mit dem heftig umstrittenen Thema des »freien Willens« befassen. Das Spannungsfeld zwischen den Aussagen des Determinismus (»alles ist vorherbestimmt, der Mensch ist unfrei und abhängig von Natur, Gottheit, Schicksal«) und denen der Willensfreiheit (»alles ist offen und beeinflußbar, der Mensch ist frei und kann durch seinen Willen Einfluß auf Natur und Leben/Schicksal nehmen«) ist sehr groß, und dazwischen tobt seit einigen hundert Jahren ein erbitterter Kampf der Weltanschauungen.

> *Determinismus und Willensfreiheit*

Auch die Magie ist davon nicht unberührt geblieben. Auf der einen Seite finden wir Aussagen westlicher wie östlicher Prägung, die dafür plädieren, daß der Magier sich der Ordnung des Weltganzen unterwerfen, sich in sie einfügen solle, denn nur dann könne er tatsächlich wirken und zum Mitbaumeister am Großen Werk werden. Auf der anderen Seite wird für die Einflußnahme des Magiers geworben, soll er sich selbst vergotten, soll seine eigene Macht erkennen, sie annehmen und sie nutzen, wie es seinem Willen entspricht.

Was den Anfänger natürlich oft verwirrt, ist die Tatsache, daß wir solche Aussagen nicht selten bei ein und demselben Magier finden,

Aleister Crowley selbst ist ein Paradebeispiel dafür, aber auch Autoren wie Levi, Papus, Quintscher oder Bardon befleißigen sich dieses scheinbaren Verwirrspiels. Häufig gewinnt man den Eindruck, daß hier ein Zwischenweg gesucht wird, daß gewissermaßen ein durch Anerkennung von (auch transzendenten!) Sachzwängen gemilderter freier Wille postuliert werden soll.

Das ist auch nicht verwunderlich, denn beide Auffassungen halten in ihrer Extremform der Wirklichkeitserfahrung nicht stand: Weder läßt sich unumstößlich belegen, daß der Mensch überhaupt keine Willensfreiheit besäße, noch können wir wirklich überzeugend die extreme Gegenposition vertreten, daß dem Menschen sämtliche Freiheit zur Verfügung stünde. Auf pragmatischer Ebene beschreiten wir ohnehin meist einen Mittelpfad. Zwei Beispiele können dies veranschaulichen:

1) Ein Straftäter wird von der Gesellschaft für sein Tun zur Verantwortung gezogen, weil sie ihm die Entscheidungsfreiheit zuspricht, sein schädliches Verhalten zu unterlassen. Er kann sich allenfalls auf mildernde (»die Willensfreiheit einschränkende«) Umstände berufen, wenn er sich dabei in einer Notlage befand, die seine Kräfte und Fähigkeiten offensichtlich überforderte. (Wer dem Hungertod ins Antlitz blicken muß, den können die Eigentumsansprüche reicher Lebensmittelläden nur wenig scheren.)

2) Trotz aller Willensmacht des Menschen bleibt er stets abhängig von zahllosen natürlichen Sachzwängen, so braucht er beispielsweise Sauerstoff und Wasser zum Überleben, kann sich keine Flügel wachsen lassen, um fliegen zu können, und so weiter.

Grundsätzlich handelt es sich bei der behaupteten Willensfreiheit um eine positive Utopie. Beispiel: Auch wenn der Mensch bisher noch keine Flügel zu entwickeln vermochte, muß dies doch nicht zwingend bedeuten, daß er es eines Tages nicht vielleicht doch noch tut.

Dieser Problematik wird sich der Magier täglich bewußt, weil er immer wieder an die Grenzen seiner Handlungsfähigkeit stößt und dennoch ebenso häufig erlebt, wie er früher für unüberwindbar gehaltene Grenzen sprengt und seinen Handlungsspielraum erweitern kann. So befindet er sich nicht selten auf einer Gratwanderung zwischen absolutem Selbstunwertgefühl (in seiner positi-

> *Auf Gratwanderung zwischen Demut und Selbstvertrauen*

ven Ausformung: Demut) und ebenso absolutem Größenwahn (in seiner positiven Ausformung: Selbstvertrauen). Realistischer Magier zu sein heißt aber, auf dieser gefährlichen Fahrt zwischen Skylla und Charybdis sein inneres und äußeres Gleichgewicht zu behalten und nicht vom Mittelkurs abzukommen.

Betrachten wir abschließend einmal, wie Crowley das Problem behandelt. Bei dem hier zitierten Text handelt es sich um eine seiner eindeutigeren Passagen zum Thema:

Doch obwohl jeder Mensch »determiniert« ist, so daß jedes Tun nur das passive Ergebnis der Gesamtsumme aller Kräfte ist, die seit Ewigkeiten auf ihn einwirken, so daß sein eigener WILLE nur das Echo des WILLENS des Universums ist, ist dieses Bewußtsein um den »freien Willen« dennoch wertvoll; und je mehr er ihn wirklich als parteiischen und individuellen Ausdruck jener inneren Bewegung eines Universums begreift, deren Gesamtsumme die Ruhe ist, um so stärker wird er diese Harmonie, diese Totalität spüren. Und wenngleich das Glück, das er erfährt, dafür kritisiert werden kann, daß es nur die eine Schale einer Waage sei, deren andere Schale aus ebensogroßem Leid bestünde, gibt es doch auch jene, die der Auffassung sind, daß Leid nur darin bestehe, sich vom Universum abgetrennt zu fühlen und daß folglich jeder die geringeren Gefühle ausradieren könne mit Ausnahme jener unendlichen Glückseligkeit, die eine Phase des unendlichen Bewußtseins dieses ALLES ist. {...} Es hat keine besondere Bedeutung, zu bemerken, daß der Elefant und der Floh nichts anderes sein können als das, was sie sind; aber wir nehmen durchaus wahr, daß der eine größer ist als der andere. Das ist die Tatsache, die praktische Bedeutung hat.

Wir wissen sehr wohl, daß Menschen dazu ausgebildet werden können, Dinge zu tun, die sie ohne Ausbildung nicht zu tun vermögen – und jeder, der einwirft, daß man keinen Menschen ausbilden könne, wenn es nicht sein Schicksal sei, ausgebildet zu werden, ist durch und durch unpraktisch. Ebenso ist es das Schicksal des Ausbildenden, auszubilden. Das deterministische Argument weist einen Denkfehler auf ähnlich jenem, der der Ursprung aller Spiel-»Systeme« beim Roulette ist. Die Wahrscheinlichkeit, daß zweimal hintereinander Rot kommt, beträgt etwas mehr als drei zu eins; doch wenn Rot schließlich einmal gefallen ist, haben sich die Bedingungen verändert.

Es wäre sinnlos, auf einem solchen Punkt zu beharren, wäre da nicht die Tatsache, daß viele Leute Philosophie mit Magick verwechseln.

Die Philosophie ist die Feindin der Magick. Die Philosophie versichert uns, daß im Endeffekt nichts wichtig sei und daß che sarà sarà.

Im praktischen Leben, und Magick ist die praktischste aller Lebenskünste, tritt diese Schwierigkeit nicht auf. Es ist sinnlos, mit einem Mann, der gerade rennt, um einen Zug zu erreichen, darüber zu diskutieren, daß es ihm vom Schicksal bestimmt sein könnte, den Zug nicht mehr zu erwischen; er rennt einfach, und wenn er Atemluft erübrigen könnte, würde er nur sagen: »Zum Teufel mit dem Schicksal!«
[Magick, S. 65 f.]

Hier formuliert der Altmeister außerordentlich pragmatisch und nüchtern: Letztlich sollten alle Spekulationen über Determinismus und freien Willen hinter der Praxis zurücktreten. Es ist allemal besser, weil effektiver und beglückender, von sogenannten »Schicksalsgrenzen« abzusehen und nach der Maxime zu leben, daß man selbst Herr des eigenen Lebens ist. Andererseits hat es aber auch wenig Zweck, sich in kindlichem Allmachtswahn zu überfordern, um dann hinterher womöglich der Magie dafür die Schuld zuzuschieben. Deshalb betont Crowley übrigens auch im selben Zusammenhang die Wichtigkeit des »Magischen Verstehens« (Magical Understanding), ohne welches der Magische Wille nicht gedeihen kann.

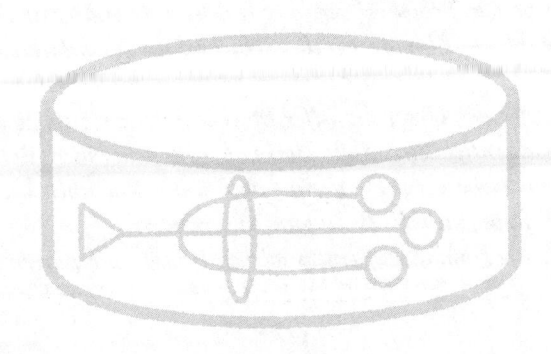

> *Letztlich sollten alle Spekulationen hinter der Praxis zurücktreten.*

EINFÜHRUNG IN DIE RITUALISTIK (XI)

37	78	29	70	21	62	13	54	5
6	38	79	30	71	22	63	14	46
47	7	39	80	31	72	23	55	15
16	48	8	40	81	32	64	24	56
57	17	49	9	41	73	33	65	25
26	58	18	50	1	42	74	34	66
67	27	59	10	51	2	43	75	35
36	68	19	60	11	52	3	44	76
77	28	69	20	61	12	53	4	45

Die magische Glocke

Abgesehen davon, daß bei vielen magischen Ritualen gern mit Klanginstrumenten gearbeitet wird, um einzelnen Phasen bzw. Abschnitte des Ritus zu markieren, hat die magische Glocke natürlich wie alle anderen Ritualwaffen auch eine ganze Reihe von symbolischen Bedeutungen. So gilt sie etwa als »Astrale Glocke«, womit der Kontakt zur »Anderswelt« angekündigt oder regelrecht eingeläutet wird. Sie dient daher als Werkzeug der Aufmerksamkeitserregung und der Warnung, zugleich aber feiert sie auch erhabene Passagen einer Hymne sowie besonders intensive Kommunikation mit den angerufenen Kräften und kann folglich auch als Instrument der Ekstase verwendet werden. Zudem markiert der Glockenschlag den Stillstand der profanen Zeit im Universum des Magiers, das sich in diesem ewigen Augenblick seinem Willen beugt.

> *Werkzeug der Aufmerksamkeitserregung, der Warnung und Kommunikation mit den angerufenen Kräften*

Crowleys Beschreibung einer magischen Glocke unterscheidet sich nicht wesentlich von der einer Zimbel mit einem Schlagklöppel, der an einem Lederriemen hängt, welcher wiederum durch das Mittelloch der Zimbel gezogen und auf der anderen Seite zur Befestigung verknotet wird. Seiner Forderung nach soll die Glocke aus Electrum magicum bestehen, also einer Legierung aus den sieben Planetenmetallen, die schon in der mittelalterlichen Alchemie eine große Rolle spielte. Die einzelnen Metalle sollen bei günstigen Planetenständen nach und nach miteinander verschmolzen werden, zuerst also Gold und Silber bei förderlichen Sonnen- und Mondaspekten, dann Zinn, wenn der Jupiter gut steht, und weiter in diesem Sinne.

In der Praxis wird man meist mit einer nepalesischen oder tibetischen Zimbel vorliebnehmen, wie man sie im Asiatica-Handel erhält. Diese sind zwar häufig vorgeblich ebenfalls aus Elektrum gefertigt (was der Laie freilich kaum nachprüfen kann), entscheidender ist jedoch ihr wunderschöner Klang. Zimbeln werden in der Regel paarweise verkauft, wobei zwei Schalen miteinander durch ein Lederband verbunden sind. Geschlagen werden sie, indem man die Kante der einen leicht gegen die Kante der anderen Schale stoßen läßt. Durch langsames Entfernen der geschlagenen Zimbeln voneinander lassen sich interessante

Klangeffekte erzielen (vom »Wimmern« bis zum feinen Dröhnen), die wiederum sehr tranceförderlich sind.

Es soll an dieser Stelle allerdings auch nicht verschwiegen werden, daß die allermeisten heutigen Magier auf den Gebrauch einer Glocke als Symbol verzichten: Zwar verwenden sie durchaus Glocken, Zimbeln und andere Klanginstrumente, doch haben sie eher die Funktion eines Ritualbeiwerks, ohne daß ihnen noch große eigene Symbolkraft zugeschrieben würde.

Die magische Lampe

In Crowleys System ist die magische Lampe ein metaphysisches Symbol und Instrument von ungeheurer Komplexität, was Spötter zu der Bemerkung veranlaßt hat, seine Anleitungen zu ihrer Herstellung würden sich lesen, als wollte er dem Schüler empfehlen, mit bloßen Händen eine Glühbirne zu bauen. Allerdings gibt Crowley gar keine wirkliche Herstellungsempfehlung; im Gegenteil, die Lampe ist eine Ritualwaffe, die der Adept in seinem Orden A∴A∴ sogar ohne Zustimmung seines Ordensvorgesetzten herstellen soll und die keiner Bestätigung durch andere bedarf.

Denn die Lampe symbolisiert für ihn das »Licht der reinen Seele«, die »Schau des Allerhöchsten«, vergleichbar Moses' Vision vom brennenden Busch. Es ist das ewige Licht der Erleuchtung, das über dem Altar hängt und allein vom Ätherelement gespeist wird. Ihr Licht sei, so schwärmt Crowley, »ohne Quantität noch Qualität, un-bedingt und ewig« [*Magick*, S. 104]. Er fährt fort:

> *Ohne dieses Licht könnte der Magier überhaupt nicht wirken; und doch sind es nur wenige Magier, die sie erfahren und noch weniger Jene, die ihr Leuchten geschaut haben!*
>
> *{...}*
>
> *Was immer du hast und was immer du bist sind Schleier vor diesem Licht.*
>
> *Und doch ist in einer solch großen Angelegenheit jeder Rat vergeblich. Es gibt keinen Meister, der so groß ist, daß er den gesamten Charakter eines Schülers erkennen könnte.*
>
> [*Magick*, S. 105]

> *Symbol der Verbindung zur Transzendenz*

Die Lampe ist also Symbol des Zugangs zur Ätherebene, sie verkörpert die Illumination des Magiers, seine Verbindung zur Transzendenz. Ihr eigentliches Geheimnis ist es, daß sie keine physische Manifestation zu haben braucht. Technisch gesehen läßt sich die magische Lampe also als eine nichtstoffliche Ätherwaffe bezeichnen.

Aus dem Gesagten leuchtet wohl ein, daß es tatsächlich unmöglich ist, Anweisungen zu ihrer Herstellung zu geben. Daher sollte jeder Magier zu seiner eigenen Lampe finden.

STRUKTUREN MAGISCHER TRANCE (1)

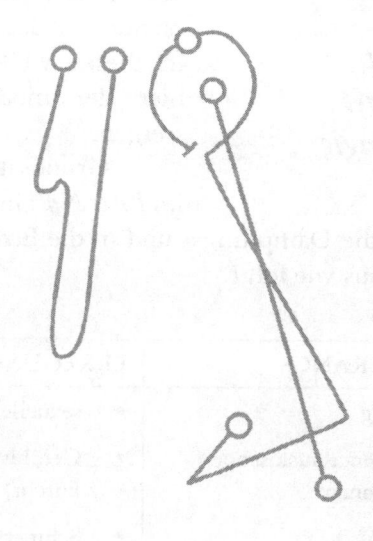

DIE DÄMPFUNGS-TRANCEN

Es ist nicht zuletzt ein Verdienst von Pete Carroll, dem Begründer der Chaos-Magie, unsere Aufmerksamkeit als Magier nicht nur auf die Bedeutung der von ihm als Gnosis definierten magischen Trance gerichtet, sondern diese zugleich auf anschauliche Weise kategorisiert zu haben. Wir wollen uns hier seiner Einteilung bedienen und diese etwas näher erläutern, da es nun an der Zeit ist, etwas tiefer in dieses vielleicht wichtigste Gebiet der modernen Magie einzusteigen.

> *Das vielleicht wichtigste Gebiet der modernen Magie*

Grundsätzlich unterteilt Carroll im *Liber Null* in zwei Formen der Gnosis, nämlich in die Dämpfungs- und in die Erregungstrance. Schematisch sieht dies aus wie folgt.

DÄMPFUNGSTRANCE	ERREGUNGSTRANCE
• Todeshaltung	• sexuelle Erregung
• magische Trance auslösende Konzentrationen	• Gefühlsbewegungen wie Furcht, Wut und Entsetzen
• Schlafentzug	• Schmerzfolter
• Fasten	• Flagellation
• Erschöpfung	• Tanzen, Trommeln, Singsang
• Starren	• magisches Gehen
• hypnotische oder tranceinduzierende Drogen	• erregende oder enthemmende Drogen
	• milde Halluzinogene
	• Hyperventilation
• Entzug der Sinnesreize (sensorische Deprivation)	• Reizüberflutung

Übersicht 21: Formen magischer Trance (nach Pete Carroll)

Wir werden uns als erstes intensiver mit den Dämpfungstrancen befassen, die Sie ja auch zum Teil bereits aus unserem Übungsprogramm kennen. Voranschickend soll noch erwähnt werden, daß die beiden magischen Grundprinzipien des »seelischen Emporloderns wie eine

Flamme« und des Herstellens »seelischer Stille, so tief wie ein See« (Crowley) sich in dieser Trancestruktur widerspiegelt. Die Art der gewählten Trance hängt ebensosehr vom Temperament des Magiers ab wie vom Ziel seiner jeweiligen magischen Operation.

DIE TODESHALTUNG

Über die Todeshaltung haben wir uns bereits ausführlich ausgelassen, so daß sie hier nicht weiter behandelt zu werden braucht. Dieser Zustand der forcierten Gedankenleere ist nach wie vor einer unserer wichtigsten Schlüssel zu magischen Kräften und Fähigkeiten, und es kann gar nicht genug betont werden, wie wesentlich es für jeden Magier ist, sich darin zu üben.

MAGISCHE TRANCE AUSLÖSENDE KONZENTRATIONEN

1. Konzentration auf Gegenstände
Dazu gehört unter anderem das Tratak. Diese Form der Konzentration läßt sich natürlich nach Belieben variieren.

2. Konzentration auf Klänge
Der Magier konzentriert sich konsequent auf akustisch vernehmbare, artikulierte oder imaginierte Klänge, meist Mantras, um auf diese Weise das Entstehen geistiger Worte zu verhindern und zugleich den Zugang zu Worten der Kraft zu entwickeln, ebenso seine Fähigkeit der lauten Beschwörung. (Es handelt sich dabei also auch um eine Form ritueller »Vor-Rhetorik«.)

3. Konzentration auf Bilder
Der Magier konzentriert sich auf Bilder oder Symbole, zum Beispiel auf einen Kreis, ein Quadrat oder ein Kreuz. Es können aber auch komplizierte Bildabläufe verwendet werden. Dies ist der Schlüssel zur Mental- und Doppelgängermagie, ebenso zur Erschaffung von Psychogonen und zur Sigillenladung durch Starren. Auch die Dämonenmagie kann nicht auf diese Technik verzichten.

Durch diese drei Formen der Konzentration werden jene Hirninstanzen unter Kontrolle gebracht, die für die Entstehung von optischen und geistigen Bildern sowie gedanklichen Worte verantwortlich sind.

Sicher werden Sie bereits erkannt haben, daß alle drei Techniken in der Unendlichkeitsmeditation vereint waren, freilich mit der Ergänzung der Unendlichkeitsvorstellung. Lassen wir letztere nun weg, und setzen wir an ihre Stelle einen magischen Willenssatz, so erhalten wir eine äußerst wirkungsvolle magische Technik, vorausgesetzt, daß wir die durch unsere Meditationsübung erreichte Trancefähigkeit beibehalten oder – besser noch – weiterhin verfeinern.

> *Eine äußerst wirkungsvolle magische Technik*

Im Gegensatz zu zahlreichen früheren Autoren ziehen wir es vor, in der praktischen Magie nicht allein mit Visualisationen zu arbeiten, da es sich gezeigt hat, daß wir auf diese Weise nur zu unzulänglichen und sporadischen Ergebnissen gelangen. Wo immer es anders auszusehen scheint, stellt sich bei genauerer Untersuchung heraus, daß in Wirklichkeit doch alle drei Konzentrationsformen beim erfolgreichen magischen Akt beteiligt waren.

Aus dem bisher über die Struktur der Psyche, die Gesetze des Vergessens sowie der Symbol-Logik und -Unschärferelation Gesagten dürfte deutlich geworden sein, daß diese Form der Magie weitaus effektiver und gründlicher vorgeht als alle rein gedanklichen Autosuggestionstechniken, die hauptsächlich mit Konzepten, aber nur wenig mit Bildern und Lauten arbeiten.

Dies hat sich in der modernen Magie nicht zuletzt darin niedergeschlagen, daß sie fast gänzlich auf die früher zur Regel gehörende Konzentration auf Gedanken verzichtet. Diese nahm früher meist die Form einer Konzentration auf das magische Ziel, auf den Wunsch des Magiers oder auf seinen Willenssatz an. An die Stelle dieser Form der Konzentration ist – sicher nicht zuletzt auch durch östliche, speziell tibetische Einflüsse – die Erzeugung von Gedankenleere getreten, die nach Herstellung während der magischen Operation mit einem verfremdeten Symbol des magischen Willens geimpft wird. Besonders deutlich ist dies bei der Sigillenmagie zu sehen, doch werden wir noch weiteren Disziplinen begegnen (beispielsweise der Puppenmagie), bei denen derart verfahren wird.

> *An die Stelle der Konzentration ist die Erzeugung von Gedankenleere getreten.*

Vergessen Sie bei Ihrer Praxis bitte nicht, daß die hier aufgeführten Techniken zwar zur Gnosis führen, daß sie selbst aber noch keine Trance darstellen.

SCHLAFENTZUG, FASTEN, ERSCHÖPFUNG

Mit Hilfe dieser Techniken wird die Alltagsrealität »aufgeweicht«, und der Magier wird empfänglicher für die feinstoffliche Wahrnehmung, da der Zensor mit der Zeit immer matter wird. Von Pete Carroll als »beliebte alte Klostermethoden« (*Liber Null*, S. 32) bezeichnet, gehören diese Dämpfungstechniken noch heute zum Standardrepertoire aller Schamanen und Naturmagier.

> *Die Alltagsrealität wird »aufgeweicht« und der Magier empfänglicher für die feinstoffliche Wahrnehmung.*

Die Kunst des Magiers besteht darin, aus dem zunächst etwas verwirrten Bewußtseinszustand, den diese drei Techniken bei hinreichender Dauer erzeugen, eine echte, schlagkräftige magische Trance zu schmieden, in der er sich noch genügend Kontrolle bewahrt, um sich selbst mit seinem magischen Willen zu imprägnieren. Etwas überspitzt ausgedrückt: Es genügt nicht, bis zum Umfallen zu fasten, es sei denn, daß man nur im Augenblick des Umfallens seinen magischen Willen zu laden vermag.

Viel sinnvoller als jede übertriebene Selbstkasteiung ist ein maßvoller Umgang mit Schlafentzug, Fasten und/oder Erschöpfung, der präzise auf die natürliche (und die geschulte) Gnosisfähigkeit des Magiers abgestimmt ist. Das aber ist eine Frage der persönlichen Praxis und läßt sich von Außenstehenden nur schwer beurteilen, wenngleich zahlreiche Magier und Schamanen mit der Zeit einen gewissen Blick für Trancefähigkeit und -tiefe eines Menschen entwickeln und ihm entsprechend behilflich sein können, zu optimalen Ergebnissen zu gelangen. Dies wird vor allem vom Ritualleiter gefordert, der während einer Gruppenoperation dafür verantwortlich ist, die gemeinsamen Energien möglichst auf gleichem Niveau zu aktivieren, zu sammeln, zu imprägnieren und auf ihr Ziel hin weiterzuleiten.

Theoretisch kann man die wahre Meisterschaft eines Magiers daran erkennen, wie gut es ihm gelingt, auch unter widrigen Bedingungen die Teilnehmer an einem Gruppenritual möglichst synchron und ohne Ausnahme auf das gewünschte Gnosis-Niveau zu bringen, während er gleichzeitig – in Trance – den Überblick behält und dort gegensteuert, wo ein Teilnehmer außer Kontrolle zu geraten droht. Wenn Sie viel mit erfahrenen Könnern der Schwarzen Kunst zusammenarbeiten, werden Sie dies öfter beobachten.

Leider kennt aber auch diese Regel ihre Ausnahmen. So ziehen es vor allem jene Magier, die nach dem östlichen Paradigma des *wu-wei* (»nichthandelnd handeln«) arbeiten, meist vor, sich ausschließlich von der Gesamtqualität einer Gruppenarbeit zu überzeugen und den einzelnen Teilnehmer seiner eigenen Trance oder Nicht-Trance zu überlassen. Freilich beobachten wir in solchen Fällen oft, daß diese Meister die freigesetzte Energie entweder unbewußt durch die schiere Stärke und Qualität ihres eigenen Kraftfelds harmonisieren beziehungsweise nivellieren oder daß sie bewußt auf der Ebene feinstofflicher Energien auf subtile Weise etwaigen Disharmonien gegensteuern, was allerdings meist nur dem geübten Auge auffällt.

DAS STARREN

Dieses Thema haben wir bereits unter der Rubrik »Magischer Blick« gründlich genug abgehandelt, um hier auf weitere Erläuterungen verzichten zu können.

HYPNOTISCHE ODER TRANCEINDUZIERENDE DROGEN

Völlig abgesehen von der juristischen Problematik dieses Themas ist generell vom Gebrauch von Drogen zu magischen Zwecken abzuraten. Dies gilt zumindest für den Anfänger, besonders für jene, die bereits sehr viele Drogen ausprobiert haben und dies noch immer einigermaßen regelmäßig tun. Ein Trip ist noch lange kein Ritual! Wenngleich das Ritual auch zu Bewußtseinszuständen führen kann (aber nicht muß), die sehr stark

> *Vom Gebrauch von Drogen zu magischen Zwecken ist generell abzuraten.*

jenen gleichen, welche wir durch den Gebrauch von Drogen herbeizuführen suchen, führen Drogen umgekehrt leider nicht zwangsläufig ins magische Ritual. Das Hauptproblem besteht vor allem darin, daß Drogen nicht nur den vielzitierten geistigen und körperlichen Kontrollverlust fördern, sondern zudem auch die Willensschärfe abstumpfen. Dies wird immer wieder vergessen, und so ist oft zu beobachten, wie sich vor allem jüngere Magier dabei auf Crowleys Drogeneskapaden berufen, die bei ihm aber, wie allzuoft vergessen wird, erstens zum Teil medizinisch indiziert waren (so bekam er beispielsweise Heroin ursprünglich gegen seine Asthmaanfälle verschrieben) und zweitens in einer lebenslangen Abhängigkeit endeten, aus der er sich bis zum Tod stets nur vorübergehend befreien konnte.

Doch selbst in seiner Abhängigkeit bewies Crowley noch eine Willensstärke und Charakterfestigkeit, die den meisten seiner heutigen Jünger leider abgeht. So erzählte mir ein später Freund Therions, wie dieser einmal, es war etwa drei Jahre vor seinem Tod, mitten im Gespräch plötzlich einen Asthmaanfall bekam, im Gesicht blau anlief und nur noch mit letzter Mühe zu einer Kommode wankte, der er eine bereits vorbereitete Heroinspritze entnahm, um sich die Droge zu verabreichen. Crowley mußte sich danach bei seinem Freund ausbedingen, daß dieser ihn im Wiederholungsfall niemals berühren oder behindern würde, da diese Spritze seine letzte Lebensrettungsreserve sei. Damals hatte Crowleys Hausarzt bereits damit begonnen, seine Heroinverschreibungen drastisch zu reduzieren, was dem Altmagier schwer zu schaffen machte, da er an eine sehr hohe Dosis der Droge gewöhnt war. Immerhin besaß er aber noch genügend Disziplin, um zumindest immer eine Reservespritze aufzubewahren, die er nur im äußersten Notfall eines Erstickungsanfalls anrührte. Wie viele heutige Junkies aber könnten da noch mithalten?

Wohl setzen Schamanen relativ häufig Drogen zur Trancestimulierung ein, doch geschieht dies in einem völlig anderen soziokulturellen Kontext, und meist ist in schamanischer Gesellschaft der Drogengebrauch stark sakralisiert, so daß dort jeder Mißbrauch letztlich ebenso streng geahndet wird wie in unserer Kultur.

Zu den hypnotischen und tranceinduzierenden Drogen gehören unter anderem: Alkohol in größeren Mengen, Cannabis sowie Schlaf- und Beruhigungsmittel, ebenso zahlreiche Psychopharmaka. Von einem wirklichen Könner entsprechend dosiert, ist es möglich, mit ihnen eine brauchbare magische Trance herbeizuführen, doch überwiegen die Nachteile leider ihren praktischen Nutzen, so daß ihr Gebrauch allenfalls bei schwerer Trancehemmung (wie sie gelegentlich bei völlig ungeschulten Anfängern zu beobachten ist) sowie bei Operationen in Frage kommt, bei denen stark visionär oder mit »weichen« Gruppenenergien gearbeitet wird; letzteres geschieht gelegentlich in der Sexualmagie.

ENTZUG VON SINNESREIZEN (SENSORISCHE DEPRIVATION)

Der sensorischen Deprivation dienten und dienen sowohl Klöster als auch Einsiedeleien, ebenso gelegentliche Exerzitien der Zurückgezogenheit.

Ihr Ziel ist es, dem Verstandesdenken möglichst wenige äußerliche Anhaltspunkte zu geben, an die es sich klammern kann, bis es schließlich mangels äußerer Reize erlahmt.

> *Ziel ist es, dem Verstandesdenken möglichst wenige äußerliche Anhaltspunkte zu geben.*

Im Ritual stellen wir den Entzug von Sinnesreizen beispielsweise durch den Gebrauch von Augenbinden, Hauben und Dunkelheit her. Die Erfahrung lehrt, daß es aufgrund des damit verbundenen »Schockeffekts« erfolgversprechender ist, die Außenreize nur für eine kurze Weile auszuschalten, anstatt sie für längere Zeit zu verbannen. Längere sensorische Deprivation ist meist eher für mystische Praktiken geeignet.

Ein sehr gutes modernes Gerät für die Arbeit mit dieser Form der Gnosis ist der »Samadhi Tank« (auch »Meditationstank«), der von dem Bewußtseinsforscher John C. Lilly entwickelt wurde. In diesem Tank ruht man auf einer knapp fünf Zentimeter hohen Lake mit sehr starker Salzkonzentration (ähnlich wie im Toten Meer), während durch Tankdeckel und -wände alle optischen Reize sowie jeder Außenlärm ausgeschlossen bleiben. Schon nach wenigen Minuten verliert man jedes Zeitgefühl und erfährt eine außerordentlich tiefgehende Entspannung, da durch die hohe Treibkraft der Lake kein Muskel mehr belastet werden muß, um den Körper abzustützen. Derartige Tanks sind einerseits im Handel erhältlich, es gibt sie aber auch in vielen Großstädten in einschlägigen Therapiezentren. Wer damit noch keine Erfahrung gesammelt haben sollte, dem sei ein Versuch sehr empfohlen.

Es hängt, wie schon erwähnt, stark von den persönlichen Präferenzen und Zielen des Magiers ab, welchen Formen der Gnosis er den Vorzug geben soll. Es liegt auf der Hand, daß ein aggressiver Kampfzauber in der Regel eher mit einer Erregungstrance zu bewältigen sein wird als mit Dämpfungsgnosis. Andererseits kann ein solcher Zauber auch auf die Auflösung des Gegners oder seiner Situation abzielen, dann wird eine Art »ätzender Dämpfungstrance« sicher den größeren Erfolg davontragen.

Doch auch innerhalb jeder einzelnen dieser beiden Kategorien gibt es Unterschiede, die sich aber von einem Magier zum anderen völlig anders artikulieren können, so daß hierfür keine festen Regeln vorgegeben werden können. Im Idealfall führen alle Methoden natürlich zur selben Gnosis, doch zeigen sich in der Praxis einige Abweichungen, die sicher nicht zuletzt damit zusammenhängen, daß der Magier so gut wie nie eine Volltrance mit völligem Bewußtseinsverlust herbeiführt, da er dann ausschließlich vom Willen und Einfluß anderer abhängig wird.

Jeder Magier sollte die verschiedenen Energiequalitäten der hier vorgestellten Methoden gründlich kennen, damit er ein wirklich fundiertes Urteil über ihre Vorzüge und Nachteile fällen kann. Zudem ist es sinnvoll, stets mehrere Techniken parat zu haben für den Fall, daß die Durchführung der einen oder anderen Methode durch äußere Umstände erschwert oder verhindert wird. So wird es in einer Straßenbahn recht schwierig sein, eine echte sensorische Deprivation herbeizuführen, dafür läßt sich aber das magische Starren oder die Konzentration auf Klänge dort relativ leicht durchführen.

> *Es ist sinnvoll, stets mehrere Techniken parat zu haben.*

Zudem will die Trance ja nicht nur erreicht, sondern auch beherrscht werden, sonst führt sie zum genauen Gegenteil dessen, was der Magier eigentlich beabsichtigt. Daher ist unermüdliches Üben auf diesem Feld oberstes Gebot aller modernen und schamanischen Magie.

BERICHTE AUS DER MAGISCHEN PRAXIS (IV)

Aleister Crowley berichtet uns von einem mittlerweile berühmt gewordenen Zauber mit sehr seltsamen Auswirkungen. So wartete er einmal dringend auf einen Brief von einer bestimmten Person, die einige tausend Meilen entfernt war. Schließlich entschloß er sich zu einem Ritual, um den Erhalt des Schreibens zu erzwingen.

Tatsächlich kam auch wenige Tage später der gewünschte Brief – doch war er bereits über eine Woche zuvor abgeschickt worden. Den Kommentar zu diesem Ereignis entnehmen wir diesmal der Rubrik »Tante Klaras Kummertempel« aus der heute nicht mehr erscheinenden Magie-Zeitschrift *ANUBIS*:

Man hat verschiedene Erklärungsmodelle für solche Erscheinungen vorgeschlagen. Das einfachste, das zudem wegen seiner Schlichtheit nicht unsympathisch ist, besagt, daß hier im Prinzip eine Divination vorliegt: Der Magier spürt intuitiv, daß ein Ereignis sich anbahnt, und handelt instinktiv entsprechend, »um es herbeizuführen«.

Die Frage ist allerdings, ob das gewünschte Ereignis trotz vorheriger Auslösung ohne das Ritual auch tatsächlich eingetreten wäre. (Der Brief hätte ja beispielsweise auch verlorengehen können o. ä.) Das läßt sich natürlich nicht überprüfen, aber es gibt Magier, die dazu raten, selbst dann noch ein Ritual für ein bestimmtes angepeiltes Ziel durchzuführen, wenn dieses bereits vor Ritualbeginn erreicht wurde! Das hat zumindest den Vorteil, die Angelegenheit in der Sprache der Seelensymbole endgültig abzuschließen, ein religiöser Mensch würde vielleicht eine rituelle Danksagung daraus machen.

In der heutigen Magie fühlt man dem Problem der »retroaktiven Zauber«, wie man dieses Phänomen technisch nennt, immer stärker auf den Zahn. Schließlich leben wir modernen Zauberinnen und Zauberer ja auch in einer Welt, die mit Science-fiction und Zeitreisemythen vertraut ist und in der selbst Physiker mit »rückläufiger Zeit« rechnen. Wenn die Magie tatsächlich, und dafür spricht manches, im Grunde nur eine Informationssteuerung ist (daher auch der {...} erst kürzlich geprägte Begriff »Kybermagie« für diese noch in Entwicklung befindliche Magieform, abgeleitet von dem Wort »Kybernetik« oder »Steuerungslehre«); wenn Information ihrerseits aber über die Grenzen von Raum und Zeit hinweg existieren und übertragen werden kann (was übrigens die gesamte Inkarnationstheorie unnötig machen würde!) – schließlich besitzt sie ja keine Masse und möglicherweise auch keine Energie –, so sehen wir am Horizont zukünftige Erklärungsmodelle aufblitzen, die jedenfalls meinen armen Tantenkopf samt Dauerwelle gehörig ins Schleudern bringen könnten. Denn die Frage lautet dann: Können wir mit Magie die Vergangenheit verändern? Können wir – wohlgemerkt im nachhinein! – Zeitweichen stellen? Ehrlich gesagt scheue ich mich noch, eine derartig abgründige, realitätserschütternde Behauptung aufzustellen. Aber wenn, ich wieder-

hole: wenn dem wirklich so sein sollte, so handelt es sich bei den retroaktiven Zaubern um »Erinnerungen an die Zukunft«, gegen die sich die Astronautengötter und UFOs der Herren Charroux und Däniken ausmachen wie harmlose Gartenzwerge. Wenn der Magier tatsächlich, wie ja oft behauptet und von uns Praktikern immer wieder bestätigt wird, die Realität verändert, wenn er zudem ein Realitätstänzer jenseits von Zeit und Raum ist und wenn es uns gelingen sollte, diese Behauptung auf eine theoretische und praktische, anwendbare, überprüfbare Grundlage zu stellen, dann dürfte die Feststellung wohl nicht übertrieben sein, daß wir innerhalb der Magie – und nicht nur dort – gegenwärtig vor dem größten geistigen Quantensprung in der gesamten Geschichte der Menschheit stehen.

{...} es tut mir aufrichtig leid, daß ich {...} nur mit zahllosen weiteren Fragen anworten konnte, vielleicht habe ich die Sache sogar noch dunkler und unverständlicher gemacht, als sie es vorher schon war. Doch tragen Sie's mit Fassung – noch ist nicht aller Tanten Abend, und wenn die gegenwärtigen Entwicklungen innerhalb der magischen Szene auch nur die Hälfte von dem halten, was sie augenblicklich versprechen, so werden wir wohl noch vor der Jahrtausendwende eine Magie unser eigen nennen können, wie die Menschheit sie noch nie gesehen hat. Dann werden wir nämlich möglicherweise ganz gezielt und bewußt retroaktiv zaubern können, daß unser Raum-Zeit-Kontinuum nur so wackelt! Die ersten Anfänge sind gemacht, und zur Zeit sind bereits unsere besten Köpfe (und das sind immerhin einige Dutzend) dabei, die Herausforderung anzunehmen und zu prüfen, was sich daraus machen läßt. In diesem Sinne leben wir in einer äußerst aufregenden, interessanten Epoche – was freilich nach chinesischem Diktum eher ein Fluch wäre. Aber egal, auch das werden wir überleben... Es geht doch nichts über den rechten Pioniergeist – à l'hazard, Kybernautikos!

[ANUBIS, H. 8, S. 51–53]

Die obigen Ausführungen werfen die Frage nach fiktiven »morphogenetischen Feldern« auf, etwa wenn man früheren Generationen magische Fähigkeiten und so weiter zuspricht oder »uralte« Bruderschaften erfindet – ist dies vielleicht tatsächlich ein Versuch, die Gegenwartsrealität durch Zeitumkehr zu beeinflussen? Das Beispiel wurde bewußt ohne Lösungsvorschläge gebracht, um zu zeigen, daß es in der modernen Magie noch manches zu entdecken gilt und daß wir uns unserer Realitäts- und Zeitmuster niemals gänzlich sicher sein können, und um zu eigenem Nachdenken über derartige Probleme der Magie anzuregen.

PRAKTISCHE ÜBUNGEN

ÜBUNG 42
SYSTEMATISCHE TRANCE-SCHULUNG (I)
DÄMPFUNGSGNOSIS

Stelle Dir nach dem in diesem Abschnitt Beschriebenen einen eigenen systematischen Übungsplan zusammen, um auf regelmäßiger Basis immer vertrauter mit den verschiedenen Formen und Methoden der Dämpfungsgnosis zu werden. Dies solltest Du mindestens viermal wöchentlich üben, wobei kurze Phasen von etwa 15–30 Minuten meist genügen dürften.

LITERATURNACHWEIS

Pete Carroll, *Liber Null – praktische Magie. Das offizielle Einweihungshandbuch des englischen Ordens IOT*, Unkel: Edition Magus, 1986[3]

STRUKTUREN MAGISCHER TRANCE (II)

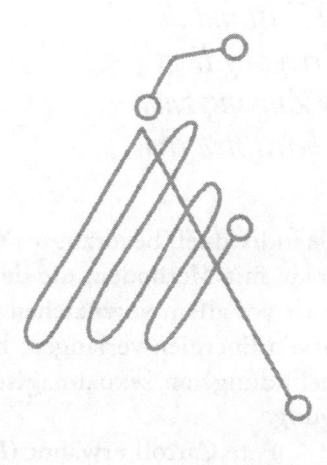

DIE ERREGUNGS-TRANCEN

SEXUELLE ERREGUNG

Wie Sie bereits im Zusammenhang mit der Sigillenmagie erfahren haben, stellt die sexuelle Erregung eines der erfahrungsgemäß mächtigsten Werkzeuge des Magiers dar. Im Zustand der Erregung wird der Zensor oft bis zu hundert Prozent ausgeschaltet*, der Zugang zum Unbewußten liegt frei, und der Magier kann darin implantieren, was er für seine Operation benötigt.

> *Im Zustand der Erregung liegt der Zugang zum Unbewußten frei.*

Die sexuelle Erregung kann auf jede individuell bevorzugte Weise hergestellt werden – aber auch und gerade mit Methoden, die der Magier nicht unbedingt liebt. Letzteres ist vor allem vorzuziehen bei: a) Operationen, die nach besonders starken Energien verlangen; b) nach übermäßiger Gewöhnung (Routinebildung) an sexualmagische Arbeiten; c) bei sexueller Übersättigung.

Pete Carroll erwähnt (*Liber Null*, S. 32), daß die sexuelle Erregung besonders gut zur Erschaffung von Wesenheiten (Psychogonen) geeignet ist, während bei Arbeiten mit einem Partner dieser ein bestimmtes Prinzip bzw. eine Gottheit invozieren und materiell verkörpern kann, worauf eine geschlechtliche Vereinigung mit dem invozierten Prinzip stattfinden könnte, was auch bei sexualmystischen und tantrischen Operationen bevorzugt wird. Orgasmusverhaltung durch Karezza und wiederholte Stimulierung ohne orgasmischen Höhepunkt kann ebenso zu einer der Divination sehr förderlichen Trance führen wie wiederholte Orgasmen in möglichst kurzem zeitlichen Abstand, wobei letzteres freilich in den meisten Fällen schon eher einer Erschöpfungstrance entspricht. Allerdings kann der Magier auf diese Weise auch die von Crowley so hochgelobte »eroto-komatose Luzidität« erreichen, auf die wir im Zusammenhang mit der Sexualmagie noch näher eingehen werden. Freilich sollte der Magier bei dieser Methode auch dafür sorgen, daß seine gewöhnliche Sexualität nicht

---

* *Das dies nicht dasselbe ist wie eine Ausschaltung des Bewußtseins, wird häufig übersehen oder vergessen!*

übermäßig von Gedankenassoziationen und Phantasien beherrscht wird, da dies leicht zu unguten Vermischungen der Symbole führen kann.

GEFÜHLSBEWEGUNGEN

Prinzipiell lassen sich sämtliche Gefühlszustände zu magischen Zwecken nutzen. Wirklich wirkungsvoll sind aber erfahrungsgemäß fast nur Wut, Furcht und Entsetzen. Alle drei können schon auf der physischen Ebene zur Freisetzung ungeahnter Fähigkeiten führen, man denke beispielsweise an die schier unglaublich gesteigerten Körperkräfte eines Tobsüchtigen oder an das Durchhaltevermögen und die körperliche Leistungskraft von Menschen, die in Panik geraten sind. Von ihrer Wirksamkeit her sind diese drei Emotionen sicher ebenso stark wie die sexuelle Erregung, doch haben sie den Nachteil, nur selten ohne großen Aufwand in Alleinregie geweckt werden zu können. Ein systematisches Training kann zwar auch hier manches Hindernis aus dem Weg räumen, und jeder Magier sollte sich einem solchen unterziehen, dennoch wird es meist schwierig bleiben, beispielsweise auf Befehl einen Wutanfall zu erzeugen, um ihn dann auch noch magisch zu verwerten.

> *Gefühlszustände zur Freisetzung ungeahnter Fähigkeiten*

Anders bei der Einweihung durch andere: Hier wurde früher und wird auch heute noch häufig vor allem mit den Energien der Angst und des Entsetzens gearbeitet, die »Einweihung durch Schrecken« ist ein einschlägiges, bekanntes Stichwort.

SCHMERZFOLTER UND FLAGELLATION

Tanzen, Trommeln, Singsang

Hierbei haben wir es mit dem genauen Gegenteil der Methode von Schlafentzug, Fasten und Erschöpfung zur Erreichung von Trance zu tun: Wo letztere beruhigen und dämpfen, peitschen erstere Geist und Körper auf. Extremer, unerträglicher Schmerz mündet immer entweder in Bewußtlosigkeit oder in Lust: Denn nur durch die ekstatische Hinnahme kann der menschliche Organismus Schmerz länger ertragen. Die Büßerkolonnen des Mittelalters mit ihren Springprozessionen und Selbstgeißelungen, die Fakirpraktiken von hinduistischen und christlichen Gläubigen auf Sri Lanka und den Philippinen – sie alle stellen Beispiele für einen Zugang zur Ekstase dar, sie legen Verstand und Zensor lahm und machen den Geist schließlich so einspitzig, wie ihn auch der Magier bei seinen Operationen benötigt. Freilich haben diese Methoden auch den großen Nachteil, sehr schnell zu uneffektiven, dafür aber um so schädlicheren Exzessen zu führen. Denn wenn der Körper von Natur aus relativ schmerzunempfindlich sein sollte oder es durch Abstumpfung geworden ist, steigt die Reizschwelle immer höher, bis schließlich nur noch durch echte Selbstverstümmelungen die angestrebte Wirkung erzielt werden kann. Daher ist vom übermäßigen Gebrauch dieser Praktiken dringend abzuraten.

Anders bei Tanzen, Trommeln und Singsang (Chanten): Sowohl allein als auch in der Gruppe praktiziert, können sie sehr schnell in eine sehr brauchbare Erregungstrance führen. Dabei kommt es nicht einmal auf die musikalische und gymnastische Fähigkeit des Magiers an, wiewohl eine Gruppenarbeit natürlich nach weitaus sorgfältigerer Koordination verlangt als die Arbeit allein im eigenen Tempel. Besonders die afrikanischen und afroamerikanischen Kulte (Voodoo, Macumba, Candomblé, Santería) bedienen sich dieser Mittel,

> *Schnelle und »nebenwirkungsfreie« Formen der Erregungstrance*

ebenso natürlich der weltweite Schamanismus, von den Tungusen Sibiriens und den Samen Lapplands bis zu den Indianern Nord- und Südamerikas oder den Aborigines Australiens. Zum Singsang gehören neben Mantras und kultisch-magischen Liedern auch die Exaltation durch Lyrik (Hymnen), erzählte Mythen und »barbarische Namen der Evokation« bzw. Zauberformeln und Worte der Macht. Bei musikalischer Unterstützung einer magischen Operation ist auf möglichst ausgeprägte Rhythmik und eine gewisse Monotonie (Wiederholungseffekt) zu achten. Erfahrene Trommler beginnen meist mit einem Herzschlagrhythmus, da sich das unwillkürliche Nervensystem derartigen Außenreizen leichter anpaßt, wenn es mit ihnen erst eine Weile in Harmonie geschwungen ist. Wird der Rhythmus dann beispielsweise gesteigert, so paßt sich auch die Herzschlagrate der Beteiligten dem in gewissem Umfang an.

Magisches Gehen

Das magische Gehen ist eine Technik, die dem Zen-Gehen verwandt ist, über dieses jedoch hinausführt. Man geht lange Strecken unter gleichzeitiger Anwendung des 180°-Blicks, wobei man zugleich Hände, Finger und Arme in möglichst ungewöhnlichen Stellungen hält. Als hilfreich hat sich auch erwiesen, mit dem Daumennagel seitlich in das empfindliche Nagelglied des kleinen Fingers zu drücken. Dies erzeugt einen gewissen Schmerz, der aber völlig ungefährlich ist, solange die Haut dabei nicht beschädigt wird. Schließlich wird der Geist ganz in seiner Umgebung aufgehen, und das Denken setzt aus. Aus der Beschreibung wird deutlich, daß diese Technik weniger dazu geeignet ist, spezifische magische Operationen durchzuführen (mit Ausnahme der Ladung mantrischer Sigillen) als vielmehr dazu, derartige Bewußtseinszustände zu trainieren. Dabei kann ürigens auch zusätzlich mit Hyperventilation (siehe unten) gearbeitet werden.

ERREGENDE ODER ENTHEMMENDE DROGEN, MILDE HALLUZINOGENE, HYPERVENTILATION

Beachten Sie bitte nochmals, was wir zum Gebrauch von Drogen in der Magie geschrieben haben. Dem ist prinzipiell nichts hinzuzufügen. Zu den erregenden oder enthemmenden Drogen sowie zu den milden Halluzinogenen (nie vergessen: entscheidend ist stets die Dosis) gehören unter anderem Alkohol in kleineren Mengen, Kokain, kleine und mittlere Dosen von Cannabis sowie LSD, Meskalin und Psilocybin, ebenso manche moderne Designerdrogen und natürlich die Aufputschmittel (Amphetamine). Recht wirkungsvoll und doch mild ist ein Tee aus der Galangalwurzel (Rhizoma galangal), der möglichst heiß getrunken wird. Dieses Mittel ist übrigens legal. Aber auch Schwarztee, Kaffee und Tabak können bei entsprechender Dosierung eine erregende bis enthemmende Wirkung haben, freilich um den Preis ihrer recht zweifelhaften gesundheitlichen Folgen. Wir möchten hier nochmals betonen, daß wir aus den schon erwähnten Gründen generell vom Drogengebrauch abraten!

Bei der Hyperventilation wird durch schnelles, kräftiges Schnaufen über längere Zeit (in der Regel zwischen 5 und 15 Minuten, oft auch länger) ein Sauerstoffüberschuß im Gehirn erzeugt, der sogar zu richtigen halluzinatorischen Erscheinungen führen kann. Sollten Sie unter gesundheitlichen Problemen im Herzbereich leiden oder angegriffene Atemorgane (Lunge, Bronchien) haben, so müssen Sie unbedingt vor einer solchen Praktik, die ohnehin schon wegen der dabei häufig entstehenden katatonischen Krämpfe am Anfang nur unterfachkundiger Aufsicht stattfinden sollte, unbedingt Ihren Arzt oder Heilpraktiker konsultieren! Das gilt auch für allgemeine Kreislaufbeschwerden sowie besonders für Asthmatiker und Epileptiker.

REIZÜBERFLUTUNG

Dienen Klöster und Einsiedeleien als spezielle Orte zur Herstellung von Reizentzug, so läßt sich die Reizüberflutung praktisch überall erreichen. Dabei werden meist zahlreiche verschiedenen Techniken benutzt, um möglichst sämtliche Sinnesorgane gleichzeitig oder nacheinander zu reizen und auf diese Weise Erregungsgnosis herzustellen. Dabei können auch Dämpfungsmethoden Verwendung finden, die durch ihre Einbettung in ein Erregungsschema einen umgekehrten Effekt erzielen als gewöhnlich. So gehörte es beispielsweise zu den klassischen Methoden tantrischer Ausbildung, daß der Einweihungskandidat mit verbundenen Augen längere Zeit wachgehalten wurde (Schlafentzug), um einer Geißelung (Schmerzfolter) unterzogen zu werden, bis man ihm Haschisch verabreicht und ihn zu Mitternacht auf einen Friedhof bringt, wo er mit seiner Gurini (weiblicher Guru) auf einem Leichnam kopulierend die Vereinigung mit seiner Gottheit vollzieht. Heutige westliche Methoden schließen den Gebrauch modernster Technik ein, etwa indem die Reizüberflutung mit Hilfe von Stereoanlagen, Radios und Fernsehern (alle gleichzeitig laufend) hergestellt wird, bis der Geist in Ekstase/Gnosis gerät.

Fassen wir zum Schluß dieser Betrachtung das strukturale Grundprinzip der Gnosis mit folgendem Zitat aus dem *Liber Null* zusammen:

Der Gipfel der Erregung und die absolute Ruhe – das sind magisch und physiologisch die gleichen Orte. In dieser verborgenen Dimension des eigenen Seins kreist der Raubhabicht des Selbst {...}, frei vom Wollen und doch bereit, sich in jede Erfahrung und jede Tat zu stürzen.
[S. 68]

Planetenmagie (IV)

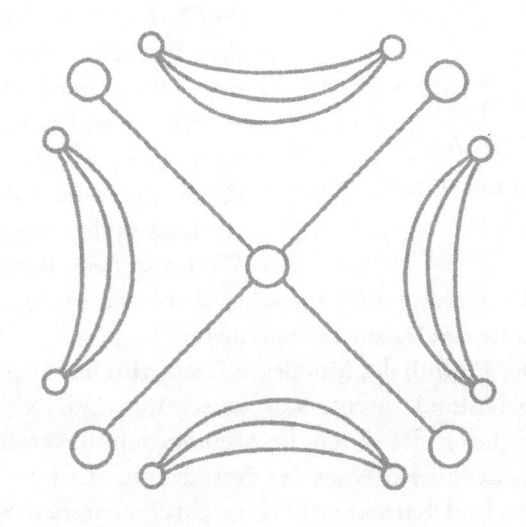

MONDMAGIE

Gelegentlich hört man, daß ein männlicher Magieadept von sich behauptet, »im Grunde genommen ein Mond-Magier« zu sein. Was ist darunter zu verstehen? Man müßte sehr weit ausholen, um alle Einzelheiten anzuführen, die den Mond (bzw. die Göttin Luna und ihre Pantheon-Verwandten) im Laufe der zehntausendjährigen Geschichte westlicher und östlicher Geheimlehren zum Inbegriff des Magischen überhaupt gemacht haben. Wir erwähnten bereits den Ausdruck »sublunare« Welt, mit dem man im Mittelalter und in der Renaissance alles Irdische, aber auch und gerade das Magisch-Zauberhafte des Daseins bezeichnete.

> *Der Mond/die Göttin Luna: Inbegriff des Magischen überhaupt*

Der Einfluß des Mondes auf das irdische Leben ist schon seit langem Gegenstand intensivster Forschung. Wir wissen beispielsweise vom Rhythmus der durch die Mondanziehungskraft indirekt ausgelösten Gezeiten; die Menses der Frau dauert ca. einen Mondmonat lang; Gastwirte und Klinikpersonal in psychiatrischen Krankenhäuser bestätigen immer wieder, daß Gäste und Patienten zu Voll- und Neumond besonders trinkfreudig bzw. seelisch unruhig werden; manchen (allerdings etwas umstrittenen) statistischen Erhebungen zufolge soll die Zahl der Verkehrsunfälle und der Selbstmorde zu diesen Mondphasen signifikant steigen; die Fortpflanzungszyklen zahlreicher Meerestiere wie Seeigel, Kammuschel und Palolo-Wurm sind von den Mondphasen abhängig, ebenso menschliche Geburten und viele Pflanzenarten. Und natürlich kennen wir alle den Somnambulismus der »Mondsüchtigen«, einen Zustand, in dem ein Mensch oft die wunderlichsten Dinge vollbringt, beispielsweise mit geschlossenen Augen über Dächer zu balancieren und ähnliches. Noch sind längst nicht alle Einflüsse des Mondes erforscht, aber es ist auch naturwissenschaftlich nicht mehr zu leugnen, daß an den alten Überlieferungen viel dran ist.

Da nimmt es nicht wunder, daß dem Mond seit jeher große Bedeutung zugekommen ist und zahlreiche Kulturen (wie beispielsweise noch heute der Islam) ihren Kalender nach ihm ausrichteten und nicht etwa nach der Sonne.

Zwar ist die Zuordnung »Mond = weibliches Prinzip« nicht so grundsätzlich und unabänderbar, wie in magischen Kreisen oft angenommen wird; schon im Deutschen besitzt dieser Himmelskörper männliches Geschlecht, und uralte Mondgottheiten wie der ägyptische Thot/Tahuti (der erst später dem Merkur zugeschrieben wurde), waren ebenfalls männlich. Doch ist es nicht unsere Aufgabe, hier diesen ziemlich verzwickten und kaum überschaubaren Entwicklungen und Besonderheiten nachzugehen; spätestens seit Aggrippa und

> *Die Zuordnung »Mond = weibliches Prinzip« ist nicht grundsätzlich und unabänderbar.*

Paracelsus jedenfalls kennt die westliche Magie nur ein weibliches Mondprinzip. Da der Mond im Verborgenen regiert, zum Beispiel indem er die »Säfte« beherrscht, die wir heute teilweise mit den Hormonen gleichsetzen können; da er am Himmel anschwillt, wächst, prall wird und wieder verschwindet, bis er zur Neumondphase (Sonnenkonjunktion) überhaupt nicht mehr am Himmel zu sehen ist; und da er zudem die Nacht je nach Leuchtkraft hell oder dunkel macht, ist er zum Symbol des Geheimnisvollen, der Intuition und des Tiefenseelischen geworden, mithin also auch ebenjener Instanzen, die über die magischen Kräfte verfügen und sie wirksam machen können.

Magier, die eine stärkere Beziehung zur Sonne haben als zum Mond, neigen fast immer zur Mystik und zur Religion. Gewiß gibt es eine echte Sonnenmagie, aber es sind doch in erster Linie die Mondkulte, in denen die Magie wirklich gedeiht und ihre Blütezeiten erlebt, während die Sonnenkulte Priestertum und organisierte Religiosität hervorbringen, die die anarchisch-individualistische Magie nicht selten in Ketten legen und sie »zivilisieren« wollen, indem sie sie monopolisieren. Das klassische Beispiel dafür ist das Kirchenchristentum, das alle magischen Akte leugnet oder ablehnt, wenn sie nicht von der Priesterkaste als »Bodenpersonal Gottes« durchgeführt werden (dann heißen sie »Sakrament« oder – ganz selten auch einmal – »Wunder Gottes«), und das vielmehr auf Gebet und Fürbitte setzt.

Wenn wir uns als Planetenmagier mit dem Mondprinzip befassen, sollten wir uns der Spannung zwischen den beiden Polaritätsfeldern Sonne und Mond bewußt sein. Selbstverständlich wird ein guter Planetenmagier in seinem Kalkül stets beide berücksichtigen und die Energien einer konstruktiven Zusammenarbeit zuführen, anstatt sie gegeneinander auszuspielen.

Das Verborgene des Mondes hat natürlich auch seine – oft als bedrohlich empfundene – Schattenseite, meist durch den (häufig auch als »Schwarzmond« bezeichneten) Neumond symbolisiert. Die Frage, was denn nun wohl zuerst dagewesen sein muß, die Gleichsetzung des Mondes mit dem Weiblichen (und der Furcht davor) oder die Angst vor dem Weiblichen und seine darauffolgende Projektion in das Symbol des Erdtrabanten, wird sich wohl niemals endgültig beantworten lassen. Sicher hat aber die Verachtung des Mondes, der ja im Gegensatz zur Sonne ein »nur« spiegelndes Prinzip ohne Eigenlicht ist, häufig den symbol-ideologischen Überbau für die Unterdrückung der Frau und allem, wofür sie stand und steht, abgegeben. Dies hängt gewiß auch mit der Unsicherheit und Wechselhaftigkeit zusammen, die uns der Mond unentwegt vorexerziert: »Sublunar« bedeutet auch »unbeständig, wankelmütig«, weshalb der Mond übrigens in der alten, klassischen Astrologie meist als »Übeltäter« galt.

Ganz anders dagegen das Sonnenprinzip, das auf rationale – und rationelle – Berechenbarkeit pocht. Immerhin »stirbt« die Sonne nicht jeden Monat, und wenn auch die halbjährlichen Sonnenwendfeiern den Topos des »Sonnentods« und der »Sonnengeburt« manifestieren, so hat die Sonne doch im Grunde den beständigeren Charakter. Schon deshalb müssen die Sonnenkulte geradezu zwangsläufig gegen die individuelllunare, jeden Status quo bedrohende Magie Sturm laufen. Denn wo das Sonnenprinzip sich in der Staatsräson und in der »Vernunft des Kollektivs« verkörpert, läßt der Mond alle Grenzen der Realität rauschhaft verschwinden, entlarvt er die Fiktion einer berechenbaren Welt stets aufs neue. So gesehen ist der oft blutige Konflikt zwischen männlichem Priester und weiblicher Hexe, der ja auch ein Abbild des Geschlechterkampfs ist, etwas geradezu unabdingbar Natürliches.

> *Der Mond läßt alle Grenzen der Realität rauschhaft verschwinden.*

Vergessen wir dabei allerdings nicht, daß sich im Prinzip des am Himmel und im Horoskop oft so unscheinbaren Merkur beide zum Androgyn vereinen und über diese Grundpolarität hinauswachsen. Auch hier sind es allerdings stets die Mondkulte gewesen, die dem Androgynideal eher huldigten als die stets auf imperialistisches Staatsdenken fixierten Sonnenreligionen.*

---

* Man betrachte einmal zur Veranschaulichung die – auch in der gleichnamigen Verfilmung Fellinis verarbeitete – Androgyn-Episode im Satyricon *des spätrömischen Schriftstellers und »Modepapstes« Gaius Petronius Arbiter.*

Ein weiterer Unterschied zwischen solarem und lunarem Sein sollte auch vom Planetenmagier erkannt werden: Wo das Sonnenprinzip zentrifugal ist, ist das des Mondes zentripetal. Dies ist nichts anderes als die alte Regel, daß daß Männliche expansiv, das Weibliche dagegen kontraktiv ist, doch kann es für den Menschen von heute für das bessere Verständnis sehr hilfreich sein, sich auch dieser Begriffe zu bedienen. Zentrifugal heißt, aus der Mitte hinaus nach außen schleudernd (Zentrumsflucht) – und dabei wenig Fremdes dauerhaft assimilierend, sondern es eher im eigenen Feuer verbrennend. Zentripetal dagegen bedeutet, aus dem Sog der Mitte heraus eine Einwärtsbewegung vollziehend – und dabei viel Fremdes dauerhaft assimilierend, um es im eigenen Schmelztiegel zum Bestandteil des Ganzen zu machen (Zentrumssuche). Man kann darin auch das phallische und das kteïsche (vaginale) Prinzip sehen, in östlicher Terminologie also Lingam und Yoni, Yang und Yin, in psychologischer Betrachtungsweise Extro- und Introvertiertheit, Geben und Nehmen, Aggressivität und Passivität und so weiter. All dies dürfte bekannt sein, doch ist es immer nützlich, sich zu überlegen, wie und wo es sich auch ganz konkret und praktisch im Alltag äußert – und natürlich auch in der eigenen Magie selbst.

Polarität von Sonne und Mond

Noch heute arbeiten viele Magier nach dem Prinzip, daß konstruktive Arbeiten möglichst nur während der zunehmenden, destruktive Operationen hingegen nur während der abnehmenden Mondphase durchgeführt werden sollten. Zwar hat sich der Nutzen dieser Regel in der Praxis sehr häufig bestätigt, doch macht man es sich nach heutigem Erkenntnisstand ein wenig zu leicht, wenn man nun rein mechanisch danach verfährt. Der Grundgedanke dieses Systems ist sicher richtig: daß nämlich der Mensch und alles Leben natürlichen, mikro- wie makrokosmischen Rhythmen unterliegt*. Doch es gibt auch berechtigte Einwände dagegen. So zeigt die magische Praxis jedes Magiers immer wieder Abweichungen von dieser Norm, die sich unseres Erach-

---

* *Was, nebenbei bemerkt, auch die einzige ernstzunehmende theoretische Rechtfertigung der Astrologie darstellt, die über das bloße Behaupten empirischen Faktenmaterials hinausgeht – freilich eine, wie wir meinen, sehr wichtige und überzeugende.*

tens zur Zeit wohl besser aus der individuellen Biorhythmik heraus erklären lassen als durch den zweifellos wichtigen Einfluß des Mondes selbst. So beobachten viele Magier an sich selbst schwankende Phasen energetischer Höhe- und Tiefpunkte, die sich oft ohne erkennbare Gesetzmäßigkeit verschieben. Es könnte also beispielsweise vorkommen, daß Sie Ihr magisch-energetisches Hoch jahrelang relativ pünktlich zu Vollmond haben*, während Sie sich zu Neumond eher matt und kraftlos fühlen; und schließlich könnte sich dies nach einigen Jahren der Praxis fast unmerklich oder auch sehr drastisch und plötzlich umkehren.

> *Mondmagie sollte mit einer Bewußtwerdung beginnen.*

Mondmagie zu betreiben bedeutet nicht zuletzt auch, sich der eigenen, persönlichen Mondrhythmen bewußt zu werden. Daher sollte sie mit einer Bewußtwerdung dieser Rhythmen beginnen. Dies kann durch systematische Beobachtung der Mondphasen geschehen, durch die Überprüfung des eigenen Energiepegels, des Traumlebens, der Visions- und Divinationsfähigkeit oder ähnliches. Nicht nur Frauen, auch Männer haben nach den Erkenntnissen der modernen Rhythmenforschung ihre »Tage«, Zeiten also, in denen sie weicher, empfänglicher, empfindsamer, aber auch empfindlicher und anfälliger sind als sonst – und Phasen, da ihnen schier alles gelingen will, da sie vor Kraft geradezu strotzen und ihre seelische wie körperliche Widerstandskraft ihren Höhepunkt hat.

Ein tagesrhythmisches Prinzip macht sich beispielsweise die Kampf- und Heilungsmagie zunutze, wenn sie sich an der alten Regel orientiert, daß magische Angriffe und Heilungen am besten gegen vier Uhr morgens (Ortszeit) gelingen. Dies ist eine Phase, da die allermeisten Zielpersonen ein biorhythmisches Tagestief durchlaufen**, was sie entsprechend anfällig/empfänglich macht. Yogis und Mystiker lieben diese Uhrzeit ebenfalls und empfehlen sie zur Meditation, denn dann ist der Geist offen für feinstoffliche Wahrnehmungen und Energien. Wir erkennen daran, wie wichtig es ist, auf Rhythmen aller Art zu ach-

---

* *Meistens gilt dabei, übrigens auch für die praktische Arbeit und die Terminierung derselben, ohnehin eine Schwankungsbreite von plusminus drei Tagen.*
** *Übrigens auch ein Grund, weshalb man spät am Abend nichts mehr essen sollte, da die Verdauungsfunktionen in der Nacht generell eingeschränkt sind.*

ten – vom Tages- über den Wochenrhythmus (»Blauer Montag«, Wochenendphasen) bis zum Monats- (Menses), Jahres- (Jahreszeiten) und sogar Lebensrhythmus (Kindheit/Jugend/Alter, Wechseljahre). Der Mond als Inbegriff aller Rhythmik prägt sicher nicht sämtliche Zyklen, doch stellt er einen ausgezeichneten Indikator an, mit dessen Hilfe wir das auch auf der Symbolebene so wichtige rhythmische Denken und Handeln leichter üben und verwirklichen können. Zudem ist die Rhythmik so etwas wie »geordnete Zeit«, wodurch sie uns den Zugang zu dieser alles beherrschenden und doch so flüchtigen, kaum greifbaren Dimension erschließt. Halten wir uns an die Erkenntnis des Weisen Salomo, der ja seit altersher als einer der Ahnherren unserer Zunft gilt:

> *Ein jegliches hat seine Zeit, und alles Vorhaben unter dem Himmel hat seine Stunde: geboren werden hat seine Zeit, sterben hat seine Zeit; pflanzen hat seine Zeit, ausreißen, was gepflanzt ist, hat seine Zeit; töten hat seine Zeit, heilen hat seine Zeit; abbrechen hat seine Zeit, bauen hat seine Zeit; weinen hat seine Zeit, lachen hat seine Zeit; klagen hat seine Zeit, tanzen hat seine Zeit; Steine wegwerfen hat seine Zeit, Steine sammeln hat seine Zeit; herzen hat seine Zeit, aufhören zu herzen hat seine Zeit; suchen hat seine Zeit, verlieren hat seine Zeit; behalten hat seine Zeit, wegwerfen hat seine Zeit; zerreißen hat seine Zeit, zunähen hat seine Zeit; schweigen hat seine Zeit, reden hat seine Zeit; lieben hat seine Zeit, hassen hat seine Zeit; Streit hat seine Zeit, Friede hat seine Zeit. Man mühe sich ab, wie man will, so hat man keinen Gewinn davon.*
> [Pred., iii, 1–9]

Da wir bereits ausführlich auf Ritualstrukturen eingegangen sind und dieses Wissen nun voraussetzen können, wollen wir bei unserer Behandlung der einzelnen Planeten im Rahmen der Ritualmagie auf die Schilderung von Ritualabläufen verzichten und statt dessen in Form von Assoziationshilfen und traditionellen Korrespondenzen einige Anregungen zur Ritualgestaltung geben, die natürlich jeder Magier für seine eigene Praxis umgestalten kann und soll. Betrachten Sie die folgenden Ausführungen also bitte unbedingt nur als Vorschläge und nicht etwa als strenge Regeln und Vorschriften!

Anregungen zur Ritualgestaltung

Wir folgen dabei mehreren Strukturen zugleich. Zunächst unterteilen wir, wie es die Chaos-Magie tut, in die fünf »klassischen« Disziplinen der Magie: Divination, Evokation, Invokation, Zauberei und Illumination.

Im Anschluß daran listen wir einige Vorschläge für den praktischen Einsatz mondmagischer Prinzipien auf.

In der Rubrik »Konkrete Anwendungen« haben wir auch die Kategorie »Mystik« aufgeführt. Darunter verstehen wir unter anderem all jene Anwendungen, die wir zuvor unter dem Begriff »Illumination« zusammengefaßt haben.

Die Mondmagie in den klassischen Disziplinen

Divination (Hellsehen)
Arbeit mit dem magischen Spiegel zur Zukunftsschau und zur Clairvoyance auf der räumlichen Ebene (»Fern-Sehen«); Inkubation von Wahrträumen

Evokation (Erschaffung/Beschwörung von Wesenheiten)
Psychogone für eigene Intuition und zur Erzeugung von Verwirrung bei Gegnern; Heilungspsychogone

Invokation (Aktivierung/Aufnahme eines Wesensprinzips)
Anima-Arbeit; Erkennen/Verändern der makrokosmischen/mikrokosmischen Rhythmik; Heilungsmagie

Zauberei (Erfolgsmagie)
Betörung von Geschlechtspartnern; Tarnzauber; Telepathie; Traumbeeinflussung; vorübergehender Geldzuwachs in geringen Mengen; Streitschlichtung bei Dritten; Heilung

Illumination (Erleuchtung und Selbstentwicklung)
Erkennen der eigenen Lebensrhythmen; Schau der Göttin

Elementzuordnung: Wasser
Tierkreiszeichen: Krebs; Skorpion; Fische
Sephira: Yesod
Tarotkarte: II Die Hohepriesterin

Zur genaueren Spezifizierung folgt nun eine Auswahl von Anwendungsbeispielen.

Konkrete Anwendungen (Beispiele)

Heilungsmagie
Frauenleiden; Rhythmusstörungen; Blutreinigung; Harmonisierung der »Säfte« (des Hormonhaushalts); Blasenleiden

Kampfmagie (defensiv)
Schärfung der Aufmerksamkeit; Erahnen gegnerischer Operationen und Absichten; Schutz vor Zersetzung; Konterkarieren von Vernebelungszaubern, Enttarnung

Kampfmagie (aggressiv)
Verwirrungszauber; psychische und materielle Zersetzung; sexuelle Kampfpsychogone (Sexualentodung); Störfeuer durch unerwünschte Liebes- und Bindungszauber; Ablenkung und Konzentrationsschwächung

Sexualmagie
Tantra; Erfahren der eigenen Weiblichkeit; Arbeit mit Sukkubi und Inkubi

Mystik
Yoni-Kult; Zugang zu den Urmüttern

In der Abbildung 36 finden Sie der Bequemlichkeit halber noch einmal das magische Quadrat und die traditionellen Sigillen des Planeten und seiner Intelligenzen respektive Dämonien, die Sie bereits aus der Werkmappe Sigillenmagie in der Praxis kennen dürften. Auf ihren genauen Gebrauch gehen wir noch bei der Behandlung der Talismantik und der Dämonen- bzw. Evokationsmagie ein.

Im Anschluß daran sind zwei Mondhymnen aus meiner eigenen Feder abgedruckt, die als Anregung zum Schreiben eigener Texte dienen mögen. In meiner rituellen Praxis pflege ich diese Hymnen neunmal zu wiederholen.

PLANETENMAGIE (IV)

37	78	29	70	21	62	13	54	5
6	38	79	30	71	22	63	14	46
47	7	39	80	31	72	23	55	15
16	48	8	40	81	32	64	24	56
57	17	49	9	41	73	33	65	25
26	58	18	50	1	42	74	34	66
67	27	59	10	51	2	43	75	35
36	68	19	60	11	52	3	44	76
77	28	69	20	61	12	53	4	45

(Quersumme: 369)

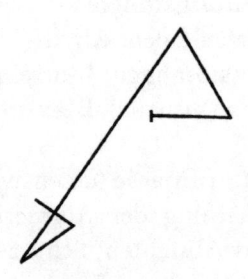

Dämonium:
CHASHMODAI

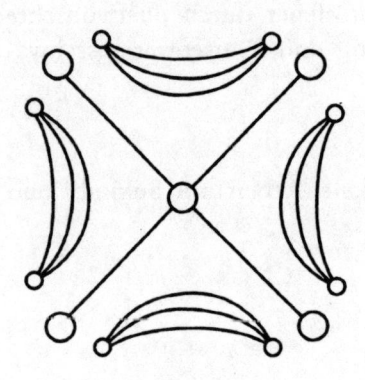

Planetensiegel

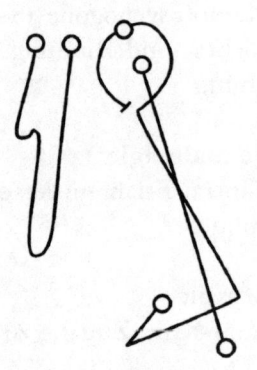

Dämonium der Monddämonien:
SHAD BARSCHEMOTH
HA-SCHARTATHAN

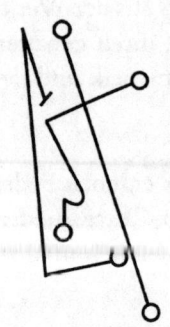

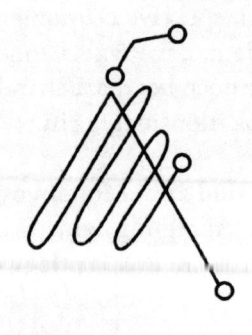

Intelligenz der Mondintelligenzen:
MALCAH BETARSHISIM VE-AD RUACHOTH
HA-SCHECHALIM

Abbildung 36: Mondmagie

HYMNE AN LUNA

(Vollmond-Hymne)

mondin, meine, große mutter
schwester liebreiz, lichte frau
schmückst mit silber deine wasser
funkelnd, glitzernd, haar voll tau.

zauberst kreise, läßt sie schwanken
sachte, leise, lichterranken
hehre weise, nimmer kranken
deine tiere, deine schwestern.
ist das ihre morgen, gestern
reichst du ihnen deinen spiegel
gibst die träume, brichst die siegel
läßt die bilder taumeln, wanken.

mondin, helle zeitgemahlin
sonnengattin, nebelfrau
zierst die schleier deiner welten
wildgemähnte, zärtlich, rauh.

mondin, bin dir treu ergeben
mondin, singe preis dem leben
unterm schimmern; und verweben
will ich deine mächte, streben
nach dem prallen strahlenglanz
deiner fülle lichterkranz
deiner brüste lüste tanz
ach, zur tiefe mich erheben.

sei du meine edle minne,
sei mit mir, wenn ich gewinne
was deiner gnade füllhorn gibt

ach, nie wardst du so geliebt!
ach, nie wardst du so geliebt!

Fra V∴D∴

HYMNE AN HEKATE (Neumond-Hymne)

schwarzmond, lilith, dunkle schwester
nimmst die höllen in die hand
ob als schwächster, ob als bester –
stets bin ich aus dir gebrannt.

weist das finstre in der seele
zeigst mir meine schattenfrau
ob ich leide, ob ich quäle
was und wen, trinkst dunklen tau.

bluterin der sternenwälder
bist vermählt mit deinem feuer
stirbst im herrn der lichten felder
stets ein alter, stets ein neuer.

stirbst und gibst den spiegel preis
dumpf befleckt im walde wann
ach, die sonne lodert heiß
fordert, nimmt und packt – und dann?

schwarzmond, lilith, dunkle mutter
gibst aus einem wurf der erde
daß sie lebe, wacher werde
daß sie bebe, mahre, pferde,
traumgesang vom gottesfutter.

mondin, tote, höre mich!
mondin, dunkle, kose mich!
mondin, finstre, würge mich!
mondin, herbe, stürze mich!

stürze mich in deine tiefen
die mich lockten, die mich riefen
lockten seit die zeit begann
riefen in den zauberbann
deiner küsse eisenhand.
durch meine adern rieselt sand.

und öde-fruchtbar sei das land!
und öde-fruchtbar sei das land!

Fra V∴D∴

EXKURS: KARMA UND MAGIE

Die Frage nach dem Karma beschäftigt die westliche Esoterik schon, seit dieser östliche Begriff durch die Theosophie eingeführt und von zahllosen ihrer Nachfolger, Anhänger und auch Gegner aufgegriffen und weitergesponnen wurde. Selten ist über ein Thema so viel hahnebüchener Unsinn geschrieben worden, selten wurde ein gänzlich unwestliches Denkprinzip so gründlich mißverstanden und »christianisiert«. Auch wenn inzwischen viele Esoteriker das Lippenbekenntnis ablegen, Karma sei gar keine »Sünde« im christlichen Sinne, sondern vielmehr »nur« das Gesetz von Ursache und Wirkung, so sieht ihr Umgang damit in der Praxis doch meist immer noch völlig anders aus: Da wird das Karma eben doch zu einer Art entchristianisierter Sünde hochstilisiert, gilt es als oberstes Ziel, nur »gutes« Karma anzuhäufen, um gar keinen Preis aber »schlechtes«, werden die banalsten Alltagsprobleme, aber auch schwere Schicksalsschläge, Geburtsfehler und Erkrankungen mit einer solch kritiklosen Naivität irgendwelchen Schandtaten in »früheren Leben« angedichtet, daß einem sehr schnell Thomas Manns wenig schmeichelhaftes Diktum von der »Gesindestubenmetaphysik« einfällt. Daran war Gautama, der historische Buddha, nicht unschuldig, denn auch er pflegte gelegentlich in diese Kerbe zu schlagen, um seine Anhänger zu disziplinieren. Was den heutigen Magier am meisten irritiert, ist die nicht auszurottende Behauptung von mit der praktischen Magie meist gänzlich unvertrauten, selbsternannten »Weisheitsbesitzern«, daß jegliche Magie die allerschlimmsten karmischen Folgen zeitige – eine Dämonisierung sondergleichen, deren Spiegelseite die immer wieder aufflackernde bigotte, weil in Wirklichkeit doch nur scheinbar »aufklärerische« Medienhetze wider »Satanssekten« und »Teufelskulte« ist, die schon manch eine Magierexistenz mit völlig haltlosen, unbewiesenen Vorwürfen gnadenlos vernichtet hat.

Einer der scharfsinnigsten Kritiker dieser Fehlentwicklung ist und bleibt mit Sicherheit Aleister Crowley, weshalb wir ihn auch zu diesem Thema in einiger Länge zitieren wollen.

> *Diese Vorstellung vom Karma wurde von vielen, die es eigentlich hätten besser wissen müssen, der Buddha eingeschlossen, im Sinne von ausgleichender Gerechtigkeit und Vergeltung mißverstanden.*

Sinn und Unsinn des Karmaprinzips

Wir kennen eine Geschichte von einem der Arahats Buddhas, der blind war und daher beim Auf- und Abschreiten ohne es zu wissen, eine gewisse Anzahl Insekten tötete. (Für den Buddhisten ist die Vernichtung von Leben das schlimmste aller Verbrechen.) Seine Mit-Arahats fragten, wie es sich damit verhalte, worauf Buddha ihnen eine lange Geschichte darüber erzählte, wie der Betreffende in einer früheren Inkarnation eine Frau auf bösartige Weise des Augenlichts beraubt habe. Das ist nichts als ein Märchen, eine Schauerlegende, um die Kinder zu erschrecken, und zudem wahrscheinlich auch die schlimmste Methode, die Jugend zu beeinflussen, die sich menschliche Dummheit jemals ausgedacht hat.

Karma funktioniert nicht im geringsten nach diesem Prinzip.

So oder so sollten moralische Fabeln sehr sorgfältig konstruiert werden, sonst können sie gefährlich für jene werden, die sie benutzen.

Sie erinnern sich bestimmt an Bunyans Leidenschaft und Geduld: der ungezogene Junge Leidenschaft spielte mit all seinen Spielzeugen und zerbrach sie, während der brave kleine Geduld sie sorgfältig beiseite legte. Bunyan vergißt freilich zu erwähnen, daß, bis Leidenschaft seine ganzen Spielzeuge zerbrochen hatte, er ohnehin über sie hinausgewachsen war.

Karma funktioniert nicht auf diese erbsenzählende Weise. »Auge um Auge« ist eine Art brutaler, wilder Gerechtigkeit, und die Vorstellung von Gerechtigkeit in unserem menschlichen Sinne ist dem Wesen des Universums völlig fremd.

Karma ist das Gesetz von Ursache und Wirkung. Seine Wirkung ist in keiner Hinsicht verhältnismäßig. Wenn ein Zufall erst einmal geschehen ist, läßt sich unmöglich voraussagen, was als nächstes passieren wird; und das Universum ist selbst ein einziger, riesiger Zufall.

Zehntausendmal gehen wir hinaus zum Tee, ohne daß uns etwas Schlimmes widerfährt, und beim tausendundersten Mal begegnen wir jemandem, der unser ganzes Leben gründlich umkrempelt.

Es gibt insofern eine Art Sinn, als daß jede Wahrnehmung, die sich unserem Geist einprägt, das Ergebnis sämtlicher Kräfte der Vergangenheit ist, kein Ereignis ist so unbedeutend, um nicht auf irgendeine Weise unser Sosein beeinflußt zu haben. Doch das hat nichts von kruder Vergeltung an sich. Man kann binnen einer knappen Stunde hunderttausend Leben am Fuße des Baltoro-Gletschers töten, wie es Frater P. einst tat. Es wäre dumm zu glauben, wie der Theosoph es gerne tut, daß eine solche Tat einem nun das Schicksal auferlegen würde, hunderttausend Male von einer Laus umgebracht zu werden.

> *Dieses Kontobuch des Karma wird getrennt von der Kleingeldkasse geführt; und was das schiere Volumen angeht, so ist dieses Kleingeldkonto sehr viel umfangreicher als das Kontobuch.*
> *Wenn wir zuviel Lachs essen, bekommen wir Verdauungsstörungen und vielleicht auch Alpträume. Es ist albern anzunehmen, daß einmal eine Zeit kommen wird, da ein Lachs uns frißt und wir uns mit ihm nicht einverstanden erklären können.*
> *Andererseits werden wir auf schlimmste Weise für Vergehen bestraft, die überhaupt nicht unsere Schuld sind. Sogar unsere Tugenden stacheln die beleidigte Natur zur Rachsucht an.*
> *Karma wächst nur an dem, wovon es sich nährt; und wenn Karma richtig aufgezogen werden soll, bedarf es einer sehr sorgfältigen Diät.*
> *Die Taten der Mehrzahl aller Menschen machen einander selbst zunichte; kaum wird tatsächlich mal eine Anstrengung unternommen, schon wird sie mit Faulheit wieder aufgewogen. Eros weicht Anteros.*
> *Nicht ein Mensch von tausend entflieht auch nur dem Augenschein nach der Alltagsroutine des tierischen Lebens.*
> [*Magick*, S. 100 f.]

Es wird langsam Zeit, daß wir als Magier den Karma-Begriff wieder entdämonisieren und von kindischem Ballast befreien. Wenn Sie einem anderen Menschen einen Nasenstüber verpassen, so besteht das »Karma« dieser Tat darin, daß dem anderen nun die Nase schmerzt, und aus nichts weiterem!

> *Eine Entstaubung und Entdämonisierung des Karma-Begriffs ist überfällig.*

Daß er Ihnen nun vielleicht seinerseits eine Ohrfeige gibt, ist bereits eine Sekundärfolge des Nasenschmerzes Ihres Opfers bzw. seiner Wut über die eigene Unachtsamkeit, Ihre Aggressivität falsch eingeschätzt und nicht vorher den Kopf weggezogen zu haben.

Sinnvoller als die naive, unreflektierte Befrachtung mit dem alten »Schuld-und-Sühne«-Komplex ist da schon der psychologische Ansatz, der die Karma-Vermeidung propagiert, weil es sonst zu einem innerseelischen Gewissenskonflikt kommen kann, der sogar bis zu psychosomatischen Erkrankungen führen könnte. In diesem Sinne ist es schon psychologisch sinnvoll, nur das zu tun, wohinter man mit ganzem Herzen steht – eine völlig rationale Formulierung der crowleyschen Maxime »Du hast kein Recht außer deinen Willen zu tun«. Wer sich daran hält, braucht nicht unbedingt eine Reinkarnationslehre – womit wir freilich nicht behaupten wollen und dürfen, daß diese grundlegend falsch und irrig sei, auch wenn wir selbst kein Vertreter dieser Doktrin sind.

BERICHTE AUS DER MAGISCHEN PRAXIS (V)

Die Wirkung von Liebeszaubern stellt ein interessantes Element magischer Erfolgskontrolle dar. Strenggenommen handelt es sich bei den meisten sogenannten Liebeszaubern in Wirklichkeit um Bindungszauber: In der Regel soll bei einer Zielperson eine emotionale Bindung an den Magier oder seinen Klienten geweckt und genutzt werden. Das Problem solcher Zauber besteht jedoch meistens darin, daß sie den Magier beziehungsweise seinen Auftraggeber fast immer sehr viel stärker an die Zielperson binden als umgekehrt. So wird der Erfolg der magischen Operation bald zur Obsession, bis vom bekannten Prinzip »Nichtverhaftetsein/Nichtdesinteresse« so gut wie nichts mehr übrigbleibt und die Zielperson auf astraler/imaginativer Ebene sogar die Züge eines Sukkubus oder Inkubus annehmen kann, also eines energetisch extrem geladenen und mächtigen astralen Sexualpartners beziehungsweise -dämons, mit dem richtig umzugehen einiges an Erfahrung und Selbstbeherrschung erfordert, da es sonst zu starken Energieverlusten, ja bis zu einer Fast-Entodung mit den entsprechenden Folgen kommen kann. Ganz ähnliches gilt für die Dämonenmagie überhaupt. Daher ist es erfahrungsgemäß immer vorzuziehen, einen allgemeinen anstelle eines spezifischen, auf eine bestimmte Zielperson ausgerichteten Liebeszauber durchzuführen. Man zaubert also »für einen Liebespartner«, ohne diesen vorher genau zu benennen. Dann bleibt dem Magier oder seinem Klienten immer noch die Wahl, ob er eine sich daraufhin ergebende Gelegenheit beim Schopf packen soll oder nicht. Beim Bindungszauber ist eine derartige Möglichkeit oft nicht mehr gegeben, etwa wenn die Zielperson tatsächlich wie gewünscht auf den Zauber reagiert und sich schließlich zu einer regelrechten Klette am Bein entwickelt, die wieder loszuwerden dann meist – da es sich ja um eine magische Bindung handelt – ungeheure Anstrengungen erfordert und nicht selten zu katastrophalen Krisen führt.

Meiner eigenen Praxis entstammen die folgenden beiden Beispiele. Eine gute Freundin bat mich einmal, einen Liebestalisman für sie zu laden, mit dem sie einen Liebespartner erhalten wollte. Sie hatte zwar schon einige Beziehungen, teilweise parallel nebeinander her laufend, doch erschien ihr dieser Zustand auf die Dauer als unbefriedigend, und sie wollte nun lieber einen festen Partner haben. Sicher war es nicht zuletzt auch ein Stück Neugier auf ihrer Seite, wie ein solcher Talisman sich bei ihr wohl auswirken würde, denn von gelegentlichen gemeinsamen Ritualen abgesehen hatte sie nur sehr wenig magische Erfahrung.

Ich entschloß mich zur Herstellung eines Venus-Talismans nach traditionellen Prinzipien. Zunächst berechnete ich eine Elektion, also einen astrologisch günstigen Zeitpunkt für die Operation, wobei ich natürlich das Horoskop meiner Klientin zur Grundlage nahm. In eine runde Kupferplatte gravierte ich kurz vor dem Ritual auf die eine Seite das Siegel des Planeten Venus (nach Agrippa), auf die andere die persönliche Sigill meiner Klientin, die ich nach dem Prinzip des Aik bekr hergestellt hatte. Schließlich fügte ich noch die drei geomantischen Zeichen Puer (»Junge«), Puella (»Mädchen«) und Conjunctio (»Vereinigung«) hinzu, die sich schon aufgrund ihrer Namenssymbolik vorzüglich für eine Operation dieser Art eignen. Dann fand das Venus-Ritual statt, bei dem ich (allein arbeitend) erst eine Invokation durchführte und die also aktivierte Energie in den Talisman leitete. Die Klientin bekam den geladenen Talisman zusammen mit einer kleinen schriftlichen Anleitung ausgehändigt, die unter anderem die Auflage enthielt, den Talisman erst an einem Freitag (Venus-Tag) zu Sonnenaufgang (Venus-Stunde) nach einer viertelstündigen Meditation mit Hilfe eines selbst beschafften grünen Samtbandes umzulegen und mindestens 77 Tage am Leib zu tragen. Diese Anweisungen befolgte sie auch peinlich genau.

Etwa eineinhalb Wochen später erhielt ich bereits Erfolgsnachricht: Inzwischen hatte meine Freundin/Klientin ein halbes Dutzend Briefe von verschiedenen Männern erhalten: teils ehemalige Liebespartner, teils aber auch nur flüchtige Bekannte. Dies war zunächst etwas frustrierend für sie, da die schiere »Auswahl« sie verwirrte. Darunter war allerdings auch ein Brief von jenem Mann, auf den sie es eigentlich abgesehen hatte, wie sie mir allerdings erst hinterher anvertraute. Dieser wurde später dann auch ihr fester Lebenspartner, so daß die Operation als Erfolg gewertet werden konnte.

Etwas anders verlief der zweite Fall, den ich auch in meinem *Handbuch der Sexualmagie* kurz geschildert habe. Eines Tages kam ein Mann zu mir und bat um einen Talisman »für Liebe, Partnerschaft, Kontakte und Sie wissen schon« (Originalzitat!). Nach längerer Besprechung einigten wir uns auf einen Venus-Talisman, den ich ganz ähnlich wie den oben geschilderten herstellte und lud. (Beachten Sie bitte auch hier die Verwendung von Puer, Puella und Conjunctio, da dies für den späteren Verlauf aufschlußreich ist.) Der Klient allerdings hielt sich nicht an die schriftlichen Anweisungen, nahm den ihm per Post zugestellten Talisman ungeduldig aus dem Umschlag (interessanterweise an einem Dienstag, also ein Mars-Tag) und legte ihn sofort an. Zwei Wochen später rief er mich völlig niedergeschlagen an: Der Talisman sei ihm schlecht bekommen, er sei beinahe mit dem Flugzeug abgestürzt, und auch ein wichtiger geschäftlicher Abschluß sei plötzlich nicht zustande gekommen. Kurzum, er habe das Gefühl, daß der Talisman ihm eher Unglück bringe als Glück. Meine Nachfrage ergab als erstes, daß er sich bei der Eigenaktivierung des Talismans nicht an meine Anweisungen gehalten hatte, was an sich bereits problematisch war. Was die Sache mit dem Beinahe-Flugzeugabsturz anbelangte, so kamen wir gemeinsam zu dem Schluß, daß es sich hierbei wohl kaum um eine Venus-Wirkung handeln könne, viel eher dagegen um einen Mars-Faktor – und außerdem blieb immer noch der Einwand, daß es ja schließlich eben doch nicht zu der befürchteten Katastrophe gekommen war. Der geplante Geschäftsabschluß erwies sich als ein vorher bereits völlig in der Schwebe befindliches, unsicheres Projekt. Zwar lassen sich geschäftliche Dinge durchaus dem Venus-Prinzip zuschreiben (Handel), dennoch konnte ich keinen Anlaß dafür sehen, diesen Fall in Beziehung zum Talisman zu setzen, denn erstens hatte dieser ja keine allgemeine Venus-Ladung, sondern eine spezifisch auf Liebesdinge ausgerichtete, und zweitens muß bei einer derartigen Negativwirkung mit wenigen Ausnahmen eher eine dämonische Ladung vorliegen, was nicht der Fall war.

Dieses Beispiel zeigt uns unter anderem auch, wie wichtig es ist, seine Korrespondenzen bei aller symbollogischen Unschärfe sauber auseinanderzuhalten. Dies ist vor allem für jene Magier und Klienten wichtig, die stark zu ängstlichen oder geradezu abergläubischen Reaktionen neigen, was häufig auf mangelndem Selbstvertrauen oder auf halb- bzw. unbewußten Schuldgefühlen beruht.

Gute dreieinhalb Jahre (!) später rief mich mein Klient nochmals in der selben Sache an und bat um ein Gespräch mit einer eventuellen anschließenden Entladung des für ihn immer noch problematischen Talismans, der bei ihm unter anderem Alpträume auslöse. Bei dem darauffolgenden Treffen teilte er mir endlich die wahre Ursache seines Unbehagens mit: Der Klient war homosexuell und lebte in einer festen Männerbeziehung. Den Talisman hatte er ursprünglich dazu benutzen wollen, um selbst gelegentlich einmal fremdgehen zu können, weil ihm seine bestehende Beziehung »zu eng« wurde, er sich aber andererseits stark gehemmt und kontaktscheu fühlte. Seit Erhalt des Talismans hatte er in unregelmäßigen Abständen *hetero*sexuelle Alpträume, die bestehende Beziehung zu seinem Freund war immer intensiver und liebevoller geworden, von Fremdgehen also keine Spur. Er gab zu, in seiner Beziehung »eigentlich« so glücklich zu sein wie nie zuvor.

Was war hier geschehen? Ich mußte es mir selbst als Fehler anrechnen, die Homosexualität des Klienten, die er mir damals ja noch verschwiegen hatte, weder aus seinem Horoskop noch sonstwie erkannt zu haben, was einem guten Magier meiner Auffassung nach eigentlich nicht passieren dürfte. Immerhin finde ich noch heute in seinem Horoskop keinerlei Hinweise auf eine homosexuelle Ausrichtung, dennoch läßt sich diese Panne nicht leugnen. Andererseits hatte der Talisman all jene venusischen Wirkungen gezeitigt, die man unter normalen Umständen von ihm hätte erwarten können: Intensivierung einer bestehenden Liebesbeziehung, (hetero)erotische Träume (man denke noch einmal an die verwendeten geomantischen Symbole!), Glück.

Hätte der Klient sich von Anfang an offenbart oder hätte ich anderweitig mit Sicherheit gewußt, daß er homosexuell war, so hätte ich ihm auf keinen Fall zu einem Venus-, sondern unbedingt zu einem Merkur-Talisman geraten, da das androgyne Merkurprinzip auch für Homosexualität zuständig ist.*

Auch ein Mars-Talisman wäre unter Umständen in Frage gekommen, weil dieser das rein Sexuelle des magischen Wunsches betont hätte, andererseits ist Mars weitaus aggressiver, während Merkur generell für Kontaktvielfalt verantwortlich zeichnet.**

---

* *Dies ist eine Feinheit, die manchem wohl erst nach entsprechender Erfahrung einleuchten wird, da man Merkur ja an sich nicht unbedingt mit sexuellen Dingen in Verbindung bringt, sondern diese allenfalls Mars oder Venus zuordnet.*

** *So wäre ein sexualmagischer Mars-Talisman beispielsweise eher für Praktiken im Bereich des Sadismus/Masochismus zuständig, aber auch in Form eines Amuletts zum Schutz vor Vergewaltigungen.*

Anstelle von Puella hätte ich zudem zweimal Puer verwendet.

Nach dieser Besprechung bot ich dem Klienten an, den Talisman zu entladen, doch davon wollte er nun nichts mehr wissen, da er meinte, eingesehen zu haben, daß er doch bekommen habe, was für ihn das Beste sei.

Wir sehen an diesem Paradebeispiel, daß die herkömmliche, unter »Rationalisten« noch immer sehr beliebte psychologische Placebo-Erklärung im Falle von Talismanen und Amuletten keineswegs immer greift. Da der Klient ja glaubte, er würde den »richtigen« Talisman bekommen, hätte dieser nach dem Placeboeffekt auch entsprechend wirken müssen, zumal er über keine magischen Kenntnisse verfügte, die es ihm erlaubt hätten, anhand der verwendeten Symbole Rückschlüsse auf seine wahre Ladung zu ziehen. Statt dessen aber hatte er eben jene Wirkung, die ich ihm zugedacht hatte.

Zum Schluß noch eine Anmerkung zum Problem der »Ehrlichkeit« der Klienten bei Liebeszaubern: Die Praxis zeigt immer wieder, daß seitens des Magiers bei Liebeszaubern mit äußerster Gründlichkeit und Scharfsinnigkeit vorgegangen werden muß. Denn die allermeisten Klienten verschweigen von sich aus oft die wichtigsten Einzelheiten, sei es aus falscher Scham, sei es aus Unkenntnis um die Wichtigkeit völliger Offenheit oder auch aus anderen Gründen.

Häufig weiß der Klient auch gar nicht so recht, was er wirklich will oder weshalb er auf erotischem Gebiet Probleme hat, nicht selten schiebt er die Verantwortung dafür auf irgendwelche äußeren Einflüsse (besonders beliebt: »Schwarzmagie«) oder auf Schicksalsschläge – nur die Selbstkritik kommt entweder völlig zu kurz, oder sie wird so sehr überzogen, daß sie schon wieder autoaggressive Züge annimmt.

Der Magier sollte also stets darauf achten, daß er die psychische Konstitution seines Klienten genau unter die Lupe nimmt und ihm möglicherweise in einem ausführlichen Gespräch solche Informationen entlockt, die er nicht von allein preisgibt und bewußt oder unbewußt verschweigt. Dies geschieht nicht etwa aus voyeuristischem Interesse am Intimleben des anderen, sondern aus dem Bemühen heraus, ihm wirklich optimal helfen zu können. Denn gerade bei der Arbeit im Klientenauftrag gebietet schon das Berufsethos, daß sich der Magier darum bemüht, so gute, saubere Arbeit zu leisten wie möglich, und dazu braucht er so viele Informationen wie möglich, um sich ein Gesamtbild von der Situation zu machen. Fehlt dem Klienten aber das Vertrauen zum Magier, so daß er nach wie vor bewußt peinliche Einzelheiten zurückhält, so ist von einer Annahme des Auftrags dringend abzuraten, da die Erfolgsaussicht nur gegeben ist, wenn sowohl das Bewußtsein als auch das Unbewußte des Klienten zu einer echten Mitarbeit bereit sind. Dies gilt natürlich sinngemäß für sämtliche magischen Auftragsarbeiten.

PRAKTISCHE ÜBUNGEN

ÜBUNG 43
SYSTEMATISCHE TRANCE-SCHULUNG (II)
ERREGUNGSGNOSIS

Stelle Dir nach dem in diesem Abschnitt Beschriebenen einen eigenen systematischen Übungsplan zusammen, um auf regelmäßiger Basis immer vertrauter mit den verschiedenen Formen und Methoden der Erregungsgnosis zu werden. Dies solltest Du mindestens viermal wöchentlich üben, wobei kurze Phasen von ca. 15–30 Minuten meist genügen dürften.

ÜBUNG 44
PRAKTISCHE MONDMAGIE (I)

Stelle Dir nach dem in diesem Abschnitt Beschriebenen einen eigenen systematischen Übungsplan zusammen, um auf regelmäßiger Basis immer vertrauter mit dem Mondprinzip zu werden. Dies sollte auf allen Ebenen geschehen: auf der Alltagsebene, wo Du beispielsweise beobachten kannst, inwiefern Mondphasen Deinen eigenen organischen Rhythmus bestimmen: von der Menses bei weiblichen und dem psychischen Stimmungszyklus bei männlichen Magiern bis zur Anfälligkeit für Alkohol, zum Traumleben, zu Visionen und Intuitionen und schließlich auch zur magischen Kraft selbst und zur jeweiligen Wirksamkeit von – nicht nur lunaren – Ritualen. Entwickle auch einen ein- oder mehrmonatigen rituellen Mondzyklus, beispielsweise indem Du vier Rituale zu Voll-, Neu- und zu den Halbmonden entwirfst und durchführst. Auch die rituelle Ladung eines Mondtalismans, eines magischen Spiegels, eines Bergkristalls zu Heilungszwecken, eines Tarotspiels läßt sich in ein solches »Großes Lunaropus« vorzüglich integrieren, ebenso Übungen auf dem Gebiet der Traumarbeit, der Astralmagie und der Divinatorik.

ÜBUNG 45
PRAKTISCHE MONDMAGIE (II)

Diese Übung läßt sich mit der obigen Übung verbinden, nachdem Du letztere mindestens einmal für sich allein durchgeführt hast. Versuche, Dein eigenes weibliches Prinzip (Anima) zu erkennen – als Frau ebenso wie als Mann. Lasse Dich dabei von den durch die vorangegangene Übung gemachten Erfahrungen und gewonnenen Erkenntnissen leiten – ganz bewußt machen wir Dir hier keine Vorschriften und formulieren nur sehr vage und allgemein. Solltest Du Dich noch nicht dazu bereit fühlen, so verschiebe diese Übung auf ein späteres Datum – aber vergiß sie nicht, denn sie stellt einen ganz wesentlichen Meilenstein in Deiner magischen Entwicklung dar! Ebenso kann es auch sein, daß Du sie im Laufe Deines Lebens mehrmals wiederholen mußt und/oder willst, weil sich auch Dein Anima-Prinzip weiterentwickeln kann.

LITERATURNACHWEIS

Pete Carroll, *Liber Null – praktische Magie*. Das offizielle Einweihungshandbuch des englischen Ordens IOT, Unkel: Edition Magus, 1986³
Aleister Crowley, *Magick*, s. I/7/S. 32

GLAUBENSBEKENNTNIS EINES KRIEGERS

Ich habe keine Eltern: Ich mache Himmel und Erde zu meinen Eltern.
Ich habe kein Zuhause: Ich mache Gewahrsein zu meinem Zuhause.
Ich habe weder Leben noch Tod: Ich mache die Gezeiten des Atems zu meinem Leben und Tod.
Ich habe keine göttliche Kraft: Ich mache Ehrlichkeit zu meiner göttlichen Kraft.
Ich habe keine Schätze: Ich mache Verständnis zu meinem Schatz.
Ich habe keine geheimen Zauber: Ich mache Charakter zu meinem geheimen Zauber.
Ich habe keinen Leib: Ich mache Ausdauer zu meinem Leib.
Ich habe keine Augen: Ich mache den Blitz zu meinen Augen.
Ich habe keine Ohren: Ich mache Empfindsamkeit zu meinen Ohren.
Ich habe keine Glieder: Ich mache Schnelligkeit zu meinen Gliedern.
Ich habe keine Strategie: Ich mache »Unverschattet-von-Gedanken« zu meiner Strategie.
Ich habe keine Pläne: Ich mache »Die-Gelegenheit-beim-Schopfe-packen« zu meinem Plan.
Ich habe keine Wunder: Ich mache rechtes Tun zu meinen Wundern.
Ich habe keine Prinzipien: Ich mache Anpassungsfähigkeit an alle Umstände zu meinen Prinzipien.
Ich habe keine Taktik: Ich mache Leere und Fülle zu meiner Taktik.
Ich habe keine Freunde: Ich mache meinen Geist zu meinem Freund.
Ich habe keinen Feind: Ich mache Unachtsamkeit zu meinem Feind.
Ich habe keine Rüstung: Ich mache Güte und Rechtschaffenheit zu meiner Rüstung.
Ich habe keine Burg: Ich mache unbewegten Geist zu meiner Burg.
Ich habe kein Schwert: Ich mache Abwesenheit des Selbst zu meinem Schwert.

Ein Samurai des 14. Jahrhunderts

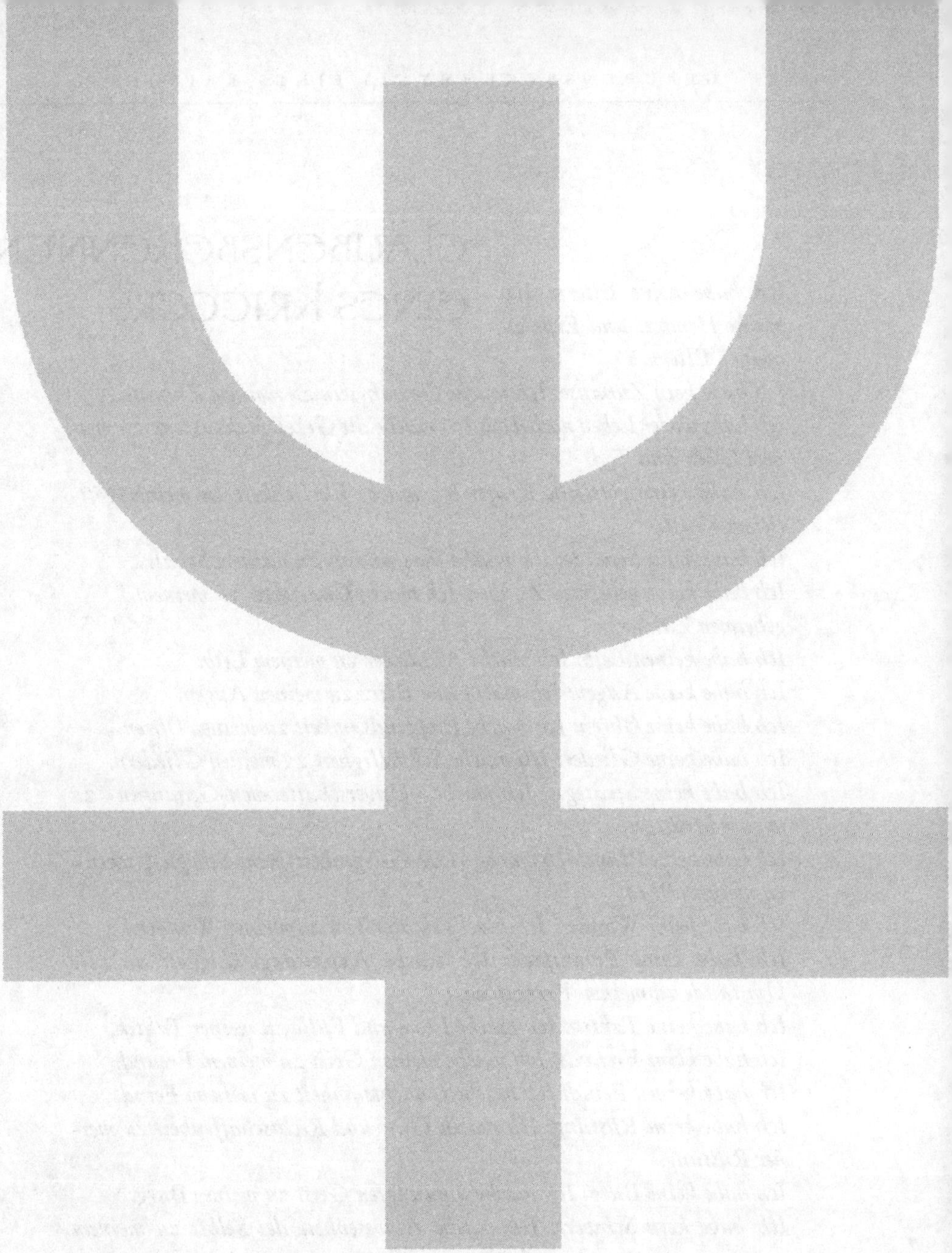

DIE PARADIGMEN
DER MAGIE

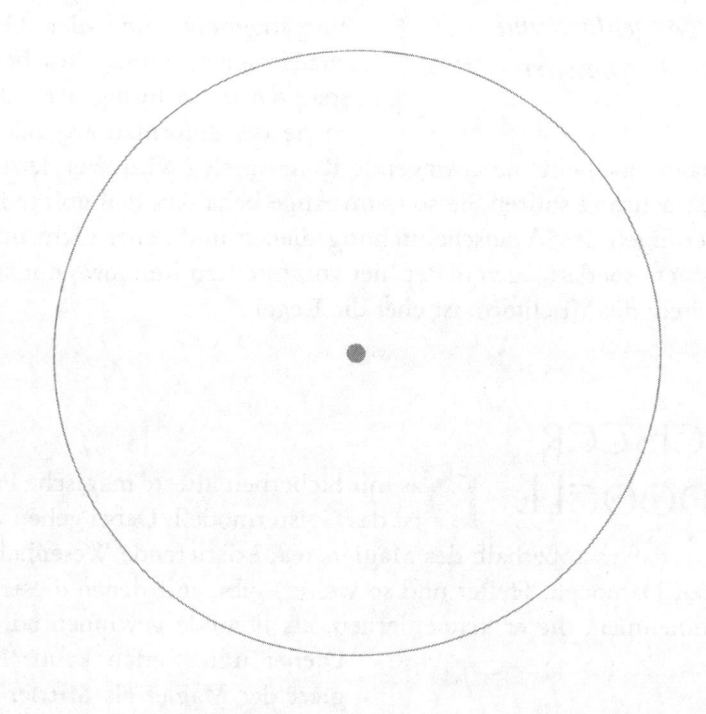

Wir arbeiten in der Magie bekanntlich mit zahlreichen magischen Gegenständen, sprechen von »Ladung« und »Entladung«, davon, daß wir Kraft »tanken« oder »speichern« können und so weiter.

> *Magiemodelle der Vergangenheit und der Gegenwart*

Um diese Vorgänge besser zu verstehen, ist es sinnvoll, sich einmal die verschiedenen Magiemodelle der Vergangenheit und der Gegenwart anzuschauen, zumal dies bei unserer späteren Betrachtung der Talismantik sowie der Informations- oder Kybermagie noch eine herausragende Rolle spielen wird. Bei der folgenden Betrachtung sollten Sie stets im Auge behalten, daß unsere Kategorisierungen der Veranschaulichung dienen und daher nicht nur vereinfachen, sondern auch in der hier vorgestellten Reinform nur selten auftreten; die Mischform ist eher die Regel.

DAS GEISTERMODELL

Das mit Sicherheit älteste magische Paradigma ist das Geistermodell. Dabei gehen wir davon aus, daß es außerhalb des Magiers real existierende Wesenheiten (Geister, Dämonen, Helfer und so weiter) gibt, mit denen dieser Kontakt aufnehmen, die er kennenlernen, als Freunde gewinnen oder sich als Diener unterwerfen kann. Hier fungiert der Magier als Mittler zwischen dem Diesseits oder der Alltagswelt und dem Jenseits oder der Anderswelt.

> *Der Magier: Mittler zwischen Diesseits oder Alltagswelt und Jenseits oder Anderswelt*

Dieses Modell ist nach wie vor kennzeichnend für den gesamten Schamanismus, und darauf beruhen auch die meisten Vorstellungen, die sich Laien (einschließlich Journalisten und Theologen!) von der Magie machen. Im Abendland hatte dieses Modell seine Hoch-Zeit in der Renaissance, und es wird auch heute noch von zahlreichen traditionalistischen Magiern vertreten; wir finden es in unserem Jahrhundert auch bei Bardon und Gregorius wieder, während die gesamte Golden Dawn und teilweise auch der O.T.O. sich darauf beruft, wie auch ein Großteil des deutschen Okkultismus der zwanziger Jahre. Eine Zwischenstufe nimmt Aleister Crowley wahr, wie wir noch sehen werden.

Im Geistermodell gilt es für den Magier und den Schamanen, sich Zutritt zur Welt jener Entitäten, die wir hier als »magische Wesenheiten« bezeichnen wollen, zu verschaffen. In dieser Welt gelten eigene Gesetze, die man kennen muß, um zu überleben, aber auch um ihre Kräfte und Wesenheiten zu nutzen. So haben diese Wesenheiten ihre eigenen Namen und Formeln, sie besitzen einen spezifischen, unverwechselbaren Charakter, sind also eigenständige Persönlichkeiten mit Stärken und Schwächen.

Mit Hilfe der Trance gelangt der Magier in ihr Reich, wo er sich mit ihnen anfreunden oder sie sich dienstbar machen kann, sofern er über genügend Wissen, Macht und Kraft verfügt. Solche Beziehungen sind nicht ungefährlich, denn es gibt auch Geister, die dem Magier nur ungern dienen und/oder ihm übelgesonnen sind, etwa Dämonen. Auch verlangen sie für ihre Dienste oft einen hohen Preis, nicht selten Blutopfer oder ähnliches; ein sehr berühmtes Beispiel ist der Pakt, den Doktor Faust mit dem Teufel eingeht (»Seele gegen materiellen und intellektuellen Erfolg«).

Beziehungen ins Reich der Geister sind nicht ganz ungefährlich...

Die genauen Bedingungen eines derartigen Pakts sind zwar stets Verhandlungssache, doch gibt es hier, wie unter Menschen auch, immer die Gefahr eines Vertragsbruchs, der Uminterpretation von Vereinbarungen und anderer Kalamitäten, so daß ständige Vorsicht geboten scheint, es sei denn, der Magier arbeitet nur mit »guten« Geistern, auf deren moralische Integrität er sich absolut verlassen kann. Aus dem Beschriebenen wird deutlich, daß der im großen Stil und in der heutigen Form ja erst Mitte des 19. Jahrhunderts in Amerika entstandene und bis heute weltweit beliebte Spiritismus (der in New-Age-Kreisen inzwischen lieber als »Channeling« bezeichnet wird) ein herausragender Vertreter dieses Geistermodells ist, wenngleich er meist auf magische Operationen im eigentlichen Sinne verzichtet und sich auf Divination und Gebet konzentriert.

Hat sich der Magier – ob durch Freundschaftsvertrag oder durch Zwang – der Hilfe »seiner« Geister oder Dämonen versichert, setzt er sie zu magischen Zwecken ein, wie er es mit gewöhnlichen menschlichen Helfern auch täte. Da sie jedoch immaterielle Wesenheiten sind, können sie auf anderen Ebenen wirken als gewöhnliche Diener, beispielsweise im Astral. Außerdem sind die meisten Geister »Spezialisten«, die dem Menschen auf ihrem Gebiet in der Regel überlegen sind. So wird beispielsweise der Merkur-Dämon Taphthartharath herangezogen, um magische Ziele zu erreichen, die zur Merkursphäre gehören, während der Magier sich des Mars-Dämons Bartzabel bedienen wird, um einen Gegner zu vernichten oder um die Kriegskunst zu erlernen. Andererseits setzt er vielleicht eine Planetenintelligenz wie Yophiel (Jupitersphäre) zur Förderung seines Wohlstands ein. Auch der Schamane wird im allgemeinen Hilfsgeister haben, die sich auf bestimmte Dinge (z. B. Heilung von Krankheiten, Regenmachen) spezialisiert haben. Anstatt beispielsweise einem Kranken also auf die Ferne Kraft zu übertragen, kann der Magier seinen Hilfsgeist damit beauftragen und ihn dem Patienten schicken.*

Geister und Dämonen wollen gepflegt, ja »gefüttert« werden, sie können rebellieren oder eine »Gehaltserhöhung« fordern. Auch sind sie nicht unfehlbar: Die Tatsache, daß es sich bei ihnen um Experten handelt, schließt Irrtümer und Mißerfolge nicht aus, doch ingesamt erweitern sie den Handlungsspielraum des Magiers erheblich, wenn die Qualität seiner Magie auch davon abhängt, wie sehr er seiner Geister Herr ist.

Soweit also in Grundzügen das Geistermodell. Es setzt voraus, daß der Magier eine bereits bestehende Welt erforscht und ihre Regeln in allen Einzelheiten kennt und sie befolgt. Weiß er beispielsweise den »wahren Namen« oder die »richtige Formel« nicht, die ihm Macht über solche transzendente Wesen verleiht, so wird all sein Bemühen um ihre Beherrschung vergeblich sein. Auch die Kommunikation mit diesen Wesen, die verwendete magische Sprache also, will gelernt sein, und zudem wird vieles Wissen nur unter dem Siegel der Verschwiegenheit vom Meister auf den Lehrling weitergegeben. Es ist also in der Regel eine meist längere Lehre erforderlich, bevor magisch gehandelt werden kann.

> *Die Kommunikation mit transzendenten Wesen will gelernt sein.*

---

* *Das schließt natürlich nicht aus, daß dennoch Kraft übertragen wird. Hier haben wir es mit einer der oben erwähnten Vereinfachungen unserer Darstellung zu tun.*

DAS ENERGIE-MODELL

Mit dem Siegeszug des Mesmerismus um die Wende vom achtzehnten zum neunzehnten Jahrhundert schärfte sich das westliche Bewußtsein um innerkörperliche Prozesse und Energien: Wiewohl Mesmer zwar im Prinzip nur alte Heilmethoden (Hypnose, Suggestion, Heilschlaf) wiederentdeckte, machte er sie doch in einer Kultur salonfähig, die jahrhundertelang streng zwischen Geist und Körper getrennt hatte und der es als sensationelle Neuigkeit erschien, daß der Geist den Körper beeinflussen, krank machen und heilen konnte. Das Medium aller Heilung war für Mesmer der »tierische Magnetismus«, eine naturwissenschaftlich nicht genauer zu beschreibende Vitalkraft. Bulwer-Lytton, selbst ein Rosenkreuzer und Magier, gibt mit seinem Konzept einer »Vril-Kraft« ebenso wie Reichenbach mit seiner Odlehre Zeugnis vom Ausmaß dieses Bewußtseinswandels, an dem auch Hahnemanns Homöopathie (freilich, wie wir noch sehen werden, eher ein Vorläufer der Kybermagie) keinen geringen Anteil hatte. Und ein außerordentlich einflußreicher Magier wie der Bulwer-Freund Eliphas Levi sollte knapp fünfzig Jahre nach Mesmers Tod in okkulten Kreisen Furore mit seinem Modell vom »astralen Licht« machen.

> *Eine Neuheit in der Magiegeschichte*

Dies blieb auch nicht ohne Einfluß auf die Magie. Zwar hielt auch die etwa hundert Jahre nach Mesmer entstandene Golden Dawn dem alten Geistermodell prinzipiell die Treue, doch wurde es durch eher psychologisch-animistische Elemente, wie sie teilweise aus dem indischen Yoga übernommen wurden (z. B. Chakra- und Prana-Lehre), stark aufgeweicht.

Seinen eigentlichen Höhepunkt feierte das Energiemodell allerdings erst nach dem Zweiten Weltkrieg, genauer gesagt mit der okkulten Renaissance der sechziger Jahre vor allem im angelsächsischen Sprachraum. Dies ist sicher durch den starken Einfluß der Tiefenpsychologie begünstigt worden, der im großen Stil weltweit erst nach dem Krieg einsetzte, wenngleich einzelne Magier wie W. B. Yeats und Austin Osman Spare sowie Aleister Crowley schon relativ früh die Anregungen der noch getrennt zu behandelnden Tiefenpsychologie aufnahmen und in ihre magische Praxis integrierten.

Grundsätzlich verzichtet das Energiemodell in seiner Reinform auf jede spiritistische These. Der Magier ist nicht länger ein Beschwö-

> *Der Magier: nicht länger Beschwörer von Geistern, sondern »Energiekünstler«*

rer von Geistern, sondern vielmehr ein »Energiekünstler«: Die feinstoffliche Wahrnehmung tritt in den Vordergrund, er muß Energien wahrnehmen, polarisieren (»laden«) und leiten können. Sieht er bei einem Patienten einen Energiemangel beispielsweise im Nierenbereich, so wird er eine den Nieren entsprechende, geladene Heilungsenergie übertragen, beispielsweise durch Handauflegen und/oder durch besondere Kristalle und Edelsteine. Talismane und Amulette (die es natürlich auch schon vorher, im Geistermodell, gab) sind Beispiele für künstlich geschaffene »Kraftgegenstände«, Werkzeuge, die der Magier durch bestimmte Zeremonien für seine Zwecke eicht, in denen er gezielt bestimmte Energien zur sofortigen oder späteren Verwendung speichert.

Will der Magier Kraft übertragen (und darauf kommt es im Energiemodell ja vor allem an), so muß er entweder selbst über genügend Kraft verfügen oder einen Zugang zu einer oder mehreren Kraftquellen haben. Im ersten Fall wird er zu einer wandelnden Kraftbatterie, im zweiten zum Kanal oder Medium »höherer« oder zumindest »anderer« Kräfte. Auch ist Kraft nicht immer gleich Kraft: Das Spektrum reicht dabei je nach magischem System von einem komplizierten Gespinst »positiver« und »negativer« Energien bis zur »Neutralitätsthese«, bei der es nur auf die »Polarisierung« der an sich neutralen Energie durch den Magier selbst ankommt. In letzterem System gibt es allenfalls ein Zuviel oder ein Zuwenig an erwünschter oder unerwünschter Energie (zum Beispiel zuviel Feuer im Nierenbereich: Entzündung); die in der Theorie zwar meist verneinte, in der Praxis jedoch immer wieder zu beobachtende Gleichsetzung von »positiv = gut« und »negativ = böse« entfällt prinzipiell, es geht nur noch darum, die richtige Energie an ihren richtigen Platz zu bringen.

Je nach Kraftbedarf kann es sein, daß der Magier im Energiemodell zu schwach für eine Aktion ist. Im magischen Krieg gewinnt nur der Stärkere (also nicht etwa der »Gute«), es sei denn, der Schwächere macht seinen Mangel durch Raffinesse und Schnelligkeit wett. Der Magier muß sich auf sich selbst allein verlassen oder bestenfalls auf physische Kollegen, die ihn unterstützen, es hat keinen Zweck, irgendeine »höhere Instanz« anzurufen – wohl aber kann er versuchen, mit einer »stärkeren« Energie zu arbeiten als sein Gegner.

Kraftzentren wie die Chakras oder die Akupunkturmeridiane spielen im Energiemodell oft eine wichtige Rolle, und die Ladung beispielsweise eines Talismans erfolgt meist über eine entsprechende Kraftimagination, etwa indem der Magier einen farbigen Energiestrahl imaginiert, den er mit einer Geste gebündelt oder als Spirale aus den Händen, aus Dolch oder Stab in den zu ladenden Gegenstand hineinprojiziert; im Falle eines Jupitertalismans wäre dies beispielsweise ein blauer Kraftstrahl, für Venus müßte dagegen die Farbe Grün verwendet werden. Bei der Beeinflussung eines Gegners wird diesem entweder ein Zuviel an destruktiver bzw. zersetzender Energie (zum Beispiel Mars- oder Mond-Kraft) geschickt, oder man zapft seine Energien ab und entkräftet ihn dadurch. Man ruft auch nicht mehr im selben Ausmaß wie früher die Engels- und Dämonen- (»Höllenfürsten-«)Hierarchien einzelner Planeten oder kabbalistischer Sphären an. Vielmehr begnügt man sich meist damit, ein Plantenprinzip ganz generell in der magischen Trance zu aktivieren, um mit Hilfe dieser Energie alles weitere zu erledigen, anstatt irgendwelche Wesenheiten mit entsprechendem Auftrag auf den Weg zu schicken.

So wie die Hierarchien der Engel und Dämonen im Energiemodell stark reduziert wurden (wenn sie nicht sogar völlig dran glauben und einem reinen »Energietanz« weichen mußten), so verlieren auch äußere Autoritäten zunehmend an Bedeutung. Was früher der »Meister« tat, leistet nun der »Lehrer«, und aus dem zum absoluten Gehorsam verpflichteten »Lehrling« ist ein »Schüler« geworden. Die damit einhergehende Selbständigkeit findet ihren bislang stärksten Ausdruck in individual-anarchistischen und pragmatischen Magiesystemen unserer Zeit, die vor allem auf die persönliche Erfahrung des einzelnen und weniger auf die Kraft und Macht der Tradition setzen.

> *Im Energiemodell verlieren Engel, Dämonen und äußere Autoritäten an Bedeutung.*

Damit ist naturgemäß ein höheres magisches Anforderungsprofil verbunden: Der Magier muß nicht nur fast alles ohne fremde (auch »jenseitige«) Hilfe bewältigen, er braucht auch unentwegt einen sehr hohen persönlichen Energiepegel, da er vornehmlich als Kraftbatterie fungiert. Ist er kraftlos und ermattet, werden auch seine magischen Operationen darunter leiden, die Wirksamkeit seiner Zauber hängt unmittelbar vom Ausmaß und von der Qualität seiner eigenen Energie ab; zudem bedarf er einer ausgeprägten, gut geschulten und sicheren feinstofflichen Wahrnehmung.

Das psychologische Modell: eine Zwischenstufe

Was Mesmer und seine Nachfolger für das neunzehnte, das waren Sigmund Freud und Albert Einstein für das zwanzigste Jahrhundert: revolutionäre Wegbereiter einer fundamentalen Umwälzung des Denkens, die an den Fugen des mechanistischen Weltbilds rütteln und ihm letztenendes den Todesstoß versetzen sollte.

In gewissem Sinne stellen Freuds Thesen eine Ableitung und Weiterentwicklung der mesmerschen dar, und es ist kein Zufall, daß der Begründer der Psychoanalyse ursprünglich von der Hypnose- und Hysterieforschung her kam. Was Mesmer mit publicityträchtigen Zurschaustellungen in den europäischen Salons kurz vor der Französischen Revolution demonstrierte, versuchten Freud und, ganz besonders, Georg Groddek (der Begründer der psychosomatischen Medizin) gut hundert Jahre später auf wissenschaftliche Füße zu stellen: die Erkenntnis, daß viele, wenn nicht alle Krankheiten geistige Ursachen haben, daß der Geist dazu fähig ist, auf den Körper Einfluß zu nehmen.

Geistesgeschichtliche Grundlagen

Wir wollen hier keine umfangreiche Ideengeschichte schreiben, daher müssen diese knappen Andeutungen genügen. Es sollen uns vor allem die Auswirkungen dieser Entwicklung auf die magische Praxis interessieren. Die beiden ersten bekannten Magier, bei denen wir psychologisches bzw. psychoanalytisches Denken in großem Umfang beobachten können, sind Aleister Crowley und Austin Osman Spare. Crowley kokettierte lange Zeit, vor allem in seinen mittleren Jahren, mit dem psychologischen Modell, wurde später allerdings ein, wenn auch modern-skeptizistisch gebrochener, so doch nicht minder dezidierter Verfechter des Geistermodells. Spare dagegen ging den entgegengesetzten Weg, manche Thesen in seinen magischen Schriften lesen sich wie aus einem Lehrbuch der Psychoanalyse entliehen.

Strenggenommen handelt es sich beim psychologischen nur um ein empirisches »Zwischenmodell«, da es letztlich nicht über das Geister- und das Energiemodell hinausführt, sondern nur den Homozentrismus des letzteren verstärkt und dem Geistermodell allenfalls insoweit die Grundlage entzieht, als es Geistern ihre objektive, äußere, nicht aber ihre subjektive, psychische Existenz abspricht. Zudem erklärt es die Magie auch nicht durch neue oder andersartige Mechanismen, sondern verlagert lediglich ihren Entstehungsort, nämlich ins Innere der Psyche, ohne wirklich ihre Funktionsweise erläutern zu können. Eine solche Behauptung muß natürlich begründet werden.

Der Auffassung des psychologischen Modells zufolge haben wir es bei der Magie mit einem ausschließlich animistischen Phänomen zu tun: Alles, was der Magier bei der Ausübung seiner Kunst wahrnimmt oder tut, findet im Inneren der Psyche statt, wo ein nicht näher definierter Mechanismus wirksam wird, der dann zu den gewollten (oder auch zu ungewollten) Ergebnissen führt. Die für die Magie zuständige Instanz ist das Unbewußte (bei Spare, der hier Freuds Terminologie übernimmt: das Unterbewußtsein) – hier findet jegliche Magie-Aktivierung statt. Die Vertreter dieser Theorie – und zu ihnen zählen beispielsweise fast alle magischen Autoren der Jetztzeit – schweigen sich in der Regel darüber aus, auf welche Weise das Unbewußte diese »Wunder« vollbringt. Wichtig daran ist vor allem, daß der Magier zum Psychonauten wird. War er früher ein Geisterhändler und später ein Reisender in Sachen Energie, so wird er nun zu einem »Morgenlandfahrer der Seele«. Indem er die inneren Reiche der Psyche erforscht und sie kartographiert, lernt er die Gesetze kennen, durch welche es ihm gelingt, magisch Einfluß auf sein Leben und die Außenwelt zu nehmen.

> *Der Magier: vom Geisterhändler über den Reisenden in Sachen Energie zum Psychonauten*

Dieser zweifellos auf der reinen Erklärungsebene nicht restlos befriedigende Ansatz hat immerhin einige erhebliche Vorteile, durch die sich auch sein großer gegenwärtiger Erfolg erklärt. Zum einen ist er vage genug formuliert, um sich nicht in pseudowissenschaftliche Debatten vom Typus »Gibt es nun Od oder nicht? Und ist es meßbar?« zu verstricken. So etwas überläßt er vielmehr der Parapsychologie. Er kann die Magie nicht wirklich erklären, sondern verweist ganz pragmatisch allein darauf, daß die Manipulation der Psyche zu magischen Ergebnissen führt, und er begnügt sich mit dieser Feststellung als »Erklärung«, um sich statt dessen auf die Frage zu konzentrieren, auf welche Weise solche Manipulationen herbeigeführt werden können und wie sie zu steuern sind.

Darin entspricht er auch dem utilitaristischen Denken von heute, das sich, wie es schon Crowley formulierte, viel stärker für das Wie als für das Warum interessiert. In einer relativistischen Welt, deren Bewohner sich mittlerweile keiner »Wahrheit« mehr sicher sein können, sei es eine religiöse oder eine politische, eine wissenschaftliche oder eine magische, stellt der psychologisch argumentierende Magier eine Verkörperung des Zeitgeists dar.

> *Der psychologisch argumentierende Magier: eine Verkörperung des Zeitgeists*

Eine psychologisch formulierte Magie hat zudem den Vorteil, für viele, mit psychologischen Denkmodellen aufgewachsene und vertraute Menschen verständlicher zu sein als beispielsweise der Glaube an Geister und Dämonen, dem der naturwissenschaftlich begründete Atheismus zwar nicht den Garaus gemacht, aber doch immerhin empfindliche Blessuren zugefügt hat.

Den Zwischenstufencharakter des psychologischen Modells erkennen wir auch daran, daß es sich, wie die Praxis zeigt, ausgezeichnet mit den beiden anderen bisher behandelten Systemen verbinden läßt, was mittlerweile übrigens sehr häufig geschieht. Auch wir haben es in unserer Schulung bisher immer wieder herangezogen, um bestimmte Aspekte des Magischen zu veranschaulichen, und werden es noch öfter tun. Die Palette der »Anpassungen« reicht dabei vom Magier, der das Geistermodell ins Animistische verlagert, und zwar noch mit Geistern, Dämonen und Engeln kommuniziert, in diesen aber vor allem »projizierte Seeleninhalte« sieht – was sich freilich in der Praxis der Dämonenmagie als sehr erfolgmindernd erwiesen hat, bis zu dem Zauberer, der sich des Energiemodells bedient, ohne dieses allzu wörtlich zu nehmen, indem er etwas vage von der »Kraft des Unbewußten« spricht.*

Die Wörtlichkeit, mit der Dämonen- und Teufelspakte der Überlieferung und auch der Praxis vieler heutiger Magier zufolge oft von den Dämonen ausgelegt werden, ist ein Hinweis auf die psychologischen Mechanismen dieser Prozesse, auf den »Tatort Psyche« also, denn bekanntlich pflegt auch das Unbewußte allzuoft alles wörtlich zu verstehen, wie wir bei der Sigillenmagie immer wieder feststellen können. Auch sonst hat das psychologische Modell den Vorteil, uns vieles verständlicher zu machen als seine beiden Vorfahren, wenngleich wir es in der Regel allerdings doch eher als Ergänzung und nicht als eigenständige Erklärungsstruktur verwenden.

Das Informationsmodell: Die Kybermagie

Da die Kybermagie als allerjüngster Zweig der Magie noch auf keine abgeschlossene Entwicklung zurückblicken kann, ist es noch zu früh, um sie historisch einzuordnen. Vieles, was jetzt noch recht verheißungsvoll aussieht, mag sich schon in nächster Zukunft als überoptimistischer Trugschluß herausstellen, anderes dagegen stärker und überzeugender hervortreten. In ihren Grundzügen wurde die Kybermagie erstmals von mir mit Hilfe einiger Kollegen Mitte 1987 formuliert, seitdem arbeiten eine Reihe von Magiern an ihrer Weiterentwicklung.

> *Historische Neuheit oder überoptimistischer Trugschluß?*

Grundlage der Kybermagie ist das Informationsmodell, wie es zur Zeit auch die Physik immer mehr beschäftigt. Der Begriff »Kybermagie« leitet sich von »Kybernetik = Steuerungslehre« (griechisch kybernetos – der Steuermann) ab. Dahinter steht der Gedanke, daß alle Energie nur durch Information wirksam wird, die ihr gewissermaßen »sagt«, wie sie sich zu verhalten hat. Indem der Magier sich nicht unmittelbar der Energie selbst annimmt, sondern vielmehr der sie steuernden Informationsmatrices (also ihrer »Blaupausen«), nimmt er

---

* *Hierzu gehören auch Pseudo-Energiemodelle wie der Couéismus und das Positive Denken.*

wesentlich schneller, gründlicher und unaufwendiger Einfluß auf sie als vorher. Zudem gelingt es ihm leichter, die Grenzen von Zeit und Raum zu überwinden, da Information in diesem Modell weder Masse noch Energie besitzt und daher weitaus weniger Beschränkungen unterworfen ist als diese.

Der Magier ist damit ebensowenig abhängig von einem guten Verhältnis zu Geistern oder anderen feinstofflichen Wesenheiten wie von seinem eigenen Energiepegel. Beherrscht er erst einmal die Technik des Informationsabrufs, der Informationsübertragung und des anschließenden Informationsabrufs zwecks Aktivierung, bedarf er nicht einmal mehr äußerer Imaginations- oder Konzentrationshilfen. Ja, es scheint nach gegenwärtigem Forschungssstand sogar fraglich, ob er überhaupt noch der Gnosis bedarf, um erfolgreich zaubern zu können! Ehe Sie sich aber nun vor Entzücken falsche Hoffnungen machen, sei erwähnt, daß die bisherige Praxis deutlich macht, daß in der Regel doch eine gehörige Schulung zumindest im Bereich der Steuerung feinstofflicher Energien (zum Beispiel Kundalini, Aktivierung der körpereigenen Zellspeicher) gefordert ist, bevor man auf brauchbare kybermagische Ergebnisse hoffen darf.

Voraussetzungen für den Erfolg kybermagischer Operationen

Zu Anfang lag es nahe, das Modell von den morphogenetischen Feldern, wie es der Biologe Rupert Sheldrake vorgestellt hat, zur Erklärung kybermagischer Effekte heranzuziehen, doch scheint dies inzwischen nicht mehr erforderlich zu sein, obwohl man sich zur besseren Veranschaulichung – die dazugehörige Terminologie ist ja schließlich noch nicht entwickelt – gelegentlich des Begriffs »Informationsfeld« bedient, was allerdings problematisch ist, da es sich dabei nicht um ein energetisches Feld handelt, wie wir dies sonst von der Physik her gewohnt sind.

Einen historischen Prototyp des Informationsmodells finden wir in der Homöopathie. Bekanntlich arbeitet sie mit Verdünnungen, die sie selbst freilich als »Potenzierungen« begreift. Im Gegensatz zum allopathischen Prinzip, daß chemisch höhere Dosierungen eines Medikaments auch eine größere Wirkung erzielen, verabreicht der Homöopath chemisch immer geringere Dosen, um unter bestimmten Voraussetzungen (passendes Krankheitsbild, Aktivierung durch Schütteln) eine größere Heilwirkung zu erzielen. Dahinter steht die in ihren Grundzügen auf Paracelsus zurückgehende Theorie, daß es eigentlich der »Geist« eines Medikaments ist, der die Heilung bewirkt, und daß dieser eben um so intensiver wirken kann, wenn »Ähnliches« auf Ähnliches wirken kann, und zwar am besten dann, wenn der Geist einer Heilsubstanz quasi »herausdestilliert« wird, was eben durch die Potenzierung/Verdünnung geschieht.*

Dieser »Geist« aber deckt sich weitgehend mit unserem heutigen Begriff »Information«, wie denn die ganze Kybermagie häufig wie die reine »Hohe Magie« erscheint, freilich ohne deren weltanschauliche, mystische und transzendentale Züge. Dieser Vergleich wird auch dadurch nahegelegt, daß der Kybermagier mit immer weniger Paraphernalia auskommt, ja nicht einmal mehr »Mentalmagie« betreibt, weil der eigentliche kybermagische Akt eben kein Akt der Imagination ist.

> *Kybermagie erscheint häufig wie die reine »Hohe Magie«.*

Gerade bei der Beschäftigung mit der Kybermagie ist es von großer Wichtigkeit, zu beachten, daß es alle unsere Modelle in der einen oder anderen Form auch schon früher gegeben hat. Wir haben es also nicht mit einer streng hierarchischen, chronologischen Stufenpyramide der Entwicklung zu tun, sondern vielmehr mit einer Schwerpunktverlagerung, die eher einer Kreis- oder Spiralbewegung gleicht. So wissen wir aus alten Überlieferungen, daß die alten Meister schon immer in der einen oder anderen Form die »Magie der leeren Hand« praktiziert haben. Es ist also keineswegs so, als würde auf der praktischen Ebene nun ein gänzlich neuer Weg beschritten; vielmehr wird aus alten Systemen etwas herausgefiltert, in einen anderen Kontext gebracht, durch neue Überlegungen ergänzt und behutsam, darum aber nicht unbedingt minder revolutionär, weiterentwickelt.

> *Keineswegs ein gänzlich neuer Weg*

---

* *Das vielzitierte paracelsische similia similibus curantur wird oft fälschlich mit »Gleiches wird durch Gleiches geheilt« übersetzt. Korrekt heißt es jedoch »Ähnliches wird durch Ähnliches geheilt« – eine interessante Parallele zur Sympathiemagie und zu den Korrespondenzen!*

Das ist insofern durchaus traditionell, als die Magie im Laufe ihrer langen Geschichte immer wieder »entschlackt« und neu formuliert wurde, ja, man darf in dieser Anpassungsfähigkeit auch ihre große Stärke sehen, die es verhindert hat, daß ihr das Schicksal des Invergessenheitgeratens widerfuhr, wie dies bei zahlreichen anderen alten Überlieferungen der Fall gewesen ist.

Betrachten wir jetzt einmal magisch »geladene« Gegenstände (Ritualwaffen, Talismane, Amulette, Fetische und so weiter) aus dem Blickwinkel dieser vier magischen Modelle, um diese auch auf der praktischen Ebene zu veranschaulichen. Dazu bedienen wir uns wieder einer schematischen Darstellung. Einige bisher unbekannte dort aufgeführte Begriffe werden im Laufe der Schulung noch näher erläutert, so auch im nächsten Abschnitt über praktische Talismantik.

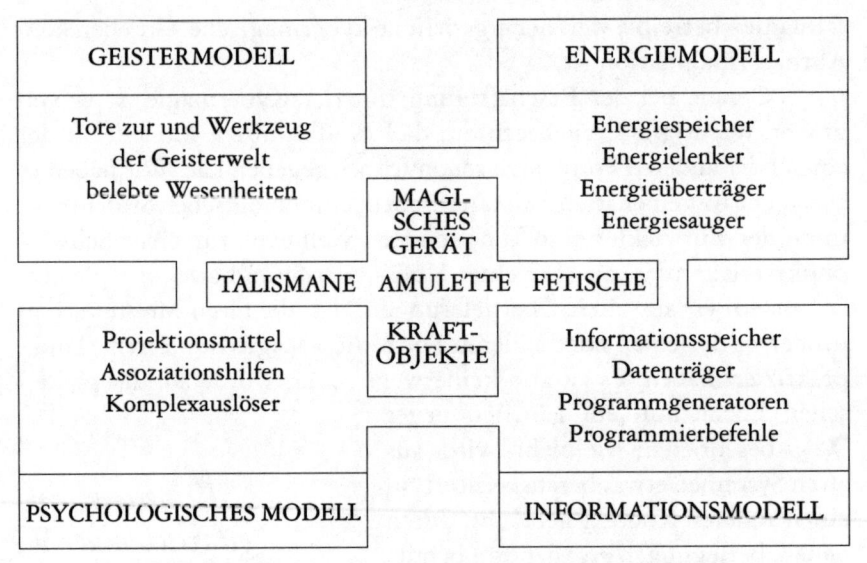

GEISTERMODELL		ENERGIEMODELL
Tore zur und Werkzeug der Geisterwelt belebte Wesenheiten	MAGI- SCHES GERÄT	Energiespeicher Energielenker Energieüberträger Energiesauger
TALISMANE	AMULETTE	FETISCHE
Projektionsmittel Assoziationshilfen Komplexauslöser	KRAFT- OBJEKTE	Informationsspeicher Datenträger Programmgeneratoren Programmierbefehle
PSYCHOLOGISCHES MODELL		INFORMATIONSMODELL

Übersicht 22: Die vier Grundparadigmen der Magie
am Beispiel »geladener« magischer Gegenstände

Sie werden bemerkt haben, daß wir uns mal auf das eine, mal auf das andere Modell berufen, um magische Vorgänge zu erläutern oder zu veranschaulichen. Das Wort »erklären« ist allerdings in diesem Zusammenhang kaum mehr möglich, Tatsache ist ja, daß wir zwar einigermaßen präzise beschreiben können, wie die Magie funktioniert, daß wir aber immer noch nicht wirklich wissen, weshalb sie funktioniert. Das ist freilich ein Grundproblem unseres vierdimensionalen Daseins, in dem wir anscheinend stets nur Wirkungen, nie aber Ursachen beobachten können. Im Zusammenhang mit der Chaos-Magie werden wir noch ausführlicher auf dieses Problem eingehen müssen; hier muß vorläufig der Hinweis genügen, daß keines der früheren Systeme, die meinten, eine solche »wahre Erklärung« anbieten zu können, in diesem Punkt einer genaueren, auch jüngste physikalische Erkenntnisse berücksichtigenden Untersuchung hat standhalten können. Das ändert allerdings nichts an der praktischen Wirksamkeit dieser Systeme.

Daraus ergibt sich für den zum Relativismus geradezu gezwungenen Magier von heute, daß er mit seinen Paradigmen spielt und sich jeweils das aussucht, was seinen Bedürfnissen entspricht und ihm die besten Erfolge verheißt. Doch wollen wir Ihnen auch keinen dogmatischen Relativismus vorschreiben, sondern Ihnen nur den Rat geben, in der Praxis mit verschiedensten Paradigmata zu experimentieren, wenn Sie nicht ohnehin zunächst einmal überhaupt feststellen wollen, welchen Erklärungsmodellen Sie persönlich bisher den Vorzug gegeben haben. Dieser Ansatz wird im folgenden noch vertieft, je vertrauter Sie mit den verschiedenen Paradigmata werden.

Im nächsten Abschnitt befassen wir uns mit praktischer Talismantik, und dort können Sie mit verschiedenen Veranschaulichungsmodellen spielen, wie hier aufgezeigt. Im Übungsteil am Ende des Abschnitts finden Sie weitere Empfehlungen dazu.

DIE VIER MAGIE-MODELLE AM BEISPIEL DES EXORZISMUS

Prinzipiell lässt sich die Sichtweise jedes der vier behandelten Paradigmen der Magie auf jedes beliebige magische Betätigungsfeld anwenden. Hier wählen wir das Beispiel des Exorzismus, um exemplarisch die unterschiedlichen theoretischen und praktischen Angänge, gemäß dem jeweiligen Paradigma, vorzuführen.

Technisch gesehen handelt es sich beim Exorzismus um die Wiederherstellung eines gewünschten geistig-seelischen Normalzustands mit magischen Mitteln.

> *Exorzismus: die Wiederherstellung eines gewünschten geistig-seelischen Normalzustands mit magischen Mitteln*

Dies läßt sich zwar je nach magischem Paradigma recht unterschiedlich interpretieren und handhaben, im allgemeinen Sprachgebrauch versteht man jedoch unter einem Exorzismus das Austreiben von Geistern oder Dämonen. Betrachten wir auch dieses Phänomen einmal aus dem Blickwinkel unserer vier Magie-Modelle, da wir damit zugleich eine weitergehende Schulung in dieser differenzierten Denkweise erhalten.

EXORZISMUS AUS DER SICHT DES GEISTERMODELLS

Anamnese/Diagnose Der Klient/Patient ist zum Opfer einer Besessenheit geworden: Fremde Geister und/oder Dämonen haben Besitz von ihm ergriffen und beherrschen ihn nun. Er kann sich ihrer aus eigener Kraft nicht mehr entledigen, oft weiß er nicht einmal um seinen eigenen Zustand. Der Magier stellt dies fest und leitet nach Möglichkeit geeignete Gegenmaßnahmen ein.

Therapie Diese Gegenmaßnahmen bestehen darin, daß der Magier die fremden Geister/Dämonen dazu bewegt, den Wirtskörper zu verlassen. Dies kann durch Drohungen, durch Gewaltanwendung oder durch List geschehen: 1. Der Magier beschwört die Quälgeister im Namen einer diesen übergeordneten Instanz (etwa Höllenfürstenhierarchie), mit der er ein Abkommen (sogenannter Pakt) schließt oder bereits geschlossen hat, und droht ihnen mit Vergeltung, falls sie seiner Aufforderung nicht nachkommen, vom Klienten abzulassen; 2. der Magier wendet kontrolliert Gewalt wie Schläge, Schmerzfolter, aber auch Nahrungsentzug gegen den Wirtskörper der Geister und/oder gegen diese selbst an (etwa Astralkampf) und vertreibt sie; 3. der Magier lockt die Geister mit Versprechungen oder ähnlichem aus dem Wirtskörper hervor und bannt sie in einer sogenannten »Geisterfalle«.

EXORZISMUS AUS DER SICHT DES ENERGIEMODELLS

Anamnese/Diagnose Der Klient/Patient ist zum Opfer eines Energieungleichgewichts geworden: Organismusfremde oder überschüssige eigene Energien haben Gewalt von ihm ergriffen, haben sein energetisches Gleichgewicht zerstört und beherrschen ihn nun. Er kann sein Gleichgewicht nicht mehr aus eigener Kraft wiederherstellen, oft weiß er nicht einmal um die Ursache seines Leidens. Der Magier stellt dies fest und leitet nach Möglichkeit geeignete Gegenmaßnahmen ein.

Therapie Der Magier saugt überschüssige Energien aus dem Organismus des Klienten ab und bannt diese (vor allem im Fall von Angriffsenergien, die von einem Gegner des Klienten gegen diesen gerichtet wurden) in einen Energiespeicher (Geisterfalle). Bei Energiemangel führt er dem Klienten Energien zu; er harmonisiert den Energiehaushalt des Organismus.

EXORZISMUS AUS DER SICHT DES PSYCHOLOGISCHEN MODELLS

Anamnese/Diagnose Der Klient/Patient ist zum Opfer einer psychichen Störung geworden: Verdrängte Schatteninhalte seiner Psyche haben als Projektionen Gewalt von ihm ergriffen, haben sein psychisches Gleichgewicht zerstört und beherrschen ihn nun, was bis zur Persönlichkeitsspaltung gehen kann. Er vermag es nicht, sein Gleichgewicht aus eigener Kraft wiederherzustellen, oft weiß er nicht einmal um die Ursache seines Leidens. Der Magier stellt dies fest und leitet nach Möglichkeit geeignete Gegenmaßnahmen ein.

Therapie Der Magier führt mit dem Klienten eine psychotherapeutische Behandlung (zum Beispiel Schocktherapie, Mimikry der Verhaltensweisen des Klienten, rituelle Todeseinweihung oder ähnliches) mit magischen Mitteln durch, um dem Klienten dazu zu verhelfen, seine magisch wirksamen Projektionen zurückzunehen und/oder zu bannen. Dazu bedient er sich möglicherweise auch eines symbolischen Projektionsspeichers (»Geisterfalle«). Darüber hinaus sorgt er dafür, daß dem Klienten das Ausleben bisher verdrängter Wünsche und Triebe ermöglicht wird, um eine Wiederholung zu vermeiden.

EXORZISMUS AUS DER SICHT DES INFORMATIONSMODELLS

Anamnese/Diagnose Der Klient/Patient ist zum Opfer einer Informationsverwirrung geworden: Aufgrund inhärenter oder von außen induzierter Fehlschaltungen innerhalb seiner biokybernetischen Informationsspeicher gerät sein energetisches Gleichgewicht aus den Fugen – bis zum totalen Energieverlust, zum Auftreten von Halluzinationen und psychosomatischen Beschwerden, zum Persönlichkeitsverlust und so weiter. Der Klient kann die Funktionsfähigkeit seiner biokybernetischen Informationsspeicher nicht aus eigener Kraft wiederherstellen, oft weiß er nicht einmal darum, daß er sich nicht in seinem Normalzustand befindet. Der Magier stellt dies fest und leitet nach Möglichkeit geeignete Gegenmaßnahmen ein.

Therapie Diese Gegenmaßnahmen bestehen aus einer dreiteiligen Operation: 1. Der Magier aktiviert durch Informationsübertragung die physischen und seelischen Abwehrkräfte des Klienten sowie dessen Fähigkeit zur Wiederherstellung voll funktionsfähiger Datenspeicher; 2. er implantiert dem Klienten einen infomagischen Löschbefehl, mit dem schädliche Informationen und defekte Datenspeicher gelöscht werden; 3. er errichtet (auch durch Informationsübertragung) ein infomagisches Frühwarnsystem, mit dessen Hilfe unerwünschte Informationen bei der Aufnahme sofort erkannt und gelöscht oder mit einer Aktivierungssperre (sogenannte »Informationsfalle«) versehen beziehungsweise durch gezielte Verstümmelung unschädlich gemacht werden.*

Wir erkennen an diesen vier Angehensweisen die große Vielseitigkeit der modernen Magie. Man könnte in diesem Zusammenhang sogar noch von einem fünften magischen Paradigma sprechen, nämlich vom synthetischen Modell, das alle vier vorhergehenden (und auch mögliche spätere) Paradigmen auf pragmatischer Grundlage (»wahr ist, was funktioniert«) vereint. Darauf werden wir im Zusammenhang mit den Paradigmen der Magie noch näher eingehen.

---

* *Der Seriosität halber muß an dieser Stelle erwähnt werden, daß die Ausführungen zum infomagischen Umgang mit Besessenheit und Exorzismus bis auf weiteres Theorie bzw. Hypothese bleiben, da die Forschung zum gegenwärtigen Zeitpunkt noch nicht fortgeschritten genug ist, um bereits eindeutige Aussagen machen zu können. Betrachten Sie unsere Bemerkungen daher bitte in erster Linie als vorläufige Anregung zu eigenen Experimenten und Forschungen.*

GEISTERFALLEN

Abgesehen von der Kybermagie, die, wie bereits erwähnt, ohne äußere Paraphernalia auskommt, verwenden alle magischen Paradigmata beim Exorzismus sehr häufig die bereits erwähnten »Geisterfallen«. Dabei handelt es sich um magisch geladene Gegenstände, die für unerwünschte Geister/Energien/Projektionen eine Art Kerker darstellen. Dem liegt der Gedanke zu Grunde, daß es nicht sinnvoll ist, diese Geister/Energien/Projektionen einfach nur aus dem Klienten oder Patienten zu entfernen: Sie müssen vielmehr gebannt, das heißt in die Gewalt des Magierwillens gebracht und gefesselt werden, um sich nicht wieder selbständig machen und erneut Schaden anrichten zu können.

> *Was ist eine »Geisterfalle«?*

Oft fungiert die Geisterfalle auch als Kanal oder Eintrittstor, mit dessen Hilfe die unerwünschten Geister/Energien/Projektionen in eine andere Ebene (zum Beispiel »ins Chaos«, »in die Sonne« oder ähnliches) transportiert werden, entweder um sie dort zu vernichten oder um sie abzulenken beziehungsweise »ins Exil« zu schicken.

Schon aufgrund seiner konkaven Form eignet sich der magische Spiegel besonders gut zum Saugen. Meistens ist er zudem auch rund, auf jeden Fall aber besitzt er einen geschlossenen Rahmen, was ihn symbol-logisch zu einer idealen Falle macht. Daher wird er beim Exorzismus mit Vorliebe an den Körper des Klienten oder zumindest in seine Richtung gehalten, und der Magier vollführt mittels Imagination und Willensakt eine Absaugoperation.

Sowohl im Geister- als auch im psychologischen Modell wird es in der Regel erforderlich sein, mit den besessen machenden Geistern oder äußerlich manifestierten Projektionen zu reden und zu verhandeln. Daher kann es auch geschehen, daß der Magier sie nur mit viel List und zahlreichen Versprechen aus dem Körper des Betroffenen hervor- und in die Geisterfalle hineinlocken kann. Aus dem Gesagten wird deutlich, daß exorzistische Operationen vom Magier eine große Erfahrung, viel Fingerspitzengefühl, eine gehörige Portion Mut und die Bereitschaft verlangen, nötigenfalls seine eigene körperliche und geistige Gesundheit, ja sein ganzes Leben aufs Spiel zu setzen.

> *Voraussetzungen für exorzistische Operationen*

Denn so, wie der menschliche Gesamtorganismus zu ungeheuren magischen Dingen fähig ist, wenn er entsprechend geschult und geleitet wird, so kann er auch unvorstellbare schädliche Kräfte mobilisieren, wenn er außer Kontrolle gerät, sei es durch durch gezielte Fremdeinwirkung von außen (zum Beispiel Schadens- oder Todeszauber) oder durch einen »inneren Kurzschluß« (zum Beispiel bei Geistesgestörtheit, die allerdings wiederum auch eine Auswirkung magischer Angriffe sein kann). Ein Exorzismus ist folglich mit einem magischen Krieg zu vergleichen – entsprechend umsichtig sollte der Magier ihn daher auch angehen.

Ist die Geisterfalle erst einmal »gefüllt«, stellt sich natürlich die Frage, was der Magier nun mit den darin befindlichen Geistern/Energien/Projektionen anfangen soll. Die Antwort darauf hängt davon ab, in welchem Modell er arbeitet: Geister werden in der Regel entweder verbannt, wie bereits beschrieben, oder der Magier versucht sie sich untertan zu machen, um sie für eigene Zwecke nutzen zu können; Energien werden meistens gespeichert, vor allem dann, wenn es sich um Angriffsenergien eines magischen Gegners handelt, da sich diese gut dazu eignen, bei einem Vergeltungs- oder Abwehrzauber gegen ihn gerichtet zu werden, denn gegen die eigenen Energien ist kein gesunder Mensch immun. Es kommt aber auch häufig vor, daß diese Energien magisch neutralisiert und wieder in den allgemeinen kosmischen Energiekreislauf eingespeist werden.

Nur in Ausnahmefällen werden Geister/Energien/Projektionen jedoch auf Dauer im magischen Spiegel belassen, denn dieser soll schließlich nach dem Exorzismus wieder seinen »normalen« Dienst verrichten. Er dient also vornehmlich als Extraktionsinstrument und Zwischenlager, nach erfolgreicher Operation werden die eingefangenen Geister/Energien/Projektionen in ein Endgefängnis verbracht, oft ist dies ein Stein, vorzugsweise Bergkristall, der besonders von Naturvölkern wegen seiner hohen Speicherfähigkeit geschätzt wird. Als provisorische Notlösung läßt sich auch gewöhnliches Tafel- oder Steinsalz verwenden – daher auch die häufige Absicherung des magischen Kreises durch Salz, beispielsweise im Voodoo, das Versetzen von Weihwasser mit Salz im Ritus der katholischen Kirche, die Praxis vieler traditioneller Hexen,

Die Endlagerung schädlicher Geister, Energien und Projektionen

kein Salz zu sich zu nehmen, und so weiter. Da Salz jedoch stark hygroskopisch ist, also Wasser aufsaugt und sich beispielsweise im Regen auflöst, kann es nur als vorübergehender Kerker dienen.

Eine beliebte Form der Endlagerung von Geistern ist die Flaschenverwahrung: Dann erhält man den berühmten »Flaschengeist«. Uns sind einige Magier bekannt, die sich darauf spezialisiert haben, Geister und Energien auf Flaschen zu »ziehen« und dieserart aufzubewahren. Wichtig ist dabei schon symbol-logisch, daß die Flasche stets gut verschlossen bleibt, daher verwendet man nicht nur Korken, sondern zudem eine Versiegelung aus Bienenwachs, in die entsprechende Abwehrsiegel und -sigillen eingeritzt werden können.

PRAKTISCHE
TALISMANTIK

ABRACADABRA
ABRACADABR
ABRACADAB
ABRACADA
ABRACAD
ABRACA
ABRAC
ABRA
ABR
AB
A

TALISMANE, AMULETTE UND FETISCHE

Eines der ältesten Anwendungsgebiete der praktischen Magie ist die Herstellung von Talismanen und Amuletten. Wir haben diese Utensilien im Laufe der Schulung bereits mehrfach erwähnt und wollen uns nun etwas genauer mit ihnen befassen.

Der Laie gebraucht die Begriffe »Talisman« und »Amulett« meist synonym, er unterscheidet also kaum oder gar nicht zwischen ihnen. Anders der moderne Magier*: Da er, wie Sie inzwischen schon gemerkt haben, ein handwerkspezifisches Vokabular (Fachjargon) braucht, um seine Kunst in allen Verästelungen möglichst präzise zu beschreiben, will er auch geladene Gegenstände nach ihrer jeweiligen Funktion unterteilen. Daher sollten Sie sich die folgenden, heute gängigen Definitionen einprägen:

> *Eines der ältesten Anwendungsgebiete praktischer Magie*

TALISMANE SIND MAGISCH GELADENE GEGENSTÄNDE ZUR ERREICHUNG EINES BESTIMMTEN ZWECKS ODER ZIELS.

AMULETTE SIND MAGISCH GELADENE GEGENSTÄNDE ZUR VERHINDERUNG EINES BESTIMMTEN EREIGNISSES ODER ZUSTANDS.

FETISCHE SIND MAGISCH GELADENE UND BELEBTE GEGENSTÄNDE ZUR SPEICHERUNG VON ENERGIEN UND ZUR MAGISCHEN EINFLUSSNAHME.

Betrachten wir diese magischen Paraphernalia nun im einzelnen. Wenn wir etwas verkürzt formulieren, daß ein Talisman »für etwas« ist, ein Amulett jedoch »gegen etwas«, haben wir ihre Funktion eigentlich schon hinreichend beschrieben: So können wir beispielsweise einen Talisman »für Gesundheit« anfertigen, während ein entsprechendes Amulett »gegen Krankheit« geladen wäre. Ein Fetisch hingegen kann

---

* *Bei älteren Autoren, vor allem vor der Jahrhundertwende, werden beide häufig miteinander verwechselt.*

beide Funktionen wahrnehmen, wird in der Regel aber eher als magische Kraftbatterie und als Psychogon gebraucht, worauf wir gleich noch eingehen werden.

> *Ein Talisman ist »für etwas«, ein Amulett »gegen etwas«, ein Fetisch kann beide Funktionen wahrnehmen.*

Grundsätzlich lassen sich Talismane, Amulette und Fetische mit allen Energien und zu jeglichem Zweck mit jeder beliebigen, dazu geeigneten magischen Technik laden. Nehmen wir uns zunächst aber das Beispiel der Planetenmagie und hier das der Venus-Ladung vor, um diesen Prozeß zu veranschaulichen.

DER VENUSTALISMAN

Ein Venustalisman ist ein mit Venusenergie geladener Gegenstand, der zur Erreichung venusischer Ziele verwendet wird (Energiemodell). Halten wir uns an die gängigen, durch die Golden Dawn (und z. T. auf sehr alten Quellen fußenden) Korrespondenzen, so wird ein Venustalisman idealerweise aus einem Stück Kupfer bestehen, in das die Sigillen der Venus eingraviert wurden; dieses Kupferstück wird dann während eines Venusrituals zeremoniell geladen. Der Venustalisman kann siebeneckig sein, die Gravur darf grün eingefärbt oder mit Grünspan versetzt werden; vielleicht wird er an einem Freitag zur Venusstunde angelegt.*

Bei der Ladung wird meist dergestalt verfahren, daß sich der Magier in eine entsprechende Venustrance versetzt, was in der Regel durch ein Venusritual geschehen dürfte. Auf dem Höhepunkt des Rituals wird der fertig gravierte und z. B. mit einer Willenssatz-Sigil versehene Talisman geladen, indem der Magier beispielsweise durch die Hände (zu Anfang sicher nur imaginativ) auf spasmische Weise einen grünen Lichtstrahl in die materielle Basis (auch: »materia prima« oder »MP«) schießen lässt und darüber die traditionelle Glyphe der Venus schlägt.

---

* *Sollten Ihnen diese Angaben unklar sein, so arbeiten Sie bitte noch einmal gründlich unsere Abhandlungen über die Korrespondenzen durch!*

Nach herkömmlicher Technik wird sich der Magier bei dieser Ladung gedanklich auf das zu erreichende Ziel konzentrieren; die zeitgenössische Chaos-Magie jedoch rät eher dazu, während der Ladung überhaupt nicht an das Ziel zu denken. Immerhin lassen sich aber mit der älteren Methode durchaus gute Erfolge erzielen.

> *Ständig am Körper tragen – oder verstauen und vergessen!*

Ist er erst einmal geladen, wird der Talisman eine Weile entweder ständig am Körper getragen beziehungsweise in Greifweite aufbewahrt. Eine andere Technik besteht darin, ihn sofort unzugänglich zu verstauen und zu vergessen.

DAS VENUSAMULETT

Ein Venusamulett ist ein mit Venusenergie geladener Gegenstand, der zur Verhinderung venusischer Einflüsse verwendet wird. Im übrigen gilt für ihn sinngemäß das über den Venustalisman Gesagte. Zu ergänzen ist dazu, daß das Venusamulett zwar prinzipiell – wie jedes andere Amulett auch – ein negatives Ziel hat (also die Vermeidung, das Abblockieren und so weiter), daß seine Ladung, sofern sie verbal erfolgt (zum Beispiel durch eine entsprechende Sigil), stets positiv formuliert werden sollte. Wenn Sie also mit Hilfe eines Venusamuletts das Zerbrechen Ihrer Partnerbeziehung verhindern wollen, so formulieren Sie nicht etwa: »Dieses Amulett diene dazu, daß meine Beziehung zu X nicht zerbricht«, sondern beispielsweise: »Dieses Amulett schütze meine Beziehung zu X vor dem Zerbrechen« oder ähnliches. Im Bereich der Kampfmagie wird die Notwendigkeit von Amuletten noch deutlicher. Immerhin können Sie die Beziehung zu X aber auch vor äußeren Störeinflüssen schützen. Gerade diese Tatsache dürfte mit dafür verantwortlich sein, daß sogar heute noch von manchen Autoren Talismane und Amulette miteinander verwechselt werden.

DER VENUSFETISCH

Erfahrene Magier wird dieser Begriff vielleicht aufhorchen lassen, denn in der alten westlichen Tradition werden sie ihn vergeblich suchen. Wir kennen Fetische für gewöhnlich nur im Zusammenhang mit sogenannten Primitivkulturen, in der Ethnologie meint der »Fetischismus« meist eine animistische Naturreligion. Dennoch ist das Grundkonzept des Fetisches keineswegs so unwestlich, wie es auf den ersten Blick erscheinen mag.

Das Wort »Fetisch« leitet sich über das französische *fétiche* vom portugiesischen *feitiço* ab und bezeichnet zunächst nur einen beliebigen Zaubergegenstand. Charakteristisch für Fetische ist jedoch im allgemeinen, daß es sich dabei um belebte Objekte handelt, die auch gezielt dazu geladen werden, um als halbautonome Wesenheiten im Dienste des Magiers tätig zu werden. Anders als Psychogone, magische Kunstgeschöpfe, die vor allem auf astraler Basis tätig werden und allenfalls durch ihre materielle Basis an die grobstoffliche Ebene gebunden sind,

> *Belebte Objekte – halbautonome Wesenheiten im Dienste des Magiers*

ist der äußere Fetischgegenstand ein regelrechter Wohnort einer bestimmten Kraft, Gottheit, Wesenheit oder ähnlichem. Zugleich ist er mit dieser aber auch identisch. So werden Fetische denn auch gefüttert und gebettet, man spricht mit ihnen. Durch diesen ständig wiederholten Prozeß werden sie oft auch überhaupt erst geladen. Mancher Magier weiß davon zu berichten, daß sie mit der Zeit tatsächlich ein charakteristisches Eigenleben entwickeln. So können in ihrem Umfeld beispielsweise Poltergeistphänomene auftreten, es kann geschehen, daß sich ein Fetisch verselbständigt und »auf Reisen« geht, um völlig unerwartet (und auf ebenso unerklärliche Weise, wie er verschwunden ist) an den unmöglichsten Stellen wiederaufzutauchen und dergleichen mehr.

Fetische sind zwar Verkörperungen bestimmter Kräfte, doch werden sie selten zu sonderlich spezifischen, personalisierten Zwecken belebt. So gibt es zwar generelle Heilfetische, doch in der Regel keine, die ausdrücklich für die Heilung einer bestimmten Person geladen worden wären. Statt dessen leben sie nach der Heilung eines Patienten weiter und können auch an andere weitergereicht werden.

Eine zweckgebundene Kraftbatterie

Somit ist der Fetisch also zwar zweck-, nicht aber personengebunden. Wir können ihn mit einer allgemeinen Kraftbatterie vergleichen.*

Ein Venusfetisch wäre also mit einem allgemeinen Venustalisman oder, noch besser, mit einem Venuspentakel zu vergleichen. Wie diese wird auch er bei jeder Venusarbeit zur Intensivierung der Operation herangezogen, ohne selbst daran ausdrücklich teilzunehmen oder auf ihr Ziel ausgerichtet zu werden. Wir werden in Zukunft von einem Pentakel sprechen, wenn damit ein Planetenfetisch gemeint ist, während wir andere einschlägige, geladene Paraphernalia generell als Fetische bezeichnen wollen. Beachten Sie bitte dabei, daß wir damit nicht das zuvor beschriebene Erdpentakel meinen! Eher entspricht es dem Lamen, nur wird es nicht auf der Brust getragen, es handelt sich also um ein Zwischending, wie wir es auch in der Literatur häufig erwähnt finden. Lesen Sie bei Bedarf die angesprochenen Stellen der Schulung noch einmal durch, um sich des Unterschieds wirklich bewußt zu sein.

Die Belebung eines Fetisches erfolgt neben den schon erwähnten Techniken auch durch Zufuhr von Blut, Sperma, Menstruations- oder anderen Sekreten des Magiers/der Magierin, und fast immer wird der Fetisch selbst geschnitzt oder sonstwie hergestellt. Häufig gleicht er einem Menschen oder einem Tier, aber es gibt auch völlig abstrakte Fetische ohne erkennbare Gestalt. Afrikanische Fetische sind oft fliegenwedelgleich mit Wischen versehen, das Spektrum verwendeter Materialien reicht von Holz und Leder bis zu Metall, Wachs, Lumpen und Stroh.

Der Fetisch kann seinerseits dazu dienen, andere Gegenstände aufzuladen oder zumindest bei ihrer Ladung behilflich zu sein. In der westlichen planetaren Zeremonialmagie erfüllt diese Funktion das schon mehrfach erwähnte »Pentakel« (noch einmal: nicht Erdpentakel!), auf welches man zu ladende Gegenstände (in der Regel Talismane und Amulette, gelegentlich aber auch jungfräuliche magische Waffen) legt, damit sie sympathiemagisch einen Teil seiner Ladung aufnehmen mögen.

---

* *So gibt es ja auch beispielsweise Elektrobatterien unterschiedlichster Ladung, Form und Gebrauchsbestimmung, dennoch haben Batterien stets allgemeinere Funktionen wahrzunehmen.*

Sowohl Talismane als auch Amulette werden gern bei der Arbeit für andere hergestellt, während Fetische in der Regel nur dem Magier persönlich dienen sollen (natürlich mit Ausnahme der Ladung dieser Gegenstände für seine Klienten). In der Praxis werden Sie schon sehr bald den Unterschied zwischen diesen drei Kategorien magischer Gerätschaften verstehen lernen, deshalb wollen wir hier auch noch auf den Übungsteil im Anhang verweisen, wo Sie weitere Empfehlungen finden.

Einige traditionelle Talismane und Amulette

Wir möchten uns im Rahmen der praktischen Talismantik natürlich nicht allein auf Planetentalismane und -amulette nach Art der Golden Dawn beschränken. In Abbildung 37 auf Seite 486 finden Sie daher einige alte, traditionelle Exemplare wiedergegeben, die uns in der Literatur gelegentlich begegnen.

Erläuterungen zur Abbildung 37
a) Das im Schwindeschema geschriebene ABRACADABRA ist einer der ältesten Talismane, die uns bekannt sind. Bereits in der Antike wird es erwähnt, und in seinem *Liber medicinalis*, einem noch bis ins Mittelalter verwendeten Buch über medizinische Hausmittel, empfiehlt der Gnostiker Quintus Serenus Sammonicus es um 220 n. Chr. zur Beschwörung guter Geister und als Amulett gegen Fieber. Die Deutung des Wortes selbst ist nach wie vor umstritten, das Spektrum der Interpretationen reicht von »Verstümmelung des gnostischen Gottesnamens Abraxas« bis zu »Akrostichon (Notarikon) des hebräischen AB BEN RUACH AKADOSH« (»Vater, Sohn, Heiliger Geist«). Aber auch die temuratische Umstellung »ABRA KAD BARA« (»Fieber«) kommt in Frage, ebenso wie man »ABRA KADABRA« als »verringere dich, Krankheit« deuten kann, während eine weitere Theorie darin die Verballhornung von »ABBADA KEDABRA« (»nimm ab wie dieses Wort«) sieht. Da die griechischen Amulette meist die Schreibweise »ABRACADABPA« aufweisen, erscheint es möglich, daß das Wort ursprünglich »abrasadabra« ausgesprochen wurde. Erwähnt werden sollte auch, daß Aleister Crowley es zu seinem »Wort des Äons« »ABRAHADABRA«

a) Abracadabra

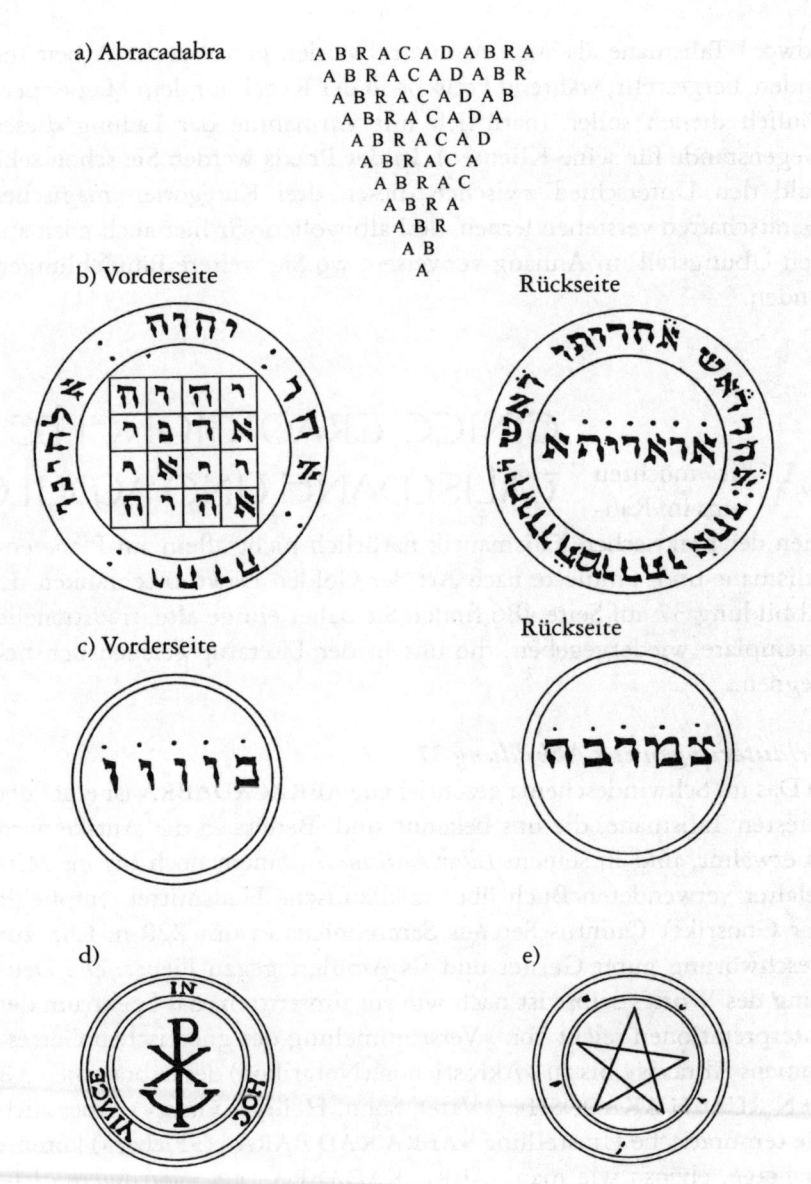

```
ABRACADABRA
ABRACADABR
ABRACADAB
ABRACADA
ABRACAD
ABRACA
ABRAC
ABRA
ABR
AB
A
```

b) Vorderseite — Rückseite

c) Vorderseite — Rückseite

d)   e)

Abbildung 37: Traditionelle Talismane und Amulette

änderte, um damit den für seine Magie so wichtigen gematrischen Zahlenwert 418 zu erhalten (vgl. sein *Liber CCCCXVIII. The Vision and the Voice*).

b) Kabbalistisches Amulett des Rabbi Hama. Agrippa schreibt dazu:

> *Aber weit wirksamer* [als das Abracadabra-Amulett] *gegen alle Krankheiten der Menschen wie auch gegen jede sonstige Widerwärtigkeit ist das heilige Siegel, welches Rabbi H a m a in seinem Buche von der Forschung mittheilt, und auf dessen Vorderseite vier vierbuchstabige Namen Gottes sich befinden, die im Quadrat so untereinander gestellt sind, daß von oben nach unten gleichfalls vier heiligste Namen oder Siegel der Gottheit gebildet werden, deren Bedeutung in der Umschrift zu lesen ist; auf der Rückseite aber befindet sich der siebenbuchstabige Name Ararita mit einer Umschrift, die ebenfalls seine Erklärung enthält, nämlich den Vers, aus dem er gezogen ist, wie hier zu sehen { ... } Dieß Amulet muß jedoch aus dem reinsten Golde verfertigt oder auf Jungfernpergament als einem reinen, unbefleckten Gegenstande durch Enkaustik mit besonders dazu präpariertem Wachse bei dem Rauche von einer geweihten Wachskerze oder Weihrauch und unter Besprengung mit Weihwasser dargestellt werden. Der, welcher das Siegel verfertigt, muß ein reiner und frommer Mann sein und sein Gemüth mit zuversichtlicher Hoffnung und standhaftem Vertrauen zu Gott dem Allerhöchsten erheben, wenn das Siegel die gewünschte göttliche Kraft erlangen soll.*

c) Ebenfalls kabbalistischer Natur ist dieses Amulett, mit dem der Träger, »sobald er nur auf Gott, den Schöpfer des Weltalls, sein festes Vertrauen setzt, vor jedem Uebel sicher sein« (Agrippa) soll. Es schützt »gegen Gespenster und Beschädigungen von seiten böser Geister oder Menschen sowie gegen alle Gefahren zu Wasser und Lande« und dient »zum Schutze gegen Feinde und Waffen«. Auf der Vorderseite finden sich die Anfangsbuchstaben der ersten fünf Verse des 1. Buchs Mose, auf der Rückseite die Endbuchstaben derselben Verse, die zusammen »das Symbol der ganzen Weltschöpfung [...] darstellen«. Beachten Sie bitte, mit welcher Eleganz hier die Symbol-Logik angewendet wird: Das 1. Buch Mose ist zugleich die Genesis, also der biblische Schöpfungsbericht, so daß auf diese Weise tatsächlich die »ganze Weltschöpfung« mit zehn Buchstaben zu magischen Zwecken umspannt wird.

d) Christlicher »Sieges-« oder Erfolgstalisman mit der bekannten Christusglyphe und dem lateinischen Satz »in hoc vince« (»in diesem [Zeichen] siege«). Dieser Talismantyp wurde auch gern von hebräischen Amulettbeschriftern nachgeahmt.

e) Pentagrammtalisman mit der griechischen Inschrift *igíra*, was so viel wie »gesund«, »der Gesundheit förderlich« bedeutet.

Die Häufigkeit von – meist hebräischen, gelegentlich aber auch der lateinischen Vulgata entnommenen – Bibelzitaten auf Amuletten und Talismanen der Antike, des Mittelalters und der Renaissance erklärt sich nicht allein durch die Übermacht der christlichen Kirche; wichtig ist vielmehr auch die Tatsache, daß die Bibel selbst als ein Talisman/Amulett/Fetisch erster Güte angesehen wurde, ähnlich wie die Torah bei den Juden, der Koran bei den Muslimen und schon das Pert-em-hru bei den alten Ägyptern. Da Offenbarungsschriften ja per definitionem göttlichen Ursprungs sein sollen, ist es nur natürlich, in einer Zeit, da der Schrift ohnehin stets etwas Magisches eignete, darin eine Fundgrube gewissermaßen automatisch wirksamer Formeln zu sehen, und nicht selten fungierte die »Heilige Schrift« selbst als Abwehrzauber, indem man sie ungebärdigen Geistern und Dämonen entgegenhielt, wie es beim christlichen Exorzismus ja auch mit dem Kreuz geschieht, das magietechnisch gesehen ebenfalls den Charakter eines Fetischs hat.

> *Auch die Bibel selbst wurde als ein Talisman/Amulett/Fetisch erster Güte angesehen.*

ZUM GRAVIEREN VON TALISMANEN UND AMULETTEN

Zum Abschluß noch ein praktischer Hinweis: Metallgravuren können Sie sowohl manuell mit speziellen Gravurstiften unterschiedlicher Stärke durchführen als auch mit Hilfe eines elektrischen Gravurstifts, wie man ihn in Hobby- und Bastelgeschäften erhält. Letzterer hat den Vorteil, wesentlich weniger Kraftaufwand zu verlangen, dafür bedarf es freilich einer gewissen Übung, um damit saubere Linien zu ziehen. Außerdem punktiert er das Metall, so daß sich die Linie, wenn sie nicht sehr tief gezogen wird, aus einer Vielzahl winziger Punkte zusammensetzt. Mit einer zusätzlichen, auswechselbaren Diamantspitze können Sie auch Glas und andere besonders harte Materialien (zum Beispiel Halbedelsteinscheiben) gravieren. Am besten besorgen Sie sich im Bastelgeschäft auch einige preiswerte Kupferplatten, wie sie zum Emaillieren verwendet werden, um an ihnen eine Weile das Gravieren zu üben.

Eine andere, relativ einfache Möglichkeit der Beschriftung ist das Ätzen. Dabei wird die Oberfläche des Metalls mit Schellack oder dickem Wachs überzogen. Nach dem Trocknen wird dieser geritzt, bis sämtliche gewünschten Symbole aufgetragen sind. Die Ritzung muß die Beschichtung natürlich ganz durchstoßen, sollte aber die Metalloberfläche nicht markieren. Anschließend gibt man das ganze in ein Säurebad.

Der Nachteil dieser Methode besteht allerdings darin, daß je nach Haftungsqualität der Beschichtung die geätzten Linien meistens verschwimmen und unscharf werden. Auch ist das Hantieren mit Säure nicht immer ungefährlich und mit unangenehmer Geruchsentwicklung verbunden, weshalb die meisten Magier auch der Stichgravur den Vorzug geben.

PRAKTISCHE ÜBUNGEN

ÜBUNG 46
ANGEWANDTER PARADIGMENWECHSEL IN DER PRAXIS (IV)

Erinnerst Du Dich noch an die Übungen 10, 17 und 19? Jetzt wird es Zeit, das damals Gelernte zu vertiefen und auf die praktische Magie selbst anzuwenden. Damit erreichst Du eine immer größere Flexibilität und erweiterst Dein Handlungsspektrum. Zudem wird der psychische Zensor dadurch beharrlich »weichgeklopft«, bis er es schließlich aufgibt und nicht mehr ständig Widersprüche aufzeigen und nach Erklärungen suchen will.

Am besten verbindest Du diese Übung mit der folgenden (Herstellung von Talismanen und Amuletten), Du kannst aber auch beliebige andere magische Operationen dazu heranziehen. Vertiefe Dich in eines der ersten drei in diesem Abschnitt beschriebenen Paradigmen, möglichst in eines, mit dem Du noch nicht sonderlich gut vertraut bist. Das vierte Paradigma, also das Informationsmodell, wirst Du erst später heranziehen können, wenn Du mehr Informationen zum praktischen Vorgehen erhalten hast. Bist Du allerdings bereits aus anderer

Quelle über die Kybermagie informiert, und arbeitest Du schon mit ihr, kannst Du Dich selbstverständlich auch dieser bedienen. Vollziehe einen mindestens zweiwöchigen (Richtwert, der aber normalerweise nicht unter-, sondern allenfalls überschritten werden sollte) Paradigmenwechsel (also beispielsweise vom Energie- zum Geistermodell oder von einer Mischform zu einem »reinen« Paradigma), und betrachte all Dein magisches Tun durch diese neue Brille. Versuche auch, so gut Du es mit den Dir zur Verfügung stehenden Mitteln (Wissen, Geräte) vermagst, mehrere, Dir bereits vertraute magische Operationen unter diesem neuen Paradigma durchzuführen. Hast du also bereits einen Merkur-Talisman nach dem Energiemodell geladen, so versuche nun, einen weiteren mit Hilfe des psychologischen Modells zu laden und einen dritten nach dem Geistermodell. Das bedeutet natürlich, daß Du einiges an Deiner rituellen Praxis wirst umstellen müssen. Wie Du das tust, sei Dir selbst überlassen, inzwischen solltest Du genug von der Materie verstehen, um dies – vielleicht unter Zuhilfenahme von Nachschlagewerken – zustande zu bringen. Ebenfalls bleibt es Dir überlassen, wie lange und wie oft Du diese Übung durchführen willst. Sicher ist es meistens einfacher und sinnvoller, die Übung zwar über kürzere Zeit, dafür aber öfter zu praktizieren, doch wenn Du beispielsweise in Dreimonatsphasen arbeiten willst und kannst, so sei Dir das selbstverständlich unbenommen.

Halte Deine Beobachtungen und Eindrücke möglichst präzise fest, denn Du wirst sicher einige sehr neue, vielleicht sogar verblüffende Erfahrungen machen, die Deine magische Weiterentwicklung erheblich beschleunigen können.

ÜBUNG 47
PRAKTISCHE TALISMANTIK (II)

Lade innerhalb eines Zeitraums von nicht mehr als sieben Monaten sieben Planetenfetische (genauer: Planetenpentakel), die Du nach allen Dir bekannten Regeln der Kunst herstellen sollst. Verwende dazu wegen ihrer größeren Haltbarkeit Metallscheiben, die vorzugsweise die dem jeweiligen Planeten entsprechende Anzahl an Ecken aufweisen sollten. Auf die Vorderseite gravierst Du mit einem Gravurstab die traditionelle Sigill des Planeten (siehe Sigillenmagie in der Praxis), auf die Rückseite die Sigillen der Planetenintelligenz und des planetaren Dämoniums. Nach dem Prinzip der »Kabbala der Neun Kammern«

(Aiq bekr; in der Werkmappe Frater V∴D∴, *Sigillenmagie in der Praxis* beschrieben) erstellst Du auf dem magischen Quadrat (der »Kamea«) eine Sigil Deines magischen Namens und gravierst diese in die Mitte zwischen die beiden anderen. Lade im Rahmen eines Planetenrituals, auf Wunsch auch mit der der Planetenzahl entsprechenden Häufigkeit (also dreimal für Saturn, siebenmal für Venus, neunmal für Mond), diese Talismane, salbe sie mit einem dem Planeten entsprechenden Öl, und beräuchere sie mit dem Planetenweihrauch, bis Du mit der Ladung zufrieden bist. Dies kannst Du auch mit Deinem Pendel überprüfen.*

Verwende diese Talismane in Zukunft stets bei jedem Planetenritual, indem Du sie wie Pentakel (was sie technisch gesehen ja auch sind) auf dem Altar liegen hast und etwaige andere Planetentalismane oder -amulette darauf lädst.

ÜBUNG 48
PRAKTISCHE TALISMANTIK (III)

Beschaffe Dir einen Ring aus beliebigem Metall, und lade diesen rituell in sieben separaten Planetenritualen nacheinander mit sämtlichen Planetenkräften. In diesen Ring solltest Du zudem die mit der Wortmethode nach Spare hergestellte Sigil Deines magischen Namens gravieren (lassen), wobei es Dir überlassen bleibt, ob Du sie außen haben willst oder auf der Innenseite des Rings. Bei Bedarf kannst Du in den Ring Planetensigillen gravieren, ihn mit entsprechenden Steinen fassen lassen oder ähnliches – Deiner Phantasie sind dabei keine Grenzen gesetzt.

Nach der vollständigen Ladung solltest Du den Ring mindestens ein halbes Jahr lang täglich tragen. Dies muß nicht 24 Stunden am Tag sein, was auch aus Gründen der Tarnung nach außen vielleicht nicht immer möglich sein dürfte, einige wenige Stunden genügen.**

Trage diesen Ring danach auf jeden Fall bei allen Deinen Planetenritualen, und sorge auch dafür, daß er niemals in die falschen Hände gerät.

---

* *Bitte dabei den Pendelausschlag vor der Ladung stets mit dem nach der Ladung – auch der wiederholten – vergleichen und im Magischen Tagebuch festhalten!*
** *Du kannst aber auch einen völlig unauffälligen Metallreif verwenden, der wie ein gewöhnlicher Ehe- oder Schmuckring aussieht.*

LITERATURNACHWEIS

Frater V∴D∴, *Sigillenmagie in der Praxis*, Edition Magus
Hans Biedermann, *Handlexikon der magischen Künste*
E. A. Wallis Budge, *Amulets and Superstitions*, New York: Dover Publications, 1978 [O= London: Oxford University Press, 1930]

```
ABRACADABRA
 ABRACADABR
  ABRACADAB
   ABRACADA
    ABRACAD
     ABRACA
      ABRAC
       ABRA
        ABR
         AB
          A
```

Einführung in die Chaos-Magie

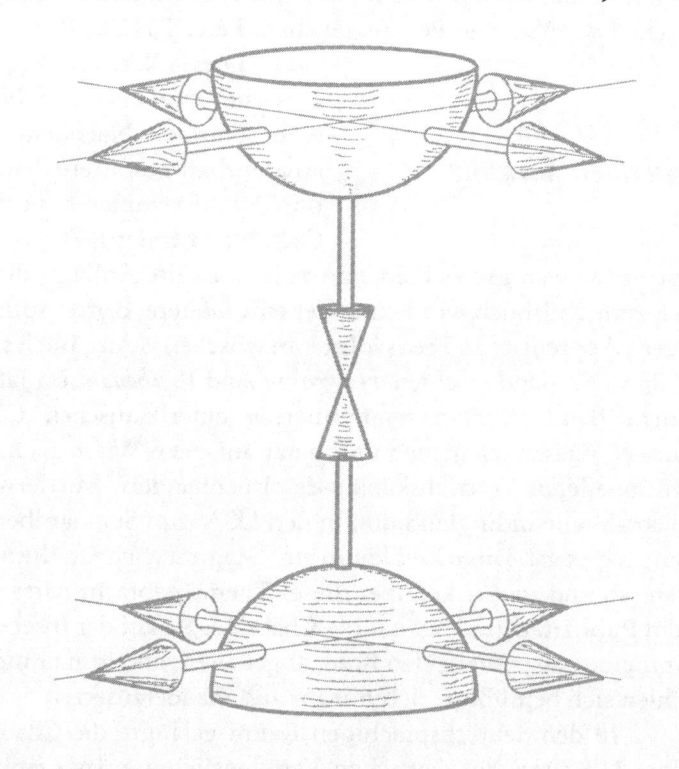

»IM CHAOS HAT MAN KEIN EIGENES ANTLITZ«

Die schon öfter erwähnte Chaos-Magie findet zunehmend Anhänger und ist aus der magischen Szene der Gegenwart inzwischen nicht mehr wegzudenken. Sie ist noch verhältnismäßig jung: Begründet wurde sie formell im Jahre 1978 mit dem Erscheinen der englischen Erstausgabe des Buchs *Liber Null* von Pete (eigentlich: Peter J.) Carroll.

> *Ein Werk mit fulminanter Wirkung*

Dieses Werk schlug in der Magieszene Englands förmlich ein wie eine Bombe. Nachdem die etwas amateurhaft gestaltete Erstauflage von nur 100 Exemplaren noch als reine Ordensschrift des IOT im Selbstverlag erschienen war, gab es bald eine weitere zweite Auflage, die unverzüglich zum Kultbuch wurde und der eine weitere, dritte Auflage bei Sorcerer's Apprentice in Leeds folgte. Inzwischen ist das Buch samt seinem 1983 in England erschienenen Folgeband *Psychonaut* im Jahre 1987 in einem Band in dem renommierten amerikanischen Okkultverlag Samuel Weiser erschienen und gerät auf diese Weise auch in die konventionelleren Vertriebskanäle des Buchhandels. Mittlerweile ist die Chaos-Magie in England und in den USA zum Standardbegriff geworden, und es gab lange Zeit kaum eine Magiezeitschrift, die nicht wenigstens ab und zu Artikel über dieses Thema gebracht hätte. Zumindest vom Publizitätsgrad her hat die Chaos-Magie auf der Insel dem Wicca-Kult eine ganze Weile den Rang abgelaufen, und immer mehr Autoren fühlen sich bemüßigt, sich mit ihr auseinanderzusetzen.

In den deutschsprachigen Raum gelangte die Chaos-Magie im Jahre 1982 mit der deutschen Veröffentlichung des *Liber Null* in der eigens zu diesem Zweck gegründeten Edition Magus. Auch diese Auflage war sehr klein: Es wurden nur 150 Exemplare gedruckt, von denen ca. 130 in den Handel gelangten. Später erschien die dritte deutsche Auflage (als Lizenzausgabe des Verlags Weiser), der 1984 in deutscher Übersetzung erschienene Folgeband *Psychonautik* hat die zweite Auflage erreicht. (Beide Titel sind inzwischen vergriffen und nicht mehr über die Edition Magus erhältlich.)

Von ihrer Breitenwirkung her sicher zum Teil noch wichtiger als diese beiden Werke, sind zahlreiche Artikel zur Chaos-Magie, die vor allen in England und Deutschland erschienen und diesen aktuellen Strom innerhalb der magischen Tradition populär machten.

Eine erste Zusammenfassung habe ich selbst im Jahre 1985 in meinem Artikel »›Im Chaos hat man kein eigenes Antlitz.‹ Die Chaoistische Magie und ihre Wurzeln« gegeben, der in der inzwischen eingestellten Zeitschrift *Unicorn* erschien. Da dieser Artikel leider nicht mehr allgemein zugänglich ist, sei es gestattet, hier einige für unsere Betrachtung relevante Passagen zu zitieren.

Ein neues Paradigma? Nun, ganz so neu ist das Gedankengut der Chaoistischen Magie Carrolls auch wieder nicht, einige direkte Vorläufer dürften den meisten Zeitgenossen vertraut sein. Da wäre zunächst einmal das sogenannte »Discordian Movement« zu nennen, eng verquickt mit der Szene um Robert Anton Wilson und Robert Shea, die mit ihrer *Illuminatus!*-Trilogie (ab 1975) die entscheidenden Weichen für discordisches, und dies will auch meinen: Chaoistisches Denken gestellt haben. Die »Bibel« der Discordier (die teils die römische Göttin der Zwietracht, teils aber auch ihr griechisches Gegenstück Eris preisen, verkünden und – wenngleich nicht immer bierernst gemeint – anbeten) ist zweifellos das Werk *Principia Discordia or How I Found Goddess And What I Did To Her When I Found Her. Being The Magnum Opiate Of Malaclypse The Younger. Wherein Is Explained Absolutely Everything Worth Knowing About Absolutely Everything*, das sich, Ende der 60er Jahre entstanden, inzwischen zu einem Kult-Buch im wahrsten Sinne des Wortes entwickelt hat. Wer der wahre »Malaclypse the Younger«, der Autor dieses Magnum Opiats also, sein mag, darüber gibt es eine Reihe gewitzter und hirnerweichender Spekulationen, auf die hier einzugehen müßig wäre. Mit Sicherheit läßt sich darin ein Relikt der späten Hippie- und Yippie-Bewegung erblicken – was uns als Standortbestimmung genügen möge. Robert Anton Wilson hat den Faden mit seinem Cosmic Trigger und anderen Werken weitergesponnen und baut die Geschichte nun immer weiter aus. Verbindungen bestehen auch zur SMI2LE-Szene um Timothy Leary und anderen Vitamin-Mystikern und so weiter.

Freilich haben Carroll und sein Kollege Ray Sherwin [...] sich nicht darauf beschränkt, mittels mehr oder weniger witziger und abstruser Geschichtsklitterung, Parodien auf Weltverschwörungstheorien und gezielter Falschinformation den Protest der Vietnamkriegsgeneration in immer neuen Facetten weiterzuentfalten, um ihn auf unabsehbare Zeiten zu verlängern und zu stabilisieren. Ihnen geht es weniger um eine »Guerilla-Ontologie«, die den Klassenkampf durch den Denkmusterkampf ersetzt oder ergänzt, sondern sie versuchen, durchaus aus diesen Quellen schöpfend, aber nicht von ihnen allein abhängig, relativistisches, mithin gnostisches und existentialistisches Gedankengut in ein praktikables System der Magie umzuformen. [...] So entdecken wir auch in der Chaoistischen Magie Gedankengut, das man sowohl bei den Existentialisten, den Strukturalisten, den Kritischen Positivisten und – noch weiter zurückgehend – den Behavioristen findet. Auch Nihilismus, Nietzsche-Rezeption und die Bewußtseinsspiele der Romantik ließen sich hier mühelos nachweisen.

[...] Dem angelsächsischen Geist des Pragmatismus entsprechend, setzt die Theorienbildung hier [...] erst vergleichsweise spät ein. Ist *Liber Null* noch ein völlig auf die Praxis ausgerichtetes Werk mit einem geradezu skelettartigen Minimalgerüst an weltanschaulichem und philosophischem Hintergrundmaterial, beginnt erst mit *Psychonautik* der Versuch eines Überbaus größeren Stils, ein Prozeß, der übrigens noch keineswegs abgeschlossen ist. [...]

Wohlan, beginnen wir mit einer Selbstdarstellung aus *Psychonautik*.

»DAS CHAOETHERISCHE PARADIGMA

Das manifestierte Universum ist nur eine winzige Insel relativer Ordnung innerhalb eines unendlichen Ozeans ursprünglichen Chaos' oder Möglichkeiten. Darüber hinaus durchdringt dieses grenzenlose Chaos jeden Zwischenraum, jede Lücke in unserer Insel der Ordnung. Diese Insel der Ordnung wurde willkürlich vom Chaos ausgespien und wird schließlich einmal wieder in ihm aufgelöst werden. Obwohl dieses Universum ein höchst unwahrscheinliches Ereignis darstellt, mußte es irgendwann einmal entstehen. Wir selbst sind zwar die am höchsten geordneten Strukturen, die auf dieser Insel bekannt sind, doch im tiefsten Kern unseres Wesen gibt es einen Funken ebenjenes Chaos, das die Illusion dieses Universums hervorgebracht hat. Dieser Chaos-Funken ist es, der uns lebendig macht und es uns erlaubt, Magie auszuüben. Wir können das Chaos nicht unmittelbar wahrnehmen, weil es simultan jedes exakte Gegenteil all dessen beinhaltet, für das wir es halten mögen. Wir können jedoch gelegentlich partiell geformte Materie wahrnehmen und uns dienstbar machen, die nur eine probabilistische und unbestimmbare Existenz hat. Diesen Stoff nennen wir die Aether.

Wenn wir uns dadurch besser fühlen, können wir dieses Chaos auch Tao oder Gott nennen und uns einbilden, es sei gütig und besitze menschliche Gefühle. In der Magie gibt es zwei Denkrichtungen: Die eine hält das gestaltschaffende Agens des Universums für willkürlich und chaotisch; die andere hingegen sieht darin eine Kraft spirituellen Bewußtseins. Da sie ihre Spekulationen nur auf sich selbst aufbauen können, sagen sie damit im Prinzip, daß ihre eigene Natur entweder willkürlich und chaotisch oder spirituell bewußt ist. Ich persönlich neige zu der Auffassung, daß mein spirituelles Bewußtsein auf eine nette Weise willkürlich und chaotisch ist.« [S. 101 f.]

Der hier zu uns spricht, ist Pete Carroll, dem es darüber hinaus auch zu verdanken ist, daß die Chaoistische Magie eine enge Liäson mit dem ZOS KIA CULTUS von Austin Osman Spare eingegangen ist. [...] Carroll und Sherwin bedienen sich z. T. Spares Terminologie, etwa indem der in obigem Zitat erwähnte »Chaos-Funken« als »Kia« bezeichnet wird. In Sherwins Theatre of Magick (S. 32) wird Kia als »Seele; Individualität ohne Ego« bezeichnet, im *Liber Null* wird es auch als »entstehende Energie, die eine Form sucht« [S. 59] definiert, als »Großer Wunsch«, »Lebenskraft« oder auch als »Selbstliebe«: »man kann es durch den Atu (Trumpf) 0 darstellen, den Narren oder Joker des Tarot. Sein Wappentier ist der Geier, denn es stößt immer wieder hinab, um sich seine Befriedigung unter den Lebenden und den Toten zu holen« (ibid.). »Kia kann nicht«, so führt Carroll an anderer Stelle aus, »unmittelbar erfahren werden, weil es die Grundlage des Bewußtseins oder der Erfahrung ist, und es besitzt auch keine festen Eigenschaften, an denen sich der Verstand festhalten könnte. Kia ist das Bewußtsein, das stets ausweichende ›Ich‹, das Selbst-Bewußtheit verleiht, aber selbst nicht aus irgendetwas zu bestehen scheint. Kia kann manchmal als Ekstase oder Inspiration empfunden werden, aber es liegt tief im dualistischen Geist vergraben. Meistens wird es gefangengesetzt, durch das ziellose Wachsen der Gedanken und durch die Identifikation mit der Erfahrung sowie in jener Ballung von Meinungen über uns selbst, die ›Ego‹ genannt wird. Die Magie hat das Ziel, für Kia größere Freiheit und Flexibilität zu erlangen und sie will außerdem auch die Mittel bereitstellen, durch die es seine okkulte Macht manifestieren kann.« [S. 27]

Kia ist also, das ist sehr wichtig, unpersönlich, hat mit unserem herkömmlichen, am Christentum orientierten Begriff von der »Seele« nur wenig zu tun. Zwar erkennen wir, worauf Carroll ja skeptisch gebrochen selbst hinweist, Parallelen zum Tao der chinesischen Philosophie und zur frühbuddhistischen Vorstellung von der Inkarnation des Karma, nicht aber der Individualität des Lebewesens; auch das Paramatman des Hinduismus und das »Bezeugende Bewußtsein« einiger Yoga- und Jnana-Schulen läßt hier grüßen; doch sollte man sich davor hüten, den Vergleich zu weit zu treiben, ein Fehler, den selbst Aleister Crowley bei seiner ersten Lektüre von Spares *Book of Pleasure* beging und beim späteren zweiten Durchlesen bereute. Kia ist eben nicht ganz dasselbe wie Tao, Kamma oder Atman, wenngleich mit diesen verwandt. Auch das ägyptische Ka kommt ihm vom Konzept her nahe, vielleicht sogar am nächsten von diesen allen, ohne ihm jedoch völlig zu entsprechen. Carroll betont ja auch, daß derlei Terminologie rein willkürlich ist und allenfalls funktionalen Wert besitzt.

Kia ist der Schnittpunkt zwischen dem Chaos und der von diesem zu seiner eigenen »Belustigung« erschaffenen Materie. Eine individuelle Seele, die einem bereits in die Wiege mitgegeben wird oder die gar ständig inkarniert, ob sie nun will oder nicht, kennt die Chaoistische Magie nicht. Darin gleicht sie übrigens dem System Gurdjieffs, der ja auch davon ausging, daß der Mensch sich seine Seele erst erarbeiten müsse. So schreibt Carroll in *Psychonautik*:

»In die meisten okkulten Denksysteme hat sich ein merkwürdiger Irrtum eingeschlichen. Es ist dies die Vorstellung von einem höheren Selbst oder einem wahren Willen, die den monotheistischen Religionen entlehnt wurde. Es gibt zahlreiche Menschen, die gerne daran glauben möchten, daß ihnen irgendein Selbst eignet, das auf bestimmte oder unbestimmte Weise wirklicher oder spiritueller sein soll als ihr gewöhnliches oder niederes Selbst. Die Tatsachen unterstützen eine solche Auffassung jedoch nicht. Es gibt keinen Teil von dem, was man über sich selbst glaubt, der nicht durch wirkungsvolle psychologische Techniken verändert werden könnte. Es gibt nichts an einem, was einem nicht fortgenommen oder verändert werden könnte. Wenn man die richtigen Reize einsetzt, lassen sich Kommunisten in Faschisten, Heilige in Teufel, Schwächlinge in Helden verwandeln und umgekehrt. Es gibt kein souveränes Sanktuarium in unserem Inneren, das unser wahres Wesen darstellt. Die innere Festung ist unbewohnt. Alles, was wir als unser Ego schätzen, alles, an das wir glauben, besteht nur aus dem, was wir uns aus dem Zufall unserer Geburt und der darauffolgenden Erlebnisse zusammengepflückt haben. Mit Hilfe von Drogen, Gehirnwäsche und verschiedener anderer Techniken extremen Zwangs können wir einen Menschen sehr wohl zum Anhänger einer völlig anderen Ideologie machen, zum Patrioten eines anderen Landes oder zum Gläubigen einer anderen Religion. Unser Geist ist nur eine Verlängerung unseres Körpers, und es gibt nichts an ihm, das nicht fortgenommen oder verändert werden könnte.

Der einzige Teil unseres Selbst, der jenseits der vergänglichen und wandelbaren psychologischen Strukturen existiert, die wir das Ego oder das Ich nennen, ist das Kia. Kia ist der absichtlich sinnfreie Begriff, mit dem der Vitalfunken oder die Lebenskraft in uns bezeichnet wird. Das Kia ist gestaltlos. Es ist weder dies noch das.« [S. 74]

[...] Erst die absolute Sinnfreiheit aller Existenz beschert dem Chaoisten die wahre Freiheit, macht ihn selbst zu einem – freilich relativen – Gott. [...] Der Glaube wird (hierin wieder am Zos Kia Cultus angelehnt, aber auch parallel zur spätantiken Gnosis) als reine Technik begriffen, nicht aber als ontische Wirklichkeit – die Relativität ist Trumpf, alles ist willkürlich, in der absoluten Freiheit gibt es keine absoluten Schranken mehr, allerdings auch keinen Anspruch auf Statik, auf pseudoabsolute Strukturen wie Macht, Herrschaft oder Hierarchien. Dadurch gewinnt die Chaoistische Magie (sicher nicht zuletzt vom Individual-Anarchismus Max Stirners und Nietzsches geprägt) fast nebenbei einen immens politischen, lebensumspannenden Charakter: Will der Magier wirklich frei sein, so muß er sich von allen Fesseln lösen. Zu diesen Fesseln gehören Verhaltens-, Denk- und Glaubensmuster ebenso wie eingefahrene Gefühls- und Triebstrukturen. Dieses Vorgehen ist natürlich zutiefst amoralisch: Weil es nichts Absolutes im herkömmlichen Sinne gibt, steht dem Adepten die Welt zur freien Verfügung. Hier sehen wir auch einen deutlichen Berührungspunkt zur Discordischen Bewegung, deren Leitsatz ja das dem Assassinenchef Hassan ben Sabbah (dem »Alten vom Berge«) zugeschriebene Wort ist: »Nichts ist wahr, alles ist erlaubt.« Ein Satz übrigens, den wir nicht erst bei Robert Anton Wilson und seinen Anhängern finden, sondern bereits viel früher beim einst der Beat-Generation zugerechneten Prä-Hippie-Autor William S. Burroughs. [S. 12–16.]

Damit soll die Schilderung der Grundphilosophie der Chaos-Magie fürs erste enden. Was in ihren Selbstdarstellungen oft etwas apodiktisch, ja absolut formuliert wird, sieht in der Praxis freilich meist sehr viel gemäßigter aus. Tatsächlich gibt es unter Chaos-Magiern crowleyanische Thelemiter ebenso wie praktizierende Christen, Odinisten, Reinkarnationsgläubige und Transzendentalisten. Aber es ist diese oben geschilderte weltanschauliche Grundrichtung gewesen, aus der die Chaos-Magie entstand und auf der sie noch heute aufbauend eine Vielzahl neuartiger magischer Techniken und Praktiken entwickelt. Erst mußten einmal die Denkmäler umgestoßen werden, damit ihr Schatten nicht auf ewige Zeiten das Wachstum der Kreativität, der Originalität und der technologischen wie philosophischen Fortschrittlichkeit erstickte. Der zusammen mit der Chaos-Magie entstandene magische Orden der Illuminates of Thanateros (»Illuminaten von Thanateros«), der inzwischen als der »Magische Pakt der Illuminaten von Thanateros« (kurz: »der Pakt«) firmiert, wurde so zu einem quick-lebendigen Sammelbecken internationaler magischer Talente.

Nachtrag (2001): Inzwischen hat auch die chaosmagische Bewegung ihre Flügelkämpfe und Schismen erlebt. Neue Impulse scheinen zu fehlen, der Großteil der praktischen Arbeit bleibt – anders als in den achtziger Jahren – der Öffentlichkeit verschlossen, und von einer »Welle« kann nicht mehr die Rede sein.

LITERATURNACHWEIS

Pete Carroll, *Liber Null – praktische Magie. Das offizielle Einweihungshandbuch des englischen Ordens IOT*, Bonn: Edition Magus im Unicorn Verlag, 1982

ders., *Psychonautik. Liber Null Teil II*, Bad Honnef: Edition Magus, 1984

Ray Sherwin, *The Book of Results*, o. O. [Leeds]: The Sorcerer's Apprentice, o. J.

Frater V∴D∴, »*›Im Chaos hat man kein eigenes Antlitz.‹ Die Chaoistische Magie und ihre Wurzeln*«, Unicorn H. 12, 1985, S. 12–19.

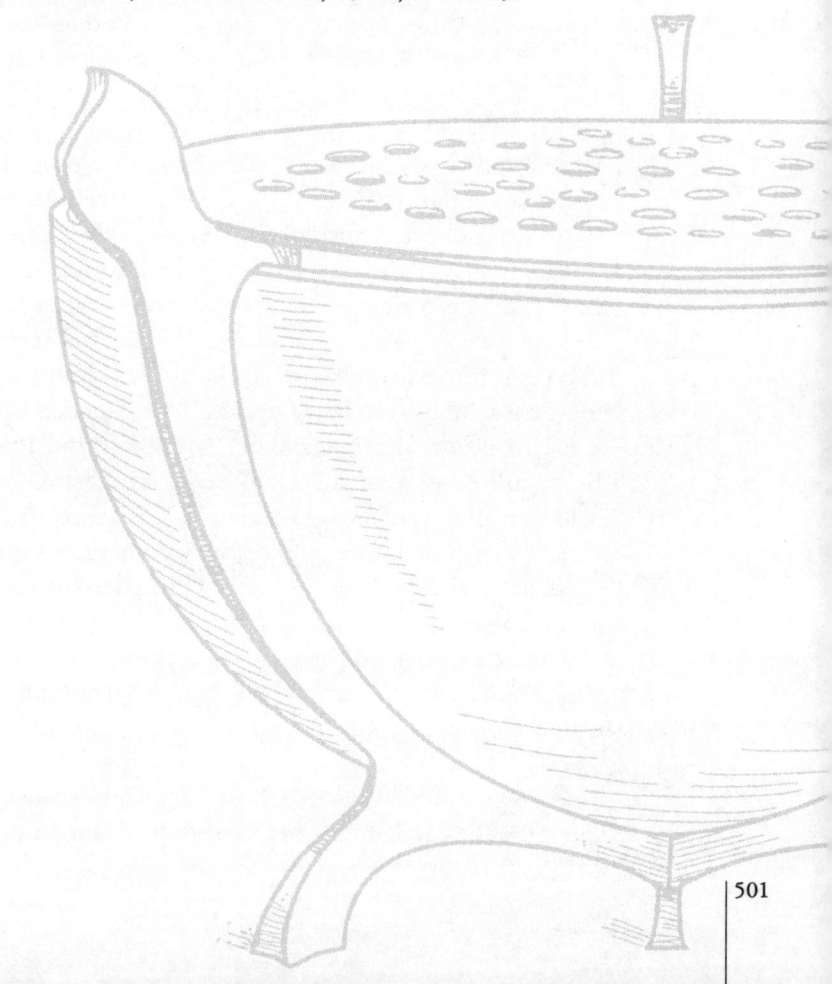

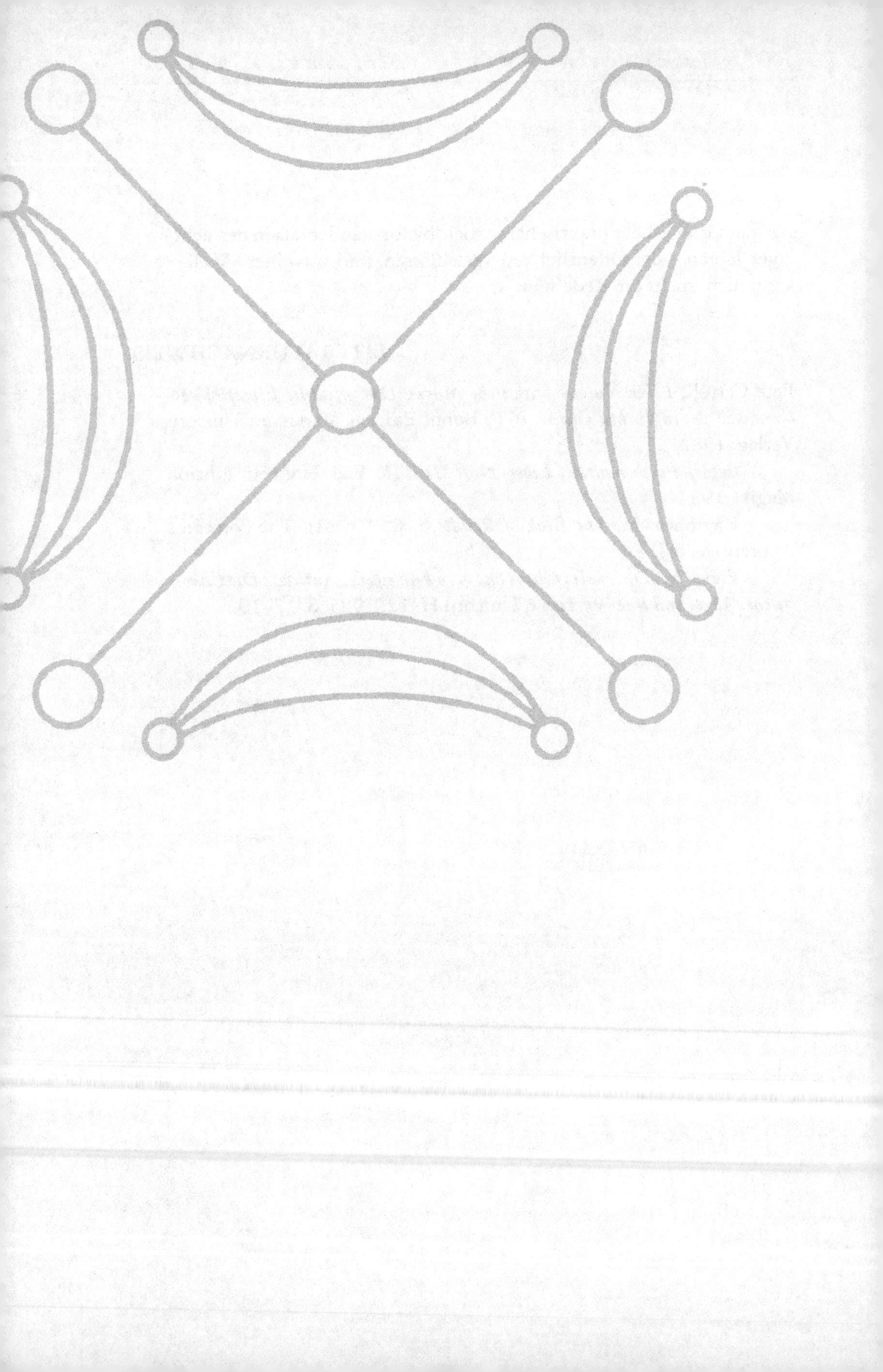

EINFÜHRUNG IN DIE KYBERMAGIE

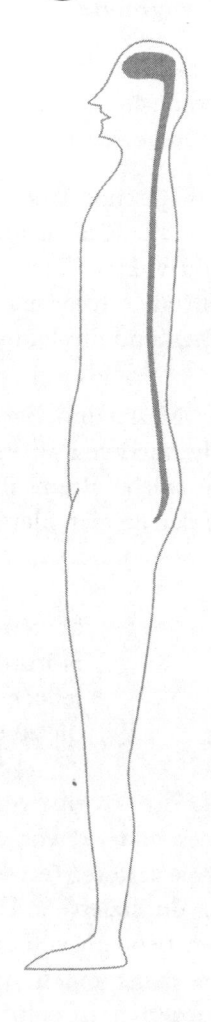

PRINCIPIA KYBERMAGICA

(VORLÄUFIGE FASSUNG)

1. Allen im Universum zu beobachtenden Energiebewegungen liegt steuernde Information zugrunde.

2. Information ist masselos und besitzt keine Energie. Damit ist sie auch per definitionem non-lokal und vermag sich überlichtschnell auszubreiten/zu verteilen/zu bewegen.

3. Mit Hilfe der kybermagischen Techniken ist es möglich, Information zu manipulieren, das heißt sie abzurufen, zu übertragen, zu kopieren, zu löschen und zu aktivieren. Dies geschieht durch entsprechende Manipulation der zentralen Informationsspeicher im menschlichen, tierischen, mineralischen und mechanischen Organismus.

Da Information keine Masse und Energie besitzt, läßt sie sich auch nicht durch materielle Barrieren an ihrer Ausbreitung oder Übertragung aufhalten. Eine solche Bremsung ist allenfalls durch gezielte Störeinwirkungen auf den Sender oder den Empfänger der Information denkbar.

> *Die Funktionsweise kybermagischer Operationen*

In diesem Fall bleibt zwar die übertragene Information selbst von der Störung unberührt, statt dessen wird jedoch eine Fehlkodierung ausgelöst, die zu erratischen Ergebnissen führt.

Stellen wir uns die Informationsübertragung wie das Kopieren eines Datenspeichers in einen anderen vor. Anders als beim Energiemodell geht dabei keine Energie verloren (etwa beim Sender), vielmehr werden die Informationen nur dupliziert. So lassen sich beispielsweise FremdsprachenInformationen bequem von A nach B übertragen, ohne daß einer der Beteiligten dabei einen nennenswerten Energieaufwand betreiben müßte. Erforderlich ist dafür lediglich eine gewisse energetische Mindestleistung beider Organismen, wie sie auch für das Überleben überhaupt notwendig ist (sogenanntes »Notstromaggregat«). Ist dieses gewährleistet, steht einer Informationsübertragung bei entsprechender Schulung nichts mehr im Wege.

Nehmen wir hierzu das Beispiel der Heilung. Nach dem ältesten Erklärungsmodell der Kybermagie erzeugte der Heiler bei sich ein morphogenetisches Feld, in dem der Patient gesund war, und überließ es diesem Feld, die Gesundung des Patienten »herzustellen«. Nach gegenwärtigem Erkenntnisstand ist es noch wirkungsvoller, wenn der Heiler in den Datenspeicher des Patienten den Befehl beziehungsweise genauer, das Konzept »Gesundheit« projiziert/kopiert.

Geschieht dies auf erfolgreiche Weise, bildet sich durch die kybermagische Informationsübertragung im Patienten eine neue Energiematrix, der sich seine eigenen und fremde, von außen einströmenden Energien anpassen. Diese Energiematrix ließe sich auch als »Gesundheitsmuster« bezeichnen. Es versteht sich allerdings von selbst, daß dem Patienten im Falle akuten Energiemangels mit Hilfe der Verfahren des Energiemodells zusätzlich Energien zugeführt werden sollten, da die kybermagische Übertragung auch ihre Zeit braucht, um wirksam zu werden.*

Ein Beispiel

Die Übertragung von Matrices scheint ohnehin das herausragendste Merkmal dieser Praktik zu sein. Beim schon erwähnten Beispiel einer Übertragung von Fremdsprachenkenntnissen scheinen es weniger die konkreten Vokabeln und Grammatikregeln zu sein, die vom Empfänger später aktiviert werden; vielmehr macht sich die Übertragung dergestalt bemerkbar, daß linguistische Erfahrungsmuster plötzlich aktiviert werden**. Gerade auf dem Gebiet der Fremdsprachenübertragung konnten übrigens bisher die überzeugendsten Erfolge erzielt werden. Doch auch die magische Heilung, die Übertragung von Wissen aller Art und die gezielte Fremdbeeinflussung sind mit kybermagischen Mitteln ausgezeichnet zu erreichen. Immer scheinen es jedoch vor allem Leitmuster zu sein, gewissermaßen »Blaupausen« und »Baupläne«, die dabei übertragen werden.

---

* *Erfahrungsgemäß liegt der Schwerpunkt der Erfolgsmanifestation innerhalb einer Spanne von wenigen Sekunden und bis zu zwei bis vier Tagen.*

** *Zum Beispiel Auseinanderhalten fremder Phoneme; Differenzierung von Ausdruck und Stilebene; verringerte Hemmschwelle beim eigenen Ausdruck/Anstieg der Selbstsicherheit auf fremdsprachlichem Gebiet; plötzliche Aktivierung vormals latenten, passiven Fremdsprachenwissens.*

Vorteile und Nachteile

Das hat seine Vor- und Nachteile. Die Nachteile bestehen darin, daß kybermagische Operationen zwar außerordentlich schnell ausgeführt werden können (je nach Könnensstand binnen eines Sekundenbruchteils), daß sie aber doch häufig nicht sofort wirken, wie oben bereits erwähnt. Zudem sind die Ergebnisse manchmal etwas »unschärfer« und (noch) schwerer zu fassen als bei herkömmlichen Operationen. Ein noch gravierenderer Nachteil ist der, daß einmal empfangene, durch Fremdbeeinflussung aufgenommene Informationen, wenn überhaupt, dann nur sehr schwierig geortet und so gut wie nie gelöscht werden können.*

Die Vorteile bestehen dafür darin, daß die Überlagerung und Löschung unerwünschter Leitmuster durch neue, gewollte Matrices in der Zielperson eine oftmals viel nachhaltigere Wirkung verspricht, als dies mit Hilfe einer Arbeit nach dem Energiemodell der Fall ist. Um ein anschauliches Bild zu verwenden: Wir verändern also nicht allein die Energiezufuhr und die Produktionsgeschwindigkeit einer Fabrik, sondern geben vor allem völlig neue Produktionspläne und -programme ein, wobei wir den fabrikeigenen Energiehaushalt praktisch unangetastet lassen. Ferner bleiben kybermagische Operationen in der Regel unbemerkt. Das leuchtet auch sofort ein, wenn wir uns wieder daran erinnern, daß Information ja keine Masse und Energie besitzt und folglich auch nicht auf irgendwelche stofflichen Widerstände (innerkörperliche Sensoren oder ähnliches) stoßen und diese aktivieren kann. Allenfalls an der Reaktion unserer organismuseigenen, physikalischen Datenspeicher (»Festplattenverwaltung« = häufig wahrgenommen als Brennen oder Prickeln in der Wirbelsäule oder ähnliches) können wir erkennen, daß eine Informationsübertragung stattgefunden hat, ohne diese jedoch genauer präzisieren zu können.

---

* Letzteres entspricht dem heutigen Erkenntnisstand und könnte sich in absehbarer Zeit grundlegend ändern.

DIE DERZEITIGEN HAUPTANWENDUNGSGEBIETE DER KYBERMAGIE

Die folgende Liste erhebt keinen Anspruch auf Vollständigkeit, sie stellt vielmehr den gegenwärtigen Erkenntnisstand dar. Grundsätzlich will die Liste nicht etwa besagen, daß die Kybermagie zu anderen Zwecken nicht geeignet wäre; vielmehr soll sie zeigen, in welchen Bereichen die Kybermagie zur Zeit schwerpunktmäßig mit Erfolg erforscht wird. Scheuen Sie sich bitte nicht, eigene Ergänzungen hinzuzufügen.

Gegenwärtiger Erkenntnisstand

Übertragung des Inhalts von Wissensspeichern: zum Beispiel Fremdsprachen, Fachwissen aller Art, »Paukwissen«, Erfahrung.

Anwendungsbereiche: zum Beispiel Vorbereitung auf Prüfungen, Schnell-Lernen, Unterstützung von Superlearning:
– Die Übertragung kann aktiv vom Sender auf den Empfänger stattfinden, also in beiderseitigem Einverständnis;
– die Übertragung kann ohne Wissen/Einverständnis des Empfängers stattfinden (= Informationsoktroyierung);
– die Übertragung kann ohne Wissen/Einverständnis des Senders stattfinden (= Informationsabfrage).

Übertragung von Energieschaltkreisen: zum Beispiel Energieleitbefehle, Energiefluß-Muster/Regelkreise.

Anwendungsbereiche: zum Beispiel Heilung, Schadenszauber, Beeinflussungsmagie.

Bitte beachten Sie, daß dabei zwar die Regelkreise übertragen werden, denen sich der Energiehaushalt der Zielperson anpassen soll, jedoch keine Energie selbst!

Im übrigen gilt auch hier das oben zur Übertragung Gesagte.

Selbstbeeinflussung: zum Beispiel Aktivierung von »Blitz-Willenssätzen«.
Anwendungsbereiche: wie alle Magie.

Von besonderer Bedeutung ist bei der kybermagischen Selbstbeeinflussung das Prinzip des magischen Vergessens, wie wir es bereits von der Sigillenmagie her kennen.

Prinzipiell scheint es kein Anwendungsgebiet zu geben, das nicht auf kybermagische Weise bearbeitet werden könnte.

TECHNIKEN DER INFORMATIONSÜBERTRAGUNG

Derzeit hat sich vor allem eine Technik der kybermagischen Informationsübertragung bewährt. Sie setzt eine Aktivierung der beiden Zentralspeicher des menschlichen Organismus voraus: Hirn und Rückenmark.

> *Eine bewährte Technik*

Selbstverständlich verfügt der Organismus noch über zahlreiche weitere Speicher, doch wurde festgestellt, daß eine gezielte Ansprache dieser beiden Großspeicher die besten Ergebnisse erzielte.

Die kybermagischen Operationen verfahren in der Regel nach folgendem Schema:

```
┌─────────────────────────┐
│   AKTIVIERUNG VON       │
│  RÜCKENMARK UND HIRN    │
│     DES SENDERS         │
└─────────────────────────┘
            │
┌─────────────────────────┐
│     ABRUFBEFEHL         │
└─────────────────────────┘
            │
┌─────────────────────────┐
│       SENDEN            │
└─────────────────────────┘
            │
┌─────────────────────────┐
│       EMPFANG           │
└─────────────────────────┘
            │
┌─────────────────────────┐
│     AKTIVIERUNG         │
│   DER EMPFANGENEN       │
│     INFORMATION         │
└─────────────────────────┘
```

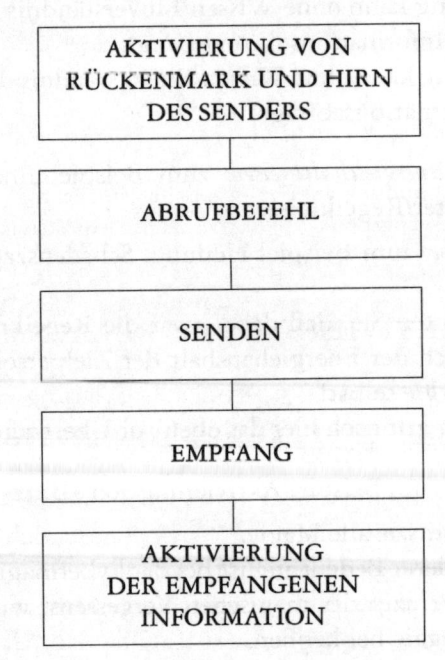

Übersicht 23: Schema kybermagischer Operationen

Bei der folgenden Erläuterung der einzelnen Stufen kybermagischer Operationen benutzen wir für computerkundige Teilnehmer zur technischen Veranschaulichung das Modell zweier miteinander kommunizierender Computer. Sollten Sie über keine Computerkenntnisse verfügen, können Sie diese Abschnitte getrost überlesen.

Abbildung 38: Das »Golfschläger-Chakra« –
Ausgangspunkt aller kybermagischen Aktivität

DIE AKTIVIERUNG VON RÜCKENMARK UND HIRN

Der Anfänger ist leicht versucht, in der Aktivierung von Rückenmark und Hirn (des sogenannten »Golfschläger-Chakras«) eine Art Imaginationstechnik zu sehen. Dieser Trugschluß liegt nahe, da die Aktivierung in der Tat zu Anfang (in der Trainingsphase) meist durch eine entsprechende Imagination eingeleitet wird. Tatsächlich handelt es sich dabei jedoch keineswegs um eine Imaginationstechnik. So wie die Akupunkturmeridiane mehr oder weniger (systemabhängig) »objektiv« existieren und sogar meßbar sind, auch ohne daß der Betroffene von ihrer Existenz wissen muß, findet die Aktivierung dieser beiden

Hauptdatenspeicher des Organismus ebenfalls auf einer physiologischen oder zumindest quasi-physiologischen Ebene statt.

Dies spüren Kybermagier in der Regel durch ein Gefühl der Wärme, der Kälte, des Prickelns oder auch des Kitzelns.

Wird aktiv übertragen, so aktiviert der Kybermagier seine eigenen Datenspeicher. Dabei braucht die Zielperson nichts weiter zu tun, die Übertragung kann auch ohne ihr Wissen stattfinden, ein Schutz dagegen scheint derzeit nicht zu existieren.

Zapft der Kybermagier dagegen von einer Zielperson Information ab, so aktiviert er zunächst durch einen mentalen Befehl die Datenspeicher dieser Zielperson, gibt diesen Speichern den Sendebefehl und empfängt die gewünschte Information ohne weiteres Dazutun in seinen eigenen Datenspeichern.

Zur Veranschaulichung das Computermodell: Dieser Vorgang entspricht dem Anschalten des Rechners bzw. der Aktivierung und Überprüfung seines Betriebssystems (sog. »Booten«).

DER ABRUFBEFEHL

Der Abrufbefehl hat in der Regel nur die Form einer Benennung der gewünschten Daten, zum Beispiel »Englisch-Kenntnisse«. Dies geschieht durch rein mentale Benennung ohne jede weitere Imagination.

Zur Veranschaulichung das Computermodell: Dies entspricht dem Aufruf eines Quellverzeichnisses (»directory«) und einer Quelldatei (»file«); zum Beispiel in der UNIX-Welt: »cd \quelldir\quellfil«.

DAS SENDEN

Beim Senden wurde bei einer älteren Technik dergestalt gearbeitet, daß die aufgerufenen Informationen die Wirbelsäule empor ins Hirn und von dort ins Sahasrara Chakra (»Scheitelchakra«, »tausendblättriger Lotus«) geleitet wurden, um von dort mit einem mentalen Sendebefehl gewissermaßen »abgeschossen« zu werden. Eine Variante dieser Technik konzentrierte sich mittels eines mentalen Befehls darauf, im Scheitelchakra ein morphongenetisches Feld zu erzeugen, in dem die gewünschte Information bereits übertragen oder das gewünschte Ereignis bereits Wirklichkeit geworden war. Diesem m-Feld wurde dann die eigentliche Arbeit der Ausführung überantwortet.

Die derzeit übliche Technik verzichtet auf eine Visualisation des Scheitelchakras, arbeitet aber noch mit der räumlichen Empfindung einer Konzentration auf den Scheitelpunkt. Ansonsten wird dabei mit einem einfachen Benennungs-Befehl (zum Beispiel »Sende!«) gearbeitet, ohne daß jedoch eine bewußte Sende-Imagination erfolgen würde.

Zur Veranschaulichung das Computermodell: Dies entspricht dem Kopierbefehl, zum Beispiel »copy q:\quelldir\quellfil z:«, wobei »q« das eigene Laufwerk, »z« dagegen das Ziellaufwerk ist. Wie bei einer normalen DFÜ fungiert hier der Scheitelpunkt als Modem. Die Möglichkeit einer gezielten Ablagerung der übertragenen Daten im Ziellaufwerk (zum Beispiel »copy z:\quelldir\quellfile z:\zieldir\zielfile«) setzt eine intime Kenntnis seines Aufbaus voraus und ist derzeit leider noch reine Zukunftsmusik.

DER EMPFANG

Der Empfang wird, wenn überhaupt, ganz ähnlich empfunden wie das Senden. Weiteres siehe unten in den beiden nächsten Abschnitten.

DIE VERARBEITUNG DER EMPFANGENEN INFORMATIONEN

Die Verarbeitung empfangener Informationen erfolgt zunächst automatisch und wird von geübten Kybermagiern meist ebenso wie das Senden in der Wirbelsäule wahrgenommen. Ungeübte Personen merken dabei in der Regel überhaupt nichts.

Weiteres siehe unten im Abschnitt »Das Abrufen kybermagisch übertragener Informationen«.

Das Eintreffen der Daten im Speicher der Zielperson empfindet der Sender gelegentlich als kleines körperliches Rucken in der Kopfhaut, als leises Prickeln oder ähnliches. Auch ohne derartige körperliche Signale wird er bei richtigem Vorgehen auf unzweifelhafte Weise Gewißheit über den Erfolg seiner Operation erhalten. Dies gilt sinngemäß auch für das gezielte Abzapfen (und daher: Empfangen) von Informationen.

Zur Veranschaulichung das Computermodell: Die unmittelbare Verarbeitung nach Empfang der Daten entspricht dem automatischen Sortieren und Komprimieren einer Festplatte, bei dem zwar eine bestimmte Ordnung hergestellt, der Datenzugriff aber noch nicht gewährleistet wird.

Diese detaillierte Beschreibung des kybermagischen Vorgehens sollte nicht darüber hinwegtäuschen, daß die ganze Operation in der Regel kaum länger als eine Dreiviertelsekunde dauert! Selbst ungeübte Anfänger (die allerdings über die Fähigkeit zur Kundalini-Aktivierung verfügen müssen) vollziehen eine kybermagische Arbeit normalerweise in weniger als einer halben Minute!

DAS ABRUFEN KYBERMAGISCH ÜBERTRAGENER INFORMATIONEN

Wie werden die kybermagisch übertragenen Informationen nun aktiviert? Dieser Bereich bedarf noch besonders intensiver Forschung, denn wenn es zwar bereits außer Zweifel steht, daß tatsächlich abruffähige Informationen übertragen werden können, stellt uns die Forderung nach ihrer gezielten Nutzung noch immer vor eine Vielzahl von Fragen.

Eines der Hauptprobleme wirft die Frage auf, was denn eigentlich konkret übertragen wird.

Was eigentlich wird konkret übertragen?

Von seiner Wirkung her scheint dies oft zunächst sehr vage zu sein. Dazu der Kommentar eines Kybermagiers: »Es fühlt sich so ähnlich an, als habe man alles vor ganz langer Zeit schon einmal gelernt.« Darauf aufbauend wird beispielsweise nach einer Übertragung von Fremdsprachenkenntnissen das Erlernen der betreffenden Fremdsprache erheblich erleichtert. Bei bereits vorhandenen Fremdsprachenkenntnissen werden die neuerworbenen Informationen durch entsprechende Kontextualisierung aktiviert. Das geschieht beispielsweise bei einer Reise in das entsprechende Land, wo die übertragene Sprache gesprochen wird, und bei toten Sprachen durch eine verstärkte Lektüre entsprechender Werke.

Einer der für den gezielten Informationsabruf wesentlichen Faktoren scheint nach bisherigem Erkenntnisstand Streß zu sein: Unter dem Druck, sich in einem fremden Land plötzlich verständlich machen zu müssen, wird das übertragene Fremdsprachenwissen aus unserem Beispiel am schnellsten aktiviert.

Ganz allgemein läßt sich von der schon erwähnten Kontextualisierung sprechen: Die neuerworbenen Informationen müssen innerhalb eines adäquaten äußeren oder inneren Kontextes aufgerufen werden. Es hat also wenig Sinn, französische Vokabeln während einer Mathematikarbeit oder bei einer Autoreparatur abrufen zu wollen.

Ein großer Teil der übertragenen Informationen offenbart sich auf recht subtile Weise erst nach und nach. Daher ist bei einer experimentellen Überprüfung genaueste Selbstbeobachtung angezeigt.

Zur Veranschaulichung das Computermodell: Zunächst einmal sollten Sie sich bei der Aktivierung darüber im klaren sein, daß Sie beispielsweise bei der Übertragung von Fremdsprachenkenntnissen zunächst einmal die Spracherfahrungsmuster des Senders empfangen haben, gewissermaßen das Hauptprogramm. Auch die anderen dazugehörigen Module (zum Beispiel Wortschatz, Syntax, Idiomatik) sind zwar bei einer entsprechend umfangreichen (oder auch: undifferenzierten) Übertragung vorhanden, sie müssen aber erst noch korrekt installiert werden.

Da unsere Übertragungsmöglichkeiten zur Zeit noch verhältnismäßig primitiv sind, besteht ein Großteil des Informationsabrufs bildlich gesprochen noch immer darin, auf einer ziemlich unordentlich mit Informationen und Programmen bespielten Festplatte zueinandergehörige Verzeichnisse, Dateien, ja sogar Cluster und ganze Sektorenbelegungen auseinanderzudividieren und in eine zusammenhängende Ordnung zu bringen.*

Dabei kommt uns allerdings das Gesetz der Anpassung (ähnliches wird ja auch im Bereich der Künstlichen Intelligenz angestrebt) zugute: Eine Neuzufuhr bereits gespeicherter Informationen** führt

---

* *Dies ist um so schwieriger, als das menschliche Nervensystem natürlich in Wirklichkeit einen völlig anderen, weitaus komplizierteren Ablagealgorithmus verwendet als ein gewöhnlicher Computer.*

** *Zum Beispiel von Vokabeln, die zwar kybermagisch, nicht aber bewußt übertragen beziehungsweise empfangen wurden.*

dazu, daß die alten Informationen sich mit den neuen verbinden und eine neue Ablagestruktur entsteht (oder eine bestehende reaktiviert und gepflegt) wird. Abgesehen vom Datenabgleich führt dies notwendigerweise zu einer erhöhten Zugriffsgeschwindigkeit. Allerdings haben wir es hierbei mit einem automatischen Vorgang zu tun, der dem informationskybernetischen »Betriebssystem« des menschlichen Biocomputers immanent ist, ein Prozeß also, wie wir ihn bei herkömmlichen EDV-Anwendungen allenfalls ansatzweise wiederfinden.

Kybermagie als »Technik der leeren Hand«

Die obige knappe Darstellung soll genügen, um Ihnen ein Arbeitsgerüst in die Hand zu geben, mit dessen Hilfe Sie Ihre eigenen Erfahrungen mit dieser modernsten Disziplin der Magie machen können.

Die sich aus kybermagischem Vorgehen ergebenden Vorteile liegen klar auf der Hand: Nicht nur die extreme Kürze der Operationen macht sie so reizvoll; auch der völlige Verzicht auf Zubehör jeglicher Art; die schiere Wirksamkeit kybermagischer Zauber besonders auf dem Gebiet der Erfahrungs- und Wissensvermittlung; ihre Langzeitwirkung; ihre enorme Subtilität und Gründlichkeit bei gleichzeitiger Tarnwirkung nach außen und anderes mehr.

Tatsächlich handelt es sich bei der Kybermagie um eine Form der »Technik der leeren Hand« (»Wunschdenken ohne Denken«), wie sie seit jeher das Zeichen des wahren Meisters war. Schon immer wurde auch kybermagisch gezaubert, doch hat man dies früher anders verstanden. Die sogenannte »Hohe Magie«, um die in der älteren Literatur soviel Aufhebens gemacht wird, ist tatsächlich, streicht man einmal ihren religiösen Transzendentalismus ab, eine Form purer Informationsübertragung. Es bleibt jedoch unserer Epoche vorbehalten, diese Disziplin in ein neues Gewand und in neues Verständnis zu hüllen, die Bezüge zur naturwissenschaftlichen Ent-

> *»Hohe Magie« ist tatsächlich eine Form purer Informationsübertragung.*

wicklung der Gegenwart (Elektronik, Informationsmodell der Physik, Kybernetik, Chaos-Theorie) herzustellen und daraus eine eigene Technik zu kreieren.

Wie gesagt – so einfach die Kybermagie von ihrer Handhabung her auch ist, setzt sie doch immerhin die Aktivierung der Hauptdatenspeicher im menschlichen Bio-Computer voraus. Wir haben sie bereits relativ früh vorgestellt, damit Sie schon jetzt Gelegenheit haben, damit Ihre ersten Erfahrungen zu sammeln, die Kybermagie selbst weiterzuführen und -zuentwickeln und/oder sich auf diese derzeit anspruchsvollste Magieform vorzubereiten.

EINFÜHRUNG IN DIE RITUALISTIK (XII)

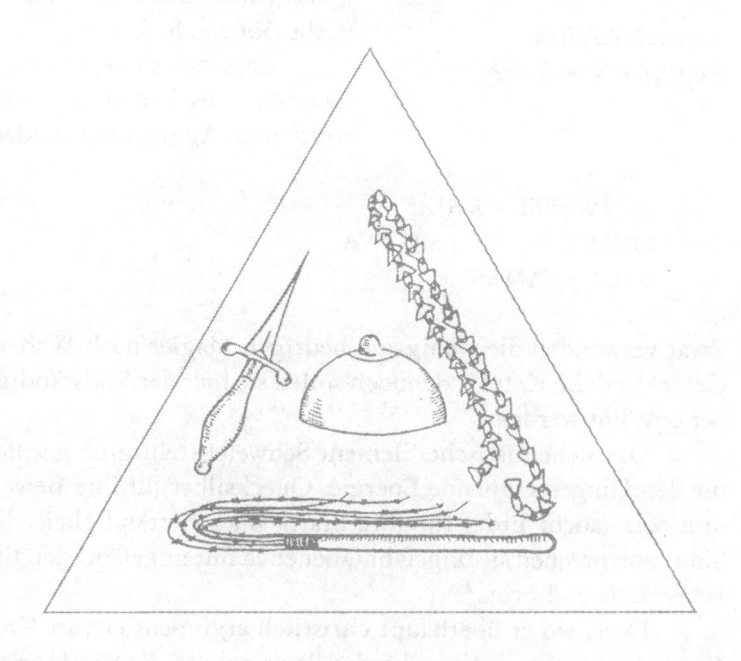

GEISSEL, KETTE UND
– NOCHMALS – DOLCH

Crowley, der dem magischen Dolch bekanntlich eine etwas andere Funktion zuweist, als dies die übrige Magieliteratur tut, deutet die Geißel, den Dolch und die Kette als Symbole der drei alchemistischen Elemente Schwefel (sulfur), Quecksilber (mercurius) und Salz (sel) (siehe *Magick*, S. 55).

> *Alchemistische Bezüge der Symbolik*

Er setzt diese Prinzipien mit den drei indischen »Gunas« oder feinstofflichen Aggregatzuständen gleich:

SCHWEFEL = RAJAS
QUECKSILBER = SATTVA
SALZ = TAMAS

Zwar verwenden die wenigsten heutigen Magier noch Waffen wie die Geißel und die Kette*; dennoch sollen sie hier der Vollständigkeit halber erwähnt werden.

Das alchemistische Element Schwefel steht grob gesprochen für die den Dingen eignende Energie, Quecksilber für ihre Beweglichkeit und Salz (auch: Erde) für ihre Statik oder Beständigkeit. In diesem Sinne entsprechen sie ungefähr (aber eben nur ungefähr) den Elementen Feuer, Luft und Erde.**

Dort, wo er überhaupt christlich argumentiert, ist Crowley ein Vertreter des *pecca fortiter*, also des Prinzips, daß die Sünde an sich nicht schlecht sei, weil sie die noch viel köstlichere Vergebung überhaupt erst ermögliche.***

In diesem Sinne stehen bei ihm Geißel, Dolch und Kette für das Sakrament der Buße. Er schreibt dazu:

> *Die Geißel ist Schwefel: Ihre Anwendung erregt unsere träge Natur; und sie kann ferner als ein Instrument der Berichtigung verwendet werden,*

---

* *Ausnahme: der Wicca-Kult, bei dem sie freilich in der Regel eine andere Funktion haben und anstelle der Kette meist ein Strick benutzt wird.*

** *In der uns vorliegenden Ausgabe spricht Crowley allerdings nicht von Erde, sondern von Wasser, was im Zusammenhang allerdings keinen rechten Sinn ergibt.*

*** *Paulus setzt sich im Römerbrief, v,20–vi,2, mit diesem Problem auseinander – und Crowley bezieht sich auf ihn.*

um rebellische Begierden zu züchtigen. Sie wird gegen das Nephesh, die Tierische Seele, angewendet, die natürlichen Begierden.

Der Dolch ist Quecksilber: Er wird dazu verwendet, um durch Aderlaß übergroße Hitze zu besänftigen; und er ist die Waffe, die sich der Magier in die Seite oder ins Herz stößt, um den Heiligen Kelch zu füllen. So geht man mit jenen Eigenschaften um, die sich zwischen Gier und Vernunft stellen.

Die Kette ist Salz: Sie dient dazu, die umherirrenden Gedanken zu zügeln; und aus diesem Grund wird sie um den Hals des Magiers gelegt, dort, wo sich Daath befindet.

Diese Geräte gemahnen uns auch an Schmerz, Tod und Gefangenschaft.

(Magick, S. 56)

Die Geißel kann aus verschiedenen Materialien bestehen; Crowley empfiehlt einen eisernen Griff und neun Kupferdrähte, in die kleine Bleistücke eingedreht werden. Dabei steht das Eisen für Strenge, das Kupfer für Liebe und das Blei für Kasteiung. Im Wicca-Kult, wo die Geißel – zumindest bei einigen Coven – unter anderem bei der Einweihung verwendet wird, um den Kandidaten an die Strafe zu erinnern, die ihm droht, sollte er die Gruppe verraten, benutzt man auch andere Materialien wie Weidenruten oder Ledergerten.

Der Dolch wurde bereits behandelt.

Die Kette besteht aus weichem Eisen und besitzt bei Crowley 333 Glieder, womit sie den Dämon Choronzon symbolisiert, der für Auflösung steht. In diesem Zusammenhang meint dieser Dämon die abschweifenden Gedanken oder den Konzentrationsmangel.

Abschließend schreibt Crowley zu diesen drei Waffen: »Die Geißel sorgt für die Schärfe des Strebens; der Dolch drückt die Entschiedenheit aus, alles [in Verfolgung des Ziels; Anmerkung des Autors] aufzugeben; und die Kette zügelt jedes Abschweifen.« [ibid.]

Die Phiole und das Öl

Die Phiole ist das Gefäß, in dem das »Heilige Öl« (Crowley) aufbewahrt wird. Der Altmeister der thelemitischen Magie macht erwartungsgemäß sehr viel Aufhebens um das Salböl, das seiner Auffassung nach »das Streben des Magiers« symbolisiert und für »Gnade« und »eine von oben kommende Qualität«, den »Funken des Höchsten« im Magier, der das Niedere mit sich selbst vereinen will« [*Magick*, S. 58] steht. Hier finden wir den Mystizismus Crowleys in Reinkultur wieder.

Nicht alle heutigen Magier gehen Crowleys Weg, auch wenn sie ihn als einen Pionier und »Kirchenvater der modernen Magie« schätzen mögen. Schon gar nicht unterwerfen sie sich einem Diktum wie dem folgenden: »Wenn der Magier sich also nicht erst mit diesem Öl gesalbt hat, wird all sein Werken vergebens und von übel sein.« [ibid.]

> *Paradebeispiele dafür, Gegenstände symbolisch zu erhöhen ...*

Immerhin gibt Therion ein Rezept für sein Wunderöl, wenn auch ohne Maßangaben. Es setzt sich aus vier Substanzen zusammen: nämlich Olivenöl, das bei ihm für das Geschenk der Minerva, die Weisheit Gottes oder den Logos steht; in diesem Olivenöl werden drei weitere Öle gelöst, nämlich Myrrhenöl, Zimtöl und Galangalöl. Dabei steht Myrrhe für Binah, die Große Mutter, die sowohl das Verstehen des Magiers als auch für das Leid und das Mitgefühl symbolisiert, welche die Kontemplation des Universums mit sich bringt (ein deutlicher buddhistischer Einfluß bei Crowley). Zimtöl steht für Tiphareth, die Sonne – »den Sohn, in dem Herrlichkeit und Leid miteinander identisch sind« [ibid.]. Das Galangalöl steht »für Kether und Malkuth, das Erste und das Letzte, das Eine und die Vielen, da sie in diesem Öl eins werden«. [ibid.]

> *... und sie dadurch zu Werkzeugen der Magie zu machen.*

Der Wert dieser Ausführungen besteht unserer Meinung nach in erster Linie darin, daß sie Möglichkeiten aufzeigen, auch die trivialste Einzelheit symbolisch zu überhöhen und damit zu einem Werkzeug der Magie zu machen. Es soll hier freilich dem ein-

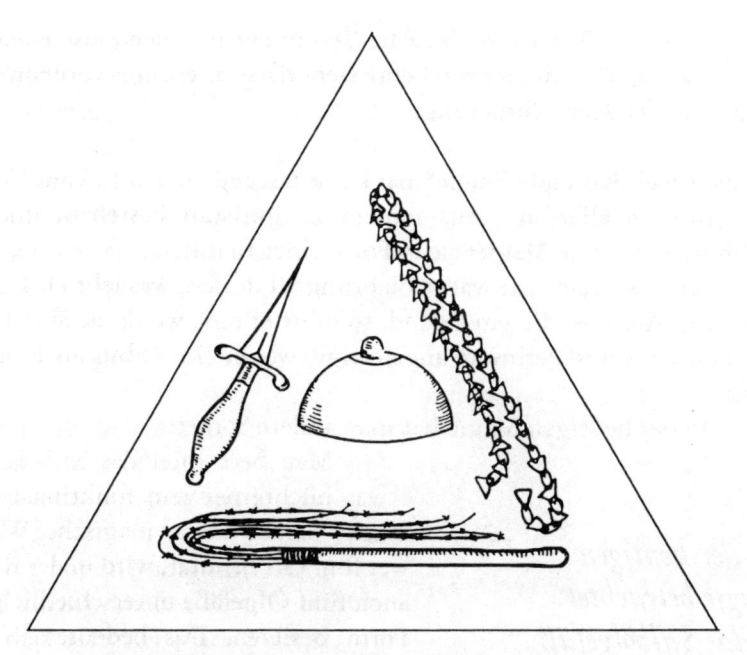

Abbildung 39: Geißel; Dolch; Kette und Phiole mit Öl
(Nach Crowley, *Magick*, S. 57)

zelnen überlassen bleiben, wie weit er dabei gehen will – es ist schließlich nicht zu übersehen, daß aus Crowley die Vorliebe des Fin-de-siècle-Menschen für barockisierenden Pomp und Symbolüberladung spricht, doch ist dies ein subjektives Urteil, das Sie nicht davon abhalten soll, nach Belieben den gleichen oder einen ähnlichen Weg zu gehen. Schließlich lautet das einzige Dogma der Pragmatischen Magie bekanntlich: »Hauptsache, es funktioniert!«

Auf einer etwas funktionaleren Ebene betrachtet ist es sicher richtig, daß das von Crowley empfohlene Öl (das übrigens mit dem Öl der Abramelin-Magie identisch ist) auf der Haut ein Brennen erzeugt, das je nach gesalbter Körperpartie entsprechende Wirkungen zeitigen kann. So ist es beispielsweise für die gedankliche Konzentration förderlich, etwas von diesem Öl aufs Ajna Chakra zu reiben, während man bei sexualmagischen Operationen eher das Muladhara und das Svadisthana Chakra damit behandeln wird. Zudem werden heute mit Vorliebe die im magischen Fachhandel erhältlichen Planetenöle verwendet, die zusammen mit dem entsprechenden Räucherwerk eine stärkere Planetengnosis herbeiführen. Davon abgesehen hat das Salben natürlich eine uralte kultische Tradition, das Alte Testament beispielsweise erwähnt es sehr häufig. Der Magier von heute sieht darin allerdings vornehmlich ein Mittel der Tranceförderung.

Die das Öl enthaltende Phiole* hat keine festgelegte Form. Laut Crowley sollte sie allerdings aus reinem Bergkristall bestehen, und er erwähnt, daß einige Magier sie in Form einer weiblichen Brust angefertigt hätten, weil sie »die wahre Nahrung all dessen, was lebt« (*Magick*, S. 59) sei. Aus ebendiesem Grund, so führt er fort, werde sie aber gelegentlich auch aus Perlmutt angefertigt, wobei ein Rubin als Stopfen diene.

In der heutigen Magie hat man andere Sorgen.

> *In der heutigen Magie betrachtet man das Salbölgefäß etwas nüchterner rein funktional.*

Man betrachtet das Salbölgefäß etwas nüchterner rein funktional und macht daraus keine magische Waffe; wer fünf Öle benutzt, wird in der Regel auch fünf Ölgefäße unterschiedlichster Form besitzen. Das bedeutet jedoch nicht, daß etwas dagegen einzuwenden wäre, sich eine entsprechende Phiole für ein Öl mit allgemeiner Funktion anzufertigen und diese auch symbollogisch entsprechend zu beladen.

Jedenfalls ist es sicher sinnvoll, wenn sich der Magier eine Vielzahl von Ölen beschafft und mit diesen experimentiert. Die Wirkung von Duftstoffen haben wir in unserer Schulung bereits behandelt, so daß hier keine weitergehende Erklärung mehr erforderlich ist. Auch das Räuchern von Ölen (besser: Verdampfen auf einer heißen Metallplatte) hat eine nicht zu unterschätzende Wirkung und ist sehr hilfreich bei der Programmierung des Unbewußten (psychologisches Modell) auf bestimmte Korrespondenzen.

---

* *Das Wort bedeutet laut Duden eigentlich nichts anderes als eine »kugelförmige Glasflasche mit langem Hals«, wird aber auch gern für kleine Fläschchen aller Art – besonders für Kleinamphoren – verwendet.*

OPHITICA

lucifer

wer sagt: ich dien!
und meint den falschen gott?
wer sagte: laß mich ziehn!
und küßte das schaffott?

in altem geist war vieles zu verstehen
und mancher sterne schönheit zu besehn,
doch löscht dies feuer nur statt sie zu zünden –
und eher brenn ich selbst als nie zu finden
was mich entflammt: aus licht geworfen, benedeit

kein demiurg, der meine gottnatur verzeiht,
kein kettenschmied, der mir die schale füllt,
kein schleierwirker, der mir nicht verhüllt
was lebt und flammt und pulst und alles was ihr wißt
und ewig ist.
und ewig ist.

ouroboros

der weltenanfang lag in dunklem schlund. das licht
trat ein und schlang und würgte schöpfung, stumm, und häutete sich nicht.
was endlich ist und niemals ewig wird und stirbt
tritt in den kreis hinein und fleht und buhlt und wirbt
um segen zu erheischen, gott zu sein, und trotzt dem tand,
und dennoch schling ich was geboren ward und brenn die wand
mit feuerschrift. die welt ist meine haut.
ein demiurg, wer in ihr haus auf häuser baut.
ihr sterbender gesang hallt nicht im raum
und erde, wasser, feuer, luft – ein traum.
und wenn im anfang schon das ende wohlberechnet pocht:
ich maß der kerze länge, ich beschnitt den docht.
doch wißt ihr's nie und werdet's nie beschwören.
ich weiß den wandel nur in all den tausend chören
und seh die siebenfachen feuer neu entflammt
und schau das auf und ab: gesegnet – und verdammt.

ophis

den baum? im traum: ihr seht ihn nicht
kennt das verbot nur, das euch qual verspricht
und leckt das dunkel, rollt euch ein im gras
und seht den usurpator nie, hört nie den sand im glas
und glaubt zu sein – und glaubt zu leben
und glaubt ihm all sein täuschen und verweben
in netze, die ich sprenge, die ihr nie erkennt
solang euch niemand greift und gut und böse nennt:
der wipfel schwankt, die frucht ist reif und fällt herab
sobald ihr sie berührt in eurem grünen grab.
oh, in gehorsam hält man euch gefangen,
in einem sarg aus gold, und selten sangen
die alten diese weise, die ihr nie begreift:
des gartens hohe mauern sind schon längst geschleift
und ihr nicht sterblich, niemals unterganggeweiht
wenn ihr nur wißt: den steten puls der zeit
und daß ihr götter seid.
und daß ihr götter seid.

VERZEICHNIS DER PRAKTISCHEN ÜBUNGEN

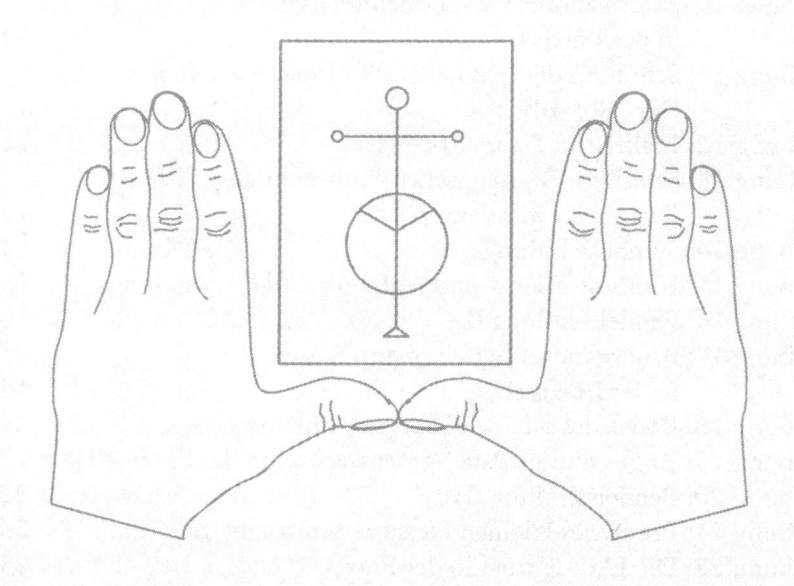

Die Bedeutung des Magischen Tagebuchs 52
Übung 1: Auseinandersetzung mit den eigenen Ängsten
          und ihrem Ursprung 53
Übung 2: Kabbalistisches Kreuz (I) 54
Übung 3: Praxis des Kleinen Bannenden Pentagrammrituals . . 54
Übung 4: Praktische Sigillenmagie (I) 84
Übung 5: Schulung der magischen Wahrnehmung (I) 85
Übung 6: Schulung der magischen Wahrnehmung (II) 87
Übung 7: Praktische Traumarbeit (I) 87
Übung 8: Kabbalistisches Kreuz (II) 124
Übung 9: Praxis des Großen Pentagrammrituals 124
Übung 10: Angewandter Paradigmenwechsel
          in der Praxis (I) 125
Übung 11: Schulung der magischen Wahrnehmung (III)
          Der 180°-Blick 126
Übung 12: Praktische Traumarbeit (II) 127
Übung 13: Schulung der magischen Wahrnehmung (IV)
          Die Arbeit mit dem Würfel 156
Übung 14: Symbolschulung 157
Übung 15: Konzentrations- und Aufmerksamkeitsschulung . . . 187
Übung 16: Pendelschulung (I) 188
Übung 17: Angewandter Paradigmenwechsel
          in der Praxis (II) 189
Übung 18: Praxis des Kleinen Hexagrammrituals (I). 191
Übung 19: Angewandter Paradigmenwechsel in der Praxis (III) . 228
Übung 20: Pendelschulung (II) 229
Übung 21: Praxis des Kleinen Hexagrammrituals (II) 230
Übung 22: Die IAO-Formel in der Praxis (I) 231
Übung 23: Astralmagie und Meditation (I) 258
Übung 24: Mantraschulung 259
Übung 25: Die IAO-Formel in der Praxis (II) 259
Übung 26: Tratak 260
Übung 27: Die OMNIL-Formel in der Praxis 288
Übung 28: Astralmagie und Meditation (II) 289
Übung 29: Praktische Astromagie 289
Übung 30: Praktische Sigillenmagie (II) 291
Übung 31: Der magische Blick (I) 313
Übung 32: Der magische Blick (II) 313
Übung 33: Der magische Blick (III) 348

Übung 34: Der magische Blick (IV) Blickprojektion 348
Übung 35: Der magische Blick (V)
         Ladung durch Blickprojektion 349
Übung 36: Arbeit mit dem Pan-Prinzip 349
Übung 37: Pendelschulung (II) 383
Übung 38: Praktische Talismantik (I) 385
Übung 39: Pendelschulung (III) 385
Übung 40: Magisches Geldtraining (I) 393
Übung 41: Magisches Geldtraining (II) 393
Übung 42: Systematische Trance-Schulung (I)
         Dämpfungsgnosis 426
Übung 43: Systematische Trance-Schulung (II)
         Erregungsgnosis 453
Übung 44: Praktische Mondmagie (I) 453
Übung 45: Praktische Mondmagie (II) 454
Übung 46: Angewandter Paradigmenwechsel in der Praxis (IV) . 489
Übung 47: Praktische Talismantik (II) 490
Übung 48: Praktische Talismantik (III) 491

NACHTRAG

Das vorliegende Werk stellt einen stark überarbeiteten Auszug aus dem *Kursus der Praktischen Magie* des Verfassers dar, einem auf drei Jahre angelegten Fernlehrgang mit begleitenden halbjährlichen Intensivseminaren.

Nähere Informationen dazu (wie auch zu verwandter, weiterführender Literatur) erhalten Sie kostenlos bei:

>   Edition Magus
>   Postfach 19 (SHM)
>   B-4760 Büllingen
>   Belgien
>   Tel.: 0032-80-549.247
>   Fax: 0032-80-549.248
>   Internet: http://www.eismagie.de/
>   E-Mail: infoshm@eismagie.de